자유 평등 정의

- 교양 법학 강의 -

이상복 지음

박영사

이 연구는 2012년도 서강대학교 교내연구비 지원에 의한
연구임 (201210021. 01)

머 리 말

인류의 영원한 질문이 제기되었다. 즉, "정의란 무엇인가"가 바로 그것이다. 어떤 다른 질문도 이처럼 열정적으로 논의되지 않았고, 어떤 다른 질문을 위해서도 그렇게 소중한 피와 통렬한 눈물을 흘리지 않았으며, 어떤 다른 질문에 대해서도 가장 위대한 사상가들이 아주 골똘히 생각하지 않았다. 그러나 어느 때와 마찬가지로 오늘날 이 질문에 대답하지 않고 있다. 그것은 아마 인간은 결코 확실하게 대답할 수 없고, 오히려 좀 더 훌륭한 질문을 모색할 수 있을 뿐이라는 체념적인 지혜가 필요한 그러한 질문 중 하나이기 때문이다(H. Kelsen).

'자유와 평등과 정의'는 떼려야 뗄 수 없는 주제이다. 인류의 역사가 시작된 이래 이 세 주제에 대한 논의는 지금까지 계속되고 있다. 정의를 논하는 경우 자유와 평등을 함께 논해야 하고, 자유를 논하는 경우 평등과 정의를 논해야 하며, 평등을 논하는 경우 정의와 자유를 논해야 한다. 또 인류의 역사는 정의를 실현하기 위한 투쟁의 기록이요, 자유 의식의 진보이며, 평등의 확장사라고 할 수 있다.

최근 들어 정의에 대한 관심이 우리 사회에 넘쳐 나고 있다. 하버드대학교 교수인 마이클 샌델의 저서를 통해서이다. 정의의 열풍이 우리 사회를 강타한 이유는 무엇인가? 우리 사회가 정의롭지 못하다고 생각을 해서 그런 것인가? 부정의한 사회에 대한 분노 때문인가? 아니면 정의로운 사회를 만들겠다는 다짐의 함성인가? 정의는 정말 사회적 불균형과 불공정의 심화가 야기한 양극화 현상을 해소하고, 또 빈번하게 일어나는 사회 지도층의 부도덕함과 권력 독점 현상을 막아낼 수 있는 강력한 규범이 될 수 있는 것일까?

사실 샌델 교수가 그의 저서에서 논하는 정의는 서양에서 발달한 정의 개념이다. 정의의 영어 단어인 justice의 jus는 라틴어로 '법'을 의미한다. 그래서 서양에서 말하는 정의란 원래 법률용어다. 서양에서 법의 이념으로 정의를 드는 것은 일반적인 경향이다. 그리스에서도 법(dike)과 정의(dikaion)는 언어적으로 불가분리의 것이다. 로마에서도 법(ius)은 정의(iustitia)에서 유래한 것이며, 법은 정의와 형평의 기술이라고 말한바 있다. 법은 정의의 표현자이며 법에 적합한 것이 곧 정의라는 것이며, 법은 정의를 실현하는 것을 그 사명으로 여겼다는 것이다. 서양의 정의, 즉 justice는 법이나 경제 문제에 바탕을 두고 있으며, 또한 그것은 개인적 자유가 기본이 되는 정의이다. 그런데 오늘날 우리 사회는 서양의 justice만을 참된 정의로 인식하고, 동양적 정의(義)에 대해서는 관심을 두지 않거나 무시하는 형편이다.

자유! 이는 너무나 거창하고 중대한 주제이다. 자유는 평등, 정의, 복지 등과 함께 사회사상과 정치철학으로부터 추출될 수 있는 가장 중요한 개념들 중 하나이다. 자유의 이념만큼 인간을 지배하고 있는 이념도 없으며, 자유의 문제만큼 인간이 추구해 온 과제도 없다는 의미에서 자유는 모든 다른 개념에 우선하는 개념이다. 자유는 역사적으로 인간의 관심의 초점이 되어 왔다.

자유란 무엇인가? 이것은 하나의 막중한 주제이다. 너무나 거창하고 중요하기에 그것을 합당하게 다룰 수 없을 정도이다. 그러나 너무나도 중대하기에 다루지 않고 남겨 두어서는 안 될 주제이기도 하다. 그에 대한 물음 자체가 진부할 정도로 자유는 이제 더 이상 형이상학적 의미로 심장을 뛰게 하는 그 어떤 것이 아니며, 일상생활에서 항상 만나게 되는 것으로서 누구에게나 너무나도 잘 알려져 있고 자명한 것으로 받아들여져 인정되고 있다.

자유가 소수 특권층의 독점물로 당연시되던 시대에는 자유보다는 빵을 더 우선시했다. 또 "자유가 아니면 죽음을 달라"고 외치면서 생명보다도 자유를 더 소중한 것으로 여겨 투쟁하던 시대도 있었다. 이상으로서의 자유를 꿈꾸던 시대도, 이념으로서의 자유가 구가되던 시대도, 쟁취해야 할 구체적인 목적으로서의 자유를 부르짖던 시대도, 자유와 관련하여 역사의 흐름 자체를 해방의 역사로 보는 시각도 있었다. 인간의 인간됨을 이루게 해 주는 궁극적인 차원으로서의 자유, 인간의 존엄성, 침해받을 수 없는 개인의 권리, 대신할 수 없는 일신전속성, 스스로 목적을 설정해, 갈 길을 정하고, 그에 맞는 방법을 선택해 스스로의 삶을 자율적으로 영위한다는 의미에서의 자유, 자기가 한 행동에 대해 책임을 지는 자기 자신에 대한 책임으로서의 자유 등의 의미에서 보여 지는 것처럼 자유는 인간의 자기보존이나 자기실현 등과 관련해 개인으로서의 인간에 있어 필수불가결한 기초원리이다.

자유는 왜 좋은 것인가? 너무나 당연해서 물을 필요도 없을 것 같은 이 물음에 맞닥뜨렸을 때 우리가 받는 느낌은 우선은 당혹감과 대답할 말이 없다는 궁색함뿐이다. 그런데 자유는 왜 좋은가, 이 문제에 답하려면 그 전에 자유가 도대체 무엇인지, 내지는 자유라는 말 속에서 우리는 무엇을 떠올리는지부터 생각해 보지 않으면 안 된다.

사람은 누구나 태어날 때는 모두 평등하다고들 말하지만, 과연 실제로 그러한가? 실제로 그러하다면, 사람들은 무슨 뜻에서 무엇에서 평등한가? 물론 사람은 누구나 목숨을 하나씩 가지고 있다는 점에서는 평등하다. 그러나 건강도 한결같지 않고 수명도 똑같지 않고, 천부적인 능력은 각양각색이며(한 예로 천재도 있고 천치도 있다), 선천적 요소가 결정적인 역할을 하는 체격과 미모에서도 큰 차이가 있고, 같은 수준의 소양을 가지고 태어났다 해도 그것을 개발하고 발전시키는 데 큰 영향을 미치는 성장환경도 천차만별이다. 남자로 태어난 사람, 여자로 태어난 사람, 한국에서 태어난 사람, 미국에서 태어난 사람, 도회지에서 자라는 사람, 산간벽촌에서 자라는 사람, 부유한 가정에서 자라는 사람, 가정조차 없는 사람, 교양 있는 부모를 가진 사람, 무지막지한 부모 밑에 있는 사람 …… 각기 그 생활 배경과 여건이 저마다 다른 사람들에게 있어서 평등은 '무엇의' 평등인가? 체력의 평등인가, 재능의 평등인가, 재산의 평등인가, 권력의 평등인가, 행복 향유의 평등인가?

누구에게나 똑같이 거주 이전의 자유가 있다고는 하지만, 살고 싶은 곳에 집을 장만할 능력이 없는 자에게 이 자유권이 무슨 소용이 있겠는가? 누구에게나 똑같이 직업선택의 자유가 있다고는 하지만, 이미 태어날 때부터 장님에다 귀머거리인 사람에게 그 자유권은 원천적으로 제한받을 수밖에 없다.

'법률 앞에서는 누구나 평등하다'는 이유로, 부지런히 일했건만 그래도 자식의 위험한 질병 치료를 위한 돈이 없어 도적질한 사람과 3대에 걸쳐 낭비적인 생활을 해도 오히려 남을 만큼의 충분한 재산을 가진 사람이 더 많은 재산을 모으기 위해 밀수를 했을 경우, 그것을 '공평하게' 단죄한다면, 이때 '평등'이란 무슨 뜻인가? '기회 균등'이란 이유로, 신체 건장한 청년과 외다리 소년이 같은 선에서 출발하는 100m 경주를 시켜 앞선 자를 포상한다면, 이때 '평등'이란 무엇을 말하는가?

자유와 함께 평등이란 개념은 인간사를 떠받치고 있는 본질적 개념이다. 특히 인류의 역사가 시작된 이래 우리 인간은 평등에 대한 열망을 지속적으로 추구해 왔다. 어떻게 보면 세계사는 평등의 확장사일지도 모른다. 그만큼 평등은 역사의 진보에 따라 그 폭과 넓이와 깊이를 한결 더해 왔다. 근대 이후의 모든 사회문제는 언제나 자유와 평등 사이의 대립관계를 어떻게 풀 것이냐 하는 데 모아졌다고 해도 지나친 말은 아닐 것이다.

모든 사람이 자유로울 때 가장 평등하며, 모든 사람이 평등할 때 진정한 자유가 보장될 수 있고, 자유와 평등이라는 두 원칙이 조화를 이룰 때 비로소 정의가 실현된다. 그런 사회를 정의가 실현된 사회라고 할 수 있고, 그런 안정된 사회에서 사는 개인이야말로 진정으로 행복한 삶을 누리게 될 것이다.

저자는 학교에서 주로 돈 되는(?) 과목을 가르치다 보니 돈이 되지 않는(?) 학문에 대한 관심이 늘어만 갔다. 뿌리를 튼튼히 하는 일이 필요하다고 생각했기 때문이다. 또 모든 학문의 기초가 되는 것은 철학이라는 생각을 하게 되었다. 철학은 '철이 드는 학문'(?)이라는 저자 나름의 개념도 정의 내려 놓았다.

이 책은 '자유와 평등과 정의'라는 주제를 논하고 있다. 책을 구성하고 있는 내용은 철학과 법학을 중심으로 이론을 정리하였다. 하지만 그 외에 경제학, 교육학, 정치학, 사회학, 사회복지학, 여성학 등의 이론도 필요한 부분을 정리하였다. 자유와 평등과 정의는 단지 철학이나 법학의 문제만이 아니라 많은 학문과 관련되기 때문이다. 그렇다고 이 책이 철학이나 법학 등의 학문과 관련된 이론서라는 말은 아니다. 이 책은 대중을 위한 이론서라고 말할 수 있을 것이다.

이 책의 특징은 다음과 같다.

첫째, 제1부는 정의, 평등, 자유를 논하는데 세 개념을 감히 법의 이념으로 생각해 보았다. 여기서는 정의론, 평등론, 자유론에 관해 설명하였다. 정의론, 평등론, 자유론의 순서로 서술한 이유는 고대, 중세, 근대, 현대를 거쳐 오늘날에 이를수록 정의론, 평등론, 자유론의 순서로 더욱 중요해지고 있기 때문이다.

둘째, 과거의 사상이나 철학을 공부할 때 필요한 것은 고전 텍스트를 가능한 한 꼼꼼히 읽으면서 현대사회에 함축하고 있는 점을 배제하지 않는 것이다. 따라서 현실적 논의에 뛰어 들어 직접적으로 적용 가능한 이론을 찾기 보다는 타산지석으로 과거의 사상가로부터 배워서 현실에 대해서 비판할 수 있는 가능성을 찾아보려고 했다. '과거로부터 현실로, 현실로부터 과거로'라고 하는 방법을 통해 과거의 지혜를 배우고자 했다. 이론과 현실은 분리된 독자적인 영역이 아니라, 불가분의 관계에 있기 때문이다.

셋째, 이론을 설명한 다음에 이론에 대한 질문을 제기하고, 또 현실에서 일어나는 문제를 들어 질문이나 의문을 제기하는 형식을 취하였다. 가능한 한 현실의 사례를 들어 질문을 제기하였다.

넷째, 모든 사상은 사상가의 성장과정이나 시대적 배경에 영향을 받기 때문에 사상가의 생애와 작품, 그리고 사상가가 살았던 시대적 배경을 설명하였다.

다섯째, 제2부는 헌법상의 자유, 평등, 정의를 서술하였다. 제1부의 법의 이념이 헌법을 통해 구체화되고 있음을 이론과 사례를 통해 설명하였다.

나름대로 사상가들의 주장을 정리하고 현실의 문제에 대한 답을 물어 보려고 노력하였지만 이 책은 부족한 점이 많다. 법학 이외의 다양한 학문 분야의 이론을 포함하고 있기 때문이다. 부족한 점은 후일 꼭 보완할 것을 약속드린다.

이 책을 집필하는 데 도움을 준 연구자들에게 진심으로 감사드린다. 특히 소크라테스 이후 현대의 철학에 이르기까지 그 사상에 관한 주장을 이해하기 쉽게 연구한 연구자들의 논문으로부터 많은 도움을 받았다. 이 책의 교정을 도와 준 서강대학교 법학전문대학원을 졸업하고 변호사 시험 발표를 기다리는 홍범식 군, 현재 동 대학원에 재학 중인 황윤정 양에게 감사드리며, 이들의 앞날에 많은 발전이 있기를 진심으로 기원한다. 그리고 어려운 출판환경에서 수지 전망이 어려운 본서의 출간을 허락하신 박영사 안종만 회장님과 본서의 제작과 간행에 힘써주신 조성호 부장님, 김선민 부장님, 최상욱 대리님, 그리고 이 책을 편집하고 교정해주신 배우리 님의 정성에 감사드린다.

2013년 2월

저 자

차 례

제1부 법의 이념: 정의·평등·자유

제2부 법: 자유·평등·정의

제 1 부

자유 · 평등 · 정의

교양법학강의

법의 이념: 정의 · 평등 · 자유

제1장 서 론

제2장 정의론

제3장 평등론

제4장 자유론

제 1 장
서 론

1. 자 유

자유! 이는 너무나 거창하고 중대한 주제이다. 자유는 평등, 정의, 복지 등과 함께 사회사상과 정치철학으로부터 추출될 수 있는 가장 중요한 개념들 중 하나이다. 자유의 이념만큼 인간을 지배하고 있는 이념도 없으며, 자유의 문제만큼 인간이 추구해 온 과제도 없다는 의미에서 자유는 모든 다른 개념에 우선하는 개념이다. 자유는 역사적으로 인간의 관심의 초점이 되어왔다. 역사는 "자유의식의 진보"라는 말로 압축될 수 있다. 또한 자유는 인간이 행복한 삶을 누리기 위해서는 무엇보다도 먼저 확보해야만 하는 것이다.[1] 우리는 자유민주주의 사회에 살고 있다. 원하는 것은 무엇이든 할 수 있고 얻을 수 있는 자유가 있다고 하는 사회에서 우리는 자유 시민의 지위를 갖고 있다. 우리가 원하는 모든 것이 자유라는 이름으로 허용되는가? 흔히 외부의 제약 없이 한 개인이 원하는 것을 할 때 자유롭다고 한다. 그러나 성폭력범의 자유로운 범죄, 실업자의 자유로운 시간이라는 표현에서의 자유는 사회를 비꼬는 수식어일 뿐이다.[2]

1) 최성철, "자유 개념의 역사적 변화와 현대적 의미", 한양대 사회과학논집 제13집(1994), 61-62쪽.

2) 임정아, "소극적 자유와 적극적 자유-밀을 중심으로," 동서철학연구 제57호(2010), 28쪽.

2. 평　등

자유와 함께 평등이란 개념은 인간사를 떠받치고 있는 본질적 개념이다. 특히 인류의 역사가 시작된 이래 우리 인간은 평등에 대한 열망을 지속적으로 추구해 왔다. 어떻게 보면 세계사는 "평등의 확장사"라 이름 붙일 수도 있을 것이다. 그만큼 평등은 역사의 진보에 따라 그 폭과 넓이와 깊이를 한결 더해 왔다. 근대 이후의 모든 사회문제는 언제나 자유와 평등 사이의 대립관계를 어떻게 풀 것이냐 하는 데 모아졌다고 해도 지나친 말은 아닐 것이다.

3. 정　의

누구나 자기가 소속된 사회와 국가가 정의롭기를 바란다. 우리는 억울한 일을 당하거나 목격하면서 울분을 터뜨린다. 자신이 노력한 만큼의 대우를 받지 못할 때, 또 다른 사람들이 내가 노력한 것 보다 더 많은 대우를 받을 때, 우리는 불공정하다, 불공평하다고 느끼거나 말하곤 한다. 억울한 일이란 그래야 할 정당한 근거도 없이, 그래야 할 당연한 이유도 없이 부당한 피해를 받는 것이다. 이렇게 사회적인 많은 권리나 이익의 분배에 있어서 제 몫을 누리지 못하여 억울한 사람, 법적으로 부당한 판결을 받아 억울한 세월을 감수해야 하는 사람이 한 명이라도 있다면, 그것은 정의로운 사회라 할 수 없다. 소박하게 말해서 인간이 인간다운 대우를 받고 억울한 사람이 없는 사회를 정의사회라 할 수 있을 것이다. 억울한 사람이 없는 정의로운 사회야말로 인간이 바라는 모든 이상사회의 필수조건이라고 말할 수 있을 것이다.[3]

Q. 영화 '도가니'와 '부러진 화살'과 관련하여 자유, 평등과 정의를 생각해 보자.

---

3) 최유신, "통일정치사상의 정립을 위한 정의문제," 통일사상연구 제3호(2002), 37쪽.

제 2 장
정 의 론

제1절 서　　설

Ⅰ. 정의로운 사회에 살고 있는가

1. 정의의 열풍이 불다: 정의의 힘

요즈음 정의에 대한 담론이 세상에 넘쳐나고 있다. 하버드 대학 교수인 마이클 샌델의 강의를 통해 정의에 관한 관심이 높아진 것이다. 그가 쓴 「정의란 무엇인가」라는 철학서가 100만부 이상 팔려 나가고, 정의를 주제로 하는 토론회나 특강의 자리마다 객석을 가득 채우는 청중들의 숫자만 보아도 이를 어느 정도 짐작할 수 있다. 사실 그가 강의에서 논의하는 정의는 서양에서 발달한 정의 개념이다. 그리고 많은 사람들이 서양의 정의는 "정말 좋은 것이고", 그러한 정의만이 오늘의 한국사회가 당면하고 있는 지난한 현실의 문제들을 해결할 수 있는 유일한 덕목이자 대안이라고 믿는 것 같다. 이 같은 사회현상에는 분명히 우리사회가 정의와는 거리가 너무 멀어지고 있다고 하는 우려와 함께 스스로 정의로운 사회를 만들어 가지 않으면 안 된다고 하는 당위적인 다짐과 분노가 녹아 있다.[1)]

1) 송인창, "정의에 대한 동서 철학적 성찰," 철학논총 제65집(2011), 231쪽.

누구나 바르게 살면서도 자신의 능력을 충분히 발휘하기를 원한다. 그러나 실용주의와 능력 만능 시대에 정의롭게만 산다고 행복이 보장될 수 있을까? 때로는 정의를 찾는 게 무능력한 자의 하소연처럼 천대받기도 한다. 그렇지만 인류 역사란 정의를 실현하기 위한 투쟁의 기록이기도 하다. 실익과 능력이 정의와 조화를 이루면 살기 좋은 사회이지만, 이익은 있는데 정의가 의심스럽거나 전혀 옳지 않게 행동해도 되는 사회라면 살기가 팍팍할 것이다.[2)]

Q. 이와 같은 정의에 대한 일반 대중들의 폭발적 관심을 우리는 어떻게 이해하고 수용해야 할까? 정의는 정말 사회적 불균형과 불공정의 심화가 야기한 우리 사회의 양극화 현상을 해소하고, 또 빈번하게 일어나는 사회 지도층의 부도덕함과 권력 독점 현상을 막아낼 수 있는 강력한 규범이 될 수 있는 것일까? 아니면 이러한 정의의 열풍 현상이 오히려 정의의 참된 의미를 왜곡·변질시켜 공정사회의 건설을 가로막고 사회적 양극화를 더욱 심화시키는 결과를 가져오는 것은 아닐까? 이러한 열풍이 왜 일어나는 것이며 그 의미는 또한 무엇인가?

아무리 부도덕한 정권이라고 하더라도 표면적으로 부정의를 내세우는 법은 없고, 정의를 지향한다고 주장하는 것이 일반적인 경우이다. 그 이유는 정의가 우리에게 부여해 주는 도덕적 정당성의 힘이 있기 때문이다. 정의의 편에 서있는 자는 타인에 대하여 그에 상응하는 행동을 요구할 수 있는 권리, 즉 타인을 지배할 수 있는 권리를 가지는 것으로 우리는 이해한다. 다시 말하면 타인을 지배할 수 있기 위해서는 정의의 편에 서서 행동할 것이 요구된다. 만약에 현존하는 정권이 정의의 편에 서 있지 않을 때에는 피지배계층이 전개하는 시민저항권과 아울러, 경우에 따라서는, 혁명까지도 정당화될 수 있다.

이러한 관점에서 볼 때 정의는 정치권력이 획득되고 유지될 수 있는 최소한의 필요조건이라고 보여 진다. 물론 다른 한편으로 정의는 인간이 사회를 구성하고 살아가면서 성취해야 할 최대한의 목표로 생각될 수 있다. 완전주의자들이 정의로운 사회를 유토피아적 이상에서 찾는 것은 정의가 최소한의 필요조건이 아니라 인간사회가 궁극적으로 성취해야 할 최종목표로 보는

2) 임헌영, "정의로운 사회에 살고 있는가," 월간 샘터 제495호(2011), 128쪽.

것이다.[3)]

2. 고독사, 88만원 세대, 교육빈곤층, 비정규직

① **죽어서도 버림받는 사람들 고독사**(국제신문, 2013년 1월 13일자)

지난 2일 40대 후반에 대기업을 명퇴하고 아내와 이혼 후 10여 년을 홀로 외로이 지내던 60대 남성이 숨진 지 15일 만에 발견됐다. 지난해 12월 29일 오전 6시 서울 강남구 개포동 한 아파트 안방에서 누운 채 숨진 박모(60·무직) 씨는 황달이 심하게 진행된 상태였다. 수도 배관이 터져 바닥이 온통 젖어 있었으며 바닥에는 빈 막걸리통과 라면 봉지가 어지럽게 널려 있었다. 경찰에 따르면 박씨는 금융권 회사에서 컴퓨터 관련 직무를 하다 11년 전 명퇴를 한 후 택시운전사 일을 시작했다. 내성적인 성격인 그는 이혼 이후 매일 막걸리 두 병 이상씩, 담배는 두 갑 이상을 피웠다. 간암 진단을 받은 박씨는 6개월 전 택시회사를 그만두고 특별한 치료 없이 집에서 술만 마시며 지낸 것으로 알려졌다.

독거노인 고독사가 사회문제로 대두됐다. 고독사한 경우 대다수가 경제적 빈곤 등으로 인한 사회소외 계층이었다. 2000년 우리나라에서 혼자 사는 노인은 54만 명으로 전체 노인의 약 16%를 차지했다. 2012년 독거노인은 119만 명으로 숫자로 보면 두 배 이상 들어났고 전체 노인의 20%를 넘어섰다.

1인 가구가 늘어나면서 고독사의 문제도 함께 제기되고 있다. 통계청이 발표한 인구주택총조사에 따르면 2010년 우리나라 1인 가구는 414만 2165가구다. 2000년 222만 4433가구보다 86%나 폭증한 수치다. 현대경제연구원이 2010년에 내놓은 보고서에 따르면, 2009년 1인 가구 중 40~50대가 29.9%, 20~30대가 23%이다. 전문가들도 앞다퉈 1인 가구의 급증으로 고독사도 기하급수적으로 늘 것이라는 암울한 전망을 내 놓고 있다.

② **박근혜 당선인, 2030세대 고충 최우선 해결해야**(매일경제신문, 2012년 12월 21일자)

선거캠페인 과정에서 박 당선인은 88만원 세대로 불리는 비정규직 문제

3) 이승환·김형철(이승환 외1), "의리와 정의," 철학연구 제37집 1호(1995), 21쪽.

등 청년계층의 어려움을 해소하겠다고 약속한 바 있다. 소득의 불평등, 기회의 불평등에 더 민감하게 반응하면서 경제적 고통과 상대적 박탈감에 시달리는 게 2030세대다. 훌륭한 스펙을 갖추고도 취업조차 못하는 분노의 20대와 직장에서나 가정에서나 미래가 보이지 않는 현실에 좌절하는 30대는 우리 사회의 시한폭탄이나 다름없다. "청년은 미래가 있다는 것만으로도 행복하다"고 러시아 작가 고골리는 말했지만, 지금 한국의 젊은이들은 미래가 없어 불안하다.

③ **교육빈곤층**(경향신문, 2012년 8월 26일자)

자녀 사교육비 지출로 가난하게 사는 '교육 빈곤층'이 82만여 가구 305만 명에 이른다는 분석이 나왔다. 교육 빈곤층의 상당수는 '대졸 이상, 40대, 중산층 가구'였다. 현대경제연구원은 26일 이 같은 내용을 담은 '국내 가구의 교육비 지출 구조 분석' 보고서를 냈다. 보고서는 교육 빈곤층을 '부채가 있고 적자 상태임에도 불구하고 평균보다 많은 교육비를 지출해 빈곤하게 사는 가구'로 정의했다. 통계청 자료 분석 결과 2011년 현재 교육 빈곤층은 82만 4000가구 305만 명으로 추정됐다. 자녀 교육비 지출이 있는 전체 632만 6000가구의 13%에 이르는 규모다.

④ **'3-6-9 시대'**(매일경제신문 2012년 7월 19일자).

매일경제가 통계청과 한국노동사회연구소의 노동시장 재편추이 자료를 분석한 결과 올해 상반기 우리 노동시장은 계량적으로 실업자 300만 명, 자영업자 600만 명, 비정규직 900만 명 시대(3-6-9 시대)에 바짝 근접했다. '3-6-9 시대'의 의미는 실업자 300만 명, 자영업자 600만 명, 비정규직 900만 명을 지칭하는 용어로 노동시장에서 고용의 질이 빠르게 악화되며 경기회복의 발목을 잡는 현상을 표현하기 위해 매일경제가 개발한 용어이다.

바우만이 "액체근대(Liquid Modernity)"라고 표현한 것과 같이, 후기산업자본주의 사회는 어떠한 보편적이고 고정적인 요소가 없이 부유하는 유동액과 같아졌다. 소위 88만원 세대라고 칭해지는 2030세대는 이제 단순한 잉여 노동력이자, 한갓 비품으로 전락해버렸다(어떤 경우에는 비정규직 노동자가 '잡비'에 포함되기도 한다). 이미 쓰레기로 버려진 '잉여인간'들이 존재하며 또 언제라도 쓰레기로 버려질 수 있는 노동력들이 있다. 노동의 유연화, 비정규직이란 노동형태의 빅뱅은 후기산업자본주의 사회가 지극히 유동적인 사회라는 것을 반증해주고 있다. 이제 우리들의 삶은 단순한 확정적인 요인도 없이 지극히 불안정한 삶 속에 위치되어 있다. '언제 내가 쓰레기로 버려질까, 언제 내가 공동체에 불필요한 인간으로 전락할까' 이러한 신경과민적·강박적 고민은 휴대폰 문자 한통으로 해고당하는 현재 상황에서 더욱 강화되어 나타난다.[4]

3. 투기에 의한 불로소득과 부정의: 주택문제

– 한국 국민경제의 뇌관: 하우스 푸어 –

• **사례:** 한 일간지에 실린 박 모씨의 사연은 '하우스 푸어'의 실상을 적나라하게 보여준다. 박씨는 지난 2008년 3억 5천만원짜리 주택을 구입할 때 3년 거치 5년 분할상환 방식으로 2억원을 대출 받았다. 지난 3년 동안은 매달 이자만 110만원을 내면 됐지만, 올해부터는 원금의 일부까지 상환해야 해서 매월 은행에 내는 돈이 370만원으로 불어났다. 박씨의 수입은 월 400만원쯤 되지만 원리금을 상환하고 남는 돈은 불과 30만원 정도로, 최소한의 생계유지조차 힘든 상황이다. 물론 주택을 되팔아서 대출금을 갚고 전세로 옮겨가면 생활이 나아질 수 있지만 주택 경기의 침체로 가격이 하락한데다 거래조차 얼어붙어 박씨는 이러지도 저러지도 못하고 있는 실정이다. 부동산 경기가 대세하락하고 금리가 치솟는다면 박씨는 꼼짝없이 신용불량자로 전락할 수밖에 없다(조선일보, 2011년 4월 4일자 참조).

2011년 현재 우리나라 국민의 가계부채는 총 1천억원 가량으로 집계되고 있다. 국가예산의 몇 배에 해당하는 금액이다. 가계부채의 상당 부분은 주택마련을 위한 무리한 대출 때문인 것으로 파악되고 있다. 주택을 마련하기는 했지만 대출금 상환 때문에 실질소득이 줄어 빈곤한 삶을 사는 사람을 '하우스 푸어'라 부른다. 이들 대부분은 부동산 가격상승에 대한 막연한 기대감을 가지고 무리하게 대출을 받아 주택을 구입한 사람들이다. 이들은 일단 주택마련에

---

4) 김건우, "보편성과 상대성, 그리고 공동체 정의(Justice)에 관하여: 마이클 샌델의 정의란 무엇인가를 읽고," 진보평론 제47조(2011), 296-297쪽.

성공하기는 했지만, 매월 막대한 이자 및 원리금 상환부담으로, 외형상으로는 중산층이지만 실질적으로는 빈곤층의 삶을 살고 있다. 현재 한국에 '하우스 푸어'가 몇 가구인지 공식적인 통계는 없지만, 한 연구소의 집계에 의하면 전국적으로 약 4백만 가구 정도가 '하우스 푸어'로서, 매달 대출 상환금을 갚느라 '집의 노예'로 살고 있는 것으로 나타났다.[5)]

Q. '하우스 푸어'는 왜 발생하는 것일까? 개인의 탐욕 때문일까, 무능력 때문일까, 아니면 운이 나쁜 탓일까? 근면하게 일하며 중산층에 해당하는 소득을 벌어들이면서도 만성적으로 부채에 시달리는 하우스 푸어의 문제를 과연 개인의 '탐욕'이나 '무능력' 또는 '운수소관'으로 돌려버려도 되는 것일까? 어떤 사람은 일정한 직업도 없이 수 채 내지 수십 채의 주택에 투기해서 부동산 가격상승으로 엄청난 차익을 실현하기도 한다. 이러한 일은 그저 시장에서 벌어지는 일상적인 경제행위일 뿐 분배정의 또는 윤리문제와 아무런 상관도 없는 일이라고 여겨도 되는 것일까? 어떤 사람은 평생을 성실하게 노력하며 살다가 겨우 집 한 채 마련하고서 만성부채에 시달리는데 비해, 왜 어떤 사람은 별다른 직업도 없이 복덕방에나 드나들다가 별안간 근면한 중산층이 평생 저축해도 모을 수 없는 엄청난 소득을 얻게 되는 것일까?

얼마 전 은퇴한 지인 한 분은 부인이 부동산에 투기해서 번 돈이 자기가 평생 직장생활을 하며 모은 돈보다 몇 배나 된다고 자랑인지 한탄인지 모를 소리를 털어놓은 적이 있다. 평생 피땀 흘려 얻은 '노력소득'보다 투기를 통해 얻은 '불로소득'이 몇 배나 큰 이런 경제현실은 과연 정의로운 것일까?

정부는 피땀 흘려 번 근로소득에 대해서는 수십 퍼센트에 이르는 고율의 세금을 부과하면서 정작 부동산 투기를 통해 발생한 불로소득에 대해서는 미미한 정도의 세금만 부과하고, 심지어 상속세까지 줄여주면서 부동산 투기자들의 불로소득과 대물림을 용인해주고 있다. 과연 '노력소득'에 대한 과세율이 '불로소득'에 대한 과세율보다 현격하게 높은 이러한 조세정책은 정의로운 것일까? 정부는 최근 들어 부동산 거래를 활성화한다는 명목으로 양도세와 취득세를 감면해주고 이로 인해 발생하는 지방세의 부족분을 국세로 보전해 준다

5) 이승환, "토지 불로소득과 분배정의," 시대와 철학 제22권 3호(2011), 178-180쪽.

는 계획을 발표하였다. 왜 주택 매입자와 매도자가 부담해야 하는 양도세와 취득세를 그들과는 아무런 관련도 없는 내가 낸 세금(심지어 무주택자가 낸 세금)으로 갚아주어야 한단 말인가? 과연 이러한 조세정책은 공정한 것인가?

4. 거북이와 아킬레스의 경주

Q. 정의의 관점에서 본 한국 사회의 현황은 어떻게 평가될 수 있을 것인가? 형식적 기회균등에 의거한 자유방임 체제와 실질적 기회균등에 의거한 자유주의 체제가 공정한 기회균등에 의거한 정의로운 체제에 접근해 가는 점진적 단계이라면 한국사회는 그 중 어디쯤 가고 있는 것일까? 우리사회는 인간들이 운명적으로 타고나는 자연적 우연성과 사회적 우연성을 제거, 또는 완화시킬 어떤 장치를 갖고 있는가? 아니면 그 모든 것들이 그대로 방임되는 그야말로 정글의 법칙이 적용되는 밀림의 왕국에 불과한 것인가?

(1) 거북이와 아킬레스의 경주

그리스 철학자 제논의 패러독스 중 '거북과 아킬레스의 경주'라는 것이 있다. 거북이는 모든 동물들 중에 가장 느린 존재의 상징이라면 아킬레스는 가장 날랜 신화적 존재를 의미한다. 그런데 제논의 논변에 따르면 출발점에서 거북이가 일정한 거리를 앞서서 경주할 경우, 아킬레스는 결코 거북이를 따라 잡을 수 없다는 것이다. 왜냐하면 현재 거북이가 서 있는 지점에 당도할 경우, 그 시간 동안 아무리 느린 거북이 일지라도, 어느 정도 앞으로 전진할 것이며, 다시 아킬레스가 지금 그 지점에 이를 경우, 그 동안 다시 거북이는 조금이나마 앞으로 나아갈 것인 까닭에...... 이런 식으로 해서 아킬레스는 영원히 거북이를 따라 잡지 못하게 된다는 것이다.

말장난 같은 이야기기는 하나 이것은 사회정의의 문제와 관련해서 매우 시사적인 의미를 함축하고 있다. 게으른 부자가 놀고먹어도 뼈빠지게 일하는 부지런한 가난뱅이가 따라 잡을 수 없다는 말이다. 설사 천부적 능력을 가진 자가 열심히 노력한다 할지라도 유리한 고지를 선점한 게으른 둔재를 따라갈 수 없다는 것을 풍자하고 있다. 그러니 사회구조적으로 빈익빈 부익부의 현상이 조장되는 것을 의미하기도 한다. 이러한 사회는 사회적 우연성이나 기득권의 지배력이 상당하여 그것이 자연적 우연성에까지 간섭함으로써 그것을 억압하거나 약화시키는 사회가 아닐 수 없다. 물론 우리 사회가 모든 면에 있어서, 이러한 사회라고 단정하기 어려울지는 모르나, 대체로 이런 사회로부터 그리 멀지 않은 사회라는 것이 솔직한 심정이다. 사회적 우연성은 물론 자연적 우연성까지 공정하게 처리하는 것이 정의로운 사회라 한다면, 우리 사회는 바로 이러한 점에서 정의사회로의 길이 요원한 사회라 아니할 수 없다.[6]

(2) 사교육의 과잉현상

때로는 사회적 제가치의 분배방식 그 자체보다는 그 가치를 획득하는 과정이나 수단에의 접근가능성에 있어서의 불평등이 더욱 근원적인 정의의 문제가 될 수 있다. 전자가 결과적 정의의 문제라면 후자는 절차적 정의의 문제라 할 수 있으며, 공정한 기회 균등의 보장은 바로 절차상의 정의의 있어 핵심이 된다고 할 것이다. 현대 산업사회에서 사회적 지위의 결정요인 가운데 가장 중요한 것이 교육의 기회라고 한다면, 교육의 기회야말로 공정한 기회 균등에 있어 가장 큰 관심의 대상이 되지 않을 수 없다. 교육의 기회가 개인의 능력이나 재능이 아니라 주로 부모의 사회경제적 지위에 의해 결정된다면, 그것은 명백히 불공정하고 부정의한 사회구조가 아닐 수 없다.[7]

한국에 있어서 초등교육 수준에서의 교육기회의 균등화는 적어도 양적 측면에서는 1970년 이후 의무교육의 보편화에 의해 그 완전한 실현이 이루어졌다고 할 수 있다. 중학교도 2002년 이후 의무교육의 실시되었다. 그러나 고등학교 이상의 수준에서는 많은 청소년들이 아직도 학교교육의 기회로부터 소외되고 있으며, 더욱이 취학의 기회가 계층별, 지역별로 큰 격차를 보이고 있다는 점을 지적하지 않을 수 없다. 이러한 교육기회의 불평등은 주로 저소득층이 자녀교육비의 부담능력이 없는 데 기인하고 있으며, 이로 인해 그들은 아무리 능력이 우수하더라도 고등교육의 기회를 박탈당하고 있는 것이다. 사회경제적 지위에 상관없이 능력있고 성실하게 노력하면, 누구나 지위상승이 가능하다는 확고한 기대가 주어질 때 국민들은 공정한 기회를 향유하게 되고 정

6) 황경식, "분배정의의 이념과 사회구조의 선택," 한국기독교 연구논총 제10호(1992), 315-316쪽.

7) 황경식, 앞의 논문(1992), 316-318쪽.

의감의 충족을 맛보게 될 것이다.

더욱이 과외공부 등의 사교육의 과잉 현상은 교육의 기회 균등을 더욱 왜곡시키고 있다. 처음부터 능력이 없는 자라면, 아무리 유능한 개인교수도 속수무책일 것이나, 비슷한 능력을 가진 자라면, 유능한 가정교사의 힘이 결정적인 것일 수 있음은 물론이다. 더욱이 현행 입시제도 아래에서라면 유능한 가정교사의 입시문제에 대한 예상확률은 더욱 높아지게 마련이다. 자본주의 아래에서 성공할 수 있는 길 중의 하나는 유력한 부모로부터 힘을 상속받는 일이고, 다른 하나는 교육을 통해서 고가의 용역을 제공할 수 있는 힘을 기르는 일이다. 그러나 사회정의의 관점에서 볼 때, 우리에게 보다 심각한 문제는 전자의 힘이 결정적인 것이어서 후자의 길이 봉쇄된다는 점이다.

Ⅱ. 정의의 영역

1. 정치적 차원

근현대 사회에서는 사회적 차별이나 불평등을 시정하고 정의를 실현하기 위한 다양한 논의가 전개되었는데, 이러한 논의는 크게 세 가지 차원으로 구분할 수 있다.

첫째는 '정치적 차원'인데, 여기서 차별이나 정의에 대한 논의는 주로 시민권이나 인권의 문제와 관련된다. 이것은 선거권과 피선거권, 생명권, 신체의 자유, 언론과 사상의 자유, 양심의 자유 등과 관련된 정치적 권리를 시민들에게 평등하게 부여함으로써 정의를 실현하려고 한다. 여기서는 시민들의 기본적 권리에 어떤 항목이 포함되는지, 또 누구에게 이러한 권리를 부여할 것인지가 주요 논쟁의 대상이 된다. 흑인과 여성의 투표권 확보 등에서 볼 수 있듯이 현대의 시민국가는 대체로 그 구성원이 시민들에게 동등한 시민권을 부여하고 있다. 서구의 자유민주주의나 사회민주주의 사회에서는 20세기에 들어서면서 이러한 시민권의 문제가 해결되었으며, 그래서 이 문제는 사회적, 정치적 중심의 의제에서 사라졌다.[8)]

8) 손철성, "다문화주의와 관련된 몇 가지 쟁점들," 철학연구 제107집(2008), 2-3쪽.

그러나 프레이저(N. Fraser)는 지구화 시대에는 이러한 정치적 차원의 문제가 다시 중요한 문제로 부각된다고 말한다. 그의 주장에 의하면, 정치적 차원에서는 한 사회에서 의사결정의 권한이 누구에게 있으며, 어떤 의사결정 절차를 밟아야 하는가와 같은 대의 문제가 중요하다. 즉 성원권과 절차의 문제가 중요하다. 시민국가의 틀에서는 통상적으로 시민 모두에게 성원권을 부여하고 있기 때문에, 문제가 되는 것은 시민들에게 참여권이 평등하고 충분하게 주어져 있는가인데, 이것을 '일상적인 정치적' 문제라고 한다. 이에 비해 성원권 자체의 경계를 설정하는 문제도 있는데, 이것을 '부당한 틀 구성'의 문제라고 한다. 이것은 구성원과 비구성원을 구분하여 비구성원에게는 성원권을 아예 박탈함으로써 그들을 의사결정과정에서 완전히 배제하는 것이다. 그들에게는 특정 공동체에서 정의를 요구할 수 있는 기회 자체가 주어지지 않는다. 프레이저는 지구화 시대에는 상호 작용의 범위가 시민 국가를 넘어서기 때문에 전지구적 차원에서 영향을 받는 모든 사람들을 고려하는 성원권이 필요하다고 주장한다. 이러한 정치적 차원의 활동을 시민권 정치라고 부를 수 있다.

2. 경제적 차원

둘째는 '경제적 차원'인데, 여기서 차별이나 정의에 대한 논의는 주로 재화의 분배 또는 재분배 문제와 관련된다. 이것은 사회적 상호작용의 과정에 동등한 참여를 가로막는 경제적 자원의 불균등 분배나 경제적 차별의 문제를 다룬다. 제2차 세계대전 이후 복지국가가 자리를 잡은 시기에는 이러한 분배 또는 재분배의 문제가 중심 의제로 부각되었다. 재분배의 정치는 경제적 위계 구조에 내재하는 불평등을 제거하려고 한다. 즉 노동 착취, 경제적 박탈과 같은 사회적·경제적 부정의를 타파하는 데 초점을 맞추어 소득 재분배와 같은 경제적 재구조화를 통해 문제를 해결하려고 한다. 여기서는 생산 수단의 소유나 임노동과 같은 경제적 관계에 의해서 규정되는 계급이 문제가 된다.[9]

---

9) 손철성, 앞의 논문(2008), 3쪽.

3. 문화적 차원

셋째는 '문화적 차원'인데, 여기서 차별이나 정의의 문제는 주로 문화적 정체성이나 문화적 권리와 관련된다. 이것은 사회적 상호작용의 과정에 동등한 참여를 가로막는 문화적 차별이나 문화적 정체성의 불인정 문제를 다룬다. 제도화된 위계적 질서는 사람들에게 필요한 지위를 허용해 주지 않음으로써 사람들은 신분상의 불평등이나 불인정으로 고통을 받는데, 1970년대 이후 다문화주의가 대두하면서 이러한 문화적 문제가 핵심 의제로 부각되었다. '인정의 정치'(politics of recognition)는 신분적 위계 구조에 내재하는 불평등을 제거하려고 한다. 서구 국가들에서는 대체적으로 이슬람교도 보다는 기독교도가, 흑인 보다는 백인이, 여성보다는 남성이, 동성애자 보다는 이성애자가 신분적으로 더 우월한 지위를 차지하고 있으며, 이로 말미암아 하층 집단은 신분적, 문화적으로 차별을 받는다. 이러한 하층 신분 집단은 법이나 제도를 통해 차별을 받기도 하지만, 대중 매체나 학교 교육 등에서 무시나 경멸의 대상으로 간주되어 차별을 받기도 한다. 그래서 '인정의 정치'는 이러한 신분적 위계 구조나 문화적 차별을 타파하는 투쟁에 초점을 맞추어 소수자들의 문화적 정체성과 문화적 권리의 인정을 통해 문제를 해결하려고 하며, 이를 위해 국가의 정책적 지원이나 소수자들의 조직적 활동, 차별화된 시민권 등이 필요하다고 주장한다.[10)]

Ⅲ. 정의론의 특성

1. 정의 담론의 두 모습

"정의는 사회 제도의 제1덕목"이라고 현대 정치철학자 롤즈가 갈파했듯이, 정의에 대한 논의는 동서고금을 막론하고 지속되어 왔다. 우리 사회의 경우 몇 년 전 하버드대학교 마이클 샌델 교수의 「정의란 무엇인가」라는 책이 일대 회오리를 일으키고, 이와 더불어 국정 최고 책임자가 직접 "공정 사회"라는 화두를 제시하면서 정의에 대한 담론이 그야말로 강물처럼 도도히 전개되었다.

10) 손철성, 앞의 논문(2008), 3-4쪽.

이처럼 정의에 대한 담론이 외국 교수의 저술에 의해 새삼스럽게 촉발되고 국정 최고 책임자에 의해 증폭되었다는 사실은 우리 사회에서 정의에 대한 담론이 전개되는 독특한 특징이라고 할 수 있다.[11)]

대체로 정의에 대한 논의는 동전의 양면처럼 두 가지 모습을 안고 있다. 그 하나는 정의롭지 못한 현실에 대한 비판이다. 이런 비판은 일차적으로는 '억울함'으로 표출되며, 그 억울함을 바로 잡고자 하면서 '정의란 무엇인가'에 대해 진지하게 성찰하기 시작한다. 그런데 그 '억울한 사연'은 참으로 다양하다. 병든 몸으로 태어나서 억울할 수도 있고, 가난한 집안에 태어나 억울할 수도 있다. 남자로 태어나 병역의 의무를 피할 수 없기 때문에 억울할 수도 있으며, 남존여비의 세상에 여자로 태어나도 억울할 수 있을 것이다. 정의에 대한 담론이 지닌 이와 같은 특징을 편의상 현실론이라고 하자. 이런 현실론은 부조리를 시정하는 실천적 방법론으로 이어진다. 억울함을 느끼는 사연이 저마다 다른 만큼 시정해야할 부정의가 무엇인지 그리고 이를 어떻게 시정할 수 있는지에 대한 논의 역시 참으로 다양하다.

정의에 대한 담론의 또 하나의 모습은 이상적 사회에 대한 소망이다. 즉 부조리가 없는 세상 혹은 부정의를 최소화 한 세상의 모습을 그려 보는 것이다. 불교의 '극락세계', 기독교의 '천국', 유교의 '대동사회'와 같이 지극히 유토피아적인 이상론이 있는가 하면, 모든 사람이 '능력에 따라 일하고 필요에 따라 분배받는' 사회주의 사회나 '복지사회' 역시 인간다운 삶을 보장하는 최소한의 요건을 갖춘 실현가능한 이상사회의 모습을 제시하고 있다고 할 것이다. 이처럼 우리가 지향하고자 하는 혹은 지향해야 마땅한 '이상사회'의 모습에 대한 논의를 편의상 이상론이라고 하자. 저마다의 꿈이 다르듯이 이러한 이상론 역시 참으로 다양한 형태로 제시되어 왔다. 뿐만 아니라 현실론에서 이상론으로 나아가는 실천적 방법론 역시 그야말로 십인십색(十人十色)의 상황이라 아니할 수 없다.

Q. 정의 담론의 현실과 이상을 생각해 보자.

---

11) 정원섭, "정의론과 공정성의 조건," 철학과 현실 제88호(2011), 27-28쪽.

2. 정의 담론의 특성

우리는 정의에 대한 논의가 지닌 기본적인 몇 가지 기본적인 특징을 다음과 같이 읽을 수 있을 것이다. 첫째는 정의에 대한 담론의 다양성이다. 다양성은 인간의 자유로운 이성이 초래하는 불가피한 귀결이다. 정의에 대한 논의 역시 예외일 수 없으며, 우리는 정의에 대한 다양한 이론을 접하고 있다. 이러한 이론 중 일부는 학문적으로든 실천적으로든 이제 그 효력을 상실한 것도 있다. 따라서 우리는 현재까지도 여전히 설득력이 있는 것처럼 보이는 정의에 대한 다양한 입장들 중 옥석을 면밀히 가리는 작업을 수행할 수밖에 없다. 그런 연후에도 정의에 대한 설득력 있는 담론이 여전히 여럿 있을 수 있을 것이다. 그런데 중요한 점은 우리는 정의에 대한 담론의 다양성 그 자체에 머물러 있을 수 없다는 것이다. 왜냐하면 정의의 원칙은 한 사회를 운영하는 가장 기본적인 원칙이기 때문이다. 따라서 무엇이 우리 사회를 운영하는 가장 기본적 원칙이 될 수 있는가에 대해 나와 다른 생각을 하는 사람들을 끊임없이 설득하는 지난한 작업을 회피할 수 없다.

둘째는 정의에 대한 담론의 구체성이다. 구체성이란 보편성과 특수성을 아우르는 특성이다. 오늘날 공적 담론에서 논의되는 정의란 대체로 현실적 삶의 배경적 조건을 규정하는 작업이다. 정의에 대한 담론은 현재 그 논의가 전개되는 시공적 특수성과 더불어 인간이 지닌 보편성을 함께 담을 때 비로소 구체성을 얻을 수 있다. 따라서 지금 논의하고자 하는 정의란, 가령 인권처럼 모든 인간이 기본적으로 누려야 할 보편적인 가치를 '지금 여기'라는 특정한 시간과 공간이라는 맥락 속에서 구체화하는 작업이라고 할 수 있다. 마이클 샌델 교수의 「정의란 무엇인가」라는 저술이 정의에 대한 우리의 관심을 다시 한번 불태워 주고 있는 것은 참으로 다행스러운 일이다. 하지만 지금 우리 사회에서 정의에 대한 담론의 주체는 우리 자신일 수밖에 없다. 더욱 구체적으로 말하자면 우리 사회의 건전한 민주시민이 바로 우리 사회에서 정의를 논의하는 주체로 자리매김 해야 한다. 그 이유는 정의에 대한 담론이 지닌 특성 때문이다.

셋째는 정의에 대한 담론의 진정성이다. 1980년대 관공서마다 그 전면에는 '정의사회구현'이라는 큼직한 구호가 적혀 있었다. 그것은 민주주의의 기본적 절차를 무시하고 유혈 폭력을 통해 집권한 5공화국의 국정지표였다. 그러나 5공화국이 진정 '정의사회'를 구현할 것이라는 기대를 품은 국민이 얼마나 있었는지 자못 궁금할 따름이다. 80년대 내내 일반 시민은 관공서에 걸린 '정의사회'를 외면한 채 거리에서 '군부독재타도'를 외치면서 절규하였다.

오늘 우리는 다시금 국정의 최고 책임자가 제기한 '공정사회'라는 화두를 마주 하고 있다. 우리 사회의 공정성을 진작하겠다는 것은 기꺼이 환영할 만한 일이다. 그럼에도 불구하고 '공정 사회'라는 이 화두가 지금 우리 사회에서 적극 수용되고 있다기보다는 조소와 비아냥거림의 대상으로 전락하고 있다는 의구심을 피할 수 없다. 만일 이러한 논의를 주도하는 세력이 스스로 그 진정을 입증하지 못한다면, '공정사회'는 1980년대 관공서에 걸려 있던 '정의사회구현'과 그 운명을 같이 하고 말 것이다. 바로 그 때문에 "정의란 강한 자들의 이해관계"일 뿐이라는 트라시마코스의 냉소처럼 정의에 대한 담론 자체에 대한 무용론이 쉽게 사라지지 않는 것이다. 따라서 '정의'나 '공정사회'에 대해 입으로 말하기에 앞서 이러한 논의의 진정성에 대한 신뢰를 확보할 수 있는 실천적 노력이 우선 선행되어야 할 것이다.

Q. 정의 담론의 특성 세 가지, 즉 다양성, 구체성, 진정성이 무엇을 의미하는가를 생각해 보자.

3. 정의 담론의 목표

사람들은 재화나 기회를 분배하거나 부당하게 입은 손해를 원상회복하려 할 때 적용할 정의원칙의 구체적 내용에 대해 저마다 다른 생각을 가진다. 그러나 적어도 정의가 왜 필요하며, 그것의 역할은 무엇인지, 정의원칙이려면 최소한 어떤 모습을 갖춰야 되는지에 대해서는 공통된 생각을 갖고 있다. 정의는 개인 및 집단 상호 간의 분쟁을 만인 대 만인의 무력투쟁이 아니라 공통의 규범에 의해 평화적으로 해결하고, 필요한 경우 안정된 상호협력을 끌어내는

데 필수적인 사회적 덕목이다. 사회적 협동을 유지하고 증진하기 위하여 정의는 상과 벌, 혜택과 부담, 권리와 의무 등을 할당하는 원칙들을 제시하게 된다. 따라서 정의는 개인들에게 중요한 의미를 갖는 희소한 자원들을 분배하는 원칙들의 체계인 것이다. 이것이 정의의 필요성과 역할에 대해 우리가 공통되게 가지고 있는 숙고된 판단들이다.[12)]

정의의 역할과 관련된 우리의 공통된 감각은 정의는 지속적인 사회적 협동을 가능하게 한다는 것이다. 지속적인 사회적 협동에 적용되는 정의(사회정의)의 원리는 서로 협동하는 사람들 사이에서 권리와 의무, 협력의 혜택과 부담을 적정하게 나누는 원리여야 한다. 안정적이고 지속가능한 사회적 협동의 올바른 조건을 정하는 역할을 수행하려면 정의는 상호협동하는 구성원들이 가장 신경 쓰고 중요하게 여기는 기본적 권리와 의무, 협동의 혜택과 부담을 각자에게 적절하게 나누는 규칙을 제시해야 한다. 그런데 사회적 협동은 단지 물질적 재화를 공동으로 만들어내고 이를 나누기 위한 수단만은 아니다. 지속적 협동을 위해서는 서로에 대한 존중이나 자유, 평등과 같은 무형적인 지위나 자격 등도 필요하다.

Q. 다음을 생각해 보자.

(1) 정의는 개인들에게 중요한 의미를 갖는 희소한 자원들을 분배하는 원칙들의 체계이다.

(2) 사회정의의 문제는 사회구성원들이 중요하다고 평가하는, 사회구성원들의 일생에 중요한 영향을 미치는 가치와 자원들을 배분하는 문제이다. 한국 사회에서 사회정의의 대상이 되는 중요한 가치와 자원들의 예를 들어보자.

Ⅳ. 부정의의 부재로서의 정의

1. 부정의란 무엇인가

정의에 관한 다양한 담론을 살펴 볼 때, 정의는 무엇보다도 먼저 '질서정

12) 김도균, "한국 법질서와 정의론: 공정과 공평, 그리고 운의 평등," 서울대학교 법학 제53권 제1호(2012), 346-347쪽.

연한 사회'를 이루기 위해 요청되는 필수적이고 기본적인 덕목을 가리킨다. 인체에 병이 없는 상태라면 우리는 '건강'이라는 단어를 입 밖에 떠올릴 필요가 없다. 마찬가지로 한 사회가 질서정연한 상태라면 정의에 관한 담론도 생겨나지 않게 될 것이다. 이러한 의미에어 정의는 불만족스러운 규범적 상황에 대한 시정의 요구인 동시에 질서있는 사회를 이루기 위해 요청되는 기본 덕목이다. 따라서 우리는 마치 '건강'을 '질병의 부재'로 이해할 수 있듯이, '정의'를 '부정의의 부재'로 이해할 수 있을 것이다. 그렇다면 '부정의'란 무엇인가? '부정의'란 한 사회의 구조나 제도가 도덕적으로 '정당성'을 결여한 상태를 말한다. 즉 사회의 구조나 제도가 특정 계층이나 개인에게만 유리하고 나머지에게는 불리하도록 만들어져 있을 때, 여기서 발생하는 정당성에 대한 물음과 도덕적 분노가 바로 '부정의의 시정'에 대한 요구인 동시에 '정의'에 대한 외침인 것이다.[13)]

Note. 서양에서는 '정의'란 무엇인가 하는 문제를 놓고, 학파에 따라 또는 학자에 따라 다양한 견해가 제시되어 왔다. 그러나 정의 개념에 관한 합의 불가능성 때문에, 어윈 같은 학자는 '정의'를 곧 '부정의의 부재'라고 보는 편이 낫다고 보고, 모든 부정의의 상태를 제거할 때 우리는 곧 정의에 이르게 될 것이고 말한다. 파인버그 같은 학자는 역시 같은 이유로, "정의를 논하는 것보다 부정의를 논하는 편이 훨씬 편리하다"고 말한다. 어윈이나 파인버그가 '정의'에 대한 정면적 접근대신 반면적 접근을 선호하는 이유는, '정의'에 대한 정면적 논의들이 어느 하나도 성공적인 것이 없으며, 또 개개의 논의들이 서로 합의점을 찾기가 불가능하기 때문이다. 따라서 이들은 '정의'가 우리의 발견을 기다리며 객관적으로 존재하는 '대상'이라기보다, 단지 불만족스럽거나 부정의하게 느껴지는 어떤 윤리적 상황의 '시정' 혹은 '부재'라고 보는 것이다.[14)]

2. 타당한 요구로서의 정의

'정의', 혹은 '부정의'라는 개념은 사회적 삶, 특히 법적·경제적 영역에서

13) 이승환, "정의로운 사회를 위하여," 중국철학 제5집 1호(1997), 204-206쪽.
14) 이승환 외1, 앞의 논문, 20쪽.

발생하는 다양한 요구와 밀접하게 관련되어 있다. '요구'는 항상 '무엇에 관한' 그리고 '누구에게 향한' 요구로 표현된다. 즉 '요구'는 언제나 대상이 되는 '재화'와 대상이 되는 '행위자'를 전제로 성립한다. 그리고 이러한 '요구'가 타당성을 갖추었을 때, 우리는 이를 '타당한 요구'라고 부르고, 여기에 도덕적 정당성을 부여하게 된다. '요구'의 대상이 되는 '재화'는 윤리학적 맥락에서 '몫'이라는 개념으로 표현된다. 정의에 관한 다양한 담론을 살펴 볼 때, '정의'는 항상 '몫'에 관한 정당화의 근거 문제와 관련되어 있음을 알 수 있다. '몫'은 임금, 지위, 명예, 기회와 같은 사회적 재화의 '분배'뿐만 아니라 복수, 형벌, 배상 등과 같은 '응보'의 문제와도 관련된다. 따라서 '정의'는 인간의 사회적 활동 양태에 따라 크게 '응보적 정의'와 '분배적 정의'로 나뉜다. '응보적 정의'는 한 개인이 공동체의 법규범을 위반하거나 다른 개인의 권익을 침해했을 때 마땅히 되받아야 하는 처벌의 정당성과 형평성, 그리고 마땅히 되갚아야 하는 배상의 정당성 및 형평성의 문제와 관련되며, '분배적 정의'는 사회적 재화의 취득과 분배 과정에서의 정당성 및 형평성의 문제와 관련된다.

3. 정의가 실현되는 시점: 부정의가 시정되는 바로 그 때

'부정의의 부재'로서의 정의, '타당한 요구'로서의 정의 그리고 '몫에 관한 정당화의 근거'로서의 정의 등의 '정의'가 지닌 이러한 규범적 특징들은 정의가 지닌 또 다른 특징으로 우리를 인도한다. 즉 '정의'에 대한 요구는 언제나 과거의 부정의에 대한 시정에서 출발한다는 점이다. 임금, 지위, 명예와 같은 사회적 기본 재화가 구성원들에게 공정하게 배분되는 상황이라면, 그 누구도 분배적 정의를 외칠 필요가 없게 될 것이다. 또 개인의 권익이 부당하게 침해받거나 공동체의 규범이 위협받는 상황이 아니라면, 복수, 형벌, 배상과 같은 응보적 정의에 대한 외침도 생겨나지 않게 될 것이다. 이로 볼 때 항상 정의는 과거의 부정의에 대한 시정에서 출발하여, 부정의가 시정된 상태를 지향한다. 결국 정의가 실현되는 시점은 곧 과거의 부정의가 시정되는 바로 그 시점이다.

4. 정의: 최소도덕

정의 개념이 지니고 있는 이상의 특징들을 종합해 볼 때, 정의는 사회 안에서 최소한의 인간다운 삶이 가능하도록 하한선을 규정해 주는 '최소도덕'의 의미를 지닌다. 사회에는 인간다운 삶을 가능하게 하는 수많은 윤리규범들이 존재한다. 이러한 규범들은 크게 '강요된 도덕'과 '권고된 도덕'으로 나눌 수 있다. '강요된 도덕'은 인간의 사회적 삶이 하한선 밑으로 떨어지지 않도록 하기 위해 누구에게나 보편적으로 요구되는 '최소한의 도덕'이다. 부당하게 남의 몫을 가로채지 않을 의무, 부당하게 남의 자유를 침해하지 않을 의무, 정당하게 제정된 법규를 준수해야 할 의무 등은 구성원 누구에게나 강요될 수 있는 최소한의 도덕이다. 그러나 낯선 사람에게 자비를 베푸는 일, 남을 위하여 자신의 몫을 양보하는 일, 공동체를 위하여 자신을 희생하는 일과 같이 '의무를 넘어서는' 덕목은 사회적 삶을 최대한으로 고양시키기 위하여 권고될 수 있는 도덕이다. 정의는 '최대도덕'을 지향하는 '권고된 도덕'과는 달리, 인간의 사회적 삶이 하한선 밑으로 떨어지지 않도록 '최소한의 의무와 권리'를 규정해 주는 윤리적 마지노선이라고 할 수 있다.15)

5. 이상과 현실은 다르다

'이상'과 '현실'은 다르다. 그럼에도 인간이 부단히 이상을 추구할 수밖에 없는 이유는 이상이 부조리한 현실을 극복할 수 있는 방향을 제시해 주기 때문이다. 정의가 소중한 이유는 바로 여기에 있다. 억압이 있는 곳 그리고 착취가 있는 곳에서는 어김없이 정의에 대한 외침이 터져 나온다. 정의는 지혜를 사랑하는 자들에 의해 발견되기를 기다리며 고고하게 존재하고 있는 이데아가 아니다. 정의는 억압받는 자들의 저항의 몸짓이며, 정당한 몫을 빼앗긴 자들의 타당한 요구이다. 정의는 오직 부정의의 시정을 통해서만 실현될 수 있으며, 부정의의 시정은 부조리한 현실에 대한 부단한 고발 없이는 이루어질 수 없다.

---

15) 이승환, 앞의 논문, 234쪽.

Ⅴ. 개인적 정의와 사회적 정의

오해의 소지는 있지만 정의론의 유형을 크게 개인적 정의론과 사회적 정의론으로 구분해 볼 수 있다. 개인적 정의론이란 '의인' 혹은 '의로운 행동'이라는 표현에서 알 수 있듯이 개인의 행동 혹은 성품과 관련하여 정의에 접근하는 방식이다. 가령 은혜를 갚거나 차별하지 않고 공평하게 대하는 행동은 정의로운 행동이라 할 수 있다. 그런가하면 옳고 그름을 따지는 시비지심과 같은 인간의 심성은 정의로운 품성으로 간주될 수 있을 것이다. 플라톤 역시 지혜와 용기 그리고 절제가 균형을 이루고 있는 영혼의 상태를 정의로 규정하고자 한다는 점에서 이런 접근 방식의 한 단면을 보여 준다. 이처럼 정의를 개인의 도덕적 덕목으로 간주하는 방식은 지금까지 도덕 철학의 중요한 주제로 탐구되어 오고 있을 뿐만 아니라 도덕 교육의 핵심이 되고 있다. 개인의 도덕적 덕목으로서 '정의' 혹은 '공정성'은 첨단 과학 기술로 대변되는 현대 사회에서 고도의 전문성에 입각하여 공동체 전체를 위한 결정을 해야 하는 전문가나 공직자들에게 더욱 절실히 요청되고 있다.[16)]

이와는 달리 사회적 정의론이란 사회 제도의 특성 혹은 사회 제도의 운영 원리로서 정의를 이해하고자 한다. 이러한 접근 방식을 대체로 네 가지 입장으로 분류해 볼 수 있을 것이다. 즉 공리주의, 평등주의, 자유주의, 공동체주의이다.

제 2 절 정의란 무엇인가

Ⅰ. 예수와 빌라도

나사렛 예수가 로마총독의 심문 시에 유대인의 왕이라는 것을 고백하면서 "나는 진리를 증명하기 위해 태어나서 이 세상에 왔다"라고 말했다. 그러자 본디오 빌라도가 물었다. "그러면 진리란 무엇인가?" 회의적인 로마인들은 이러

16) 정원섭, 앞의 논문, 25-26쪽.

한 질문에 대해 그 어떤 대답을 기대하지 않았던 것 같고 성인도 대답하지 않았다. 왜냐하면 진리를 증명하는 것이 구세주인 그의 파견의 중요한 과제가 아니기 때문이다. 예수는 정의, 즉 그가 하나님 나라에서 이루려고 했던 정의를 증명하기 위해 태어났다. 따라서 그는 이 정의를 위하여 십자가에 못 박혀 죽은 것이다.[17]

빌라도의 "진리란 무엇인가"라는 질문에 이어서 십자가의 보혈로부터 다른 질문, 아주 더 강력한 질문, 인류의 영원한 질문이 제기되었다. 즉, "정의란 무엇인가"가 바로 그것이다. 어떤 다른 질문도 이처럼 열정적으로 논의되지 않았고, 어떤 다른 질문을 위해서도 그렇게 소중한 피와 통렬한 눈물을 흘리지 않았으며, 어떤 다른 질문에 대해서도 가장 위대한 사상가들이 - 플라톤에서 칸트까지 - 그처럼 아주 골똘히 생각하지 않았다. 그러나 어느 때와 마찬가지로 오늘날 이 질문에 대답하지 않고 있다. 그것은 아마 인간은 결코 확실하게 대답할 수 없고, 오히려 좀 더 훌륭한 질문을 모색할 수 있을 뿐이라는 체념적인 지혜가 필요한 그러한 질문 중 하나이기 때문이다.

Ⅱ. 이익 또는 가치충돌의 해결문제로서의 정의

1. 행복이란 무엇인가: A의 행복과 B의 행복의 상충 사례

(1) 행복이란 무엇인가

정의에 대한 동경은 인간의 행복에 대한 영원한 동경이다. 인간은 소외된 개인으로서 이러한 행복을 발견할 수 없기 때문에, 이를 사회에서 찾는다. 정의란 사회적 행복이고 사회질서가 보장하는 행복이다. 이러한 의미에서 플라톤이 정당한 것만이 행복하고 정당하지 않은 것은 불행이라고 주장한다면, 그는 정의를 행복과 동일시하고 있는 것이다. 추측컨대 정의가 행복이라는 주장으로 그 질문에 아직 대답한 것이 아니라, 그에 대한 대답을 미룬 것뿐이다. 왜냐하면 지금 "행복이란 무엇인가"라는 질문이 제기되기 때문이다.[18]

---

17) 김선복, "정의란 무엇인가?," 인문사회과학연구 제10권 제1호(2009), 126-127쪽.
18) 김선복, 앞의 논문, 127쪽.

(2) 두 남자가 한 여자를 사랑하다

단어의 본래 의미에 따라 행복이란 주관적 감정, 즉 누구나 스스로 이해하는 것을 의미한다면, 정당하고 모든 사람들의 행복을 보장하는 질서가 있을 수 없다는 것은 명백하다. 그 이유는 한 사람의 행복과 다른 사람의 행복이 상충하는 것은 불가피하기 때문이다.

사랑은 행복과 불행의 가장 중요한 원천이다. 두 남자가 한 여자를 사랑하고 있고(그것이 도덕으로나 법적으로 옳든 그르든지 간에) 두 사람이 이 여자를 혼자 차지하지 않으면 행복할 수 없을 것이라고 믿는다고 가정하자. 법률과 또한 그들 자신의 감정에 따르면, 이 여자는 오직 한 남자의 것일 뿐이다. 한 사람의 행복은 필연적으로 다른 사람의 불행이 된다. 어떤 사회질서도 이러한 문제를 공평한 방법으로, 즉 두 남자가 행복해지는 것으로 해결할 수 없다.[19]

(3) 솔로몬의 유명한 판결

알려진 바와 같이 솔로몬 왕은 두 여자가 자기 자식이라고 주장하는 한 아이를 이등분할 것을 결정하였다. 그러나 그 아이를 그의 생명을 구하기 위해 자신의 요구를 철회할 여자에게 넘겨줄 마음이었다. 왜냐하면 이로써(왕은 그렇게 가정하였다) 이 여자가 아이를 진정으로 사랑한다는 것을 증명할 것이기 때문이다. 솔로몬 왕의 판결은 두 여자 중 한 사람만이 아이를 사랑하고 있다는 조건 아래서만 정당하다. 두 여자 모두 아이를 사랑하고 있고(이는 두 여자가 한 아이를 데려가기를 원하므로 가능하고 더 개연적인 것이다) 두 사람이 그들의 요구를 철회한다면 분쟁은 해결되지 않은 채로 남아있게 된다. 그러나 결국 아이가 판결로 한 당사자에게 주어진다면, 그 판결은 분명히 공정하지 못하다. 왜냐하면 그것은 다른 당사자를 불행하게 만들기 때문이다. 우리의 행복은 흔히 사회질서가 보장할 수 없는 욕구의 충족에 달려있다.

(4) 군대의 지휘관 임명

군대의 지휘관이 임명되어야 한다. 두 사람이 경쟁하고 있다. 그러나 한 사람만 임명될 수 있다. 군대에 적합한 사람이 임명되는 것이 당연할 것이다. 그러면 두 사람이 똑같이 적임자이면 어떻게 할 것인가? 그럴 때에 정당한 해

19) 김선복, 앞의 논문, 128쪽.

법은 있을 수 없다. 한 사람은 작고 신통치 않은 외모를 가지고 있는 반면, 다른 사람은 훌륭한 몸매와 잘 생긴 얼굴을 가지고 있고, 그래서 강한 성격의 인상을 주기 때문에 적합한 것으로 간주된다고 가정하자. 후자가 그 자리를 얻는다면 전자는 그 결정을 정당한 것으로 생각하지 않을 것이다. 그는 "나는 왜 다른 사람처럼 훌륭하게 보이지 않을까? 자연은 왜 나의 신체를 매력 없게 만들었을까?"라고 말할 것이다. 사실 우리가 정의의 관점에서 판단한다면, 자연은 공정하지 않다는 것을 인정해야 한다. 그는 한 사람은 건강하게, 그리고 다른 사람은 병들게 만들고, 한 사람은 영리하게, 그리고 다른 사람은 바보스럽게 만든다. 사회질서는 자연의 부당함을 완전히 제거할 수 없다.

2. 정의를 행복이라고 한다면

정의를 행복이라고 한다면 그것이 개인의 행복만큼 많은 것을 뜻하는 한 정의의 사회질서는 불가능하다. 정의의 사회질서는 그것이 모든 사람의 개인적 행복이 아니라 최대다수의 최대행복을 이끌어 내려고 애쓴다는 가정하에서조차 불가능하다. 이는 영국의 철학자이며 법학자인 벤담이 내렸던 유명한 정의의 개념이다. 그러나 행복을 주관적 가치라고 이해한다면 벤담의 공식도 적용될 수 없다. 왜냐하면 서로 다른 개인들은 그들의 행복이 무엇을 의미하는가에 대해 아주 상이한 표상을 가지기 때문이다. 사회질서가 보장할 수 있는 행복은 주관적·개인적 의미가 아니라 객관적·집합적 의미로 행복이라고 할 수 있다. 다시 말하면 행복이란 어떤 욕구의 충족을 말한다. 이러한 욕구는 식량, 의복, 주거 등에 대한 욕구와 같이 사회적 권위, 즉 입법자에 의해 충족될 가치가 있다고 인정된 것이다. 사회적으로 인정된 욕구의 충족이 단어의 본래 의미 중 일부와 완전히 다르다는 것을 의심할 수 없다. 왜냐하면 사물의 가장 내재적인 본질에 따르면 이 의미는 매우 주관적인 것이기 때문이다. 정의에 대한 욕구는 자기의 주관적 행복에 대한 불멸의 욕구의 표현이기 때문에 근원적이며 인간의 마음속에 깊이 뿌리 박혀 있다.[20]

20) 김선복, 앞의 논문, 128-129쪽.

Ⅲ. 가치의 서열

1. 가치의 서열은 무엇인가

인간의 어떤 이익들이 가치를 가치며, 이 가치의 서열은 무엇인가? 이는 이익이 충돌하면 제기되는 질문이다. 그러한 이익충돌이 있는 곳에서만 정의는 문제가 된다. 이익이 충돌하지 않는 곳에서는 정의에 대한 욕구는 없다. 그러나 이익충돌은 한 이익이 다른 이익의 희생으로만 충족될 수 있거나, 아니면 같은 결과가 되지만 두 가지가 대립하면, 그리고 하나의 이익은 다른 이익이 등한시되는 정도에 따라서만 실현될 수 있고, 한 이익의 실현을 다른 이익의 실현에 우선시키고, 두 이익 중 어떤 것이 더 중요하고 더 높은 가치인가, 결국 무엇이 최고의 가치인가를 결정하는 것이 불가피할 때, 두 이익을 동시에 실현하는 것이 불가능하면 발생한다. 가치문제는 무엇보다도 가치충돌의 문제이다. 그리고 이러한 문제는 합리적인 인식이라는 수단으로 해결될 수 없다. 여기서 제기되는 질문에 대한 대답은 언제나 결국 감정적인 요소에 의해 정해지고, 그래서 최고의 주관적인 성격을 갖는 판단이다. 다시 말하면 그것은 판단하는 주체에게만 타당하고 이러한 의미에서 상대적이다.[21)]

2. 모순되는 두 가치판단: A의 가치와 B의 가치의 상충 사례

(1) 전쟁: 인간의 생명 대 국가 이익과 명예

특정한 도덕적 확신에 의하면 인간의 생명, 모든 개개인의 생명은 최고의 가치이다. 따라서 이 견해에 의하면, 전쟁 시에는 물론 사형의 집행 시에도 인간을 살해하는 것은 금지된다. 알려진 바와 같이 이는 병역 기피자와 사형폐지를 주장하는 자들의 견해이다. 그러나 또한 최고의 가치는 국가의 이익과 명예라고 하는, 이와 대립되는 도덕적인 확신이 존재한다. 따라서 국가의 이익과 명예가 요구한다면, 모든 사람들은 도덕적으로 자기의 목숨을 희생하고 전쟁에서 다른 사람을 국가의 적으로 죽일 의무를 진다. 또한 중범죄에 대해 사형을 선고하는 것은 정당화되는 것으로 생각된다. 서로 모순되는 견해에 기초

21) 김선복, 앞의 논문, 129-130쪽.

하는 두 가치판단 중에서 어느 것이 옳은지를 합리적인 방법으로 결정하는 것은 불가능하다. 따라서 그것은 우리의 이성이 아니라, 우리의 감성, 우리의 의지이며, 충돌을 해결하는 우리 의식의 감정적 요소이다.[22)]

(2) 집단수용소의 수용자의 자살: 생명 대 자유

탈출이 불가능한 집단 수용시설의 노예나 수용자에게 자살이 도덕적으로 허용되는가 하는 질문이 제기되었다. 이러한 질문은 항상 재차 논의되었고, 특히 고대의 윤리학에서 커다란 역할을 했다. 이에 대한 답변은 두 가치, 즉 생명과 자유 중 어느 것이 더 가치 있는지에 대한 결정에 달려 있다. 생명이 더 가치가 있다면 자살은 정당화되지 않는다. 그러나 자유가 더 가치가 있고, 자유 없는 생명은 가치가 없다면, 자살은 허용될 뿐만 아니라, 또한 요청되기도 한다. 이는 생명과 자유의 가치서열의 문제이다. 이 질문에 대하여 주관적인 대답만이, 즉 판단하는 주체에게만 타당한 대답이 가능하다.

(3) 계획경제 실시: 개인적 자유 대 경제적 안정

소위 계획경제를 통하여 국민들의 형편이 크게 향상될 수 있고, 그로 인해 경제적 안정이 모든 사람에게 똑같이 보장되지만, 그러한 조직화는 모든 개인적 자유가 박탈되거나 상당히 제한될 때에만 가능하다는 것을 증명할 수 있다고(그것을 스스로 주장하지 않고) 가정해 보자. 계획경제를 택할 것인가에 대한 대답은 개인적 자유의 가치와 경제적 안정의 가치 중에서 어느 것을 결정할 것인가에 달려 있다. 자존심이 강한 사람은 개인적 자유를 택할 것이고, 반면 열등의식에 시달리는 사람은 경제적 안정을 택할 것이다. 다시 말하면 개인적 자유가 경제적 안정 보다 더 가치가 있는지, 그렇지 않으면 경제적 안정이 개인적 자유보다 더 가치가 있는지 하는 질문에 대해 주관적 판단만이 가능하다.

(4) 환자의 불치병과 의사: 진실성 대 인간성

환자를 꼼꼼하게 진찰한 후 의사는 곧 사망에 이르게 할 불치병을 확인하였다. 의사는 환자에게 사실을 말해야 하는가 또는 말해도 좋은가, 아니면 환자에게 그의 병은 치료될 수 있고, 급박한 위험은 없다고 말해도 좋은가 또는 거짓말을 해야 하는가? 그 결정은 우리가 두 가치, 즉 진실성과 인간성의 관계

22) 김선복, 앞의 논문, 130-132쪽.

에서 인정하는 순위에 달려 있다. 환자에게 진실을 말하는 것은 그에게 죽음에 대한 공포의 고통을 주는 것이다. 환자에게 거짓말을 하는 것은 이러한 고통을 덜어 주는 것이다. 진실의 이상이 인간성의 이상보다 우월하다면, 의사는 진실을 말해야 한다. 반대로 인간성의 이상이 진실의 이상보다 우월하다면, 의사는 거짓말을 해야 한다. 그러나 양 가치 중 어느 것이 더 상위에 있는지의 질문에 대한 대답은 이성적·과학적인 숙고의 토대위에서는 불가능하다.

3. 가치서열의 질문에 대한 대답

생명과 자유, 자유와 평등, 자유와 안정, 진실과 정의, 진실성과 인간성, 개인과 국가 같은 가치서열의 질문에 대한 대답은 영혼구제, 즉 사망 후의 자기운명을 재물보다 더 중요하다고 보는 독실한 기독교인에게 질문하였는지 또는 영혼불멸을 믿지 않는 물질주의자에게 질문하였는지에 따라 상이한 결과가 될 것이 틀림없다. 그래서 자유가 최고의 가치라는 가정하에, 즉 자유주의의 관점에서 또는 경제적 안정이 사회질서의 최종목표라는 가정하에, 즉 사회주의의 관점에서 대답한다면 대답은 같을 수 없다. 그 대답은 항상 주관적이고 그래서 단순히 상대적 가치판단의 성격을 갖게 될 것이다.[23]

제 3 절 동양의 정의관: 유가적 전통에서의 정의관

Ⅰ. 정의의 함의

1. 진리: 무거움 대 가벼움

정의를 말할 때, 동서양의 정의에 대한 정의의 개념적 함량은 꽤 차이가 난다. 마치 동서양의 진리 의미의 차이와도 같이 개념의 무게가 한 쪽이 상당히 무거운 반면, 다른 한 쪽은 비교적 가볍다. 이를테면, 동양의 진리가 절대불변하는 성현의 깨달음을 가리키는 반면, 서양의 진리는 사실성이나 정직성

23) 김선복, 앞의 논문, 132-133쪽.

과 같이 실체의 사물 또는 사태의 접근정도를 일컫는다. 동양의 진리는 각성(깨달음)이 표준이 되고 있지만, 서양의 진리는 현실에로의 박진성이 우선된다. '비가 온다'고 말할 때 밖에서 정말로 비가 오면 그것을 서양에서는 진리라고 부를 수 있지만, 동양의 진리는 '비'라는 현상과는 거리가 멀어도 한참 멀다. 이는 '참'이라고 말할 때도 마찬가지여서, '눈이 온다'고 할 때 정말로 눈이 오면 서양에서는 '참이다'라고 자연스럽게 말하지만, 우리말에서 '참한 색시'는 서양의 '참'과는 전혀 어울리지 않는 감성적이고 육체적인 말이다. 그런 점에서 우리말의 '참'은 '참하다'와 '참이다'가 매우 다르다. 나아가 '참함'(성실성)은 '옳음'(사실성)에 앞선다.[24]

2. 정의: 저울과 칼(균형성과 보복) 대 저울(균형성)

정의의 개념도 비슷한 길을 걷는다. 서양에서 정의하면 정의의 여신을 손쉽게 떠올리게 된다. 눈을 가리고 한 손에는 저울을, 다른 한 손에는 칼을 들고 있듯이, 그녀가 가리키는 바는 균형성과 보복이다. 너와 나는 공평해야 하며, 그렇지 않을 때는 칼로 자르겠다는 것이다. 여기서 저울은 공정성을 뜻하고 칼은 그것의 집행권을 상징한다. 그리하여 정의는 곧 사법관을 뜻하기도 하며, 그들의 모임인 사법부는 '정의부'가 된다.

동양에서도 저울의 의미는 강조되었다. 이를테면, 형평성의 '형'(衡)은 쇠뿔의 가름대를 가리키는 것으로 곧 저울이며, 권력의 '권'(權)도 저울추로 저울질하는 행위를 가리키기도 한다. 그런데 이러한 '권형'(權衡)이 곧바로 '의'(義)로 번역되지 않는 것이 동양의 문화이다. 동양에서 '의'는 당위의 세계를 말하는 것으로 '마땅히' 그렇게 되어야 함'(宜)을 뜻하지만, '권형'의 동작은 현실에서 이루어지는 것으로, '재어 봄'(量; 衡量)에 지나지 않는다. 다시 말해, 권형이 곧 올바름(正)이 되지는 않는다.[25]

Q. 정의의 여신상의 모습에서 저울과 칼은 무엇을 상징하는가를 생각해 보자. 오늘날 이 시대에 저울과 칼의 기능이 제대로 수행되고 있다고 보는가?

---

24) 정세근, "법의 정의론," 동서철학연구 제33호(2004), 84쪽.
25) 정세근, 앞의 논문, 84-85쪽.

3. 맹자와 의금부

정의의 '의'는 맹자에 의해 철학적으로 의미가 부여된 것으로, 공자가 말한 사람마다 지니고 있는 사랑의 마음(仁)이 '반드시 이루어져야 한다'는 점에서 의무론적인 성격을 띠고 있는 것이다. 그리고 정의의 '정'은 많은 곳에서 근거를 찾을 수 있지만, 특히 공자의 정명(正名) 사상이 뜻하고 있는 명분(名分)론과 관련을 맺는다. '아버지는 아버지답게, 아들은 아들답게'(父父, 子子)라고 할 때처럼, 이름에 걸맞음을 뜻하는 것으로, 사물을 본질론적으로 정의하고 있는 것이다. 이러한 본질론(正)과 의무론(義)의 만남으로 이루어진 개념이 유가를 근간으로 하는 동양의 정의관이기 때문에, 서양의 정의관과는 질과 양 두 방면에서 차별이 되는 것이다.

물론, 우리나라의 '의금부'(義禁府)는 서양적 정의관과 손을 잡을 수 있는 '의'의 용법을 보여주기도 한다. 그렇게 해야 하는데 그렇게 하지 않은 사람은 '연금(軟禁) 또는 구금(拘禁) 되어야 한다'는 뜻에서 의금부라고 불려진 것이다. 그러나 그곳에 '정'자를 붙일 수 없었던 것은 그것이 지닌 의미가 너무 강력했기 때문이다. 이를테면, 아버지답지 않은 아버지가 매우 많으며, 아들답지 않은 아들도 매우 많은데, 그들을 다 잡아넣을 수는 없었던 것이다. 영어에서의 수량적인 '정당한, 적절한, 적당한, 타당한'('just'의 형용사적 의미에서의 '딱', '바로', '정말') 것이란 의미에서의 정의(Justice)가 우리말에서 이상화되어 쓰이는 '…다움'('진짜 사나이' 등)과도 매우 비슷한 점이 있으면서도, 함량이 서로 다른 까닭이 바로 여기에 있다.[26)]

Q. '아버지는 아버지답게, 아들은 아들답게'와 '아버지답지 않은 아버지, 아들답지 않은 아들'의 의미를 위의 설명에 비추어 생각해 보자.

4. 가슴으로 느끼는 정의 대 머리로 따지는 정의

서양에서의 정의란 기본적으로 현실 속에서의 알맞음을 지향하고 있지만,

26) 정세근, 앞의 논문, 85쪽.

동양에서의 정의는 원칙적으로 이상 속에서 제시된 올바름을 추구한다. 진리의 표준에서 동서가 다르듯이, 이처럼 정의관도 차이를 보인다. 우리에게 정의는 이념화되어 있는 관념에 속하지만, 서구에서 정의는 현실 속에서의 태도와 자세를 가리키고 있다. 서양의 정의론이란 추상적인 개념들을 줄기차게 구체화시켜보려는 노력이었던 반면, 동양의 정의론은 아직도 개별 현상 속에서 옳고 그름을 따져보는 시도(實事求是)를 제대로 못하고 있다고 볼 수 있을지도 모른다. 우리에게 정의론이 필요한 이유는 바로 여기에 있다. 이 시대가 우리들에게 더욱 요구하는 것은 '가슴으로 느끼는 정의'가 아니라, '머리로 따지는 정의'이기 때문이다.[27]

Q. 동양의 정의론적 사고와 서양의 정의론이 현실에 통용되는 이 시대에 우리가 할 일은 무엇인가?

5. 동서양의 정의관의 차이

서양 정의관의 특징을 한 마디로 요약한다면 법과 경제 및 제도에 바탕을 둔 개인적 자유와 사회적 평등을 조화롭게 추구하는 정의라고 할 수 있다.[28]

정의의 영어 단어인 justice의 jus는 라틴어로 '법'을 의미한다. 그래서 서양에서 말하는 정의란 원래 법률용어다. 서양에서 법의 이념으로 정의를 드는 것은 일반적인 경향이다. 서양법철학에서 법은 정의에서 나온 것이라고 하였다. 그리스에서도 법(dike)과 정의(dikaion)는 언어적으로 불가분리의 것이다. 로마에서도 법(ius)은 정의(iustitia)에서 유래한 것이며 법은 정의와 형평의 기술이라고 말한 바 있다. 법은 정의의 표현자이며 법에 적합한 것이 곧 정의라는 것이며 법은 정의를 실현하는 것을 고유의 사명으로 여겼다는 것이다.

서양의 정의 즉 justice는 법이나 경제 문제에 바탕을 두고 있으며 그것은 또한 개인적 자유가 기본이 되는 정의이다. 그런데 오늘날 우리 사회는 서양의 justice만을 참된 정의로 인식하고, 동양적 정의(義)에 대해서는 관심을 두

27) 정세근, 앞의 논문, 85-86쪽.
28) 송인창, 앞의 논문, 236쪽.

지 않거나 무시하는 형편이다.

동양의 윤리 전통에서 Justice에 해당하는 개념은 무엇일까? 동양의 고전을 살펴볼 때, 정의라는 한자어는 순자(荀子)에 처음 보인다. 그러나 이때의 '정의'가 우리가 논하고자 하는 '정의'와 같은 의미로 사용되었는지는 분명하지 않다. 그 용례로 볼 때 '정의' 개념과는 다소 거리가 있다. 여기서는 우리가 다루고자 하는 '정의'의 실질적 내용과 규범적 특징들은 '정의'라는 단어보다는 의(義), 예(禮), 균(均), 평(平), 분(分), 공(公), 명(名) 등과 같은 개념에서 두루 발견된다. 따라서 여기서는 서양의 '정의'와 짝이 되는 단일의 개념을 찾지 않고, '정의'의 규범적 특징과 실질적 내용에 의거하여 동양의 정의관을 살펴본다.[29]

Q. 동서양의 정의관의 특징을 생각해 보자.

Ⅱ. 응보적 정의

1. 복수와 정의

(1) 복수는 부정의에 대한 응분의 대가

잔혹한 폭군이 법 위에 군림하면서 지속적으로 백성을 착취하고 억압한다면, 나의 부모를 음해하여 죽인 자가 공권력의 비호 아래 우리 마을에 함께 살고 있다면, 그리고 사회의 제반 영역에서 발생하는 부정의를 감독하고 처벌할 만한 법적 기제가 완비되지 못했거나, 아니면 법적 기제가 완비되어 있다 하더라도, 사법기관이 정의를 구현할 '적극적 의지'를 결여한 경우, 피해자 스스로 나서서 가해자를 응징할 수밖에 없다. '복수'는 "당한 만큼 상대방에게 되갚는다"는 형평의 원리에 기초한다. '복수'는 부정의에 대한 '응분의 대가'를 피해자가 가해자에게 직접 되갚는 자조(自助) 행위이다.[30]

(2) 유가에서는 '복수'를 어떻게 보았는가

복수는 크게 '공인'에 대한 복수와 '사인'에 대한 복수로 나눌 수 있다. 먼저, '공인', 즉 폭군에 대한 복수의 견해는 「맹자」에 잘 나타나 있다. 맹자는

29) 이승환, 앞의 논문(1997), 206-207쪽.
30) 이승환, 앞의 논문(1997), 207쪽.

'탕'이 폭군 '걸'을 쫓아 내고, '무'가 폭군 '주'를 토벌한 일을 두고 평하기를, "인을 해치는 자는 도적이고, 의를 해치는 자는 잔악한 놈이다. 도적과 잔악한 놈은 그저 한 사내에 불과하며 임금이라고 할 수 없다. '무'가 한 사내를 처벌했다는 말은 들었어도, 임금을 시해했다는 말은 듣지 못했다"고 하여 폭군에 대한 복수를 정당화한다. 맹자는 또 '탕'이 폭군 '걸'을 쫓아 낸 일은 "핍박받는 민중을 위하여 복수를 한 것"이라고 하고, '무'가 폭군 '주'를 죽인 일은 "백성을 물난리와 불구덩이에서 구한 것"이라고 하여, 폭군에 대한 복수를 정당화한다. 맹자의 역성혁명론은 '저항권'이라는 법학 용어로 설명될 수 있다. 맹자의 역성혁명에 대한 견해는 후에 군주의 폭압을 견제할 수 있는 이론적 무기가 되었다.[31]

그러면 동양에서는 '사인' 간에 행해지는 '복수'를 어떻게 보았는가? 혈속의 원수에 대한 복수에 관하여 공자는 이렇게 말한다.

> 자하가 공자에게 물었다. "부모의 원수에 대해서 어떻게 처신해야 합니까?" 공자가 대답하기를, "거적자리 위에서 방패를 베고 자며(원수를 쫓아야 하고), 벼슬을 하지 말고, 원수와는 하늘을 함께해서는 안 된다. 만약 시장이나 조정에서 마주치면 무기를 가지러 집으로 돌아올 것 없이 그 자리에서 싸워야 한다." "형제의 원수에 대해서는 어떻게 처신해야 합니까?" 공자가 대답하기를, "벼슬을 하기는 하되 같은 나라를 섬기지 말고, 임금의 명을 받들어 사신으로 나간다면 원수와 마주치더라도 싸우지 말아야 한다." "그러면 종부와 이종 형제의 원수에 대해서는 어떻게 처신해야 합니까?" "원수 갚는 일에 앞장서 필요는 없지만, 주인(종부형제의 아들)이 원수를 갚고자 할 때에는 무기를 들고 지원해 주어야 한다."

공자와 마찬가지로 「예기」에서는 "아버지의 원수와는 한 하늘을 이지 않는다(반드시 죽여야 한다). 형제의 원수는 무기를 가지러 집에 돌아가서는 안 된다(항상 무기를 몸에 지니고 있다가 만나면 바로 죽인다). 친구의 원수와는 나라를 같이 하지 않는다(같은 나라에 살 경우 반드시 죽여야 한다)"고 하여, 복수를 정당화하고 있다. 이러한 기록을 통해서 볼 때, 고대 동양 사회에서 혈속의 원수에

31) 이승환, 앞의 논문(1997), 207-209쪽.

대한 보복은 가족으로서 행하지 않으면 안 될 절대적인 '의무'였음을 알 수 있다. 「예기」에 나타난 부모, 형제, 친구를 위한 복수의 규정은 이후에 '복수의 삼대 원칙'으로 굳어져 내려오게 된다.

(3) 눈에는 눈으로, 이에는 이로

한나라 이후 중국에서는 원나라를 제외한 모든 법률이 복수 행위를 금하기는 했지만, 「예기」의 정신에 의거하여 혈속이 원수에 대한 보복만은 자식된 자가 행하지 않으면 안 될 '도의'로 간주되었다. 따라서 실정법에 의한 처벌을 각오하고서라도 원수를 갚는 일이 빈번하게 발생하였으며, 법정에서는 복수범에 한해서는 일반 형사범과 달리 정상을 참작하여 판결을 내리곤 했다. 복수에 나타난 동양의 정의관은 "같은 것은 같은 것으로"라는 구약의 정의관을 연상하게 한다. '탈리온의 법'은 이렇게 말한다. "그가 형제에게 행하려고 한 그대로 그에게 행하여 너희 중에서 악을 없게 하라. 생명에는 생명으로, 눈에는 눈으로, 이에는 이로, 손에는 손으로, 발에는 발로 갚으라." 로마법에서도 '정의'는 "각자에게 그의 몫을"이라는 격언으로 표현되며, 이는 유가의 복수관에 나타난 '응보적 정의'의 이념과 일맥상통하는 것이다.[32)]

Q. '복수를 하는 것이 정의이다'라는 말을 현대 사회에 비추어 생각해 보자.

2. 법의 타당성과 정의

(1) 예와 법

어떤 사회든 그 사회의 질서 유지를 위해서는 모종의 규범을 필요로 하고, 규범을 위반하는 행위에 대해서는 그에 상응하는 '대가'를 요구한다. 규범 위반에 대한 '대가'는 경우에 따라 도덕적 비난이나 여론의 질책으로 그치는 수도 있지만, 위반의 정도가 심하거나 위반의 종류가 사회의 질서를 심각하게 위해할 때는 형벌로 이어진다.

전통 동양 사회에서는 사회의 질서 유지를 위해 어떤 규범들이 존재했는가? 크게 '예'와 '법'으로 분류된다. '예'는 크게는 나라의 국체와 통치 형태, 신

---

32) 이승환, 앞의 논문(1997), 211쪽.

분 질서와 신분상의 특권, 재산 상속, 그리고 관혼상제의 제도를 규정하는 관습법적 성격을 지니며, 나아가서는 도덕과 예절 그리고 매너와 에티켓까지도 규정하는 행위 규범의 성격을 갖는다. 이에 비해 '법'은 사회의 질서를 유지하는 데 없어서는 안 될 최소한의 '준칙'으로서, 주로 '형법'의 성격을 가진 강제 규범들로 구성된다. 형법은 사회의 질서와 안전을 확보하고 사회 전체의 안전을 방위하는 기능을 한다.[33]

(2) 법과 예, 의의 관계

'법'이 구성원에 의해 받아들여지고 준수될 수 있으려면 '타당성'을 가져야 한다. 법의 타당성은 무엇에 의해 확보되는가? 현실 사회의 법은 항상 '이상적인 법질서', 즉 '정의의 원칙'에 부합하는 것을 목표로 한다. 법이 정의의 원칙에서 어긋날 경우 공동체의 구성원들은 이러한 법을 '악법'이라고 부르며, 이의 시정을 위해 투쟁을 하게 된다. 동양의 육화된 법 전통에서 '법'은 '예'에 의하여 타당성을 검증받았고, '예'는 다시 '의'(정의)에 의해 타당성을 검증받았다. 즉 동양 사회에서 법은 예의 하위 개념이었으며, 예는 다시 정의의 하위 개념이었다.

당대에는 재판의 규준으로 ① 법전에 의존하고, ② 법전이 분명하지 않을 경우에는 '예'에 의거하고, ③ 그래도 분명하지 않을 때는 정의의 원칙(의)에 의거하여 판결을 내리도록 하였다.

Q. 어떤 사람이 부인을 얻었으나 3년이 지나도록 자식이 생기지 않자 시부모가 쫓아내려고 하였다. 이에 부인은 "돌아갈 곳이 없다"는 이유로 불복하는 소송을 냈다. 이 사건에 대해 판결을 내려 보자.

Note. 당대의 백거이 문집에 나오는 판례이다. 법정은 "집안을 이을 자식을 낳지 못한 사실은 '예'에 따르면 이혼 사유가 되지만, 돌아 갈 곳이 없는 여자를 내쫓는 일은 '의'에 위배된다"고 하여 여인에게 승소판결을 내렸다. 이 판례를 통해 동양 사회에서 '예'는 '법' 제정과 '법' 해석의 원천이 되었고, '예'는 다시 '정의'에 의하여 정당성을 판정받았다는 사실을 알 수 있다.

---

33) 이승환, 앞의 논문(1997), 211-213쪽.

3. 법과 도덕

(1) 자연법주의자와 법실증주의자

유가의 법사상은 자연법주의라고 할 수 있다. 자연법주의는 '인간이 만든 법'(실정법) 위에 이를 지도하는 보편적 도덕 원리가 있다고 보고, 우주의 이치, 신의 섭리, 그리고 인간의 본성이나 도덕적 양심 등을 근거로 제시한다. 자연법주의자들은 자연법이 실정법을 초월하는 인륜의 도이기 때문에, 실정법은 당연히 자연법의 지도를 받아야 한다고 본다. 따라서 자연법주의에서 실정법은 인간의 본성의 구체화이므로 그 내용이 철저하게 도덕적이지 않으면 안 된다.

그러나 법실증주의자들은 실정법을 초월하는 어떠한 초인간적 입법원칙도 거부하고, 법이란 오직 군주 또는 주권자가 그의 권위에 복종하는 사람들을 대상으로 제정한 인간규범이라고 본다. 따라서 법실증주의는 법과 도덕 사이에는 아무런 논리적 연관성이 없다고 본다. 자연법주의자는 도덕이나 양심에서 벗어난 법을 법이 아니라고 보고, 실정법은 항상 도덕의 지배를 받아야 한다고 주장하는 반면에, 법실증주의자들은 법과 도덕을 분리하는 입장에서 극단적인 경우 악법도 법이라고 한다.[34)]

(2) 탈영죄와 불고지죄

① 노나라의 한 병사가 세 차례 전쟁에 징집되었는데 세 번 모두 탈영하였다. 판관인 공자가 심문을 하니, 병사는 자기가 전사한다면 늙은 부친을 봉양해 줄 사람이 없기 때문에 탈영했다고 말했다.

② 초나라 사람인 아들이 자신의 아버지를 절도죄로 관가에 고발했다.

Q. 위 사례에 대해 유가인 공자와 법가인 한비자의 입장에서 판결을 내려 보자.

Note. 공자는 병사를 탈영죄로 처벌하는 대신 오히려 효자라고 칭찬하면서 좋은 자리에 등용했다. 공자는 또 "우리 마을에서 칭찬하는 정직함이란 아버지를 고발하는 것이 아니다. 부모는 자식을 숨겨 주고, 자식은 부모를 덮어 준다. 진짜 정직함이란 여기에 있는 것이다"라고 말했다. 공자는 탈영죄나 불고지죄도

---

34) 이승환, 앞의 논문(1997), 213-215쪽.

도덕적으로 타당한 이유가 있으면 법위반이 정당화될 수 있다고 본다. 반면 한비자는 두 일화 속의 탈영범과 불고지범이 모두 용서받을 수 없는 범죄자라고 본다. 왜냐하면 만약 범법 사실을 고발한 자식에 대해 불효자라고 매도한다면 간악한 범죄자가 사법기관에 의해 적발되지 아니하여 범죄는 그치지 않을 것이고, 탈영범에게 상을 주고 등용한다면, 그 나라는 전쟁에서 매번 패배할 것이기 때문이다. 법가에서는 유가에서 높이 치켜세우는 효란 사사로운 감정에 지나지 않는 것으로 치부하고, 사사로운 감정과 공공의 이익이 상충될 때는 공공의 이익을 존중하는 방향으로 나가야 한다고 주장한다.

유가에 의하면 실정법은 반드시 도덕적 원칙의 지도를 받아야 하며, 경우에 따라서는 실정법을 위반하는 일이 있더라도 도덕적 원칙은 반드시 관철되어야 한다. 이에 반하여 법가는 법과 도덕이 엄격히 구분되어야 하며, 아무리 모질고 악한 법이라도 반드시 준수해야 한다고 본다. 이렇게 볼 때 법가에서는 절차적 정의를 중시한 데 비해 유가에서는 실질적 정의를 중시하고 있음을 알 수 있다.

4. 형벌인가 교화인가

법보다 도덕을 우위에 놓는 유가의 입장은 자연스럽게 형벌보다 교화를 중시는 '덕치'로 이어진다. '덕치'란 지도자의 도덕적 감화력에 의해 백성을 교화시켜 범죄나 분쟁이 없는 사회를 만들려는 통치방법이다. 반면 법가의 상앙은 "가벼운 죄에도 중형을 내려야 한다. 가벼운 범죄가 없어질 때 중한 범죄도 사라질 것이기 때문이다"라고 말한다. 이런 점에서 법가의 법치는 중형주의적 통치 형태이다.[35]

중형과 엄벌에 의한 공포정치 대신, 공자는 너그러움과 은혜를 베풀 것을 권한다. "정치가 너그러우면 백성이 모여들고, 임금이 은혜로우면 백성 부리기가 한결 쉬워지기 때문"이다. 그러나 공자는 법의 시행과 형의 적용에 있어 너그러움만 주장하지 않는다. 공자는 너그러움과 사나움을 적절히 조화시킬 것을 말한다.

---

35) 이승환, 앞의 논문(1997), 217-218쪽.

유가에서 형벌이란 범죄 발생 후의 집행일 뿐이므로, 범죄 행위가 일어나기 전의 예방과 교화가 더 중요하다고 본다. 이것은 마치 병이 발생하고 난 후 치료에 급급해 하기보다는 발병하기 이전 즉 예방에 중점을 두는 동양 의학의 정신과 일치한다.

Q. 마치 활시위를 오랫동안 당기기만 하고 늦추지 않으면 활줄이 끊어지듯, 백성을 사역과 중형으로 오랫동안 핍박한다면 백성의 힘은 피폐해진다. 또 활시위를 오랫동안 풀어 놓기만 하고 당기지 않으면 활의 몸체가 망가지듯, 백성을 덕과 은혜로써 감싸기만 한다면 백성은 방종해지고 기강이 해이해지기 때문이다. 공자의 이 말과 관련해 오늘날에 비추어 어떤 경우가 이에 해당하는지를 생각해 보자.

5. 법 해석과 정의

공자가 노나라의 판관을 맡고 있을 때의 일이다. 한 사람이 그의 불효자식을 고소한 일이 있었다. 공자는 그의 아들을 가두어 놓은 채 3개월 동안이나 심문하지 않았다. 그 후 아버지가 고소를 취하하자, 공자는 비로소 아들을 풀어 주었다. 노나라의 대부 한 사람은 이 말을 듣고, "한 때는 효로써 나라를 다스려야 한다고 주장하더니, 지금은 한 불효자를 처형함으로써 나라 안의 불효를 모두 그치게 할 수 있는데도, 처형하기는커녕 오히려 풀어줘 버렸다"고 공자를 비난하였다.

법 해석에서 유가는 판관이 내리는 도덕적 판단에 재량권을 대폭 인정하는 재량주의 입장에 선다. 그러나 법가는 법조문을 엄격하게 해석하도록 하고, 판관의 자의적인 판단을 방지하려는 데 중점을 둔다. 유가의 재량주의는 판관의 도덕적 양심과 법의 목적에 대한 사려 깊은 이해를 전제로 삼고 있지만, 법가는 판관의 도덕적 인격을 믿지 않으므로 자연히 법 해석에서도 형식논리적 엄격성을 취하게 된다. 법가는 법을 인간의 사회적 행위를 판단하는 객관적 표준으로 삼고, 일체의 사사로움이 제거된 공정하고 엄격한 법해석을 주장한다. 유가는 똑같은 범죄 행위라도 피해자와 가해자 사이의 인척, 친분관계, 신분상의 상하관계, 범죄 동기, 평소 성격, 주변 정황 등을 참작하여 법 해석과 적용

을 달리한다. 그러나 법가는 법 해석상 엄격주의와 평등주의를 내세운다.[36)]

Q. 다음을 생각해 보자.

(1) 위 사례에서 공자는 왜 아들을 3개월이 지나서야 풀어주었을까? 이와 관련해 대부가 한 말에 대해 생각해 보자.

(2) 유가와 법가의 법 해석에 대한 문제점을 생각해 보자.

Note. 공자는 아버지와 아들 사이의 정을 끊으려야 끊을 수 없는 천리로 보고, 아버지가 노여움을 풀고 아들에 대한 고소를 취하하도록 하기 위해서, 그리고 아들은 아들대로 스스로 잘못을 뉘우치도록 하기 위해서, 3개월 간이나 유예기간을 둔 채 심판을 연기했다. 이 사건에서 우리는 공자가 가진 재량주의와 교화주의의 단면을 엿볼 수 있다.

지도층 인사들이 스스로 법을 어기거나 권력층 주변의 인물들이 형사상 특혜를 받는 일이 허다한 현실에서, 전제 군주주의 제도 안에서 법 해석에 관한 재량권을 판관에게 대폭 인정하는 것은 바람직하지 않다. 그러나 이와 반대로 법의 논리적 자족성만을 맹신하고 법이 가진 원래의 목적을 소홀히 할 때, 법 해석은 현실생활로부터 유리되거나 신축성을 상실함으로써 법관이 법조문을 기계적으로 적용하는 자동판매기로 전락할 위험도 있다. 따라서 상호보완이 필요할 것이다.

Ⅲ. 분배 정의

1. 이익 추구와 정의

정의에 대한 요구는 그 요구가 발생하는 상황이 있기 마련이다. 모든 재화가 풍족하여 남아도는 상태라면, 공정한 분배에 대한 요구뿐만 아니라 부정의의 시정에 대한 요구도 생겨나지 않을 것이다. 따라서 정의에 대한 요구가 발생할 수 있는 상황은 재화가 부족한 상태에서 자기의 이익을 추구하는 개인들이 재화에 대해 각기 상충하는 요구를 제시하는 상황이라고 할 수 있다. 즉

---

36) 이승환, 앞의 논문(1997), 220-222쪽.

'재화의 부족'과 '인간의 욕망'이 정의에 대한 요구를 발생시키는 객관적 여건과 주관적 여건이다.[37)]

공자는 모든 이익의 추구가 '의'에 맞아야 한다고 본다. 이러한 입장에 서면, 모든 욕망의 추구는 반드시 '정의'(의)의 원칙에 따라야 하고, 욕망은 정의가 허용하는 한도 내에서만 추구되어야 한다. 공자는 "부와 귀는 사람들이 모두 원하는 것이지만, 도의에 맞게 얻은 것이 아니라면 탐하지 아니하며, 빈천은 사람들이 모두 싫어하는 것이지만, 도의에서 벗어나는 것이 아니라면 기피하지 않으리라"고 하여, 이익 추구에는 반드시 정의의 원칙이 우선되어야 한다고 했다.

Q. 백거이는 이상적 인격자의 모습을 다음과 같이 적고 있다. 그 내용을 감상해 보자.

흐린 물이라면 마시지 않고,
굽은 나무 그늘이라면 쉬지 않으리.
진정 '의'에 맞지 않는다면,
천냥의 황금도 그저 똥 덩어리일 뿐.

2. 관직 안배와 정의

전통 동양사회에서 관직은 사회의 기본 재화 중 가장 중요한 재화로 여겨졌다. 관직의 서열에 따라 토지와 봉록이 정해지고, 다시 이에 의거하여 개인이 누릴 수 있는 사회적 지위와 부가 결정되었기 때문이다. 따라서 관직은 토지나 부와 같은 물질적 재화를 보장해 주는 소득원일 뿐만 아니라, 나아가서는 지위와 명예와 같은 비물질적 재화의 원천이 된다.

유가는 세습이나 출신을 관직 분배의 기준으로 내세우지 않는다. 유가에서는 덕성과 능력을 갖춘 사람이야말로 남을 다스리는 위치에 설 수 있으며, 관직에 오를 자격이 있다고 생각했다. 물론 후대에서는 관직의 안배를 좀 더 공정하게 하기 위해 국가시험인 과거제도가 시행되기도 했지만, 아직 과거제

37) 이승환, 앞의 논문(1997), 223-225쪽.

도가 없던 공맹의 시대에는 덕성과 능력을 갖춘 사람이 추대 받아 관직에 오르는 방식을 공정하다고 하였다.

공자는 어질고 능력있는 사람에게 정치를 맡겨야 한다고 주장했다. 능력있는 사람의 선발을 위하여 군주가 '사람 파악하는 능력'을 갖출 것을 역설하였다. 맹자 역시 군주가 "덕 있는 사람을 귀하게 여기고, 선비를 존경해야 하며, 어진이가 지위에 올라야 하고, 능력있는 사람이 관직을 맡아야 한다"고 말한다. 순자는 한 걸음 더 나아가 "덕은 반드시 지위와 걸맞아야 하고, 덕이 지위와 어울리지 않고, 능력이 관직과 어울리지 않고, 공적이 포상과 어울리지 않으면, 이보다 더 큰 불상사는 없다"고 말한다. 관직의 분배에 관한 유가의 이러한 입장은 공적(업적)주의라고 할 수 있다.[38]

Q. 오늘날 현대 사회에서 '분배적 정의'의 초점이 되는 기본적 재화는 자유, 기회, 소득, 권력 등의 항목이라고 할 수 있다. 그러나 평등한 자유가 긍정되기 이전의 동양 사회에서 분배적 정의의 초점이 되었던 사회적 재화는 관직, 토지, 조세, 요역 등의 항목이었다. 그렇다면 동양사회에서는 이러한 사회적 재화 중 '관직'을 어떻게 배분하는 것이 공정하다고 생각하였는가?

3. 민생 경제와 정의

위에서 본 바와 같이, 유가에서 부는 관직과 작록에 따라 분배되어야 하며, 관직은 덕과 능력에 따라 차등적으로 안배되는 것이 공정하다고 보았다. 유가에서는 누구에게나 같은 몫이 돌아가는 평등 분배 대신, 사회적 직능의 구분에 의거한 차등 분배를 인정한다. 그러나 유가 사상가들은 만약 이러한 차등이 지나치게 큰 것이라면, 이 또한 정의롭지 못하다고 보았다. 분배의 차등은 항상 사회 전체의 직능 수행이라는 분업 구조 안에서 이루어져야 하며, 만약 차등이 지나치게 큰 경우에는 오히려 분업의 원활한 수행을 해치고, 부정의한 상황을 초래한다고 본 것이다. 따라서 부의 차등 분배는 항상 기층민들의 민생 경제 보장이라는 대전제 하에서만 정당화될 수 있으며, 민생 경제

38) 이승환, 앞의 논문(1997), 225-226쪽.

가 전제되지 않은 차등 구조는 정당하지 못하다고 본 것이다.[39]

공자는 민생 경제의 보장을 '부민'이라는 단어로 표현한다. '부민'사상은 국가 경제와 사회 번영의 기초가 민생 경제의 부강에 있다고 보고, 반드시 민생 경제의 기초 위에 국가의 부가 쌓여야 한다고 보는 입장이다.

Q. 사회의 부는 어떻게 분배되는 것이 공정한가?

4. 세금 수취와 정의

자연경제에 의지하던 고대 동양 사회에서 국가 재정 수입의 원천은 부세와 요역이었다. '부세'는 실물 형태로 징수하는 잉여 농산품이고, '요역'은 백성이 국가에 제공하는 잉여 노동이다. 세금을 어떤 방식으로 거두어들일 것인가의 문제는 분배 정의의 문제와 관련하여 예나 지금이나 중요한 문제 가운데 하나이다. 공자는 부세 문제에 대해서는 세율을 '예'에 맞게 정할 것을 주장하고, 요역 문제에 대해서는 "백성들을 정의(의)의 원칙에 맞게 부릴 것"을 주장한다.[40]

세금과 요역을 가볍게 해야 한다는 '경요박부'(輕搖薄賦) 사상은 공자 이래 2000년간 중국 사회의 기본적 경제 원칙으로 굳어져 '성인의 가르침'으로 추앙받아 왔다. 중국의 역대 군주들은 어떤 폭군이라 할지라도 유가의 '경요박부' 원칙에 정면적으로 반대했던 사람은 없었다.

5. 사부 축재와 정의

공자는 국가의 경제정책으로서 무엇보다도 먼저 민생 경제의 안정을 이야기 하지만, 한 걸음 더 나아가서 지배 계층의 축재에 반대하는 이유는 지배 계층의 사치가 민생 경제의 피폐를 초래할 뿐만 아니라 '예'에 어긋나는 행위이기 때문이다.[41]

공자 당시의 사회적 기준으로 보면, '예'에 규정된 등급 기준을 뛰어넘는

39) 이승환, 앞의 논문(1997), 228쪽.
40) 이승환, 앞의 논문(1997), 230-231쪽.
41) 이승환, 앞의 논문(1997), 231-232쪽.

소비는 사치가 되고, 이러한 규정에 못 미치는 경우는 검소가 된다. 물론 사치와 검소 모두 '예'의 규정을 위반하는 일이지만, 공자는 부득이한 경우라면 검소가 사치보다 낫다고 한다.

맹자는 특히 왕도 정치의 이념에 입각하여 지배계층의 사부 축재를 비판하였다. 맹자는 기회 있을 때마다 방문국의 군주들에게 재화를 "백성과 더불어 즐겨야 한다"고 강조했다.

Ⅳ. 정의와 현실

1. 전통사회: 정의는 없다

전제 왕정과 탐관오리 그리고 대지주들이 등장하는 수탈과 억압으로 점철된 전통사회에서 정의는 전설에나 등장하는 요순시대를 제외하고는 한 번도 제대로 실현되어 본 적이 없었다. 전통사회에서 거의 모든 시기의 민중들은 극도의 억압과 학대, 착취와 수탈의 질곡에서 신음하며 천형과도 같은 명을 질기게도 부지해 왔다. 부정의가 시정되지 않을 때 억울함을 당한 자는 목소리를 높일 수밖에 없다. 그러나 목소리를 내는 자는 지배 권력에 의해 탄압받거나 회유당하기 마련이다. 그래도 회유당한 저항 집단의 우두머리는 지배 권력의 말석에라도 설 수 있지만, 말 못하는 대다수의 무지랭이들은 이전보다도 더 무자비하고 잔혹한 방식으로 탄압받기 마련이다. 착취와 억압, 그리고 저항하는 자에 대한 무자비한 진압, 이것이 바로 권력이 유지되어 온 비결이며, 역사가 진행되어 온 참모습이다.[42)]

2. 부정의의 시정에 대한 외침

그러나 굶어서 죽든, 저항하다 죽든, 죽는 건 매한가지. 정의가 무너진 이 땅에 정의(의)를 일으켜 세우자(起)! '기의'(起義)! 동양의 역사를 통해서 볼 때, '기의'는 착취당하고 억압받는 자들의 부정의의 시정에 대한 외침이었다. 중국 역사상 작은 규모의 기의는 이루 헤아릴 수없이 많았고, 비교적 규모를 갖추

42) 이승환, 앞의 논문(1997), 234-237쪽.

었던 기의만 해도 수백 차례나 이른다. 춘추전국 시대에도 여러 차례의 기의가 있었지만, 진나라 말기에 일어난 진승과 오광의 기의는 역사상 유례없는 대규모 기의였다. 진시황은 중국을 통일한 후, 궁전과 능묘 그리고 만리장성을 축조하기 위하여 당시 인구의 1/10을 요역에 동원하였고, 아방궁 축조 공사에만 70여만 명의 죄수를 동원하였다. 요역에서 제외된 민중들은 매년 생산량의 2/3 이상을 세금으로 납부하여야 했고, 가혹한 형벌에 시달려야만 했다. 이에 견디지 못한 민중들은 떼지어 산으로 도망쳐 들어갔고, 마침내 기의군이 되어 진의 정권을 위협하였다. 진은 이로 인한 국력의 소모와 내분으로 개국 14년 만에 망하고 말았다.

정치사가들은 흔히 중국의 역사를 치와 난의 연속으로 본다. 그러나 정의의 관점에서 볼 때 '치란'의 연속사란 착취－저항－진압의 연쇄 고리에 다름 아니다. 정의를 일으키려 했던 사람들은 예외없이 고른 분배(均平, 균평)를 기치로 내걸었다. 당대의 한 양심적 시인은 당시 민중들의 고단한 삶은 이렇게 그리고 있다.

> 대나무도 얼어붙고 동백마저 얼었는데
> 하물며 옷가지도 없는 백성들이야!
> 시골 동네 둘러보니
> 열 집 중 여덟 아홉은 지지리도 가난하네.
> 북풍은 차갑기가 매서운 칼날.
> 누더기 조작으론 몸뚱이도 못가리네.
> 가시덤불 긁어모아 화톳불 피워 놓고
> 근심 속에 앉아서 날 새기만 기다리네!

3. 물은 배를 뜨게 할 수도 있지만 엎어 버릴 수도 있다

물이 배를 엎어 버릴 수도 있다는 평범한 진리는 동양이 아닌 서양에서 먼저 부분적으로 확인되었다. 영국의 시민혁명과 프랑스 대혁명은 '불평등의 시정'을 염원해 온 신흥 부르주아 계급의 승리였다. 즉 근대 서양인들은 모든 인간이 평등하게 양도 불가능한 권리를 가지고 있다는 '정의의 원칙'을 봉건

귀족에게서 '쟁취'해 낸 것이다. 신분, 인종, 성별, 신앙, 재능에 관계없이 모든 인간은 평등하게 기본권을 지닌다는 '정의'의 확인에 따라, 역사의 전개 이래 지속되어 온 '평등'에의 요구는 정치적 영역에서나마 어느 정도 충족된 셈이다. 평등한 기본권의 보장이야말로 오랜 역사의 투쟁에 의해 쟁취한 정의의 상수항이었던 것이다.

근대 이후 비록 정치적 자유와 평등한 권리는 어느 정도 보장되었지만, 사유권의 확립과 자본제의 확산으로 이제 사회적 불평등은 새로운 모습으로 탈바꿈한 채 지속되고 있다. 즉 신분을 매개로 한 계급적 예속은 사라졌다 할지라도 화폐와 자본을 매개로 한 새로운 계급질서가 사회를 지배하게 된 것이다. 더욱이 자본제의 전 지구적 확산으로 말미암아 오랜 세월 동안 수많은 민중들이 한결같이 부르짖어 왔던 경제적 '평등'의 이상은 이제 실현 불가능한 요원한 꿈으로 변해가고 있다. 그러나 현실 사회에서 평등이 아무리 실현되기 힘든 이상이라 할지라도, 이 세상에 존재하는 모든 불평등을 있는 그대로 용인할 수는 없다. 우리는 현실 사회에 존재하는 수많은 불평등 중에서도 정당화될 수 있는 불평등은 무엇이며, 정당화될 수 없는 불평등은 무엇인지, 그리고 불평등을 정당화해 주는 근거는 무엇인지를 따져 물어야 한다.

4. 불평등은 언제나 정당화의 부담을 안고 있다

'평등 선호의 예설'을 자명한 것으로 채택하는 현대의 '정의'관에서 볼 때, 사회적 평등은 별다른 정당화를 필요로 하지 않는데 반해서, 불평등은 언제나 '정당화의 부담'을 안고 있다. 평등한 대우는 그 이유를 댈 필요가 없지만, 불평등한 대우는 타당한 이유를 제시하지 않으면 안 되기 때문이다. 타당한 이유를 제시할 수 없는 불평등은 부당한 것이다. 만약 절대적 의미의 평등이 현실 사회에서 실현되기 어려운 이상이라면, 우리는 "차등을 둘 만한 정당한 이유가 없는 한 모든 사회적 불평등은 제거되어야 한다"는 수정된 평등관을 현실적 대안으로 채택할 수 있을 것이다. 현실 사회에서 우리가 규탄해야 할 것은 '불평등 그 자체'가 아니라 '불평등의 근거'에 관한 것이며, 타당한 이유를 결여한 모든 불평등은 부단히 고발되고 제거되어야 한다. '도덕적 분노' 없이는 어떠한 사회적 변화도 생겨날 수 없다.

제 4 절 서양의 정의관

Ⅰ. 정의관의 출발점: 분배의 문제

1. 분배 정의의 문제: 마음대로 나누자 대 똑같이 나누자

정의란 무엇인가? 한마디로 말해, 분배의 문제이다. 주어진 것을 어떻게 나누느냐 하는 것이 정의론의 가장 핵심적인 문제이다. "똑같이 나누자"고 하면 평등주의적 정의관을 지니는 것이고, "마음대로 나누자"고 하면 자유주의적 정의관을 지니는 것이다. 그런데 문제는 자유와 평등이 모두 우리의 이상이기는 하지만 기본적으로 대립되는 개념이라는 데 있다.[43)]

이를테면, 중국의 문화대혁명은 평등을 실현하려는 사회주의의 이상을 담고 있지만, 결과는 하향평준화의 길로 접어들었다. 반면, 현재 벌어지고 있는 '사회주의적 시장경제'란 그 이상한 개념답게 '사회주의적 자본주의'를 모순적으로 뜻하고 있지만, 실제로는 자유주의 경제의 실천을 목표로 하고 있는 것이다. 이처럼 우리는 경제적 방향이나 행위를 통해서도 평등과 자유의 대립을 만나며, 이때 등장하는 것이 바로 '정의'라는 말이다. 우리나라의 '경제정의'라는 용어는 이러한 경제의 정의성을, 상당부분 주로 평등으로 치우쳐 있기는 하지만, 나름대로 규정해보고자 하는 시도이다.

결국 정의란 자유와 평등의 두 극단에서 얼마나 좋은 선택을 하느냐에 달려 있고, 그런 점에서 일정한 분배의 문제를 수반한다. '내가 벌어 내가 쓴다는데 누가 뭐라고 하느냐'고 하면 자유주의적 정의관을 지니는 것이고, '내가 버는데 남도 수고했으니 나누어주자'고 하면 평등주의적 정의관을 지니는 것이다. 이러한 문제는 단순히 경제뿐만 아니라, 정치와 문화 등 '권력'이라는 말을 붙일 수 있는 곳이라면 어디에서도 발생한다. '정치권력'과 '문화권력'도 마

43) 정세근, 앞의 논문, 86쪽.

침내는 분배의 정의와 상관되어 우리의 논의의 대상이 된다.

Q. 요즘 주차장 사정이 심각하다. 서강대학병원에서 주차난을 해결하기 위해 주차장을 10배로 늘렸다고 하는 좀 비현실적인 가정을 해보자. 그 정도의 주차장은 그 병원의 우수한 의료진의 치료를 받기 원하는 환자들의 차를 전부 수용하고도 남는다고 가정하자. 이제 주차장 분배 문제는 완전한 해결을 보았는가?

Note. 아니다. 정문에서 가까운 거리에 있는 주차 장소에 대한 환자들의 선호도가 존재하는 한, 그 상대적 희소가치를 발휘하는 지역을 어떻게 분배할 것인가 하는 문제는 여전히 남는다. 아마 그 곳에 먼저 온 사람, 응급환자, 의사들에게 그곳을 우선적으로 배정하는 원칙을 사용할 것이다. 이것이 분배정의의 문제이다.

2. 돈을 철학화하는 철학

전근대인과 근대인은 물질 또는 물질주의에 대한 집착성의 정도에서 가장 현저한 차이를 보인다. 아무리 박일문의 소설 「살아남은 자의 슬픔」(1992) 속의 주인공이 "나에게 돈 같은 것은 아무 것도 아니고, 저것도 아니고, 아무 것도 아니며, 진짜 아무 것도 아니라는 것"이라고 강변한다 해도 돈을 절대우상이나 유일신쯤으로 숭배하고 있는 우리 시대 사람들에게는 그저 먼 우화속의 일화 이상의 감동을 주지 못한다. 그렇게 때문에 근대 이래의 사상가들은 근대 이전의 사상가들(예컨대 눈앞의 물질을 껍데기이며 미망이라고 경멸했던 플라톤과 그 같은 전통의 고대, 중세 전통을 상기하라)과는 달리 모든 인간들이 눈에 쌍심지를 돋우고 호시탐탐하는 물질적인 재화를 어떻게 하면 말썽 없이 나눌 수 있을까의 문제에 철학적 관심을 집중하게 된다.[44]

20세기 정치철학자들에게 있어서 이 같은 경향은 두드러진다. 바야흐로 철학은 돈을 철학화하고 있다. "이제 인생은 인간에게 보잘 것 없는 선물이 되어 버렸다"고 이미 18세기의 루소는 개탄하였다.

물질적 재화의 분배문제를 풀기 위한 오늘날의 사회정의론도 '평등으로서의 정의'와 '공정으로서의 정의' 그리고 '불평등으로서의 정의' 등의 서로 다른

44) 황주홍, "자유지상주의 정치철학자, 로버트 노직," 한국논단 제47호(1993), 161-162쪽.

세 가지의 방황 속에서 추구되고 있다. 인간은 본질상 동등한 도덕적인 무게를 지니는 존재이므로, 사회생활에서 결과하는 구체적인 불평등을 제거하여 평등을 지향하는 것이 정의롭다는 입장이 평등으로서의 정의관으로서 칼 마르크스와 현대의 카이 닐슨 등이 그 대표적인 지지자들이다. 공정으로서의 정의는 유명한 존 롤즈 등이 제시하는 정의관인바, 불평등의 불가피성은 인정하되, 생산되는 재화가 사회적 협동의 산물이라는 관점에서 그 불평등이 공정한 불평등, 즉 사회적 최소 수혜자에게도 득이 되는 불평등일 조건하에서만 정의롭다는 입장을 취한다. 사회를 자유시장 논리로서 파악하는 불평등으로서의 정의관은 인간이란 어차피 그 능력과 동기면에서 천차만별이기 마련이고, 그 같은 개인들의 사회에서 불평등의 대두 또한 자연스러운 것이기 때문에, 이를 인위적으로 개입하여 제거하려는 시도야말로 오히려 개인의 기본적인 자유와 권리를 파괴하는 부정의라는 논리를 편다.

3. 자유주의의 발전과정: 유럽에서 미국으로

(1) 자유주의는 17세기에 영국의 홉스와 로크 등에 의해 근대 서구의 주요 정치사상으로 자리 잡은 이래 프랑스 대혁명 이후 19세기에 이르러 전 유럽 지식인들 간에 근대 민족주의를 이끄는 중심적인 정치사상의 위치를 확보하였다. 특히 영국에서 자유주의는 18세기에 이르러 근대 경제학으로 발전하고 다시 공리주의라는 급진적인 철학을 형성하며, 19세기 초에는 보수당 또한 자유주의 노선을 채택함으로써 국가의 공식적인 통치원리의 위치를 점하게 되었다. 서구 근대의 다른 어떤 정치사상보다 자유주의는 깊은 역사와 전통을 갖게 되었고, 그 모습 또한 다양한 형태로 발전하였다. 근대에 자유주의는 주로 영국의 철학자들에 의해 형성되고 발전되어 왔지만, 20세기에 이르면 제2차 세계대전 이후 자유주의는 미국에 의해 전세계를 통한 정치사상으로 확립되었다. 더구나 소련과 동구권의 붕괴로 인한 사회주의의 퇴장으로 자유주의 정치철학은 전세계의 정치 원리의 위치를 확고히 했다.

(2) 미국은 건국 초부터 자유주의를 기본 사상으로 성립되었다. 대표적인 예외론자(American exceptionalist)라 할 수 있는 루이스 하츠(Lousis Hartz)는 1955

년 그의 고전적인 저서 「미국의 자유주의 전통」에서 미국에서의 로크의 사상과 자유주의의 독보적 위치를 희화화하여 보여주고 있다. 하츠에 의하면, 미국인들은 유럽대륙으로부터 로크의 「시민정부론」만을 가지고 대서양을 건너온 사람들이었고, 그들은 로크의 자유주의 사상 외의 다른 사상에 대하여는 거의 아는 바가 없었다는 것이다. 로크가 신랄하게 비판한 로버트 필머(R. Filmer)의 왕권신수설이나 봉건주의에 대하여는 그들은 아무런 경험도 지식도 없었고, 따라서 자유주의는 미국인들에게 하나의 사상이 아니라 사상 그 자체였다. 나아가 그들은 자유주의의 원리에 따라 그 땅에 현실을 만들었고, 따라서 자유주의는 그들에게는 사상일 뿐만 아니라 현실 그 자체였다는 것이다. 하츠에 의하면, 미국의 자유주의는 영국의 자유주의와는 다른 '비합리적 합리주의'(irrational rationalism)로 발전했다. 즉 미국인들의 합리성에 대한 믿음은 합리적 이유에서라기보다는 맹목적이라는 것이다. 결국 미국은 자유주의 독재국가이며, 따라서 그곳에는 다른 어떤 사상, 예를 들어 사회주의는 발붙일 틈이 없었다는 것이다. 미국에서 자유주의는 하나의 정치사상이 아니라 정치사상의 모든 틀을 제공하고, 모든 정치언어의 눈금을 이루는 통치원리이자 정론(orthodox)인 것이다. 물론 많은 학자들, 특히 미국의 학자들은 하츠의 견해에 동조하지 않지만, 하츠의 주장을 원용한 것은 미국에서 자유주의의 중요성과 그 특이한 모습을 그처럼 적나라하게 보여준 사람은 없었기 때문이다.

(3) 20세기에 이르러 자유주의는 그 본산지인 서유럽에서 노동운동, 사회주의, 복지국가의 등장으로 인해 회의적이 되었고, 서서히 역사 속에서 그 모습이 변해왔다면, 미국의 자유주의는 여전히 청춘을 구가하고 있다. 미국의 자유주의는 영국에서 전파되었지만, 원산지와는 다른 토양으로 이식되어, 원산지에서 역사적 변화를 거치지 않고, 그 장소의 특이성으로 인해 화석화된 것이다. 19세기 말에 이르면 미국의 자유주의는 자신의 모습을 지키기 위해 폭력까지 동원하는 것을 정당화하기 시작했고, 20세기에 들어오면 미국은 도리어 자신이 자유주의 사상의 원조임을 주장하게 되었다.

(4) 제2차 세계대전 이후 미국 자유주의의 대표적인 이론가는 단연 롤즈라고 할 수 있다. 그는 1958년에 최초로 주요 업적을 논문으로 출판하고, 1971

년 「정의론」을 출간한 이래 현재에 이르기까지 계속적인 논쟁의 초점이 되고 있다. 롤즈의 정의론은 실로 과감한 근대 정치철학의 금자탑으로 평가되고 있다. 그 이유는 무엇보다 '정의'라는 정치철학의 오랜, 다루기 힘든 주제에 대한 보기 드문 본격적인 작품이기 때문이며, 이에 쏟아지는 수많은 비판 또한 이 작품의 의의에 대해 이의를 제기한 적은 별로 없었다. 가장 자유주의적 편견을 갖고 그 편견을 또한 의식하며 가장 미국적 사상임을 감추지 않는 면모는 가지 진지한 토론의 가치가 있다. 1970년대에 롤즈를 비판하며 미국 자유주의의 또 하나의 변형을 제시한 사람은 로버트 노직이었다. 그는 1974년에 출판된 저서 「무정부, 국가 그리고 유토피아」에서 롤즈의 정의론을 비판하며, 정통적인 자유주의자임을 자처하여 전대미문의 과격한 보수주의적 자유주의의 변형을 만들어냈다. 이 두 사상가들이 현대 미국의 자유주의를 대표하고 있다.

4. 합리적 선택론과 분배정의론

(1) 형식적 원칙의 한계와 합리적 선택론

1) 형식적 원칙의 한계

아리스토텔레스가 '평등한 사람들을 평등하게 대하고, 불평등한 사람들을 불평등하게 대하라'고 주장하고, 로마법에 '각자에게 주어진 몫을 주도록 하라'고 설파한 이래, 이 두 원칙은 서양윤리학이 분배정의의 문제를 다루는 뼈대를 제공했다. 이 두 원칙은 실질적 실천 강령을 제공하지 못하기 때문에 형식적 원칙이라고 불린다.[45]

첫째, 각자의 몫이 무엇인지를 결정해 주는 기준이 없다. 원칙 내부에 몫을 규정하는 기준이 없기 때문에 결국 상황에 따라 자의적 판단을 내릴 수밖에 없다. 현대와 같이 복잡한 사회에서는 분배의 몫이 애매모호한 경우가 많고, 바로 그 이유 때문에 분배정의의 원칙이 요구된다. 형식적 수학 공식처럼, 변수에 들어가는 가치에 따라 해답이 달리 나오는 것이다.

둘째, 모든 사람이 물리적으로 완전히 동일하거나, 그 반대로 완전히 상이하지 않기 때문에, 차이점과 공통점을 규정하는 '관련성의 기준'이 없이는, 아

45) 김형철, "합리적 선택론과 분배정의론," 철학과 현실 제3호(1989), 14-16쪽.

리스토텔레스의 격률은 완전히 형식적인 도식에 불과하다. 분배의 몫을 결정하는 데 고려되어야 할 차이점과 그렇지 못한 차이점을 구별해 주는 기준이 필요하다.

Q. 관련성의 기준의 예를 생각해 보자.

Note. 인종차별은 대학입학의 고려대상에서 제외되어야 하지만, 성적의 차이는 중요한 결정요인이다. 선수의 체중이 복싱 경기에서는 관련 사항이지만, 육상 경기에서는 고려되지 않는다. 분배정의원칙에서는 관련성의 기준이 경험적 사실에 기초하기보다는 도덕적 직관에 의존하는 경우가 많다.

셋째, 분배되어야 할 대상이 구체적으로 명시되어 있지 않다. 분배 대상이 재화, 서비스, 건강, 자연 자원과 같은 객관적 물체인지, 행복, 고통, 쾌락, 선호도와 같은 주관적 복지인지가 불분명하다. 인간의 주관적 복지가 객관적 자원과 엄밀한 대칭관계에 있지 않기 때문에 이 문제는 매우 중요하다.

넷째, 이 두 원칙이 합리성의 조건을 만족시키는지 여부가 중요하다. 어떤 분배정의의 원칙이 아무리 도덕적 직관에 부합된다 하더라도, 개인의 합리성에 어긋나서 강제적 수용을 요구한다면 무엇인가 잘못된 것이다. 도덕 원칙의 이상은 개인의 자발적 합의에 근거를 두어야 한다.

2) 도덕원칙을 정당화하는 방법: 합리적 선택론

개인의 합리성을 규정하는 방법에 관해 윤리학자들 간에 이론이 많다. '이성'을 자유의 실현으로 보는 칸트의 입장에서부터, 욕망의 노예로 보는 흄에 이르기까지 그 논의는 다양하다. 그 중에서 개인의 합리성을 '동기적 합리성'과 '인식적 합리성'으로 나누어 보는 합리적 선택론 입장이 두드러진다.

도덕원칙을 정당화하는 방법으로 합리적 선택론을 수용한 대표적 학자는 롤즈이다. 그의 역작 「정의론」이 발표된 이래, 철학계는 물론 인접 사회과학에 던진 파문은 가히 폭발적이었다. 현대 윤리학이 가치문제를 직접적으로 다루는 것으로부터 탈피하고 있던 시점에서, 과감히 사회과학적 방법론을 도입하여 규범적 분배정의원칙을 도출하려고 했던 그의 시도는 폭넓은 반향을 불러일으켰다. 그 자신이 밝히고 있듯이, 그의 이론은 전통적 사회계약론을 합리적 선택론을 채용하여 새롭게 포장한 것이다. 영미 윤리학자들은 '원초적 입장(original position)'에 등장한 개인들의 합리성, 그로부터 정의의 원칙이 도출되는 과정, 도출된 정의의 원칙이 갖는 도덕적 의미, 정의의 원칙이 실현되는 질서 정연한 사회(well-ordered society)에 대한 검토, 또 우리의 현실과의 비교 등의 문제에 대해 많은 논란을 거듭했다. 노직은 가상적 역사과정을 통해서 자유지상주의가 가장 합리적인 도덕원칙이라고 주장하였다.

(2) 분배정의의 역할

합리적 선택론적 입장에서 본 분배정의의 역할은 다음과 같다. 첫째, 분배정의의 역할은 한 사회 공동체내에서 각 개인들이 가지는 권리와 의무를 규정지어 주는 도덕원칙이라고 본다. 이것은 분배정의를 광의로 해석하는 입장이다. 정의는 분배정의 외에도, 반사회적 행위를 처벌하는 형사적 정의, 생산관계를 정립하는 생산적 정의, 그리고 공동체 생활을 도모하는 공동체적 정의가 있다고 볼 수 있다. 롤즈 뿐만 아니라 공리주의자들은 분배정의가 이들을 다 포괄한다고 본다.[46]

Q. 다음을 생각해 보자.

(1) 빵을 훔치다가 잡힌 불량소년을 처벌하는 문제는 전통적으로 형사정의의 일부분으로 되어 왔다. 그러나 그 소년을 조사한 결과, 매우 불우한 가정환경 속에서 부모에게 학대받고, 친구에게서 조롱받았다는 사실이 밝혀지면, 그 소년을 단순한 가해자로 보는 입장에 무리가 있다. 그와 동년배의 소년들이 누리는 권리와 복지의 혜택이 그에게는 주어지지 않았다는 것이 범죄의 주요 원인이라면, 이는 사회의 분배정의적 차원에서 문제를 해결하는 것이 옳다는 것을 보여준다.

(2) 마르크스주의자들이 주장하는 생산과정에서의 불균형, 즉 자본가 계급의 생산수단의 독점, 작업장에서의 비인간적 대우 등도 궁극적으로 노동을 통한 생산 잉여가치의 균등한 배분이 이루어질 수 있다면 해결될 수 있는 문제다. 경영권, 인사권에의 노동자의 간섭문제도 그들에게 그러한 권리가 당연히 주어진 것인지 여부를 분배정의의 차원에서 검토해 보아야 한다.

---

46) 김형철, 앞의 논문(1989), 16-17쪽.

(3) 사회 공동체적 생활을 영위하는 데 필수적인 교육의 기회가 균등하게 분배되었는가, 의료자원의 적절한 분배, 농수산물 수입 개방정책으로 영향받을 농어민 간의 갈등관계, 공장폐수와 공기 오염으로 인한 중금속 중독과 같은 공해 문제 등은 누구에게 그 권리가 어떻게 주어져 있는가를 분배정의적으로 해결해야 한다.

둘째, 분배정의를 광의로 해석하는 입장은 모든 갈등을 사회구조적 측면에서 보는 시각이 필요하다. 개인 간의 우연한 갈등문제도 심층적으로 분석하면 사회구조와 제도의 문제에 봉착하게 된다. 분배정의의 문제는 한 개인의 우연적으로 길러진 성품에 기인하는 것이 아니라 사회 관계 속에서 한정된 자원을 놓고 갈등하는 과정에서 야기되는 것이다. 따라서 분배정의는 필연적으로 사회윤리를 강조하게 되어 있다.

개인의 덕목을 강조하는 동양의 유교나 서양의 덕 이론은 그 자체로 불충분하거나, 이미 정형화된 사회구조를 전제로 하고 있다. 개인의 덕 함양이 사회 갈등문제를 완화할 수는 있어도 완전 해소하는 것은 불가능하다. 개인 윤리가 사회제도와 관계없이 중요시 되는 개인의 덕 함양을 추구하고, 그 덕이 잘 온존할 수 있는 사회제도를 건설한다고 하지만, 시회제도의 공정한 정립이 우선적이어야 한다. 왜냐하면, 도덕 가치의 문제는 사회적 관계에서 발생하고, 그 제도적 구조를 원활히 운용하는 데에 개인윤리가 요구되는 것이다. 사회윤리와 개인윤리는 상보적 관계에 있으면서도, 전자가 후자에 우선한다.

Q. 다음을 생각해 보자: 자본주의 국가 체제하에서는 공공 재화 생산을 위한 세금을 국민이 정직하게 납부하는 것을 중요한 개인윤리의 덕목으로 본다. 하지만, 비록 그 정당성이 심히 의심스럽지만, 국가가 필요치 않는 사회가 있을 수 있다면, 거기에서 세금 신고의 당위성은 주장되지 않을 것이다. 물론, 사회제도에 관계없이 존재하는 개인 덕목이 일체 존재하지 않는 것은 아니다. 분배정의의 문제는 필수적으로 사회윤리적 성격을 띤다는 것을 강조하는 것이다. 따라서 분배정의는 사회 구조와 제도를 지배하는 제1덕목이며, 어떤 사회든지 요구되는 덕목이다.

(3) 합리적 선택론의 공통적 특성

합리적 선택론자들은 사회 구조와 제도를 지배하는 분배정의의 원칙은 개인의 합리적 선택에 달려 있다고 본다. 이 이론의 핵심적 공통점은 다음과 같다.[47)]

첫째, 합리적 선택론자들은 개인의 합리성을 주어진 상황적 제약 조건하에서 자신이 가지고 있는 개인의 이익, 목적, 복지 등을 극대화하려는 성향으로 본다. 앞에서 본 동기적, 인식적 합리성을 총괄적으로 가진 합리적 개인이다. 동기적 합리성은 롤즈의 상호 무관심한 개인의 이익 추구의 형태로 표현된다. 개인의 합리적 인생 목표 자체는 도덕적 중립성을 지킨다. 인식적 합리성은 자기의 목표를 최상의 방법으로 추구하는 데 요구되는 갖가지 정보를 처리하는 능력이다.

둘째, 합리적 선택론은 사회계약의 전통을 이어 받아 자연 상태를 대체로 가정한다. 홉스가 본 자연 상태는 만인의 만인에 대한 투쟁이 벌어지는 파괴적 상황이고, 로크가 본 것은 사유재산권을 추구하는 개인들의 비협동적 상황이다. 롤즈가 본 원초적 입장은 자연 상태를 합의에 이르지 못한 합리적 개인이 협동의 이익을 누리지 못하는 상황으로 본다. 중요한 것은 도덕적으로 중립적인 상황이며, 분배정의원칙이 요구되는 상황이라는 사실이다. 분배정의는 인위적 덕이지 자연적 덕이 아니다.

셋째, 합리적 선택론자들은 자연 상태에서 분배정의원칙이 지배하는 시민사회로의 이전 과정을 개인의 합리적 선택·합의에 달려 있다고 본다. 분배정의원칙의 합리적 선택은 만장일치를 통한 사회적 계약을 의미한다. 정의로운 사회 구조를 지배하는 분배정의의 원칙이 신으로부터 내려오는 것도 아니고, 그 자체로 도덕적 정당성을 직관적으로 가지는 것도 아니며, 합리적 개인의 선택·합의에 결과로 도출된다고 본다.

넷째, 합리적 선택론은 강한 의미의 '상호성'을 요구한다. 각각의 합리적 개인들은 자기 자신을 포함해서 모든 인간이 합리적이라는 사실을 인식한다. 동기적 합리성이 모두에게 부여되어 있다는 사실은 합의에 도달하기 위해서

47) 김형철, 앞의 논문(1989), 18-20쪽.

상호 이익이 부합하여야 한다는 것을 의미한다. 상대방도 자기와 마찬가지로 자기의 이익을 극대화한다면, 나 자신의 이익추구가 상대방의 이익추구와 맞아 떨어져야 하는 것이다. 또 인식적 합리성이 평등하게 부여되어 있으면, 상대방을 단순한 매개 변수로 보지 않고, 전략적 변수로 보아야 한다.

다섯째, 합리적 개인들 간의 관계를 협동과 갈등이 공존하는 것으로 본다. 합리적 개인이 자신의 이익만을 추구하면 갈등을 일으키게 마련이다. 그러나 상호 협동하면, 양자가 보다 나은 입장에 설 수도 있다. 협동의 결과가 갈등의 상태보다 나은 것이면 합리적 개인이 협동을 할 것이다. 그러나 오히려 합리적 개인의 자발적 선택의 결과가 갈등으로 이루어진다는 것이 '수인의 딜레마'이다.

Q. 두 사람의 피의자가 있다. 둘 다 묵비권을 행사해 자백하지 않으면 똑같이 1년, 한 쪽에서 자백하고 다른 쪽이 자백하지 않으면 전자는 석방되고 후자는 10년, 쌍방이 자백하면 모두 다 5년을 복역한다고 가정하자. 만약 두 사람이 협력해서 자백하지 않으면 두 사람에게 명백한 이익이 존재함에도 불구하고, 최악의 사태를 피하기 위해 결국은 둘 다 모두 자백하는 것과 같은 상황을 수인의 딜레마라고 한다. 수인의 딜레마와 분배정의원칙의 관계를 생각해 보자.

Note. 합리적 선택론의 하나인 게임이론은 크게 영합적(zero-sum) 게임과 비영합적(non-zero-sum) 게임을 구분한다. 전자는 '너 죽고 나 살자' 식이고, 후자는 '너도 살고 나도 살자' 또는 '너도 죽고 나도 죽자' 식의 선택이 가능한 경우이다. 분배정의의 원칙이 요구되는 인간사회는 비영합적 게임으로 비견되고, 그 중에서도 수인의 딜레마에 가장 유사하다.

합리적 개인들이 자연 상태에서는 갈등만의 관계에 있다가, 계약을 통해서 협동이 가능하게 된다는 것을 수인의 딜레마는 보여준다. 영원한 갈등만이 존재하는 영합적 게임에서는 계약의 여지가 있다. 하지만 수인의 딜레마에서는 계약을 맺어서 협동할 선택의 여지가 없다. 계약을 해 보아야 개선되는 것이 없기 때문이다. 그러나 계약없이 협동이 저절로 이루어지는 것은 아니다. 원래 협동하는 것이 합리적 개인의 속성이라면, 계약에 자발적으로 구속될 필요가 없지 않는가?

5. 누가 플루트를 가져야 하는가

정의론을 다루기 위해 다음의 예를 통해서 논의를 시작해 보자. 앤(Anne), 밥(Bob), 칼라(Carla)라는 세 아이는 누가 플루트(flute)의 주인이 되어야 할 지에 대해서 다투고 있다. 당신은 이들 가운데 누가 플루트를 가져야 하는지를 결정해야 한다. 먼저 앤은 플루트를 연주할 수 있는 사람은 자기뿐이기 때문에, 실제로 연주할 수 있는 사람이 플루트를 가질 수 없다는 것은 매우 부당할 것이라며 플루트의 소유를 주장한다. 한편 이 중에 가장 가난한 밥은 갖고 놀 장난감이 없기 때문에 자신이 플루트를 가져야 한다고 주장한다(다른 두 명의 아이들은 더 부자여서 좋아하는 장난감을 늘 가질 수 있다고 가정하자). 마지막으로 칼라는 수개월 동안 스스로 플루트를 만들기 위해 열심히 작업을 해왔다는 점을 주장하고(다른 아이들도 그것을 인정한다), 자신이 작업을 끝내자마자 '욕심쟁이들이 플루트를 나에게서 뺏어가려고 한다'고 불평한다.[48]

세 아이의 이야기와 각각의 다른 근거들을 통해서, 공리주의, 평등주의, 또는 자유지상주의와 같은 다양한 지평의 이론가들은 각자 자신들의 관점에서 문제를 해결하려 할 것이다. 가장 가난한 밥은 사람들 간의 경제적 차이를 줄일 수 있다는 입장에서 평등주의의 지지를 받게 될 것이다. 한편, 플루트를 만든 칼라는 자유지상주의의 지지를 받을 것이다. 공리주의자의 경우에는 결정의 문제가 다소 복잡할 수 있다. 공리주의자는 앤이 플루트를 불 수 있는 유일한 아이라는 것을 근거로 앤이 가장 많은 쾌락을 얻을 것이라는 사실에 착안하게 될 것이지만, 공리주의자는 또한 밥의 상대적인 궁핍함으로 인해서 밥이 플루트를 가짐으로써 얻는 쾌락의 증가가 매우 크다는 것도 고려해야 하기 때문이다. 또한 칼라가 자신이 만든 것을 가질 '권리'는 공리주의자들에게 바로 인정받지는 못하겠지만, 공리주의를 좀 더 깊이 천착해보면 사람들이 자신들의 노력으로 생산한 것을 자신들이 소유하도록 함으로써 효용창출이 지속되고 증진되는 사회를 만드는 노동 유인임을 주목하게 될 수도 있다. 결정의 어려움은 또 있다. 플루트를 칼라에게 줘야 한다는 자유지상주의의 근거는 그것이

---

48) 김대근, "Amartya Sen의 정의론의 방법과 구조," 법철학연구 제1호(2010), 180-181쪽.

공리주의자들이 주장하는 노동에 대한 인센티브 효과의 근거와 중첩되기도 한다. 왜냐하면 자유지상주의는 사람들이 스스로 만든 것을 자신들이 가질 권리를 강조할 것이기 때문이다. 자신의 노동의 대가에 대한 권리라는 개념에 착안한다면, 서로 다른 정치적 지평을 갖는 자유지상주의와 맑스주의가 같은 결론에 도달할 수도 있다.

여기서 확인할 수 있는 점은 욕구충족, 빈곤해결, 노동의 결과에 대한 향유권을 추구하는 각각의 주장에 대해서 어느 하나라도 간과할 수는 없다는 사실이다. 각각의 결론에 대해서는 모두 타당한 근거와 정당성을 갖고 있기 때문에, 그것이 지나치게 자의적이지 않는 한, 어느 하나를 보다 우월한 주장이라고 확신할 수 없을 것이다. 보편타당한 정의론을 도출하는 것이 어려운 이유 중에 하나도 바로 이와 같이 내세우는 근거와 정당성이 다원적이라는데 있다.

Ⅱ. 공리주의

1. 내용: 최대다수의 최대행복

공리주의는 엄격히 말하자면, 벤담에 의해 최초로 주장된 것은 아니다. 하지만 우리는 공리주의의 시조로 벤담을 꼽는다. 샌델에 의하면, 벤담의 공리주의의 핵심 사상은 간명하고도 호소력이 있게 다음과 같이 표현할 수 있다.[49)]

"도덕의 최고원칙은 가장 큰 행복을 산출해야 한다는 것, 즉 전체적으로 고통을 상쇄하고 난 나머지 쾌락의 양을 가장 크게 해야 한다는 주장이다." 이 원칙을 '공리의 원칙'이라고 한다. 벤담에 의하면, '공리'(utility)란 쾌락 또는 행복을 산출하는 것과, 고통이나 괴로움을 막아 주는 것 일체를 의미한다.

벤담이 자신이 주장하는 공리의 원칙에 도달한 경로는 다음과 같다. 우리는 모두 고통과 쾌락이라는 감정에 지배된다. 이러한 감정은 우리의 '통치권자'이다. 이들은 우리가 하는 모든 행위를 지배한다. 그리고 우리가 무엇을 해야 하는지도 결정한다. 옳고 그름의 기준은 "그들의 주권에 달렸다."

---

49) 김영기, "마이클 샌델의 정의관 비판," 동서사상 제10집(2011), 4-6쪽.

공리의 원칙은 각각의 개인들에게만 적용되는 원칙이 아니라 입법자에게도 적용되는 원칙이다. 법과 정책을 만들 때, 정부는 공동체 전체의 행복을 극대화할 수 있는 일을 해야 한다. 그러나 벤담에게는 공동체란 '허구적 존재'이며, 사실은 그것을 구성하는 개인들의 총합이다. 따라서 우리는 무엇이 옳은 일이지를 숙고할 때 다음과 같이 물어야 한다. "우리가 이 정책에서 얻는 이익을 모두 더한 뒤에 거기서 총비용을 빼면, 이 정책이 다른 정책보다 더 많은 행복을 가져올까?"

벤담은 다음과 같이 말한다. "공리의 원칙과 싸우려고 할 때조차도 우리는, 비록 의식하지 못하더라도, 바로 공리의 원칙에 토대한 근거에 의해 비판한다." 모든 도덕적 논쟁은, 제대로 이해된다면, 쾌락을 극대화하고 고통을 최소화하고자 하는 공리주의 그 자체에 대한 논쟁이 아니다. 공리주의에 대한 벤담의 믿음은 확고해서, 그는 자신이 일종의 도덕과학으로 공리주의를 제시하고 있다고 생각한다.

2. 한계: 인간의 다양한 가치 무시

벤담의 믿음과는 달리, 오늘날 공리주의는 다음과 같은 두 가지 결정적인 반론에 직면한다. 첫째는 공리주의는 개인의 권리를 존중하지 않는다는 점에서 치명적 약점을 갖는다. 공리주의는 오직 만족의 총합에만 관심을 두는 까닭에 개인의 권리를 짓밟을 수 있다는 것이다. 둘째로는 공리주의는 하나의 가치로, 예를 들어 쾌락으로 환산될 수 없는 인간의 다양한 가치를 제대로 고려하지 못함으로서 인간의 존엄성을 저하시키고 있다는 비판이다. 이 두 가지 반론은 이론적으로는 서로 구별될 수 있는 반론이지만, 실제에 있어서는 대체로 하나로 결합되어 나타난다.[50]

샌델에 따르면, 공리주의란 단순히 말하자면, "최대다수의 최대쾌락(행복)"이 최고의 선(善)이라는 것이다. 벤담에 따르면 공동체는 "허구의 집단"이며, 공동체는 단순히 개인의 총합으로 이루어진다고 주장한다. 그리고 인간은 쾌락과 불쾌를 기준으로 행복과 불행을 얻게 되므로, 개개인의 쾌락을 수치화하

50) 김영기, 앞의 논문, 6-7쪽.

고 공동체 전체의 쾌락으로 합산했을 때 공동체의 쾌락이 가장 높은 수치를 나타내는 순간이 최고의 선(善)의 상태라고 주장한다. 그래서 그는 거지를 보면 사람들이 동정심과 고통을 느끼기 때문에(이는 전체 공동체의 쾌락을 감소시키기 때문에) 이들을 구빈원에 모두 집어넣어 일을 시켜야한다고 주장한다. 또 범죄자들을 원형 감옥에 집어넣고 이 교도소를 민간업자에게 매매하여 민간업자가 죄수들에게 하루 16시간씩 노동을 시켜 상품 생산을 할 수 있도록 해야 한다고 주장하기도 한다.[51)]

이러한 공리주의는 자연스럽게 상대주의와 궤를 같이하게 된다. 왜냐하면 보편적으로 적용되는 정의도 도덕적·윤리적 원칙도 없고, 단지 계산하는 방식에 따라 달라질 수 있는 쾌락의 원칙만 존재하기 때문이다. 이와 관련해서 샌델은 다음과 같은 예를 든다.

고대 로마에서 콜로세움이라는 원형경기장에서 기독교인을 사자 우리에 던져 넣고 군중이 그것을 보고 즐기게 했다. 그러나 콜로세움을 가득 메운 구경꾼들이 아무리 환호하며 집단적 황홀경을 느낀다 하더라도, 이것을 옳은 일이라고 할 수 없는 일이 아닌가? 아울러 아무리 공동체 전체의 이익이 걸려 있다고 하더라도, 죄없는 사람을 희생시켜 공동체의 이익을 도모할 수는 없지 않은가?

Q. "땡볕이 내리쬐는 날, 가위바위보를 통해 한 사람에게 고역스럽게 아이스크림을 자기 돈을 들여 사오게 만드는" 공리주의의 문제점을 생각해 보자.

Note. 추상적인 원론적인 정의의 세계에서 현대 세계의 정의론으로 인도한 것은 바로 공리주의이다. 그런데 공리주의는 자체 내의 문제에서, 그리고 한국적 상황에서 큰 문제를 포함한 채 발전되었다. 공리주의란 분명 '이익을 도모하는 입장'(功利)이지 결코 '공공복지를 향상하는 입장'(公利)이 아니다. 그들의 공리는 곧 효용성(Utility)의 극대화일 뿐이다. 따라서 벤담에게는 마치 공상과학(S.F.) 영화에 나오는 것과 같이 중앙통제소에서 주위를 감시하는 원형감옥이야말로 가장 효율성이 높은 것으로 평가되었던 것이다. 게다가 '최대다수의 최대행복'을 실현하기 위해서는 노예제도도 불사하는 정신이 곧 공리주의이다. 땡볕이 내리쬐는

51) 마이클 샌델(이창신 번역), "정의란 무엇인가," 김영사(2010), 55-57, 59쪽.

날, 가위바위보를 통해 한 사람에게 고역스럽게 아이스크림을 자기 돈을 들여 사오게 만드는 것이 곧 공리주의인 것이다. 이런 공리주의를 '공공의 이익(public welfare)'으로 오역하면서부터 우리나라의 윤리학과 그 윤리적 정의는 혼돈되기 시작했다. 군사정권은 '공리'(公利)를 위한다는 명목으로 수없는 '공리'(功利)를 자행했다. 이후 서양의 공리주의는 규칙과 행위 공리주의자들로 양분되면서 많은 발전적 논의가 지속되었지만, 우리나라에서는 아직도 공리를 효율성으로 완전히 이해하고 있지 못한 것이 현실이다.[52]

Ⅲ. 평등주의적 자유주의

1. 사회제도의 제1덕목: 정의

(1) 정의의 기본구조

롤즈가 제시한 '정의론'은 정치적 자유주의와 시장 경제체제를 수용하면서 분배의 문제를 본격적으로 다룬 이론이다. 그는 정의의 문제를 윤리적 문제의 전면에 부각시켰다. 롤즈는 다음과 같이 말한다.[53]

> "사상 체계의 제1덕목이 진리라고 한다면, 정의는 사회 제도의 제1덕목이다. 이론이 아무리 정치하고 간명하다고 하더라도 그것이 진리가 아니라면 배척되거나 수정되어야 하듯이, 법이나 제도가 아무리 효율적이고 정연한 것이라 할지라도, 그것이 정당하지 못하면 개혁되거나 폐기되어야 한다. 모든 사람은 전체 사회의 복지라는 명목으로 유린될 수 없는 정의에 입각한 불기침성을 갖는다. 그러므로 정의는 타인들이 갖게 될 보다 더 큰 선을 위해서 소수의 자유를 뺏는 것이 정당화됨을 거부한다. 다수가 누릴 보다 큰 이득을 위해서 소수에게 희생을 강요해도 좋다는 것을 정의는 용납할 수 없다."

롤즈의 정의론은 사회정의에 관한 주장이다. 그가 말하는 정의는 '공정으로서의 정의'이며, 그의 일차적 관심사는 '사회의 기본구조'이다. 즉, 그는 인간의 사유 체계의 제1덕목을 진리라고 한다면, 정의는 사회제도의 제1덕목이라

52) 정세근, 앞의 논문, 87쪽.
53) 이한구, "정의의 실현은 어떻게 가능한가?," 철학과 현실 제52호(2002), 215쪽.

고 하였다.[54)]

이 말은 사회의 주요 제도가 권리와 의무를 배분하고 사회협동체로부터 생긴 이익의 분배를 정하는 과정에 많은 영향을 끼친다는 것이다. 주요 제도란 정치의 기본법이나 기본적인 경제적, 사회적 체제를 말한다. 예컨대, 사상의 자유, 경쟁적 시장, 생산수단의 사적 소유, 일부일처제 등이 여기에 해당한다. 정의가 사회의 주요 제도의 일차적 주제가 되는 이유는 그 영향력이 매우 크기 때문이다. 다시 말해 이것은 인간의 권리와 의무를 규정하고 인생 전체에 영향을 미침으로써, 공동체 구성원들의 삶의 목표와 소망까지도 결정하기 하기 때문이다.

롤즈는 사회를 상호이익을 위한 협동체 즉, 사회협동체라고 한다. 사회협동체가 정의에 의해 효율적으로 규제되는 경우, 그 사회를 질서 정연한 사회(well-ordered society)라고 한다. 이러한 사회는 다음의 조건을 충족하여야 한다. 첫째, 모든 사람이 다른 사람들도 동일한 정의의 원칙을 받아들인다는 것을 인정한다. 둘째, 사회의 기본 제도가 일반적으로 이러한 조건을 충족하고 있으며, 구성원들도 이러한 사실을 알고 있다. 이 협동체 안에서 개인들 간의 이익이 합치하기도 하고, 충돌하기도 한다. 각 개인은 협동에 의해 보다 나은 생활이 가능해지므로 상호 이익을 얻기도 하지만, 발생한 이득을 더 많이 차지하기 위해 다투는 과정에서 서로의 이익이 충돌한다.

따라서 구성원 간의 이익의 충돌 상황을 조정하고 적절한 가치의 배분을 가능케 하는 어떤 원칙이 필요하게 된다. 이처럼 사회정의와 관련된 원칙들은 불가피한 불평등이 사회구조 속에서 발생할 때 적용되게 된다. 한 사회체제의 정의 여부는 본질적으로 권리와 의무가 할당되는 방식이나 사회의 여러 방면에 있어서 기회가 배분되는 조건에 좌우되기 때문이다. 이에 사회정의의 원칙이 사회공동체 안에서 권리와 의무를 할당하는 방식으로 제시되며, 사회협동체의 이득과 적절한 분배를 결정하게 된다. 즉, 정의의 원칙은 사회의 기본적인 권리와 의무를 구체적으로 명시해주고 적절한 배분적 몫을 정해주는 분배

---

54) 나항진, “노년교육 활성화를 위한 정의론적 탐색: J. Rawls의 정의론을 중심으로,” 한국노년학 제30집 제4호(2010), 1047쪽.

의 원리라고 할 수 있다.

Q. 2005년 8월 허리케인 카트리나가 휩쓸고 간 뉴올리언스는 사회적 불만을 억누르던 공권력이 붕괴되면서 살인, 방화, 약탈, 강간이 난무해 생지옥을 방불케 했다. 그 상황은 홉스가 말했던 만인에 의한 만인의 투쟁 상태와 같았다. 이것은 사회보장제도의 축소, 엄청난 군비 투자, 만연한 빈부격차와 인종차별이 낳은 결과였다. 이 상황을 정의론의 관점에서 생각해 보자.

Note. 롤즈는 정의가 사회제도의 제1덕목이 되어야 한다고 주장한다. 사회 구성원이 자신의 사회가 정의롭지 못하다고 생각하면 불만을 품게 되고, 이것은 사회적 갈등을 일으키기 때문이다. 정의롭지 못한 사회는 혼란을 가져와 붕괴될 수도 있다.

(2) 사회계약론적 접근

롤즈는 당시 지배적인 도덕이론이었던 공리주의를 실질적 내용에서뿐 아니라, 방법론적 측면에서도 비판한다. 그는 공리주의를 넘어 로크, 루소, 칸트 등의 사회계약론을 고도로 추상화시킴으로써 일반화된 정의관을 제시한다.[55)]

그의 정의론이 실현되기 위해서는 평등하고 자유로운 상황인 '원초적 입장'이 전제되어야 한다. 그는 이러한 전제 하에서 사회계약론적 전통을 새로운 차원에서 재구성하고, 계약을 중요시 한다. 계약의 개념은 그의 정의론의 원천적 토대가 된다. 개인들은 자유롭고 평등한 조건하에서 자신들의 이익을 도모하기 위하여 '사회의 기본구조'에 합당한 정의의 원칙에 도달한다. 이러한 정의의 원칙은 그 후의 모든 합의체를 규제하며, 공동체의 종류와 형태를 결정한다. 사회의 기본구조에 관한 정의의 원칙은 사회구성원들 간의 합의의 대상이기 때문이다. 이는 자신의 이익에 관심이 있는 자유롭고 합리적인 사람들이 평등한 입장에서 공동체의 기본 조건을 규정하는 것이다.

롤즈의 정의론에서는 정의의 원칙을 합의할 수 있는 아주 공평무사한 계약당사자의 자격이 규정되고, 거기서 만장일치의 합의를 얻어내는 방법적 절차도 중요하다. 이런 가정은 최초의 상황에서 계약을 맺는 당사자들이 자신에

---

55) 나항진, 앞의 논문, 1408쪽.

게 유리한 계약을 맺는 것을 피하기 위함이다.

이런 원초적 입장에서 만장일치로 합의된 정의의 두 가지 원칙은 정치, 사회경제면에서 각기 다른 방식으로 표현된다. 정치면에서는 1인 1표의 평등주의와 같은 정치적 자유로 구현된다. 사회경제면에서는 일단 자유로운 경제활동을 보장하되, 그로 인해 발생하는 빈부의 격차를 해소시킬 수 있는 조건을 달아 재분배를 가능하게 하는 정의의 원칙이 도출된다.

2. 정의론의 내용: 공정으로서의 정의

(1) 공정한 합의 절차를 위한 사회의 기본구조

> "질서정연한 사회란 사회 구성원들의 선을 증진하기 위해 세워지고 공적인 정의관에 의해 규제되는 사회이다. 모든 사람들이 타인들도 동일한 정의의 원리들을 받아들이리라는 것을 인정하고 그 사실을 잘 알고 있는 사회이며, 사회의 기본 제도들이 원리들을 만족시키고 있으며 또한 만족시킨다는 것이 알려져 있는 사회이다. 공정으로서 정의는 이러한 사회의 이념에 부합되도록 구성되었다."

롤스에 의하면 "정의와 부정의가 무엇인가조차 논란의 대상이 되는 일이 흔하기 때문"에 "사람들은 그들 공동체의 기본조건을 규정해 줄 원칙에 대해서 의견이 일치하지 않고 있다." 그럼에도 불구하고 사람들은 나름대로의 정의 관념을 갖고 있기 때문에, "기본적인 권리와 의무를 할당하고 사회협동체의 이득과 부담에 대한 적절한 분배를 정해줄 어떤 특정한 원칙들의 체계가 필요하다는 것을 알고 있으며, 그것을 주장할 마음의 준비가 되어 있다"고 한다. 다만 사회의 기본구조는 "권리와 의무를 배분하고 사회협동체로부터 생긴 이익의 분배를 정하는 방식"이기 때문에 갈등의 근원은 궁극적으로 분배에 있다. 일단 롤즈는 이 갈등을 순수한 절차적 정의(pure procedure justice)를 통해 해결하려고 한다. 예컨대, 합리적 이익을 추구하는 몇 사람들이 하나의 케이크를 나누려고 할 때, 이를 공정하게 나누는 방법은 한 사람이 케이크를 자르고 다른 사람들이 그보다 먼저 케이크를 집어가게 한 후, 자른 사람이 가장 나중에 자기의 몫을 선택하게 하는 것이다. 물론 케이크를 나누는 사람은 합리적

이기 때문에 자신에게 돌아올 몫을 최대로 만들기 위해 케이크를 최대한 똑같이 나누려 할 것이다. 이와 같은 순수한 절차적 정의는 케이크를 나눌 수 있는 공정한 절차만을 보장함으로써 구성원들이 최대한 평등한 몫의 케이크를 분배받는 실질적으로도 정의로운 결과를 가져오게 된다. 여기서 사회의 기본구조란 사람들로 하여금 노력을 통해서 '이익의 보다 큰 총량'을 산출하게 하고, 그런 성과에 있어 어떤 몫을 요구할 수 있는 특정한 권한을 각자에게 할당하는 행위의 개요를 규정하는 공공적인 규칙의 체계를 말한다. 그러나 이와 같은 순수 절차적 정의는 현실 세계에서는 불가능하다.[56]

Q. 롤즈에 따르면, 사회정의는 반드시 정당한 과정을 거쳐 사회 구성원의 합의를 통해서만 실현된다. 즉, 정의의 구체적 내용을 결정하는 데는 구성원들 사이의 정당한 합의과정인 사회계약이 무엇보다 중요하다. 그렇다면 각자 자신의 이익을 최대한 실현하기를 원하는 구성원들 사이에서 어떻게 사회정의에 대한 정당한 합의과정을 이루어 낼 수 있을까?

Note. 예를 들어, 두 어린이가 하나의 파이를 놓고 서로 많이 차지하려고 다투고 있다고 하자. 이때 두 아이가 전혀 불평하지 않도록 파이를 나누려면 어떻게 해야 하나? 한 아이에게 파이를 자르도록 하고 다른 아이에게는 둘로 잘라진 그 파이 가운데 하나를 먼저 선택하도록 해 본다. 롤즈의 방식은 이 파이 나누기와 비슷하다. 사회 구성원이 자신이 나중에 어떤 처지에 놓이게 될지 모른다면 또는 모른다고 가정한다면, 사회를 규율하는 공정한 혹은 정당한 원칙을 선택하게 될 것이라고 할 수 있다.

(2) 원초적 입장과 무지의 장막

사회의 기본구조에 대한 정의의 원칙들은 평등한 원초적 입장(original position)하에서 시민들에 의해 채택된 원칙들이라고 롤즈는 말한다. 이때 평등한 원초적 입장이란 전통적인 사회계약론이 가정한 자연 상태에 해당된다. 이 원초적 입장은 역사상 실재했던 어떤 상태도 아니며, 문화적 원시 상태로 생각해서도 안 된다. 그것은 어떤 정의관에 이르게 하도록 규정된 순수한 가상적

56) 김대근, 앞의 논문, 186-187쪽.

상황으로 이해된다. 이 원초적 입장이 갖는 본질적인 특성은 무지의 장막(veil of ignorance)이라 불리는 것인데, 말하자면 계약 당사자 중 아무도 자신의 사회적 지위나 계층상의 위치를 모르며, 누구도 자기가 어떤 소질이나 능력, 지능, 체력 등을 천부적으로 타고났는지 모른다는 것이다. 정의의 원칙들은 이런 무지의 장막 속에서 선택되어진다.[57]

Q. 왜 이런 무지의 장막이 요청되는가? 무지의 장막이 보장하는 것은 무엇인가?

Note. 무지의 장막이 필요한 것은 공정성을 확보하기 위해서이다. 무지의 장막에 의해 우연성으로 인해 유리해지거나 불리해지지 않는다. 그러므로 무지의 장막 속에서 채택된 정의의 원칙들은 공정한 성격을 가질 수 있다. 롤즈가 말하는 '공정으로서의 정의'는 바로 정의의 원칙이 원초적 상황에서 공정하게 합의된 것이라는 것을 의미한다.

(3) 정의의 두 원칙

이런 원초적 입장에서 도출될 수 있는 정의의 두 원칙을 롤즈는 일차적으로 다음과 같이 제시한다.[58]

제1원칙: 모든 사람은 다른 사람들이 유사한 자유와 양립할 수 있는 가장 광범위한 기본적 자유에 대해서 동등한 권리를 가져야 한다(평등한 자유원칙)

제2원칙: 사회적, 경제적 불평등은 다음 두 조건을 만족시키도록 조정되어야 한다.

① 그 불평등이 최소 수혜자에게 최대의 이익이 되고(차등의 원칙),

② 그 불평등과 연관된 지위와 직책은 모든 사람에게 개방되어야 한다(기회균등의 원칙).

여기서 제1원칙은 시민의 기본적 자유, 즉 정치적 자유 및 언론과 집회의 자유, 양심과 사상의 자유, 재산권과 신체의 자유, 부당한 체포 및 구금을 당하지 않을 자유 등을 모든 사람에게 균등하게 분배되어야 한다는 것이며, 제2원칙은 소득과 재산의 분배와 권한 및 책임의 분배가 반드시 균등해야 할 필요는 없지만, 그것은 최소 수혜자에게 최대의 이익이 되도록 이루어져야 하며,

57) 이한구, 앞의 논문, 215-216쪽.
58) 이한구, 앞의 논문, 216-217쪽.

동시에 권한을 갖는 지위와 명령을 내릴 수 있는 직책은 누구나 접근가능해야 한다는 것이다.

정의로운 사회는 모든 사람을 동등하게 취급하기 위해서 또 진정한 기회균등을 제공하기 위해서, 다른 사람보다 불리하게 태어난 최소 수혜자의 이익을 극대화시켜주는 방향으로 나가야 한다는 것이다. 최소 수혜자는 다른 사람보다 가문과 계급적 태생이 불리하고 열등한 천부적 자질로 인해서 남보다 살아가기가 순탄치 못하다. 이들은 다른 사람보다 운수가 나쁜 사람들이기 때문이다. 이런 이유로 부당한 불평등은 어떤 식으로든지 보상받아야 한다.[59]

롤즈는 제1원칙이 제2원칙보다 우선하며, 제2원칙 중에서는 ②의 기회균등의 원칙이 ①의 차등의 원칙에 앞선다고 주장한다. 또 그는 제1원칙을 말하면서 자유는 오직 더 큰 자유를 위해서만 제한될 수 있으며, 사회 전체의 경제적 복지 증진을 위해 희생될 수 없다고 말하고, 다수자의 자유를 확대하기 위해서 소수자의 기본적인 자유가 희생될 수 없다고 말한다.

Q. 롤즈의 차등의 원칙에 의하면, 장애인 이동권 문제의 경우에 기본권인 이동권이 보장되지 않는 상황을 정부에서 충분히 개선할 수 있음에도 경제적 효율성의 측면에서 바라보고 시행하지 않는 것은 옳지 않다고 주장할 수 있다. 이에 대해 생각해 보자.

Note. 롤즈의 정의관에서 가장 핵심적인 부분은 차등의 원칙이다. 자연적, 사회적 우연에 의해 얻은 개인의 재능, 능력, 성품을 사회적 공유자산으로 보고 이것을 최소 수혜자의 최대 이익을 위해 사용하자는 것으로, 이는 장애인, 빈민 등 약자에 대한 사회적 책임과 복지를 강조했다. 이를 장애인 이동권 문제에 적용하면 아무리 경제성장을 거듭해도 장애인을 소외시키는 발전은 정의롭지 못하다고 볼 수 있다. 그는 최소 수혜자 집단이 사회적 의사결정과정에서 거부권을 행사해야 한다고 주장했다. 다수결의 원리에 정면으로 위배되지만, 최소 수혜자 집단의 불평등을 더 심화시킬 수 있는 의사결정을 막음으로써 좀 더 정의로운 사회를 이룰 수 있다고 본 것이다.

---

59) 나항진, 앞의 논문, 1050쪽.

(4) 우연성의 배제

① 우연성: 사람들은 태어날 때부터 경제적, 사회적 여건이 다르기 때문에, 자신의 인생 전반에 대하여 자의반 타의반 각기 다른 기대를 가지게 된다. 예컨대, 어떤 사람들은 다른 사람들보다 월등히 유리한 조건에서 삶을 시작할 수도 있고, 어떤 사람들은 아무리 노력해도 도저히 출신 및 계층의 한계를 극복하기 힘들 수도 있다. 사람들은 삶을 시작하면서부터 사회제도로부터 이런 식으로 영향을 받는다. 문제는 이러한 불평등이 전 생애에 걸쳐 지속적인 영향을 끼친다는 데 있다.

정의의 원칙들은 이처럼 사람들의 출생 순간부터 크게 영향을 미치는 사회의 기본구조로부터 발생하는 불공정을 규제하는 데에 있다. 이런 맥락에서 정의의 기본구조가 무엇보다도 중요하다고 본다. 이에 롤즈는 정의실현을 위해 우선적으로 할 일은 우연성이 사람들의 삶에 영향을 미치지 못하도록 사회 기본구조를 설정하여야 한다고 말한다. 우연성을 그대로 방치하면, 자유와 평등에 위배되는 상황이 발생하기 때문이다.[60]

② 공정성: 롤즈의 정의론이 갖는 최대의 특징은 '공정성'이라고 할 수 있다. 우리가 느끼는 불평등은 크게 두 가지로 나눌 수 있다. 하나는 사회적 여건에서 오는 불평등이며, 다른 하나는 자연적 운수에서 오는 불평등이다. 사회적 여건의 불평등이란 예컨대 100의 재능을 타고났는데도 태어난 사회경제적 여건의 불리함으로 인해 10의 재능을 타고난 자보다도 더 성공할 기회가 적다면, 이것은 사회적 여건이 만들어 낸 불평등이라고 해야 할 것이다. 그 동안 자유주의자들이 정의의 이름으로 이러한 불평등을 교정하기 위해 기울인 노력들의 목표는 비슷한 능력을 가진 자들은 그들이 처한 사회적 여건이 유리하고 불리하고에 관계없이 비슷한 인생의 성공을 기대할 수 있어야 한다는 것이었다. 말하자면 실질적으로 균등한 기회가 모든 사람에게 보장되어야 한다는 것이었다.[61]

그렇지만 이런 자유주의자들은 자연적 운수의 우연성에 대해서만은 어쩔

60) 나항진, 앞의 논문, 1050쪽.
61) 이한구, 앞의 논문, 217-218쪽.

수 없는 것으로 생각했다. 타고난 능력이 다르다면 사회적 기여도 다를 것이며, 그에 따라 보상도 다르게 받을 수밖에 없는 것으로 해석되었기 때문이다. 하지만 자연적 운수는 분배의 문제에 엄청난 영향을 끼칠 수 있다. 아무리 사회적 여건의 우연성을 배제한다고 할지라도, 재능을 우수하게 타고난 자가 과실을 독점할 수도 있을 것으로 보이기 때문이다. 예컨대 어떤 자는 100의 재능을 갖고 태어나고, 어떤 자는 10의 재능밖에 타고나지 못했다면, 자유 경쟁에서 100의 재능을 가진 자가 우승하여 과실을 독점하리라는 것은 쉽게 상상할 수 있는 일이다. 이것은 자연적 운수의 우연성에서 오는 불평등이라 할 수 있다.

③ 우연성의 배제: 우리가 이런 불평등의 여건들을 모두 우연성으로 규정하는 것은 아무도 그런 조건을 반드시 가져야만 될 필연성이 존재하지 않기 때문이다. 우연성은 교정의 대상이 될 수 있다. 롤즈의 정의론을 공정성과 평등에로의 지향적 성격을 갖는 것으로 특징지을 수 있는 것은 사회적 여건의 우연성뿐만 아니라 자연적 운수의 우연성 때문에 귀결되는 불평등까지도 정의롭지 못하다고 판단하기 때문이다.

Q. 현대사회에서 정의와 관련해 가장 중요한 주제는 무엇이라고 생각하는가?

Note. 소득과 부의 분배문제이다. 부의 평등한 분배는 사회 구성원 간의 갈등과 대립이 아니라 연대와 협력을 낳기 위해 반드시 필요하다. 재산세와 같은 누진세 제도는 민주적 평등원리를 실현할 수 있는 중요한 수단 중에 하나이며, 사회 안정과 번영의 가장 기본적이고 필수조건이다.

(5) 보상의 원칙과 공동자산

롤즈의 정의론에 따르면, 모든 사람을 동등하게 취급하기 위해서는, 다시 말해서 모든 사람에게 진정한 기회 균등을 제공하기 위해서는 보다 불리한 사회적 지위에서 태어난 자와 보다 적은 천부적 자질을 가진 자에게 더 많은 관심을 가져야 한다. 이것은 '보상의 원칙'이라고도 불리는데, 이런 명칭은 출생에 의한 사회적 불평등이나 천부적 재능의 불평등은 어떤 식으로든 보상되어야한다는 것을 주장하고 있기 때문에 붙여진 것이다. 이것은 결국 천부적 재능을 한 사회의 공동의 자산으로 생각하고, 이 재능이 산출하는 이익을 구성원들이 함께 나누자는 것으로 이해할 수도 있다. 누구이든 간에 천부적으로 보다 유리한 위치에 있는 자는 그들이 재능을 많이 타고났다는 그 이유만으로는 이득을 볼 수 없으며, 아주 불리한 위치에 있는 자의 여건을 향상시켜준다는 조건하에서만 그들의 행운에 의해 이익을 볼 수 있다는 주장을 평등에로의 지향을 분명히 보여준다.[62]

3. 한 계

무지의 장막이 현실에서 통용되어야 할 원칙들이 선택되기에 적합한 상황인가? 만약에 조금 다른 무지의 정도를 동반한 상황에서라면 롤즈와 다른 원칙, 예를 들어 사회적으로 보장되는 최저 수준이 가미된 평균 공리주의가 선택될 가능성은 없는가? 무지의 장막과 같은 장치는 평등주의적 원칙을 도출하는데 미흡하지 않는가? 등으로 비판을 받는다. 또 지유지상주의자들은 자유주의의 근간인 사적 재산의 소유권에 대한 침해를 포함한다는 점을 들어 롤즈의 정의론을 비판한다.[63]

롤즈의 평등주의적 자유주의를 통해, 우리는 자유와 평등 그리고 경제적 복지를 실현할 수 있을 것처럼 보인다. 그러나 우리 사회는 한마디로 족벌과 학벌 사회이다. 재벌과 문벌이 호령하는 가문과 학력의 사회인 것이다.[64]

Ⅳ. 자유지상주의적 자유주의

1. 특징과 전개과정

자유지상주의는 시장의 자유를 지지하고, 재분배를 위한 조세정책이나 복지국가를 위한 '큰정부'를 반대하며, 이른바 개인의 '절대적 자유' 또는 자기소유권을 중시하는 입장이다.[65]

---

62) 이한구, 앞의 논문, 218쪽.

63) 주동률, "가장 합당한 자유주의를 위하여: 롤즈 정의론의 배경, 내용, 특징과 논점들," 철학과 현실 제77집(2008), 248-249쪽.

64) 정세근, 앞의 논문, 90쪽.

65) 김영기, 앞의 논문, 8-9쪽.

자유지상주의는 1980년대 로널드 레이건 미국 대통령과 마거릿 대처 영국 수상의 친시장적, 작은 정부를 지향하던 정책에서 현실적으로 가장 뚜렷하게 드러났다. 그러나 복지국가를 반대하는 이론적 주장으로서의 자유지상주의는 그보다 훨씬 먼저 나타났다. 오스트리아 출신의 경제학자이자 철학자인 하이에크(F. Hayek)는 「자유헌정론」(1960)에서, 경제평등을 성취하려는 시도는 하나같이 강제일 수밖에 없으며, 자유사회를 파괴하게 마련이라고 주장했다. 또한 미국 경제학자 프리드먼(M. Friedman)은 「자본주의와 자유」(1962)에서, 국가가 할 일이라고 널리 인식된 행위 가운데 상당수가 개인의 자유를 침해하는 위법 행위라고 주장했다. 예컨대 사회보장제도나 정부가 운영하는 국민연금제도가 그 대표적인 사례라는 것이다. 프리드먼은 비슷한 이유에서 최저임금제나 고용차별금지법도 반대한다.

Q. 하이에크와 프리드먼의 주장과 현대 오늘날 각국에서 시행되는 복지제도를 비교 생각해 보자.

2. 노직의 정의관: 개인의 절대적 자유 추구

사회적 협동 생산물을 창출하는 데 기여하는 두 가지 요소가 있다. '개인의 재능'과 '사회적 배경'이 그것이다. 잉여가치 창출에 기여한 이 요소를 어떻게 평가하느냐에 따라 그 입장이 다르다. 롤즈는 고려 대상에서 제외시킬 것을 주장한다. 하지만 노직은 천부의 재능과 사회적 배경을 주어진 것으로 받아들인다.[66]

노직은 합리적 개인은 사회 전체의 복지를 위해서라 할지라도 타인에 대해서 침해될 수 없는 절대적 소유권을 가진다고 주장한다. 개인은 자신의 육체적, 정신적 재능에 대한 절대적 소유권을 가지고 있고, 그 활용을 통해 나타나는 생산물에 대한 소유권도 가지게 된다. 단 타인의 동등한 자유와 소유권을 침해하지 않는 한도 내에서 개인의 소유권은 절대적 보호를 받는다. 취득과정에 하자가 없고, 타인과 교환하는 과정에 불찰이 없으면, 소유권의 정당성

66) 김형철, 앞의 논문(1989), 23-24쪽.

은 인정된다. 개인이 원하면, 시장에서 교환할 수 있고, 타인에게 선물할 수 있고, 자식에게 상속할 수도 있다. 어느 경우에나 마찬가지의 소유권의 정당한 이전이 된다.

그러나 국가가 개인의 의사에 반해서 강제로 징수하는 세금은 개인의 사유재산을 강탈하거나, 강제노동을 개인에게 부과하는 것과 마찬가지라고 노직은 주장한다. 세금으로 빼앗긴 만큼의 임금을 되찾기 위해 노동시간을 연장해야 한다면, 세금은 강제 노동과 다름없다는 입장이다. 또한 소득을 재분배하기 위한 일체의 공공정책에 반대한다. 타인에게 해를 끼쳐서는 안 된다는 도덕적 제약 사항을 받아들이는 한도 내에서, 각 개인이 선택한 바대로 살아가도록 내버려 두는 것이 최대한의 정의실현이라고 본다. 이것은 개인의 자유를 단순히 타인으로부터의 간섭이 배제된 상태, 즉 소극적 자유로 보는 입장이다. 국가의 역할은 합리적 개인 간의 계약 이행과 사회질서를 유지하는 것에 국한되어야 한다고 본다.

Q. 노직사상의 핵심은 개인이 그 자신의 노동을 부과하여 어떤 것을 사용가치 또는 교환가치를 높였을 경우, 그것을 획득하고 교환하고 처분할 수 있는 배타적인 권리는 그 개인에게 전적으로 귀속한다는 것이다. 그러니까 내가 스스로 자선기관에 기부하는 것은 가능하지만, 국가가 적십자비(크리스마스 씰 따위)를 강매·징수하는 것은 노직의 이론체계에서는 불가능하고 부정의한 일이 된다. 이 주장이 현실성이 있는가를 생각해 보자.

3. 한계: 현실성과 실현성이 없다

그러나 개인의 자기소유권을 절대시하여, 자유 시장을 절대적으로 신봉하는 자유지상주의는 평등주의적 자유주의에 비해 설득력이 떨어진다. 자유지상주의자들이 의존하는 자유 개념은 잘못되었다. 우리는 자유지상주의자들이 생각하듯 '절대적인 자기소유권'을 소유하지는 않는다. '자유'는 '자기소유권'과 무제약적인 '시장의 자유'를 함축하지 않는다. 만일 자유지상주의자들이 주장하듯이 우리에게 절대적인 자기소유권이 있다고 인정한다면, 낙태, 간통, 매춘,

장기거래, 조력 자살(assisted suicide) 등에 국가가 개입할 여지가 없다. 그러나 이는 허용되기 힘든 사례들이다. 또한 우리가 소유하는 부나 소득은 우연적 여건이나 운에 의해 조성되는 측면이 있는데, 이것은 도덕적인 측면에서 본다면, 그 소유권이 절대적으로 인정된다고 하기는 어렵다.[67]

노직의 이론이 갖고 있는 최대의 약점은 개인이 소유하고 있는 천부의 재능에 대한 절대적 소유권의 정당성을 증명하지 못한다는 점이다. 노직은 아마 그것을 너무나 당연한 사실로 받아들이고 있는지 모르나, 그것은 그 자신이 갖고 있는 하나의 도덕 직관에 불과하다. 또한 소유권의 이전이 상황과 역사에 관계없이 영원히 절대적으로 이루어질 수 있다는 생각도 비현실적이다.[68]

노직이론의 약점은 현실성과 실현성이 없다는 점이다. 마이클 샌델 같은 공동체주의자들은 노직이 상정하고 있는 국가와 사회는 더 이상 사회일 수가 없는, 허깨비들이나 이방인들의 집합소에 불과한 것으로, 그것은 노직의 개인에 관한 주체 인식의 결함에 기인한다고 비판한다. 샌델에 의하면, 우리들의 개인주체는 사회적 문맥위에 놓여 있는 상호유관적 존재인바, 공통언어의 화자관계에게 투영된 개인들의 공동의식이야말로 그것의 가장 명백한 본보기라는 것이다.[69]

노직에 대한 맹렬한 비판자의 일인인 닐슨 같은 평등주의자들은 현대의 진지한 정의론은 모두 평등주의적 토대를 공유해야 한다고 주장하면서, 노직의 개인권리 존중주의는 '빈자권리 박탈주의'의 다른 이름에 불과한 것이라고 말한다. 더구나 일원적인 자본지배가 점증하는 20세기에 18세기적인 자유방임주의를 말하는 것은 구닥다리의 허튼 소리일 뿐으로, 그의 최소국가는, 시대적 조건을 감안한다면, 그가 부정하는 무정부주의와 사실상 진배없는 것이라고 비판한다.

Q. 노직의 정의관에 대한 맹점을 비판해 보자.

---

67) 김영기, 앞의 논문, 10쪽.
68) 김형철, 앞의 논문(1989), 24쪽.
69) 황주홍, 앞의 논문, 165-166쪽.

4. 자신의 입장을 대폭 포기

한 가지 주목할 만한 흥밋거리는 노직 스스로도 1974년에 제시된 자신의 입장을 그 뒤(1989)에 대폭 포기한다는 사실이다. 「성찰된 삶」 속에서 노직 교수는 자신의 '자유지상주의적' 사고를 젊은 날의 무책임이라고 자기반성 하면서, 그것들이 매우 부적절한 것이었다고 술회하고 있다. 그때 자신은 빈곤과 불평등과 같은 사회적 이슈들에 대한 개인들의 상상력을 촉구해주는 공동체적인 관심과 배려의 상징적 중요성을 간과했을 뿐만 아니라 국가를 통한 연대의 의의와 인간의 인간에 대한 인정어린 숙고와 공동체적인 협동행위가 그 자체로서 갖는 의미를 협착하게 파악하는 오류를 범하고 말았다고 그는 기술하고 있다.[70)]

V. 공동체주의

1. 공동체주의 정의관의 기본 유형들

공동체에 관한 이론은 사상적으로 유구하다. 그러나 '공동체주의'라는 특정한 사상사조는 최근의 현상이다. 그것은 서구사회에서 주도적인 위치를 차지해 왔던 자유주의적 사회제도와 관행의 부적합성과 그 이론적 한계에 대한 비판으로서 1980년대에 등장한다. 공동체주의가 비판의 대상으로 삼는 자유주의는 특히 롤즈에 의해서 주도된 새로운 형태의 자유주의이다.[71)]

롤즈에 반발하여 나온 것이 미국의 공동체주의자 맥킨타이어, 테일러, 샌델 등이다. 그들 간의 큰 차이에도 불구하고, 그들은 한결같이 자유주의를 비판하며, 그것이 폄하하고 있는 행복한 삶의 기본단위인 공동체를 복구하고자 하는 데 목표를 같이 한다. 그들에게는 정의보다는 행복이 더욱 중요한 것이다. 나아가, 공동체주의자들은 롤즈나 노직이나 할 것 없이 이익을 추구하는 개인을 기반으로 사고하고 있기 때문에, 문화나 역사 속에서 드러난 공동체의

70) 황주홍, 앞의 논문, 166쪽.

71) 박정순, "공동체주의 정의관의 본질과 그 한계," 철학 제61집(1999), 267-268쪽.

의미와 역할을 망각하고 있다는 것이다. 특히 이러한 시도는, 근대성과 그 연속성상의 니이체적 후기근대성으로부터 탈피하여 아리스토텔레스적 덕(Virtue) 개념으로 회귀를 주창하거나(맥킨타이어와 샌델), 아니면 근대성의 병폐를 지적하면서도 근대 개인주의 속에서 윤리적 가능성을 발견하면서(테일러), 새로운 국면을 맞고 있다.[72] 여기서는 샌델의 정의관을 살펴보기로 한다.

2. 샌델의 정의관: 아리스토텔레스적 정의관

(1) 아리스토텔레스적 정의관

공동체주의 입장을 대변하는 샌델 교수는 공화주의적 전통을 계승하여 시민들이 사회적 책임감과 연대성을 갖고서 적극적으로 공동체에 참여해야 한다고 주장한다. 그는 자유주의가 무연고적 자아에 기본하고 있다고 비판한다.[73]

샌델은 아리스토텔레스의 목적론적 정의론으로 돌아갈 것을 주장한다. 아리스토텔레스에게 정의란 사람들에게 그들이 마땅히 받아야 할 것을 주는 것, 각자에게 그의 정당한 몫을 주는 것이다. 그러나 과연 무엇이 그 사람의 정당한 몫인가? 아리스토텔레스에 의하면, 정의는 각자의 훌륭함에 따라, 관련된 우수성에 따라 각각 다르게 대우하는 것이다. 그렇다면 다르게 대우할 때, 어떤 훌륭함이나 자격이 차별의 근거가 되게 되는가? 그것은 분배되는 것이 무엇인가에 달려 있다. 정의에는 두 가지 요소가 관련된다. '대상과, 그 대상이 할당될 사람'이 바로 그것이다. 만일 우리가 일반적으로 정의에 대해서 말한다면, "같은 사람들에게는 같은 대상들이 할당되어야 한다"고 말할 수 있다.[74]

(2) 사　　례

예를 들어 우리가 플루트를 분배한다고 가정하자. 누가 가장 좋은 플루트를 가져야 하는가? 이에 대한 아리스토텔레스의 대답은 가장 뛰어난 플루트 연주자가 가져야 한다는 것이다.

정의는 훌륭함에 따라, 관련된 뛰어남에 따라 각각 다르게 대우하는 것이다. 그리고 플루트 연주의 경우, 관련성이 있는 훌륭함은 플루트 연주 실력이

72) 정세근, 앞의 논문, 86쪽.
73) 손철성, "자유주의와 공동체주의의 주요 논쟁점에 대한 검토," 동서사상 제3집(2007), 22쪽.
74) 김영기, 앞의 논문, 17-19쪽.

다. 만일 그 외의 다른 근거에서, 예컨대 부나 타고난 신분, 신체적 아름다움 또는 운(추첨) 같은 근거에 의해 달리 대우한다면, 그것은 부당한(=부정의한) 일일 것이다.

> "좋은 신분과 아름다움은 플루트 연주 능력보다 더 우월한 장점일 수 있으며, 그것들을 소유하는 사람들은 플루트 연주자가 그들을 능가하는 것보다 이러한 자질들로 플루트 연주자를 더 능가할 수도 있다. 그러나 '플루트 연주자'가 더 좋은 플루트를 가져야 할 사람이라는 사실은 의심할 여지가 없다."

그러나 문제는, 오늘날 시장경제사회에서, 모든 재화의 분배가 여기서 예로 든 플루트 분배처럼, 목적론적으로 분명히 정해질 수 없다는 점이다. 즉 아리스토텔레스가 말하듯이, "대상과 할당될 사람" 두 가지 요소에 의해 분명히 확정될 수 없다는 점이다. 예를 들어, 누가 지금 우리 방에 플루트를 나누어 가지라고 플루트를 몇 개(또는 하나) 기증했다고 하자. 이때 우리는 그 플루트를 어떻게 분배하는 것이 옳을까? 이 방안에 있는 사람들 가운데서 플루트 연주 실력이 가장 뛰어난 사람에게 그 플루트를 분배하는 것이 옳은 일일 것인가?

어쩌면 아리스토텔레스는 이 방안에 있는 사람들의 연주 실력이 조금씩은 다르다 하더라도, 그러나 그 차이가 크지 않고 플루트 연주 실력이 고만고만하여 크게 본다면 '같은 사람들'이기에, 이 경우에는 다른 기준에 의해서 분배를 하는 것이 옳다고 주장할지도 모른다. 그렇다면, 이런 경우라면 어떤가? 지금 이 방안에 플루트를 다른 사람들보다 탁월하게 연주할 수 있는 사람이 있다면? 그렇다면, 그 사람에게 그 플루트를 주는 것이 옳을 것인가? 그 사람은 그 동안 플루트를 구입하려면 구입할 수도 있었을지도 모른다. 어쩌면 그 사람에게는 이미 플루트가 있는지도 모른다. 아니면, 아직 플루트가 없지만, 경우에 따라서는 그 플루트를 팔아 다른 물건을 더 사고 싶어 할 지도 모른다. 그런 경우에는 그에게 플루트를 분배하는 것이 옳은 일일까?

우리 집에는 세 딸이 있다. 그리고 큰 딸이 플루트를 제일 잘 분다. 누가 우리 집에 플루트를 선물한다면, 그때는 큰 딸에게 플루트를 주는 일이 옳은 일일 것 같다. 어쩌면 세 딸의 공동소유로 하는 일이 더 옳은 일일지도 모르지만, 그 경우에도, 만일 다른 경우에 다른 선물이, 예컨대 오카리나가 우리 집에 들어온다면, 다른 두 딸이, 전에 플루트는 큰 딸에게 주었으니, 이번에는 그 오카리나를 자신들에게 주어야 한다고 주장한다면, 그것은 반드시 부당한 주장일까? 설사 오카리나도 큰 딸이 제일 잘 분다고 하더라도?

어쩌면 아리스토텔레스의 정의론은 구성원들이 밀접한 인간관계를 맺고 있어서, 연대성을 강하게 느끼고 있는 소집단에게는 일정한 설득력을 가질지도 모른다. 그러나 오늘날의 국가와 같은 대단위 집단에서는, 그리고 구성원들 간에도 어떤 사건이나 이벤트가 있을 때는 동질감을 느끼지만, 평상시에는 강한 유대감을 느끼지 않는다. 이런 대단위 국가 차원에서도 아리스토텔레스의 정의관이 설득력을 가질까? 게다가 지금처럼 시장이 발달되어 있는 시장경제에서?

3. 샌델의 정의관의 한계: 현실성 부족

샌델은 오늘날 자유주의적 사고를 하는 사람들이 간과하기 쉬운 중요한 측면을 상기시킨다. 그래서 우리가 그의 이야기에 귀를 기울이면, 그는 우리의 도덕적 감수성에 강한 호소력을 갖는 이야기를 들려준다. 그러나 막상 그는 우리가 문제 상황에 부딪쳤을 때 문제를 해결할 구체적 지침을 제시하지 않는다. 즉 우리가 현실의 제도나 정책을 정의 여부로 평가할 구체적인 원칙이나 구체적인 기준점을 제시하지 않는다. 샌델의 정의론은 일면 호소력이 있는 이야기이지만, 현실적으로 제기되는 문제를 해결하는 기준으로 채택하기에는 부족하다.[75)]

Ⅵ. 자유주의와 공동체주의 논쟁

1. 쟁 점

1980년대 자유주의와 공동체주의는 개인의 삶의 방식과 공동체의 가치가 서로 충돌할 때 어떻게 대응해야 하는지를 둘러싸고 많은 논쟁을 벌여 왔다.

75) 김영기, 앞의 논문, 22쪽.

개인이 자신의 삶의 방식을 선택하고 자신을 자유롭게 표현할 수 있는 권리가 공동체의 가치나 신념과 상충할 경우에 우리는 어떤 것을 중시해야 할 것인가? 이러한 문제와 관련하여 자유주의와 공동체주의는 서로 다른 입장을 갖고 있다.[76)]

자유주의를 대표하는 사상가로는 롤즈, 노직, 하이에크 등이 있는데, 이들은 대체로 로크, 칸트, 밀의 사상을 자신들의 지적 전통으로 여기고 있다. 반면에 공동체주의를 대표하는 사상가로는 맥킨타이어, 샌델, 테일러, 왈쩌 등이 있는데, 이들은 대체로 아리스토텔레스와 헤겔의 사상을 자신들의 지적 전통으로 여기고 있다. 자유주의는 공동체적 가치보다는 자유로운 '개인의 권리'와 '자율성'을 강조하지만, 반면에 공동체주의는 '사회적 책임'과 '연대성'(공동체성)을 중시한다. 그러나 이러한 구분은 대략적인 것이며, 같은 진영에 속한 사상가들 사이에도 상당한 입장 차이가 있다. 예를 들면 자유주의 진영에서도 노직과 하이에크는 개인의 자유권을 절대적으로 중시한다는 점에서 자유지상주의적 자유주의 입장이라고 한다면, 롤즈는 사회적 약자를 배려하는 차등의 원칙에 입각하여 복지권 등을 인정한다는 점에서 평등주의적 자유주의 입장이라고 할 수 있다. 공동체주의 진영에서도 맥킨타이어와 샌델이 개인주의나 다원주의에 대해 강하게 비판한다면, 테일러와 왈쩌는 개인주의나 다원주의의 긍정적인 측면을 어느 정도 수정하고 있다.

이처럼 추구하는 가치나 덕목이 서로 다른 자유주의와 공동체주의는 (1) 개인의 정체성이나 자아의 형성과정, (2) 국가의 중립성 문제, (3) 옳음(정의)과 좋음(행복)의 관계 등에 대해 서로 다른 견해를 갖고 있다.

2. 자유주의와 공동체주의의 차이

(1) 자아 정체성의 형성 문제

자아 또는 자아 정체성은 어떻게 형성되어야 하는가? 개인의 가치관이나 삶의 방식은 어떻게 결정되어야 하는가? 자유주의는 개인의 정체성이나 자아의 형성 방향은 개인들이 각자 자율적으로 선택하여 결정해야 한다고 주장한

76) 손철성, 앞의 논문(2007), 18-19쪽.

다. 다시 말하면 개인이 자신의 가치관이나 삶의 방식을 스스로 결정해야 한다는 것이다. 이에 반해 공동체주의는 그러한 자유주의 입장을 원자론적 자아관 또는 무연고적 자아관이라고 비판하면서 진정한 자아는 공동체의 전통이나 가치, 덕목, 역사, 사회적 책무 등을 적극적으로 고려하는 가운데 형성되어야 한다고 주장한다. 즉, 개인들은 자신의 가치관이나 삶의 방식을 자기 마음대로 선택해서는 안 되며, 자기가 속한 공동체의 가치나 전통을 바탕으로 결정해야 한다는 것이다.77)

(2) 국가의 중립성 문제

국가나 사회는 개인이 가치관이나 삶의 방향을 결정하는 데 개입해도 되는가? 아니면 가치중립적인 태도를 취해야 하는가? 자유주의는 개인이 삶의 방향을 결정하거나 또는 특정한 도덕적 가치나 덕목을 선택하는 문제에 있어서 국가가 개입해서는 안 된다는 중립적 입장을 주장한다. 반면에 공동체주의는 국가나 사회가 이 문제에 개입하여 특정한 도덕적 가치나 덕목을 적극적으로 권장해야 한다고 주장한다. 개별 국가는 추구하는 가치나 목적이 다르기 때문에, 시민들에 대한 교육 등을 통해서 국가의 고유한 가치나 덕목을 달성하기 위해 노력해야 한다는 것이다.

(3) 옳음(정의)과 좋음(행복)의 관계 문제

옳음(정의)과 좋음(행복)은 어떤 관계에 있을까? 옳음과 좋음 중에서 어떤 것이 더 중요한가? 자유주의는 옳음(정의)의 문제는 좋음(행복)의 문제와는 상관없이 우선적으로 다루어져야 한다고 주장한다. 반면에 공동체주의는 이를 비판하면서 옳음(정의)의 문제는 좋음(행복)의 문제와 분리될 수 없으며, 오히려 특정 공동체에서 인정되는 좋음(행복)의 가치를 바탕으로 옳음(정의)이 판단된다고 주장한다.

Q. 근래에 우리 사회에서 '다문화' 또는 '다문화주의'와 관련하여 담론이 크게 늘어나고 있으며, 정부나 교육계에서도 '다문화 정책'이나 '다문화 교육'에 많은 관심을 기울이고 있다. 우리 사회에서 다문화 담론이 본격적으로 형성된 것은 국내에 외국인 이주자들의 유입이 증가하면서 부터이다. 국제 결혼자와 그들의

---

77) 손철성, 앞의 논문(2007), 25-26쪽.

혼혈 가족들, 특히 코시안이라 불리는 혼혈 자녀들, 외국인 노동자와 그들의 자녀들, 새터민, 중국 및 러시아 동포 등이 국내에 정착하거나 장기 거주하는 과정에서 문화적 갈등이 발생할 수 있다고 보았기 때문이다. 자유주의와 공동체주의 입장에서 소수자 집단의 특수한 문화적 권리를 인정한다면 그 한계가 어디까지인지를 생각해 보자.

3. 도덕적 '옳음'과 윤리적 '좋음': 어느 것이 더 중요한가

Q. 도덕 교과에는 「도덕」, 「시민 윤리」, 「전통윤리」, 「윤리와 사상」 등의 과목이 있는데, 이러한 명칭 속에는 '도덕'이라는 말과 '윤리'라는 말이 들어 있다. 그렇다면 '도덕'과 '윤리' 또는 '도덕적'과 '윤리적'이라는 개념은 서로 다른 의미를 함축하고 있는가?

Note. '도덕'과 '윤리'를 같은 의미를 지닌 말로 사용하는 경우도 있지만 그렇지 않은 경우도 있다. 이 두 용어를 서로 다른 의미로 사용하는 경우를 살펴보면 대체로 다음과 같다. ① '도덕'은 예절과 같은 기본적인 도덕규범을 학습하고, 그것을 실천에 옮기는 것과 관련된다. 이에 비해, '윤리'는 도덕적, 윤리적 문제를 이론적, 학문적으로 접근하여 탐구하는 것이다. 그래서 저학년에서는 도덕 과목이 있고, 고학년에는 윤리 과목이 있다. ② '도덕'은 도와 덕이 결합된 용어인데, 이때 도는 인간의 도뿐만 아니라 자연의 도까지 포함하고 있으며, 덕은 그러한 도를 체득하여 실천에 옮기는 것이다. 이에 비해 '윤리'는 인간들 사이에 지켜야 하는 도리이다. 따라서 도덕이 윤리에 비해 더 포괄적인 개념이다. ③ '도덕'은 자유주의자인 칸트적 전통에 따라 '옳음'이나 '정의'와 관련된 보편적 규범의 의미를 지닌다. 이에 비해 '윤리'는 공동체주의자인 아리스토텔레스적 전통에 따라 특정한 공동체에서 통용되는 '좋음'이나 '행복'과 관련된 특수한 규범의 의미를 지닌다.

일상적으로 우리는 '도덕'과 '윤리'라는 개념을 특별히 구분하여 사용하고 있지는 않다. 따라서 '그 사람의 행위는 도덕적이다'라는 문장과 '그 사람의 행위는 윤리적이다'라는 문장을 동일한 의미를 함축하고 있는 것으로 간주한다. 영어로 'moral'이라는 단어는 라틴어 'moralis'에서 왔으며, 이 'moralis'라는 단어는 로마의 사상가인 키케로가 희랍어 'ethike'를 라틴어로 번역한 데서 기원한다. 영어 'ethical'이라는 단어는 희랍어 'ethike'를 영어식으로 번역한 것이다. 따라서 영어로 'moral'과 'ethical'은 그 어원이 동일하다. 그래서인지 싱어(P. Singer)도 「실천 윤리학」에서 윤리와 도덕을 상호 교환 가능한 단어로 사용한다고 밝히고 있다.78)

그런데 자유주의와 공동체주의는 칸트적 전통의 도덕이론과 아리스토텔레스적 전통의 윤리학을 개념적으로 구분하면서 '도덕'과 '윤리'라는 말을 서로 다른 의미로 사용하고 있다. 칸트적 전통의 도덕이론은 '무엇이 올바른가?'에 관심을 가졌는데, 여기서 '옳음'의 문제는 모든 인간이 따라야 할 보편적 도덕원칙과 관련된다는 것이다. 이에 비해 아리스토텔레스적 전통의 윤리학은 '무엇이 좋은가?'에 관심을 가졌는데, 여기서 '좋음'의 문제는 공동체가 지니고 있는 이상적 삶이나 행복한 삶의 원칙과 관련된다. 따라서 이 논쟁에서 '도덕적'이라는 개념은 '옳음'이나 '정의'와 관련된 보편적 규범의 의미를 지니며, '윤리적'이라는 개념은 특정한 공동체에서 통용되는 '좋음'이나 '행복'과 관련된 특수한 규범의 의미를 지닌다. 그래서 자유주의와 공동체주의는 도덕적 '옳음'과 윤리적 '좋음'이 서로 어떤 관계에 있는지, 어떤 것이 더 중요한지를 둘러싸고 논쟁을 벌이게 된 것이다.

여기서 볼 수 있듯이 '자유주의' 입장은 기본적인 도덕적 규범만을 준수한다면 개인들이 어떤 삶을 살지는 개인들의 자유와 자율에 맡겨야 한다고 주장한다. 예를 들면 타인에게 피해를 주어서는 안 된다는 기본적인 도덕규칙만 지킨다면, 개인들은 어떤 삶을 살아도 상관이 없으며, 이에 대해 국가나 사회는 간섭해서는 안 된다는 것이다. 이에 비해 '공동체주의' 입장은 기본적인 도덕규범만으로는 부족하며, 이를 넘어서서 공동체의 가치나 전통을 개인들이 적극적으로 수용할 것을 요구한다. 즉, 개인들이 자신의 삶에만 관심을 갖는 데서 벗어나서 이웃이나 공동체의 일에 더 많이 관심과 책임감을 가질 것을 요구한다.

78) 손철성, 앞의 논문(2007), 26-28쪽.

4. 남북전쟁과 로버트 리 장군의 행동

이러한 자유주의와 공동체주의의 입장 차이를 구체적인 사례를 들어 살펴보자. 샌델은 남북 전쟁 당시 로버트 리(Robert Lee) 장군의 행동에 대해 다음과 같이 평가한다. 미국에서 남북 전쟁이 발발하기 전날 밤에 로버트 리 장군은 연방군의 한 장교로서 일하고 있었다. 그는 버지니아 출신의 남부 사람이었지만, 남부의 노예제와 분리 주장을 반대하면서 그것을 반역행위로 간주했다. 하지만 전쟁의 위협이 다가왔을 때, 리 장군은 버지니아 주에 대한 그의 책무가 연방에 대한 그의 책무에 우선한다고 판단했다. 그는 다음과 같이 말했다.[79]

> "연방에 대해 헌신하는 마음은 있지만, 나는 내 친지, 내 아이들, 내 고향을 향해 공격할 마음을 먹을 수 없었습니다. 만약 연방이 와해된다면, 그리고 정부가 전복된다면, 나는 내가 태어난 주로 되돌아가 나의 인민들과 고통을 나눌 것입니다. 내 고향을 지키는 경우가 아니라면, 나는 다시는 칼을 빼지 않을 것입니다."

샌델은 이러한 리 장군의 행위가 단순히 개인적인 감정이나 편견에 사로잡힌 선택이 아니라 도덕적으로 의미가 있는 선택이라고 말한다. 리 장군이 처한 상황은 도덕적 딜레마의 상황이었고, 거기서 그는 노예 해방보다는 자신이 속한 공동체에 대한 책무와 연대성을 중시하는 도덕적 선택을 했다는 것이다. 리 장군의 행위에 대한 이러한 우호적 평가는 샌델이 공동체주의적 관점을 갖고 있기 때문이라고 할 수 있다.

그러나 자유주의적 관점에서 본다면, 리 장군이 처한 상황은 도덕적 딜레마의 상황이 아니다. 왜냐하면 자유주의적 관점에서 볼 때, 무고한 사람의 인신을 구속하여 개인의 자유를 심각하게 침해하는 노예제도는 보편적 정의의 원칙에 명백하게 위배되기 때문이다. 따라서 자유주의적 관점에서는 리 장군이 노예해방을 외면하고 자신이 속한 공동체에 대한 책무를 선택한 행위는 비

79) 손철성, 앞의 논문(2007), 28-29쪽.

도덕적 선택이라고 볼 수 있다. 이처럼 리 장군의 행위에 대해 자유주의자와 공동체주의자는 서로 다른 평가를 내리고 있다.

5. 나르시스, 갈매기의 꿈, 당신들의 천국

서로 대립된 입장을 갖는 자유주의와 공동체주의는 다음과 같은 한계와 문제점을 갖고 있다. 자유주의는 타인에게 피해를 주어서는 안 된다는 의무만을 개인에게 부과하며, 그 이상의 것을 요구하지 않는다. 따라서 개인들은 공동체의 일이나 주변 사람들의 고통에 무관심하며, 오직 자신의 삶에만 관심을 기울이는 자기중심주의나 자아도취적 태도에 빠질 수 있다. 그래서 공동체성이나 사회적 연대성이 무너질 수 있다. 그리스 신화에 나오는 나르시스의 행동은 바로 이러한 문제점을 비유적으로 보여준다. 나르시스는 우물 속에 비친 자신의 모습에 완전히 매료되어 주변의 다른 것에 전혀 관심을 기울이지 않는데, 이러한 태도를 '나르시시즘'이라고 부른다.[80)]

공동체주의는 공동체적 가치와 전통, 연대성을 강조하면서 개인에게 이러한 가치와 사회적 책무를 적극적으로 받아들이기를 요구한다. 따라서 여기서는 개인이 공동체의 전통과 가치관에 억눌려 자유로운 삶을 살기 어려우며, 기존의 질서를 넘어서는 시도를 하기가 힘들다. 그 결과 다양한 삶의 가치를 인정하는 다원주의가 위협받을 수 있으며, 기존의 질서를 옹호하는 보수주의가 강화될 수 있다. 소설 「갈매기의 꿈」에 나오는 조나단의 이야기는 이러한 문제점을 비유적으로 보여준다. 조나단은 자기 사회의 다른 갈매기들과는 다르게 나는 법에 관심이 많아서 다양한 새로운 시도를 하다가 미움을 받게 된다. 결국 조나단은 갈매기 사회의 품위와 전통을 더럽혔다는 이유로 추방을 당한다. 이것은 공동체적 가치와 전통의 강조가 개인의 다양한 삶과 새로운 발전을 억압할 수 있음을 보여준다.

인간은 역사적·사회적 존재로서 자신이 살아온 공동체의 가치와 전통, 연대성을 무시할 수 없다. 그렇다고 근대 시민사회의 산물로서 중요한 가치를 지니는 다원주의와 개인의 자율성을 억압해서도 안 된다. 이청준의 소설 「당

---

80) 손철성, 앞의 논문(2007), 30-31쪽.

신들의 천국」에서 볼 수 있듯이 개인에게 자신의 삶의 방향을 스스로 선택할 수 있는 자율성이 주어질 때 '진정한 천국'이 될 수 있다. 따라서 우리는 공동체의 연대성을 바탕으로 개인의 자율성도 확보할 수 있는 방안을 모색해 보아야 한다.

Ⅶ. 정의관과 현실의 딜레마

1. 대학 기여입학제

(1) 기여입학제의 의미

기여입학제는 우리 사회에서 여러 차례 쟁점으로 부상하였다. 기여입학제에 관한 논의는 사립대학의 재정난 해소라는 현실적 필요성과 교육기회의 균등한 보장이라는 규범적 당위성을 찬반양론의 핵심 논리로 하면서 그 밖의 다양한 이유들이 부가적으로 제시되는 양상을 보였다. 대학재정난 해소 방안의 하나로 일부 사립대학에서 제기된 기여입학제는 여전히 찬반양론이 팽팽한 우리 사회의 쟁점 가운데 하나이다. 이 제도에 대한 견해 차이는 그 개념에 대한 정의에서부터 첨예하게 나타난다. 사용되는 용어 역시 기부금입학제, 기여입학제, 기여우대입학제 등으로 다양하다.[81)]

우선 도입을 찬성하는 측에서는 '기여입학제' 또는 '기여우대입학제'라는 용어를 선호하는 편이다. 이러한 입장에서는 기여입학제를 "개인 또는 기업이 특정 사립대학에 토지, 건물, 금전, 기타 물질을 무상 기부하거나 그 대학 설립이나 발전에 비물질적으로 기여하는 등 현저한 공로가 있는 경우, 관련 자손이 당해 대학에 입학을 지원할 때에는 그 대학이 정하는 적절한 기준에 의해 입학이 가능할 수 있도록 신입생 일반 사정 방법에 있어 특례를 인정하는 제도"로 규정한 바 있다.

이 제도의 도입을 반대하는 측에 의하면, 기여입학제 또는 기여우대제라는 용어는 기부금입학제가 갖는 부정적 인상을 완화시키면서 특혜 입학결정의 대상에 신축성을 두고자 하는 의도를 반영하는 개념이다. 이러한 입장에 따르

81) 홍창남, "기여입학제의 교육적 정당성," 교육행정학연구, 제26권 제3호(2008), 25, 27쪽.

면, 기여입학제의 핵심은 기부금 입학이며, 이는 "입학조건부 기부금, 즉 일정액 이상을 내면 입학을 시켜주는 방식을 모든 대학에서 채택할 수 있도록 제도화"하는 것을 의미한다.

기여입학제의 개념과 관련된 양측 주장의 차이는 두 가지로 요약된다. 하나는 물질적 기여 이외에 비물질적 기여를 포함할 것인가 하는 것이고, 다른 하나는 '기여'와 '입학' 사이에 어느 정도의 시간 간격을 둘 것인가 하는 문제이다.

(2) 찬성론과 반대론

기여입학제에 찬성하는 측의 논리는 다음과 같다. 첫째, 기여입학제는 경직된 입시제도의 모순을 타개하여 사학이 각기 그 설립 이념을 구현하는 데 도움을 주고 대학간 자유 경쟁을 통한 발전을 촉진하게 될 것이다. 둘째, 기여입학제는 사립대학의 심각한 재정난 해소에 상당한 효과가 있을 것이다. 셋째, 사회유휴자본의 음성적, 낭비적 지출을 양성화하여 정규교육재원으로 유인함으로써 보다 질 높은 대학 교육환경을 조성할 수 있다. 넷째, 기여입학제를 통해 확보된 재정을 학생장학금 등에 투자한다면 오히려 교육기회의 평등을 실현하는 방안이 될 수 있다. 다섯째, 선진외국에서는 법규정 없이 기여입학제가 공공연하게 실시되고 있으므로 우리나라에서도 이 제도의 채택 여부를 대학의 자율에 맡겨야 한다.[82)]

한편, 반대하는 측의 논리는 다음과 같다. 첫째, 기여입학제는 교육의 기회균등을 보장하는 헌법 제31조 제1항에 저촉된다. 둘째, 민주사회의 기본 토대인 실적주의와 성과주의를 말살시키고 배금주의 가치관을 조장한다는 점에서 비교육적이다. 셋째, 사회계층의 세습화를 가져오며 이는 계층 간의 위화감을 심화시킬 것이다. 넷째, 기여입학제는 대학 간 불균형적인 발전을 조장하게 되며 학생납입금 인상이나 정부지원 강화를 주장할 명분을 잃게 한다. 다섯째, 구체적인 시행 과정에서 많은 운영상의 문제점과 부작용이 유발될 가능성이 크다.

82) 홍창남, 앞의 논문, 28쪽.

(3) 정의관에 따른 주장

위에서 공부한 공리주의, 롤즈의 평등주의적 자유주의, 노직의 자유지상주의적 자유주의 입장에 그 주장을 생각해 보자.

공리주의에서 가치 판단의 최종적 기준은 사회적 공리이다. 벤담이 “입법자가 고려해야 할 유일한 기준은 최대 다수의 최대 행복이다”라고 말한 데에서 볼 수 있는 바와 같이, 공리주의자들의 관심은 행위자 개개인의 행복을 고양하는 데 있다기보다는 사회구성원 전체의 행복을 극대화하는 데 있다. 따라서 전체 사회의 행복이나 복지 또는 유용성을 증가시킨다면 사회적 불평등으로 인하여 특정 집단이 희생되는 것도 정당화될 수 있다는 것이 이들의 입장이다. 이러한 입장에 따르면, 교육기회의 분배는 그것이 사회 전체의 유용성을 극대화하는 데 기여하는가에 따라 결정되어야 한다. 다시 말하면 사회적으로 최대한의 유용성을 가져올 사람, 즉 교육기회를 활용하여 가장 많은 것을 성취할 수 있는 사람에게 교육기회를 분배하는 것이 결과적으로 가장 공정한 분배라는 것이다. 누가 가장 많이 성취할 수 있는가와 관련하여, 공리주의는 능력 있는 사람이 곧 생산적인 사람이며 생산력이 있는 사람이 교육기회를 향유하는 것이 사회 전체의 유용성을 증가시킨다는 입장이다. 요컨대, 공리주의적 관점에 따르면, 교육기회는 개인의 능력에 따라 분배되어야 하며 그러한 분배 방식은 사회적 효용성을 극대화한다는 점에서 정당화된다.[83)]

공리주의자들이 전체를 위해 개인이 희생될 가능성을 열어두고 있다는 점은 롤즈의 비판을 받는다. 롤즈는 사회적 약자의 희생을 최소화하면서 개인의 자유과 권리를 보장하는 방법을 제안하고 있다. 모든 사람에게 기본적인 자유를 최대한 누릴 수 있는 권리를 동등하게 부여하되, 불평등은 최소 수혜자에게 이익이 되게 하는 경우와 그 불평등을 야기할 위치에 접근할 수 있는 기회를 동등하게 부여하는 경우에 한하여 허용한다는 것이 그의 주장이다. 다시 말하여, 사회적 가치의 분배에 있어서 구성원의 자유를 최대한으로 신장했을 때, 최소 수혜자를 보호하기 어려운 상황이 발생할 것을 고려하여 그 최소 수혜자의 이익을 극대화하는 데 기여한다면 차등을 허용하는 것이다. 여기서의

83) 홍창남, 앞의 논문, 32-35쪽.

차등적인 분배는 최소 수혜자에게 더 많은 것을 주는 방향으로의 분배를 말한다.

롤즈의 정의론에서 교육기회 분배의 기준이 무엇인가 하는 것은 그의 차등의 원칙을 어떻게 해석하느냐에 따라 달라진다. 해석의 가능성은 교육기회를 분배의 직접적인 대상으로 볼 것인가 아니면 간접적인 대상으로 볼 것인가 하는 두 가지이다. 전자의 해석에 의하면, 교육기회는 일반적인 사회적 가치와 동일하게, 복지적 차원에서 불리한 위치에 있는 사람에게 더 많이 분배되어야 한다. 이러한 입장에서 롤즈의 최소 수혜자 규칙은 의무교육제도와 같은 것을 정당화하는 하나의 탁월한 논리가 될 수 있다. 이에 비해 후자의 해석에 의하면, 오히려 능력 있는 사람에게 더 많은 교육기회를 제공하는 것이 정당하게 된다. 후자와 같이 롤즈의 평등론이 능력주의적 분배를 정당화하는 논리는 약간의 설명이 필요하다.

롤즈가 차등을 통한 적극적인 평등을 주장하는 근거는, 재능이나 노력은 모두 도덕적으로 볼 때 자의적인 특성이므로 그것을 근거로 하여 더 많은 혜택을 누린다는 것은 부당하다는 것이다. 그가 보기에, 개인의 탁월한 능력은 사회 공동의 이익을 위해 소용될 사회적 자산이다. 재능을 공동자산으로 간주하여 모든 사람의 행복을 위해 사용하도록 하며, 특히 그 혜택은 사회의 최소 수혜자에게 가장 유리한 방식으로 분배하자는 것이다. 그의 공동자산 개념에 내재된 논리에 의하면, 능력 있는 사람에게 더 많은 교육기회를 제공하고 거기에서 생겨난 이익을 최소 수혜자에게 더 많이 분배해주는 것이 정의에 부합하는 분배 방식이 된다. 다만, 롤즈가 능력에 따른 분배를 허용하는 것은 공리주의자들이 주장하는 것과 같이 단순히 사회적 효용성을 극대화하기 위한 것이 아니라는 데 유의할 필요가 있다. 그의 정의론에서, 전체 사회의 행복이나 효용을 높인다는 명목으로 개인의 이익을 희생하는 것은 정당화될 수 없으며, 능력에 따른 분배, 즉 차등이 허용되는 경우는 모든 사람들의 이익을 증진할 수 있고 나아가 최소 수혜자의 이익을 최대화할 수 있는 때 뿐이다. 이상의 논의를 요약하면, 롤즈의 정의론은 그 해석 여하에 따라, 교육기회를 복지적 차원에서 개인의 필요에 따라 분배해야 한다는 주장과, 투자적 차원에서 개인의 능력에 따라 분배해야 한다는 주장 모두를 정당화하는 논리로 사용될 수 있다.

한편, 자유지상주의자로 알려져 있는 노직에게 있어서 개인의 자유와 권리는 모든 것에 우선한다. 개인의 권리는 보다 큰 사회적 선을 위한다는 명분으로도 결코 침해될 수 없다는 그의 관점에 의하면, 사회 전체 효용성의 극대화를 주장하는 공리주의나 최소 수혜자의 이익의 최대화를 주장하는 롤즈의 정의관의 어느 것도 정당화될 수 없다. 노직은 선천적 재능과 후천적 노력을 모두 각자의 소유로 간주한다. 뿐만 아니라 그 재능과 노력을 활용해서 얻은 결과 역시 자신이 소유하는 것이 정당하다고 본다. 이러한 의미의 자기 소유는 개인의 자발적인 교환이 확립되어 있는 사회에서 비로소 온전하게 보장될 수 있다. 다시 말하여, 노직에게 있어서 사회는 권리를 지닌 독립적인 개인들이 자신의 합리적인 이기심을 인도하는 시장적 상황에서 개별적으로 경제행위를 하는 자발적인 교환 체제이다. 이러한 체제에서 교육기회의 배분은 개인들의 자유로운 선택에 근거해야 한다. 마치 시장에서 재화와 서비스가 개인의 의사에 따라 자유롭게 교환되는 것처럼, 교육기회의 배분도 철저하게 개인의 자유로운 권리 행사에 맡겨져야 한다는 것이다.

이른바 '소유권리론'으로 알려져 있는 노직의 관점에 의하면, 자원의 재분배적 성격을 지니고 있는 공교육제도는 개인의 소유권리를 침해할 가능성이 높다는 점에서 부정의하고 도덕적으로 비합법적인 제도로 규정될 수 있다. 불평등을 해소하거나 인간의 기본적인 필요를 충족시키고자 하는 국가적 노력은 개인에 대한 부당한 간섭이 된다는 것이다. 그의 자유교환 체제에서는 개인이 소유한 사회적, 경제적 자원을 사용하여 교육기회를 획득하는 것이 얼마든지 정의로운 행위로 인정되며, 이 점에서 노직의 정의론이 함의하는 교육제도는 사교육 체제라고 할 수 있다. 그리고 이러한 체제에서는 왜곡된 분배 상황을 교정한다는 의미로서의 분배적 정의를 논한다는 것 자체가 부조리한 것이 된다.

2. 도덕적 딜레마: 사례 중심

(1) 공리주의와 공정으로서의 정의

공리주의 결과 지향은 개인 혹은 집단의 복지를 극대화하는 것이다. 공리지향의 관점에서 정의로운 해결책이란 긍정적인 결과를 극대화하고, 나쁜 결과를 최소화하려는 것이다. 그래서 그 행동으로 인해 사회에 바람직하거나 좋은 목적에 기여한다면 옳은 행동이라고 간주되며, 기여하지 못한다면 옳지 않다고 판단하는 것이 공리주의이다. 따라서 공리주의 관점에서는 더 많은 수의 생명을 구하는 것을 적은 수의 생명을 구하는 것보다 좋은 것이다. 공리주의 단점은 최대다수의 최대행복을 지향하므로 다수가 행복하다면 소수 혹은 약자의 행복은 배제된다는 것이다.[84)]

공정성 지향은 도덕 판단에 있어 정의와 평등에 초점을 두는 것이다. 콜버그는 '정의'를 도덕적 원리 중의 가장 으뜸으로 간주하였다. 도덕적 딜레마에서는 사회구성원들 간에 합의된 법이 모든 구성원에게 공평하게 적용되지 못하는 경우를 언급하거나 사회적 계약에 앞서는 생명에 대한 권리 등에 대한 언급이 있다면 공정성 지향에 해당된다. 공정성 지향은 각 권리의 주장들이 상호대립 될 때, 서로 다른 관점에서 고려하는 가역성의 원리를 적용해서 평등의 원리가 실현되는 것이다.

어떻게 하면, 공정성의 원리가 적용될 수 있는 가에 대해 롤즈는 피자를 똑같이 나누어 가지는 것(기준)을 공정한 분배라고 할 때 그것을 보장할 수 있는 방법은 피자를 나누는 사람이 마지막 조각을 가져가도록 하는 것(절차)이며, 그는 가능한 피자를 똑같이 자르도록 노력하게 되는 것이 바로 완전한 "절차적 정의"라고 하였다.

위에서 공부한 공리주의와 롤즈의 정의론에 따라 아래에서 제시되는 사례를 생각해 보자.

(2) 불치병 환자와 약

폐렴 약은 1인분 밖에 없는데 환자는 2명이 있다. A는 약을 금방 쓰면 나을 사람이고 B는 폐병에다 불치의 병인 암까지 있다. 이럴 경우 누구에게 약을 주는 것이 정의 이론에 부합된 것일까?

공리주의 입장에서는 A에게 약을 주어야 하지만, 롤즈의 정의론에 의하면 B에게 약을 주는 것이 "차등의 원칙"을 적용한 것이다. 왜냐하면, 롤즈는 "모

84) 서미옥, "도덕적 딜레마에 나타난 대학생의 5가지 도덕지향," 교육학연구 제50권 제2호 (2012), 31쪽.

든 사람들을 평등하게 대우하기 위해, 사회는 천부적 자질이 부족하거나 불리한 사회적 위치에 있는 사람들을 더 배려해야 한다"고 주장하였다. 소수의 특권층의 혜택으로 부터 다수를 보호하기 위해 공리주의가 설득력을 가졌던 시대도 있었지만, 현대는 오히려 다수의 혜택으로부터 소외된 소수를 보호해야 한다는 정의론이 대두되었다. 우리나라에서 다문화 가정을 지원하고, 농어촌 학생 특별전형을 실시하는 것도 사회적 차원에서 공정성을 실현하기 위해서이다. 그렇지만, 공정성 지향보다는 효율성을 바탕으로 한 공리주의가 적용되는 상황을 흔히 경험하게 된다.[85]

(3) 하인즈 딜레마

유럽에서 한 부인이 특별한 종류의 암에 걸려 거의 죽어가고 있었다. 의사는 그녀를 살리기 위해 한 가지 약이 있다고 생각했는데, 그것은 같은 마을에 살고 있는 약사가 최근에 개발한 라디움(radium) 형태의 약이었다. 그러나 그 약은 매우 비쌌다. 약사는 그가 약을 개발하기 위해 소요된 금액의 10배에 해당되는 금액을 요구하였다. 그 부인의 남편인 하인즈는 그가 아는 모든 사람들을 찾아다니며, 약값을 빌렸고 모든 수단을 동원해 약값을 구하기 위해 노력하였으나, 약값의 절반에 해당되는 2,000달러밖에 구할 수 없었다. 그는 약사에게 아내가 죽어가고 있으니 약을 싸게 팔던지 아니면, 나중에 갚도록 해 달라고 요청하였다. 그러나 약사는 "내가 약을 발견했으니, 약을 이용해서 돈을 벌 것이다"라고 하면서 거절하였다. 하인즈는 모든 법적인 수단을 동원했지만, 절망하고 말았다. 그래서 하인즈는 아내를 위해 약사의 가게를 부수고 약을 훔칠 것인가를 고려하고 있다.[86]

(4) 조와 아버지 딜레마

조는 캠프에 가기를 원하는 14살 소년이다. 그의 아버지는 조가 스스로 돈을 모으면, 캠프에 가도록 약속하였다. 그래서 조는 신문배달을 열심히 해서 캠프에 갈 수 있는 비용과 조금의 여유분까지 100달러를 모았다. 그런데 캠프에 출발하기 전에, 아버지의 마음이 변하였다. 아버지는 친구들과 특별한 낚시

---

85) 서미옥, 앞의 논문, 28쪽.

86) 서미옥, 앞의 논문, 36-38, 49-50쪽.

여행을 가기로 결정했는데, 경비가 부족하였다. 그래서 아버지는 조에게 신문 배달을 해서 모은 돈을 달라고 말했다. 조는 캠프를 포기하는 것을 원하지 않았다. 그래서 조는 아버지에게 돈을 주는 것을 거절할 것을 생각하고 있다.

(5) 주지사와 홍수 딜레마

미국에서 백년만의 폭우로 미시시피강 지역에 사상 최악의 홍수가 일어났다. 그동안 이 지역은 홍수피해로 수차례 제방을 쌓아왔지만, 이번 강의 범람으로 주변도시가 물에 잠길 위기에 처하였다. 주지사는 선택의 기로에 당면했다. 미시시피강 유역에는 미국 전체의 석유 14%를 생산하는 정유시설이 밀집한 2개의 도시가 있는데 인구는 200만 명이다. 그대로 두면 이 도시가 물에 잠기게 된다. 그런데 물길이 도시를 덮치기 전에 중간에서 물길을 틀어버리면, 인구 5만여 명의 소도시가 침수되는 대신에 대도시를 살릴 수 있다. 주지사는 고민을 하고 있다. 대도시와 중소 도시 중에서 어느 지역을 침수 시킬 것인가? (조선일보 2011. 5. 14).

(6) 베이비 박스 딜레마

한 목사가 베이비 박스를 만들어서 논란이 되었다. 베이비 박스 옆에는 "미혼모의 아기와 장애로 태어난 아기를 유기하지 말고 여기에 넣어주세요"라는 안내문을 붙였다. 아기를 두고 가면 벨이 울리고, 목사가 아기를 집으로 데려간다. 목사는 "아기를 버리는 건 범죄이지만 베이비 박스에 두고 가는 것은 아기를 살리겠다는 의지"라고 하였다. 한 달에 한 번꼴로 아기가 베이비 박스에서 발견되었고, 현재 목사는 갓난아기부터 고등학생에 이르기까지 19명과 함께 살고있다. "아무 곳에나 버려져 위험에 처할 수 있는 아기들을 보호 한다"는 목사의 주장과 "신생아의 유기를 부추긴다"는 보건복지부의 주장이 맞서고 있다. 보건복지부는 아기를 키울 수 없다면 정식 인가를 받은 보호시설을 이용해야 된다는 입장이다. 베이비박스가 버려지는 아기를 보호하기 위한 대안인가? 아니면 유기를 부추기는 불법시설인가?(조선일보 2011. 5. 21).

3. 사례 검토

(1) 공리주의의 사례

① 하인즈 딜레마: 내가 사랑하는 아내이고, 비록 범죄이지만, 아내를 살리고 나서 감옥에서 범죄에 해당되는 기간 동안 있다가 나오면 다시 행복하게 아내와 살 수 있기 때문에 이것을 선택했다(중요한 가치: 사랑)

② 조와 아버지 딜레마: 아버지에게 돈을 드리지 않는다. 위의 사례는 도덕적 관점의 접근보다 개인의 의사를 존중하는 관점이 적절해 보인다. 돈을 사용하는 용도가 급박하거나 절실해 보인다기 보다 유흥, 여가를 위한 사용이기 때문이다(중요한 가치: 개인)

③ 주지사와 홍수: 소도시가 대도시에 비해 중요하지 않은 것은 아니다. 그러나 200만 명의 불행대신에 5만 명의 불행에 대한 피해가 더 적을 것이다. 다수의 이익이 더 중요하다. 또한 소도시의 침수 후에 정유시설에서 나온 이익으로 수재민들을 도와줄 수 있고, 피해복구기간도 5만 명의 소도시가 더 빠를 것이다(중요한 가치: 다수의 이익).

④ 베이비 박스 딜레마: 베이비 박스를 그대로 두어도 된다. 베이비 박스가 있으나 없으나 갓난아기의 유기는 어차피 계속 될 것이다. 베이비 박스는 그저 목사의 개인행동일 뿐 불법 시설까지는 아닌 것 같다(중요한 가치: 개인행동).

(2) 공정성 지향의 사례

① 하인즈 딜레마 : 사회적으로 약사는 부당한 액수의 금액을 요구하고 있으며, 사회적인 정의 즉 법이라는 강제가 있지만, 그 강제가 사회적인 약자를 보호하지 못하고 있다. 오히려 법이 생명을 중시한다면 부당한 이익을 요구한 약사를 처벌해야 한다. 생명을 구하기 위해 이 정도의 법의 테두리는 벗어나도 될 것이라 생각한다(중요한 가치: 생명).

② 조와 아버지 딜레마: 돈을 드리지 않는다. 부득이한 사정으로 조와 아버지 둘 다에게 피해가 있다는 가정하에 약속을 철회할 수는 있지만, 아버지 개인만의 사정을 위해 약속을 깨는 것은 옳지 않다. 아버지는 조가 캠프에 가기위해 쏟은 노력을 인정하고, 그를 존중해야 한다(중요한 가치: 약속)

③ 주지사와 홍수: 물길을 그대로 둔다. 대도시가 침체되어 돈이 많이 들고 시간이 오래 걸리겠지만, 이 내용을 통해 다수의 의견을 존중하는 것도 좋지만, 소수의 의견을 존중하는 것도 되돌아 볼 필요가 있다고 생각한다(중요한 가치: 소수의견 존중)

④ 베이비 박스 딜레마: 베이비 박스를 그대로 둔다. 베이비 박스를 없앤다면 더 많은 아이의 생명이 위험해 질 것이다. 그 이유는 정식적으로 인가를 받은 시설을 이용하기 위한 절차는 복잡하지만, 베이비 박스의 절차는 단순하다. 절차가 단순해야 아기를 빠른 시일에 맡겨서 아기가 하루빨리 건강해지고 밥을 먹을 수 있을 것이다(중요한 가치: 생명).

제 5 절 의리와 정의

Ⅰ. 한국에서 의리란 무엇인가

현대 한국에서 통용되고 있는 '의리'라는 개념은 인간관계로 맺어진 소규모 집단 안에서 구성원들(친구, 동지, 동료 등) 상호 간에 서로에게서 요구되고 기대되는 인간의 도리를 뜻한다. 즉 이는 영어의 'loyalty'와 비슷한 개념으로, '정의'처럼 낯선 타인들 간에 보편적으로 요구되는 공적 의무가 아니라 '인간관계'로 맺어진 집단 내부 구성원들 사이의 사적인 의무이며, 정의와 같은 '최소도덕'이 아니라 경우에 따라서는 자신의 희생까지 감수하는 '최대도덕'의 성격을 지닌다. 또한 정의 개념이 개인의 자유, 권리, 몫, 응분과 같은 '자신에 대한 관심'을 출발점으로 삼는데 비해, 의리 개념은 친밀한 사적 집단 안에서의 '관계' 유지나 '화합' 도모를 일차적 목표로 삼는다. 의리 개념은 이렇게 소규모 집단 안에서 요구되는 사적인 덕목이기 때문에, 때로는 공적 영역에서 요구되는 보편적 도덕의 요구, 즉 정의와 충돌할 수 있다. 즉 친구 간의 의리는 지극히 소중한 것임에도 불구하고 그것이 타인의 권익에 해를 끼치거나 공적인 윤리원칙을 위반하게 될 때에는 곧 집단이기주의로 변질되게 된다. 예를 들어 5공화국 때 경호실장을 지낸 장세동이 대통령을 지낸 전두환에 대한 의리는 군의 선후배인 두 사람 사이에 있어서는 지극히 소중한 관계윤리이기는 하겠지만, 그것이 좀 더 넓은 차원에서 요구되는 보편적인 사회정의와 서로 충돌함으로 말미암아 '마피아'로 지탄받게 되는 경우가 그것이다.[87]

정의가 자유롭게 이성적인 시민들 사이의 이해가 갈등하는 것을 조정하려는 것임에 반하여, 의리는 서로 연결 관계를 이미 가지고 있는 사람들 간의 이해를 일치시키려는 것에 목적을 두고 있다.

Ⅱ. 서양에서 다양한 정의관들의 분류와 그 공통점

1. 신과 정의

서양의 전통에서 정의의 개념이 차지하는 비중은 매우 크다. 정의의 개념에 대한 전통적 해석은 인간과 독립적인가 아닌가에 따라서 크게 둘로 나누어진다. 정의의 희랍어적 기원은 테미스(제우스 신의 부인)와 디케(딸)의 신화에서 나오는데, 여기에는 다양한 해석이 따른다. 예를 들면, 테미스는 이성적 사고의 인격화 혹은 본래적인 옳음으로 정의될 수 있는 반면에, 디케는 어떠한 도덕적 내용도 없고 행위방식에 대한 언급도 없이, 벌의 인격화, 혹은 판사의 결정으로 정의되고, 사람들 사이의 관계에 적용된다. 전자는 정의의 개념인 반면에 후자는 정의의 이상에 해당한다. 아리스토텔레스가 후에 정의를 시정적 정의와 분배적 정의로 구분한 것은 디케의 다양한 의미와 연관을 가진다. 여기에서 나타나는 것은 정의의 문제가 인간에게 종속된 것이 아니라 인간을 초월한 신으로부터 나온다는 사고이다.[88]

플라톤에 의하면 정의의 개념은 인간과 분리되면서 연결고리를 갖는 초월적이고 영원하고 조화로운 통일을 의미한다. 정의는 비록 인간과 제도에 완전히 구현되지는 않았지만, 선험적 사고의 영원한 대상으로서 보편적 의미를 가지고, 따라서 참지식의 대상이 될 수 있다. 따라서 플라톤의 전통에 따르면,

---

87) 이승환 외 1, 앞의 논문, 15쪽.
88) 이승환 외 1, 앞의 논문, 21-23쪽.

정의의 개념은 불변하고, 영원히 타당하고, 보편적인 개념인 동시에 지고의 개념인데, 이것이 그 이후로는 순수이성을 통하여 획득되는 자연정의로서 인간에 의해 이해되고 적용되는 것으로 생각된다. 정의의 개념은 따라서 인간의 행위를 지배하기 위하여 입법된 실정법을 평가하고 그것을 수용하는 기준을 제공한다. 이것이 바로 정의가 근본적으로 도덕적 성격을 띠게 되는 이유이다. 플라톤의 3정의의 개념은 인간들 사이의 관계에서 각자가 하여야 할 의무의 조화를 지칭한다는 점에서 동양에서 말하는 '의'개념과 유사성을 가진다.

2. 정의의 적용범위

전통적으로 한 개인의 성품, 심성, 태도에 대하여 정의의 관점에서 평가하는 것이 가능하다고 보았다. 그러나 사회구조가 복잡해지고, 개인의 활동과 역할이 전체 사회구조 속에서 차지하는 비중이 상대적으로 왜소해지기 시작하면서 정의의 일차적 관심대상이 사회의 기본구조로 전환되었다. 사회구조가 근본적으로 잘못되어 있는 상황에서 한 개인이 정의롭게 활동한다는 것이 거의 불가능하거나 엄청난 희생을 전제로 해야 하는 것일 때, 정의의 일차적 적용대상은 개인의 심성과 태도가 아니라 사회의 기본구조이어야 한다는 생각은 현대사회에 걸맞는 생각이다. 개인의 영향력은 역시 사회의 기본구조의 틀 속에서 한정적으로 행사될 수밖에 없다는 것이다.[89)]

여기서 중요한 것은 정의의 핵심적 개념이 분배정의이고, 그것은 개체주의적 성향을 띤 개인들 간의 이익의 갈등을 해결함으로써 모두에게 이익이 되는 원칙을 적용하는 것이다. 여기서는 자유주의적 성향을 띤 정의관을 서양의 대표적인 정의관으로 간주하고 논의를 전개한다.

3. 인간과 분배정의

아리스토텔레스는 "평등한 자를 평등하게 다루고 불평등한 자를 불평등하게 다루라"는 분배정의의 개념을 제안했다. "각자는 자신의 주어진 몫을 가지는 것이 정의로운 것이다"라는 정의의 개념과 더불어 서양전통에서 지속적으

89) 이승환 외 1, 앞의 논문, 23-24쪽.

로 이어진 개념이다. 평등한 자와 불평등한 자를 구분하는 기준, 혹은 자신의 정당한 몫이 무엇인지를 결정하는 기준이 분배정의의 핵심이다. 이러한 전통을 이어받아 현대에서 롤즈는 정의 개념을 "사회의 기본구조 내에서 각 개인에게 권리와 의무를 할당하고 사회협동의 혜택과 고통을 분담하는 일련의 원칙"으로 정의한다. 다양한 정의관이 이 정의의 개념 속에서 나올 수 있는데, 여기서 정의관, 즉 실질적 정의기준을 크게 공정성, 호혜성, 그리고 절차성으로 나누어서 다룬다. 아래서는 롤즈를 공정성을 대표하는 학자로, 고티에는 호혜성을, 그리고 노직은 절차성을 대표하는 학자로 다루기로 한다.[90]

4. 공정으로서의 정의관

롤즈는 한 사회를 경쟁과 협동이 동시에 공존하는 장소로서 이해한다. 각 개인이 고립된 삶을 살아가는 것 보다 사회를 구성하고 상호협동하는 것이 모든 사람에게 이롭다는 점에서 각 개인은 상호협동적이다. 그러나 공동의 노력으로 창출된 가치를 분배하는 데에 있어서 각 개인은 가능한 한 자신의 몫이 많기를 바란다는 점에서 상호갈등의 관계에 있다.[91]

그러면 어떻게 협동의 관계를 파괴하지 않으면서도 구성원 모두에게 혜택을 골고루 분배하는 정의의 원칙을 도출하는가? 그 도출과정에 대해서는 앞의 평등주의적 자유주의 부분에서 이미 설명하였다. 롤즈가 주장하는 공정성으로서의 정의관이 설득력을 가지기 위해서 자신의 이익만을 무분별하게 추구하는 개체적 개인이 아니라, 자신이 합의계약한 것에 대해서는 자발적으로 지키는 정의감을 지닌 존재라는 도덕적 인간관을 상정하고 있다.

5. 호 혜 성

도덕원칙의 정당성은 합리적 개인의 이성에 기초해야 한다는 고전적 사회계약론을 게임이론을 이용하여 재해석하는 것이 고티에의 의도이다. 고티에는 사회윤리학을 합리적 선택론의 일부분으로 본다. 합리적 선택론은 의사 결정

90) 이승환 외 1, 앞의 논문, 24-25쪽.
91) 이승환 외 1, 앞의 논문, 25, 28쪽.

이론에서 사용하는, 갈등을 해결하는 의사를 결정하는 방법론이다. 고티에는 정의의 문제는 수인의 딜레마를 해결하는 것으로 보고 있다. 고티에의 입장은 근본적으로 정의를 자기이익을 극대화하려고 하는 개인들 간의 상호이익을 추구하는 합리성의 원칙으로 간주한다. 고티에는 이해당사자가 상호혜택적인 입장에 도달할 수 있도록 합리적인 협상을 벌이는 원칙이 바로 정의의 원칙이라고 주장한다.[92]

6. 절 차 성

(1) 롤즈가 내린 정의에 대한 구분 중에 절차적 정의에 관한 것이 있다. 롤즈는 절차적 정의를 완전 절차적 정의, 불완전 절차적 정의, 순수 절차적 정의로 구분한다.[93]

첫째, '완전 절차적 정의'는 정의로운 분배에 대한 기준이 뚜렷하게 있고, 그 분배를 만족시킬 수 있는 절차도 완벽하게 마련되어 있는 경우이다. 예를 들면, 케이크를 나누어서 먹는 경우에, 특별한 사정이 있지 않는 한 모든 사람이 평등하게 나누어 먹는 것이 정의로운 분배일 것이다. 그것을 성취할 수 있는 방법은 케이크를 자르는 사람이 제일 마지막에 먹게 되면, 그 사람은 자신에게 최대한으로 크게 돌아올 수 있도록 하기 위해서는 최대한으로 평등하게 케이크를 자를 것이다.

둘째, '불완전 절차적 정의'는 형사재판과 같은 경우를 예로 들 수 있다. 형사정의를 실천하는 것이 형사재판의 목적이다. 형사정의는 "죄를 지은 사람은 반드시 처벌하고 무고한 사람은 절대로 처벌하지 않는 것"과 같이 죄와 처벌 사이의 평형을 유지할 때 준수된다. 그러나 우리가 현실에서도 자주 경험하듯이, 여러 가지 형사재판 진행의 불완전성으로 인해 때로는 죄를 지은 사람이 풀려나고, 무고한 사람이 옥살이를 하는 경우가 있다. 이러한 경우를 대비해서 우리는 '죄인이 유죄판결을 받을 때까지는 무죄로 추정한다', '위법하게 수집된 증거는 증거능력이 없다', '피의자는 진술거부권을 행사할 수 있다', '변

92) 이승환 외 1, 앞의 논문, 28, 33쪽.
93) 이승환 외 1, 앞의 논문, 33-36쪽.

호인의 조력을 받아 심문에 응할 수 있다' 등과 같은 여러 가지 절차적 장치를 해놓는다고 하더라도, 형사정의에 위배되는 판결이 나온다.

셋째, '순수 절차적 정의'는 도박이나 복권처럼 분배정의의 기준이 없이 오직 공정한 절차만을 밟으면 결과로 나오는 모든 분배가 정의로운 경우를 지칭한다. 복권은 임의적일수록 그 공정성을 더욱 가지게 되고, 도박에는 오직 일정한 절차에 관한 규칙만을 충실히 지키면 나름대로의 정의가 성립한다. 롤즈가 원초적 입장에서 노리고자 했던 정의가 바로 이 순수 절차적 정의이다.

(2) 자신의 삶의 향방을 결정하는 것에 대하여 절대적 주권을 행사할 수 있는 사람은 결국 그 자신밖에 없다는 입장을 노직은 주장한다. 두 사람 간의 합의를 제3자가 부당하게 간섭하는 것은 옳지 못하다. 노직은 정형화된 분배를 계속해서 주장할 경우, 국가의 간섭은 지속적으로 이루어져야 할 것이고, 이것은 개인에 대한 간섭이 엄청나게 증가하는 것을 의미한다고 주장한다. 그는 월트 챔벌린이라는 농구선수를 예로 들어 이것을 증명하고자 한다. 만약에 우리 모두가 평등한 분배가 가장 정의로운 분배라고 생각한다면, 어느 특정한 시점에서 모든 사람에게 평등한 분배를 했다고 가정하자. 그런 후에 월트 챔벌린이 자신의 경기를 보기를 원하는 사람들은 농구경기에 입장할 때 챔벌린의 이름이 씌어진 통에 별도로 100원씩을 넣기로 구단주와 합의했다고 가정하다. 월트 챔벌린이 뛰는 경기를 보고 싶어 하는 관중들은 아무런 불평없이 그 통에 100원씩을 넣고 경기를 관람했다. 농구시즌이 끝난 시점에서 챔벌린은 일반인들보다 엄청난 부를 축적했고, 그것은 모든 사람들이 자발적으로 합의한 결과이다. 만약에 이를 국가가 세금으로 환수하고자 하면, 이는 챔벌린의 재산을 훔치는 것과 마찬가지의 효과를 낳는다. 설령 그것이 정당하다고 하더라도, 평등한 분배를 유지하기 위하여 국가는 지속적으로 개인들 간의 합의에 개입을 해야 할 것이다. 노직에게서 정의로운 분배는 개인들 간의 합의에 기초한 소유를 온전하게 보전되는 상태를 의미한다. 롤즈의 용어를 빌어서 말하면, 순수 절차적 정의만이 참다운 정의이다.

Ⅲ. 동양에서의 '의'

1. 쟁점의 정리

롤즈에 따르면 질서 정연한 사회가 지녀야 할 일차적 덕목은 '정의'이다. 롤즈 외에도 고티에나 다른 정의론자들이 출발점으로 삼는 문제의식은 "재화의 적절한 부족 상태에서 자신의 이익에 관심을 가지는, 그러나 상호 무관심한 개인들이 어떻게 하면 공정하게 이익을 배분할 수 있을 것인가?" 하는 문제라고 할 수 있다. 그러나 서양과 달리 전통 동양사회에서 일차적으로 중요하게 여겨온 덕목은 '정의'가 아니라 '조화'였다. 전통의 동양윤리는, 서양의 '정의관'들이 상정하는 것처럼 상호 무관심한 타인들 간의 공정한 이익분배에 그 초점이 있는 것이 아니라, 공동체 내에서 구성원 상호 간의 화합과 인륜적 질서의 확립 그리고 구성원들의 인격적 완성에 그 초점이 맞추어졌다. 동양의 윤리 도덕은 '구체적'이고 '직접적'인 인간관계 그리고 계층적 신분관계에서 요구되어지는 '관계 질서'의 확립에 그 일차적 목표를 두었다. 따라서 유가 사회철학에서는 서양의 정의관들이 기본적으로 상정하는 '추상적', '고립적', '개체적'인 '자아' 개념은 찾아 볼 수 없으며, 나아가서는 이익, 권리, 몫에 대한 주장들은 공동체의 화합과 인간관계의 원만한 유지를 위하여 될 수 있으면 입 밖에 내지 않도록 유도되었다.[94)]

공동선의 실현을 위해서는 사익추구를 자제해야 한다는 생각은 자연히 공동선을 위해서는 개인의 권리나 몫도 필요하다면 양보해야 한다는 주장으로 흐르기 마련이다. 유가의 이러한 공동체주의 윤리관은 왜 동양에서는 '권리' 혹은 '정의'라는 개념이 발달할 수 없었던가 하는 이유를 잘 설명해준다. 사익보다는 공동선을 우선시하는 동양의 윤리 전통에서는 이익분쟁의 발생시에도 분쟁을 '자기 몫'의 확인이라는 '권리중심적' 각도에서 해결하려 하지 않고, 분쟁 당사자 간의 화해나 공동체의 화합을 위한 당사자들의 양보로 문제를 해결하려 했다.

---

94) 이승환 외 1, 앞의 논문, 36-38쪽.

그러나 전통 동양사회의 일차적 덕목이 '정의'가 아닌 '조화'였다고 해서, 서양의 다양한 정의관에서 발견되는 '공정성', '호혜성', '절차성'과 같은 가치들이 동양의 윤리관에는 결여되어 있다고 할 수는 없다. 아무리 조화와 화합이 중요한 가치로 여겨졌다 하더라도 '공정성', '호혜성' 그리고 '절차성'을 결여한 윤리관은 이로 인해 불리한 입장에 처하게 되는 계층들의 끊임없는 반발에 직면하여 그 존립을 위협받게 될 것이기 때문이다. 아래서는 '의', '절의', '신의', '지조', '절개', '명분'과 같은 '의'군의 덕목들이 지니는 규범적 특징을 논한 후, 이러한 규범들이 '공정성', '호혜성', '절차성' 등을 특징으로 하는 서양의 '정의' 개념과 어떤 점에서 서로 비교할 수 있는지를 보기로 한다.

2. 관계윤리로서의 '의'

'의', '절의', '신의', '지조', '절개', '명분' 등의 덕목들은 이들이 지니는 공통의 특성상, 일단 '의'군으로 부르기로 한다. 이들의 일차적 특징은 서양의 '정의' 개념과 달리 구체적이고 특수한 '관계' 안에서 성립하는 도덕이라고 할 수 있다. 유가경전에서는 임금과 신하 간의 관계윤리로서 '의'를 말하고 있으며, 고려 말의 유신 정몽주는 고려왕조에 '절의'를 지키기 위하여 '단심가'를 짓고 이방원의 손에 죽었으며, 단종의 복위를 도모하다 희생당한 사육신이나 세조의 조정에 나가기를 거부했던 생육신은 모두 '절의'의 상징으로 여겨진다. '의' 또는 '절의'는 이렇게 일단 군－신 간의 관계에서 성립하는 도덕규범이지만, 친구와 친구의 관계에서 요구되는 '신의' 또는 아내가 지아비에 대해 지켜야 할 의무인 '절개' 역시 구체적인 '관계' 안에서 요구되는 도덕규범이라는 점에서 모두 '의'군의 덕목에 속한다고 할 수 있다. 또한 '의'군의 덕목들은 단순히 사람과 사람의 관계에서만 성립하는 규범이 아니라 나아가서는 나라와 나라의 관계에서도 성립한다. 예를 들어 인조 때 청의 침략(병자호란)에 대항하여 김상헌과 척화삼학사가 주장했던 '숭명배청론'은 조선이라는 나라와 명이라는 나라 사이의 '의'에 관한 일례라고 할 수 있다. 또한 '의'군이 덕목은 때로는 사회적 역할과 관계된 의무를 지칭하기도 한다.[95]

---

95) 이승환 외 1, 앞의 논문, 38-40쪽.

유가의 ‘관계중심 윤리’의 뼈대라고 할 수 있는 ‘오륜’ 역시 도덕규범의 근원을 ‘관계’속에서 찾고 있다. 유학전통의 이러한 관계적 자아관은 서양의 정의론자들이 출발점으로 삼는 개체적 자아관과 명백한 대조를 이룬다.

3. 책임윤리로서의 ‘의’

‘의’군의 덕목들의 ‘관계 중심적’이라는 특징은 이러한 덕목들이 ‘역할 중심적’이라는 사실과 긴밀하게 연결되어 있다. 군－신, 부－자, 장－유 등의 사회적 관계는 필수적으로 이에 부가된 역할의 수행을 요구하며, 역할의 수행은 ‘권리’보다는 오히려 ‘책임’ 개념과 밀접하게 연관되어 있다. 정의 중심의 윤리학에서는 개인의 몫이나 권리의 공정한 분배를 윤리학의 일차적 목표로 삼지만, 유가의 윤리학은 사회적 역할 관계 안에서 각 개인이 맡은 역할의 원활한 수행과 이를 통한 공동선의 실현을 목표로 삼는다. 따라서 개인의 정당한 몫에 대한 주장보다는 역할의무의 수행을 중시하고, 권리보다는 책임을 중시하는 특징을 보인다. 공자는 임금이 임금다워야 하는 이유를 기층민의 ‘권리’에 두기보다는 임금이 지니는 역할의무에 두고 있다. 맹자는 ‘역성혁명’에 관한 이론에서 폭군 아래서 신음하는 기층민의 ‘권리’에 근거한다기 보다는 임금의 역할의무인 ‘인’과 ‘의’에 근거하여 폭군의 방벌을 정당화한다.[96)]

정의론의 입장에서 본다면, “임금이 임금다워야”하는 이유는 임금이 백성의 권리를 존중해야 하기 때문일 것이며, 폭군을 방벌해도 좋은 이유는 그들이 백성의 기본권을 침해했기 때문일 것이다. 그러나 전통 유학에서는 백성의 ‘권리’에 대한 논의 대신 ‘임금의 책임’에 대한 논의가 강조되고 있는 것을 알 수 있다. 즉 정의론의 입장에서는 ‘권리의 침해’로 인해 도덕적 문제가 발생한다고 보지만, 전통유학의 입장에서는 ‘책임의 불이행’으로 인해 문제가 발생한다고 보는 것이다.

96) 이승환 외 1, 앞의 논문, 40-41쪽

4. 최대도덕으로서의 '의'

정의론에서 '의무'는 타인의 자유와 권리를 침해해서는 안 되는 '소극적 의무'이다. 정의의 입장에서 볼 때, 타인에게 주어진 몫 이상의 자비를 베풀거나 온정을 보내는 일은 이미 '의무'의 상한선을 넘어, 해도 좋고 안 해도 좋은 '시혜'일 따름이다. 즉, 정의론이 지니는 의무의 상한선은 침해되었던 권리가 회복되는 바로 그 시점이라고 할 수 있다. '의'라는 의무를 다하기 위해서는 단기간에 닥쳐올 불이익은 물론이고, 나아가서는 자신의 생명까지도 담보해야 한다. 신라의 재상인 박제상은 "차라리 신라의 짐승이 될지언정 왜국의 신하가 되지 않겠다"고 하여 죽음으로 '절의'를 지켰으며, 고려 말의 정몽주, 수양대군 때의 사육신, 인조 때(병자호란)이 김상헌 등 역시 '절의'를 위하여 목숨을 초개같이 내던졌다. 이 밖에도 지아비에게 '절개'를 지키기 위하여 명주로 목을 매달거나 얼굴을 치마폭으로 감싸고 강물에 뛰어든 아낙들이 있는 등 숱한 사례들이 있다. 이런 점에서 볼 때, '의'군의 덕목들이 '정의'와 구별되는 또 한 가지 특징은 바로 '최소도덕'이 아닌 '최대도덕'이라고 하는 점에 있다.[97]

Ⅳ. '의'와 '정의'

1. '의'와 '공정성'

Q. 과연 구체적인 '관계' 속에서 요구되는 '의'라는 도덕규범은 '공정성'이라는 가치와 양립할 수 있는 것일까? '공정성'은 정의론이 지녀야 할 불가결의 요소로서, 한 정의의 원칙이 이 세상 어느 누구에게 적용되어도 불편부당함을 의미한다. 그렇다면 과연 '의'의 수행은 누구에게나 불편부당한 결과를 가져오는가?

이와 같은 질문은 헛된 일이다. 왜냐하면, 정의론에서 말하는 공정성이란 무지의 장막에 가려진 불특정이 추상화된 개인들 간의 불편부당함이지만, 전통 도덕 속의 '의'는 항상 특정한 관계 또는 특정한 역할구조 안에서 요구되는 특수한 의미이기 때문에, '어느 누구에게나 공정함'이라는 잣대를 가지고 양자

97) 이승환 외 1, 앞의 논문, 41쪽.

를 상호비교 하는 일은 불가능하다고 여겨진다.[98)]

Q. 그렇다면 질문을 다음과 같이 바꾸어 보자. 특정한 '관계 내' 또는 '역할구조 내'에서의 '의'의 수행은 이러한 '관계 밖'에 있는 사람들에게도 공정한 결과를 가져오는가?

이에 대한 대답은 "그렇다"와 "아니다"이다. 만약 정상적인 상황에서 신하가 임금에게 '의'를 다하고 아내가 지아비에게 '의'를 다한다면, 이는 각각의 역할의무를 다한 것이며, 이는 나아가서 이러한 관계 밖에 위치한 사람들의 이익에도 긍정적으로 기여할 것임에 틀림없다. 즉, 공자가 말하는 것처럼 임금은 임금답고 신하는 신하다울 때 사회 전체는 유기적인 조화와 기능적 효율성을 확보할 것이다. 그러나 '의'가 지니는 이러한 순기능은 어디까지나 '의'의 수행으로 인해 이러한 '관계' 밖에 있는 사람들에게도 불이익이 없다는 한도 내에서이다.

Q. 반대로, 신하가 신하다울 때 오히려 '관계' 밖의 사람들(즉 일반 백성들)에게 불이익이 오는 경우는 없을 것인가?

우리는 정몽주와 김상헌의 경우를 분석함으로써 이러한 경우의 실례를 살펴보자. 정몽주는 비록 고려왕조의 '절의'를 지키기는 하였으나, 여말선초의 전체적 상황으로 볼 때 상당히 보수적이었으며, 민중의 이익에 반하는 인물이었다. 정몽주가 비난했던 정도전은 오히려 이성계를 도와서 토지의 집중화를 개선하기 위한 전제개혁을 감행하였고, 명나라의 오만한 대국주의적 작태에 분개하여 북벌을 위한 국방을 키워나갔던 인물이다. 여말의 대다수 민중들은 부패하고 타락했던 고려왕실에 하등의 미련도 가지지 않았으며, 이러한 고려왕실에 '절의'를 지킨 정몽주의 역할의무는 사실상 대다수 민중들의 이익에 반하는 것이었다.

Q. 정몽주와는 다른 경우지만, 병자호란 때의 김상헌의 '배청숭명론' 역시 '의'와 공정성은 양립 가능한가?

---

98) 이승환 외 1, 앞의 논문, 42-44쪽.

병자호란을 당하여 김상헌, 홍익한 등은 화친을 거부하고 명나라에 대한 '의'를 내세우며 결사항전을 주장하였다. 이에 비해 최명길 등은 굴욕적인 화친을 맺더라도 백성의 희생을 줄이고 나라의 명맥을 유지하자는 화친론을 내세웠다. 백성의 희생이 얼마가 되던지 명나라에 '의'를 지켜야 한다는 '숭명배청론'은 조선과 명의 관계에서 요구되는 역할의무에는 부합될지 몰라도, 이러한 관계 밖에 위치한 민중들의 관점에서 보았을 때 과연 공정한 것이었는지 의문스럽다.

Q. 또한 아내의 지아비에 대한 '절개'도 이러한 맥락에서 한 번 고찰해 보자. 과연 절개를 지키는 일은 남편－아내라는 '관계' 밖에 있는 사람들의 이익에 항상 긍정적으로 작용하여 왔는가?

물론 '이익'보다는 '절개'가 더욱 중요하게 여겨지던 시대의 일을 오늘의 관점에서, 즉 이익의 관점에서 말한다는 일 자체가 불공평한 일일 수도 있다. 그러나 지아비에 대한 절개를 지키기 위해 자결해버린 수많은 여인들의 경우를 생각해 보자. 한 여인의 '절개'로 인해 그녀가 속한 가문의 명예는 빛나게 될 것이다. 그러나 부모없이 세상에 홀로 남겨진 어린 자식의 관점에서 볼 때 과연 '절개'는 여전히 자식에게도 공정한 일이라고 할 수 있는가? 물론 대갓집의 경우에는 유모가 엄마를 대신해주고 부자 친척의 집에 양자로 입적될 수 있을 것이다. 그러나 아무리 좋은 양육환경이 갖추어진다 하더라도 부모 사랑의 결핍으로 인한 심리적 보상은 누가 해 줄 것인가? 더구나 이러한 양육환경이 보장되지 못한 경우, 아내－지아비의 관계에 수반된 의무의 이행(즉, 절개)은, 엄마－자식 간의 관계에 수반된 역할의무의 방기를 의미한다.

이상의 예로 볼 때, '의'군의 덕목은 정상적이고 건강한 사회구조 안에서는 순기능을 수행하지만, 그렇지 못한 상황에서는 이러한 '관계'에 수반된 의무의 수행이 '관계 밖'에 위치한 사람들에게는 오히려 불공정한 결과를 초래할 수 있음을 알 수 있다. 즉, '의'군의 덕목은 어디까지나 특정한 '관계' 내에서 발생하는 의무이기 때문에, 항상 다른 '관계'에 수반된 의무와 충돌할 가능성을 내포하고 있으며, 또한 '관계' 밖에서 보편적으로 요구되는 '정의'와 충돌할 가능성도 내포하고 있다. 절개를 지켜 자결한 여인의 경우에는, 아내－지아비의 관계에서 요구되는 의무가 엄마－자식의 관계에서 요구되는 의무와 서로 충돌한다. 정몽주의 경우에는 임금－신하의 관계에서 요구되는 의무가 관리－백성의 관계에서 요구되는 의무와 충돌하고 있으며, 김상헌의 경우에는 명나라와 조선 간의 임금－신하 관계에 수반되는 의무가 전체 백성의 생명존중이라는 보편적인 의무와 상충하고 있다. 따라서 '의'군의 덕목은 윤리적 상황에 따라 때로는 '공정'할 수도 있고, 때로는 '불공정'할 수도 있다고 보는 것이 타당할 것이다.

2. '의'와 '호혜성'

Q. '의'군의 덕목은 '관계' 안에 속한 행위자 서로에게 호혜적인가?

유가 전통에서 '호혜성'에 관한 논의는 공자의 '서'(恕) 개념에 잘 나타나 있다. '서'자는 어원상 '같은'(如) '마음'(心)에서 기원한다. 즉, '서'는 남의 이익을 나의 이익과 등등하게 대우할 수 있는 공정한 마음가짐, 즉 '호혜성의 원칙'을 뜻한다. '호혜성의 원칙'으로서의 '서'는 도덕규범이 보편적으로 성립할 수 있기 위하여 형식적으로 요건으로 요구되는 '역지가능성' 또는 '보편화 가능성'과 같은 기능을 수행한다.[99]

'의'군 역시 '호혜성의 원칙'에 기반하고 있다는 사실은 '맹자'의 다음의 예에서도 잘 드러난다. "어떻게 하면 우리나라를 이롭게 할 수 있겠는가?"하고 묻는 양혜왕에게, 맹자는 이익만을 추구하려는 왕을 나무라면서, 그 대신에 임금으로서 지녀야 할 역할의무인 '인'과 '의'를 강조한다. 맹자에 따르면, 임금이 백성과의 관계에서 '인－의'라는 역할의무를 잘 이행해 나간다면, 백성들이 그 땅에 와서 농사를 지으려고 모여들고, 상인들도 그 나라에 와서 물품을 펴놓게 된다는 것이다. 따라서 임금은 자신의 역할의무를 충실하게 수행함으로써 저절로 노동력의 확보와 국력의 부강을 얻게 된다는 것이다.

Q. 과연 전통 속의 '의'군의 덕목들은 항상 이렇게 현실적인 이익만을 겨냥한 것이었던가? 과연 '절의'를 지키기 위해 목숨을 버린 충신들 또는 '절개'를 지키

99) 이승환 외 1, 앞의 논문, 44-46쪽.

기 위하여 자결한 여인들의 경우, 그들은 자신의 목숨을 내던지면서 어떠한 호혜적 이익을 보상받을 수 있는가?

죽은 사람에게 해 줄 수 있는 유일한 보상은 다만 '명예'일 것이다. 그러나 이러한 '명예'도 이미 죽은 자들 자신의 것은 아니다. 죽은 자들의 '명예'는 가문에 그리고 자손에 대신 전해져, '의로운 가문'이라는 이름으로 칭송받게 된다. '의로운 가문', '충신의 자손' 등과 같은 명예는 물론 화폐나 금전으로 환원될 수 없는 성질의 사회적 재화이다. 결국 '의'에 속한 의무의 수행은 반드시 단기적이고 현실적인 이익을 전제로 하지 않는다. 또한 역할의무의 수행에 대한 보상은 반드시 행위자 자신의 몫만은 아니며, 때에 따라서는 가문과 자손이 그 수혜자가 되기도 한다. 따라서 '의'군의 덕목이 전제로 하고 있는 '호혜성'은 현대 서양의 '정의론'이 전제로 하고 있는 '호혜성'에 비해 상당히 넓은 의미로 이해해야 할 것이다.

3. '의'와 '절차성'

서양의 '정의' 개념이 지니는 한 중요한 특징은 '절차'를 중시한다는 점이다. '절차'는 한 분배의 원칙이 '공정'할 수 있도록 유도해 주는 방법적인 특징이다. 롤즈가 '순수 절차적 정의'를 공정한 분배를 위한 필수적인 장치로 보는 이유는, '순수 절차적 공정성'만이 정의로운 결과를 담보해준다는 이유에서이다.[100)]

Q. 그러면 '의'군의 덕목들은 과연 '절차'를 중시하는가? '정의론'에서 절차를 중시하는 이유는 개인들이 마땅히 받아야 할 '몫' 또는 '소유자격'을 공정하게 분배하기 위해서이지만, '의'군의 덕목과 관련해서는 '몫'이나 '소유자격'의 분배절차가 아니라 '의무' 또는 '역할' 안배절차가 논의의 초점이 되어야 할 것이다. '정의론'에서 '절차'를 말할 때에는 개인들이 분배나 계약의 상황에 자발적으로 참여한다는 '자발성'이 개념을 필수적으로 동반한다. 그러나 '의'군의 관계윤리에 동참하고 있는 행위자들은 과연 이러한 의무의 분배절차에 자발적으로 참여하는 것인가?

100) 이승환 외 1, 앞의 논문, 46-48쪽.

한 개인이 임금－신하의 관계에 참여한다는 말은 곧 그가 군－신이라는 ‘제도’가 요구하는 ‘절의’라는 역할 의무를 충실하게 수행할 것을 승인한다는 말과 같으며, 한 여인이 지아비－아내라는 관계에 속한다는 사실은 곧 결혼이라는 ‘제도’가 기대하는 ‘절개’라는 의무를 수행할 것을 암묵적으로 승인한다는 의미를 내포한다. 한 개인은 다른 사람과 ‘친구’가 됨으로써 곧 ‘친구관계’에서 기대되는 ‘신의’에 충실할 것을 요구받으며, 어떤 사람은 단지 한 마을에 같이 산다는 이유만으로 흉년에 굶주리는 이웃을 위하여 ‘의로운 곡식’을 기부하도록 기대되었고, 어떤 사람들은 단지 이 땅에 태어났다는 이유만으로 왜적에 대항하여 ‘의로운 군대’(의병)에 동참할 것을 요구받았다.

이러한 ‘의’군의 의무들은 자발적인 절차를 거쳐 확정된 의무가 아니라, 관습적이고 제도적인 의무들이다. 이러한 의무들은 ‘제도’나 ‘공동체’ 혹은 ‘관습’에 의해 타당한 것으로 인정되고, 일반적으로 받아들여지면, 비명시적 혹은 암묵적으로 승인된 의무이다. ‘의’군의 덕목들은 이렇게 ‘제도’나 ‘관습’으로부터 요구되는 의무들을 암묵적으로 승인하고 출발한다는 점에서 ‘절차’를 중시하는 ‘정의’의 입장과 대비된다.

<u>Q.</u> 그러면 ‘절차적 합의’를 거치지 않은 이러한 ‘의’군의 의무들은 과연 정당한 것인가? 과연 나는 단지 아버지의 아들이라는 이유만으로 병들고 늙은 아버지를 봉양할 의무를 가지는가? 나는 태어날 때 아버지와 이러한 의무에 대해 합의하는 절차를 거치지 않았음에도 불구하고 이러한 의무들을 과연 지켜야만 하는가? 나는 이 땅에 태어날 때 의병에 참가하겠다는 서약의 절차를 거치지 않았음에도 불구하고 과연 의병에 참가할 의무가 있는가? 나는 친구관계를 맺을 때 그가 위급할 때 돕겠다는 합의를 거치지 않았음에도 불구하고 그를 도와야 할 의무가 있는 것일까? 과연 절차적 합의를 거치지 않은 ‘의’군의 의무들은 정당화될 수 있는 것인가?

이러한 제도적 의무들이 정당한지 아닌지는 결국 이러한 의무를 부여하는 ‘제도’ 그 자체가 정당한지 아닌지의 여부에 달려있다. ‘친구’라는 제도, ‘결혼’이라는 제도, ‘가족’이라는 제도, ‘마을’이라는 제도, ‘군신’이라는 제도, ‘국가’라

는 제도는 과연 정당한 것인가? 현대 한국에서는 신하가 임금에게 절의를 지켜야 할 의무, 아내가 지아비에게 절개를 바쳐야 할 의무 등은 봉건시대의 잔재로서 이제는 보편적인 승인을 얻지 못한다. 또한 자유주의적 정의관의 관점에서 본다면 자식이 늙은 아버지를 봉양할 의무, 국민이 의병에 참가할 의무 역시 정당한 의무로 승인받지 못할 것이다. 현대 한국사회의 제도는 이미 옛 시대의 제도가 아니기 때문이다. 이렇게 '제도' 자체에 대한 인식의 변천과 더불어 '제도'에서 요구하는 의무들도 더불어 바뀌게 된다. 이러한 제도적 변천에도 불구하고 친구간의 '신의' 혹은 선후배 간의 '의리' 등과 같은 어떤 '의'군의 의무들은 여전히 지켜져야 하는 덕목으로 승인되고 있다. 결국 '제도'는 끊임없이 변천하지만, '제도' 그 자체가 사라지지 않는 한 '제도'에 수반되는 '의무'들은 사라지지 않을 것이다.

Ⅴ. '의리'와 '정의': 현대적 모색

1. 의리와 정의의 충돌

Q. '의'군에 속하는 덕목들은 현대에 들어 '의리'라는 단어로 통용되고 있다. 과연 '의리'는 '정의'가 중시되는 현대에 어떤 의미를 지니는가? 과연 의리와 정의는 조화될 수 있는가?

여기서 우리는 의리와 정의의 개념이 가지고 있는 근본적인 차이에 주의할 필요가 있다. 의리의 개념은 인간과 인간 사이의 조화로운 관계를 유지하기 위해서 우리가 지켜야 되는 덕목, 성품으로 이해되는 반면에, 정의는 전체적인 측면에서 사회구조적인 것을 평가하는 데에 적용되는 개념으로 이해된다. 우리는 현실에서 의리와 정의가 충돌하는 경우를 종종 경험하면서 인간적 괴로움에 직면한다. 인간적 괴로움을 강요하는 도덕적 딜레마는 두 가지 이상의 도덕적 원칙이 서로 충돌하면서 우리에게 준수를 강요할 때 발생하게 된다. 한 가지 덕목을 충족시키다보면, 다른 덕목을 위반할 수밖에 없는 상황은 분명 비극적 상황이라고 하겠다. 따라서 정의와 의리가 어떠한 상황에서 상호 충돌하며, 그 경우에 적합한 대책은 무엇인지를 구체적 사례를 통해 살펴보자. 이것은 양자의 관계를 이해하는데 도움이 된다.[101]

2. 박정희 대통령과 김재규 부장

(1) 의리의 관점: 김재규 부장

정의가 실현되는 과정에 의리가 손상을 입는 경우를 살펴보자. 먼저 박정희 대통령을 살해한 김재규 중정부장의 예를 통해서 정의를 위반한 상관에 대하여 의리를 저버리는 행위를 하는 부하의 행동에 대한 분석을 해보자. 사실 그가 어떠한 동기에서 박정희 대통령을 살해했는지는 완벽하게 말할 수 없다. 그러나 만약에 김재규씨가 정권찬탈의 목적으로 박대통령을 시해했다면, 그는 의리도 저버리고 정의에도 위반된 행동을 한 사람으로서 도덕적 정당성을 완전히 결여하고 만다. 그는 박대통령이 주도한 5.16 쿠데타 초기에 적극적으로 가담하지 않았음에도 불구하고, 결국 자신에게 여러 가지 직책을 맡겨주고, 또 출세시켜 준 박대통령으로부터 은덕을 입었다. 따라서 그러한 박대통령을 살해한다는 것은 배은망덕한 일이고, 무엇보다도 의리를 저버린 것이 된다. 다른 사람들이 박대통령을 배반한다고 하더라도 적어도 김재규씨만큼은 박대통령에 반기를 드는 것으로부터 정당화되기란 의리의 관점에 불가능하다.[102]

(2) 동양에서의 '의'의 호혜성의 관점: 김재규 부장

이 관점에서 볼 때, 상관은 부하의 어려운 점을 보살펴 주고, 부하는 상관의 명령에 복종하는 것이 그들 사이의 의리를 지키는 유일한 방법이다. 아무리 상관에 대하여 불만이 있다고 하더라도, 그를 죽이는 것은 의리의 관점에서 용납되기 힘든 일이다. 그에게 최대한으로 허용될 수 있는 것은 상소를 올려서 실정을 바로 잡거나, 그것이 여의치 않으면 낙향해서 평민의 삶을 살아가는 것이 의리를 지키는 길이었을 것이다. 따라서 아무리 박대통령이 폭정을 편다고 하더라도, 김재규씨 자신이 대통령이 되기 위해서 그를 시해했다면, 그것은 의리를 저버린 것이다.[103]

---

101) 이승환 외 1, 앞의 논문, 48-49쪽.
102) 이승환 외 1, 앞의 논문, 49쪽.
103) 이승환 외 1, 앞의 논문, 49쪽.

(3) 정의의 관점: ① 김재규 부장

다른 한편으로, 정의의 관점에서 볼 때, 김재규씨의 행동은 탈법적이고 부도덕한 행동을 통해 정의를 저버린 박대통령을 제거함으로써 대한민국의 정치사에서 정의를 가져올 수 있는 기틀을 마련하였다. 비록 김재규씨가 자신이 대통령이 되기 위하여 박대통령을 살해했다고 하더라도, 살해할 당시의 박대통령의 여러 가지 행위들이 국민들에게 해악을 주는 것이었기 때문에, 김재규씨의 행위는 정의가 확립될 수 있는 여건을 제공해주었다는 점에서 정당화될 수 있는 측면이 있다. 물론 그가 나라의 앞날을 위한다는 목적으로 박대통령을 시해했다면, 그의 행동은 정의의 관점에서 더욱 높은 평가를 받을 수 있다.[104)]

(4) 정의의 관점: 박대통령

박대통령은 집권하는 과정에서부터 민주주의적 의사결정과정을 준수하지 않았다는 점에서 절차적 정의를 위반하였다. 집권 동안에도 여러 가지 정의에 어긋나는 정치적 행위들을 많이 했다. 박대통령은 국가적으로 중요한 사업을 결정하는 데 있어서 자신의 정책들을 반대하는 정치인들, 자신의 권위에 도전했던 정적들, 자신의 초법적 명령에 적극적으로 협조하지 않는 기업인들, 양심에 기초하여 그에게 반대했던 종교인들과 학생들, 그리고 무지몽매한 국민들을 탄압하고 무자비하게 숙청함으로써 정의에 어긋나는 행위를 자행했다. 그의 업적 가운데 경제발전을 통하여 결과적으로 일인당 국민소득을 향상시켰다는 것에 대하여 인색한 평가를 하는 사람은 드물다. 더욱 정확한 분석은 아마 그가 경제발전을 통해 상당한 효율성의 덕목을 성취하였음에도 불구하고, 경제부문에서 분배정의를 이룩하는 데에도 실패했을 뿐만 아니라, 더욱 중요한 것은 정치부문에서 절차적 정의를 존중하는 데에도 실패했다는 점이다.[105)]

(5) 정의의 관점에서 도덕적 평가: 박대통령

1) 정권의 정당성: ① 절차적 정의와 경제적 효용성

여기서 우리는 정의의 관점에서 박대통령에 대한 도덕적 평가를 내리는

104) 이승환 외 1, 앞의 논문, 49쪽.
105) 이승환 외 1, 앞의 논문, 50쪽.

것에 주의해야 할 측면이 있다는 점에 유의해야 한다.[106)]

첫째, 정권의 정당성에 대한 평가는 절차적 정의와 경제적 효율성의 두 요소를 어느 정도로 만족시켰는가에 전적으로 의존한다는 점이다. 절차적 정의만이 정권의 정당성을 창출해내는 유일한 조건은 아니다. 많은 사람들이 이점에 대해서 잘못 이해하고 있는 것 같다. 만약에 절차적 정의만이 유일하게 중요한 것이라면, 선거에서 한 번 당선된 사람은 국민의 복지에 치명적인 정책을 입안하고 수행한 것에 대한 아무런 도덕적 비판을 받을 수 없다고 말해야 할 것이다. 정권의 정당성은 절차적 정의 하나만으로 판단할 수 있는 단순한 문제는 아니다. 만약에 그렇다면, 사회주의 국가의 지도자들은 어떠한 경우에도 정권의 정당성을 획득할 수 없다고 할 것이다. 왜냐하면, 그들이 자발적인 의사를 표현할 수 있는 국민들의 직접투표를 통해 당선된 것은 아니기 때문이다. 모택동의 위대한 업적 가운데 하나는 중국인민을 기아의 공포로부터 해방시킨 중국 최초의 지도자라는 점이다. 이처럼 그가 이룩한 경제적 효율성도 자유민주주의적 절차적 정당성을 결여하고 있기 때문에, 결정적 흠을 가지고 있다고 볼 수 있다. 따라서 모택동 정권에 대한 평가는 단순히 부정적일 수밖에 없다. 그러나 정권의 정당성은 그것보다는 복잡할 수밖에 없다는 점을 우리는 인식해야 한다. 물론 북한의 경우처럼 정권 획득과정이나 유지과정 모두에서 절차적 정의를 위반하고, 국민의 민생고를 해결할 수 있는 경제적 효율성을 완전히 실패한 경우에는 더 말할 나위없이 부도덕한 정권인 것이다.

2) 정권의 정당성: 경제적 효율성

정권의 정당성은 반드시 이분법적인 구분에 의해서 평가되는 것은 아니라는 점이다. 전적으로 정당한 정권과 전적으로 부당한 정권으로 양분되는 것이 아니라, 정당성의 개념은 정의와 효율의 두 수레바퀴 축을 가지면서 정도의 차이를 연속선상에서 지니고 있는 개념이다. 대단히 부당한 정권이 있는가하면, 어느 정도 관용될 수 있는 정도로 부당한 정권이 있다. 아마 완벽하게 정당한 정권은 현실세계에서 잘 발견되기가 힘들 것으로 생각된다. 정권의 정당성의 개념이 정도의 차이를 가지는 것으로 이해되어야 하는 가장 큰 이유는

---

106) 이승환 외 1, 앞의 논문, 50-51쪽.

민주사회에서 절차적 정의가 가지는 의미가 최선의 결과를 가져다 줄 것으로 믿는 많은 사람들의 기대치를 수렴해내는 장치라는 데 있다. 우리는 선험적인 방식을 통해서 우리에게 가장 적합한 정책 또는 지도자를 선출해내는 방법을 알고 있지 못하다. 단지 그렇게 보여지는 후보에게 한 표를 던지고 그 결과 다수의 신임을 받은 사람이 당선되는 것이다. 그 지도자가 우리의 기대를 충분하게 만족시키는 경우도 있지만, 그렇지 않은 경우도 있다는 사실을 우리는 현실의 경험을 통해서 잘 알고 있다. 따라서 절차적 정의가 다수 훼손되더라도 경제적 효율성을 상당히 만족시킨 경우에 우리의 평가는 다소 혼돈스러워질 수밖에 없다. 소위 말해서 총체적 평가를 내릴 수밖에 없다. 경제적 효율성이 차지하는 비중을 과소평가할 수 없는 이유는 경험적으로 검증되는 현상을 통해서 드러나게 되는데, 인플레가 심하고 생산이 부진한 등 경제전체가 침체에 빠질 때에 선거가 있게 되면 대개 현직에 있는 대통령이 재선에 실패하는 경우가 바로 그것이다. 이것은 국민이 지도자에게 바라고 있는 것이 무엇인지를 충분하게 암시하는 현상이다. 지도자가 자신들에게 수준 높은 삶을 영위할 수 있는 기반을 제공해주기를 바라는 국민들의 심정은 어디에서건 크게 다를 바가 없다. 물론 수단방법을 가리지 않고 국민의 복지향상만을 추구하는 것이 모두 정당화된다는 말은 결코 아니다.[107]

3) 정권의 정당성: ② 절차적 정의와 경제적 효율성

위에서 살펴 본 관점에서 볼 때, 박대통령은 정권을 획득하는 과정에서나 그것을 유지하는 방법에 있어서 절차적 정의를 무시한 정치인이었기 때문에, 우선 정당한 정치권력을 행사했다는 평가를 정의의 관점에서 내릴 수가 없다. 그럼에도 불구하고 경제 발전을 통해서 국민의 민생고를 해결했다는 경제적 효율성의 측면에서 정권의 정당성을 상당부분 인정받을 수 있다. 따라서 박대통령 정권의 정당성은 그가 대한민국의 경제적 발전에 끼친 공헌이 상대적으로 큰 시기에는 상당한 설득력이 있었다고 보여지지만, 후반기에 와서 유신정치를 할 때에는 그 정당성이 돌이킬 수 없을 정도로 훼손된 것으로 보여진다.[108]

---

107) 이승환 외 1, 앞의 논문, 51-52쪽.
108) 이승환 외 1, 앞의 논문, 52쪽.

(6) 정의의 관점: ② 김재규 부장

김재규 부장이 박대통령을 시해하는 것으로 독재정권이 막을 내리는 것보다 국회가 탄핵을 하거나, 또는 국민에 의해서 평가되는 것이 절차적 정의의 관점에서 더욱 일관된 방식으로 박대통령의 정권을 종식시키는 일일 것이다. 그러나 그러한 방법이 실질적으로 불가능한 상황에 우리가 인식을 같이 한다면, 김재규 부장의 행동은 절차적 정의의 입장에서도 정당화될 수 있는 여지가 크다고 할 수 있다. 아마 박대통령을 시해하지 않았더라면, 박대통령의 하야를 실현시키기 위하여 수많은 국민들의 피가 흘려졌으리라고 상상하는 것은 그리 어렵지 않은 일이다. 따라서 김재규 부장의 행동은 박대통령과의 의리를 저버리는 행동이었음에도 불구하고, 사회전체에의 관점에서 볼 때 정의로운 결과를 가져온 행동이라고 평가될 수 있다. 물론 김재규 부장 자신이 독재정권 하에서 행한 여러 자기 불법적 행위까지 정당화시키려는 의도는 전혀 없고, 그가 박대통령을 시해한 것에만 초점을 맞추어서 분석을 해 본 것이다.

3. 노태우 대통령과 이현우 실장

이와 유사한 예로서는 '노태우 비자금 사건', 또는 '노태우 부정축재 사건'에서 이현우 실장이 자신의 상관의 부정축재 사실을 낱낱이 고발한 경우가 있다. 만약 박계동 의원이 국회에서 이 문제를 제기해서 수사가 시작된 것이 아니라, 이현우 실장이 스스로 먼저 정치부패, 부정축재, 정경유착을 종식시킴으로써 국가의 올바른 장래를 위한다는 목적으로 상관의 비리에 대한 양심선언을 하였더라면, 우리는 그에 대해서도 근본적으로 김재규 부장과 비슷한 도덕적 평가를 내릴 수 있다. 이럴 경우 그의 행동은 정의를 실현하는 행동이라고 평가받을 만하지만, 여전히 상관과의 의리를 저버린 행동이라는 비난만은 면치 못했을 것이다. 만약에 이현우 실장이 노태우씨가 건네 준 전별금이 적었던 것에 대한 앙심을 품고 있던 차에 비자금 수사망이 좁혀 오자 이것에 적극적으로 동의한 것이라고 한다면, 그의 행동이 정의의 실현을 목적으로 하는 행동이라고 말할 수 없을 것이다. 그러나 그런 경우에도 이현우씨의 자백으로 인해 정의가 실현되는 계기가 마련되었다는 데 이의를 제기할 수는 없다. 물론 이현우씨 자신이 부정축재에 역할을 톡톡히 해냈기 때문에 도덕적 평가에 있어서 변명의 여지가 거의 없는 형편이다.[109]

4. 노태우 대통령과 전두환 대통령

전두환씨가 정권을 노태우씨에게 넘겨주고 나서 백담사로 귀향가게 되었을 때에도 "친구 사이에 신의가 없다"는 등과 같은 표현이 사용되었다. 이것 역시 정권을 주고받는 것이 개인적인 정분에 의해서 결정될 일이 아님에도 불구하고, 마치 이 두 사람이 신의와 의리를 지키기 위해서는 친구인 전직 대통령을 끝까지 싸고돌아야 되는 것으로 생각하는 사람들은 정의의 실현에 별 관심이 없는 것이다. 물론 아무런 사법적 절차도 밟지 않고 전두환씨를 백담사로 귀향보내는 것이 민주주의 국가에서 정의로운 처벌이라고 볼 수 없다. 따라서 이 경우에는 정의와 의리의 갈등이라고 볼 수도 없고, 한마디로 아직 민주주의적 법치의 사고가 미발달된 상황에서 발생하는 정치적 후진성이 개인적 의리와 상호마찰을 빚는 것임에 불과하다.[110]

5. 전두환 대통령과 장세동 실장

희생양을 자청하는 것과 같이 의리를 지키는 것의 결과가 정의의 실현을 방해하는 경우가 있다. 이것도 역시 의리와 정의가 상충하는 경우이다. 부하가 상관의 잘못을 대신 뒤집어쓰면서 조직 전체와 상관을 보호하려고 하는 경우, 그와 반대로 상관이 혼자서 잘못을 떠안음으로써 여러 명의 부하와 조직을 살리려고 하는 경우가 있을 수 있다. 마피아 조직의 구성원들은 조직내부의 비밀을 외부로 절대 알리지 않는 '의리의 사나이'들이기 때문에 결국 조직을 철두철미하게 보호할 수 있게 된다. 일반 단독 범행의 경우에는 대체로 시인할 수 있는 범죄사실도 마피아조직에 소속되어 있는 범죄자들은 물론 보복이 두려워서이기도 하지만, 의리를 지키려는 성향이 대단히 강한 것만은 사실이다.[111]

---

109) 이승환 외 1, 앞의 논문, 52-53쪽.
110) 이승환 외 1, 앞의 논문, 53쪽.
111) 이승환 외 1, 앞의 논문, 54-55쪽.

우리나라에서 5공 청문회를 열었을 때, 일반인의 예상을 뒤엎고 장세동씨가 전두환씨를 강력하게 그리고 당당하게 옹호하고 나섰다. 일반인들의 감정은 한편으로 그에 대하여 대단히 괘씸하게 생각했지만, 다른 한편으로 그를 '의리 있는 사나이'로 높이 평가했다. 이것 역시 의리를 다한다는 것이 의미하는 바가 무엇인가에 대한 좋은 예가 된다.

의리를 지키기 위하여 정의실현을 가로 막는 것은 사회적으로 바람직하지 않다는 사실을 우리는 안다. 이러한 행위를 반복적으로 행하는 집단은 바로 마피아와 같은 조직범죄 집단에 다름 아니다. 우리나라의 정당과 기업은 이러한 의리에 기초해서 정의의 심판을 비켜나가는 경우가 많은데, 이것은 잘못된 관행을 지속시킴으로써 사회의 발전을 저해하는 요소이다. 조직 내부의 의리가 정의의 실현을 방해하는 경우에 그 조직은, 그것이 학교집단, 종교집단, 정당, 기업, 동창회 등 그 무엇이 되었든지 간에, 순식간에 범죄집단으로 변하고 말게 된다. 물론 주어진 여건 속에서 불가피한 경우도 있을 수 있지만, 그러한 경우에 있어서도 정의의 실현을 적극적으로 방해하는 의리는 정당성을 상실하기 마련이다.

Q. 다음을 생각해 보자.

(1) 의리만이 존재하고 정의가 존재하지 않는 사회는 어떻게 될까?

(2) 정의만이 존재하고 의리가 전혀 없는 사회는 어떤 곳일까?

제 3 장
평 등 론

제1절 서 설

Ⅰ. 우리는 평등한가

1. 무엇이 평등인가

한국을 비롯한 현대 헌법국가 모두가 사회운영의 기본원리로 삼고 있는 '자유'와 '평등'은 실제에 있어서는 상충하기 십상이다. 개개인의 자유가 신장되면 될수록 개인 간의 평등은 유지되기 어렵고, 평등의 강화는 개개인의 자유에 대한 제한을 거의 예외 없이 수반한다. 사람은 누구나 자연적으로는 그러니까 태어날 때는 모두 평등하다고들 말하지만, 과연 실제로 그러한가? 실제로 그러하다면, 사람들은 무슨 뜻에서 무엇에서 평등한가?[1)]

물론 사람은 누구나 목숨을 하나씩 가지고 있다는 점에서는 평등하다. 그러나 건강도 한결같지 않고 수명도 한 가지가 아니고, 천부적인 능력은 각양각색이며(한 예로 천재도 있고 천치도 있다), 선천적 요소가 결정적인 역할을 하는 체격과 미모에서도 큰 차이가 있고, 같은 수준의 소양을 가지고 태어났다 해도 그것을 개발 발전시키는 데 큰 영향을 미치는 성장환경도 천차만별이다.

---

1) 백종현, "정의와 그 실현원리," 칸트연구 제29집(2012), 8-10쪽.

남자로 태어난 사람, 여자로 태어난 사람, 한국에서 태어난 사람, 미국에서 태어난 사람, 도회지에서 자라는 사람, 산간벽촌에서 자라는 사람, 부유한 가정에서 자라는 사람, 가정조차 없는 사람, 교양 있는 부모를 가진 사람, 무지막지한 부모 밑에 있는 사람 …… 각기 그 생활 배경과 여건이 다른 사람들에게 있어서 평등은 '무엇의' 평등인가? 체력의 평등인가, 재능의 평등인가, 재산의 평등인가, 권력의 평등인가, 행복 향유의 평등인가?

'권리에 있어서 만인은 평등하다'고 흔히 말하지만, 이 말이 단지 선언적 성격의 것이라면 몰라도, 실현되어야 할 권리를 지시한다면, 권리의 실현이 아무 조건 없이 되는 것인가?

누구에게나 똑같이 거주 이전의 자유가 있다고 하지만, 살고 싶은 곳에 집을 장만할 능력이 없는 자에게 이 자유권이 무슨 소용이 되겠는가? 누구에게나 똑같이 직업 선택의 자유가 있다고 하지만, 이미 태어날 때부터 장님에다 귀머거리인 사람에게 그 자유의 권리는 원천적으로 제한 받을 수밖에 없다.

'법률 앞에서는 누구나 평등하다'는 이유로, 부지런히 일했건만 그래도 자식의 위험한 질병 치료를 위한 비용이 없어 도둑질한 사람과 3대에 걸쳐 낭비적 생활을 해도 오히려 남고도 충분한 재산을 가진 자가 더 큰 부를 쌓기 위해 밀수를 했을 경우, 그것을 '공평하게' 단죄한다면, 이때 '평등'이란 무슨 뜻인가? '기회 균등'이란 이유로, 신체 건장한 청년과 외다리 소년이 같은 출발선에서 출발하는 100m 경주를 시켜 앞선 자를 포상한다면, 이때 '평등'이란 무엇을 말하는가?

오늘날 현실 국가사회에서 사람들은 자연적으로나 사회적으로 그다지 평등하지 못하다. 그러니까 사람들은 태어날 때는 누구나 평등하다거나 자연스럽게 내버려 두면 평등은 유지된다는 말은 (적어도 경험적) 사태에(는) 맞지 않다. 그럼에도 '사람은 누구나 평등하다'는 말이 의미가 있다면, 그것은 우리가 실현시켜야 할 이상임을 말하는 것이고, 그렇기 때문에 그것은 인위적인 노력, 제도적인 뒷받침이 있어야만 겨우 달성될 수 있는 인간의 인간다운 행위의 목표이다. 그리고 이 이상 실현에 모든 사람이 동의하고 동참한다고 해도, 이미 자연적인 여건, 사회적인 환경이 각기 다른 사람들에게 있어서 '무엇이 평등인가'는 여전히 쟁점으로 남는다.

2. 자산 불평등과 부동산 불로소득

한국 사회에서 살아가는 대다수 사람들이 겪는 고통의 근원인 경제적 불평등의 속살과 맨얼굴을 엿보기로 한다. 2007년 10월 행정자치부가 발표한 '2006년 토지소유현황 통계' 자료에 따르면, 2006년 말 기준으로 한국 사회 토지소유자 중 상위 1%(50만 명)가 민유지 57%, 상위 10%(500만 명)가 민유지 98.4%를 소유하고 있다. 이와 같은 토지소유의 편중이 재산의 불평등에 미친 효과를 보면, 1999년 상위 1% 계층의 자산점유율이 9.6%였는데 2006년에는 16.7%로 두 배로 증가했다. 상위 10%의 자산점유율이 1996년 46.2%에서 2006년 54.3%로 증가했다. 가구 순자산의 불평등도를 구성요소별로 분석하면 부동산 자산의 불평등기여도가 가장 높은 것으로 나타났고 2006년의 경우 순자산 중 부동산이 약 93%, 금융자산이 약 12%의 불평등도를 높인 것으로 확인되었다.[2)]

노력의 산물이 아니라 개발 등의 우연적인 이유로 땅 값이 폭등했는데도 그 이득을 토지 소유자가 고스란히 가져간다는 것이 한국 사회 토지소유관계의 문제점이라는 데 많은 전문가들이 동의하고 있다. 2000년대 이후 부동산 투기의 특징은 주택, 특히 아파트 가격의 폭등이다. 2000년에서 2006년까지 6년 동안 집값이 올라 발생한 불로소득은 약 648조원이다. 이 중 87%인 566조원은 아파트값이 올라서 생긴 것이다. 그리고 그 6년 동안 서울 지역과 강남 지역에서 아파트값의 급상승으로 발생한 불로소득 총액은 약 320조 6,223억이다. 서울 지역 아파트값이 올라 발생한 불로소득은 전국 아파트값 불로소득의 57%, 전체 집값 불로소득의 50%에 달하는 규모이다. 이 중 강남·서초·송파 3개구 아파트값이 올라 발생한 불로소득은 113조 9,689억원이다. 강남 지역에서만 발생한 불로소득은 서울 아파트값 불로소득의 36%, 전체 아파트값 불로소득의 20%에 달한다. 전국 집값 상승으로 인한 불로소득의 18% 규모이다.

2) 김도균, 앞의 논문, 331-334쪽.

Q. 최근 한국 사회의 고질병을 탐구한 여러 연구들에 따르면, 경제적 불평등을 낳는 주범은 부동산 불로소득의 사유화, 특히 토지 불로소득의 사유화이다. 부동산 불로소득, 특히 토지 불로소득이 한국 사회 전반에 끼치는 해악을 생각해 보자.

Note. 여러 가지가 있지만 다음을 생각해 볼 수 있다. ① 부동산 불로소득의 사유화와 그로 인한 불평등 심화는 '주택가격 폭등 → 주거비 급등 → 생계압박 → 노동쟁의 증가'라는 사회갈등현상을 고착화시킨다. 또 부동산 격차가 곧 빈부격차를 낳고, 교육 불평등과 건강 불평등까지도 초래한다. ② 부동산 불로소득의 사유화는 부정부패를 비롯하여 한국 사회에 만연하는 온갖 반칙들의 온상이 된다는 것이다. 부정부패와 뇌물수수로 구속되는 공무원의 60% 이상이 건설행정 관련 인허가권을 갖고 있는 공무원이라는 점이 이를 잘 보여준다. 물론 소득불평등이 부동산 불로소득으로부터만 생겨나는 것은 아니다. 소득이 높은 직장을 가졌는지 여부와 정규직인지 여부도 중요하다. 영세자영업이나 비정규직, 임시고용직, 실업자 등이 한국사회에서 매우 열악한 처지에 빠져 있다는 점은 새삼스럽게 지적하지 않아도 누구나 다 아는 상식일 것이다.

3. 교육의 불평등과 취업 불평등: 운이 개인의 일생을 좌우하는 불행한 사회

한국 사회의 20대와 40대(일명'2040세대')의 70% 이상이 한국 사회를 '부모의 지위에 의해 계층상승의 기회가 결정되는 폐쇄적 사회', '패자부활의 기회가 없는 사회', '노력한 만큼 보상과 인정을 받지 못하는 사회'로 바라본다는 최근의 한 여론조사가 있다.[3)]

이 여론조사에 의하면, 한국 사회는 출생이나 소속이라는 운이 우리의 일생을 좌우하는 불행한 사회임을 알 수 있다. 부모, 가정환경, 타고난 재능과 같은 자연에 의해 각 개인에게 임의로 주어진 운(luck)이 개인의 일생을 좌우하고, 운의 불평등을 적절하게 교정할 수 있는 적절한 장치나 방안들이 마련되어 있지 않은 사회이다.

부동산 불로소득을 비롯한 소득 불평등과 교육 불평등은 매우 밀접한 상관성을 보이고 있다. 교육 불평등을 "교육의 기회와 질이 사회계층이나 집단

3) 김도균, 앞의 논문, 334-336쪽.

에 따라 다르게 또는 편향적으로 분포되어 있는 것"으로 일단 이해하도록 하자. 교육 불평등 현실을 단적으로 보여주는 통계가 있다. 2003년의 경우 가장 못사는 소득 1분위의 월 교육비 지출은 5만 5826원이었다면, 가장 잘사는 소득 10분위의 교육비 지출은 36만 2084원으로 6.48배 차이였다. 2008년에는 소득 1분위는 6만 5631원이었다면, 소득 10분위의 54만 3588원으로 8.28배였다. 5년 동안소득 1분위의 17% 증가율과 비교할 때, 소득 10분위의 증가율은 50%였다.

소득 불평등과 그에 수반하는 문화자본(cultural capital)의 불평등, 사교육비의 과중한 부담, 능력주의와 학력주의의 강고한 결합, 학벌(이른바 명문대학)의 과도한 프리미엄 등이 교육 불평등의 원인으로 지목되고 있다.

Q. 소득 불평등에 따른 교육 불평등은 취업의 불평등을 낳고, 또한 건강과 복지의 불평등과도 상관성을 갖는다. 이에 대해 생각해 보자.

Note. 부모의 소득과 재산 등 사회경제적 지위에 따라 자녀의 교육 기회와 능력이 결정된다는 점은 한국 사회가 계층 간 이동이 불가능한 폐쇄적인 신분제 사회로 이동해가고 있음을 전적으로 보여준다. 이는 한국 사회가 노력보다는 출생과 소속에 의해, 즉 개인이 선택할 수도 통제할 수도 없는 자연적인 운과 사회적인 운에 의해 개인의 사회경제적 지위와 일생이 결정되는 사회로 빠르게 이동하고 있다는 점을 보여준다.

4. 노사관계의 불평등: 이익과 부담 배분의 불공평

대한민국은 세계 최대의 간접고용의 나라이다. 노동영역과 관련하여 2010년의 자료를 보면 비정규직이 860만 명(노동자의 50.4%)이고, 비정규직의 평균 임금은 정규직의 절반에도 미치지 못한다. 해마다 들리는 비정규직 노동자들의 자살 소식은 그들 삶의 고통이 얼마나 큰가를 보여준다.[4)]

경영상의 이유로 인한 정리해고에서 이득과 부담 분배의 불공정성이 나타나기도 한다. 정리해고된 노동자들의 피폐한 삶은 노동자 자신과 가족들의 물

4) 김도균, 앞의 논문, 337-338쪽.

질적 곤궁함뿐만 아니라 정신적 고통으로도 나타난다. 정리해고는 기업의 영업의 자유와 노동자의 생존권이 충돌하는 지점으로서, 그 불이익과 비용은 어느 한편에 과도하게 지울 것이 아니라 사용자, 노동자, 사회가 공평하게 분담하는 편이 정의로울 것이다.

Ⅱ. 평등의 실현은 가능한가

1. 평등의 의미

(1) 수량적 평등

일반적으로 평등의 개념은 크게 세 가지로 구분한다. 수량적 평등, 비례적 평등, 기회의 평등이다. 평등의 개념 중 가장 적극적인 것은 수량적 평등이다. 이것은 '결과의 평등'으로 불리는 것으로 모든 사람을 똑같이 취급하며 사람들의 욕구나 능력을 무시하고 사회적 자원을 똑같이 나누는 것을 말한다. 이러한 의미의 결과의 완전한 평등은 인류역사에 있어서 어떤 사회에서도 존재하지 않았다. 또 현실적으로도 존재할 수 없다. 그러나 이러한 결과의 완전한 평등은 아니더라도 사회복지정책은 '결과의 평등'을 목적으로 하는 것이 사실이다.[5]

Q. 사회복지정책과 관련하여 '결과의 평등'의 경우를 생각해 보자.

Note. 예를 들면, 많은 사회복지정책들은 소득재분배의 목표를 갖고 빈자들에게 그들의 능력과 기여에 상관없이 사회적 자원을 할당해 준다(비록 부자들의 수준까지는 아니더라도).

(2) 비례적 평등

이것은 위의 수량적 평등에 비하여 결과의 평등을 이루는 효과의 면에서는 약한 것으로, 흔히 '공평'이라 불린다. 이것은 개인의 욕구, 노력, 능력, 기여 등에 따라 사회적 자원을 다르게 분배하는 것을 평등으로 본다. 따라서 결과의 평등이라는 면에서 보면 이 개념에서는 많은 불평등이 존재한다. 실질적

5) 김태성, "평등, 효율, 그리고 사회복지," 사회복지연구 제5호(1994), 5-6쪽.

으로 자본주의 사회에서 대부분의 사람들은 평등을 이야기할 때 공평의 개념을 떠올린다.

Q. 사회복지정책에서 '비례의 평등'의 예를 생각해 보자.

Note. 예를 들면 역사적으로 가장 오래된 공적부조정책의 기본원칙인 'less eligibility'는 공평의 가치를 반영한 것으로, 공적부조 급여액이 가장 낮은 임금 노동자의 소득수준보다 높아서는 안 된다는 것을 강조한다.

(3) 기회의 평등

이것은 평등의 개념 중 가장 소극적인 것으로 '결과의 평등'의 측면을 무시한 채 단지 결과를 얻을 수 있는 기회만을 똑같이 해주는 것이다. 따라서 이 개념에서는 결과의 불평등은 매우 클 수 있다.

Q. 사회복지정책 가운데 '기회의 평등'의 경우를 생각해 보자.

Note. 예를 들면, 1960년대 미국의 빈곤과의 전쟁 프로그램들 가운데 다수는 이러한 목표를 위한 것들이었다.

2. 누구를 평등하게 할 것인가

평등과 복지와의 관계를 보다 구체적으로 분석하기 위해서는 평등의 개념을 더 세부적으로 해부하여 각각의 평등의 차원과 사회복지와의 관계를 살펴볼 필요가 있다. 평등을 둘러 싼 가장 큰 논란은 평등의 대상의 문제이다. 즉 평등의 대상에 누구를 포함시키고 누구를 제외시키느냐의 문제이다. 사회복지정책에서 전통적으로 중요한 쟁점은 정책의 대상 또는 자격의 문제이다.[6]

(1) 특정지역의 도시빈민을 똑같이 취급할 수 있는가

특정사회 또는 특정지역에 소속된 사람들을 똑같이 취급하는 '공간적 차원'의 평등 개념이다. 이것은 크게 한 국가에 소속된 사람을 대상으로 할 수도 있고, 작게는 빈민지역과 같은 특정지역을 대상으로 한다. 이러한 개념에서는

6) 김태성, 앞의 논문, 6-11쪽.

평등의 대상을 구분한다는 것이 비교적 쉬울 수 있다. 그러나 여기서도 소속을 정의하는 데 논란이 있다. 한 국가를 단위로 할 때도 평등의 대상을 시민권자로 제한하여 단순히 거주만하고 있는 사람은 제외시킬 수 있다(예, 미국의 참정권). 시민권자도 무조건 평등에의 권리가 주어지지 않을 수 있다. 일정기간의 거주기간 등의 제한을 둔다.

이러한 공간적 차원의 평등의 개념이 가장 첨예하게 대립하는 분야가 사회복지정책이다. 전통적인 '보편주의 대 선별주의'의 논쟁이 이를 말해 준다. 즉 보편주의의 목표를 추구하는 정책은 한 나라에 소속된 모든 사람에게 다른 조건없이 사회복지급여를 하나의 권리(사회권)로서 제공하는 반면, 선별주의는 여러 가지 조건(대표적으로 개별적인 욕구)하에서 급여를 한다. 전자의 대표적인 복지 프로그램은 영국에서 시행하는 NHS(National Health Service)이고, 후자의 대표는 전통적으로 가장 오래된 공적부조이다.

Q. 공간적 평등을 추구하는 복지정책의 장단점은 무엇인지를 생각해 보자.

Note. 운영하기가 쉽고, 개별적인 구별을 하지 않는 데서 오는 인간의 존엄성의 존중, 그리고 누구에게나 급여하기 때문에 사회적 유대감을 높일 수 있고, 무엇보다도 다른 조건이 없으므로 인해 부자나 빈자의 시장에서의 여러 행동(근로의욕, 저축, 투자 등)을 왜곡시키지 않는 장점이 있다. 반면 이러한 장점으로 정책의 대상이 넓어짐으로 인해 제한된 자원의 효율적 사용의 측면에서 문제가 있다. 따라서 사회적 자원이 불필요하게 많이 사용되어야 하고, 또한 이러한 공간적 평등만을 추구하다보면 소득재분배를 이루는 데 한계가 있다.

(2) 의사의 소득은 청소원의 소득보다 높아야 하는가

두 번째의 평등의 차원은 사람들이 갖고 있는 사회적 위치(예를 들어, 사회에의 기여도, 능력, 노력, 사회에서의 역할 등에서 결정된)에 따라 사회적 자원을 배분하는 것이다. 위에서 본 '공평'의 개념은 바로 이것을 말한다. 따라서 이 개념에서는 동일한 '위치'에 있는 사람들은 동일한 사회적 자원을 갖고, 상이한 '위치'에 있는 사람들은 상이한 자원을 갖는 것을 말한다. 이러한 평등의 개념은 자본주의 사회가 움직이는 데 필요한 가장 중요한 가치이다.

Q. 이 개념에 문제점이 없는지를 생각해 보자.

Note. 우선 동일한 위치가 무엇이고, 그것을 어떻게 측정하느냐의 문제이다. 다음으로는 설사 동일한 위치에 대한 합의가 있다 하더라도, 그것에 이르는 과정이 공평한가의 문제이다.

사회과학에서 많은 논쟁을 불러일으킨 것은 이 개념의 문제점과 관련해서이다.

① 공평의 가치를 강조하는 측은 위치의 차이를 구분하는 기준으로 그 '위치의 사회적 중요성과 그 위치의 역할'을 수행할 수 있는 사람들의 숫자를 든다. 사회에서의 여러 기능들은 그 중요성에서 차이가 있고, 또 그러한 기능들을 수행할 수 있는 사람들의 숫자에서도 차이가 있기 때문에 수행하기가 어렵고, 또한 중요한 기능일수록 보상을 많이 해주어야 하기 때문에 불평등(결과의 불평등)은 사회적으로 기능적인 측면에서 필요할 수밖에 없다는 주장이다.

Q. 이러한 입장에 서게 되면 '의사의 소득은 청소원의 소득보다 높아야 한다'고 생각하는가?

Note. 이 입장의 논리에서는 의사의 역할을 할 수 있는 사람의 숫자는 많지 않고, 또한 의사의 기능은 사회적으로 매우 중요한 반면, 청소원의 역할을 할 수 있는 사람은 많고, 또 청소원의 기능은 사회적으로 덜 중요하다고 보기 때문에 의사의 소득이 청소원보다 높아야 한다는 것이다.

② 반면 위의 논리에 대한 반박은 사회적 중요성은 비교 불가능하고, 사회의 지배가치에 따라 다르다는 점과 설사 이것이 가능하더라도, 그러한 기능을 수행할 수 있는 사람들의 숫자에 있어서는 차이가 적다는 것이다.

Q. 이러한 입장에서 서게 되면 위의 의사의 소득과 청소원의 소득의 예에서 어떤 주장이 가능한지를 생각해 보자.

Note. 위의 의사와 청소원의 예에서 보면 의사의 기능과 청소원의 기능이 사회적 중요성의 측면에서 비교 불가능하고, 또 의사를 할 수 있는 사람들이나 청소원을 할 수 있는 사람들이나 그 숫자에 있어서는 큰 차이가 없다는 것이다. 즉, 많은 사람들에게 의사를 할 기회가 주어지고, 그들에게 충분한 훈련만 시키면 누구나 할 수 있다는 것이다.

위 두 가지의 논리는 하나는 '기능주의적인 관점'이고, 다른 하나는 '갈등주의적인 관점'이다. 그러나 설사 사회적 '위치'들의 기능상의 중요성의 차이를 어느 정도 인정한다고 하더라도 현실 세계에서의 소득이나 부의 불평등은 너무 크다. '공평'의 원칙을 강조하는 정책은 시장경제에서의 위치의 변화를 가져오지 않아 시장경제에서 '불평등'을 유지시키는 한계를 갖고 있다.

(3) 일정소득 이하의 노인과 아동을 달리 대우해야 하는가

이 평등의 개념은 집단 간의 차등을 둔 평등의 개념이다. 즉, 성별, 나이, 인종, 종교, 빈곤 정도 등에 따른 집단들 사이의 불평등을 해소하는 것을 강조한다. 이것은 자본주의 사회의 '사회적 위치'에 따른 '공평한' 분배는 잘못된 것으로 전제한 후, 이러한 잘못을 시정하려는 것이다. '공평한' 분배가 이루어지기 위해서는 개인의 노력, 능력, 기여 등에 따른 보상이 되어야하나, 자본주의 사회의 구조적인 이유로 사회에서는 많은 '부정적인 차별'이 존재하여 특정 집단에 소속되어 있다는 이유로 '공평한' 배분이 안 되는 것이다.

Q. 이 개념에 따라 임금에 있어 남녀 차별의 문제점을 생각해 보자.

Note. 대표적인 예가 임금에 있어서의 남녀의 차별이다. 오늘날 선진산업국가들에서 정도의 차이는 있으나 여자는 남자에 비하여 비슷한 역할을 수행하는 데도 불구하고 임금이 낮다.

'집단별' 평등의 개념에서는 '진정한 평등'을 위해서는 이러한 불이익 집단들에게 '긍정적인 차별'을 하여 '불공평'한 배분을 시정해야 한다는 것이다. 그래서 여자, 장애인, 저소득층, 특정인종 등의 특정집단에게 일자리, 진급, 대학입학 등에서 유리하게 대우해 주는 것이다. '집단별' 평등의 개념은 위의 '공평'의 평등 개념보다 결과의 평등을 이루기 쉽다.

사회복지정책에서 집단별 개념의 평등을 구현하려고 하는 것의 대표적인

것으로 범주적 공적부조(categorical public assistance)를 들 수 있다. 이것은 단순히 일정한 소득이하일 뿐만 아니라 특정범주(예: 노인, 아동, 여성)에 속해야만 사회복지급여를 한다. 이 경우에 논란이 되는 것은 소위 '자격있는 빈자(deserving poor)의 논쟁이다. 즉 어떤 집단에 소속되어야 공적부조를 받을 자격이 있느냐의 문제이다. 전통적으로 노인이나 아동, 장애인 집단은 인종별 집단이나 성별 집단에 비해서 더 많은 자격이 있다고 여기는데, 이유는 노동능력의 여부, 과거의 사회에 대한 공헌(노인), 미래에 사회에의 공헌가능성(아동), 자발성의 정도 등의 기준 때문이다.

Q. '집단별' 평등의 개념의 장단점이 무엇인지를 생각해 보자.

Note. '집단별' 평등을 추구하는 정책은 사회의 불이익 집단들에게 집중적으로 혜택을 주기 때문에 이른바 '목표효율성'이 높아 소득재분배 효과가 크다는 장점이 있다. 단점으로는 수평적 평등의 문제다. 정책의 대상은 일정한 소득이하에 있는 모든 사람을 대상으로 해야 하는데, 범주적 공적부조는 특정집단에 속한 사람들에게만 급여하기 때문에, 이 집단에 소속되지 않은 사람들에게 불공평할 수 있다. 또한 '집단별' 평등을 지나치게 추구하면 복지정책의 문제점(예를 들어, 근로동기 약화, 가족해체 등)이 많이 발생할 수 있다. 이 정책을 강조하다보면 사회구성원 모두를 대상으로 하는 포괄적인 복지정책의 발전을 방해할 수 있다. 예를 들면, 미국의 경우 이러한 집단별 복지정책이 상대적으로 발전되었는데, 이로 인해 전체적인 사회복지발전에 장애를 가져왔다. 집단별 평등을 너무 강조하다보면 또한 집단들끼리의 복지혜택을 둘러싸고 첨예한 이익집단정치가 발생해서 특정집단은 불필요하게 많은 혜택을 받고, 다른 집단은 손해를 볼 수 있다.

3. 무엇을 평등하게 할 것인가

평등의 또 다른 차원은 평등의 범위나 수준 또는 평등을 이루는 수단에 관한 것이다. 따라서 이 차원의 복지정책들은 정책의 구체적인 내용(예를 들어, 급여의 형태, 수준 등)과 관련된 많은 쟁점을 갖고 있다.

첫째, 복지정책의 급여수준에 관련된 것이다. 복지정책은 어느 정도의 평등을 추구하는 것이 적절한가의 문제이다. 둘째, 복지정책의 급여의 종류와 형태에 관한 것이다. 급여형태는 분류에 따라 여러 가지로 나눌 수 있겠으나(예를 들어, 분야별로 교육, 의료 등이 있고, 기능별로는 사회보험, 공적부조 등), 크게 보면 현금형태와 현물형태로 나눌 수 있다. 셋째, 복지정책의 수급자 단위에 따른 평등 효과의 정도의 차이에 관한 것이다. 즉 복지정책의 수급단위를 개인으로 할 것이냐, 아니면 가족이나 가구로 할 것이냐에 따라 정책이 추구하는 평등의 정도가 달라질 수 있다. 넷째, 사회복지정책의 급여 수준을 결정할 때, 수급자의 소득의 측정기간에 관한 문제이다. 일반적으로 사람들의 소득은 측정기간이 짧을수록 변동이 심한 반면, 길면 단기간 내의 소득의 변동을 평균화할 수 있기 때문에 안정적이다. 다섯째, 수급자들이 여러 개의 복지프로그램을 동시에 받는데서 생기는 문제이다.[7]

4. 어떻게 평등하게 할 것인가

'누구'와 '무엇'에 관한 평등의 차원은 모두 '결과의 평등'에 초점을 맞추었다면, '어떻게'라는 차원은 평등을 이루는 과정을 말한다. 따라서 여기서는 평등을 이루는 과정이 자발적 의사에 의한 것이고, 공평하게 이루어지면, 그것의 결과는 불평등하더라도 정당한 것으로 인정된다. 이것은 과정의 방법에 있어 세 가지로 나누어 볼 수 있다. 기회의 균등을 통한 자유경쟁, 투표, 그리고 추첨이다.[8]

첫째, 과정상의 평등의 개념 가운데 가장 많이 사용하는 것은 이른바 '기회의 균등'이다. 모든 사람에게 기회를 평등하게 주어 자유경쟁을 통하여, 그것의 결과를 배분하는 방법이다. 자본주의사회에서 대부분의 사람들에게 '평등'의 개념으로 쉽게 떠올리는 것이 이것이다.

그러나 현실에서는 '기회의 균등'에는 많은 문제점이 있다. 우선 '기회'의 개념이 모호하다. 어떤 기회를 언제, 어떻게 평등하게 할 것이냐는 문제다. 사람들은 태어나면서 서로 다른 유전인자를 갖고 있는데, 이러한 유전인자의 차

7) 김태성, 앞의 논문, 12-18쪽.
8) 김태성, 앞의 논문, 18-22쪽.

이(기회의 불균등)는 사람들이 이후의 결과의 불평등에 상당히 기여할 수 있다. 따라서 유전적인 측면에서의 '기회의 균등'은 불가능하다고 하더라도, 환경적인 측면의 '기회의 균등'도 대부분 이루기 어렵다. 인간은 태어나서 어떤 가족환경에서 자라느냐에 따라 달라지고, 이로 인한 많은 '결과의 불평등'이 발생한다. 따라서 진정한 '기회의 균등'이 이루어지기 위해서는 이러한 '가족 환경'이 평등을 이루어야 하나, 이것도 현실적으로 불가능하다. 이러한 두 가지의 근본적인 측면에서의 '기회'의 불평등이 존재하는 한 그 밖에 다른 '기회'의 평등을 준다고 해도, 그 결과는 실질적인 평등을 이루기 어렵다.

둘째, 두 번째의 과정상의 평등을 이루는 방법은 '투표'에 의한 것이다. 위의 '기회'의 평등의 방법은 '기회'를 동일하게 주어 '경제적 시장'에서의 자유경쟁을 통해 사회적 자원을 배분하게 하는 것이다. 이에 반해 투표에 의한 방법은 '정치적 시장'에서 '기회(1인 1표)'를 똑같이 주어 정치적 경쟁을 통해 배분하는 것을 말한다. 원론적으로 말하면, 이상적인 민주주의 제도하에서는 사회적 자원의 배분은 '경제적 시장'을 통해서 보다 '정치적 시장'을 통해서 이루어지는 것이 더 많을 때, 결과의 평등을 이루기 쉽다. 왜냐하면 1인 1표의 제도의 '정치적 시장'에서의 평등을 통하여, 사회적 자원의 배분은 사회계층의 숫자의 크기에 따라 배분될 가능성이 높기 때문이다.

그러나 이러한 투표에 의한 평등추구는 한계를 갖는다. 오늘날 민주주의 제도를 갖고 있는 국가들에서는 국민들에 의해 선출된 대표들에 의해 국민들의 이익 대변하는 의회민주주의제도를 갖고 있다. 이 제도하에서는 어떤 집단들의 이익이 잘 대변되느냐의 문제가 중요한데, 이 경우 단순히 숫자가 많은 집단의 이익이 잘 반영되는 것이 아니라, 조직화가 잘 되고, 적극적이고, 자원이 풍부한 집단의 이익이 비록 숫자는 작다 하더라도 잘 반영될 수 있다. 또 불이익 집단을 위한 정책이 채택되기 어려운 또 하나의 이유는 이른바 '중위투자자 법칙'의 원리 때문이다. 국민의 대표자들은 득표극대화가 목표이기 때문에, 다수가 선호하는 정책을 채택하는 경향이 있는데, 이 경우 정치적 성향의 측면에서 양극단에 위치한 사람들보다 중간에 위치한 사람들이 일반적으로 다수를 점하게 되어, 결국 중간층을 위한 정책이 채택될 가능성이 높다.

셋째, 세 번째의 과정상의 평등을 이루는 방법은 추첨에 의한 것이다. 이것은 위의 두 방법이 과정상의 평등을 이루는 것에 한계가 있는 것과는 달리, 과정상의 평등은 확실히 보장된다. 즉 사회적 자원의 배분을 추첨에 의해서 결정하기 때문에, 그 결과가 어떻게 되었건, 그 결과를 얻을 수 있는 통계적 확률만큼은 모두에게 똑같이 주어지기 때문이다. 적어도 앞의 두 방법보다 결과의 불평등을 합리화(정당화)하기가 유리하다. 특히 사회의 불이익 집단의 입장에서 보면, 이 방법이 차라리 유리할 수 있다. 왜냐하면 이들 집단에게는 앞의 두 방법을 통해서는 결과의 평등을 추구하기가 현실적으로 불리하기 때문이다. 그러나 문제는 사회구성원 어느 누구도(불이익 집단 구성원을 포함하여) 이러한 방법을 통한 사회적 자원의 배분을 원하지 않는 데 있다.

Q. 다음을 생각해 보자.

(1) '기회의 균등'의 문제점은 무엇인가? 유전적인 측면과 환경적인 측면을 생각해 보자.

(2) 의회민주주의 국가에서 '투표'에 의한 평등 실현의 한계를 생각해 보자.

(3) 추첨에 의한 평등실현의 장단점을 생각해 보자.

Ⅲ. 자유와 평등, 그리고 정의

1. 자유와 평등의 모순과 일치

(1) 모 순

인류가 추구해온 가장 집요한 문제 가운데 하나인 자유와 평등의 문제는 사람의 본성에 비추어 볼 때 동시에 달성될 수 없는 것이라는 것이 우리들 대부분의 생각이다. 완전히 평등하고자 하면 개인의 자유가 침해되고, 모든 개인이 자신만의 자유를 완전하게 하려고 한다면 결과적으로 평등은 실현되지 않는다는 것이다. 또한 칸트가 말하듯이 사람은 이중성을 가지고 있다. 다른 사람과 화평하고자 하는 욕구와 다른 사람을 지배하고자 하는 욕구를 동시에 가진다는 것이다.[9]

물론 이러한 생각에는 완전히 동의할 수는 없다. 사람이 지배받는 상태에 있을 때는 평등한 상태, 화평한 상태를 추구하지만, 강한 자의 위치에 있을 때는 지배하고자 하는 자유를 강조하게 된다는 것이다.

"1989년 경제정의 실현과 관련한 우리나라의 토지공개념 확립에 관한 논쟁에서 대토지 소유자들은 자유주의 원칙에 위배된다고 하며 반대 의사를 표명했었다."

Q. 위 토지공개념 확립에 대한 대토지 소유자의 주장을 칸트의 주장에 비추어 생각해 보자.

오늘날 강한 자가 자유를 주장하는 이상한 모순이 있는 것이다. 강한 자의 독점과 자유는 평등을 주장하는 입장을 폭력혁명론, 계급혁명론이라고 하며 사회 현실에 대한 지적, 도덕적 성찰을 생략한 채로 불행의 원인으로 몰아 부치는 것이다. 그러나 자유와 평등은 어느 한 쪽의 사람들만이 가져야 하는 윤리나 규범 같은 것은 아니다. 강한 자의 자유이거나 눌린 자의 평등과 같은 등식은 성립될 수 없는 것이다. 강한 자의 교만, 폭압과 눌린 자의 질투가 끝없이 부딪히는 극단주의의 시대에 자유와 평등이 때때로 양립할 수 없는 개념인 것처럼 보여지기도 한다.

모든 사람이 함께 자유롭고자 하면 횡포한 자의 폭력이 다른 사람들의 자유를 침해하고, 모든 사람의 평등한 상태를 바란다 해도 사람들의 도덕적 수준이 미치지 못하는 상태에서 결국은 폭력이 정의의 집행자가 되는 역사의 불행을 사람들은 체험해 왔다. 이런 가운데 자유와 평등을 위한 이념과 체제의 반성은 아직도 인류의 큰 짐으로 남아 있다.

Q. 자유가 결과적으로 강한 자의 자유로 귀착되고, 평등이 성장하고자 하는 개인이나 계층의 욕구를 봉쇄한 채 기득권을 보호하는 기능으로 전락하는 모순은 어디에서 오는 것인가?

엄밀히 말하여 평등을 위해 자유가 제한되어야 한다면, 또 자유를 누리기 위해서는 불평등할 수밖에 없다고 한다면, 이러한 자유나 평등은 진정한 자유

9) 김도종, "자유와 평등간의 모순과 일치," 사회사상연구 제2호(1989), 1-2쪽.

나 평등일 수 없다. 그러나 자유와 평등을 법과 제도의 형식으로만 보장하려고 한다면, 이 두 개념은 모순될 수밖에 없다. 그 속에서는 이분법적 논리를 사용하는 것이 당연한 것처럼 여겨질 수도 있다. 사회주의적 민주주의나 자본주의적 민주주의가 모두 자유나 평등을 법과 제도의 형식으로 조직한 것이라 할 수 있다. 법과 제도의 형식 안에서 본다면, 자유와 평등이 상호 모순으로 보이는 것이 당연한 것인지도 모른다.

(2) 일 치

자유와 평등이 법과 제도의 형식으로 구체화되고 보장되는 일은 반드시 필요한 일이다. 그런데 자유와 평등은 사람들의 관계에서 실현되는 것이다. 사람들의 관계에서는 법의 형식보다 '마음씀'의 교류가 앞선다. 지배적이거나 전투적인 마음씀은 평등한 법과 제도 안에서도 불평등과 억압을 산출한다. 평화적이고 합의적인 마음씀은 불평등한 법과 제도라 할지라도, 자유와 평등을 산출할 수 있는 것이다. 그리고 이것은 이성의 작용이라기보다는 덕성의 작용이라고 할 수 있다. 이성, 감성과 함께 덕성이 사람 정신의 중요한 작용을 하는 요소라고 볼 수 있는 것이다. 이성의 자각이 근대문명을 가능하게 했다면, 이제 덕성의 자각이 한계에 봉착한 근대문명을 개조할 수 있다고 보는 것이다.[10)]

따라서 우리는 자유와 평등을 실현하려고 할 때, 법과 제도라는 외부의 조건과 함께 덕성으로부터 비롯되는 마음씀이라는 내부적 조건을 고려할 수 있게 되었다. 이때 덕성으로부터 비롯되는 마음씀은 상호 의존성이라는 본성에 기초하게 된다. 다른 사람과의 의존성을 무시한 무한대의 자유가 사람들에게 주어질 수 없고, 다른 사람과 차등하게 주어진 제반 조건을 무시한 기계적인 평등이 주어질 수도 있다. 설사 공산주의가 지향하는 것처럼 무계급 사회가 찾아온다 하여도 모든 개인에게 주어지는 제반 조건은 결코 일정하지는 않을 것이다. 이러한 측면에서 볼 때, 현실적으로 어떠한 역사적 단계에서 일지라도 보다 강한 사람들과 보다 약한 사람들의 구분은 있을 수밖에 없다. 이들 사람들 관계에서도 상호 의존성이 있는 것이다. 이를 법과 제도의 외부적 장치로만 자유와 평등을 보장하려고 하면 허구에 불과한 것이 되고 만다. 법과 제도를

10) 김도종, 앞의 논문, 40-43쪽.

주체적, 자각적으로 모든 개인이 수용함으로써만 그것은 실제의 목적에 부합할 수 있다. 그렇다면 마음씀이라는 내부적 조건을 고려하지 않을 수 없는 것이다.

Q. '법과 제도'라는 장치는 자유와 평등을 보장할 수 있는가?

실질적 민주주의에서 자유와 평등은 내면적으로 일치한다. 자유를 위해 평등이 유보되거나 평등을 위해 자유가 유보되지 않는다. 자기를 제한하는 일이 법이나 권위의 강제력으로 되는 것이 아니라, 사람의 상호 의존성을 자각하여 스스로 되는 것이다.

사람들의 관계는 경쟁적이거나 적대적이지 않고, 균형과 조화를 형성하려는 이타적 규범으로 형성된다. 모든 법과 제도는 그 사회의 총생산성의 향상, 산술적 평균을 앞세우는 과학주의적 정치관, 이데올로기적 명분으로만 역할을 완수했다고 보는 형식주의를 끝내고, 개인들의 구체적이고 행복한 삶에 참여하고자 하고, 또 개인들이 법과 제도에 보다 많이 참여할 수 있는 방법을 마련하는 것이다.

결국 자유와 평등은 서로 모순된다는 전제 아래 체제문제를 논의하는 것은 형식의 악순환을 되풀이 하는 것이기 때문에, 우리는 형식주의를 그만 두어야 한다. 모든 체제와 이론의 인도주의적, 도덕적 기초가 거의 비슷하다는 사실을 돌이켜 볼 때, 이러한 도덕성이 이 논의에서 중요하게 부각되어야 한다. 이러한 도덕적 기초 위에서 실질적 민주주의가 설 수 있다. 또한 형식주의가 토대한 형이상학적, 과학적 편견은 개조되어야 하고, 실질적 민주주의의 전체적, 상호의존의 세계관이 들어서야 하는 것이다. 이 속에서 자유와 평등은 일치되고, 실질적으로 보장될 것이다.

Q. 자유와 평등의 모순되는 점을 어떻게 일치시킬 수 있는가를 생각해 보자.

2. 평등과 정의의 관계

인류사회에 철학의 출현과 더불어 정의의 본질, 의미 등에 관하여 다양한 견해가 있었지만 그 모두가 평등과 관련해서 전개되었다는 점에서는 동일하다고 볼 수 있다. 인간의 본성은 자유와 더불어 평등을 요구하고 있다. 그러나 현실에서는 누구도 절대적 자유와 절대적 평등은 불가능함을 알고 있다. 이러한 인식과 더불어 고대의 계급사회적 배경 속에서 동양이나 서양이나 모두 상대적 평등의 개념에서부터 정의론이 시작하는 것을 볼 수 있다.

아리스토텔레스 이래로 정의는 '각자에게 자기 몫을'이라는 비례적 정의(비례적 평등을 의미할 수도 있다)를 중심으로 이루어져 왔다. 사람들은 각자 선천적으로 가지게 되는 자연적 능력과 소질, 재화 등이 다르고, 또 후천적으로 얻게 되는 사회적 가치도 다를 수밖에 없다. 현실적 불평등을 인정하지 않을 수 없다는 말이다. 그러나 문제는 불평등을 인정하면서도 사람은 누구든지 그것이 공평하고 공정하기를 바란다. 여기서 정의는 사람들 간의 차등을 인정하면서도, 그 차등이 모든 사람들이 받아들일 수 있는 차등, 즉 공정한 차등 내지는 공정한 불평등이 되기를 바란다. 따라서 모든 정의는 이 차등을 인정하는 공정한 기준에 대해서 말하게 된다. 인간이 살고 있는 현실에서 어쩔 수 없이 받아들이지 않을 수 없는 불평등, 그러면서도 그 불평등이 이루어지는 기준이 누구나 받아들일 수 있는 기준이어야 사람들은 억울한 분노, 울분을 느끼지 않게 될 것이다. 억울한 일이 없는 정의로운 사회가 인간들이 일차적으로 성취해야 할 사회라고 볼 때, 우리는 공정한 불평등이 될 수 있는 기준을 세워야만 할 것이다.[11)]

Ⅳ. 평등론의 전개과정

1. 고대의 평등사상

평등사상은 인간의 본성에 근거를 두고 있는 고대 그리스의 철학사상에서 그 기원을 찾아 볼 수 있다. 그리스의 평등사상은 '정의'의 이념을 해명함에 있어 평등사상을 논하였다. 즉 평등과 공평을 가지고 정의가 존재하느냐를 구분했고, 당시의 노예제도, 남녀 간의 불평등, 그리스인과 외국인 간의 차별대우 등은 평등사상에 위반됨으로 정의가 아니라고 비판하면서 인간은 본질적으로

11) 최유신, 앞의 논문, 38쪽.

평등하다고 설명했다.12)

플라톤(Platon)은 그의 「국가론」에서 '정의'를 실현시키고 사회질서를 유지시키기 위하여 철인에 의해 통치되는 명확한 계급구조를 갖는 사회를 구성하였다. 그는 모든 시민들은 각각 통치계급, 수호계급, 생산계급의 어느 한 계급에 속한다고 보고, 이들 각 계급에 따라 제한되는 기능과 역할이 주어진다고 주장하였다. 여기서 플라톤의 '정의'는 자기 자신의 일에 몰두하고, 다른 사람의 일에 관여하지 않는 것을 의미한다. 이렇게 볼 때 플라톤의 '정의'는 개인 상호 간에 적용되는 것으로써 분업의 원리에 기초를 두고 있는바 시민들의 사회적인 능력에 있어서의 불평등을 전제로 하고 있다고 볼 수 있다.

아리스토텔레스(Aristoteles)의 「니코마코스 윤리학」에 의하면 '정의'는 덕의 최고요, 완전한 덕이라고 보면서 덕의 체계를 세웠다. 그는 정의를 분석하여 일반적인 정의와 특수적 정의로 나누면서 특수적 정의를 평등이라고 하였는데 이를 다시 평균적 정의와 분배적 정의로 구분하였다. 평균적 정의는 절대적 정의를 의미하는 것이고, 분배적 정의는 상대적 평등을 의미하는 것이다. 특히 분배적 정의는 사회생활에 있어서 각 개인의 본질적 차이를 인정하고, 이에 비례한 배분이 바른 배분으로 이것이 정의라고 하였다. 이는 평등이 각 개인 간의 차이를 철폐하는 것이 아니라 평등한 자 사이에는 평등이, 평등하지 않은 자 사이에는 불평등이 지배하는 것을 의미하는 것으로 볼 수 있다. 즉 그가 내세운 이러한 평등은 인간의 자연적인 불평등을 옹호하는 쪽으로 나아간다. 그리하여 삶에서 나타나는 인간의 불평등을 자연적으로 주어지는 것으로 간주하고 있다.

그런데 고대의 평등사상은 국가권력에 대하여 인간의 본질적인 평등이라고 하는 근대적인 인권사상에 직결되는 평등이념을 형성했다고는 할 수 없었다. 고대국가에서는 국왕 내지는 국가권력과 국민 사이에 정치적인 대립이 없었으며, 국가생활과 종교생활이 일체화되어 종교의 영역에 있어서도 국가권력에 대하여 개인의 자유와 평등을 권리로서 주장해야 할 필요가 없었기 때문이다.

---

12) 박채용·정태일, "평등사상의 정치철학적 기초," 사회과학연구 제18권 제1호(2001), 91, 93쪽.

Q. 그리스의 평등사상의 특징을 생각해 보자.

2. 중세의 평등사상

중세의 기독교적 신관에 의하면 인간은 신 앞에서 하나의 피조물에 지나지 않기 때문에 인간의 차이는 극히 미미한 것으로 모든 인간은 신 앞에 평등하다는 이른바 종교적인 평등에 지나지 않았다. 따라서 중세의 평등사상도 근대적인 국가권력에 대한 국민의 권리로 주장되기까지는 이르지 못했다.[13]

3. 근대의 평등사상

근대의 평등사상은 모든 인간은 국가권력에 대하여 만인의 평등 내지 법 앞에 평등하다는 정도로 진일보하였다. 이러한 평등사상의 직접적인 사상적 기원은 '신 앞에 평등'이라는 중세 교회와 봉건사회에 신분적, 계급적 권력지배를 부정하고, 인간의 본성에 따른 본질적인 평등을 주장한 합리주의적 자연법사상에 근거를 두고 있다. 이것이 다시 근대 민주주의와 결부되어 국가의사 형성에 평등한 참여를 요구하는 정치적 평등을 주요 내용으로 하게 되었다. 여기서 법 앞의 평등이란 자연법 앞의 평등을 말하는 것이며, 인간 본래의 평등을 주장한 로크와 루소 등의 사상은 인간의 자연적인 자유와 평등을 의미하는 것이다.[14]

홉스는 모든 인간들 사이에는 기본적인 평등이 존재한다는 것을 확신하였으며, 특권이라는 불평등은 평등으로 대체되어야 한다고 생각했다. 그러나 모든 인간은 권력과 이익을 추구하며 자기중심적 이기심의 동기에 지배되는 존재이기 때문에, 그들이 준수하기로 동의한 일련의 규칙이 존재하지 않는다면, 권력과 특권을 획득하기 위한 투쟁이 계속될 것이다. 이런 이유로 사람들은 그들의 결집된 요구와 의지를 구현시켜 줄 한 사람에게 통치권력을 양도하게 되는 사회계약을 하게 된다고 하였다. 그리고 만일 그 통치자가 모든 국민의 안전을 평등하게 보호하는 데 실패하게 된다면, 그러한 통치자는 제거되어야

13) 박채용 외 1, 앞의 논문, 94쪽.
14) 박채용 외 1, 앞의 논문, 94-97쪽.

한다는 것이다.

로크에 의하면 자연 상태에 있어서의 인간은 자유·평등하여 서로 지배·복종의 관계를 설정하는 일이 없고, 누구라도 다른 사람의 생명·건강·자유 또는 재산을 침해해서는 안 된다고 주장하였다. 인간의 자연 상태는 평등한 상태로 일체의 권력과 지배권은 상호적인 것이며, 누구도 다른 사람들보다 더 많은 것을 갖는 일은 없다. 즉, 인간은 태어나면서부터 아무런 차별도 없이 모두 똑같이 자연의 혜택을 누리며 똑같은 능력을 행사할 수 있으므로, 적어도 지배자인 신이 어떤 한 사람을 지명하여 그에게 부여하지 않는 한 사람들은 모두 평등하다는 것이다.

루소는 정치적, 사회적 불평등에 관심을 두어 인간은 본질적으로 평등하다는 가정하에 원초의 사회국가(pre-original state)에서는 완전한 평등이 있었으나, 인간의 능력의 발달과 더불어 사물의 진보 속에서 권리, 특히 소유권이 생기고, 법률의 제정에 의하여 인정되었던 불평등이 발생하였다는 것이다. 즉 인간의 자연 상태는 원래 자유·평등하였으나 문명의 발생과 더불어 사유재산에 의한 정치적 지배가 발생하고, 이에 따라 인간의 정욕이 지배됨에 따라 인간의 본질적인 자연적 원리에 반하는 불평등한 제도가 발생한다고 보았다.

Q. 근대 평등사상의 특징을 생각해 보자.

4. 현대의 평등사상

재산을 가진 자와 가지지 못한 자, 교육을 받은 자와 받지 못한 자, 남녀 역할의 차이를 전제하고 모든 사람을 형식적으로 평등하게 취급한 역사가 진전됨에 따라 빈부격차가 심해지고, 그에 따라 새로운 불평등이 초래되었으며, 여성의 지위에도 별 변화를 가져오지 못하게 되었다. 산업혁명과 자유경제의 원리는 일부의 사람들에게 권력과 부를 축적, 집중시켜 일반대중을 빈곤에 빠지게 함으로써 다시금 자유와 부자유의 대립을 가져오고 빈부의 사회문제가 역사의 전면에 등장하게 되었다.[15)]

15) 윤후정, "평등권의 개념과 남녀동권," 한국여성학 제6호(1990), 8쪽.

따라서 자본주의가 성숙됨에 따라 개인주의원리 및 평등원리에 대한 수정이 불가피하게 되었다. 근대의 평등사상이 만인의 평등과 인간해방이라는 추상적인 이념으로 제시하고 있는데 반하여, 현대의 평등사상은 인간의 현실적 사회생활에서 나타나는 구체적인 불평등, 특히 경제생활에서의 갖가지 불균형에 주목하여 이와 같은 생존의 위협으로부터 인간을 해방하고, 각 사람에게 인간다운 생활을 보장하려고 하는 이른바 경제적, 사회적, 실질적 평등을 의미하게 되었다. 이에 따라 사회적 법치국가가 출현하게 되어 자유권적 기본권(자유권)의 보장과 사회적 기본권(사회권)의 보장을 시도하게 되었다.[16]

Q. 현대의 평등사상이 등장하게 된 이유와 그 특징을 생각해 보자.

노직(R. Nozick)에 있어서 평등은 소유권리론으로 볼 수 있다. 첫째, 취득에서의 정의의 원리에 따라 소유물을 취득한 자는 그 소유물에 대한 소유 권리가 있다. 둘째, 이전에서의 정의의 원리에 따라 한 소유물을, 이 소유물에 대한 소유 권리가 있는 자로부터 취득한 자는 그 소유물에 대한 소유 권리가 있다. 셋째, 어느 누구도 첫째와 둘째의 반복적 적용에 의하지 않고서는 그 소유물에 대한 권리가 없다.

롤즈(J. Rawls)의 평등은 분배 정의론으로 볼 수 있다. 제1원칙에 의하면, 모든 사람은 다른 사람들의 유사한 자유와 양립할 수 있는 가장 광범위한 기본적 자유에 대하여 동등한 권리를 가져야 한다. 제2원칙에 의하면, 사회경제적 불평등은 다음 두 조건을 만족시키도록 조정되어야 한다. 그 불평등이 모든 사람에게 이익이 되리라는 것이 합당하게 기대되고, 그 불평등이 모든 사람에게 개방된 직위와 결부되어야 한다.

위에서 본 바와 같이 현대의 평등문제는 경제적인 측면에서 주로 논의되고 있다. 그럼에도 현대사회에서 평등문제는 자유와 평등의 논리적 양립 가능성이 항상 문제로 제기되고 있다. 자유를 절대적 이념으로 할 때는 평등을 이룩하기 어렵고, 평등을 절대적 이념으로 하게 되면 자유의 구속은 불가피하게 되는데, 이것이 오늘날 평등문제가 안고 있는 가장 시급한 문제이다.

---

16) 박채용 외 1, 앞의 논문, 97-98쪽.

제 2 절 철학하는 모든 사람들의 아버지: 소크라테스

Ⅰ. 생애와 의미

1. 불멸의 상징

소크라테스(Sokrates, 470-399 B.C.)는 인류의 역사에서 이미 불멸의 상징이 되어버린 역사적 인물이다. 그러나 그는 70년이라는 생애를 살면서 다만 말하였고 전혀 쓰지 않았다. 그리하여 이미 그의 생전에 동시대인들을 혼란스럽게 만들었을 뿐만 아니라, 사후에는 여러 시대와 다양한 사람을 거쳐 오면서, 그가 과연 그때에 그곳에서 있었던 실재 인물인가를 따지며, 그의 역사성을 의심하도록 만들었다. 그러나 그가 기원전 470년에 석공과 산파의 아들로 태어나 399년에 의롭지 못한 재판을 받고 사형을 받은 실재 인물임을 오늘날 의심하는 사람은 없다. 다만 그가 모든 것을 말하고, 아무 것도 쓰지 않았기 때문에, 그의 정체가 무엇이며, 그가 가르친 내용이 무엇인지를 사람들은 분명히 알지 못할 뿐이다. 그래서 그는 이미 살아있었을 때에 "헤아릴 수 없는" 사람이었으며, 역사와 더불어 점점 더 발견되어 가고 있는 사람이다.

소크라테스가 잘 알려져 있다고는 하나 그의 모습은 여전히 "놀라운 어둠 속에" 놓여 있다. 그러나 그를 다루지 않고는 고대 그리스의 찬란한 사상을 다루는 것은 불가능하다. 왜냐하면 소크라테스는 마지막 소피스트로서 소피스트들의 가르침과 활동을 비판하고 넘어섰으며, 철학을 하늘과 신들에 관한 관심으로부터 땅과 인간에 관한 관심으로 끌어내려 인간의 마음속에 심었으며, 철학하는 참된 모습을 삶으로 보여주어 철학하는 모든 사람들의 아버지가 되었기 때문이다.[17)]

소크라테스의 생애에 관하여 알려진 사실은 비교적 적다. 그는 동시대인에게 일종의 경이로운 사나이로 비추었다. 확실한 것은 그가 실재했고, 재판을 받았으며, 독배를 마시고 죽었다는 사실이다. 그는 석공과 산파를 부모로 둔

17) 오인탁, "소크라테스와 교육철학의 탄생," 연세교육과학 제42호(1993), 39-41쪽.

지극히 평범한 아테네 시민으로 탄생하였다. 그의 아버지로부터 석공일을 배웠다. 그의 가정은 시민계층으로 하위계층에 속하였으며, 경제적으로 대단히 소박하게 살았다. 소크라테스는 결혼을 늦게 하였다. 그는 부인 크산티페(Xanthippe)와의 사이에 세 아들을 두었다.

Q. 소크라테스가 철학하는 모든 사람들의 아버지로 불리게 된 이유를 생각해 보자.

2. 현모양처의 원형이며 가장인 크산티페

크산티페는 악처의 원형으로 역사에 남았다. 소크라테스 시대에 최고의 찬사를 한 몸에 받을 수 있는 여자는 한 지아비를 섬기면서 건강한 아들을 낳으며, 가정주부로서 솜씨를 발휘하고, 대문 밖을 엿볼 생각일랑 추호도 하지 않는 그런 여자였다. 당대에 회자되었던 여성에 관한 말을 보자. "여자란 나쁜 것이지만, 남자가 여자 없인 집을 꾸려갈 수 없으니, 결혼하거나 결혼하지 않거나 나쁘기는 매한가지로다." 이런 세상에서 누가 소크라테스의 부인이 되든 간에 현숙한 여자들은 다 크산티페가 될 수밖에 없었을 것이다.[18]

한번 크산티페의 눈으로 소크라테스를 보자. 소크라테스는 그의 천직인 석공일은 하지 않고, 아테네 거리의 어느 모퉁이에서 서성대면서, 오가는 사람들에게 끊임없이 무언가를 묻고, 자기의 세 아이들은 내팽개쳐두고, 다른 젊은 이들과만 이런 저런 이야기를 지껄이면서, 먹을 빵 대신 헛된 명성만 가지고 집으로 돌아오는 가장이다. 그는 어느 결에 모든 사람의 관심을 끄는 사람이 되어 있었다. 그는 당대의 유명한 교사들이었던 프로타고라스나 고르기아스와 어울려서 탁월한 대화로 사람들을 사로잡곤 했다. 그는 다른 사람들로부터 끊임없이 무엇인가를 배우려고 하는, 자기 자신을 스스로 교육하는 독학자였다.

그러나 소크라테스가 말하는 철학이 무엇인지, 그가 어쩌구 저쩌구 하는 말이 무슨 소리인지 크산티페는 알 턱이 없었다. 그녀에게 필요하고 가치있는 것은 빵이었다. 그럼에도 불구하고 크산티페는 소크라테스를 사랑하였다. 소

18) 오인탁, 앞의 논문, 41-42쪽.

크라테스가 감옥에서 사형을 당하기 전날인 최후의 밤에 크산티페는 어린 막내아들과 함께 그의 곁에 있었다. 그리고 그 기나긴 세월을 밖으로만 맴도는 가장을 대신하여 가계를 꾸려왔다. 이는 소크라테스가 아버지로부터 물려받은 작은 석재 작업장을 두세 명의 노예를 데리고 꾸려가면서 묘비를 비롯하여 죽은 자를 경배하기 위하여 필요로 하는 여러 장식물들을 만들어 팔아서 살아왔다는 것을 의미한다. 그래서 사람들은 크산티페를 오늘날의 새로운 시각으로 보기 시작했고 새롭게 이해하고 있다.

그러나 한번 크산티페에게 주어진 악명은 숱한 학자들의 노력에도 불구하고 수세기를 계속하여 내려오면서 명예회복의 노력을 여전히 무색하게 만들고 있다. 크산티페의 명예를 결정적으로 실추시키고, 그녀를 악처의 원형으로 못 박는 데는 크세노폰이 크게 기여하였다. 그는 그의 책에서 소크라테스의 입으로 다음과 같은 말을 하게 하였다. "내가 인간들과 주로 밖에서 교제를 나누려 하는 것은 이 여편네 때문일세. 나는 이 여자를 견뎌내기 보다는 모든 다른 인간들과 지내는 것이 훨씬 더 편하다는 것을 잘 알고 있네."

Q. 크산티페가 악처의 원형으로 불리게 된 이유를 생각해 보자.

3. 용기있는 사람

(1) 전쟁의 공포와 용기

소크라테스는 병역기간 중에 세 번 전쟁에 참가하였다. 첫 번째는 펠로폰네소스 전쟁을 야기한 포티다이아(Potidaia)의 싸움에, 두 번째는 424년에 아테네 군대가 많은 사상자를 내고 스파르타에게 크게 패했던 델리온(Delion)의 싸움에, 그리고 세 번째로 트라키엔 지방의 암피폴리스(Amphipolis)의 싸움에 참가하였다. 이 전쟁들은 모두 처참한 살육전이었다. 전쟁터에서 소크라테스는 경이로운 대상이었다. 그는 기나긴 행진이 가져다주는 고달픔, 갈증이 가져다주는 고통, 밤이 가져다주는 추위를 누구보다도 잘 참아내는 특별한 사람이었다. 그는 공격할 때의 긴 '밀집방진'과 이어서 벌어지는 치고 찌르는 백병전에서 전혀 공포에 사로잡히지 않았다. 델리온에서 패하고 후퇴할 때에도, 그는 침착하고 세심하게 행동하여 동료들이 그 옆에서 마음의 안정을 찾을 수 있었을 정도였다. 델리온 전투를 소크라테스와 함께 겪은 라케스는 소크라테스의 용기를 이렇게 증언하고 있다. "만약에 다른 군인들도 그렇게 사나이답게 행동하였다면, 우리들의 도시는 그 때에 명예를 지킬 수 있었으며, 그렇게나 보잘 것 없이 패하지는 않았을 것이다."[19)]

포티다이아의 전투에서 소크라테스는 알키비아데스의 생명을 구하였다. 알키비아데스는 후술하는 소크라테스의 교육적 사랑의 개념과 연결되어 다시 다루겠지만, 대단히 똑똑하고 아름다운 청년이요 부유한 집안의 아들로서 후에 통치자와 사령관을 지냈던 인물로, 영웅이요 변절자이며, 소크라테스의 제자이기도 하였다. 이 알키비아데스가 이렇게 말했다. "싸움의 소용돌이 속에서 중상을 당한 나를 구한 사람은 이 현명한 분 이외에 그 누구도 아니었다. 이 분은 나를 떠나려 하지를 않았으며, 나와 나의 무기를 운 좋게 안전하게 구해내었다." 전쟁이 끝난 후에 소크라테스는 그의 용기로 인하여 받게 된 상을, 알키비아데스가 자기 보다는 이 상을 받기에 더 합당하다는 말을 하면서 양보하였다.

Q. 소크라테스는 전쟁터에서 침착함과 용기를 잃지 않았다. 그 이유는 무엇인지를 그의 생애를 통해 생각해 보자.

(2) 재판과 소수의견

소크라테스는 국가의 공직을 맡아본 적이 거의 없다. 그가 65세가 되었을 때에 시의원(Prytanen)으로 당선된 적이 꼭 한 번 있었을 뿐이다. 그러나 그는 시의원으로서 대단히 용기 있는 사람임을 다시 한번 보여주었다. 펠로폰네소스 전쟁의 말기에 아르기누스에서의 해전에서 아테네 함대의 지휘관 10명이 전사자에게 명예로운 장례를 치러 주도록 되어있는 신성한 의무를 지키지 않았다고 해서, 승전하고 돌아온 후에 고소를 당했다. 이때의 소크라테스는 혼자서 사형이라는 판결에 동의하지 않고 이를 거부하였다. 그는 의롭지 않다고 판단한 것을 생명을 무릅쓰고 고수하곤 했다. 더구나 지휘관들은 해전에서 전

19) 오인탁, 앞의 논문, 42-44쪽.

사한 군인들의 시체를 건져내려고 갖은 애를 다 썼으나 폭풍우와 거친 파도 때문에 건져낼 수 없었던 것이다. 이 재판으로 페리클레스의 아들을 포함한 7명의 지휘관들이 교수형에 처해졌다.

Q. 인간이 살아가면서 의견의 대립이 있을 경우에 소수의견을 내는 것은 옛날이나 오늘날이나 쉽지 않은 일이다. 소크라테스가 오늘을 살아가는 우리에게 주는 용기와 지혜를 생각해 보자.

4. 실레노스의 얼굴

(1) 속죄의 조상과 명예회복

고대 그리스는 그들의 생활을 조각과 회화로 생생하게 묘사하던 시대였다. 이 시대의 조상은 이 시대를 살았던 인물들을 전체적으로 그들의 생활에 가능한 한 가깝게, 실제적 모습에 가능한 한 비슷하게 조각하여, 조각된 조상이 실제의 인물을 다른 인물과 혼동할 수 없도록 재현한 모델이 되도록 했다. 소크라테스가 살았던 그리스의 조상은 언제나 흉상이 아니라 전신상이었다. 가슴 윗 부분이나 머리만을 조각하는 흉상이나 두상은 로마 제국의 조형예술의 형식이었다. 여기서는 소크라테스의 모습을 그의 조상을 통하여 그려보고 해석해 보자.[20]

고대 그리스의 조상은 시인의 조상, 승리자의 조상, 정치적 명예의 조상, 그리고 사죄의 조상 이렇게 네 가지로 분류된다. 시인은 그리스의 종교적 축제와 의식에서 대단히 중요한 역할을 했다. 시인은 역사와 정신을 노래하였으며, 시는 당대의 보편적인 교육과 도야의 교재였다. 승리는 용기의 증명이었으며, 스포츠 경기와 격투에서 승리한 인간은 당대와 후대에 인간이 성취할 수 있는 최고의 성취 수준을 보여주는 것이었다. 그래서 그들은 승리자를 전라의 조상으로 조각하여 도시국가의 중요한 위치에 세우고 그 성취를 찬양하였다.

고대 그리스의 도시국가들은, 특히 아테네는 아고라에 국가의 정치를 위하여 탁월한 공헌을 이룩한 인물의 조상을 세워서 이를 기념하였다. 이러한

20) 오인탁, 앞의 논문, 44-47쪽.

정치적 명예의 조상은 시민들의 결정과 재정 부담으로 이루어지는 범 정치적 성격의 것이었다. 정치적 명예의 조상의 대표적인 예를 들어보자.

> "기원전 514년에 하르모디오스(Harmodios)와 아리스토게이톤(Aristogeiton)이 범 아테네 축제의 행렬이 벌어지고 있는 동안에 당시의 아테네를 통치하였던 히파르코스(Hipparchos) 형제를 저격하여 살해하였으며, 이 과정에서 그들도 살해당하였다. 아테네 시민들은 아테네를 폭군의 멍에로부터 해방시킨 그들의 공로를 기념하여 아테네의 아고라에 검을 들고 용감하게 저격하는 그들의 모습을 조각한 전라의 조상을 만들어 세웠다. 그들의 조상은 최고의 신체적 이상을 묘사한 '영웅적 나체'의 조상이다."

이상의 세 가지 일반적인 유형과 나란히 예외적인 조상의 유형으로 속죄의 조상이 있었다. 의롭지 못한 재판으로 억울한 죽음을 당한 시민을 위해, 국가는 후에 신들의 뜻을 거슬러 못된 짓을 한 것을 후회하고, 죽은 자의 명예를 회복시키며 사죄하는 뜻으로, 속죄의 조상을 만들어 세웠다. 소크라테스를 불의의 재판으로 사형에 처한 후, 아테네는 그의 조상을 청동으로 만들어 세워서 그의 명예를 회복시켜 주고 있다.

Q. 시인, 승리자, 국가의 정치를 위하여 탁월한 공헌을 한 사람, 억울하게 죽은 사람의 조상을 만들어 세우고, 그들의 삶을 기렸던 당시의 사람들과 오늘날 현대인의 삶을 비교하여 생각해 보자.

(2) 추한, 그러나 현명한 실레노스의 얼굴

그러면 소크라테스의 모습이 같은 시대를 살아간 그의 이웃들과 동료 석공들에 의하여 어떻게 묘사되고 있는가? 우리는 소크라테스의 외모를 정확하고 권위있게 묘사한 자료를 갖고 있지 않다. 그와 동시대인이요 그를 희극의 주인공으로 삼았던 아리스토파네스는 그를 만화적으로 묘사하고 있다.

> "그는 발을 넓게 벌리고 걸으며, 툭 불거져 나온 눈을 가지고 있다. 그의 머리털은 언제나 길게 늘어져 있으며, 그는 늘 맨발로 걷는다. 그는 풍족한 생활을 경멸하기 때문에 매마른 몸매를 가지고 있다."

크세노폰은 그의 「소크라테스에 대한 회고」에서 소크라테스의 외모를 이렇게 묘사하고 있다.

> "그는 미와 선의 합목적성은 동일하다고 늘 주장해 왔다. 그러나 그 자신은 이에 대한 아이러니이다. 그는 그와 접하는 모든 사람들을 선한 인간으로 도야하므로 가장 아름다운 자이다. 그런데 그의 툭 튀어나온 눈이며, 큰 콧구멍이며, 큰 입과 두툼한 입술이며, 납작한 코는 그의 아름다움하고는 거리가 멀다."

여기서 크세노폰이 열거하고 있는 추한 용모의 특징들은 실레노스의 얼굴들의 특징들이다. 크세노폰의 서술은 소크라테스가 죽은 후 상당한 세월이 흐른 후에 이루어졌다. 이때에는 이미 "추한, 그러나 현명한 실레노스 소크라테스"가 소크라테스의 용모에 관한 표현으로 널리 회자되고 있었다.

동시대인들은 소크라테스를 실레노스나 사튀로스와 비교하는 것은 다만 외모에서 그치지 않았다. 알키비아데스는 「향연」에서 소크라테스를 실레노스와 다음과 같이 비교하고 있다.[21)]

> "그는 석재 작업장에서 우리가 볼 수 있는 실레노스와 전적으로 닮았다. 석공들은 실레노스를 목동이 피리와 클라리넷을 입으로 불며 연주하는 모습으로 조각한다. 그러나 사람들이 실레노스를 양면으로 열어젖히면, 실레노스가 신들의 상을 안에 품고 있는 것이 나타난다. 이렇게 소크라테스는 추한 외모의 내면에 신적인 영혼을 감추고 있다. 또한 사튀로스의 일종인 마르쉬아스(Marsyas)가 음악으로 사람들을 홀리듯이, 소크라테스는 그의 말로 사람들을 매혹하며, 사튀로스가 짓궂은 장난으로 사람들을 골탕먹이듯이, 소크라테스도 '짓궂은 물음으로' 사람들을 골탕먹인다는 것이다."

<u>Q.</u> '사람은 겉만 보고 판단 할 수 없다'는 말을 소크라테스와 연관시켜 생각해 보자.

---

21) 실레노스(Silenus)는 술의 신 디오니소스의 동반자들로서 늙었고 추하지만, 대단히 현명하고, 술을 즐기며, 음악을 알고, 앞일을 예언하기도 하는 신화적인 존재이다. 사튀로스(Satyros)는 인간의 용모를 한 숲의 정령들로서, 말의 꼬리, 뾰족한 귀, 작은 뿔, 염소의 발을 가진 젊고 힘찬 남성으로 묘사되곤 하였다. 사튀로스의 성기는 대체로 초대형으로 발기한 모양으로 그려졌다.

(3) 전기 메기와 독사에 비교된 소크라테스

소크라테스는는 또한 전기 메기(Zitterrocher)나 독사(Natter)와 비교되었다. 여기에도 이중적인 의미가 내포되어 있다. 마치 전기 메기가 넓고 편편한 모양을 하고 있듯이, 소크라테스도 그런 얼굴을 하고 있으며, 전기 메기나 독사처럼 소크라테스도 평화롭게 있는 사람들에게 갑자기 달려들어 경악스러운 전기 자극이나 아픔을 준다.

> "나는 독사에게 물린 것과 같은 고통을 맛보았어요. 그것도 제일 아픈 곳을 물린 것 같았어요. 즉 심장을, 아니 마음을 물린 것 같았어요."

고대 그리스의 세계관이요, 교육의 이념인 미선성에 비추어 볼 때에 추악한 외모와 고상한 성품은 극단적인 대조를 이루고 있을 뿐만 아니라, 동시에 그리스의 정신이 수용하기로 어려운 문제이기도 하였다. 왜냐하면 미는 곧 선이지 않으면 안 되기 때문이다. 그런데 소크라테스의 경우에는 그렇지가 않다. 그의 외모로 비추어 보건대, 그의 성품은 좋지 않아야 한다. 그래서 소크라테스 자신도 이를 시인하였다. 그는 자신이 사실상 좋지 않은 바탕과 욕망을 내면에 가지고 있으나 다만 이를 이성으로 극복하려고 노력할 뿐이라고 하였다.

소크라테스가 죽은 후 처음에는 사람들이 철인 소크라테스의 조상을 실레노스의 얼굴로 조각했다. 그러나 세월이 흐르면서 탁월한 영혼과 정신의 소유자임을 보여주는 용모로 소크라테스의 조상이 점차로 바뀌어져 갔다. 실레노스의 특징들은 그의 용모에서 부드럽게 각색되거나 감춰지고, 오류를 가르고, 진리를 추구하며, 지혜를 사랑하는 철인의 품위가 풍기는 넓은 이마, 잘 다듬어져서 귀 뒤로 흘러내리는 머리털, 부드러운 선을 이룬 탐스러운 턱수염으로 표현되었다. 소크라테스의 조상에서 읽어낼 수 있는 것은, 의심하여 끊임없이 질문을 던지는, 이를 통하여 사람들을 매혹하는 카리스마이다.

<u>Q.</u> 소크라테스는 "자신이 사실상 좋지 않은 바탕과 욕망을 내면에 가지고 있으나 다만 이를 이성으로 극복하려고 노력할 뿐"이라고 말했다. 이 말의 의미를 생각해 보자.

Ⅱ. 교육의 철학으로 철학의 길을 열다

1. 철학의 영원한 모델이요 기초가 된 사람

종래의 철학이 인간과 직접적인 관련을 갖지 않은 상태에서 우주와 자연과 국가와 민족의 본질과 기원을 물어 들어갔던 철학하는 태도로부터 인간과 직접적인 관련 아래서 생활의 의미와 가치를 물어 들어가는 방향으로 철학하는 태도의 근본적인 전환이 요청되었다. 철학은 인식의 관심을 자연으로부터 인간으로 돌려서, "인간에게 있어서 참으로 선한 것이 도대체 무엇인가?"라고 하는 본래적으로 교육학적인 물음에 대한 해답을 과제로 삼게 되었다. 바로 이러한 철학을 삶의 형식으로 삼아서 살다가 갔으며, 이로써 이러한 철학의 영원한 모델이요 기초가 된 사람이 아테네의 석수 소크라테스이다.[22)]

소크라테스는 계몽과 철학의 영도자이다. 예거(W, Jaeger)에 의하면, 소크라테스는 어떤 도그마나 전통에도 매어있지 않은, 오로지 자기 자신의 양심에서 들려오는 내면적인 소리의 격언에만 귀를 기울인 윤리적 자유의 사도였다. 그러나 이러한 소크라테스에 대한 묘사들은 그가 중세 이후로 오늘에 이르기까지 서양의 정신사에서 차지하고 있는 의미를 밝혀 주기에는 너무나 부족하다. 소크라테스는 사실상 서양의 역사에서 문예부흥과 경건주의, 계몽주의, 그리고 인본주의를 거치면서 언제나 다시금 인간의 내면적 쇄신을 도모하는 모든 교육사상과 교육실천에 충격을 주어 왔으며, 독특한 상징적 힘으로 작용해왔다. 그래서 소크라테스는 진리의 근원적 힘을 찾아 헤매는 자, 자기 자신을 망각하고 낯선 영혼과 정신을 깨우치는 일에 전념하는 자, 또는 그저 경이롭게 지혜로운 사람이었다. 소크라테스는 그러한 사람으로서 교육의 철학을 하였으며, 이로서 철학의 길을 열었다. 그리하여 그는 소크라테스가 될 수 있었다.

<u>Q.</u> 소크라테스가 인류에게 준 선물은 무엇인가를 생각해 보자.

<u>**Note.**</u> 소크라테스가 살았던 시대는 우리가 살고 있는 현대와 여러 가지 면에서

---

22) 오인탁, 앞의 논문, 49-52쪽.

비교된다. 현재 우리가 겪고 있는 독재와 민주 사이에서 오는 정치적 갈등, 경제적 성장과 안정의 시작, 전쟁, 과학과 예술의 발전과 문화의 융성, 정부의 통치능력과 권위의 상실, 윤리도덕의 문란, 가치체계의 전도, 특히 급속한 기술과 공학의 발전으로 인해 전승되어 온 풍속을 비롯하여 가족제도와 사회의 내적 구조의 기초가 흔들리고 의문시 되며, 종교적 기반이 붕괴되고 수많은 사이비 내지 유사 종교들이 출현하는 등, 그 시대의 모습은 우리시대의 거울과 같다. 이러한 시대에 소크라테스는 철학을 했다. 철이 드는 학문(?)을 한 것이다.

2. 가장 의로운 사람

소크라테스는 대단히 용감하고 정신적으로 탁월한 사람이었다. 그는 죽는 것이 겁이 나서 정의에 위배되는 행위를 하는 인간이 아니었다. 그는 「변명」에서 "나에게 있어서 죽음이라 할지라도 아무렇지도 않으며, 극악무도나 불의는 단연코 하지 않는 것이 무엇보다도 나의 최대의 관심사"라고 말하고 있다. 그래서 플라톤은 그를 "이 시대의 가장 의로운 사람"이라고 불렀다. 그가 399년에 신성을 모독하였으며 청소년을 오도하였다는 죄목으로 사형판결을 받았을 때, 그는 다음과 같은 유명한 말을 남기고 독배를 마시고 죽었다.

> "지금 이 순간뿐만 아니라 일생을 통해서 나는 잘 음미한 다음 최상이라고 납득된 '로고스' 이외에는 아무 것도 추종하지 않는 것을 나의 신조로 삼아 왔다."

아테네의 거리를 배회하면서 똑똑한 젊은이들은 만날 때마다 그들에게 기묘한 질문을 던져서 그들의 영혼을 동요시키곤 했던 소크라테스, 그는 고독한 산책을 즐기고 누구하고나 대화하기를 즐기는 사람으로서, 평생동안 아무 것도 쓰지 않았으며 어떤 이론도 조직하지 않았다. 그러나 그를 정점으로 해서 이후의 그리스와 전 세계의 모든 철학의 시작이 되었다. 그는 어떤 형태로도 포착되지 않는 나날을 살았다. 그는 사실상 '장소없이' 살았다. 이런 의미에서 그는 유토피아적 인간이었다. 그는 자기 자신의 고유한 실존 속에 깊이 잠겨 있었기 때문에 언제나 낯선 사람이었다. 그는 실현 불가능한, 동시대인에게 이해 불가능한 세계 개선의 철학에 매달려 있었고 이를 선포한 사람이었다.

Q. 죽는 것이 겁이 나서 정의에 위배되는 행위를 하지 않은 인간이었던 소크라테스를 우리 역사상의 인물들과 비교해서 생각해 보자.

3. 교육을 생활로 실천한 최초의 선생

소피스트들은 가르침을 직업으로 삼은 최초의 무리들이었다. 이에 반하여 소크라테스는 가르침을 개인적인 소명으로 인식하고, 자신의 소명에 깊이 침잠하여 살았던, 그래서 교육을 생활로 실천한 최초의 교사였다. 인간을 시험하고, 경고하고, 바른 생활과 고유한 윤리적 쇄신에로 인도하는 일을 하라고 신이 그에게 명령했다고 그는 생각하였다.

소크라테스에게 교육은 국가의 일이나 법률의 기능이 아니었다. 그렇다고 해서 교육이 어떤 개인적 권위나 영향력 행사에 의하여 일어나는 차원의 현상도 아니었다. 교육은 인간에 대한 봉사요, 신에 대한 예배이다. 그래서 그는 바로 교육을 그의 실존의 직접적 조건으로 삼았다. 소크라테스는 민족을 교육하기 위해서 보내졌다고 생각했다. 인간의 몰락을 나락에서 건져내고, 영원한 가치들에 눈을 뜨게 하며, 자신의 고유한 의미있는 삶을 실현하게 함이 교육이다. 잠자는 영혼을 깨우고 각성하는 일이 교육이고, 영혼의 치유와 구원이 교육이다.

소크라테스에게 교육의 목적은 소피스트들에 있어서처럼 어떤 형식으로든지 유용한 시민으로서의 자질을 부여하는 일이 아니라, 인격으로서의 인간의 핵심을 노리고 있으면서 자아의 실현을 도모하는 일이었다.

Q. 소크라테스에 있어 교육의 의미를 오늘날의 교육에 비추어 생각해 보자.

4. 영혼을 위한 염려로서의 교육

소크라테스의 교육이 당시의 젊은이들을 어느 정도 사로잡았으며 그들에게 영향을 주었는가를 우리는 알키비아데스의 다음과 같은 고백을 통해 생생하게 알 수 있다.[23)]

---

23) 오인탁, 앞의 논문, 52-55쪽.

"선생님의 말을 들을 때에, 우리는 그만 압도되고, 정신이 사로잡히게 됩니다. 이 분의 말을 들을 때 내 심장은 미친 듯 격렬하게 춤추며, 눈물은 내 눈에서 마구 쏟아져 흐릅니다. 페리클레스나 그 밖의 뛰어난 웅변가들의 연설을 들었을 때, 나는 그들이 훌륭한 연설가라고는 생각했습니다마는, 지금 말한 바와 같이 느낀 적은 한 번도 없으며, 또 내 마음이 뒤흔들리거나 노예가 된 때와 같이 초조하게 된 적도 없습니다. 그런데 여기 있는 이 선생님은 번번이 나를 그런 상태에 빠지게 했습니다. 나는 다른 어떤 사람 앞에서도 부끄러워할 줄을 모르지만 다만 이 분 앞에서만은 부끄러움을 느낍니다."

소크라테스는 아테네의 민주주의가 붕괴되면서 기존의 가치들이 흔들리고 있을 때에, 이러한 가치 위기에 직면하여 교육의 위엄과 절대적 성격을 주장하였다. 소피스트들은 공동체를 정신적으로 묶어주는 끈이요, 인간의 참된 생활과 행위를 가능하게 해주는 규범들의 원천인 로고스를 지식의 소유자들의 손에 쥐어져 있는 인간 조정의 합리적 도구로 만들었다. 이렇게 함으로써 그들은 동시대의 교육의 대표자들이 되었다. 여러 가지로 상이하고 다양한 쓸모 있는 지식들의 교육을 강조한 소피스트들의 교육은 인간을 임의적인 목적들에 따라 행동할 수 있는 능력에로 무장시켰으며 그렇게 행동하는 인간들을 길러냈다.

소피스트들은 돈을 받고 지식을 팔았다. 소피스트적 교육 경영을 소크라테스는 날카롭게 비판하였다. 돈을 받고 교육하는 일은 도덕적으로 타락한 결과일 뿐만 아니라 말도 안 되는 일이었기 때문이다. 그에 의하면 지식은 물질이 아니기 때문에 결코 상품처럼 매매되어서는 안 된다. 지식은 힘이다. 지식은 소유 과정에서 필연적으로 인간 개개인의 고유한 자아의 한 부분이 되기 때문에 영혼에 이롭거나 해로울 수가 있다. 소크라테스는 교육의 본질에 대한 깊은 이해를 하고 있었다.

서양 교육의 역사는 인간의 내면세계에 대한 인식의 과정이었으며, 개개인의 고유한 정신과 능력을 내면세계로부터 실현하기 위하여 개개인으로 하여금 자신을 억제하고 있는 외부의 굴레로부터 자유롭게 하는 일의 역사였다. 이러한 교육의 역사에서 확인되는 교육정신은 소크라테스로부터 시작되고 있다. 인간 개개인이 자신의 삶을 스스로 책임지게 하는 교육이 그에게서는 인간의 내면에서 잠자고 있는 영혼을 독사처럼 물어서 일깨우는 대화의 형식으로 나타난다. 그와 같은 교육의 중심을 이루고 있는 것이 '반어', '대화술', 그리고 '산파술'이다.

<u>Q.</u> 1944년 미국의 교육학자 와일즈(E. Wilds)는 "만약 소크라테스의 방법만이라도 그가 죽은 후에 계속해서 교육자들에 의해서 계승되었다면, 전 세계의 역사와 문화에 엄청난 변화를 초래하는 교육의 효과가 있었을 것이다"라는 말을 했다. 교육자로서 소크라테스의 위대함에 대하여 생각해 보자.

Ⅲ. 소크라테스식 대화법

1. 교수자의 역할: 대화하라

교수자는 중요하고 가치 있는 것들의 단순한 전달자가 아니다. 교수자는 대화를 이끌어 가면서 학생들이 계속해서 의구심을 갖고 성찰하면서 학습자 내부의 관점에 의해 행동하고 판단하는 존재로 변화할 수 있도록 도와주는 도우미의 역할을 하는 자이다. 교수자는 학습자들에게 체험과 지식이 놓여져 있는 생활세계와 연관된 내용을 다루면서 일상적인 생활이 교육과 분리되지 않도록 하여야 한다.

소크라테스의 대화법은 개인들의 일상생활과 주관적인 특성을 고려한 학습자 중심적인 교육의 방법이다. 소크라테스적 방법은 학습자들이 새로운 생각을 이끌어내기보다는 학습자의 잘못된 관념을 제거하여 무지를 자각하도록 하기 때문에, 소크라테스의 대화법은 '문제 해결'이 아니라 새로운 '문제 발견'의 과정으로 이해될 수 있다.

"소크라테스의 대화술이 지닌 특징은 첫째, 자연히 주어진 기회이거나 아니면 일부러라도 옷이나 신발을 수선하는 일터로 찾아가서 그들과 얘기를 나눔으로써, 각자가 자기의 의무를 되새겨 보도록 하는 데 있다. 이런 방식으로 그는 구둣방, 대장간, 소피스트, 정치가 등 남녀노소를 막론하고 모든 부류의 시민들과 어울리면서, 그들의 관심사를 함께 논의하였다. 여기에는 가정사에 관한 것, 아이의 교육문제 혹은 지식과 진리 등에 관한 문제도 포함 되었는데, 하여간 그는 사정이 허락하는 한 화젯거리가 될 만한 것을 이끌어 낸 다음, 특정한 사례에서 출발하여 일반적인 것에 대해 사유하도록 유도함으로써 누구나다 독자적인 사유와 그때그때 올바른 것에 대한 신념이나 의식을 – 즉 절대적으로 타당한 진리나 미와 같은 보편적인 의식을 – 지니도록 북돋아 주려고 하였다(헤겔, 1996)."

소크라테스의 교육방법은 일상생활을 중심으로 학습자와 교수자가 수평적인 관계에서 함께 진리탐구를 하고 있음을 전제로 한다. 그 다음 학습자가 스스로 필요성을 깨닫고 자주적으로 배우고자 하는 욕구를 절감하게 하여 자발적인 학습활동으로 발전해 나간다. 따라서 교수자들은 교육을 통해 학습자들이 '계속해서 배우려는 열망'하는 태도를 갖도록 장려해야 한다. 일상생활에서 계속 배우고자 하는 욕구가 학습자들이 삶의 과정에서 부딪히는 문제를 탐구하고 해결할 수 있는 능력을 유지하는 것과 바로 연결되기 때문이다. 소크라테스의 대화법은 학습자들이 배운 것을 삶에 적용하면서 현재의 삶을 구성하는 경험과 미래의 경험으로부터 스스로 의미를 발견해 가는 계속적인 성장에 기여할 수 있다.

Q. 대화와 관련하여 다음을 생각해 보자.

(1) "대화는 인간 존재와 다른 동물들을, 문명인과 야만인을 구분하는 기준이 된다."(마이클 오크숏, 1901-1990)

Note. 대화의 기원을 보면 이렇다. 세계 최초의 기록이라고 할 수 있는 기원전 3000년경 쐐기문자를 점토판에 새긴 고대 수메르의 문서에도 대화체의 시가 보인다. 등장인물 두 사람이 계절과 동물, 식물, 금속들과 도구들을 서로 대비하면서 어느 것이 인간에게 더 유익한지를 논하는 내용이다. 그보다 조금 뒤인 바빌로니아 시대에 나온 대화체 시에는 "바보도 앞서 있고, 건달들도 운세가 터지기 시작하는데, 나만 남보다 뒤쳐져 있다"며 인생의 불공평을 불평하는 사람과 "신이 정한 길은 인간이 이해할 수 없다"며 그의 말을 반박하는 친구 간의 대화가 등장한다.

기원전 4세기에 나온 플라톤의 「향연」은 전부 대화체로 씌어져 있다. 그 시대 그리스 문장에서는 대화체가 주류였다. 민주주의를 도입한 아테네 사람들은 대화가 사생활의 기초였다. 소크라테스는 대화의 달인이었다. 그 시절부터 대화의 수준은 곧 사고의 성숙도를 반영하는 척도로 통했던 것이다.[24)]

(2) 대화의 역사는 소통의 역사인가?

<u>Note.</u> 대화의 역사가 곧 인간의 역사이다. 그 변천사가 인류 문명의 발달사라고 할 수 있다. 이는 곧 인간 소통의 역사이기도 하다. 18세기부터 영국 옥스퍼드 영어사전은 대화(conversion)를 "말을 통한 정보·아이디어 등의 비공식적 교환: 그것을 할 수 있는 능력 혹은 숙달"로 정의했다. 동양적 개념으로 보면, 다른 사람과 서로 생각을 나누고, 통한다는 것을 말한다. 대화는 단순하게 말과 의견이 오가고 그치는 게 아니다. 인간에 대한 이해와 사물에 대한 식견의 깊이와 풍미를 더해준다. 문명의 원천인 것이다.

(3) "대학에 다닌 적도 없는 일개 기계공이던 내가 클럽에 다니면서 즐거운 대화를 통해 처음으로 문학과 종교에 관심을 두게 됐다." 이 말은 증기기관을 발명한 기계공 제임스 와트의 말이다. 18세기의 영국인들은 대화의 기술을 갈고 닦으면서 '제국'을 세우고 이끌어가는 문화적 국력을 길렀다고 한다. 와트의 말을 우리 현실에 비추어 생각해 보자.

<u>Note.</u> 와트에게 대화는 대학보다 더욱 유익한 교육의 장이었던 것이다. 클럽은 사회 구성원의 교양과 품격을 높여주고 정보를 나누는, 그야말로 '의사소통의 마당이었다. 당시 영국인에게 대화의 장은 커피하우스와 클럽이었다. 이 두 종류의 공간은 프랑스의 살롱과 마찬가지로 대화와 사교의 장이자 문화의 산실이었다. 먹고 마시기도 하면서 이루어지는 대화는 격식을 따지지 않고 거리낌 없었다. 모인 사람들은 먹고 마시는 일은 기본으로 했지만, "활동의 중심은 대화였다"라는 것이 당시 지식인들의 증언이다. 이들 장소는 대화를 통해 사회적 지성과 교양을 기르는 인큐베이터 노릇을 한 것이다.

---

24) 채인택, "말할 줄 안다고 대화할 수 있는 것은 아니다," 본질과 현상 제7호(2007), 295-301쪽.

(4) 대화와 민주주의의 관계에 대해 생각해 보자.

Note. 대화는 민주주의와 떼려야 뗄 수 없는 관계다. 고대 그리스의 민주국가 아테네는 대화로 유명했지만, 군주국가 스파르타는 반대로 과묵하기 이를 데 없었다. 스파르타를 둘러싸고 있는 라코니아라는 지명에서 '간결한, 간명한, 불필요한 말을 하지 않는'이란 뜻의 '라코닉(laconic)이 생겼을 정도이다. 그런 스파르타를 20세기 들어 나치 같은 전체주의 집단이 정치적 안정을 이유로 찬양했다. 이렇듯 대화는 민주주의의 친구이고 전체주의의 적이다.

(5) 아프가니스탄의 급진 이슬람 정권이던 탈레반 지하의 삶을 그린 영화 「오사마」를 보면 그곳에는 대화가 존재하지 않는다. 대화는 위험한 일로 간주된다. 주민들은 종교적 권위자의 명령을 아무 생각 없이 따르기만 하도록 종용받는다. 사실 멀리서 찾을 일도 아니다. 우리 주변에 이러한 일을 발견할 수 있지 않은가? 그 예를 들어 보자.

(6) F. 스코츠 피츠제럴드의 소설 「위대한 개츠비」에 나오는 주인공 개츠비는 과묵 그 자체다. 사랑하는 여인에게 평생 제대로 고백하지 못하고, 자신의 정체에 대해서도 거짓말 몇 마디가 전부다. 그의 대화는 몇 문장으로 제한된다. 터프 가이 존 웨인이 맡은 '서부의 사나이'는 항상 말수가 적다. 이에 관해 미국의 대화 문화에 대해 생각해 보자.

Note. 미국 문화에서 말은 곧 경솔로 통하는 경향을 엿볼 수 있다. 1950년대까지 미국 남자들은 대화에서 남을 즐겁게 만들지 않는 터프 가이들을 존경했다. 게다가 1960년대 저항문화의 부상으로 미국의 수많은 젊은이가 말 잘하는 사람을 정치적으로 의심하기에 이르렀다, 가뜩이나 인생의 발전에만 사로잡힌 대화보다는 실질을 중시하던 젊은이들이 급기야 대화의 적이 된 것이다.

(7) "사람들은 말로 남을 설득하는 데 실패할 경우, 자신을 추스르지 않고 예의 없이 화를 냄으로써 자신의 허약함과 취약성을 한꺼번에 노출한다."(몽테뉴).

Note. 자기중심적이 되어 남과 대화로 의사소통을 시도하는 대신 엇갈리는 독백만 남발하는 사람들이 여기저기서 보인다. 대화 대신 말싸움만 하는 경우도 많다. 고대 그리스의 플루타르크는 “포도주를 곁들인 대화는 웃음과 농담과 노래를 낳지만, 분노의 결과는 쓰디쓴 원한뿐이다”라는 말로 엇박자 말싸움을 경계했다. TV를 보면 “내 의견은 이런데, 여기에 무슨 문제가 있느냐”는 식으로 다른 사람과 대립하지 못해 안달하는 여론장사꾼들이 자주 보인다. 사람들은 그에게 혀를 찬다. 공손이 결여된 세상이라는 것이다. 하지만 정작 당사자는 말싸움에서 이기든지, 화면에 얼굴을 자주 비치고 자극적인 말로 강한 인상만 남기면 그만이다. 그야말로 목소리만 남고 대화는 사라지는 저급 문화가 아닐 수 없다. 대화란 사회적 상호작용인데, 이를 거부하는 것은 대화를 포기한 것에 다름 아니다. 분노를 활활 불태우며 대화 대신 분노를 표출하는 정치인은 대화문화를 해치는 대표선수들이다.

(8) 컴퓨터, 아이팟, 스마트폰 같은 전자기기들을 이용하는 것은 대화인가?

Note. 대화를 포기하는 것이다. 메신저나 이메일, 휴대전화 같은 전자 도구도 대화인 것 같지만 서로 숨결을 느끼며 표정과 손짓을 빤히 보며 나누는 대화와는 비교할 수 없다. 이런 장비는 대화 회피 장비가 아닐까 한다. 전자 대화보다는 얼굴을 맞댄 진짜 대화를 할 필요가 있다. 원활한 대화를 위한 필수조건으로 공손함과 경청, 그리고 유머가 필요하다. 인간 소통의 전제이기도 할 것이다. 이 말을 귀담아 들어야 할 사람이 어디 한둘이랴.

2. 교육적 의미: 열린 질문

(1) 토론과정의 중요함

소크라테스식 대화법은 소크라테스 자신의 무지의 고백으로 시작되어, 자신과 상대방 사이에 질문과 답변이 반복되는 일렌쿠스(elenchus)를 통해 상대방이 자신의 무지를 자각하지만, 뚜렷한 결론을 얻지 못하는 무결론의 결말에 이르게 되며, 대화 상대방이 무지를 깨닫도록 하는데 목적을 둔다. 이 대화법이 교육방법론으로 적합한 것은 그것이 특수한 결론의 추구보다는 토론 과정을 중시하기 때문이다. 대화법의 이러한 성격은 대화법의 두 번째 단계인 일렌쿠스에 잘 나타나 있다. 일렌쿠스의 목적은 다음의 세 가지로 구분된다. 첫째, 무지한 사람을 자신이 안다고 생각하는 오류의 상태에서 자신이 알고 있지 못하다는 것을 깨달은 상태로 전환시키는 것이다. 둘째, 지식의 주입을 목적으로 하지 않는다. 그것은 본질적인 활동으로서 인간 내부에 존재하는 지식에 이르는 장애를 제거하는 것이다. 셋째, 인간으로 하여금 자신의 무지를 깨닫게 해서 더 나은 사람이 되도록 하는 것이다.25)

(2) 대화방법

첫째, 학습의 출발점으로서의 무지의 자각을 유도한다. 무지의 자각은 '문제 해결'이 아니라 새로운 '문제 발견'의 과정이다. 둘째, 동료들의 학습 욕구를 고취시킨다. 자신과 대화 상대방 사이의 일렌쿠스는 주위 사람들에게 즐거움을 줄 뿐만 아니라, 모방 욕구를 자극하기도 한다. 이는 그들의 호기심을 자극해 학습 욕구를 고취시킨다. 즉 교육에서의 교수자와 학습자 상호 간의 대화는 공동체 구성원들의 학습 욕구를 고취시킬 것이다. 셋째, 지적 파괴를 통해 지적·도덕적 성장을 자극할 것이다. 소크라테스와의 대화를 통해 자신의 신념이 유지될 수 없음을 확신한 대화 상대방은 그럴 듯 하고, 내적으로 일관된 자신의 신념을 재발견하기 위해 자신의 신념을 수정하도록 유도됨을 느끼게 된다. 이러한 노력이 성공하면, 새로운 혼란을 야기시킬 소크라테스와 만나게 될 것이다. 의도적인 이런 과정을 통해 소크라테스의 일렌쿠스는 대화 상대방의 지적 겸손을 불러일으킬 것이며, 상대방의 지적·도덕적 성장을 가능하게 할 것이다. 넷째, 소크라테스식 대화는 정해진 답을 찾는 '답의 확인'이 아니라 학습자에게 친숙한 내용을 토대로 별도로 답이 정해져 있지 않은, 즉 수많은 답의 가능성이 존재하는 '열린 질문'을 핵심으로 한다. 교수자의 '열린 질문'에 대한 학습자의 답이 이어지고, 그 답에 적절한 또 다른 열린 질문, 이와 같은 질문과 답이 계속되는 교수-학습상황이 소크라테스식 대화의 모습이다.

---

25) 김회용, "어린이 철학 교육의 방법론 및 도덕교육에의 활동," 초등교육연구 제15집 제2호 (2002), 92-93쪽.

3. 어부와 미국인 사업가 이야기

(1) 문제의 제기

우리는 문제가 생기면 그 물음 자체를 스스로 생각하기 보다는 전문가를 찾게 된다(칸트의 계몽이 필요한 미성숙의 정신 상태). 우리는 스스로 자신의 체계적인 생각하기로 들어서지 않고, 학문적으로 배운 전문가들에게 더 많은 것을 기대한다. 그래서 문제가 생기면 재빨리 전문가들에게 의견을 묻고 그들에게 책임을 돌린다. 교육 현장에서도 그렇다. 대부분의 아이들은 스스로 문제해결을 위해 노력하지 않고 선생의 일방적인 가르침을 받아들인다. 그런데 아이들이 '다른 사람이 이미 찾았고, 찾지 못했다 해도 그들이 더 잘 찾을 수 있다'는 생각을 가지고 스스로 문제를 해결하려는 노력을 하게 되면, 학생과 함께 문제를 해결하는 데는 파괴적인 영향을 발휘한다. 문제를 해결하는 지식은 내부에서 나와야 한다. 정확히 바로 이것을 소크라테스는 생각한 것이다.[26)]

<u>Q.</u> "문제 해결의 능력은 자신 내부에서 나와야 한다. 외부의 전문가는 조언자일 뿐이다"라는 말의 의미와 관련해 다음을 생각해 보자.

(1) 내 능력은 무엇인가? 나는 어떤 방식으로 그 능력을 옳게 사용하는가? 우리는 어떤 목표를 가질 것인가? 우리는 동료들과 어떻게 지낼 것인가? 지도자 그룹을 어떻게 키울 것인가? 갈등은 어떻게 해결할 것인가? 어떤 지배구조가 우리에게 가장 좋은가?

<u>Note.</u> 전문가들은 이러한 의문에 대해 가능한 모든 것을 열거한다. 그러나 결국에는 이 문제에 대해 자신이 대답해야 한다. 이 물음들 중에서 어떤 물음은 외부의 도움을 받을 수도 있을 것이다. 그러나 문제를 해결하기에는 충분치 않다. 문제를 제대로 해결하기 위해 대부분 이론적 지식이 우리의 구체적이고 실천적인 경우에 적용되어야 한다. 그것이 가능하려면 우리 자신의 고유한 반성과 연구가 결정적인 역할을 맡아야 한다. 이것이 오래된 문제인 이론과 지식의 관계이다. 필요한 지식에 다가가기 위해서 경험을 제외하고는 근본적인 숙고, 논증적인 심사숙고 그리고 공동의 탐구이다.

---

26) 박해용, "어린이와 함께 철학하기," 철학윤리교육연구 제37집(2006), 26-27, 32쪽.

(2) 나는 오랫동안 담배를 피웠다. 물론 담배를 피우는 것은 내게 매우 나쁘다는 것을 알고 있다. 흡연이 나쁘다는 이 지식은 나의 행동에 아무런 영향을 주지 못했다. 적어도 어느 특정한 순간에 금연을 해야겠다고 확신하기 전까지는. 바로 확신을 갖는 순간에 내 지식은 효력을 갖는다. 이것은 흔히 찾아볼 수 있는 문제이다. 무엇이 옳은지 알고 있는 사람이 꼭 그에 따라서 행동하는 것은 아니다. 아는 것 따로, 행동하는 것 따로이다. 나는 알아야 할 것을 정말 알고 있는가?

Note. 외부의 지식에 의해 풀 수 없는 또 다른 문제는 우리가 소유하고 있다고 믿는 지식이 별로 효과가 없다는 사실이다. 이 문제는 위에서 언급한 현상과 밀접한 관계에 있다. 우리는 지식을 흔히 외부적인 것으로 혹은 생각들의 수집으로 혹은 책 속의 현명함이라고 생각한다. 이제 우리는 지식이 가진 개념적 구조를 분명히 보아야 한다. 지식은 우리의 고유한 행동과 우리의 생각과 그리고 우리의 전체 인격과 밀접한 관계를 맺어야만 한다. 우리는 사람이 알고 있는 것과 그 사람의 됨됨이를 따로 떼어 생각하는 경향을 가지고 있다. 그래서 우리가 알고 있는 많은 지식이 전혀 효력 없이 산적해 있는 것은 놀라운 일이 아니다. 죽은 지식들은 우리의 머릿속에서만 맴돌고, 행동 속으로 융화되지 않는다. 우리가 이러한 거짓 지식으로부터 벗어나 실제로 알고 있는 것을 확실하게 할 때, 우리의 지식은 효력을 발휘하게 된다. 이 일은 우리 스스로가 아니면 다른 누구도 할 수 없는 일이다. 우리 스스로 일을 해야 한다. 이를 위해 우리는 개인이든 그룹이든 스스로 깊이 생각하고, 스스로 논증을 찾고, 자신의 고유한 지식을 검토해야 한다.

(2) 지혜로운 어부: 나는 무엇을 희망할 수 있을까

동화이야기: 멕시코에서 휴일을 보내던 한 미국인 사업가가 작은 해변 마을의 방파제에 서 있었다. 그때 어부 한 사람이 탄 아주 작은 배가 가까이 왔다. 배 안에는 아주 싱싱해 보이는 커다란 참치 몇 마리가 있었다. 그 미국인은 멕시코 어부에게 물고기가 크고 멋지다고 칭찬을 하며 그 물고기들을 잡는데 얼마나 시간이 걸렸는지 물었다.

"그리 오래 걸리지는 않았어요. 내 배로 그냥 몇 시간 정도 바다에 나가 있었죠."

약간 당황한 미국인은 다시 물었다.

"당신은 훌륭한 어부군요. 그리고 이 물고기들은 아주 싱싱해 보여요. 그렇다면 왜 바다에 더 오래 있으면서 더 많이 잡지 않았죠? 시간이 많이 남을 텐데 그 시간에는 무엇을 하세요?"

"나는 원하는 것은 무엇이든 할 수 있어요. 아이들과 함께 놀기도 하고 아내와 함께 낮잠을 즐기거나 매일 저녁에 마을로 나가 친구들과 술 한잔을 마시며 기타를 연주하죠. 나는 완전히 자유롭게 보람찬 삶을 살고 있어요."

"아, 지금은 그렇게 생각할지 모르죠."

미국인은 약간 비웃으면서 명함을 꺼냈다.

"저는 하버드 비즈니스 스쿨 졸업생입니다. 당신을 도울 수 있어요. 내 생각에 당신은 매일 물고기를 잡는 데 더 많은 시간을 보내야 합니다. 당신이 잡는 물고기 양에 따라 더 큰 배를 구입할 수 있습니다. 얼마 더 지나서는 그 배를 팔고 배를 열 척 살 수 있죠. 그리고 마침내 당신은 선단을 꾸릴 수 있을 것입니다. 그러면 물론 더 많은 어부를 고용해야 합니다만, 걱정 마세요. 어부들을 고용할 때 도움을 줄 적당한 사람을 알고 있습니다. 물론 당신은 이 마을을 떠나서 멕시코시티로 가야 합니다. 시장에서 당신의 가치를 높여야죠. 이해가 되나요? 거기서 당신은 아마도 로스엔젤레스로 이사할 것이고 결국에는 뉴욕으로 갈 것입니다. 뉴욕에서 당신은 성공적으로 사업을 관리하고 확장할 수 있을 것입니다."

미국인은 숨이 차서 말을 멈추었다. 그리고 어부가 그의 충고에 완전히 찬성하기를 기다렸다.

"그런데 이 모든 것이 얼마나 걸리겠습니까?

어부는 곰곰이 생각하며 되물었습니다. 미국인은 전자계산기를 꺼내 들고 메모지에 적으면서 계산을 했다.

"음, 15년에서 20년 정도 걸릴 것 같군요.

"그러면 그 이후에는 어떡합니까?"

미국인은 웃으면서 말했다.

"매우 중요한 질문입니다. 시기가 적절할 때 언제든지 조언을 해드릴 수 있습니다만, 당신은 증권시장에 회사를 상장할 수 있고, 그러면 굉장한 부자가 될 수 있습니다. 수백만 달러를 벌 수 있는 거죠."

"수백만 달러요? 그렇다면 그 이후엔 뭘 하죠?"

"글쎄요. 결국 당신은 은퇴해서 당신과 가족이 정말로 원하는 생활을 선택할 수 있겠죠. 예를 들어 작은 해변 마을로 이사 갈 수도 있습니다. 완전히 자유롭게 원하는 것은 무엇이든 할 수 있죠. 아이들과 장난치거나 부인과 낮잠을 즐기고 매일 밤에 마을로 가서 친구들과 함께 술 한 잔을 기울이며 기타를 연주하고...... 당신은 완전히 자유롭고 보람찬 생활을 할 수 있습니다."

그 어부는 잠깐 생각에 잠겼다.

"조언해줘서 고맙소. 그러나 15년 후에 누릴 수 있는 일을 나는 지금 이렇게 잘 누리며 살고 있소."

Q. 다음을 생각해 보자.

(1) 왜 미국인은 어부에게 더 많은 고기를 잡아야 한다고 말했는가?

(2) 어부가 더 많은 고기를 잡기 위해서는 어떻게 해야 하는가?

(3) 미국인의 말대로 15년 동안 열심히 일해서 하게 되는 생활과 어부가 지금하고 있는 생활은 어떤 차이가 있는가?

제 3 절 서구 관념왕국의 창시자: 플라톤

Ⅰ. 소크라테스와 플라톤

1. 소크라테스의 제자

서양 정치사상의 원천은 순수하고 조직적인 형태에 있어서는 역시 고대 그리스에서 발견된다. 최초로 정치사상가임을 공언한 사람들은 기원전 5세기(400 B.C)경 그리스 아테네에서 번성한 소피스트들이었다. 그들은 정치적 권위의 기초를 힘에 두어, 법률을 우월한 힘의 단순한 표현으로 보았고, 권력과 정의(justice)를 동일시하였다. 그들은 개인주의적이고 주관주의적인 입장에서 전통적인 권위와 인습적 도덕과 종교를 대담하게 비판하고, 인본주의적 입장에서 자유와 자아실현을 위한 개인의 권리를 주장하는 반면에 애국주의와 국민의 의무를 거부하였다.[27)]

그러한 시사적인 이념들을 명확한 철학으로 전환시킨 대표적인 사람은 아테네의 위대한 철학자 소크라테스(470-399 B.C)였다. 그는 당시의 정치적, 사회윤리적 무정부 상태에 영향을 받아, 노련한 변증법으로서 소피스트들의 논리적 오류를 지적하고, 이론적 허위성을 폭로하였다. 그는 간접적으로 소피스트들의 교설에 대조시켜, 인간은 본래 사회적 존재이고, 국가는 필연적인 소망의 결과이며, 법은 신성하고, 정의의 기본원칙을 발견될 수 있으며, 힘은 영원한 정의에 복종해야 한다고 주장하였다. 또한 그는 사회는 개인보다 중요하며, 정치는 그 사회에서 가장 현명한 최선의 봉사를 요구하는 공적 의무라는 것을 교시하였다. 그는 옛 자연철학의 합리적 전통을 그의 인본주의에 도입하여, '도덕은 지식이다(Virtue is knowledge)라고 하는 신념을 가졌다.

그러나 소크라테스는 자신의 저술을 하나도 남기지 않았으며, 그의 관념은 그의 제자인 플라톤(Platon, 427-347 B.C)의 대화록에 전승되었을 뿐이다. 플라톤은 서양 정치이론의 창설자였으며, 가장 위대한 정치사상가의 한 사람이라는 데 전반적으로 의견이 일치되어 있다. 그는 사회학자인 동시에 자연과학자이며 우주론자였다. 소크라테스의 죽음 이후 그리스에서는 지적 무정부상태와 정치적 쇠퇴가 계속되었다. 사회정의와 윤리와 법률은 소피스트들의 회의주의로 말미암아 혼돈되었고, 당쟁은 동요상태에 있는 민주정치를 분열시켰다. 소피스트들에 뒤이어 나타난 견유학파(Cynics)는 공공연한 반사회철학을 가르쳤다. 그들은 덕망 있는 사람에게 정치적 생활 및 사회적 생존의 인위성을 버리도록 권고하였다.

플라톤은 소크라테스의 사상을 발전적으로 계승 조직화하는 한편, 반소피스트적인 측면을 더욱 철저히 강화하여 이념(idea)의 세계를 구축하였다. 그런데 플라톤의 사상을 논할 때, 그의 「대화편」이 플라톤의 견해인가 혹은 그의

27) 이환구, "플라톤의 정의에 관한 연구," 현대이념연구 제10호(1995), 98-99쪽.

스승인 소크라테스의 견해인가 하는 문제는 아직도 해결되지 못한 논쟁의 대상이다. 플라톤의 정치사상은 매우 광범위하지만 그의 핵심적 주제는 정의에 관한 것이다.

Q. 조국을 끝없이 사랑한 소크라테스가 정적에 의해 처형을 당하는 비극적 현실을 오늘에 비추어 생각해 보자.

2. 생애와 작품

(1) 성장 환경: 플라톤은 기원전 427년 11월 그리스 문화의 중심지이며 도시국가였던 아테네의 명문가정에서 태어났다. 그는 처음에는 할아버지의 이름을 따서 아리스토클레스(Aristokles)라고 불리었으나, 후에 그리스어로 '넓은 것'을 의미하는 플라톤으로 개명되었다. 그의 부모는 모두 최고의 귀족가문 출신이어서, 아버지 아리스톤(Ariston)은 아테네 최후의 왕 코드루스(Codrus)의 자손이었으며, 어머니 페릭티오네(Perictione)는 아테네 민주제의 기초를 닦은 입법가 솔론(Solon, 640-599 B.C.)의 혈족인 드로피데스(Dropides)의 후손이었다. 아버지는 플라톤이 어렸을 때 사망하였고, 어머니는 숙부와 재혼하였다. 플라톤에게는 두 명의 형과 한 명의 여동생이 있었다. 플라톤은 펠로폰네소스 전쟁(431-404, B.C.) 중에 출생, 성장하여 청년이 되었다. 펠로폰네소스 전쟁은 단순히 강대한 두 도시국가인 아테네와 스파르타 사이의 이념적인 충돌이기도 하였다. 플라톤은 세 번 전쟁터에 나갔다고 전해진다. 마침내 전쟁은 스파르타의 승리로 끝났다.[28)]

스파르타 왕 리시스트라투스(Lysistratus)는 기원전 404년에 아테네를 점령한 후, 소수파의 부유한 아테네 시민으로 구성된 '30인의 독재정권'이라는 괴뢰정부를 수립하였다. 플라톤의 외숙부 크리티아스(Critias, 460-403, B.C.)와 카르미데스(Charmides, 450-403, B.C.)는 참주로서 그 독재정권의 지도자였다. '30인의 독재정권'은 8개월의 공포정치 동안 그들에 반대하는 수많은 아테네인들을 무자비하게 살해하고 탄압하였다.

28) 이환구, 앞의 논문(1995), 99-102쪽.

그러나 403년 플라톤이 24세 때 국외로 도피하였던 트라시불루스(Thrasybulus)와 아니투스(Anytus) 등이 이끄는 70인의 민주파는 국내세력과 합세하여 크리티아스의 독재정권과 스파르타 주둔군을 공격함으로써, 이 전쟁에서 크리티아스는 살해되었고, 결국 민주제가 부활되었다. 이 혼란기에 회복된 민주정부 아래 소크라테스는 아테네의 패배와 '30인의 독재정권'에 책임이 있는 알키비아데스(Alcibiades), 크리티아스, 카르미데스를 부패시킨 혐의로 제소되었다. 그리하여 기원전 399년 3월 소크라테스는 그의 변명과 비난에도 불구하고 '국가의 신들을 부인하고 청년들을 부패시켰다'는 죄목으로 독배를 들이마시고 처형되었다.

Q. 아테네와 스파르타의 전쟁인 펠로폰네소스 전쟁은 이념적인 충돌이기도 하였다. 이념적인 충돌의 위험성에 대해 생각해 보자.

(2) 소크라테스의 죽음과 방랑: 플라톤은 어렸을 때부터 음악, 예체능, 시 및 여러 학파의 철학을 공부하였고, 기원전 407년 20세 때 소크라테스에게 입문하였으며, 그 후 소크라테스가 사형당할 때까지 8년 동안 그 스승에게 배우면서 스승의 사상과 사고방식에 통달하였다. 청년시대에 플라톤은 정치가가 될 뜻을 가졌으나, 무지하고 열광적인 중우정치로 말미암아 아테네 최고의 지성인 소크라테스가 죄없이 처형되는 것을 본 28세의 플라톤은 부정의가 극심한 조국의 정치에 실망하였다. 그래서 그는 정치가로서의 꿈을 버리고 정의를 가르치기로 결심하면서, 소크라테스 철학의 길을 이어받아 연구생활을 택하였다.

소크라테스의 죽음 이후 플라톤은 신변의 위험을 느끼고 동료들과 함께 아테네를 떠나 이웃 나라인 메가라(Megara)로 망명하였으며, 그 후 40세가 될 때까지 시라쿠사(Syracusa), 키레네(Cyrene), 에집트(Egypt), 이탈리아 등 지중해 연안지역을 널리 여행하면서, 세계와 인간에 관한 견문과 지식을 넓혔다.

시칠리아(Sicilia) 섬에서 머무는 동안, 플라톤은 시라쿠사와 참주 디오니시우스 1세(Dionysius Ⅰ, 재위 431-367, B.C.)의 처남 디온(Dyon)과 알게 되어 동족애를 느끼고, 그에게 사상적 감화를 주었다. 그는 12년간의 여행을 마치고 기원전 388년 40세 때 아테네로 귀국하였다.

Q. 청년시대의 플라톤은 정치가가 될 뜻을 가졌으나 그 꿈을 포기하고 교육활동을 시작한다. 그 이유에 대해 생각해 보자.

(3) 작품: 플라톤의 많은 자작들이 80 평생 중 어느 시기에 저술된 것인가는 정확히 알려져 있지 않다. 그러나 그 저술활동의 시기를 제1기(399-388, B.C.)로 나누어 본다면, 상술한 기간은 제1기에 해당된다. 이 시기에 그는 「소크라테스의 변명」, 「고르기아스」, 「프로타고라스」 등 10여 편의 「대화록」을 저술하였다.

플라톤은 기원전 387년 아테네의 서북교외에 있는 아카데메이아(Akademeia) 또는 아카데미[29]는 원래 전설적 영웅 아카데무스(Akademus)를 제사지내는 숲속의 지명이었으나, 이후에 학원이나, 학술단체를 의미하게 되었으며, 세계 최초의 대학으로 알려져 있다. 그의 저명한 제자 아리스토텔레스(Aristoteles, 384-322, B.C.)는 기원전 367년 이곳 아카데메이아에 입문하였다.

플라톤의 나이 40세로부터 60세까지의 사이에 해당하는 제2기의 저작으로는 「국가론」, 「향연」 등이 대화편에 있다. 플라톤은 기원전 367년 60세 때, 시라쿠사의 친구 디온으로부터, 부친의 사망으로 왕위를 계승한 청년 참주 디오니시우스 2세(재위 367-343, B.C.)의 철학교육과 국정자문을 위한 방문 권유를 받고 시라쿠사로 건너갔으나, 몇 개월 후 디온의 반대파들의 음모로 인하여 디온이 추방되자, 플라톤도 그 이듬해 아테네로 귀국하였다. 그 후 기원전 361년 플라톤은 디오니시우스 2세의 간청으로 다시 시라쿠사로 갔다. 그러나 참주와 그의 외숙부 디온 간의 불화로 말미암아 디온은 체포되어 재산까지 몰수당하였고, 두 사람 간의 화해를 주선한 플라톤은 도리어 연금되었다가 추방되어, 한 때 노예로 팔릴 뻔한 위험마저 있었으나, 도중에 겨우 구제되어 아테네로 돌아왔다.

시라쿠사를 탈출한 디온은 기원전 387년 아카데메이아 학생들의 지원을 받아 정부를 급습하여 한 때 정권을 잡았으나, 기원전 353년에 암살당하고 말

29) 아카데메이아의 입구에는 '수학을 모르는 사람은 들어갈 수 없다'는 경고문이 새겨져 있었다. 이 학원은 기원 후 529년 동로마황제 유스티니아누스의 칙령에 의해서 기독교 원리와의 충돌을 이유로 폐쇄되었다.

았다. 플라톤은 시라쿠사 여행으로부터 거듭된 실패를 경험한 후에는 아카데메이아에서 강의와 학구생활에 전념하였으며, 그리스의 식민도시를 위한 모범적 입법안을 구상하는 등 입법에 특별한 관심을 보였다. 그는 기원전 347년 80세의 고령으로 아테네에서 사망하였다.

플라톤의 제3기 저작물로는 「소피스트」, 「정치가론」, 「법률론」 등이 있다. 그 중에 「법률론」은 최후의 저작으로 알려져 있다.

현재 잔존해 있는 저작물로는 34편의 대화편과 「소크라테스의 변명」 등 몇 편이 더 있으나, 그의 정치사상은 주로 「국가론」, 「정치가론」, 「법률론」 등 3개의 저서에 전개되어 있다. 그 중에서 「국가론」은 플라톤의 많은 저작 중 최대 저작으로서, 정치, 경제, 철학, 윤리, 교육, 심리, 예술 등 인간생활 전체를 언급하고 있다. 여기서 그는 정의의 철학적 개념을 정립하고자 하였으며, 정의가 행해지는 이상국가의 개념을 제시하였다.

Q. 아카데메이아의 입구에는 '수학을 모르는 사람은 들어갈 수 없다'는 경고문이 새겨져 있었다. 플라톤이 수학의 중요성을 강조한 이유를 생각해 보자.

Note. 수학과 철학은 정신을 수련시킨다고 생각했다. 특히 수학은 순수한 사고의 훈련에 의해 정신을 순수한 진리에 이르게 한다고 생각했다.

Ⅱ. 시대적 배경

플라톤은 전쟁과 내란의 와중에서 살았다. 그는 이 시대적 위기와 갈등 속에서 시인, 정치가, 철학자의 세 가지 길을 생각했으나, 그의 영웅 소크라테스가 남긴 철학적 탐구의 사명을 위해 철학자의 길을 택하였다. 정치에 대한 그의 관심과 정치가가 되고자 한 그의 꿈은 도시국가의 재구성을 위한 그의 정치철학으로 승화되었다.30)

당시의 아테네는 그리스 반도에 산재해 있는 200여개의 폴리스 중의 하나로 민선평의회와 총회에 대한 평의회의 책임 및 독립된 민선 재판소라는 특징

30) 이종렬, "플라톤의 정치이론과 교육," 청주교육대학 논문집 제19집(1982), 325-326쪽.

적인 제도를 지닌 고전적 민주주의의 도시공동체였다. 아테네의 고대 민주정치는 미케네(Mykenai) 문명시대(1,400-1,300, B.C.)의 전제적 지배체제에서 왕정, 귀족정, 참주정을 거쳐 페리클레스(Pericles, 460-429, B.C.) 시대에 이르러 확립되었다. 드라콘(Dracon)의 입법, 솔론(Solon)의 개혁, 클레이스테네스(Kleisthenes)의 개혁 등을 거쳐 페리클레스 시대에 그 절정에 달하게 된 아테네 민주정치의 이상은 페리클레스의 '장송연설'에 잘 나타나 있다. 그에 따르면 아테네라는 폴리스 자체가 아테네 시민들의 가장 가치있는 소유물이며, 그들 자신이 공헌할 수 있는 유익한 대상이었다. 아테네인의 정치적 이상은 평등한 참여에 의한 공동생활의 조화였으며, 이는 자유와 법의 준수라는 두 가지 기본적인 정치적 가치를 전제로 하는 것이었다.

플라톤은 이러한 아테네의 정치적 이상이 도시국가의 쇠퇴로 무너져가던 시대에 살았다. 플라톤의 시대는 불안정한, 정치적 투쟁과 전쟁의 시대였다. 그는 도시국가 간의 분열적인 전쟁의 와중에 태어나서 자랐다. 이 전쟁으로 인해 아테네의 민주정치는 편의주의와 파쟁에 휘말렸으며, 전쟁 중의 전염병의 만연, 끝나던 해의 기근, 그리고 아테네의 참담한 패전 등은 뒤이어 도덕적 타락과 내부적인 폭정을 가져왔다. 도시국가의 순탄한 생활을 지속시켜온 전통과 관습은 약화되었으며, 대중들은 도덕적 무정부 상태에 빠져 들고 있었다. 페리클레스가 자랑한 공사 간의 이해조절의 정치적 조화는 하나의 이상에 지나지 않았으며, 관습의 정치도덕은 어떠한 형태의 계급 정부에 대한 충성에 가까웠다. 오늘날의 정치윤리로 판단한다면 역설적인 관행(자기들과 이해관계를 같이 하는 국내외의 계급과 결탁하는)이 보통이었다.

Ⅲ. 불평등 기능론: 이상국가를 꿈꾸다

1. 시대와의 불화: 철인정치의 꿈

그리스인들은 일찍부터(B.C. 8세기) 자신들을 헬레네스(Hellenes), 그 밖의 사람들을 바르바로이(Barbaroi)라 불러, 그들이 다른 사람들과 근본적으로 다르다는 인종적 우월의식을 갖고 있었다. 이와 같은 우월의식은 페르시아 전쟁의 승리로 더욱 고취되어, “바르바로이는 노예이나, 우리 헬레네스는 자유인이다”라고 구가할 만큼 인간본성의 천부적 차이에 의한 자연적 불평등을 당연시하였다. 인간의 불평등을 정당화하려는 노력은 그리스의 많은 사상가들에서 엿볼 수 있지만, 무엇보다도 플라톤과 아리스토텔레스에서 가장 잘 나타난다.

「국가론」에 나타난 플라톤의 정치·사회이론은 한마디로 사회 불평등 기능론 또는 사회유기체론이라 할 수 있다. 그는 불평등의 존재 자체에 의문을 제기하기보다는 오히려 질서정연한 사회체계를 위해 불평등을 어떻게 유지할 것인가에 더 많은 관심을 기울였다. 따라서 그는 사회의 계층적 위계질서를 당연한 규범으로 인정하고, 그 위계의 최고 위치에 누가 앉아야 할 것인가에 초점을 두었는데 이른바 그의 철인정치가 바로 그것이다.[31)]

Q. 플라톤이 철인정치를 꿈꾸게 된 이유를 생각해 보자. 또 “정의란 더 강한 자의 편익일 뿐인가”라는 주장에 대해 생각해 보자.

Note. 한마디로 ‘시대와의 불화’이다. 우선 그의 스승 소크라테스의 죽음부터 심상치 않다. 아테네 명문가 출신의 장래 유망한 젊은이였던 플라톤의 발길을 현실정치로부터 돌려놓은 이 사건은 주지하듯이 아테네 민주정체의 작품이었다. 민주정체 앞에는 펠로폰네소스 전쟁에서의 패배에 따른 30인 과두정체가 있었다. 플라톤의 외척들이 가담해 있던 이 과두정체 역시 소크라테스를 죽음 직전까지 몰아간 바 있다. 그의 어린 시절은 전쟁만이 아니라 아테네 인구의 1/3을 앗아간 흑사병으로 검게 칠해졌다. 패전 이후의 아테네는 스파르타의 관용 덕분에 여전히 문화의 중심지였으나, 이미 공동체의 전통적 미덕은 무너지고 있었다. 천박한 처세의 지식을 팔아먹는 소피스트들이 대중의 의식세계를 장악해 갔다. 이들의 주요 무기는 상대주의였다. 그리고 이 상대주의를 넘어서는 것이 플라톤의 일차적인 관심사였다.

「국가」는 1권부터 상대주의와의 싸움판으로 우리를 끌어들인다. 주인공 소크라테스가 올바름에 대해 이상론을 펼치자, 소피스트 트라시마코스가 “야수처럼 덤벼”들어 “올바름이란 더 강한 자의 편익일 뿐”이라고 외친다. 트라시마코스는 당대의 지배적 통념을 대변한다.

---

31) 김영한, “서양사상에서의 사회적 불평등,” 인문사회연구 제21호(1992), 4쪽.

"세금을 낼 일이 있을 때에도 올바른 사람은 같은 재산을 근거로 해서도 더 많이 내지만, 올바르지 못한 사람은 더 내거니와, 또한 나라에서 받을 것이 있을 때에는 한쪽은 아무 이득도 못 보지만, 다른 쪽은 많은 이득을 봅니다. 더 나아가, 이들이 저마다 어떤 관직을 맡고 있을 때에도, 올바른 사람의 경우에는, 비록 아무런 다른 손실이 없을지라도, 적어도 제 집안일을 소홀히 함으로써 집안 형편을 한결 더 어렵게 만들지언정, 그의 올바름 때문에 국고에서 이득을 보는 것이라고는 전혀 없죠. 게다가 친척들이나 친지들은 부당하게 도와주려고 하는 일이 전혀 없고 보면, 이들한테서 미움마저 사는 일이 있을 수도 있죠. 하지만, 올바르지 못한 사람의 경우에는 모든 것이 이와 정반대일 수가 있습니다."[32]

2. 노 예 제

(1) 주인과 노예

인간 혼의 주요 부분인 지성, 기개, 욕망 가운데 어느 부분이 주도적이냐에 따라 인간을 일차적으로 '지혜를 사랑하는 부류', '이기기를 좋아하는 부류', 그리고 '이를 탐하는 부류'로 구분한다. 첫째 부류(철인 또는 통치자)는 공동체(국가)를 다스리는 역할을, 둘째 부류(수호자)는 이들을 도와주는 역할을, 셋째 부류(생산자)는 다양한 경제활동에 종사하는 역할을 떠맡게 된다. 첫째 부류는 국가정치에 직접 참여하여 정치적 결정권을 갖는 동시에 공동사회의 일반적 행복을 조정하는 소수의 지배자이다. 이들은 지혜와 덕이 우수하므로 현자의 계급이며, '금인'(golden man)으로 불리어진다. 둘째 부류는 국가의 방위에 종사하여 생산자들을 보호하는 임무를 한다. 따라서 이들은 군사, 민사상의 행정보조자들이기도 하다. 그들의 덕은 용기이고, '은인'(silver man)으로 불리어진다. 셋째 부류는 생활필수품을 생산하는 직인, 노동자, 농민들이다. 그들은 대다수의 피지배계급이며, 그들의 덕은 절제이다. 이들은 '동철인'(brass and iron man)이라 불리어진다.[33]

32) 홍승용, "플라톤의 이상국가," 현대사상 제5호(2009), 2쪽.
33) 홍승용, 앞의 논문, 4-7쪽.

그에 따르면 각 개인의 경우에도 “자신 안에 있는 부분들의 각각이 제 일을 하게 되면, 이 사람이 올바른 사람으로, 제 일을 하는 사람이 될 것”이며, “한 나라가 올바른 나라인 것으로 생각된 것을 이 나라 안에 있는 성향이 다른 세 부류가 저마다 제 일을 하기 때문”이다. 이에 반해 이들 사이의 참견이나 상호교환은 이 나라에 대한 최대의 해악이며 악행이다.

“플라톤의 공동체에서는 각자 한 가지 일을 할 뿐 양면적인 사람도, 다방면적인 사람도 없다. “우리는 제화공을 제화공으로 발견할 뿐, 구두 만드는 일에 더하여 조타수로서 발견하는 일이 없을 것이고, 또한 농부를 농부로서 발견할 뿐, 농사에 더하여 재판관으로서 발견하는 일도, 그리고 전사를 전사로서 발견할 뿐, 전쟁에 더하여 돈 버는 사람으로서 발견하는 일도 없을 것이며, 또한 그 밖의 모든 사람의 경우에도 이는 마찬가지겠지?.”

Q. 플라톤은 통치자의 역할과 수호자의 역할이 엄격히 구분되고, 제화공이든 조타수이든 아니면 농부든 자신의 기능만을 수행해야 한다고 말한다. 이는 현재를 살아가는 우리에게 생소한 것이 아니라, 실은 너무나 친숙한 것인지도 모른다. 이에 관해 생각해 보자.

Note. 예를 들면, 노동자가 경영권을 넘봐서는 안 된다거나, 경제문제를 정치문제로 풀지 말라거나, 또는 학생은 공부나 하라는 말은 갈등의 현장 어디서나 기득권층의 협박논리(?)로 동원되어 왔다. 이러한 구분의 논리를 자본주의적 분업에 따른 사물화의 산물이라고 비웃을 수만도 없다. 현실의 사회주의 속에서도 수령이 할 일과 당이 할 일, 그리고 인민대중이 할 일은 엄격히 구분되어 있는 것 아니었던가?

Q. 플라톤이 계급을 세 가지로 분류한 것에 대한 문제점을 반박해 보자.

Note. ① 노예가 원래부터 노예였던 것은 아니고, 사회적 조건 때문에 노예로 ‘되었을’ 뿐이며, 따라서 지금의 노예가 노예이기를 그만두고 자유인이 ‘될’ 수도 있다고 반박하고 싶어질 것이다. 또 ② 역사적으로 엄청난 과오를 저지른 통치자들이 거의 예외 없이 천재적 전략가이자 위대한 사상가임을 자처하지 않았느냐고 들이밀 수도 있다. ③ 나아가 헤아리는 능력을 가졌다는 통치자들의 판단이 그릇될 경우, 이를 바로잡을 힘은 어디서 나올 수 있는지 당연히 물어야 할 것이다.

Q. 위의 반박에 대하여 플라톤은 무엇이라고 응수할 것인가를 지적해 보자.

Note. ① 노예가 자유인이 될 가능성은 부정하지 않겠다. 또 모든 사람이 헤아림의 능력을 갖추어 사회 구성원 모두가 통치에 참여할 수 있으면 바랄 나위가 없겠다. 그러나 현실 속의 민중들을 보라. 정말로 지혜를 사랑하고 헤아림의 능력을 갖추게 될 것 같은지. ② 이상적 공동체 속의 통치자들은 무늬만 위대한 자칭 천재 사상가들이 아니라, 뛰어난 자질과 오랜 훈련을 통해 진정으로 헤아리는 능력을 갖춘 철인들이다. ③ 통치자들이 판단을 그르친다는 것은 흔한 일이 아니지만, 그럴 경우, 그래서 군인이나 경제인들이 통치에 간섭하는 사태가 벌어지게 되면, 공동체는 당연히 타락한다. 그 타락의 단계는 싸워 이기기 좋아하는 명예지상정체, 재산 가진 자들이 지배하는 과두정체, 개나 말이나 자유를 누리는 민주정체, 민주정체의 극단적인 자유에서 가장 심하고 야만스런 예속으로 넘어간 참주정체. 그래도 "이 모든 것이 무절제한 것들일 경우 민주제에서 사는 것이 일등감이다."

민주정체에 대한 플라톤의 야유는 꽤나 상세하다. 예컨대 민주정체에서는 "필요한 즐거움 못지않게 불필요한 즐거움을 위해서도 돈과 노고 그리고 시간을 바치며 살게 된다. 또한 그런 상황에서는 선생이 학생들을 무서워하며 이들한테 아첨을 하고, 학생들은 선생들을 경시하며 자기들의 교육을 돌봐주는 사람들에 대해서도 그런다네. 또한 전반적으로 젊은이들은 연장자들을 흉내내며 언행에 있어서 이들을 맞상대하고, 반면에 노인들은 젊은이들에 대해 체신없이 굴기를 기지와 재치가 넘칠 지경이라네, 불쾌하고 권위적이라 여겨지는 일이 없도록 하기 위해서 젊은이들을 흉내 내느라 말일세."

참주정에 대한 주장을 들어보자. "그런데 처음 며칠 동안의 초기에는 이 사람이 자기가 만나게 되는 모두에게 미소를 보내며 반기고, 또한 자신은 참주가 아니라고 하며, 사적으로나 공적으로나 많은 걸 약속하고서, 빚에서 자유롭게 해 주고, 민중과 자기 주변 사람들에게 땅을 나누어 주면서, 모두에 대해

상냥하고 온유한 체하지 않겠는가? 그러나 내가 생각하건대, 그가 망명한 정적들에 대한 관계에 있어서 그 일부와는 화해를 통해서, 나머지는 파멸시킴으로써 그들과 평온을 유지하게 되면, 그는 첫째로 전쟁을 언제나 일으키는데, 이는 민중으로 하여금 지도자가 필요한 상태에 있게끔 하기 위해서일 걸세. 또한 이는 전쟁을 위한 세금을 냄으로써 민중이 가난해져서, 하루하루의 생계에 매달리지 않을 수 없게 될 뿐만 아니라, 자신에 대한 음모도 덜 꾸미게 되도록 하기 위해서가 아니겠는가? 이렇게 되면 참주는 이들 모두를, 자신이 앞으로도 통치를 할 작정이라면, 제거해 나가야 할 것이니, 친구건 적이건 어디든 쓸모 있는 사람은 아무도 남지 않게 될 때까지 그럴 것이네."

Q. 다음을 생각해 보자.

(1) 플라톤의 민주정체에 대한 야유는 오늘날 민주공화국에서 살아가는 우리를 불편하게 한다. 플라톤의 야유에 대해 토론해 보자.

(2) 참주정에 대한 플라톤의 서술은 오늘날의 참주들에게도 문자 그대로 적용할 만한가?

(2) 우생학적 야만

플라톤의 기능주의의 결정판은 우생학적 야만이다. "선천적으로 병약하고 무절제한 사람은 자신을 위해서도 남들을 위해서도 사는 것이 이익이 되지 못하며, 의술은 이런 사람들을 위해서 있는 것이 아니려니와, 설사 미다스보다도 더 부자라 할지라도, 이들을 치료해서는 아니 된다고 그들은 생각했던 걸세." 이는 승전국 스파르타의 그림자일 수도 있다. "열등한 부모의 자식들은, 그리고 다른 부류의 사람들의 자식으로서 불구 상태로 태어난 경우에는, 그렇게 하는 것이 적절하듯, 밝힐 수 없는 은밀한 곳에 숨겨 둘 걸세." 차별은 장애인에 머물지 않는다. "최선의 남자들은 최선의 여자들과 가능한 한 자주 성적 관계를 가져야 하지만, 제일 변변찮은 남자들은 제일 변변찮은 여자들과 그 반대로 관계를 가져야 하고, 앞의 경우의 자식들은 양육되어야 할 것이로되, 뒤의 경우에는 그럴 필요가 없다네."

Q. 다음을 생각해 보자.

(1) 플라톤에 의하면 비정규직이나 백수는 성관계마저 절약하라는 말처럼 들려 공분을 살 수 있다.

(2) 플라톤의 공동체에서는 최선의 남자들은 쾌락 자체를 누리는 것이 아니라 일종의 '종마'로 쓰인다.

3. 공 유 제

(1) 공유의 극단

플라톤의 우생학은 공동체의 파멸을 막기 위한 것이다. 통치지 및 수호자 부류에게는 결혼과 출산까지 공적인 업무다. "혼인의 수는 통치자들의 재량에 우리가 일임할 것이니, 이는 그들이 전쟁과 질병 그리고 이와 같은 모든 것을 고려해서, 남자들의 수를 최대한 같게 유지되도록 하기 위해서이네. 그래서 우리의 이 나라는, 가능한 한, 커지지도 작아지지도 않을 걸세." 그들은 모든 것을 공유한다. "이들 모든 남자의 이들 모든 여자는 공유하게 되어 있고, 어떤 여자도 어떤 남자와 개인적으로 동거하지 못하게 되어 있다네. 또한 아이들도 공유하게 되어 있고, 어떤 부모도 자기 자식을 알게 되어 있지 않으며, 어떤 아이도 자기 부모를 알게 되어 있지 않다네." 이 경우 야기 될지도 모를 분쟁을 피하기 위해 통치자들은 거짓말과 속임수를 유용하게 써먹기도 한다. 의사들이 환자를 위해 거짓말을 하듯이 말이다.[34)]

이들에게 사유재산은 없다. 그들은 공동식사를 하면서 야영하는 군인들처럼 공동생활을 해야 한다. 이들에게만 금과 은은 금기 품목이 된다. 이들의 생활필수품은 절제할 줄 아는 전사들에게 필요한 만큼 일반 시민들이 수호에 대한 보수로 제공하되, 그것은 연간 소요량을 초과하지도, 부족하지도 않을 정도라야 한다. "이들이 개인의 땅과 집 그리고 돈을 소유하게 될 때, 이들은 수호자 대신에 호주와 농주로 될 것"이다. 상승의 가능성도 아예 없지는 않겠지만, 통치자 및 수호자들의 오랜 교육과정을 생각하면 그러한 신분변화는 극단적인 예외라 할 수 있다.

---

34) 홍승용, 앞의 논문, 9-14쪽.

Q. 다음을 생각해 보자.

(1) 부인 및 아이들 공유의 흔적은 군혼이 지배적이었다는 모계사회 단계에서나 찾을 수 있을 것이다. 플라톤 이후 문명사회에서 그의 극단의 구상이 말 그대로 실현되는 일을 없을 것이다. 혼인의 수까지 이상적으로 계획관리하겠다는 그의 야심에 비할 때, 마르크스가 꿈꾼 계획'경제'는 그래도 참아줄 만하지 않을까?

(2) 역사적 사회주의운동에서 만악의 근원으로 지목되기도 한 사적 소유 역시 플라톤이 말하는 사유재산과는 전적으로 다르다. 그 이유를 생각해 보자.

Note. 사적 소유에 대한 마르크스의 비판은 잉여가치 착취의 도구이자 권력의 독과점을 가능하게 하는 생산수단에 집중된 것이었다.

Q. 플라톤의 공유 구상은 별 현실성 없는 공상일 뿐인가?

Note. 그렇지 않다. 국가권력을 포함한 모든 것을 사유화하려는 현대판 참주들 앞에서, 또 이들의 행태를 대중들이 본보기로 삼고 싶어 하는 오늘의 상황에 비추어 볼 때, 공존, 공유, 공공성에 대한 요구는 충분히 미래 지향적일 수 있다. 지혜에 대한 사랑을 재산의 축적과 향유보다 앞에 두는 그의 가치는 시사하는 바가 있다.

(2) 교육과 검열

플라톤의 이상사회에서 공유제는 통치자 및 수호자 집단의 양성과 유지의 전제조건이다. 통치자들은 우선 수호자들 가운데 선발된 가장 훌륭한 인물들이며, 따라서 나라를 지키는 일을 잘 해낼 수 있다. "통치자들은, 즐거운 일들이나 괴로운 일들을 통한 시련을 겪고서도, 제 나라를 사랑하는 사람들로 판명되어야만 하며, 이 신념을 힘든 일들이나 두려운 일들 또는 다른 어떤 변화에 처해서도 내던지지 않는 사람들"이어야 한다.

플라톤은 통치자들의 자질을 만들어내는 것이 권력으로부터 타락하지 않는 것으로 본다. 통치자들의 자질은 우선 많은 교과를 통해 단련되어야 한다. 플라톤의 통치자들은 대중의 즐거움을 좋은 것이라고 생각하는 것과는 달리 지혜를 좋은 것이라고 생각한다. 통치자들은 실무에 있어서나 학식에 있어서 가장 훌륭해야 하며, 혼의 눈으로 좋음 자체를 볼 줄 알아야 한다. 달리 말하면, 분업에 의지하는 과학기술적 혹은 관료적 전문성에 매몰되어서는 안 되며, 사태의 본질을 꿰뚫고 총체적 추상적 사고를 할 수 있어야 한다는 것이다. 또한 여성도 통치자 및 수호자 부류에 포함될 수 있다.

통치자의 자질을 갖춘 사람들은 여생의 대부분을 철학으로 소일하지만, 자신이 원해서가 아니라 불가피한 경우에 나라를 위해 통치자가 되기도 한다. 무엇보다 통치자들은 "본성상 자신에게 편익이 되는 걸 생각하게 되지 않고, 다스림을 받는 쪽에 편익이 되는 걸 생각"해야 한다.

플라톤의 이상사회 속에서 파워엘리트들은 일 자체에서, 세상을 좋게 만드는 과정 자체에서, 보람을 느끼지 않으면 안 될 만큼, 그들에 대한 물질적 보상은 매우 빈약하기 때문이다. 플라톤의 이상사회에는 파워엘리트들이 이러한 보상체계를 자발적으로 받아들이게 만드는 의식구조·욕망구조의 재생산 방안도 마련되어 있다. 이 집단에 대한 교육은 우생학적 개입에 이어 젖먹이 시절부터 시작된다. 체육과 음악과 시가에서부터, 수학과 변증술에 이르는 전면적 입체적 프로그램이 마련되어 있다.

Q. 다음을 생각해 보자.

(1) 난관과 두려움 앞에서 물러서지 않는 것도 만만한 일이 아니겠지만, 즐거운 일들, 특히 권력의 단맛에 현혹되거나 권력으로 인해 타락하지 않는 것은 지극히 어려운 일이다. 제도화된 분권 혹은 분권의 가능성은 권력 독점으로 인한 사회적 재앙의 검증된 예방책이라 할 수 있다. 그러나 플라톤은 무엇을 해법으로 보았는가?

(2) 우리 사회에서 "머리는 빌리면 된다"고 우기는 한 지도층 인사가 있었다. 플라톤의 입장에서 볼 때 가능한 일인가?

(3) 이른바 읽고 쓰기를 평생의 업으로 삼는다는 오늘날의 지식인들이 실제로 얼마나 지혜를 사랑하고 있는지, 얼마나 비판적·적극적으로 사고하는지 돌아보면, 지혜를 향유보다 앞세우라는 플라톤의 요구를 충족시키기는 쉽지 않을 것이다.

(4) 우리의 역사적 현실에서 자신이 원해서가 아니라 불가피해서 나라를 위해 통치자가 된 경우를 생각해 보자.

Note. 현실에서 통치자가 되려는 자들은 예외 없이 자신의 집권이 대의를 위해, 국가와 민족을 위해 불가피하다고 주장해 왔지만, 실제로 통치자의 자질을 갖추고 사회적 조건 때문에 불가피하게 통치를 떠맡는 사례는 극히 희소하다. 또 자질 있는 사람에게 통치자의 역할을 맡기는 것도 어려웠다. 오히려 통치자의 자질을 갖추었다는 기미만 보이면 기득권 세력에 의해 싹부터 잘리는 것이 정치 현실이었다.

(5) 우리의 현실에서 자신의 이익이 아니라 국민의 이익을 생각하고 행동했던 인물을 생각해 보자.

Note. 오늘날에도 정치가들은 거의 예외 없이 국민들 혹은 서민들을 위해 정치한다고 말한다. 극히 반서민적인 정치가들일수록 더 소란스럽게 친서민 쇼에 정치생명을 건다. 그들은 자신의 거짓말을 정말이라고 믿어야 할 것이다. 믿지 않으면 쇼가 부자연스럽고 배우들도 신명이 나지 않을 수 있기 때문이다. 그래서 '다스림을 받는 쪽에 편익이 되는' 정치라는 플라톤의 구상은 상투적인 말잔치로 전락하기 쉽다. 이를 막을 사회적 장치가 필요하다. 플라톤의 경우 공유제를 그런 장치로 본 것이다.

(6) 파워엘리트 집단을 위한 교육은 어떠했을 것인가를 생각해 보자.

Note. 신화의 이름으로 전해지는 모든 음란물들, 엽기물들, 성인물들은 가치 없이 프로그램에서 삭제된다. 건전가요, 건전드라마, 관제홍보물, 기껏해야 사회주의 리얼리즘 따위에다 삭막한 수학이나 등에 식은 땀나는 변증술과 씨름하며 유년기, 소년기, 청년기를 보내야 하는 것이 파워엘리트들의 운명이다. 그래서야 어디 인간이라는 복잡하기 짝이 없는 사악한 존재를 이해하고 통치할 수 있겠느냐고 이의를 제기할 수도 있다. 이런 이의가 제기되어도 플라톤은 못된 것들은 천천히 배워도 된다고 느긋할 뿐이다.

Ⅳ. 장 발장의 양심과 플라톤적 정의관

1. 소설 '레 미제라블'의 줄거리

(1) '레 미제라블'은 좋은 소설인가

레 미제라블은 '좋은' 소설로 평가받는다. 빅토르 위고(Victor-Marie Hugo, 1802-1885)가 이 소설을 정치적 망명을 하던 19년에 걸쳐 썼다는 점, 1885년 5월 19일 그가 죽자 그는 국민적 대시인으로 추앙되어 200만 파리시민이 지켜보는 가운데 국장으로 장례가 치러지고 팡테옹에 묻혔다는 점, 프랑스의 어린이들은 루소는 몰라도 위고는 안다는 점, 그러고 시간과 공간을 초월하여 우리나라의 많은 사람들도 애독하고 칭송을 하였다는 점 등의 전통적 권위에 의존하면 좋은 소설이 된다.[35)]

레 미제라블에 등장하는 60여 명의 인물들 중에서 주요인물은 밀리에르(Myriel) 주교, 장 발장(Jean Valjean), 자베르(Javert), 그리고 테나르디에(Tenardier) 등이다. 밀리에르 주교는 신을 경배하는 성스러운 삶을 살았으며 장 발장에게 양심을 일깨운다. 장 발장은 '다시 태어난' 이후에 선을 추구하였고, 양심에 따라 살고자 노력했으며, 선행을 행하였다. 자베르는 장 발장의 선행에 압도당한 뒤 법에 의한 가차없는 삶의 태도가 흔들려 자살하고 만다. 테나르디에는 자베르가 근절하고자 한 사회악의 표현이다.

Q. 이 소설속의 등장인물 네 사람이 의미하는 바와 이 소설이 그리고자 하는 것을 생각해 보자.

Note. 이들 네 사람의 삶은 격변기 사회의 인간적 밝은 면과 어두운 면을 골고루 대변하고 있다. 그런데 네 사람 중에 유독 장 발장만은 다른 세 사람과 달리 자신의 인생을 통해 위치가 변화한다. 그 점에서 장 발장은 '레 미제라블'의 전편에 걸쳐 가시적으로 등장하는 핵심인물이다. 그가 밀리에르 주교를 만나지 못했다면, 그는 테나르디에와 유사한 범법자의 위치에 머물렀을지 모른다. 그런 그가

35) 김영철, "소설 '레 미제라블'의 교육학적 해석," 교육연구논총 제5호(2001), 88쪽.

밀리에르 주교와의 만남과 그로부터의 용서 이후에 자베르를 감동시키고 힘겨운 내면적 고뇌 속에서도 양심을 지켜 나간다. 이렇게 보면 '레 미제라블'은 전체적으로 장 발장의 삶을 통하여 테나르디에와 유사한 한 완악한 인간이 밀리에르 주교와 같은 성스러운 인간으로 변해 가는 과정을 그리고 있다고 볼 수 있다. 그리하여 이 소설은 하나의 '양심 보고서'이자 '성장소설'인 것이다.

(2) 추적자 자베르 경감

경찰 자베르는 회색 및 프록 코트를 단정하게 입고, 굵은 지팡이를 손에 들고, 테가 축 처진 모자를 쓴 큰 키의 사나이로 묘사된다. 그의 코는 납작하며 구렛나루가 양편 볼 위에 덥수룩하게 나있다. 드문 일이지만, 그가 웃으면 무시무시하고 얄팍한 입술이 열려 잇몸까지 드러나 보인다. 머리는 자그마하고 턱은 커다랗고, 머리털은 이마를 덮고 눈썹까지 처져 있으며, 양미간 한 복판에는 찡그린 주름살이 떠나는 법이 없고, 어두운 눈초리에 다문 입매에는 흉포한 위력이 풍긴다.[36]

Q. 그러면 이러한 모습을 가진 자베르는 악인인가?

Note. 결코 그렇지 않다. 자베르는 엄격과 규율과 강직의 표본으로서 결코 비루하다거나 야비하다고 할 수 없는 인물이다. 오히려 그는 성실, 진지, 솔직, 확신, 의무감 등에 있어서 심지어 숭고함을 가지고 있다고까지 말할 수 있는 인물이다. 그는 범죄자를 증오한다. 사회를 수호하는 사람으로서 경찰이다. 범죄자들은 그의 이름만 들어도 줄행랑을 쳤으며, 그의 얼굴이 나타나면 놀라 자빠졌다.

(3) 도망자 장 발장

장 발장은 어려서 부모를 여읜다. 그는 자식 일곱을 두고 과부가 된 연상의 누이 손에서 자란다. 큰조카가 8세일 때 그는 25세였다. 그는 가장 노릇을 하고, 자기를 길러 주었던 누이를 도우며, 조카들에게는 인정 많은 삼촌이다. 그는 여러 허드렛일을 하고 심지어 남의 집 머슴살이도 한다. 그러나 그는 여전히 가난하다. 어느 날 저녁 그는 빵 한 조각을 훔치다가 주거침입 절도죄로 체포된다. 그는 5년 징역을 선고 받아 한 교도소로 이송된다. 수감된 지 4년째

36) 김영철, 앞의 논문, 89-90쪽.

연말에 탈옥을 감행한다. 그러나 다시 체포되어 형기가 늘어난다. 6년째, 10년째 그리고 13년째 되던 해에도 탈옥을 시도하다가 다시 체포되어 19년형의 옥고를 치르고 1815년 10월에 46세의 나이로 석방된다. 석방되었을 때 그의 신분증명서에는 '위험한 자'라는 글씨가 새겨져 있었다.[37)]

장 발장은 흐느끼고 떨면서 감옥에 들어갔으나, 나올 때는 무정한 인간이 되어 있었다. 그는 자기가 벌을 받을만한 나쁜 짓을 저질렀다는 것을 자인한다. 그러나 이 나쁜 짓에 대한 형벌은 지나치게 가혹하고 불공평하다고 판단하고 사회에 대하여 분노의 감정을 가지게 된다. 그 분노의 힘을 모아, 그는 감옥에서 수도사가 여는 학교에서 읽기와 쓰기와 셈하기를 배운다. 그는 자기의 지력을 공고히 하여 사회에 복수를 하리라 마음먹는다. 장 발장은 자신에게 가혹한 판결을 내린 사회에 유죄판결을 내리고, 이어서 신의 섭리에 대해서도 유죄판결을 내린다. 그는 처음 교도소에 들어갈때만 해도 선량하였으나, 희망을 잃고 모든 불행을 겪고 난 뒤에는 증오심을 품은 악인이 된다. 그는 자기가 받은 악에 대한 보복으로 행하는 반사적, 본능적 악행과 마음속으로 생각해 낸 진지하고 중요한 악행을 행할 준비가 되어 있었다. 그의 모든 생각은 인간의 법률에 대한 증오로 시작되어 증오로 끝나는데, 이 증오는 살아있는 것은 무엇이든지 해치고 싶은 야수적 욕망으로 나타난다.

장 발장은 출소 후에 단지 전과자라는 이유로 사회로부터 냉대를 받는다. 같은 일을 하고도 임금을 덜 받았고, 돈을 내겠다는 말을 해도 여관에서 쫓겨난다. 그는 전과자의 허울 좋은 자유를 뼈저리게 실감한다. 그는 차가운 밤을 헤매다가 밀리에르 주교의 관사에서 침식을 제공받게 된다. 그러나 그는 주교의 은식기를 훔쳐 달아나게 되고, 헌병에게 체포되나 주교의 용서로 인해 은촛대까지 선사받지만, 다시 사부아 소년의 은동전을 갈취한다.

Q. 장 발장은 어떤 사람이었던가? 장 발장은 어떤 사람으로 변모하는가?

Note. 소설 '레 미제라블'에서 장 발장은 양심을 회복한 인물로서, 밀리에르 주교에게 용서를 받은 이후 많은 선행을 한다. 인생의 밑바닥에서 외롭게 죽은 팡

37) 김영철, 앞의 논문, 91-92쪽.

틴을 위하여 그녀의 딸 코제트를 데려다 키우고, 마차에 깔린 포슐르방을 생명의 위험을 무릅쓰고 구해내었으며, 자신은 매우 검소한 생활을 하면서도 어려운 사람들을 도와준다. 물론 자신을 쫓던 자베르의 목숨을 구해준 일도 그 선행 중의 하나이다. 그러나 만일 장 발장이 양심을 회복한 뒤에 단지 선을 행하는 삶을 산 데에 그쳤다면, 그 선행은 자신이 지은 죄에 대한 속죄의 의미와 더불어 현재의 안락과 명예의 보장이라는 의미를 가질 뿐이어서 우리에게 큰 감동을 주지는 못할 것이다. 소설 '레 미제라블'이 우리에게 주는 감명은, 장 발장이 행하는 선행에 있다기보다는 그가 겪는 양심적 고뇌가 그 결정 여하에 따라 자신의 온 존재를 버릴 수 있을 정도로 심각한 것이라는 데에 있다.[38]

(4) 자베르와 장 발장

자베르가 보기에 장 발장은 악인이다. 그런데 자베르는 그 악인 덕분에 생명을 유지하였던 것이다. 더구나 이번에는 그 자신이 장 발장이라는 악인에게 자유를 주었다. 결국 그는 자신의 생명을 구해주었다는 사사로운 이유로 인해, 도망자를 체포해야 하는 의무를 저버리게 된 것이다. 더구나 그 사사로운 이유 속에는 그는 '법'보다 우월한 그 무엇, 즉 '도덕'을 느낀 것이다. 요컨대 자베르는 '도덕에 압도된 법'을 상징한다. 그러나 그의 사전에는 '도덕'이라는 단어는 없다. 그에게는 다만 합법인가 위법인가만이 있을 뿐이다. 자신의 행위를 자신의 사고 속에서 설명하지 못하는 부조리가 자베르를 자살로 몰고 간다. 사실 그를 놀라게 한 것은 장 발장이 자신을 용서한 일 이상으로, 자신이 그를 용서한 일이다. 그에게는 장 발장을 당국에 넘기는 것도, 그를 자유로운 몸으로 놓아두는 것도 용납될 수 없다.[39]

그는 암흑 속에서 이제껏 그가 몰랐던 '도덕'의 태양이 무섭게 떠오는 것을 보았다. 그 태양으로 그도 자비를 베풀었지만, 결국 그 행위는 자신의 의무를 저버린 것이 된다. 그는 자신의 행위를 정당화할 수 없었다. 질서와 의무는 그의 신앙이었으며, 그의 상관에 대한 존경과 신뢰는 그의 신앙고백이었으나, 이제 '도덕'이 그의 믿음을 위협한다. 당국을 배신하고 과거로부터 자신을 지

38) 김영철, 앞의 논문, 95-96쪽.
39) 김영철, 앞의 논문, 92-93쪽.

탱해 온 생명줄로부터 절단된 자베르의 내면에서 일어난 것은 마음의 탈선이며, 영혼의 일탈이며, 청렴의 무너짐이다. 모든 것이 혼돈이었고, 이로 인해 그는 거의 착란상태에 빠져 자살로 삶을 마감한다.

Q. 왜 자베르는 자살했는가? 그를 자살까지 몰고 간 것은 무엇인가?

2. 밀리에르 주교와 장 발장의 만남

(1) 성찬과 그 다음날

1) '태연한 눈'

장 발장은 1815년 10월 초순 46세의 나이로 19년 만에 감옥에서 출소하여 디뉴라는 조그만 소도시로 온다. 해는 지고 날씨는 차가웠다. 장 발장은 허기와 추위에 지쳐 숙식을 할 곳을 찾았으나 가는 곳마다 돈을 치르겠다는 데에도 거절을 당한다. 추위에 웅크리고 있는 장 발장에게 지나가던 한 친절한 부인은 '저 집'(주교의 관사)에 가보라고 말한다. 당시 밀리에르 주교는 75세였는데, 아름답지는 않으나 존경받을 어머니의 풍모를 갖춘 10살 아래의 누이동생 바티스틴 양과 성실하고 늙은 하녀이자 가정부인 마글르와르 할멈과 함께 자신의 관사에 살고 있었다. 주교는 75세인데도 60세 이상으로는 보이지 않았으며, 키는 크지 않았으나 몸집은 좀 뚱뚱한 편이었다.[40)]

그는 집의 문을 잠그는 일이 없었다. 아니 그의 집에는 잠겨 있는 문이라고는 하나도 없었다. 문이 세차게 활짝 열리고 한 사나이가 들어온다. 장 발장의 눈에는 퉁명스럽고, 대담하며, 고달프고, 난폭스러운 빛이 어려 있었다. 이 장 발장의 모습에 바티스틴 양과 마글르와르 부인은 놀랐으나 주교는 '태연한 눈'으로 그를 쳐다본다. 무관심에서 오는 시선이 아니라 적자심(赤子心)에서 오는 태연자약한 시선이다. 적자심이란 맹자가 대인(大人)의 특성으로 갓난아이의 마음[赤子之心]을 말한 것과 동일한 의미로 사용되고 있다.

Q. 장 발장의 외모나 거동 그리고 눈빛으로 인하여 놀라지 않을 사람은 거의 없을 것이다. 도대체 주교의 '태연함'은 어디서 오는 것인가?

---

40) 김영철, 앞의 논문, 101-102쪽.

Note. 그는 신부가 된 이후에 산적 크라바트가 출몰하는 지역을, 시장이 만류하는 데에도 불구하고 아이 하나만 데리고 순회한다. 나중에 크라바트라는 도적은 주교에게 큰 소포를 보내왔는데, 그 속에는 한 달 전에 앙브랑에 있는 노트르담 성당에서 도적맞은 주교복 일체가 들어 있었다. 주교는 말한다. "큰 위험은 우리들 내부에 있지. 우리들의 머리나 지갑을 위협하는 것은 아무 것도 아니야. 우리들이 생각해야 할 것은 실로 우리들의 영혼을 위협하는 것이야."

또 주교에게 깊은 충격을 준 것은 살인죄를 저지른 한 사나이가 단두대에서 처형되는 모습을 본 것이었다. 그는 심리적 허탈상태에 빠졌으며, 단두대의 흉측스러움에 전율하였다. 그가 그 충격에서 회복되기까지는 오랜 시일이 걸렸다. 아마 이러한 주교의 전력이 방금 출소한 장발장의 흉포한 모습을 보고서도 태연한 눈을 가질 수 있게 만들었을 것이다.

2) 환 대

주교는 장 발장이 숙식을 청하자, 쾌활한 표정으로 마글르와르 부인에게 식기를 한 세트 더 가져오라고 한 뒤, 침실에 흰 시트를 깔아놓으라고 말한다. 그리고는 장 발장을 '노형'이나 '나의 형제'라고 따뜻하게 부르며, 손을 잡고 벽난로에 가까운 자신의 오른편 자리에 앉기를 권한다. 또 주교는 평소에는 마시지 않는 오래된 모브 포도주를 내오고, 평소에는 쓰지 않던 은촛대로 불을 환하게 밝히고, 여벌의 은식기를 모두 진설한 후 스스로 스프를 떠서 장발장에게 준다. 이러한 '우아한 사치의 과시'는 손님을 환대하기 좋아하는 주교의 성격의 표현으로서, 특별히 장 발장이라는 불청객이라고 하여 예외는 아닌 것이며, 가난함을 품위로 삼고 있는 안온하고도 엄격한 가정에 있어서는 일종의 어린아이와 같은 애교이기도 하다.[41]

Q. 주교는 어떤 인물인가?

Note. 주교는 '신앙을 초월하여 과도한 사랑'을 가지고 있었다. 이 과도한 사랑은 사람들에게 넘쳐흐르고 때로는 사물에게까지 영향을 미치는 깨끗한 친절이었다. 그는 신의 창조물에 대하여 자비로웠다. 예컨대 그는 시커멓고 끔찍한 털을

---

41) 김영철, 앞의 논문, 102-103쪽.

가진 거미를 향해 "불쌍한 놈 같으니! 그것도 네 잘못은 아니다"라고 말하는가 하면, 개미 한 마리를 밟지 않으려고 하다가 발목을 삔 일도 있었다. 일체 사물에 대한 연민어린 평등심이 주교로 하여금 청하지 않은 손님에게조차 환대를 하도록 하였다고 말할 수 있을 것이다.

3) 무소유

주교의 생활은 무소유 그 자체였다. 청빈이라고 말하기도 정확하지 않고 검소라고 말하기도 정확하지 않다. 주교는 자신의 집을 '예수 그리스도의 집'이라고 부르면서, 그 집에 있는 것은 모두 장 발장의 것이라고 그에게 말한다. 장 발장은 주교가 손수 떠준 스프를 게걸스럽게 다 먹고 나서 말을 하기 시작한다.[42)]

장: "고마운 천주님의 사제님, 이러한 음식만도 제게는 너무 훌륭한 편입니다. 그렇지만 말씀드리고 싶은 건 저와 함께 식사를 하지 않으려고 한 수레꾼들도 사제님보다는 더 잘 차려놓고 먹는답니다."

주교: "그들은 나보다 더 일이 고됩니다."

장: "그게 아니라, 그들에게는 돈이 더 많은 겁니다. 사제님은 가난하셔요. 저는 잘 압니다. 당신은 아마 사제도 못되는 모양이죠. 아니, 정말 사제이기나 합니까? 아! 정말, 천주님이 공평하시다면 당신은 틀림없이 사제쯤은 되셔야 할텐데."

주교: "천주님은 다시없이 공평하십니다."

장 발장은 아직 자신에게 스프를 손수 떠준 이 사제가 '주교 각하'인 것을 모른다. 그에게 주교는 하늘과 같은 존재이며, 의당 화려한 삶을 살고 있어야 할 지위에 있다. 그러나 주교의 관사와 의복, 그리고 저녁 만찬은, 주교의 노력에도 불구하고, 너무 초라하다. 주교는 장발장의 말에 불쾌감을 느꼈을까? 옆에서 그 대화를 듣고 있던 바티스틴 양은 불쾌감을 느꼈지만, 주교는 이어지는 대화에도 드러나듯이 전혀 불쾌한 마음을 드러내지 않는다. 그리고 자신이 주교라는 것을 드러내지도 않는다. 그렇다면 그는 자신의 검소함에 대하여

42) 김영철, 앞의 논문, 103-104쪽.

일종의 자긍심을 느꼈을까? 그것도 아닐 듯하다. 왜냐하면 주교가 스스로 선택한 가난한 삶은 명예나 평판을 위한 것이 아니었기 때문이다.

4) 성찬 이후

새벽 2시, 잠에서 깨어났을 때, 장 발장의 머리에 제일 먼저 떠오른 것은 여섯 벌의 은식기와 큼직한 스푼 한 자루였다. 교도소에서 19년 동안 벌었던 돈의 두 배 값어치는 나가리라는 생각이 그를 사로잡았다. 한 시간이나 망설이고 있던 그는 드디어 은식기와 스푼이 보관된 함이 있는 주교의 침실로 간다. 그는 힐끗 잠들어 있는 주교를 본다. 주교의 머리는 베개 위에 던져진 듯 완전히 휴식에 몸을 맡기고 있었고, 그의 얼굴은 만족과 희망과 지복의 어렴풋한 표정으로 빛나고 있었다. 장 발장은 순간 주교의 신뢰가 가득 찬 모습에서 공포심을 느꼈고, 불안감을 느꼈다. 그는 마치, 하나는 일신을 파멸시키고 다른 하나는 일신을 구원하는 두 심연 사이에서 머뭇거리고 있는 듯이 보인다. 그러나 이내 그는 모자를 눌러 쓰고 은식기와 은수저를 바랑에 집어넣고는 담장을 비호처럼 뛰어 넘어 자취를 감춘다.[43)]

다음 날, 장 발장은 세 명의 헌병에게 끌려 주교 앞에 온다. 그는 처음으로 이 노인이 '주교 각하'임을 알고 놀란다. 사태를 금방 알아차린 주교는 헌병들이 들으라는 듯이 크게 말한다. "아! 당신이구려! 나는 당신에게 은촛대도 드렸는데 왜 그것은 가져가지 않았소." 주교는 두 개의 은촛대를 장 발장에게 건네주면서 나직한 음성으로 귓속말을 한다. "잊지 마시오. 결코 잊지 마시오. 이 은그릇을 정직한 사람이 되기 위하여 쓰겠노라고 내게 약속한 일을. 장 발장, 나의 형제여! 당신은 이미 악이 아니라 선에 속하는 사람이오. 내가 값을 치르는 것은 당신의 영혼을 위해서요. 나는 당신의 영혼을 암담한 생각과 파멸에서 끌어내어, 그것을 천주께 바치려는 것이오."

장 발장은 도망치듯이 교외로 빠져 나왔다. 그는 자신이 감동을 했는지 모욕을 당했는지 모르는 혼란스러운 심적 상태로 길가에 앉아 있었다. 이때 10세 가량의 사부와 소년이 노래를 부르며 몇 닢의 동전으로 공기놀이를 하며 장 발장 옆을 지나가다가 은전 한 개를 떨어뜨린다. 그 동전은 장 발장의 발

43) 김영철, 앞의 논문, 105쪽.

앞으로 굴러 왔다. 그는 거의 반사적으로 그 은전을 발로 밟는다. 발밑에 깔린 동전을 달라고 애원하는 소년을 윽박지르며 쫓아 보낸 장 발장은, 정신이 들어 자기 발밑에 은전 하나가 있는 것을 발견하고는 갑자기 놀란다. 그가 한 짓은 정신이 혼란한 와중에 악의 습성이 무심코 나타난 것이었다. 그는 목메어 아이를 찾았으나 소용이 없었다. 그는 지나가는 신부에게 도적질한 자신을 잡아가 달라고 절규하기도 한다. "아아, 나는 불쌍한 놈이다!" 그는 여자보다도 연약하고 어린이보다도 더 겁에 질려 울기 시작한다. 19년 이래 그가 우는 것은 이번이 처음이었다.

(2) 다시 태어남

장 발장은 밀리에르 주교와의 극적인 만남 이후에 완전히 다른 사람으로 변모한다. 이 후에 그는 선을 행하였을 뿐만 아니라 '정의의 실질'을 추구하는 양심적인 인물로 변모한다. 이러한 급작스러운 변화는 어떻게 가능하였던가? 아무리 밀리에르 주교가 성스러운 존재라고 하더라도, 장 발장의 마음을 변화시키는 데에는 상황적 계기에 상응하는 마음의 상태가 요청된다. 다시 말하여 장 발장에게 밀리에르 주교가 던진 구원의 줄을 붙잡을 마음이 애시 당초 없었다면, 장 발장의 개심은 일어나지 못했을 것이라는 말이다.[44]

장 발장에게는 밀리에르 주교의 성스러움을 받아들일 마음이 이미 존재하였던 것인가? 아마 그렇다고 보아야 할 것이다. 그러나 그 마음은 '타고난 능력'으로만 보기는 어렵다. 우리가 타고난 것은 심리적 성향과 충동으로서, 성스러움을 식별할 수 있는 마음은, 초기에는 막연한 형태에 불과한 것이던 것이, 환경과 교류하는 동안에 점차 발아하여 형성된 것으로 보아야 할 것이다.

Q. 그렇다면 장 발장이 밀리에르 주교의 객관적 성스러움을 주관적으로 경험할 수 있었던 것은 어떻게 설명하여야 하는가?

Note. 우선, 세상을 살아가는 사람은 홀로 존재하는 것이 아니라 신앙공동체의 한 구성원으로서 존재한다는 사실부터 생각해 보자. 장 발장이 태어난 18세기 말 프랑스는 '법률과 풍습에 의하여 인위적으로 문명의 한복판에 지옥을 만드는'

44) 김영철, 앞의 논문, 19-21쪽.

사회이기는 하였지만, 여전히 예수의 행위나 말이 '좋은 것' 또는 '선한 것'으로 인정되고 있었다. 어린 시절에 가난한 삶을 살던 장 발장도 예수를 본받아 사는 삶이 올바른 삶의 길이라는 막연한 믿음을 부지불식중에 내면화하였을 것이다.

둘째로, 장 발장은 19년 동안의 감옥생활을 통하여 비인격적 대우를 받은 나머지 완악한 성격의 소유자로 변모되고 말았지만, 밀리에르 주교의 성찬에 참예함으로써 인간, 더 나아가 귀한 손님으로 대접을 받는다. 밀리에르 주교가 베푼 성찬은 인간으로 살아간다는 것의 행복함을 장 발장에게 일깨워준 '의례'였다고 할 수 있다. 밀리에르 주교가 보여준 영접, 존경, 환대, 관심, 연민, 수용, 배려, 친밀, 온정, 교우, 위로, 정의, 겸손, 평등심 등은 장 발장으로 하여금 어린 시절에 사회화된 종교적 신앙을 다시 일깨우는 계기가 되었을 것이다.

셋째로, 장 발장은 수감생활을 하는 동안 사회에 대하여 유죄판결을 내렸다. 그리고 신의 섭리에 대한 믿음도 버렸다. 그런데 사회와 신에 대한 이러한 탄핵은 나름의 공고한 지력의 기초 위에서 이루어졌던 것이다. 그는 감옥에 있던 중에 수도사들이 죄수들을 위하여 운영하는 학교에 다니면서 읽기, 쓰기 그리고 셈하기를 배웠다. 그는 '자기의 지력을 공고히 함은 곧 자기의 증오심을 공고히 하는 것'이라고 생각했다. 공고한 지력에 의거한 반종교적 심성은, 부당하고 부조리한 사회에 대한 증오에 기초하고 있기 때문에, 이 근본적 증오가 진무되거나 해소되면 반종교적 심성은 그 반대의 극단으로서의 종교적 심성으로 돌아설 수도 있다.

3. 양심적 고뇌

(1) 샹마티외 사건: 시장이 죄수로 영락하다

장 발장은 주교에게 훔친 은그릇은 팔고 촛대만을 남겼다. 그리고 잠행하여 몽뢰이유 쉬르 메르에 와서 흑구슬 제조 사업으로 성공을 거두고, 마들렌 씨로 불린다. 명망이 높았던 그는 이윽고 시장에 취임한다. 그는 죄 많고 증오로 점철된 전반생은 이 후반생으로 말미암아 속죄되었다고 느끼며, 평화와 안도와 희망에 싸여 살고 있다.[45)]

그러던 어느 날, 마들렌 시장은 자신으로 오인되어 아라스 중죄 재판소에

45) 김영철, 앞의 논문, 96-97쪽.

회부되어 있는 샹마티외라는 자의 존재를 경감 자베르의 고백을 통하여 알게 된다. 자베르가 시장 사무실에 들어와서 이야기를 시작하고, 그 이야기 속에서 자베르가 마들렌 시장님을 '장 발장'으로 의심하였다는 이야기를 하였을 때, 그는 망연자실하여 자기운명의 기구함에 정신을 잃을 지경이었다. 자베르의 이야기를 들으면서 맨 먼저 그의 머리에 떠오르는 생각은 '가서 자수하여 그 샹마티외를 옥에서 꺼내주고 내가 영어의 몸이 되자'는 생각이었다. 그러한 고통스런 최초의 생각은 조금 후에는 자기 보존의 본능에 의하여 제어되고 약화된다. 바로 눈앞에 공포스러운 자베르가 있었고, 그를 본 장 발장은 투사가 방패를 집어 들 듯 침착을 되찾았다. 그 날 하루 종일 그는 속으로 갈등이 없지 않으면서도 겉으로는 태연해 보였다. 식사도 잘 하였다. 그러나 그는 어렴풋이 '아마 아라스로 가지 않으면 안 되리라'고 느꼈다. 그러나 그 아라스 행의 예감은 그저 방청객으로서 재판을 보아 둔다는 것에 불과하였다. 이 모든 그의 행태는 마음속에서 갈등이 아직도 어수선하게 꿈틀거리고만 있었기 때문이다.

그런데 자베르도 마들렌 시장이 진짜 장 발장이라는 사실을 모른다. 자베르는 '장 발장'을 잡았다고 만족하고 있다. 마들렌 시장은 생각한다. '이 모든 것은 주님의 뜻으로 이루어진 것이 아닐까. 되어가는 대로 둘 뿐이다.' 그러다가 그는 우울해져서 다시 원점으로 돌아 온 자신을 발견하게 된다. 운명과 인간의 오류를 그대로 놓아둔다는 것은 비열하고 추악한 죄이다. 더구나 그것을 신의 뜻에 가탁한 자신이 혐오스러워진다. 그는 자문한다. '인생의 목적이란 무엇인가? 이름을 숨기고 경찰을 속이는 것 이외에 다른 거룩하고 참다운 목적은 없는가?' 그는 그 순간 자신의 도적질을 용서해 준 밀리에르 주교를 떠올린다. 스스로 자수하여 샹마티외라는 가엾은 사나이를 구원하고 자신이 교도소에 가는 것이야말로 천주 앞에서 거듭나는 일이다. 그는, 자신이 행한 숱한 덕행으로 말미암아 속인들은 그의 생활을 보지만, 자신이 행한 숱한 덕행에도 불구하고 주교는 그의 양심을 보는 것 같이 느낀다. 그는 천주께 귀의하기 위해서는, 이름을 숨기고 사는 것과 영혼을 정화하는 것이 갈등을 일으키게 된다는 것을 깨닫는다. 마들렌 시장은 아라스로 떠나지만 그 이후에도 양심을 저버릴 많은 빌미를 만난다. 그러나 결국 그는 아라스 중죄 재판소에서 자신이 진짜 장 발장임을 밝힌다.

(2) 샹브르리 거리의 바리케이트 사건: 증오를 버리고 사지로 들어가다

코제트는 고아로서 하늘의 뜻으로 홀아비 장 발장과 부녀지간으로 지내왔다. 장 발장은 그 누구도 사랑해 본 적이 없었으나 오직 코제트만을 사랑하고 있었다. 그는 모든 것을 감수하고, 용서하고, 허용하고, 축복하고 있었으나 오직 한 가지, 코제트가 자기를 사랑해 줄 것 한 가지 밖에는 바라지 않는다. 그에게 소중한 물건이 있다면, 주교가 주었던 은촛대와 더불어 향기로운 조그마한 가방뿐이었다. 그 가방에는 장 발장이 테나르디에 부부에게서 코제트를 빼앗듯이 데려올 때 입혔던 어린 시절 코제트의 옷가지가 들어있다. 늙은 장 발장은 물론 아버지처럼 코제트를 사랑하였으나, 그 부성애 속에는 그의 홀아비 생활에서 오는 온갖 사랑이 깃들어 있었다. 그에게는 애인도 아내도 없었기 때문에 모든 감정이 뒤섞여 코제트를 딸처럼, 어머니처럼, 누이동생처럼 사랑하고 있었다. 물론 코제트에게 있어서도 장 발장은 할아버지, 아들, 오빠와 남편 등의 여러 가지 성질로 뭉쳐진 이상한 아버지였으며, 일찍이 어머니의 사랑을 받아보지 못한 그녀로서는 장 발장에게 모성도 느끼고 있었다.[46)]

어느덧 코제트가 장성하여 17세의 처녀가 되었을 때, 그녀는 마리우스라는 청년과 사랑에 빠진다. '코제트의 마음은 다른 사내를 향하고 있다. 그녀의 마음은 다른 사내에게 있고 나는 그저 아버지에 불과하다.'는 생각이 들었을 때, 장 발장은 내면 깊숙한 곳으로부터 무시무시한 이기심이 눈떠오는 것을 느꼈다. 그는 코제트의 애인 마리우스를 연적으로 느끼고 그에 대한 증오심에 떨었다. 장 발장은 '거듭난' 사람으로서 자기 영혼에 그토록 수양을 쌓고자 했지만, 이제 자기의 내부를 들여다보았을 때 하나의 괴물인 증오를 보았다. 상실의 고통이 큰 만큼 장 발장은 살 의욕을 잃었고 처참한 심경이 되었다.

그런데 코제트가 사랑하는 공화파 청년 마리우스는 샹브르리 거리의 바리케이트 속에서 정부군과 대치하고 있다. 장 발장은 '가증스런'이 청년이 조만간 죽게 될 미래를 생각하며 그 미래가 찬란하다고까지 느낀다. 그리고 내심 환성을 질러 본다. 결말은 소원보다 빨리 왔던 것이다. 그의 운명을 막고 있던

46) 김영철, 앞의 논문, 97-98쪽.

청년은 이제 스스로 자진하여 사라져 가고 있다. 그는 살아난 느낌을 갖는다. 그 청년이 일단 이 싸움에 휩쓸려 들어간 이상 살아날 길은 없다. 코제트도 그 사내가 어떻게 되었는지 모를 것이다. 일이 되어 가는 대로 내버려두기만 하면 된다. 그러나 생각이 여기에 미치자 그는 다시 침울해 진다. 결국 그는 국민병 제복을 입고 총을 든 채 마리우스를 구하기 위해, 자신도 죽게 될 지 모르는 바리케이트로 향한다.

(3) 고백: 행복을 포기하고 고독한 노년을 보내다

코제트와 마리우스는 행복한 결혼을 하였다. 장 발장은, 루소의 '에밀'에서 장 자끄가 소피이와 에밀을 결혼시켰듯이, 코제트와 마리우스를 결혼시켰다. 그러나 장 발장은 코제트와 마리우스가 결혼한 그 날 밤에 다시 고뇌에 빠지게 된다. 그 고뇌는 코제트와 마리우스의 행복에 대하여 장 발장 자신이 어떠한 태도를 취해야 하는가 하는 것이었다.[47]

장 발장은 코제트와 마리우스의 행복을 만드는 데에 지대한 공헌을 하였고, 거기에서 그도 행복감을 느꼈다. 그러나 그 행복을 자신에게 주어도 좋은가 하는 문제에 이르러서는 망설인다. 막연하나마 그래도 존경을 받는 '아버지'와 '장인'의 지위에 계속 머무르면서 자신이 범죄자였다는 과거의 비밀을 숨기는 것은 양심에 걸리는 문제였다.

코제트는 난파한 장 발장에게는 하나의 뗏목이었다. 그것에 매달려 있다면 그는 재난에서 벗어나고 살아갈 수 있다. 그러나 놓아 버린다면 그때는 절망의 심연이 기다리고 있을 뿐이다. 그는 예전에 아라스의 중죄 재판소로 가서 자신이 장 발장임을 밝혔을 때보다, 또 마리우스를 구하기 위하여 사지로 들어갈 때보다, 더욱 맹렬한 갈등을 느낀다. 교도소에 들어가는 샹마티외 사건도, 죽음이 난무하는 바리케이트 사건도, 허무 속에 들어가는 이 일에 비하면 아무 것도 아니다.

빛나는 두 젊은이에게 자기의 과오를 부과하느냐, 또는 구제 받을 수 없는 자기의 몰락을 자기에게만 그치게 하느냐 하는 것이 문제이다. 그는 결국 마리우스에게 고백한다. "나는 19년간 교도소 살이를 하였소. 절도죄로. 다음에

47) 김영철, 앞의 논문, 98-99쪽.

는 무기징역에 처해졌소. 역시 절도죄로. 그리고 현재는 탈주자인 셈이오." 그리고 그 고백의 동기를 묻는 마리우스에게 '내 마음속에 나를 비끄러매는 한 가닥의 줄' 때문이라고 말한다. 그 줄은 양심의 줄로서 일찍이 밀리에르 주교가 은식기를 훔친 그에게 은촛대까지 주어 가면서 던진 것이다.

4. 정의로운 삶: 플라톤의 관점에서

(1) 의로운 사람은 어떤 사람인가

'레 미제라블'의 1부 1권은 '의로운 사람'이라는 제목으로 밀리에르 주교의 사상과 삶의 소개로 시작된다. 주교에 의해 장 발장은 의로운 사람으로 변화한다. 그런데 이 의로운 사람은 어떠한 사람인가? 단지 선을 행하는 사람인가? 장 발장은 선을 행하였지만 종교적 측면에서 볼 때 의로운 사람에게 요청되는 것은 여기에 그치지 않으며, 그것은 양심의 문제로까지 나아간다. 장 발장이 겪는 세 가지 양심적 고뇌의 성격을 교육학적 문제로 해석하는 데에는 일찍이 플라톤이 「국가」에서 제기한 질문을 검토해볼 필요가 있다.[48]

(2) 정의로운 삶은 어떤 것인가: 플라톤의 정의관

플라톤의 「국가」의 제1권과 제2권에서는 정의로운 삶은 어떠한 것인가라는 질문이 제기된다. 제1권의 말미에서 소크라테스는, '정의보다 부정의가 이익'이 된다는 트라시마코스의 주장에 대하여, '부정의보다 정의가 이익'이 된다고 논박하지만, 정의가 그 자체로 무엇인지 알아보려고 하지 않았기 때문에 결국 자신은 아무 것도 새로 알게 된 것이 없다고 말한다. 끝난 것만 같았던 논의는, 이어 제2권에서 글라우콘이, 정의가 그 자체로서 찬양받기를 바라는 간절한 마음에서, 트라시마코스가 제기한 질문을 다시 호소력있는 질문으로 바꾸어 제기함으로써 재개된다. 그는 "소크라테스 선생님! 선생님께서는 올바르지 못한 것보다는 올바른 것이 모든 면에서 더 낫다는 것을 저희한테 설득하신 듯이 보이기를 바라시는 겁니까, 아니면 진정으로 설득하시기를 바라는 겁니까?" 라면서 소크라테스의 트라시마코스에 대한 논박이 불충분하다고 말한 뒤, 다음의 세 가지 질문을 제기한다.

---

48) 김영철, 앞의 논문, 99-100, 109쪽.

첫째, 사람들이 생각하는 정의의 본질은 무엇인가?
둘째, 사람들이 정의로운 삶을 사는 것은 왜인가?
셋째, 사람들은 어떻게 사는 것이 좋다고 생각하는가?

글라우콘에 따르면, 첫째, 사람들이 생각하는 정의의 본질은 '관례 또는 법'이다. 정의는 그 자체로는 좋은 것이 아니고 부정의를 행하였을 때 타인의 보복이 무서워서 준수되는 것이다. 그리하여 만일 누군가가 부정의를 저지르고도 처벌을 받지 않을 정도의 최강자라면 그는 서슴없이 부정의를 행할 것이다. 그러므로 정의란 부정의를 저지르고도 처벌받지 않는 최선의 상태와 부정의를 당하고도 보복할 수 없는 최악의 상태 중간에서 타협을 모색한 결과이다.

둘째, 사람들이 정의를 행하는 이유는 부정의를 행할 수 없는 그의 '무능' 때문이다. 투명인간으로 만들어 준다는 전설 속의 반지를 낀 사람은, 그 사람이 어떤 사람이건 간에 악행을 할 것으로 예측된다. 마찬가지로 부정의를 행하고도 보복을 받지 않을 수 있는 최강자가 있다면, 그는 오로지 부정의만을 행할 것이다.

셋째, 그러면 어떻게 사는 것이 좋은가라는 질문에 대하여 사람들은 실지로는 올바르지 않으면서 겉으로는 올바른 듯이 사는 삶이 상책이라고 생각한다. 실지로는 부정의를 행하면서 외양으로는 정의로운 듯이 보이는 '가장 부정의로운 자'와 실지로는 정의롭게 살면서 외양으로는 부정의하게 사는 것으로 보이는 '가장 정의로운 자'를 대비하는 상상실험을 해보면, 전자의 삶이 좋다는 즉각적 결론이 나온다. 이상이 글라우콘의 설명이다.

이어 아데이만토스는 저명한 인사들도 최대의 불의를 짐짓 정의로움으로 분식하여 가지는 것, 즉 '정의의 외양과 부정의의 실질'을 잘사는 삶으로 보고 있다고 말하면서, 이 견해를 젊은이들이 접했을 때 이들의 영혼에 그것들이 어떠한 영향을 미칠 것인가 우려한다. 아데이만토스는 소크라테스에게 각자가 가장 훌륭한 감시자로 되게 하기 위하여, 소크라테스 자신이 평생 바쳐 온 문제가 그러했듯이, '실지로 올바른 것'과 '그런 듯이 보이는 것'을 명철하게 구분하여 정의를 '그 자체로' 정당화 해 주기를 요청한다.

(3) 장 발장은 정의로운 사람인가

장 발장은 정의로운 사람인가? 다시 말하여 그는 정의의 실질과 부정의의 외양을 갖춘 사람인가?

그렇게 보인다. 첫 번째 양심적 고뇌에서 그는 시장으로서의 자신의 명예와 부와 권력을 모두 포기하고 다시 영어의 몸이 되는 치욕을 선택한다. 두 번째 양심적 고뇌에서 그는 코제트에 대한 독점욕을 포기하고 사지로 들어가는 위험을 감수한다. 그리고 세 번째 양심적 고뇌에서 그는 행복하고 안락한 노년을 포기하고 자신의 전력을 마리우스에게 고백함으로써 고독한 생의 마지막을 맞는다. 말하자면 그는 정의의 실질을 선택함으로써 부정의의 외양을 덮어쓴 것이다.

그렇지만 혹자는 그가 정의의 실질을 택함으로써 부정의의 외양을 받는 것은 그의 과거의 어두운 죄가 씨가 되어 나타난 결과이므로 하등 대단할 것이 없다고 할지도 모르겠다. 구약성서에 나오는, 원래 의로웠던 욥과는 달리, 장 발장은 자신이 뿌려 놓은 죄의 씨앗을 거두어 불행해졌다는 점에서 가장 정의로운 자는 아닐지 모른다. 그러나 독자의 입장에서 자신이 뿌려 놓은 불의의 씨앗이 없다고 자신있게 말할 사람은 누구인가? 누구나 자신이 죄인임을 자각하는 것은 아니지만 누구나 죄인이라는 것이며, 장 발장뿐만 아니라 그에게 촛대를 준 밀리에르 주교의 경우나 욥의 경우도 죄인이기는 마찬가지이다. 오히려 우리는 장 발장의 회개와 양심적 선택 속에서, 죄인임을 깨닫는 자만이 정의의 실질을 추구할 수 있다는 해석이 가능함을 알 수 있다. 다시 말하여 장 발장은 그의 생을 통하여, 정의의 실질을 추구할 것을 촉구하고 있는 동시에, 그 정의의 추구는 죄인에게, 더 정확히는 죄인임을 자각한 자만이 할 수 있다고 말하는 것 같다.

「국가」는 첫 두 권에서 제기된 이 질문인 정의로운 삶이란 어떠한 삶인가?에 대한 답을 얻기 위하여 제10권에 이르는 기나긴 논의로 이루어져 있다. 「국가」 초반부의 이 질문에 대답하기 위하여 왜 이후 10권에 이르기까지 플라톤이 소크라테스의 입을 빌려 이상국가의 교육을 설명하지 않을 수 없는가 하는 점을 생각해 보면, 이 질문의 무게를 예감할 수 있다. 그러나 이 질문은 진정 삶과 교육의 근본이 되는 질문인가? 만일 혹자가 이 질문의 무게를 느끼기 어렵다면, 소설 '레 미제라블'을 추천하고 싶다. 왜냐하면 소설 '레 미제라블'에서 장 발장이 양심적 고뇌를 하는 장면은 플라톤의 형제들이 제기한 질문을 소설적 양식으로 표현하고 있기 때문이다.

Q. 다음을 생각해 보자.

(1) 왜 꼭 돈과 권력을 추구하면 양심을 버려야 하고, 양심을 추구하면 돈과 권력을 버려야 하는 것으로 생각하는가?

(2) 학부모들이 자신의 자녀들이 받는 교육에 대하여 기대하는 바는 무엇인가? 그것은 학과성적－진학－출세－돈과 권력의 연쇄라고 하여 틀린 말은 아닐 것이다. 그러나 학부모들이 돈과 권력이 있는 안정된 지위와 생활을 자녀가 누리기를 염원한다고 하여 그들의 자녀가 양심을 저버린 사람이 되기를 바라겠는가?

(3) 안타까운 일이지만, 우리의 삶은 돈과 권력을 추구하는 삶과 양심을 추구하는 삶이 조화를 이루지 못하는 것 같다. 달리 말하여, 우리의 삶에는 돈과 권력을 추구하면 양심을 잃고, 양심을 추구하면 돈과 권력을 잃는 경우가 흔히 있다는 것이다. 이제 선생의 입장에서 볼 때, 선생은 학생에게 뭐라고 말할 것인가? 아니, 사람이 살아간다는 것은 '나는 어떻게 살아야 하는가?' 하는 질문에 답하는 것이라고 할 때, 선생은 어떠한 삶을 살아야 하는가?

제 4 절　현대 정의론의 선구자: 아리스토텔레스

Ⅰ. 플라톤과 아리스토텔레스

1. 플라톤의 제자

아리스토텔레스(Aristoteles, 384-322, B.C)는 고대 그리스의 철학사상을 체계적으로 종합하였고, 스승인 플라톤의 관념론을 극복하면서 중세를 거쳐 현대에 이르기까지 서구사상의 발전에 지대한 영향을 미친 사람이다. 아리스토텔레스는 그의 스승 플라톤과 함께 고대 그리스 철학의 대성자이며, 고전 정치학의 창설자로 일컬어질 정도로 정치학의 과학화에 크게 공헌한 사상가이다. 그는 플라톤 사상의 많은 부분을 계승하면서도, 그의 이상적인 면을 비판하였다. 따라서 그들 두 사람의 사상 사이에는 다음과 같은 몇 가지 차이가 있다.[49)]

첫째, 플라톤은 정의나 덕과 같은 추상적인 철학적 개념으로부터 출발하여 연역적 방법에 의해서 모든 시대와 인간을 통하여 타당한 이상국가를 서술하고자 노력하였다. 이와는 대조적으로 아리스토텔레스는 현실적으로 존재한 통치조직의 비교연구로부터 출발하여 사실관찰과 역사에 기초를 두고, 주로 경험적·귀납적 방법에 의해서 이론을 전개하고자 노력하였다.

둘째, 플라톤에 있어서는 윤리학이 기본적이며, 정치학은 윤리학의 한 분과학문으로 종속되어 있다. 이에 비하여 아리스토텔레스는 정치학을 윤리학의 상위에 둠으로써 정치학을 최고의 학문으로 인식하였다.

셋째, 플라톤은 이상과 논리에 중점을 두고, 현실을 제2차적인 것으로 보았다. 그의 이론은 추상적이며 논리적 분석에 중점을 두었다. 이에 비하여 아리스토텔레스는 우선 현실적 사실을 중요시하고 그 다음에 이상으로 향하는 과정을 밟았다. 그의 이론은 구체적 현실적 경험과 관찰 및 추론에 중점을 두었다.

---

49) 이환구, "아리스토텔레스의 정치공동체에 관한 연구," 현대이념연구 제11호(1996), 106-107쪽.

그래서 플라톤은 이상주의자로, 아리스토텔레스는 경험주의자로 표현하는 것이 일반적인 견해이지만, 아리스토텔레스는 이러한 구별이 의미하는 것보다는 훨씬 더 플라톤에 가깝다. 그는 결코 현대적 의미의 경험주의자는 아니었고, 관찰사실로부터 나오는 이론의 일반화를 위하여 사변적 방법을 설명한 연역적인 철학자인 동시에, 규범과 연역적 진리를 신봉한 이상주의자이기도 하였다.

플라톤 사상이 서양철학 관념론의 뿌리가 되었듯이, 아리스토텔레스의 사상은 현실주의의 뿌리가 되었다. 또한 그는 플라톤이 창출한 관념을 받아들여 발전시키고 체계화하였다.

플라톤의 저작들이 시인적 정열로 가득한 극적 예술작품과 같은 느낌을 주는 데 반하여, 아리스토텔레스의 저작들은 플라톤의 경우와 같은 대화와 토론의 형식이 아니라, 강의와 논문의 형식으로 되어 있고 무미건조한 느낌이지만, 보다 더 체계적이고 과학적이다.

아리스토텔레스는 많은 학문분야에 걸친 관심과 업적을 남겼으며, 특히 정치사상 분야에 있어서는 국가를 정치공동체로서 이해하는 데 선도적 역할을 하였다. 그는 분명하게 국가를 하나의 공동체(community)라고 정의한 최초의 인물이었다. 물론 플라톤도 역시 공동체와 질서에 관하여 깊은 관심을 가졌었지만, 그의 주된 관심은 정의의 규범에 있었다. 이에 비해 아리스토텔레스는 정치공동체를 그의 정치분석의 중심과제로 삼았다.

2. 생애와 작품

(1) 성장과 플라톤과의 만남

아리스토텔레스는 기원전 384년 마케도니아(Macedonia) 국경과 현대 도시 살로니카(Salonica)의 동쪽에 위치한 에게해의 작은 식민도시 스타기라(Stagira)에서 태어났다. 그의 부모는 모두 이오니아인들이었다. 그의 아버지 니코마코스는 마케도니아 왕 필리포스(Philippos)의 아버지 아민타스 2세(Amyntas Ⅱ)의 궁중 내과 의사였다. 그의 어머니는 스타기라를 식민지로 지배했던 칼키스 태생의 사람이었다. 아리스토텔레스에게는 형제와 자매가 한 사람씩 있었다. 그의 부모는 그가 어렸을 때 세상을 떠났다. 그래서 결혼한 누이가 그의 후견인

이 되었다.[50)]

아리스토텔레스는 어렸을 때부터 아버지를 도우면서 의학에 필요한 자연과학적 예비교육을 받았다. 기원전 367년 17세 때 그는 아테네에 가서 아카데메이아 학원에 입학해 스승 플라톤이 사망할 때까지 20년간(367-347, B.C.) 교육을 받았다. 거기서 그는 플라톤으로부터 '아카데메이아의 예지'라는 애칭을 얻을 정도로 그의 탁월한 재능을 인정받았으며, 플라톤의 영향을 받았다.

(2) 플라톤의 사망과 방랑

기원전 347년 플라톤이 사망하고, 그의 조카인 스페우시포스(Speusippos)가 그를 계승하여 학원장이 되자, 아리스토텔레스는 그의 학우인 크세노크라테스와 함께 아테네를 떠나, 소아시아에 있는 아타르슈스와 아소스로 여행하였다. 거기서 그는 아소스의 참주인 동시에 아카데메이아의 친한 동문이기도 한 헤르미아스(Hermias) 왕의 궁전으로 초빙되었다. 그 곳에서 그는 헤르미아스 왕의 양녀인 피티아스와 결혼하여 딸 하나를 낳았으나 후에 부인과 사별하고, 자기와 같은 고향인 스타기라 태생 헤르필리스와 재혼하여 니코마코스라는 아들을 낳았다(부친과 같은 이름이다). 그 아들은 후에 아리스토텔레스의 「니코마코스 윤리학」을 편집하였다.

헤르미아스 왕이 정변으로 인하여 사망하자, 기원전 344년 아리스토텔레스는 그 곳을 떠나 동문인 동시에 제자이기도 한 테오프라토스의 고향인 레스보스(Lesbos) 섬의 미틸레네로 옮겨갔다. 그 곳에서 그는 주로 자연사와 해양생물학의 연구에 몰두하였다.

기원전 342년 그는 마케도니아 왕 필리포스의 초청을 받아, 당시 13세의 왕자 알렉산드로스(Alexandros, 356-323, B.C.)의 가정교사로서 부임하였다. 그는 알렉산드로스(후일의 알렉산더 대왕)에게 주로 정치학과 수사학을 가르쳤으며, 그 왕자를 위한 교재용으로 호머(Homer)이 작품을 편집하기도 하였다. 기원전 340년 아버지 필리포스 왕이 전쟁에 나간 후에는 알렉산드로스가 섭정으로서 국내의 정사를 관장하게 됨에 따라, 아리스토텔레스는 그의 대부분의 시간을 자신의 연구에 이용하였다. 그는 7년간 마케도니아에 체류하면서 그의 저서

50) 이환구, 앞의 논문(1996), 108-110쪽.

「정치학」의 기초를 준비하였다. 알렉산드로스는 동방원정 때 그의 조카 칼리스테네스로 하여금 스승 아리스토텔레스의 과학적 조사연구를 촉진시키기 위한 자료와 표본들을 수집하도록 지시하였다.

기원전 336년 필리포스 왕이 암살되고, 알렉산드로스 왕자가 왕위를 계승함에 따라, 아리스토텔레스는 아테네로 돌아왔다. 당시 아카데메이아에는 2대 원장 스페우시포스의 사망으로, 학우인 크세노크라테스가 그 뒤를 계승하여 3대 원장이 되어 있었다. 아카데메이아의 학풍은 지나치게 수학적이고 사변적이었으므로, 생물학적이고 실증적인 아리스토텔레스의 학풍과는 서로 맞지 않았다.

(3) 리케이온의 설립

그래서 아리스토텔레스는 아테네의 동쪽 아폴론 신전 근처에 있는 리케이오스(Lykeios) 광장에 리케이온(Lykeion)이라는 학원을 설립하였다. 이곳은 우거진 숲으로 둘러싸여 있는 동산에 있었으며, 그는 제자들과 함께 이 숲동산을 소요하면서 강의하고, 토론하곤 하였으므로, 아리스토텔레스 학파는 소요학파로도 알려져 왔다. 리케이온의 도서관과 박물관에는 광범위하게 수집된 서적, 지도, 그리고 생물학적 표본 등 수많은 자료들이 소장되어 있었다.

학원은 정기적인 만찬을 가졌으며, 아리스토텔레스 자신이 제정한 규칙에 따라 향연을 베풀었다. 아리스토텔레스는 전통에 따라 오전에는 철학의 비교적 어려운 부분을 탐구하는 데 전념하고, 오후에는 많은 청중을 대상으로 변론술, 변증법, 윤리학, 정치학 등을 강의하였다. 아리스토텔레스의 현존하는 논문들 중 대부분은 그가 리케이온에서 행한 강의내용들이다. 또한 그는 158개나 되는 도시국가들의 헌법집을 편찬하였다.

기원전 323년 여름 알렉산드로스 왕이 바빌론에서 뜻밖의 열병으로 사망한 후에 아테네에서는 마케도니아의 지배에 반항하는 시민운동이 일어났다. 마케도니아 왕실과 친밀한 연고관계에 있던 아리스토텔레스는 정치적 규탄이 대상이 되었다. 그는 옛 학우이자 아소스 왕인 헤르미아스에게 바친 '덕의 송가'가 이 왕을 신격화함으로써 신을 모독했다는 혐의, 즉 신에 대한 불경죄로 고발되었다. 그는 소크라테스의 비운을 회상하고, "나는 아테네 사람들로 하여금 철학에 대하여 두번 다시 죄를 짓지 않도록 하겠다"고 말하면서, 어머니의 고향인 칼키스로 피신하였다. 그는 그 곳에서 몇 개월 더 살았으나, 이듬해인 기원전 322년 위장병으로 세상을 떠났다.

「정치학」은 리케이온 학원에서 강의한 내용을 그의 사망 후에 제자들이 편찬하여 간행한 저작이다. 이 책은 모두 8권으로 편성되어 있으며, 정치학의 고전으로 매우 중요한 위치를 차지하고 있다. 「니코마코스 윤리학」은 개인이 국가(polis)의 한 구성원으로서 선량한 시민이 되도록 하기 위한 인간성격에 관한 연구론이며, 그의 정치사상을 이해하는데 중요한 문헌이다. 그 밖의 다양한 저작물이 있다.

Ⅱ. 시대적 배경

그리스의 정치와 문화가 내적으로 개화된 시기가 페리클레스(490-429)의 시기라면 외적으로 번창한 시기가 알렉산드로스 대왕의 시기였다. 기원전 5세기 말에서 4세기 초반에 그리스 사회는 심각한 위기에 빠졌고, 이러한 위기는 마케도니아 왕 알렉산드로스의 지배하에서 잠정적으로 사라지게 되었다. 알렉산드로스 왕은 지중해를 정복하면서 새로운 도시를 건설하였고, 그 결과 이 지역과 그리스에서 상업이 번성하였다. 아리스토텔레스는 이러한 외적인 시기에 활동하였다.[51]

그리스의 역사발전을 좌우한 커다란 사건은 페르시아 전쟁(500-479)과 펠로폰네소스 전쟁(431-404)이다. 아테네가 해상강국으로 부상하여 기원전 478년에 '아테네 해상동맹'이 결성된다. 정치적으로 페리클레스가 등장하여 아테네 민주정치를 꽃 피운다. 이 시기가 소위 페리클레스 시기(443-429)이다.

페리클레스는 귀족당을 분쇄하고 민주주의 헌법을 도입한다. 이 헌법으로 아테네의 시민들이 직접 정치에 참여하여 다수결로 정책을 결정하게 된다. 페리클레스 시기에 나타난 철학자들이 소피스트이다. 이들은 진리의 감각성, 상대성, 회의성을 들고 나오며 전통적인 권위에 도전한다.

---

51) 강대석, "아리스토텔레스의 사회이론," 효대논문집 제44집(1992), 29-31쪽.

아테네 민주정치가 절정에 달했을 때 그리스에는 아테네를 중심으로 하는 해상동맹과 스파르타가 중심이 된 해상동맹이 존재하여 두 세력 사이이 이해관계가 상충되어 갔고, 급기야 그것은 27년 동안이나 계속된 펠로폰네소스 전쟁을 일으키게 된다. 이 전쟁의 결과로 아테네가 항복하고 스파르타가 승리하여 아테네의 운명은 급변한다. 아테네에서는 군사적, 경제적 힘이 무너졌을 뿐만 아니라 민주제도로 허물어진다. 스파르타의 장군 리산더(Lysander)의 지원아래 30여 명의 과두들이 정권을 장악하고 공포정권을 수립하였으며, 이 정권아래서 천여 명에 해당하는 정적이 처형된다.

그러나 과두들 사이의 반목으로 정권은 오래 지탱하지 못한다. 기원전 403년에 아테네인들은 트라시불로스(Thrasybulos)의 인도 아래 민주제도를 회복한다. 그러나 이렇게 수립된 정권은 많은 난제에 부딪힌다. 패전의 상처와 공포정치의 악몽이 사라지지 않는 상황에서 내적인 질서와 안정이 그 어느 때보다도 요구되었고, 이념적으로 전통에 의지하려는 경향이 강해졌다. 이 때문에 전통을 의문시하는 소크라테스가 고발되어 처형되고, 그것 때문에 충격을 받은 소크라테스의 제자 플라톤이 정치에 등을 돌리고 철학으로 들어서게 된다.

테베에 의하여 스파르타도 무너지고 기원전 371년에서 362년까지 테베가 그리스를 주도하는 도시국가가 된다. 그러나 테베의 유능한 왕이 죽자 그리스는 곧 정치적인 소용돌이에 빠져 들고 동시에 경제적 번영도 점차 쇠퇴하여 간다. 이후 그리스의 도시국가들은 하나 둘 무너져 갔지만, 그리스 문화는 계속 주변 세계를 정복해 나간다. 이러한 그리스 정신의 승리를 가능하게 한 것이 바로 마케도니아의 알렉산드로스 왕이다.

마케도니아는 원래 그리스 북쪽에 있는 보잘 것 없는 조그만 도시국가였다. 그러나 유능한 왕 필립포스가 등장하면서 마케도니아는 점차 강국으로 성장한다. 그가 47세의 나이로 살해된 후 20세에 왕이 된 알렉산드로스가 기원전 336년에 왕위에 오른다. 그는 우선 테베를 정복한 후 334년에 페르시아 원정을 감행하여 페르시아 왕 다리우스 3세를 격파하고 기원전 332년에 이집트를 침공하여 이집트 왕이 파라오가 된다. 그는 알렉산드리아라는 많은 도시들을 건설하고 그리스 문명의 전파를 가능하게 한다.

Ⅲ. 평 등 관

1. 자연적 불평등과 노예제

자연계는 우월한 자가 열등한 자를 지배하게 되어 있다고 아리스토텔레스는 주장한다. 인간은 동물보다 우월하고, 남성은 여성보다, 정신은 육체보다, 이성은 감정보다 우월하다. 이와 같은 차이가 우주의 질서와 사회의 질서를 유지해 주는 바탕이다. 부모와 자식, 주인과 노예, 남자와 여자, 시민과 비시민, 헬레네스와 바르바로이 등의 구분은 자연의 산물이다. 따라서 전자가 후자를 지배하는 것은 지극히 당연하며 그 같은 지배관계는 양측에 모두 이익이 된다.[52)]

플라톤은 인간의 능력과 자질에 따라 사회계층을 세 등급으로 엄격히 구분하였으나, 아리스토텔레스는 시민과 비시민으로 구분한다. 그러나 그는 노역의 형태에 따라 비시민을 다시 육체노동자와 노예로 구분하고 있다. 노예에 대해 다음과 같이 주장한다.

> "첫째, 누구든지 본성 때문에 그 자신의 주인이 될 수 없고 타인에게 속하는 사람은 그 자신의 본성에 따라서 노예이다. 둘째, 누구든지 사람으로서 재산의 품목인 사람은 타인의 소유물이다. 짐승을 부리는 것 보다는 사람을 지배하는 것이 더 낫다. 만약 어떤 사람이 다른 사람의 소유물이 될 만한 소질이 있거나 (이것이 사실상 노예가 되는 이유가 되기도 한다), 그 자신은 이성이 결핍되어 있지만 다른 사람이 이성을 갖추고 있다는 것을 알 정도의 이성이 있다면 본질적으로 노예이다. 노예의 쓰임새는 길들인 짐승의 쓰임새와 별로 다를 바가 없다. 둘 다 그들 소유자의 필요를 충족시키는 데 육체적 노동을 제공하는 것이다."

Q. 노예에 대한 아리스토텔레스의 생각을 몇 구절 보면 그에 대한 환상에 금이 갈지 모른다. 그의 주장을 토론해 보자.

---

52) 김영한, "서양사상에서의 비례적 불평등," 서양사론 제36권 제1호(2001), 51쪽.

2. 사유재산제와 비례적 평등

재산에 대한 아리스토텔레스의 견해는 오늘날까지 사유재산의 유력한 옹호론으로 알려져 있다. 그의 주장은 한 마디로 재산은 사유로 하되 사용은 공동으로 해야 한다는 것이다. 그의 사유재산제 옹호론은 플라톤의 재산공유제에 대한 비판에서 출발한다. 그의 비판의 초점은 공유제의 기본원리인 평등 자체에 있는 것은 아니며, 공유제가 국가의 전체적 조화와 통일에 효과적으로 기여하지 못한다는 데 있다. 그러나 결과적으로 그의 사유재산제 주장은 분배의 불평등 원리를 전제로 하지 않고는 옹호될 수 없다.[53)]

사유재산제를 지지하는 아리스토텔레스의 주요 논거는 대체로 다음의 네 가지로 요약된다. 첫째, 사리의 관념은 개인의 노력과 성취욕을 촉진시키고 개인적 불만을 해소시키는 데 기여한다. 사람은 저마다 뚜렷한 이익을 가지고 있을 때 상호 간의 마찰 없이 자신의 일에만 전념하게 되고, 그 결과 생산이 증가되어 사회가 발전하게 된다. 모든 사람이 이해의 영역을 달리하는 경우, 분쟁이 일어날 공동의 근거는 없을 것이다. 이 경우 각자는 자기 자신의 소유물을 위하여 일하고 있다고 생각할 것이므로 소득의 양이 증가할 것이다.

둘째, 재산의 소유가 주는 즐거움의 문제이다. 즐거움을 추구하는 것은 인간의 본능이다. 그런데 즐거움은 누구나 자신의 자연적 욕구와 감정이 충족될 때 느끼게 된다. 그러므로 자아와 재산에 대한 애착은 자연적인 것으로서 비난받아야 할 이유가 없다. 다만 비난되어야 할 진정한 대상은 지나친 이기심과 인색이다.

셋째, 관용의 문제이다. 즐거움은 개인적 욕구의 충족뿐만 아니라 친절과 아량으로 남을 돕는 데서 오게 된다. 그러나 평등한 부와 동일한 조건의 사회에서는 아무도 관용과 아량을 베풀 여지가 없다. 따라서 관용은 재산, 지위, 능력 등에서 불평등을 인정하는 사유재산제 사회가 아니면 발휘되기가 어렵다.

넷째, 공유제가 진실로 필요하고 중요한 것이라면 그것은 이미 존재했어야 한다. 왜냐하면 현실에 존재하는 것은 모두 인간사회의 존속과 유지에 필

53) 김영한, 앞의 논문, 57-60쪽.

요하기 때문이며, 인간사회에 필요한 것은 현실적으로 존재하게 되어 있기 때문이다. 따라서 역사상 오랫동안 존속해 온 것이 공유제가 아닌 사유제였다는 사실은 그것이 그만큼 필요하고 중요하다는 것을 입증해 주는 것이다.

아리스토텔레스는 사회악의 근원이 사유재산제에 있는 것이 아니라 인간 본성의 타락에 있다고 생각한다. 따라서 이를 치유하기 위한 방법은 재산의 평등에 있다기보다는 인간의 도덕적 개선에 있다. 이 점에서 사회개혁은 기본적으로 경제적 문제 이전의 도덕적 문제라 할 수 있다. 인간의 타락은 탐욕에서 비롯되므로 가장 중요한 것은 소유보다 욕망을 평등화하는 것이다. 선천적으로 이성적인 사람들은 그들의 몫 이상을 요구하지 않겠지만, 그렇지 못한 열등한 사람들의 욕구는 부당한 대우를 받지 않는 한, 강력히 억제되어야 한다. 아리스토텔레스는 재산과 사회적 지위는 일치되어야 한다고 믿는다. 그는 누가 부를 소유하느냐의 문제보다 어떻게 부를 사용하느냐에 더 관심을 두었다. 재산의 소유는 사유로 하되 그 사용은 공동으로 해야 한다고 그가 주장한 것은 각자의 재산은 국가의 목적을 위해 사용되어야 한다는 것을 강조한 것이다.

그는 과도한 부의 불평등이 국가의 균형과 조화를 위태롭게 한다고 생각한다. 소수의 사람이 많은 부를 소유하고 다수가 아무 것도 소유하지 못하는 국가는 결국 가진 자와 못 가진자의 두 극단세력으로 분열되어 이중 어느 한 세력에 의해 지배될 수밖에 없다. 그 결과 소수 귀족들의 배타적 이익을 옹호하는 과두정치가 아니면 무산계급자들의 이익을 옹호하는 민주정치가 출현하게 된다.

그렇다면 평등이란 무엇인가? 그것은 모든 것을 차별 없이 대하는 절대적 개념인가, 아니면 불평등한 것은 블평등하게 대하는 상대적 개념인가. 이를 파악하기 위해서는 우선 평등과 밀접한 관계가 있는 정의 개념을 살펴보아야 한다.

Q. 다음을 생각해 보자.

(1) 사유재산제를 지지하는 아리스토텔레스의 주요 논거는 타당한가?

(2) 사회악의 근원을 어디에 있다고 보았는가? 아리스토텔레스의 입장에 찬성하는가?

(3) 사회개혁을 위해 무엇을 해야 하는가? 그의 주장은 타당한가?

(4) 재산과 사회적 지위는 일치되어야 한다고 믿고 있는 그의 견해의 문제점은 무엇인가?

Ⅳ. 정 의 관

1. 정의론: 일반적 정의와 특수적 정의

(1) 자연적 불평등: 본성적 노예론

아리스토텔레스는 철학의 많은 분야에서 그랬듯이 정의 개념의 분배적 측면을 최초로 부각시킨 사람이다. 그는 모든 정치적 질서와 정의의 근본과 출발점으로 인간의 불평등을 필연적인 것으로 설정한다. 그에게 있어서 주체적 현실 속에서 불의를 제거하는 최선의 방법은 모든 사람들이 사회정의의 맥락에서 정당한 불평등을 받아들이는 것이다. 아리스토텔레스의 정의론이 출발하는 인간 불평등의 극명한 예는 의심할 여지도 없이 '본성적 노예'에 관한 이론이다. 인간 실존의 자연적 불평등을 현상학적으로 서술하기 위하여 도입된 노예론은 노예와 자유인은 자연법적으로 결정되어 있다고 주장한다.[54]

Q. 아리스토텔레스의 정의론의 문제점에 대해 생각해 보자.

Note. 아리스토텔레스는 홉스(Hobbes)나 밀(Mill) 같은 근대 이후의 사상가들처럼 모든 인간이 날 때부터 평등하다고 생각하지 않았다.

(2) 일반적 정의와 특수적 정의

이와 같이 모든 인간과 정치적 공동체에 있어서 자연적 불평등을 인정한 아리스토텔레스는 「니코마코스 윤리학」 제5권에서 정의를 두 측면에서 고찰한다. 한 측면은 일반적 의미의 정의(일반적 정의)로서 적법성의 성격을 띤다. 즉 법에 올바르게 적합하다는 것이다. "우리가 보는 대로 위법적인 사람은 부정의한 사람이요, 합법적인 사람은 옳은 사람이 분명한 까닭에, 또한 합법적으로 행하는 모든 일이 어느 의미에서 바른 행위임이 분명하다." 이렇게 보면 합법

54) 최유신, 앞의 논문, 40, 66쪽.

성과 정의는 같다. 그리고 이 경우 법은 실정법임을 인정한다. 그래서 그는 "법이란 모든 문제에 있어서 모든 사람 혹은 가장 훌륭한 사람들 혹은 권력을 쥐고 있는 사람들 혹은 이런 무리의 사람들의 공동 이익을 목표로 삼고 제정되는 것이다. 그렇기에 어느 의미에서 우리는 국가적 공동체를 위하여 행복 혹은 행복의 구성요소를 산출하고 보전하는 경향이 있는 행위를 옳은 행위라고 부르는 것이다"라고 말한다. 그러면서도 아리스토텔레스는 합법성의 경우, 법이란 실정법뿐만 아니라 자연법이라고도 암시하면서 법에 따르는 행위라는 의미로서 정의의 덕은 규범에 따라서 행동하고자 하는 내면의 의지에 있어서의 탁월성 전반을 가리키는 것이라고도 한다.[55]

다른 한 측면은 특수적 정의이다. 이는 일반적 정의의 일부를 구성하며, 명예나 재화 또는 신체의 안전과 같은 이익의 분배와 소유의 공정성이다. 이것은 '각자에게 그의 몫'을 준다는 의미를 가지며, 이익과 불이익과의 과부족이 없는 균형의 원칙인 중용을 의미한다. 그는 특수적 정의를 다시 구체적으로 분배적 정의(배분적 정의, 아래서는 경우에 따라 혼용한다)와 시정적 정의(교정적 정의, 아래서는 경우에 따라 혼용한다)로 구분한다.[56]

Q. 다음을 생각해 보자.

(1) 법의 규정의 내용에 따라 충실히 준수한다는 것은 어느 정의인가?

(2) '각자에게 그의 몫'이 갖는 의미는 무엇인가?

Note. 일반적 정의는 타자의 이익과 관련되는, 보다 정확히 표현하면 정치공동체의 공동선과 관계된다. 이에 반하여 특수적 정의는 평등 또는 공정성과 관계되는 것으로 탐욕성, 즉 타인에게 정당하게 주어진 가치에 대한 탐욕적인 침해의 방지와 관련된다. 일반적 정의론은 집단적 이익과 관계되어 있음을 시사해 준다. 즉 개개인의 이익에 관한 것이라기보다는 정치적 공동체에 대한 공동선에 보다 초점이 기울어져 있다. 그리고 특수적 정의론은 공정성과 평등의 문제에 연결되고 있으며, 개인 사이의 경쟁의 대상이 되고 있는 한정된 외재적 가치에 국한되고 있다. 이러한 외재적 가치의 공급은 제한되어 있기 때문에, 어떤 개인

55) 최유신, 앞의 논문, 40쪽.

56) 이환구, 앞의 논문(1996), 114쪽.

이 이를 취하게 되면, 타인에게는 보다 적게 돌아갈 수밖에 없으므로, 경쟁의 대상이 되는 것은 불가피하다. 특수적 정의는 분배문제와 보다 깊이 관련되어 있다. 종합하여 말하면, 일반적 정의는 공동선과 특수적 정의는 공평성의 문제와 보다 깊이 관련되어 있다.[57)]

2. 분배적 정의

합법성으로서의 정의가 일반적 정의를 의미한다면, 공평성으로서의 정의는 특수적 정의를 의미한다. 특수적 정의는 일정한 가치의 분배나 귀속이라는 특수한 경우에 적용되는 정의이기 때문에 '특수적'이라는 명칭을 갖는 것이다.

분배적 정의는 '국가 등의 공동체를 공유하고 있는 사람들 사이에 공동재산으로서의 명예와 재산 등을 어떻게 분배할 것인가?' 하는 문제와 관련하여 제기되는 정의이다. 분배적 정의의 본질은 적어도 두 명 이상의 사람들에게 공동체의 공동재산을 분배할 때, 어느 한쪽 당사자에게는 과다하게 분배하고 다른 당사자에게는 과소하게 분배함이 없이 각각의 능력이나 공적에 따라 비례적으로 배분하는 것이다. 공동체에서 공동재산이 한정되어 있는 상황(사실 희소성의 원칙이 지배하고 있는 인간사회에서는 공동체가 가지고 있는 재산은 언제나 한정되어 있다)에서 한쪽 당사자에 대한 과다한 분배는 필연적으로 다른 당사자의 과소한 분배를 수반하게 된다.

분배적 정의는 공동체 속에서 일정한 기준에 의해 평가된 개인의 가치에 따라 공동체 재산의 일정한 몫이 분배되고, 개인의 가치와 분배의 몫의 비율이 당사자들 상호 간에 동일한 것을 요구하는 정의라고 할 수 있다. 이러한 분배적 정의는 국가 속에서의 개인의 지위와 권리를 결정하는 중요한 헌법적 기능을 수행한다. 다시 말하면, 국가의 구성과 기능은 분배적 정의에 기초한다.[58)]

Q. 분배적 정의에서 결정적인 중요성을 갖는 것은 분배의 기준이다. 아리스토텔레스는 이에 대해 명확한 해답을 제기하지 못한다. 이것이 그의 정의론이 갖

57) 장동진, "분배정의와 평등," 한국정치학회보 제25권 제2호(1992), 65-66쪽.
58) 한상수, "아리스토텔레스의 정의론," 공법연구 제30집 제2호(2001), 276-277, 280쪽.

는 중대한 결함이다. 이 문제는 현대에 들어와서 정의론의 핵심적인 문제로 떠오르면서 많은 학자들의 연구대상이 되고 있다. 하지만 아직도 만족할 만한 수준의 해결책이 제시되고 있지 못하다. 분배기준을 어떻게 정하면 좋을지를 생각해 보자.

3. 시정적 정의

시정적 정의는 사인 간의 거래관계에서 한쪽 당사자가 다른 당사자에게 피해를 입힌 경우에 가해자의 이득을 피해자에게 돌려줌으로써 당사자들 사이의 이득과 손해를 서정해주는 것을 말한다. 구체적인 내용은 다음과 같다.[59)]

첫째, 시정적 정의는 분배적 정의에 따라 각 개인들에게 일정한 재산이 분배되어 있는 상태를 전제로 한다. 분배적 정의가 개인의 몫을 결정하기 위한 것이라면, 시정적 정의는 개인의 몫이 결정된 후, 이에 대한 왜곡이 발생할 때 이를 시정하기 위한 것이다.

둘째, 시정적 정의는 개인들 사이의 사적인 거래관계에 적용되는 정의이다. 시정적 정의가 적용되는 거래관계는 다시 자발적인 것과 비자발적인 것으로 나뉜다. 자발적인 것에는 매매, 소비대차, 저당, 사용대차, 예탁, 임대 등이 있고, 비자발적인 것에는 절도, 간통, 독살, 윤락알선, 암살, 위증 등과 같은 은밀한 것과 폭행, 감금, 살인, 상해, 학대, 모욕과 같은 폭력적인 것이 있다. 따라서 시정적 정의가 적용되는 사적인 거래관계는 민사적·합법적인 것만을 의미하는 것이 아니라 형사적·불법적인 것까지 포함한다.

셋째, 시정적 정의는 개인들 사이의 사적인 거래관계에서 한쪽 당사자가 얻은 이익과 다른 당사자가 입은 손실을 시정하기 위한 것이다.

넷째, 시정적 정의는 이익과 손실의 발생이라는 사실관계만을 고려할 뿐 개인의 인격적 가치의 차이를 고려하지 않는다. 분배적 정의가 개인의 인격적 가치의 차이에 따라 공동재산을 다르게 분배하는 데 반해, 시정적 정의는 개인의 인격적 가치에 관계없이 모든 사람들에게 동일하게 적용된다.

---

59) 한상수, 앞의 논문, 280-282쪽.

Q. 다음의 경우가 시정적 정의에 해당하는지를 생각해 보자.

(1) 불법행위에 대한 손해배상이나 부당이득반환

(2) 형사범죄인 살인

4. 현실에의 적용

현실에서 있어서 장구한 인류사를 지배해 온 것은 아리스토텔레스의 비례적 정의의 개념이다. 오늘날에 있어서도 많은 사람들은 정의를 생각할 때는 아리스토텔레스의 정의 개념을 따르고 있는 것 같다.[60]

Q. 다음을 비례적 정의와 관련하여 생각해 보자.

(1) 사람들은 자기는 능력이 우수하고, 공로가 많으니까 더 많은 몫을 차지하는 것이 당연하다고 생각한다. 물론 이러한 생각에는 상당한 진리의 요소가 들어 있는 것이 사실이다. 그리고 인간사회의 현실에서는 이러한 사실을 어느 정도는 인정할 수밖에 없다. 이러한 생각은 무엇을 간과하고 있는가?

Note. 능력이 우수한 사람이 많은 사람의 복지를 위해서 중요한 일을 효과적으로 더 많이 한다면, 그에게 상대적으로 많은 보수를 주는 것은 불가피하다. 그러나 불우한 가정환경 때문에 능력은 우수하게 태어났지만, 그것을 개발하고 발전시킬 기회를 가지지 못한 사람의 억울함은 그러한 비례적 정의를 가지고는 해결할 수 없다.

(2) 100미터의 인생경주가 모든 사람이 공평하게 동일선상에서 능력과 힘을 겨루는 것이라면, 그 결과에 승복할 수밖에 없고, 그에 대해 정당하게 불평하거나 불만을 토로하기는 어려울 것이다. 그러나 인생의 경주에는 모두가 원점에서 동시에 출발하지 않는다는 문제가 있다. 비례적 정의를 가지고 이 문제를 해결할 수 있는가?

Note. 어떤 사람은 부족함이 없는 중류 가정에 태어나 훌륭한 교육을 받아 이미 50미터 전방에서 출발하기도 하고, 어떤 사람은 재벌 2세로 태어나 상당한

60) 최유신, 앞의 논문, 43-44쪽.

사회적 지위와 엄청난 상속으로 95미터 지점에서 경주를 시작한다면, 적수공권으로 원점에서 출발하는 많은 사람들의 울분은 이유 있는 정당한 울분이 아닐 수 없다. 만일 비례적 정의를 그대로 밀고 나간다면, 그러한 사회제도는 언제까지나 계속되고, 이른바 현상유지에 떨어지고, 보다 높은 정의의 실현은 불가능하게 될 것이다.

(3) 많은 사람들은 미국의 흑인들은 능력이 부족하고 게으르기 때문에, 그들이 차별대우를 받는 일은 하나도 부당하지 않을 뿐 아니라 그것을 당연한 일로 여겼으며, 지금도 적지 않은 사람들이 그렇게 생각하고 있다. 이러한 생각은 무엇을 간과하고 있는가?

Note. 따지고 보면 흑인이 무능력한 것은 인종차별이라는 사회제도 때문에 그들이 타고난 능력을 발전시킬 기회가 주어지지 않았고, 그렇게 기회가 주어지지 않고 대우를 받지 못하다 보니 의욕도 상실되고, 결국 태만하게 되어 버리고 말았다고 할 수 있다. 그렇다면 근본적인 책임은 사회제도에 있지 흑인에게 있지 않다. 그러나 비례적 정의는 사회의 제도적 모순과 불합리성을 해결할 힘도 없거니와 그것을 볼 수 있는 안목도 애초부터 가지고 있을 수도 없다. 그래서 비례적 정의는 흑인이 무능력하고 공로가 적으니 적게 받는 것이 당연하다는 결론을 내릴 수밖에 없다. 한마디로 말해 비례적 정의는 현상유지의 사고에 근거를 두고 있다. 이러한 현상유지적 정의관의 문제점은 그것이 보다 높은 사회정의의 실현을 막는다는 데 있다.

제 5 절 사회계약론자의 평등과 정의: 홉스와 칸트

I. 사회계약론의 기본 전제

1. 자유롭고 평등한 인간관

사회계약론은 모두가 자유롭고 평등하며 자율적이라는 근대적 인간관을 바탕으로, 인간들 사이의 지배 및 복종이 불가피한 정치사회를 어떻게 조직해

낼 것인가 하는 과제에 대한 이론적 해결책으로 제시된다. 근대에 와서 근대 이전의 정치질서가 더 이상 설자리가 없게 되자 근대의 인간은 처음으로 모든 정치 및 사회문제에 개입하게 되었고, 시민의 자격을 가지고 정부와 직접적 관련을 맺게 된 것이다. 따라서 자유롭고 평등한 인간 사이의 위계질서를 이론적으로 정당화하기 위해 새로운 공권력을 수립할 필요성이 생기게 된다. 이렇듯 사회계약은 군주제에 대한 민주적인 대안이 되었으며, 원칙적으로는 국가의 권위에 복종하는 시민의 의무와 관련된다. 여기서 말하는 서로에 대한 시민의 의무란, 만약 개인이 어떠한 자유를 희생하는데 이것이 상호의 이익을 산출한다면, 다른 사람들도 동일한 것을 행할 도덕적인 의무를 가지고 있다는 것이다.[61]

Q. 근대에 와서 사회계약론이 등장하게 된 원인을 생각해 보자.

2. 차이점과 공통점

사회계약론은 기본적으로 최초의 선택상황인 자연 상태를 어떻게 규정하며, 어떠한 방식에 의해 자유롭고 합리적인 개인들의 합의가 이루어지는가에 따라 달려 있다. 따라서 사회계약론자 중에서도 구체적으로 지지하는 입장이 달라질 수 있다. 초기 사회계약론은 홉스, 로크, 루소 등에 의해 전개된다. 이들이 주장하는 사회계약사상의 이론적인 부분은 조금씩 다르다.

예를 들어, 사회계약론은 개인들의 선택을 정당화할 수 있는 '가상적 상황', 혹은 '계약의 원초적 상황'을 가정하고 있는데, 이에 대해서 홉스는 '만인의 만인에 대한 투쟁 상태'로, 로크는 '자연법이 지배하는 평화 상태이나 권리의 보장이 불확실한 잠재적 투쟁 상태'로 보며, 루소는 '자유 상태에서 사유재산제로 불평등이 기원되었다고 보는 입장'이다. 이러한 상태에서도 인간은 천부적인 자연권을 갖고 있는데, 이런 상황에서 자연권의 보존과의 딜레마가 제기되며, 사회계약론은 이런 딜레마에 대한 해답을 제공한다. 또 이들 사회계약

61) 김은하, "사회계약론적 관점에서 본 영국과 호주의 근로연계복지 비교연구," 한국사회복지학 제58권 제3호(2006), 172-173쪽.

론자들은 이러한 상태에서 인간을 합리적 행동을 하는 사람들로 가정한다. 즉, 사회 이전의 추상적이고 고립적이며 허구적인 가상적 개인을 설정하고, 이런 개인들에 의한 자발적이며 합리적인 인위적 동의를 통해 기존의 사회 및 나쁜 질서를 비판할 수 있는 여지를 마련해준다. 여기서 홉스는 인간을 이기심을 충족시켜 나가는 성악설에 기초한 개인으로 가정하며, 로크는 성선설에 기초를 둔 개인을, 루소는 자연 상태에서 선과 악의 구별이 없는 상태에서 살아가는 개인으로서 인간을 상정한다. 이러한 이론적 내용의 기반을 바탕으로, 이들은 계약의 가상적 상황에서 어떤 종류의 정의 개념을 채택하는 것에 동의할 것인가의 문제를 다룬다.

그러나 이들의 주장에서는 공통분모 발견된다. 그 내용은 다음과 같다. 첫째, 인간은 누구나 자유롭고 평등하다는 근대적 인간관이다. 즉, 인간 개개인은 자신의 일에 관하여 최고 주권과 최대의 자유를 가지게 된다. 둘째, 사회계약사상은 정치질서를 인간적 목적을 실현하기 위해 인간 스스로가 만들어 낸 질서라고 본다. 셋째, 어떠한 정치 권위든 개인 스스로의 동의나 승낙 없이는 그를 구속하거나 지배할 수 없다고 본다. 즉 어떤 권위든지 그 수용여부는 자신의 결정 여하에 따르며, 이에 대해서 일단 결정하면 그 결정사항에 구속된다. 예를 들면, 정치체제, 정부형태 등을 스스로 선택하며, 이에 자율적으로 복종한다는 관점이다. 이처럼 근대 사회계약사상은 여러 논자마다 구체적으로 주장하고 지지하는 바가 다를지라도, 이들의 주장에서 기본적으로 일치하는 부분은, 자유롭고 평등한 인간들이 자신의 목적과 이익을 위해서 서로의 동의나 승낙을 통해 자신들의 정치사회를 구성하고, 그 정치질서와 조직을 스스로 선택 및 결정하며, 책임진다는 것이다.

Q. 사회계약론자들의 주장의 공통점을 생각해 보자.

Ⅱ. 사회계약론의 두 갈래

현대에 이르러서는 시민들 사이의 사회계약이 정의의 실현을 위한 민주적 사회의 선택으로 전환되고 있으며, 이것을 가정하는 방법론을 많이 발견할 수 있다. 이런 방법들은 고전적 사회계약론처럼 시민과 통치자 사이의 특정 형태의 정부 계약이나 복종 계약이 아니라, 자유롭고 평등한 시민들이 합의에 의해 사회의 기본구조와 공공정책의 규범성을 판정하는 방향으로 기여하고 있다. 그 내용을 규정하는 본질적 가치와 목적을 제시하는 것이 아니라, 주어진 상황에서 신념과 목적을 달성할 수 있는 최선의 도구적 가치와 수단적 합리성을 추구한다는 점에서 전자와 차이가 있다.[62)]

이처럼 현대의 사회계약론은 합의의 주체자인 계약 당사자가 합리성을 어떻게 규정하며, 어떠한 선택상황에서 그러한 합리성이 실현되도록 할 것인가라는 문제에서 야기된다. 이러한 관점에서 사회계약론은 통상적으로 두 모형으로 분류된다. 첫째 모형은 계약론적 합의를 전략적 협상의 대상으로 간주하여, 선택상황은 협상자의 현상적 위치, 위협적 이익 등이 중대한 역할을 한다. 이러한 모형은 "만인에 대한 만인의 투쟁 상태"로 규정되는 홉스의 자연 상태가 그 전형이며, 최근에는 뷰캐넌(J. Buchanan)이 약탈과 방어의 자연적 균형 상태를 제시한 바 있다. 둘째 모형은 계약론적 합의를 이상화하여 전략이나 상대적 협상능력 등의 역할을 배제하는데, 이 모형은 로크, 루소, 칸트에 의해서 발전되어 롤즈에까지 이른다.

한편, 캄리카도 현대 사회계약론을 두 가지 유형으로 나누고 있다. 캄리카(Kymrika)에 의하면, 고전적 사회계약론이 가정하고 있는 인간은 자연 상태에서는 동등하나, '어떻게 동등한지에 관해서'는 차이가 있다. 이에 따라서 현대 사회계약론의 흐름이 나눠지는데, 첫 번째 접근방식인 홉스적 사회계약론은 물리적인 힘의 자연적 동등성을 강조하며, 두 번째 접근방식인 롤즈적 사회계약론은 도덕적인 지위의 자연적 동등성을 강조한다.

아래서는 앞에서 언급한 사회계약론의 두 가지 갈래, 즉 홉스적 사회계약론과 칸트적 사회계약론의 두 갈래를 살펴본다.

Q. 홉스의 '만인에 대한 투쟁 상태'라는 자연 상태를 따르고 있는 뷰캐넌은 약탈과 방어의 자연적 균형 상태를 설명하기 위해 A와 B라는 두 로빈슨 크루소가 살고 있는 한 섬을 모델화한다. 이들 두 사람은 각각 자기의 효용함수와 생산함

62) 김은하, 앞의 논문, 173-174쪽.

수에 따라 자연환경을 이용하여 재화 X를 생산하며, 이들에게는 소유권이 없으므로 자연환경은 누구에게도 귀속되어 있지 않은 상황이다. 이들은 희소한 자연환경을 놓고 서로 투쟁하게 되며, 미래를 대비하여 저축도 하게 된다. 이러한 상황이 반복되면서 부정적 외부효과가 발생하게 되고, 저축해 놓은 것을 서로 약탈하고 방어한다. 이러한 상호 간의 약탈과 방어 행위가 어떤 조건에서 최적 상태 혹은 균형을 이룰 것인가?

Note. 뷰캐넌에 의하면 약탈과 방어노력에서 얻어지는 한계효용이 이러한 노력에서 생기는 한계비용을 초과하는 한 약탈행위를 증가시키고, 약탈행위의 증가는 한계효용과 한계비효용이 똑같을 때까지 지속할 것이라고 한다. 이 두 가지가 똑같아질 때 드디어 A와 B는 그들의 자원을 생산하고, 약탈과 방어에 최적으로 배분될 것이라고 하며, 이러한 균형 상태를 자연적 균형이라고 부른다. 자연상태와 자연적 균형 상태와의 차이는, 자연 상태보다는 자연적 균형 상태에 있어서, 인간들이 상대방을 보다 더 예측할 수 있다는 점인데, 그 이유는 이 균형상태에서는 사람들이 행동을 변동시킬 이유가 없으므로, 현재의 행동을 지속시키기 때문이라고 한다.

Ⅲ. 홉스적 사회계약론

1. 만인의 만인에 대한 투쟁 상태: 상대적 힘에 따른 임시적 균형

홉스가 주장하는 자연 상태인 '만인의 만인에 대한 투쟁 상태'에서는 각 개인이 자기이익의 극대화라는 도구적 합리성을 그 동기로 한다. 그리고 이러한 상태의 배경이 되는 것은 도덕적 정당성이나 정의의 개념이 전혀 적용되지 않는 상황이다. 개인들은 서로의 안정을 위협할 수 있는 존재들이고, 상황은 자신의 이익을 추구하고자 하는 위협적인 상태이다. 홉스의 자연권은 이러한 상태에서 자기 자신을 보호하기 위해, 자기가 가진 힘을 다른 사람들에게 임의대로 사용하는 것을 말한다. 자유 역시 이러한 개념과 부합한다. 즉, 자기 자신의 이익을 위해서 행동의 규칙을 따르는 것이다. 이러한 상태의 비참함 때문에 모든 사람은 자신의 안전을 지키기 위해 평화 상태를 추구하게 되고,

이를 위한 수단으로서 자연법에 따를 것을 계약하게 된다. 즉, 전쟁과 다름없는 상황을 피하고 평화를 위해 협동하는 당사자들에게 공통의 합의가 수행되는데, 계약의 성립에 대해서는 절대 군주력이 담당하게 된다. 즉 자연법이 모든 사람에게 유리하며 모두가 그것을 따르기로 합의한다고 가정할 경우, 홉스에게 있어서 강제의 사용은 각자의 관점에서 보아 완전히 합리적인 것이 된다.[63]

2. 정의론의 부재: 재산이 없는 곳에 정의도 없다

기본적인 전제를 볼 때, 자연 상태에서 홉스가 최초에 가정했던 계약 당사자들의 평등성은 분배 정의를 실현하는 평등주의적 결론과는 거리가 멀다. 홉스의 윤리학은 무도덕적인 최초 선택 상황으로부터 합리적 계약자들에 의한 공정한 합의를 이끌어내기가 어려우며, 합의된 계약에 대해서 자발성과 도덕적 측면에 대하여 실패를 보인다.

이처럼 계약들은 많은 사람들에게 권리를 부여하겠지만, 그 권리는 협상에 임하는 각 개인의 권력에 달려있기 때문에, 홉스적 사회계약론은 개인들이 모종의 본래적인 도덕적 권리나 지위를 갖는다고 보지 않으며, 실제로는 어떤 사람들이 살해를 당하거나 노예가 될 수도 있음을 인정한다. 이 경우 개인별 힘의 차이가 큰 경우에 강자는 약자 앞에서 도덕적 의식 없이 자신의 능력을 이용해 약자를 불리한 상황에 처하도록 하는 것이 가능하며 약자는 자신의 소유까지도 빼앗기게 된다. 따라서 강자는 자신에게만 유리한 계약을 체결하게 될 것이다. 따라서 홉스적 사회계약은 사회적인 약자에 대한 배려가 전혀 없다는 것이 기본 전제가 된다. 즉 권력이 없는 자들은 계약에서 불리한 상황에 처하게 되며, 반대로 권력이 있는 사람은 계약에서 우위를 점하게 되는 것이다.

Q. 홉스적 사회계약대로라면 힘 없는 사람은 가치를 조금밖에 생산하지 못하며, 그나마 생산한 가치도 힘 있는 타인들에게 빼앗기기 쉬울 것이다. 강자들은 약자와 협력해 봐야 얻는 것이 거의 없으며 보복에 대한 두려움도 없기 때문에 약자들에게 도움이 될 계약들을 받아들여야 할 이유가 거의 없다. 이에 대해 생각해 보자.

---

63) 김은하, 앞의 논문, 174-176쪽.

Ⅳ. 칸트적 사회계약론

1. 원초적 계약: 도덕적 평등

칸트적 사회계약론은 합리적 개인의 이익이 각 개인의 이익과 도덕적 지위를 인정하는, 합의로 표현된 공정한 입장을 강조한다. 칸트는 자연 상태 안에서의 인간은 각자가 서로의 재판관이며, 타인들로부터는 아무런 안전도 보장받을 수 없는 그런 상태라고 한다. 자연 상태 안에서는 나의 소유에 대한 정당한 권리 주장에 대한 법적 근거가 없기 때문에, 서로의 소유를 공식적으로 정당화시켜 주는 정의의 법률을 만들고, 그 법률 아래에 모두가 종속되는 시민상태를 형성한다. 여기서의 시민상태는 곧 공적인 법률에 의해 지배되고 운영되는 국가이며, 칸트는 인간들 스스로 국가를 구성하는 행위 자체를 '원초적 계약'이라고 한다. 칸트가 보는 사회계약론은 사회계약의 장치가 인간의 도덕성을 표현하고, 또 계약의 장치가 불평등한 협상적 능력을 부정하는데 사용되고 있다는 데 주목한다. 인간은 정당한 도덕적 요구의 자생적 원천이며, 모든 사람은 도덕적으로 평등하므로 동등하게 대우를 받을 자격이 있으며, 이런 인간들이 사용하는 사회계약은 그러한 절차의 하나라고 본다.[64]

Q. 도덕적 평등에 기초한 칸트적 사회계약론이 상대적 힘에 기초하는 홉스적 사회계약론과 다른 점을 생각해 보자.

Note. 다음의 점에서 차별화된다. 첫째, 도덕적 의무에 관한 전통적 관념들을 대체가 아닌 발전시키기 위해 사회계약이라는 이론적 장치를 사용한다. 둘째, 개인들의 도덕적 지위를 인위적으로 만들어내기 위해서가 아니라 오히려 그들의 본래적인 도덕적 지위를 표현하기 위해 계약의 개념을 사용한다. 셋째, 불평등한 협상의 권력을 부정하기 위해서 계약이라는 이론적 장치를 사용한다. 도덕적으로 보았을 때, 이러한 유형의 계약론은 전제와 결론 양면에서 홉스론적인 계약론과는 다른 별개의 세계를 반영한다.

---

64) 김은하, 앞의 논문, 176-178쪽.

2. 원초적 입장과 무지의 장막: 정의의 원칙 합의

칸트적 계약론자의 대표적 옹호자인 롤즈는 공정하고 정의로운 사회구조의 틀인 사회계약을 수립하기 위한 전제로서 '원초적 입장'을 말한다. 하나의 계약이 계약 당사자 모두를 동등하게 고려할 수 있는 것은 오직 '계약이 평등한 입장에서 이루어질 때' 뿐인데 롤즈의 이론에서는 그러한 입장을 '원초적 입장'이라고 부른다. 롤즈에 의하면 전통적인 자연 상태는 강자가 협상에서 더 큰 권력을 행사하는 것을 허용하기 때문에, 진정한 평등의 입장이 아니다. 따라서 원초적 입장에 있는 사람들한테서 그들의 최종적인 사회적 지위에 관한 지식을 제거함으로써 진정한 평등을 확보하려고 한다. 사람들은 '무지의 장막'(veil of ignorance) 뒤에서, 즉 그들의 자연적인 재능이나 약점, 그리고 그들이 차지하게 될 사회적 지위를 모르는 상태에서 정의의 원칙에 합의해야만 한다. 여기에서 무지의 베일은 공정성이나 공평성을 담보하는 역할을 한다. 나의 선을 증진시킬 원칙이 어떤 것인가를 무지의 베일 뒤에서 결정하기 위해서는 서로 다른 사회구성원의 입장이 되어 보고, 무엇이 그들의 선을 증진시킬 것인가를 생각해 보아야만 한다. 왜냐하면 나는 결국 그들 중 어느 누구와도 같은 처지에 놓일 수 있기 때문이다. 즉 계약 당사자는 최소 수혜자의 관점에서 정의원칙을 평가하게 되는 것이다. 원초적 입장에서 이루어진 합의는 이와 같은 방식으로 각각의 개인을 동등하게 고려하며, 인간들이 도덕적 인격으로서 평등하다는 점을 상징하게 된다.

롤즈를 포함하는 칸트적 계약론 속에는 도덕적 평등의 개념이 함축되어 있다는 점이다. 이것의 기본적인 입장은 바로 인간이 '목적 그 자체'이기 때문에 모든 개인은 동일하게 중요하며, 그렇기 때문에 모든 개인은 동등하게 취급될 권리가 있다. 이 동등에 대한 고려는 사회적인 차원에서 '자연적인 정의의 의무'로 이어지게 된다. 칸트적 계약론자들은 모두 전통적인 자연 상태를 각각의 계약 당사자가 모든 사회구성원의 이익을 공평하게 고려하게 하는 모종의 계약적 입장으로 대체한다. 또 칸트적 계약론자마다 공평한 계약 당사자들이 선택하는 원칙에 대해서는 의견이 서로 다르나 권리와 자원의 배분 문제에 관해서는 동일하게 모종의 평등을 설정한다.

Q. 롤즈의 주장에서 무지의 장막이 하는 역할에 대해 생각해 보자.

V. 촛불시위: 홉스의 지혜가 필요한 때

1. 왜 일어났는가: ① 누적적 복합불만의 산물

2008년의 '촛불시위'가 촉발된 직접적인 원인은 미국산 쇠고기 수입 문제와 그를 둘러싼 일부 언론 매체의 과장된 정보전달 때문이다. 하지만 꼭 그것 때문에만 사람들이 촛불을 들고 거리로 나온 것은 아니었다. 시위발생 원인은 그보다 훨씬 복잡하고 다층적이다.[65)]

시위의 배경에는 이명박 정부가 출범하기 전부터 누적되어 온 삶의 고단함이 있다. 지난 10여 년 동안 사람들 사이에 글로벌화를 불편해하는 정서가 차곡차곡 쌓여왔다. 그들은 글로벌화가 전 세계적 추세이고, 우리도 경쟁에 뒤지지 않기 위해서는 그 방향으로 갈 수밖에 없음을 잘 알고 있다. 그러나 그들은 나라가 온통 무한경쟁 체제로 돌입하면서 '힘들고 피곤하다'는 생각을 동시에 하고 있다.

900만 명에 달하는 비정규직 노동자들은 저임금과 고용불안에 시달리고 있다. 청년층은 취업 걱정에 불면의 밤을 보내고 있고, 취업해도 비정규직으로 일하면서 소위 '88만원 세대'로 전락할까봐 걱정하고 있다. 비교적 안정된 중산층도 치솟는 사교육비, 구조조정 압박 등으로 불안감을 느끼고 있다.

2. 왜 일어났는가: ② 정부의 정책실패와 미디어의 정보왜곡

이렇게 다수의 사람들이 불만과 불안에 싸여있는 상태에서 이명박 정부가 등장해 부적절한 사람을 고위직에 앉히고 설익은 정책을 남발하자 시민들의 불만은 더욱 높아졌다. 대선에서 이들 중산층 다수는 '경제를 살리겠다'는 말에 기대감을 가지고 이명박 대통령을 뽑았다. 그러나 기대와 달리 유가가 치

65) 김일영, "촛불시위의 희망과 불안," 철학과 현실 제79호(2008), 47쪽.

솟고 환율이 오르며 물가가 급등하자 국민들의 불만과 불안은 더 증대되었다. 사실 유가나 원자재 가격이 오른 것은 이명박 정부보다는 국제경제 환경 탓이었다. 그래도 국민들은 정부가 적절한 경제정책을 마련해 외부 충격을 줄이고 경제를 살려낼 것으로 기대했다. 그러나 정부는 달러 대비 원화 환율을 인위적으로 낮추어서 물가를 올리는 역효과를 내고 말았고, 이에 대해 국민들은 실망을 넘어 점차 분노를 느끼기 시작했다.66)

이런 상태에서 정부는 국민 정서를 제대로 읽지 못하고 미국과의 졸속 협상을 통해 쇠고기 시장의 문을 열자 국민들은 폭발하기 시작했다. 정부는 2008년 4월 대통령의 방미, 특히 캠프 데이비드 별장에서의 정상회담을 뒷받침하기 위해 미국과의 쇠고기 수입 협상을 지나치게 서둘렀다. 이 과정에서 정부는 우리 국민들이 지닌 민족주의적 정서를 제대로 고려하지 못하는 실책을 범했다. 정상회담에서 대통령은 한미관계 재건이라는 성과를 얻었다. 하지만 국민들은 그보다는 '검역주권을 포기'한 듯한 대통령의 행동에서 마치 조선의 왕이 중국에게 조공을 바치는 것 같은 모욕감을 느꼈다. 이러한 국민적 자존심 훼손이 사람들로 하여금 자발적으로 촛불을 들고 거리로 나서게 만들었다.

촛불에다가 기름을 퍼부은 것은 일부 미디어의 잘못된 정보 전달이었다. MBC를 비롯한 일부 미디어와 인터넷 포털은 미국산 쇠고기에 관한 왜곡·과장된 정보를 반복적으로 내보냈다. 이에 어린 학생들까지 광우병 공포에 휩싸여 촛불시위 대열에 합류하게 되었다.

3. 홉스의 지혜가 필요한 때: 새로운 사회계약을 찾아서

홉스가 낮에는 공권력이 질서를 유지하지만 밤만 되면 도심이 시위대로 뒤덮이는 '이중권력' 상태가 이어지던 2008년 여름의 한국을 보았다면 뭐라고 했을까? 그가 우려하던 무질서상태, 즉 '만인의 만인에 대한 투쟁'상태의 21세기적 모습을 한국에서 보았다고 말하지 않았을까?

Note. 촛불시위가 우리에게 던진 가장 큰 과제는 모든 분야에서 권위구조가 붕괴되어 한국이 통치불능 상태에 빠질지도 모른다는 점이다. 어떤 공동체가 유지

66) 김일영, 앞의 논문, 47-48쪽.

되기 위해서는 최소한의 공적 권위가 필요한데, 당시 한국에서는 모든 것이 붕괴되고 있었다. 공권력의 권위는 무너진 지 오래다. 언론매체도 보도의 객관성을 의심당해 권위를 잃어버린 채 편을 갈라 싸움에 골몰하고 있다. 대학은 본래 해석의 권위를 지닌 제도인데 이마저도 인터넷을 점령한 소위 '집단지성' 앞에서 권위를 잃은 채 초라해지고 말았다.[67)]

이런 상태에서 이명박 정권이 남은 기간 동안 제대로 통치할 수 있을까 걱정도 많았다. 하지만 이 사태를 이명박 정권에 국한시켜 보는 것은 단견이다. 포스트 이명박 정권에게도 같은 질문이 던져질 개연성이 대단히 높아졌다. 앞으로 등장할 정권은 진보, 보수에 상관없이 언제, 어떤 이유로든 촛불시위에 봉착할 가능성이 매우 커졌다.

이 점에서 촛불시위는 우리에게 이명박 정권의 차원이 아니라 한국이라는 공동체 전체에 관한 근본적인 문제를 제기하고 있다. 그것은 공동체가 존속하기 위한 최소한의 질서, 권위구조, 통치력 등을 어떻게 확보·유지할 것인가의 문제이다. 17세기 영국 사회의 무질서 속에서 홉스가 고민했던 것도 바로 이런 문제들이었다.

홉스는 구성원 사이의 사회계약에서 해결책을 찾았는데, 지금의 한국이야말로 이런 홉스의 지혜가 필요한 때가 아닐까? 다시 말해 우리도 '새로운 사회계약'을 통해 포스트 민주화 단계에 맞는 공동체의 질서와 권위를 회복해야 할 시점이 아닐까?

제 6 절 불평등 기원론: 루소

Ⅰ. 문제의 제기

보다 이상적인 삶의 양식의 구현을 목표로 삼았던 현실 사회주의의 급격

67) 김일영, 앞의 논문, 54-55쪽.

한 몰락은 상대적으로 '현실 자본주의' 체제의 우월성을 입증하는 계기로 작용하였다. 그러나 이것이 곧바로 자본주의의 승리로 귀결되는 것은 아니다. 즉 현 시점에서 우리가 영위하고 있는 자본주의는 그것이 지닌 여러 강점에도 불구하고 그 전개과정에서 많은 모순을 드러내고 있으며, 특히 '사회적 불평등'의 문제는 '사회정의'의 이념과 맞물려 매우 심각하고도 중요한 사회문제로 제기되고 있다.[68]

우리 사회도 그간의 경제발전 덕택으로 절대적 삶의 수준은 보다 높아졌지만, 반면에 가진 자와 갖지 못한 자 사이의 상대적 삶의 수준은, 비록 많이 좁혀졌다고는 하나, 아직도 그 격차가 상당히 벌어져 있는 심한 불균형 상태에 놓여 있다. 따라서 부의 차등적 소유에 기인한 사회적 불평등의 문제는 국민들의 정치·사회적 의식의 고양과 결부되어, 보다 공정하고 균등한 부의 배분에 대한 점증하는 요구로 분출되어 나타나고 있다. 이는 사회적 불평등의 극복과 정의사회의 구현이 우리 사회의 당면과제로 등장하고 있음을 대변해 주는 것이다.

Ⅱ. 소유론과 평등주의

1. 사회적 불평등의 원천은 사유재산: 루소의 비판

루소에 있어 평등주의적 특색이 두드러지게 나타나는 곳은 바로 그의 '소유이론'이다. 루소는 사회적 불평등의 문제를 사유재산의 생성과 연결하여 바라본다. 이러한 사유재산의 출현과 그것의 불평등한 소유로 인해 누구나 자유롭고 독립된 삶을 영위했던 원초적 평등의 상태가 깨지고, 차별적 부의 소유에 따라 부자와 빈자 간의 자유의 불평등한 향유가 발생하고 빈자가 부자에게 복속되며, 나아가 인간 상호 간의 관계마저도 '화폐'를 매개로 이루어지며, 급기야 허영심과 무자비한 경쟁심이 인간의 삶을 지배하는 부정의한 사회가 전개되었다는 것이다.[69]

---

68) 선우 현, "루소의 평등주의적 정치철학," 시대와 철학 제4집 제2호(1993), 191쪽.
69) 선우 현, 앞의 논문(1993), 196-197쪽.

특히 루소는 소유권을 '자연권'이 아닌 사회에 의해 인위적으로 창조된 것으로 보며, 동시에 그것의 보호를 가진 자의 권력을 보호하는 것으로 간주하고 있다. 또 부의 차별적 소유에 기인한 '경제적 불평등'이 결국에는 빈자가 부자에게 '정치적으로 예속되는 사태'를 낳는다는 사실을 경고한다.

"타인에게 경제적으로 의존하는 사람은 누구라도 자유로울 수 없다."

이와 같은 사회적 불평등에 따른 빈자의 부자에의 예속사태에 대한 루소의 반감은 당시에 이루어졌던 부자와 빈자 사이의 불공정한 계약에 대한 냉소적인 꼬집음에서 여실히 드러난다.

"나는 부유하고 너는 가난하기 때문에, 너는 내가 필요하다. 따라서 우리가 계약을 맺자. 나는 너에게 명령하는 데 들인 수고에 대한 보답으로 너에게 남은 얼마 안 되는 것이나마 나에게 준다는 조건으로, 네가 나에게 이바지할 수 있는 영예를 허락하겠다."

Q. 초기 자본주의하에서 뒤틀린 사회상황은 현대 자본주의에서는 많이 극복되었는가?

2. 사회적 불평등에 대한 처방

루소는 당시의 불평등한 사회상을 다음과 같이 말한다.[70)]

"평등이 깨지고 뒤이어 무서운 무질서가 야기되었다. 이리하여 부자의 횡령과 가난한 자의 약탈과 만인의 방종한 정념이 자연스러운 연민의 정 그리고 약한 정의의 목소리를 질식시킴으로써, 사람들은 욕심쟁이와 야심가 그리고 악인으로 만들어 버렸다."

루소는 후세의 사회주의자도 능가할 수 없을 만큼 자본주의하의 사회적 불평등과 그에 따른 상황에 대해 강력히 비판한다. 그러나 루소는 사회주의자는 아니었다. 그는 사유재산의 폐지나 계획경제 등을 제시하지는 않는다. 루소

70) 선우 현, 앞의 논문(1993), 198-199쪽.

는 사적 소유권의 확보를 주창한다. 그는 사유재산제를 용인하고 있지만, 무제한적인 부의 소유와 축적을 허락하지는 않는다. 루소는 "모든 사람이 일정한 재산을 소유하며, 그 누구도 지나치게 소유하지 않을 때에만 유익한 사회가 이루어진다"고 말함으로써, 오로지 타인에게 지배당하거나 종속되지 않을 정도의 재산의 소유를 인정하고 있을 뿐이다.

루소는 오직 각자가 경제적으로 자기 자신의 주인이며, 어느 누구도 타인에게 의존하지 않을 때, 비로소 모든 사람이 평등하다고 말한다. 따라서 법과 정부의 역할은 가장 가난한 사람도 부자로부터 독립될 수 있을 만큼 충분한 재산을 소유할 수 있게끔 보장해 주는 것이다. 그리하여 루소는 "상속에 관한 법은 항상 평등을 회복하는 데 도움이 되도록 힘써야 하며, 모든 사람이 적당한 재산을 갖지만, 그럼에도 과다한 재산을 소유하지 못하도록 애써야 한다"고 강조한다.

Q. 루소와 마르크스의 차이점을 생각해 보자.

Note. 루소는 사적 소유의 옹호라는 면에서 사회적 불평등의 치유책에 있어 사적 소유의 폐지를 내세우는 마르크스와 결정적으로 구별된다.

3. 중간계층만이 존재하는 경제적 계급이 없는 사회

루소에 있어 사회적 평등이 중시되는 이유는, 그것이 보다 공정하고 정의로운 사회의 초석으로 작용하기 때문이다. 즉 모든 사회구성원이 독립적 삶의 유지에 필요한 재산을 소유할 경우에 개인들은 소유권의 보호를 위해 보다 공동체 사회에 의존하게 되며, 더불어 누구도 과도하게 소유하지 않을 경우에 동등하게 사회 내의 법에 순응하게 되어 순조롭게 사회가 작동되어 나가며, 사회정의가 가능하게 되는 것이다.[71]

요컨대 루소는 '공동의 이익'은 오직 모든 사람들이 부를 적당히 소유하며, 과도하게 소유하지 않을 때 획득할 수 있다는 입장이다. 이것은 루소가 마르크스적 의미의 부르주아 계급과 프롤레타리아 계급으로 분화되어 대립되지 않

71) 선우 현, 앞의 논문(1993), 199쪽.

는, 오로지 모든 사람들이 남에게 종속될 만큼의 빈자도 아니며 남을 지배할 만큼 부자도 아닌, 하나의 거대한 중간계층만이 존재하는 '경제적으로 계급없는 사회'를 옹호하고 있음을 의미한다.

Q. 거대한 중간계층만이 존재하는 경제적으로 계급이 없는 사회가 미래에 가능할 것인가를 생각해 보자.

Ⅲ. 소외이론과 평등주의

루소의 인간학은 근대세계에 있어서 인간의 소외에 관한 마르크스와 헤겔의 사상적 원형으로 해석된다. 루소는 현대 유럽세계의 중요한 범주인 '자기 소외'에 대한 최초의 진단자이다. 루소는 「에밀」에서 "문명인은 노예상태 속에서 태어나 살다가 죽는다. 그리고 인간의 모습을 지니고 있는 동안은 사회제도에 얽매여 산다"고 말한다. 또한 「불평등 기원론」에서 보다 상세히 '자기 소외'에 대해 말한다.[72]

"미개인은 자기 자신 안에서 살아가는데 비해, 사회인은 늘 자기의 외부에 존재하며 타인의 의견 안에서 살아가고 있다."

Q. 인간의 자기 소외 현상은 어디서 야기되었는가를 생각해 보자.

Note. 사회 내에서 중오심과 경쟁심, 허영심 등의 무제한적인 욕망의 발산이 사유재산의 소유와 연결되면서 끊임없는 부에 대한 추구가 일어나며, 심지어 인간마저도 소유와 지배의 대상으로 삼게 됨으로써, 자연 상태에서는 본래적 그대로 자기 자신과 합일되었던 인간이 사회적 상태에서는 자신이 내부에서 분열되어 자기 자신으로부터 소외된다. 인간의 자기 소외는 문명화와 그에 따른 사회적 불평등에서 발원하는 것이다.

72) 선우 현, 앞의 논문(1993), 200-201쪽.

Ⅳ. 사회적 평등의 의미

1. 자유실현의 토대

루소가 지향하는 이상사회란 진정한 의미의 자유가 실현되는 사회이다. 루소는 '자아실현'을 진정한 자유로 본다. 이러한 자유는 인간의 행복에 절대 필수불가결한 것이다. 그런데 자아실현이 성취되기 위해서는 모든 사회구성원의 독립된 삶의 보장과 자유로운 인간관계의 확립이 선행되어야 하며, 이를 위해서 각 개인이 경제적으로 평등해야 한다는 루소적 의미의 사회적 평등이 전제되어야 한다.[73]

또한 루소는 정치적 평등의 확보를 위해서도 반드시 경제적 평등이 선행되어야 함을 요구한다. 왜냐하면 경제적 평등의 확립없이는 정치적 평등이란 단지 정기적으로 주어지는 투표권의 행사에 지나지 않는 형식적인 것에 그칠 뿐이라는 점을 간파하고 있다. 그와 같은 '형식적 평등'을 통해서는 '실질적 자유'의 실현은 요원하다는 것이다.

Q. 정치적 평등의 확보를 위해서도 반드시 경제적 평등이 선행되어야 한다는 주장을 현대적 관점에서 생각해 보자.

Note. 루소는 자유는 평등과 양립할 수 없다는 '자유주의적 입장'과 상치되는바, 루소는 오히려 자유와 평등의 양립가능성을 논할 뿐 아니라, 나아가 평등을 자유의 근거로 제시하고 있다.

2. 정의사회의 기초

루소의 정의사회란 공동의 이익을 고려하는 일반의지가 지배하는 사회이다. 그런데 공동의 선이 실현되고 참된 자유가 확립되는 정의사회가 구현되기 위해서는 우선 요청되는 것이 사회적 평등이다. 경제적 불평등은 개인들의 사적 이익을 우선하는 왜곡된 사회를 성립시키는데 비해, 일반의지는 공동의 선

73) 선우 현, 앞의 논문(1993), 202쪽.

을 추구하는바, 그것의 원활한 작동을 위해서는 사회구성원 간의 경제적 평등이 요구된다.[74]

Q. 루소는 공정한 부의 분배와 정의사회에 대해 인식한 선구자라고 생각하는가?

Note. 오늘날 롤즈에 의해 전개되고 있는 '사회정의론'의 사상적 연원은 루소에게 놓여있다. 또한 루소가 제시하는 사회적 평등에 기반한 이상사회는 현실적으로는 마르크스적 의미의 부르주아 계급과 프롤레타리아 계급을 배제한 '중간계층'으로 구성되는 사회로 보다 구체화된다.

Ⅴ. 의미와 한계

1. 평등관의 의미

루소는 두 측면에서 자신의 평등관을 제시한다. 한편으로는 인간은 본래적으로 평등한 존재라는 점에서 '본체론적 평등'을 제시하며, 다른 한편으로는 '인간 존엄성'의 확보라는 차원에서, 사회적 불평등을 제어하기 위해 인위적으로 개인 간의 부를 조정·통제하는 '결과적 평등'을 제시한다.[75]

2. 현대적 의의

소련 등 현실 사회주의의 몰락은 상대적으로 자본주의의 강력한 견제세력의 쇠퇴로 작용하는 바, 많은 문제점을 노정시키고 있는 '현실 자본주의'에 대한 비판철학으로서의 루소의 평등주의적 정치철학은 하나의 자본주의에 대한 비판적 이론으로 기여할 수 있다.[76]

루소는 무한정한 소유가 아닌, 경제적으로 과도한 불평등을 야기하지 않는 범위 안에서의 사적 소유를 허용하고 있다. 루소의 평등사상은 사적 소유를 허용하되 사회구성원의 '부'를 과세 등을 통해 외부적으로 통제함으로써, 일부 성원이 과다한 부를 소유할 수도 없으며, 아울러 종속된 삶을 야기하는

74) 선우 현, 앞의 논문(1993), 202-203쪽.
75) 선우 현, 앞의 논문(1993), 204쪽.
76) 선우 현, 앞의 논문(1993), 206쪽.

빈곤도 허용하지 않는, '전 사회구성원의 중간계층화'라는 이론이다.

Q. 루소의 입장은 자본주의의 철폐와 '사회적 소유'를 근간으로 사회주의로의 혁명적 전환을 통해 계급없는 사회를 구성하고자 하는 마르크스적 프로그램의 실패에 따른 현실적 대안이 될 수 있는지를 생각해 보자.

Note. 사적 소유의 폐지에 대한 마르크스의 이론은 그것이 지닌 도덕적 정당성에도 불구하고, 오늘날 '생산력 정체'의 문제를 비롯한 여러 난점을 노정하고 있는 데 반해, 루소의 자본주의 비판은 사회적 불평등에 대한 강력한 비판을 제기하고 있음에도 문제의 해결책으로 '사적 소유의 폐지'를 주장하지 않는다는 점에서 보다 현실적인 호소력이 있다.

제 7 절　과학적 사회주의와 사적 유물론의 창시자: 마르크스

Ⅰ. 생애와 작품

마르크스(K. Marx, 1818-1883)는 1818년 5월 5일 독일의 라인 강변의 '트리에르'라는 소읍에서 출생한다. 그의 선조는 양친이 모두 유태의 법학자의 오랜 가계를 이어오고 있다. 아버지는 사회적으로 변호사를 계속하기 위하여 신교도로 개종했기 때문에 마르크스는 자신이 유태인임을 의식하지 못하고 성장한다. 당시 프러시아에서는 신교로 개종하지 않은 유태인은 심한 차별 대우를 받고 있었다. 8남매 중에 둘째로 태어난 그는 매우 날카롭고 명석한 재능을 소유하여, 고집이 세고 독립심이 강했다. 17세(1835년) 때 본(Born) 대학에 입학하여 신학, 라틴어 및 현대예술을 공부한다. 대학에서는 매우 활동적이었으며 영국 시인 바이런 영향으로 시를 쓰기도 한다. 1836년 베를린 대학으로 적을 옮긴 후 헤겔의 영향을 많이 받는다. 베를린 대학에서 법학과 신학을 연구하여 박사학위를 취득한다.[77)]

---

77) 김정자, "칼맑스의 학설과 그 이해," 사회학연구 제3호(1964), 9쪽.

1842년 '라인신문'의 주필이 되면서 이 신문은 진보적인 자유주의적 입장을 취했기 때문에 곧 정부의 탄압을 받아 1843년 4월 사임하게 된다. 1843년 결혼한 마르크스는 파리로 이사하여 프랑스 공산주의와 경제학을 연구한다. 이때 엥겔스와 만나 영원한 우정을 맺게 된다. 부유한 제조업자의 아들인 엥겔스는 마르크스의 사상을 분석하여 그 발전을 돕고 대중화시킨다. 엥겔스는 마르크스의 어려운 사생활을 돌봐줌으로써 가정의 극빈상태를 해결해 주기도 한다.[78)]

1844년 마르크스는 독일의 사상과 프랑스의 혁명운동과의 지적 동맹을 목적으로 한 '독불연지'를 간행하였으나, 제1호로 폐간되고, 다음 해에 파리에서 추방당해 브뤼셀로 가게 된다. 이미 프러시아 국적을 상실한 상태였다. 1845년에는 부르주아와 프롤레타리아를 자본주의 사회내의 변증법적 대립 세력으로 파악하고 상호 이해를 달리하는, 이 두 계급의 투쟁에 의해 자본주의 사회는 파멸하고, 사유재산의 소멸과 더불어 계급사회의 모순은 해결된다는 혁명이론을 제시하는 '신성가족'을 집필하고, 1846년에는 '독일 이데올로기'를 엥겔스와 공동집필한다. 이 두 저서로써 마르크스는 독일 관념론을 비판 청산한 후 유물 변증법의 기초위에 선 공산주의자로서 활동하게 된다. 즉 '공산주의자 통신위원회'를 조직하고 고전경제학을 비판한다. 1847년에는 '철학의 빈곤'을 출간하여 자신의 입장을 분명히 한다.

공산주의 동맹의 제2차 대회인 런던대회(1847)에 출석하여 '공산당 선언'이 기초를 맡는다. 1848년 2월 24일 프랑스 2월 혁명에 앞서 '공산당 선언'이 출판된다. 이 선언은 마르크스주의 사회주의자에 대한 개요로써 공산주의 이념과 목표의 탁월한 기술로써 평가되고, 또한 공산주의의 교리이기도 하다.

1849년 영국에 정치적 망명을 한 후 자본주의경제 일반의 연구에 몰두했으며, 1859년에 '경제학비판'을 출간한 후 1865년부터 '자본론'을 출간하기 시작한다. 4권으로 되어있는 '자본론'은 공산주의의 성서의 위치에 놓인 저서라고 할 수 있다. 1874년 이후 건강이 악화되어 직접적인 활동은 하지 못하고, 간접적인 방법으로서 통신과 논문 등을 통하여 사회주의운동을 지도한다. 1883년 3월 14일 런던에서 병사한다.

---

78) 이정현, "맑스 정치사상의 현대적 비판," 법정논총 제18호(1964), 147-148쪽.

마르크스는 사상 자체를 위하여 사상에 관심을 가진 학자는 아니었다. 사건의 진전에 영향을 주려고 노력하면서 자기의 사상을 발전시킨 혁명적 운동가였다. 어려운 일생을 그는 철학, 경제학, 법학 등 학계에 지대한 영향을 남겼고, 그의 과학적 사회주의의 창안은 지금도 여전히 연구과제로 쓰이고 있다.

Ⅱ. 평 등 관

1. 평등주의 사상가

(1) 사회 구조적 불평등 체제로서 자본주의

전통적으로 철학사에서 마르크스는 평등주의자로 알려져 있다. 예컨대, 그는 시민혁명을 통해 중세사회의 '신분제적 불평등'을 타파하고 성립된 개인주의에 기초한 '자유주의 체제'가 그 전개과정에서 새롭게 야기한 불평등 사태, 즉 부자와 빈자 간의 '경제적·사회적 불평등' 그리고 생산수단의 소유를 둘러싸고 형성된 자본가 계급과 노동자 계급 간의 '계급적 불평등'에 주목하고, 이것이 지닌 본질적 한계의 해명과 그 해결에 주력하고자 했다. 그런 한에서 자유보다는 평등을 중시한 실천적 사상가로 세인들에게 알려져 있다. 이러한 평등주의 사상으로서의 마르크스 사상의 특성은 자본주의 체제의 구조적·계급적 불평등 사태에 관한 비판적 해명에서 엿볼 수 있다.[79]

마르크스는 생산력의 발전 수준에 조응하여(사회성원들의 의사와는 무관하게) 생산수단을 둘러싸고 개인들 상호 간에 필연적으로 맺게 되는 생산관계로부터 규정된 자본가 계급과 노동자 계급 양자 간에 '지배/착취구도'가 자리하고 있는 계급적으로 '불평등한' 체제로서 자본주의를 바라본다. 이러한 체제에서 노동자는 자립적으로 살아갈 수 없는 존재인 까닭에 자본가에게 의존하지 않을 수 없으며, 그에 따라 임금에 대한 보상을 위해 자신의 '노동력'을 자본가에 팔도록 강요받는다. 자본가 역시(원하든 원치 않든) 투자에 대한 이윤을 실현하기 위해 노동자를 착취하지 않을 수 없게끔 강제 당한다.

79) 선우 현, "숙고된 자유주의의 한 입장으로서 맑스 사회철학," 시대와 철학 제15집 제1호(2004), 266-267쪽.

이러하듯 자본주의 사회에서 인간관계는 '개인과 개인이 서로 대등하고 독립적인 관계'로서 정립되어 있는 것이 아니다. 한 인간이 다른 인간을 억압·착취하는 '불평등한 지배/예속적 관계'로 구조 지어져 있다. 이런 한에서 자본주의는 '구조적으로 불평등한' 비인간적 사회체제라는 것이 평등주의자로서의 마르크스의 기본 시각이다.

그렇지만 그의 이 같은 비판적 시각이 갖는 보다 중요한 함의는, 이러한 사회적 불평등이 개인의 결함이나 도덕성의 결여에서 초래되는 것이 아니라, 생산수단의 '사적 소유'를 둘러싼 자본주의의 '체제적 본성'에서 결과한 것이라는 점을 밝혀냈다는 점이다. 그러므로 이러한 해명에 따르면, 자본주의 체제에서 살아가는 개인들은 자본주의의 '본래적' 특성인 '불평등한' 사회적 관계(생산관계)에 의해 '구조적으로' 할당된 역할을 수행하도록 강요받고 있으며, 그에 따라 사회성원들 사이에 불평등한 '지배/예속의 관계'가 영구적으로 존속된다는 것이다.

물론 그는 역사적으로 부르주아 계급이 수행한 '혁명적 역할'[80]로 인해, 전근대적 신분제의 특권이 원칙적으로 폐지되고, 그에 따라 직접 생산자인 노동자 계급 역시 '법적으로' 자유롭고 평등한 존재로 자리 잡게 된 점을 평가하고 있다. 하지만 전통적 억압에서 벗어나 자본가와 '대등한 지위'에서 자유롭게 계약을 체결할 수 있는 '가능성'이 노동자에게 주어져 있었지만, 실제 현실에서 그들은 경제적으로(또한 정치적으로) 철저하게 자본가에게 매여 있었으며, 그런 한에서 노동자들에게 자본주의는 사실상 '임금 노예제'[81]에 다름 아니었다. 요컨대 자본주의는 노동자들에게 자유(형식적 자유)를 부여해 주었지만, 그러한 자유는 역설적으로 '계급적 주종 관계'의 사회적 불평등을 야기했다는 것이 마르크의 시각이다.[82]

---

80) 가령, "부르주아는 상전들에 얽매여 있도록 만든 온갖 봉건적 속박을 가차없이 토막내 버렸다."

81) 마르크스는 자본주의의 경제적 관계 자체를 '노동자 노예제도의 토대'로서 파악하고 있다.

82) "자유로운 노동자는 자기 자신을 팔며, 그것도 토막으로 나누어서 판다. 그는 매일같이 자기 삶 중의 8, 10, 12, 15시간을 가장 비싼 값을 주는 사람인 자본가들에게 경매한다. 노동자는 굶어죽지 않기 위해서, 구매자 계급 전체, 즉 자본가 계급을 떠날 수가 없다. 그는 이 자본가 또는 저 자본가의 소유물은 아니지만 자본가계급의 소유물인 셈이다."

Q. 다음을 생각해 보자.

(1) 로크(J. Locke)에 따르면, 세계는 모든 이에게 균등하게 주어져 있으며 각자의 노력여하에 따라 소유의 차이가 불가피하게 나타나며, 그에 따라 행복의 추구에서도 개인 간의 편차가 나타날 수밖에 없다. 이처럼 로크는 그러한 차이가 각자의 근면(성)과 나태에 달려있다고 주장함으로써, 소유의 차이와 그로부터 결과하는 자유의 불평등한 향유를 정당한 것으로 간주하고 있다. 로크의 주장과 마르크스의 주장을 현대적 관점에서 비교해 보자.

(2) 노동자들에게 자본주의는 사실상 '임금 노예제'에 다름없다.

(2) 자본주의적 평등 개념의 허구성

평등주의 사상가로서 마르크스는 '불평등한' 자본주의 사회에서 통용되고 있는 '평등'의 개념을 그 자체 '허구적인 것'으로서 규정하고, 이에 대해 신랄한 비판을 가한다. 물론 자본주의는 봉건적 잔재를 청산하고 새로운 자본주의적 평등인 '법률적·정치적 평등'을 이루어냈다. 하지만 그것은 단지 '법 앞의 평등'이라는 다분히 의례적이며 형식적인 차원의 평등에 지나지 않는다는 것이 그의 인식이다. 이러한 부정적 진단은 자본주의가 내걸고 있는 이른바 '법률적 평등'의 의미에 관한 비판적 분석을 통해 제시되고 있다.[83]

이에 의하면, 자본은 자기증식을 위해 산 노동인 노동자의 노동력과 결합하여 잉여가치를 창출한다. 이것이 가능하기 위해서는 무엇보다 자본과 노동의 동등성을 보장하고, 이를 자유로운 교환형식으로 표상하는 것이 요청된다. 즉 '자본주의 체제 메커니즘'이 제대로 작동되기 위해서는 자본가와 노동자가 서로 대등하고 자유로운 상품의 소유자라는 '허구적 의식'의 창출이 필요하다. 그에 따라 자본주의적 평등 개념인 법률적 평등의 개념이 출현하게 되었다. 따라서 이러한 법률적 평등 개념에 입각하여 자본주의 체제 내의 모든 개인들은 상호 대등하고 자유로운 존재로서 행위하고 결정하며 살아가고 있다고 강변하는 '자본주의 옹호 논변'은 사태를 왜곡시키는 거짓된 것이다.

그의 시각에서는, 이러한 자본주의적 평등은 지극히 '이기적인' 평등, 다시

83) 선우 현, 앞의 논문(2004), 268-270쪽.

말해 자본주의 체제 내의 지배계급에게만 해당되는 평등이다. 이러한 현실인식에 기대어 그는, 인간에 의해 인간이 지배되거나 예속되지 않는 그야말로 누구나 서로 대등하고 자유롭게 살아갈 수 있는 사회체제의 정립을 위한 일차적 지반으로서 '새로운 차원'의 사회적 평등, 즉 '실질적 평등'을 제안한다. 사회적 불평등이 존속하는 한, 개인의 '실질적 자유'는 결코 확보될 수 없기 때문이다. 나아가 이러한 법률적 평등에 기초하고 있는 '정치적 해방'이란 단순히 선언적인 것에 불과하며, 진정한 의미의 '인간 해방'을 결과하기에는 역부족이다. 따라서 마르크스는 "모든 해방은 인간세계와 모든 관계를 인간 그 자체에로 복귀시키는 것"이라는 논리를 내세워, 모든 계급적·구조적 불평등을 넘어서는 참된 의미의 인간 해방의 필요성을 역설한다.

Q. "자본주의적 평등은 지극히 '이기적인' 평등, 다시 말해 자본주의 체제 내의 지배계급에게만 해당되는 평등이다"라는 마르크스의 주장을 오늘날 세계에서 가장 민주화된 사회라고 불리는 미국 사회에서, 자유와 평등은 '사실상' 백인들만의 자유와 평등인 것과 같은 상황이라는 주장을 비교해 생각해 보자.

2. 숙고된 자유주의자

(1) 인간 상호 간의 자유 상실적 관계로서 구조적 불평등

마르크스가 보기에 자본주의 체제에서 자유란 그것을 현실적으로 구현시킬 수 있는 물적 토대가 확보되어 있는 경우에만 실질적인 '자유'로서의 의미를 갖는다. 따라서 사회적 불평등이 구조적으로 존재하는 자본주의 사회에서, 자유는 단지 그것의 실현 매체를 지닌 가진 자들의 향유물에 그치게 되며, 그렇지 못한 다수의 빈자들은 그러한 자유의 향유를 단지 '가능태'로서만 받아들일 뿐이다. 이는 결국 가진 자들에게 경제적·정치적으로 예속된 삶, 자유를 상실한 삶을 '영구적으로' 살아가도록 강요받고 있음을 의미한다.[84]

이러한 사태에 대해 그는 '도덕적 분노감'을 표출한다. 이러한 윤리적 비판의 밑바닥에는 '인간은 누구나 본래적으로 자유롭게 살아갈 수 있는 권리와

---

84) 선우 현, 앞의 논문(2004), 271-272쪽.

가치를 지닌 동등한 존재'라는 가치관이 놓여 있다. 나아가 이러한 가치관의 중심에는 '인간의 존엄성', 즉 '인격(사람됨)에 대한 존중'이라는 가치 이념이 자리하고 있다.

그는 이러한 가치관과 가치이념에 의거하여, 자본주의적 불평등의 본질을 '인간 상호 간의 관계가 돈(자본)을 매개로 한 지배/예속의 관계로 왜곡되면서 개인의 자유가 상실되는 사태'로서 파악하고자 한다. 동시에 그처럼 '불평등한 자유상실적 관계'를 지양한 새로운 인간관계, 즉 인간 상호 간의 '대등하고 독립된 자유로운 관계'를, 새롭게 정초해야 할 사회체제의 기본 구조로 내세운다. 나아가 그러한 인간관계를 구조적으로 현실화하기 위한 방안으로서, 자본주의적 불평등을 초래하고 있는 주된 원인인 생산수단의 '사적 소유'를 '사회적 소유'로 전환할 것을 제안한다. 그런데 이러한 제안은 '자유를 소유에 영구적으로 연관시켜야 한다는 원리는 존재치 않는다'는 '혁신 자유주의'의 입장에 부합하는 것으로서, 그의 사상을 보다 숙고된 자유주의의 한 입장으로 해석될 수 있도록 그 통로를 열어주고 있다.

Q. 다음을 생각해 보자.

(1) 자본주의 체제에서 자유란 그것을 현실적으로 구현시킬 수 있는 물적 토대가 확보되어 있는 경우에만 실질적인 '자유'로서의 의미를 갖는다.

(2) 자본주의적 불평등의 본질을 '인간 상호 간의 관계가 돈(자본)을 매개로 한 지배/예속의 관계로 왜곡되면서 개인의 자유가 상실되는 사태'로서 파악하고자 한다.

(2) 자유의 상실상태로서 소외

그는 '소외'의 본질을 '자본가에 의한 노동자의 억압 및 부의 축적/빈곤의 축적이라는 양극화'에서 파악한다. 또 '노동 생산물'이 상품으로서 생산되는 '특정한 역사적 생산관계' 속에서 출현할 뿐 아니라, '노동력' 자체가 하나의 상품으로 존재하는 자본주의적 상품생산 아래서 한층 더 명확한 형태를 취하는 것으로서, 소외의 특징을 부연 설명한다.[85)]

---

85) 선우 현, 앞의 논문(2004), 272-273쪽.

그는 스스로 사유하고 판단하여 자발적으로 행위하는 '자율적 주체'로서 인간이 자본주의 체제의 등장과 함께 '인격화된 자본'에 종속된 '타율적 객체'로서 전락하는 '자유 상실'의 사태와 새로운 억압적 상황의 영속화를 드러내 보여준다. 자본가의 지배와 착취로 인해 노동자가 겪게 되는 '비인간적 자유 상실' 못지않게 자본가도 막대한 부의 축적에도 불구하고 '돈의 노예'로서 살아갈 수밖에 없는 '부자유스러운 존재'라는 점을 강조함으로써, 소외란 결국 모든 사회성원의 삶으로부터 자유가 제거된 '자유의 상실상태'임을 보여주고자 한다.

Q. 자본가의 지배로 노동자가 겪게 되는 '비인간적 자유 상실' 못지않게 자본가 또한 막대한 부의 축적에도 불구하고 '돈의 노예'로서 살아갈 수밖에 없는 '부자유스러운 존재'라는 마르크의 주장을 오늘날의 시각에서 생각해 보자.

(3) 자본주의적 자유의 한계

마르크스는 자유를 필두로 한 천부인권을 내세워 인간해방을 추진했던 자유주의의 '정치적 혁명'은 진정한 의미의 인간 해방을 구현하는데 실패했다고 주장한다. 그것은 단지 부르주아 혁명의 소산인 정치적 공민권을 실현하기 위한 부르주아(사적 시민)만의 해방이며, 자유와 평등, 소유권 등 부르주아 계급의 '계급 특수적인' 권리들이 '인권'이라는 미명하에 보편적 권리로서 정착되어 나가는 불완전한 해방일 뿐이라는 것이다.[86]

자유주의는 개인의 자유로운 '자아실현'을 개인의 도덕적·정신적 발전과 안녕의 전제이자, 그가 살고 있는 사회의 정치적·경제적 그리고 문화적 발전을 위한 전제로서 이해한다. 이와 함께 개인의 자유로운 자아실현은 그것을 실현할 수 있는 물적 기반으로서 개인의 사유재산에 대한 적극적인 보장에서 비롯된다고 본다.

그러나 이 같은 관점은, '사유재산의 소유'가 자유주의 전개 과정에서 개인의 자유보다 우위에 서게 만드는 주된 원인으로 작용한다. 즉 처음에는 소유에 대한 권리가 자유의 일부였으나 점차 개인의 '자아실현의 자유'가 사적 소

86) 선우 현, 앞의 논문(2004), 274-275쪽.

유에 의존하게 됨에 따라 사유 재산의 권리를 규정하는 법체계, 그리고 이 같은 사회질서를 유지하려는 정치체제와 사회제도가 '개인적 자유'보다 더욱 중요시되었기 때문이다. 물론 이 경우에 근본적으로 문제가 되는 것은, 일반적 의미에서 사유재산을 소유하는 것이라기보다는 '생산수단'이 '소수의 자본가 계급'에 의해 사유화되는 상태이다. 생산수단을 소유한 자본가 계급이 그렇지 못한 노동자 계급을 자본을 매개로 하여 지배하게 되는 자본주의의 현실적 상황이 바로 문제인 것이다.

이렇듯 자유주의가 내세운 '자유의 실현'은 구현되어야 할 자유가 소유와 연결되면서, 소유의 불평등한 분배에 따른 자유의 불평등한 향유를 초래한다. 자유가 '실제로' 구현되기 위해서는 그에 따른 물적 토대의 확보가 우선적으로 요구되는데, 그러한 물질적 부에 대한 소유의 불평등한 차이로 인해 개인이 누리는 자유의 크기에도 차이가 발생하게 된다. 더욱이 소유의 대상이 생산수단일 경우에는, 그것을 둘러싼 '소유의 유무'에 따라 개인이 누리는 자유의 크기에 엄청난 불평등을 유발시킨다. 이로써 본래 만인의 자유를 실현시키고자 하는 목적에서 출발했던 자유주의 이념체계는 이처럼 결국 소수의 가진 자들만의 자유를 실현시키는 이념으로 전락해 버리고 말았다.

그렇다면 이처럼 '만인의 자유구현' 대신 '만인의 자유 상실과 극소수의 자유 구현'이라는 역설적 사태를 초래한 근본 원인은 무엇인가? 그는 이를 "특허장에 의해 보장되거나 투쟁을 통해 얻어진 수많은 자유 대신에 단 하나의 파렴치한 자유, 즉 상거래의 자유를 내세운" 부르주아에 의해 "종교적·정치적 환상에 의해 은폐되고 있던 착취를 공공연하고 파렴치하며 직접적이고도 잔인한 착취로 바꾸어 놓는" 자본주의의 체제 내적 속성에서 찾고자 한다.

<u>Q.</u> 마르크스는 자본주의 체제에서 통용되는 자유란 모든 사회성원들의 이해관계를 존중하는 '보편타당한' 것이 아니라, 특정 계급의 이해관계만을 반영한 '계급 특수적'인 것으로 보고자 한다. 이에 대해 생각해 보자.

(4) 실질적 자유실현의 토대로서 사회적 평등

'강자의 논리체계'로서의 자유주의에 대항하여, 마르크스는 '약자의 입장'에서 사회성원 일부가 아닌 전체 구성원들의 자유를 실질적으로 보장하려는 논리를 전개한다. 이는 사회적 평등의 확보를 통해 가능하다는 입론으로 귀착된다. 여기서 자유와 평등은 서로 대립하는 것이 아니라 상호 보완과 조화를 이루고 있으며, (사회적) 평등은 (실질적) 자유구현의 전제조건이 된다.[87]

그는, 외부로부터의 부당한 간섭의 배제라는 의미의 '소극적 자유'나 누구나 자신의 능력을 발휘할 수 있다는 선언적 차원의 '형식적 기회 평등' 뿐만 아니라 각자의 선천적 능력을 마음껏 발휘할 수 있는 '실질적 기회 평등'으로도 진정한 의미의 자유 향유는 이루어 질 수 없다고 본다. 한 차원 높은 수준의 사회적 평등이 성취되고, 그것을 기반으로 사회성원들 모두에게 '각자가 지닌 잠재적 능력의 계발을 통한 자아실현'의 기회가 실질적으로 보장되고, 그러한 기회를 통해 '실제로' 자신의 꿈이 실현되는 상황에서만 진정한 의미의 자유가 향유된다고 본다.

따라서 마르크스가 말하는 사회적 평등이란 잠재적 능력과 개성을 누구나 다 발휘할 수 있도록 만들어주는 '자아실현'이라는 실질적 자유의 현실화를 위한 일차적 기반으로서 일체의 '조건적 평등'을 가리킨다. 따라서 이러한 평등은 모든 개인들의 실질적 자유 구현을 위한 물적 수단의 확보에 필수적인 전제 조건이다. 그러한 물질적 수단 가운데 생산수단의 소유가 특정한 소수에게 편중됨으로써 초래되는 인간 상호 간의 지배/예속 관계의 철폐를 위한 근본적인 조건으로서 제시되는 '이념'이라 할 수 있다.

Q. 사회적 평등이란 잠재적 능력과 개성을 누구나 다 발휘할 수 있도록 만들어 주는 '자아실현'이라는 실질적 자유의 현실화를 위한 일차적 기반으로서 일체의 '조건적 평등'을 가리킨다. 이것이 가능할까를 생각해 보자.

---

87) 선우 현, 앞의 논문(2004), 276-277쪽.

3. 마르크스적 자유주의의 의의: 사회구조의 변혁을 통한 개인적 자유의 실현

마르크스는 가진 자의 동정심이나 자비 또는 의식의 전환이 아니라 사회의 정치적·경제적 조건들의 변혁과 재편을 통해서만 모든 사회성원들이 실제로 자유를 누릴 수 있다고 본다. 즉 '사회적 관계의 총체'로서의 개인의 자유는 사회적 관계의 총체적 변환을 통한 개인들 상호 간의 '자유롭고 평등한 관계'의 확립을 통해서만 진정으로 확보될 수 있다고 본다. 또한 이러한 맥락에서 '소외된 노동의 지양과 인간의 자아실현'의 과정은 '역사의 진보'로 파악된다.[88]

그는 자본주의 체제의 구조적 불평등과 부자유에 대한 치유와 지양의 상태에서 '개인의 자유가 실현되는 해방 사회'를 역사발전 과정의 최종 목표로 설정한다. 물론 구체적인 역사 발전 과정에서 이러한 목표의 달성은, 먼저 '자연으로부터의 해방'을 이룬 후, 이에 의거하여 '인간에 의한 인간의 지배/예속 구조로부터의 해방'을 달성한 뒤, 궁극적으로 '모든 개인의 자아가 실현되는 진정으로 자유로운 상태로서의 해방'에 도달하는 순서로 이루어진다.

궁극적인 인간해방은, 한편으로 경제적 부가 인간을 지배하는 수단이 되지 못하게 함으로써 '인간에 의한 인간의 지배와 착취'가 근절되고, 특정 계급이 아닌 '모든 인간'이 동등한 인격체로서 살아갈 수 있는 상황으로 묘사된다. "개인들의 전면적 발전과 더불어 생산력도 성장하여 집단적 부의 모든 원천이 흘러넘치고 나면, 그때 이후에야 비로소 부르주아적 권리의 좁은 한계가 완전히 극복되고, 사회는 자신의 깃발에다 이렇게 쓸 수 있게 될 것이다. '각자는 자신의 능력에 따라 (일하고), 각자에게는 자신의 필요에 따라 (분배받는)!'." 다른 한편 그러한 해방 사회는, 사회적 평등이 확립된 상황에서 '모든 개인'이 자신의 꿈을 실현하는, 그럼으로써 궁극적인 인간해방이 이루어지는 상황으로 기술된다: "사냥꾼이나 어부, 양치기나 비평가가 되지 않고서도, 내가 마음먹은 대로 오늘은 이런 일을 내일은 저런 일을 하는 것이 가능하게 되어, 아침에는 사냥을, 오후에는 낚시를, 저녁에는 목축을, 밤에는 비평을 할 수 있게 된다."

따라서 마르크스적 자유주의는, 노동 그 자체가 먹고살기 위해 마지못해

---

88) 선우 현, 앞의 논문(2004), 277-279쪽.

해야 하는 하는 '고역'이 아니라, 자아실현을 이루도록 해주는 '매체'로서 온전하게 유지되고, 그것을 통해 모든 개인이 '참된 의미의 자유'를 누리게 되는 해방 사회를 '역사발전의 궁극적 지향점'으로 설정하고 있다. 그리고 인류사회는 이러한 목표를 향해 나아가고 있다는 점에서, 역사는 '진보의 역사'이며 '역사의 진보'는 곧 '자유의 확대·실현의 과정'을 의미한다.

Q. 마르크스는 '개인의 자유가 실현되는 해방 사회'를 역사발전 과정의 최종 목표로 설정하고 있다. 여기서 해방 사회는 무엇을 의미하는가? 너무 이상적인 주장이 아닌가를 생각해 보자.

4. 한국사회에서 마르크스적 자유주의의 현재적 의미

(1) 문제의 제기: 한국적 현실

한국사회는 자본주의 체제를 근간으로 삼고 있는 사회이다. 이러한 사실은 우리의 삶을 영위해 나가는 사회 체제로서 자본주의가 안고 있는 문제점을 제대로 짚어볼 필요성이 있음을 말해준다. 비록 오랜 기간에 걸쳐 자본주의가 자기 쇄신과 자기 수정의 경로를 거쳐 '초기 자본주의'에 비해 보다 진전된 '인간화된' 면모를 상당 정도 갖추고 있다. 하지만 자본주의 자체가 '본래적으로' 안고 있는 체제 내적 한계와 그로부터 파생되는 구조적 억압과 착취는 완전히 제거되지 못한 채 여전히 잔존하고 있다고 보여 지기 때문이다.[89]

한국사회만 해도 그 격차가 좁혀져 가던 빈부 격차가 신자유주의 논리의 유입과 함께 현격하게 벌어지면서 경제적·사회적 불평등이 심화되고 있다. 이에 따라 사회성원들 간의 '상대적 박탈감'은 보다 위협적인 사회갈등 요인으로 작용하고 있으며, 부와 가난은 대물림되는 '신분'으로 자리 잡기에 이르렀다. 토지나 주택은 현세에서 잠시 빌려 쓰는 공적인 대상에서 벗어나, 가진 자들의 부의 증식 수단으로 전환된 지 이미 오래이다. 아무리 성실히 땀 흘려 일하더라도, 평생 자기 집 하나 마련하기가 어려운 '왜곡된 사회구조적 현실' 속에서, 사회를 안정적으로 지탱시켜 주는 대다수의 성실한, 하지만 갖지 못한 노동자나 직장인들은 건전한 삶의 지표를 상실한 채 좌절과 절망의 늪에 빠져

89) 선우 현, 앞의 논문(2004), 281-283쪽.

삶의 의욕을 상실해 가고 있는 실정이다. 이러한 부정적 사태는 곧바로 부자와 빈자 간의 심각한 사회적 갈등 및 대립으로 귀착될 수 있으며 사회적 통합의 붕괴를 결과하는 '공멸의 게임(losing-losing-game)'으로 전환되기 쉽다.

이 같은 한국적 현실을 고려할 때, 자본주의 체제에 관한 보다 철저한 비판적 성찰이 요구된다. 비록 현 시점에서 자본주의가 수행해야 할 역사적 소임이 여전히 남아 있다는 점을 인정한다 해도, 그러한 체제가 지니고 있는 내재적 한계와 본질적 문제, 그로부터 파생되는 병폐는 최대한 극복되고 최소화되어야 한다. 이 점에서 마르크스 사상이 갖는 시대적 역할과 의미는 여전히 살아 있다고 말할 수 있을 것이다. 물론 이러한 주장이 현실적으로 타당성을 지니려면, '변화된' 시대적 상황에 맞게끔 새롭게 그의 사상을 조망하고 재해석하려는 자세가 요청된다.

Q. 1997년 외환위기, 2008년의 금융위기, 그리고 현재의 세계적인 재정위기로 우리 사회의 경제적 불평등의 심화, 사회성원들 간의 상대적 박탈감의 증대, 부와 가난의 대물림 현상의 강화, 고용불안 등의 문제가 발생하고 있다. 이러한 문제점들에 대해 생각해 보자.

(2) 현재적 의미

위에서 공부한 '마르크스적 자유주의'와 '숙고된 자유주의자로서의 마르크스'라는 시론적인 해석은, 오늘의 한국 현실과 관련하여 어떠한 의미 있는 이론적·실천적 메시지를 우리에게 제공해줄 수 있을 것인가?

Note. ① 무엇보다 민주화의 진전과 함께 '소극적·형식적 자유'가 그 기반을 확고히 다져 가고 있는 오늘의 우리 현실에서, 현재의 상황에 관한 '비판적 성찰의 시각'을 정초지어 줄 뿐 아니라 '적극적이며 실질적인 자유'의 구현을 위한 구체적인 프로그램을 마련하고 추진하는데 기여할 중요한 지침과 조언을 제시해줄 수 있을 것이다. 특히 현 시점에서 우리사회의 핵심적 과제의 하나가 '실질적 자유'의 구현이라는 사실과 관련하여, 마르크스적 자유주의는 많은 것을 시사해줄 수 있을 것이다. 그의 자유주의는 개인의 기본적 자유와 권리가 보장되는 단계에 머물지 않고, 모든 개인이 각자의 삶 속에서 이루어지기를 희구하는 소망과 이상이 실제로 구현될 수 있다는 의미에서의 자유, 다시 말해 '자아실현으로서의 자유'가 확고히 보장되는 사회를, 우리가 진정으로 추구하고 구현해야 할 바람직한 사회라고 보고 있기 때문이다.[90]

② 둘째, 산업화와 민주화의 성공적인 추진으로 상당 정도 극복된 것으로 보였던 계층 간 경제적·사회적 불평등이 최근 다시금 불거지고, 그에 따라 사회성원들이 누리는 자유의 실질적 양의 차이가 현격하게 벌어짐으로써 계층 간의 갈등과 위화감이 고조되면서 사회적 통합에 심각한 위협이 가해지고 있는 상황은 평등사상으로서의 마르크스 사상 못지않게 '숙고된 자유주의 사상'으로서의 그의 사상을 필요로 하고 있다. 특히 한국적 상황에서 계층적 갈등의 심화는 지역적 갈등이나 이념적 대립과 맞물려 사회적 분열을 더욱 증폭시킬 수 있다는 점에서, 경제적 불평등의 완화와 극복의 과제는 여전히 일차적인 중요성을 갖고 있는 바, 이와 관련하여 사회적 평등의 확립을 일차적 당면과제로 삼고 있는 그의 사상은 여전히 그 실천적 유효성을 지니고 있는 셈이다. 아울러 사회적 불평등과 그에 따른 계층적 반목 및 대립 구도의 공고화는 결국 '소수'만이 실질적으로 자유를 향유하고, 나머지 '다수'는 자유를 상실한 채 비인간적 삶을 강요하는 비극적 사태를 초래한다는 점에서, 자유의 관점에서 재해석된 그의 사상 또한 작금의 한국적 현실에서 시급히 요청되지 않을 수 없는 것이다.

③ 셋째, 현재 우리사회에는 미국 주도의 세계화와 맞물려 신자유주의의 논리가 급속히 유입되어 확산되고 있으며, 그에 따른 사회적 불평등의 심화와 자유상실의 가속화가 초래되고 있는 바, 이러한 신자유주의 논리의 침탈로 인한 사회적 폐해를 극복하고, 그러한 논리에 맞서는 방어 논리를 구축하는데 그의 자유주의는 많은 대안적 시사점을 제공해줄 수 있을 것이다.

신자유주의 논리의 확대는 필연적으로 사회적 불평등의 극대화와 계층 간 지배/예속의 관계의 공고화로 이어지면서, 다수의 갖지 못한 자들의 자유 상실로 귀착된다. 이는 초기 자본주의의 한계를 보완하고 극복하면서 보다 바람직한 사회체제로 변용되어 온 '수정자본주의'가 이제껏 애써 정착시켜 온 자유 구현의 토대로서 사회적 평등을 허물어뜨리면서, 이전의 많은 문제점을 노정하던 '고전적 자본주의'로 회귀하고 있다는 사실, 아울러 이러한 '퇴행적 전환'을 정당화시켜주는 논리체계가 바로 신자유주의라는 사실을 말해준다. 이러한 상황을 염두에 둘 때, 고전적 자본주의에 대한 비판적 준거틀로 기능해 온 마르크스 사상이

90) 선우 현, 앞의 논문(2004), 283-286쪽.

우리사회에도 다시금 요청되는 것이다.

④ 사상은 '시대의 산물'이다. 따라서 시대적 제약과 역사적 한계를 드러내지 않는 사상은 존재하지 않는다. 마르크스의 사상 역시 예외일 수 없다. 그러기에 '초기 자본주의 체제'에 대한 그의 비판적 지적이 옳은 것이라 하여 그의 해결적 대안이 절대적으로 정당한 것이라고 받아들인다면 이는 맹목적 환상일 것이다. 반면에 그의 대안이 잘못된 것이라 하여 그의 비판적 관점마저 전적으로 오류라고 치부해 버린다면, 그것은 개선되고 변혁되어야 할 현실의 문제점을 은폐하고 왜곡하여 소수의 가진 자, 지배자의 입장만을 옹호하고 합리화함으로써, 자본주의 체제의 구조적 모순을 심화시키는 부정적 결과를 낳게 될 것이다.

이와 관련하여 현실 사회주의의 몰락에 따라 자본주의 체제에 대한 '외재적 비판'의 준거점이 상실된 상태에서, 현 시점이야말로 자본주의 체제의 한계와 모순을 보다 철저히 직시해야 할 때가 아닌가 생각된다.

Ⅲ. 마르크스와 사회정의

여기서는 마르크의 정의론에 관한 논쟁을 접어두고, 미국 퍼듀 대학의 윌리엄 맥브라이드(William L. McBride)교수의 글을 소개하기로 한다.

1. 우리가 마르크스에게서 '정의'를 찾을 수 있을까?

「자본론」의 배경을 이루는 기본 생각과 이론적 장치들이 내가 과거에 읽었을 때에 비해 오늘날 좀 거리가 멀게 느껴졌던 것과는 달리, 지금 내가 그 책을 다시 읽으면서 깊이 가슴에 와 닿는 점은 불의를 강력히 고발하는 대목이다. 그러나 과연 우리가 마르크스에게서 '정의'를 찾을 수 있을까? 마르크스는 그 말을 거의 사용하지 않았지 않는가? 사실 이 문제를 둘러싸고 한 30년 전 쯤에 철학자들 사이에 큰 논쟁이 있었던 적이 있고, 나 역시 그 논쟁에 참여한 사람 중의 하나였다. 여러 사람들이 그 논쟁에 참여하긴 했지만, 내가 「윤리학(Ethics)」지에 "마르크스와 엥겔스 그리고 몇 사람의 정의관"이란 논문을 기고하면서 특별히 주목했던 두 사람은 알렌 우드(Allen Wood)와 로버트 터

커(Robert Tucker)였다. 요점만 추리면, 이 두 사람은 마르크스가 부르주아 또는 자본주의 사회를 부정의하다고 말한바 없다는 것이었다.[91)]

우드는 여기서 한 걸음 더 나아가, "마르크스는 자본주의를 정의롭다고 보았다"고 주장했다. 그들은 「자본론」의 몇 구절을 토대로 이런 주장을 했다. 그 중 가장 잘 알려진 것은 "자유와 평등과 소유와 벤담이 지배하는 천부인권의 에덴동산을 떠나, 사태가 전혀 달리 보이는 생산부문으로 하강한다"는 구절 다음에 이어지는 마르크스의 언급이었다. 마르크스는 여기서 노동력이 창조하는 가치의 반값에 해당하는 임금을 받고 노동력을 파는 노동자는 "그 노동력을 사는 사람 입장에서는 의심의 여지없이 행운을 잡는 것이고, 반면 파는 입장에서도 결코 부정의한 것은 아니다"고 말한다. 이때 부정의하다는 말의 원래 독일어 표현은 "Unrecht"로서, 영어번역과는 달리 말대로 "부정의(injustice)"를 뜻한다. 또한 마르크스와 엥겔스는 여러 저술 속에서, 특히 엥겔스는 더 많이, 마치 참으로 "영원한 정의"가 있는 양 떠벌리는 작자들을 한껏 경멸한다.

나는 과거의 논문 속에서 몇 가지 방식으로 바로 이 두 사람의 기본 주장(들)에 의문을 제기한 바 있다. 우선, 보다 세심한 원전 분석을 통해 반박했으며, 또한 엥겔스의 몇몇 극단적 견해를 문자 그대로 해석해 버리면, 오히려 마르크스의 이론적 기획 전체가 흔들릴 수 있음을 보여 줌으로써 반박했다. 또한 마르크스에서 "정의"라는 말의 개념적 위상과 다른 용어들, 말하자면 "평등", "자유", "합리성" 등이 갖는 개념적 위상을 유추 또는 반유추함으로써도 반박했다.

나는 지금도 그때의 반박이 상당히 성공적이었다고 생각한다. 그때 이후의 글들에서 점차 나는 철학의 주요 관심이 현실 세계 속에서 자행되는 명백한 부정의를 주목해야 한다고 주장해 왔다. 즉, 오늘날 롤즈가 부활시켜 말하듯이, 고금을 초월해 완전 또는 거의 완전히 정의로운 상태를 밝히고자 할 것이 아니라, 현실 세계 속에서 자행되는 명백한 부정의를 철학이 주목해야 하는 것이다. 이렇게 불의를 주목하는 것은 사실 끝없는 과정일 텐데, 왜냐하면 기존에 수용되었던 현상이나 관행도 세월이 흐르면서 지배나 종속의 사슬을

91) William L. McBride(번역: 이상훈 교수), "마르크스적 사회정의와 부활하는 자본주의 이데올로기," 시대와 철학 제17권 제1호(2006), 45-47쪽.

강화할 경우 다시금 부정의하다고 재인식될 것이기 때문이다. 내가 보기에, 최근 정치철학자들은 이렇게 좀 더 불의를 주목하는 경향으로 가고 있다.

Q. 고금을 초월해 완전 또는 거의 완전히 정의로운 상태를 밝히고자 할 것이 아니라, 현실 세계 속에서 자행되는 명백한 부정의를 주목하자는 입장에 동의하는가?

2. 자본론과 '부정의'라는 단어

사실 「자본론」 전체는 정의라는 말을 쓰기조차 낯부끄러운 현실 사회의 적나라한 부정의를 고발하는 책이다.

요즈음 「자본론」을 다시 읽으면서 놀란 것은, 마르크스 자신이 거듭해 – 비록 "부정의"라는 단어를 직접 언급하지는 않지만, 물론 한 가지 예외는 앞에서 언급한 "Unrecht" 경우겠지만 – 바로 그런 방식으로 논지를 전개하고 있다는 점이었다. "노동일"을 다루는 「자본론」 제8장에서, 14세기 중엽부터 17세기 후반까지 영국 의회가 노동 시간의 연장을 강제하는 법을 통과시키는 과정을 기나길게 역사적 사례로 설명하는 것이 이런 부정의를 밝히는 것이 아니라면 무엇이겠는가? 그리고 마르크스 당대에서, 이와 같은 노동시간 연장 획책을 막기 위한 투쟁이라든지, 여자와 어린 아이에게도 그대로 적용되던 혹독한 근로조건을 완화시키기 위한 투쟁 등이 무엇이었겠는가? 자산가와 입법자, 법원의 결정, 그리고 오늘날에도 거의 반복 되다시피 하는 부르주아 이데올로그들의 궤변을 구구절절이 인용하면서 마르크스는 노동자에 대한 그들의 뻔뻔스러움과 이윤을 늘리기 위해 법을 조작하는 것을 고발하고 있다. 마르크스는 이런 처사들을 지극히 경멸하면서 셰익스피어의 「베니스의 상인」을 인용해 샤일록이, 자신의 이해를 정당화시키기 위해 고전까지 들어가면서 "고기 한 파운드"를 요청하지만 동시에 체제의 희생물들이 겪는 혹독한 시련을 크게 동정하는 장면을 묘사한다. 만약 이런 내용들이 마르크스의 철학에서, 자본주의적 축적이라는 미명 아래 영속되는 혹독한 현실적 부정의를 고발함을 통해 역설적으로 드러내는 사회 "정의"에 관한 부분이 아니라면 무엇이겠는가?[92)]

---

92) William L. McBride(번역: 이상훈), 앞의 논문, 47-48쪽.

Q. 「베니스의 상인」은 셰익스피어 작품 중 가장 많이 논의되는 법률희곡이다. 잘 알려져 있듯 이 작품은 유대인 샤일록에게 돈을 빌린 안토니오가 기일까지 돈을 갚지 못해 이자로 심장 부근의 살 1파운드를 주게 된 이야기다. 이 이야기를 정의론의 관점에서 생각해 보자.

3. 자본론의 부정의 고발

어떤 의미에서 지금 내가 지난 세기 후반에 일어났던 마르크스와 정의에 관한 논쟁을 반추하는 것은 소크라테스가 「국가」편에서 했던 것과 유사한 점이 있다. 대화를 통해 그의 동료들과 밝히고자 하는 정의의 본질 자체가, 소크라테스는 오래전부터 바로 그들의 발 아래 깔려 있음을 환기시켜 준다. 사실상 「자본론」 전체는, 정의라는 고상한 말을 쓰기조차 부끄러울 정도로 엄청난 현실적 부정의를 고발하는 글이라 해도 과언이 아닐 것이다. 특히 이른바 자본주의 발생사인 "본원적 축적"을 다루는 「자본론」 제1권의 마지막 장은 명백히 이런 내용으로 가득 차 있다.[93)]

이 마지막 장에서 마르크스는 중세 말과 근대 초에 걸친 영국사 뿐 아니라 아시아와 아프리카 그리고 아메리카에 걸쳐 진행된 식민체제의 전개과정을 적나라하게 서술하는데, 여기서 북아메리카에서 자행된 인디언 학살과 아프리카 노예에 대한 잔혹함도 그대로 묘사하고 있다. 예를 들어, 영국 식민지였던 메사추세츠 만에서 인디언 두피에 걸린 현상금의 정확한 액수까지 밝히고 있는데, 이 인디언 사냥이 당시 영국 의회에 의해 신이 내린 기회로 공식적으로 선양되고까지 있었다. 이와 같이 부정의를 고발하는 내용을 담은 제31장 "산업자본가의 발생"의 끝을 마르크스는 로마의 탄생을 그린 베르질리우스의 「이에네스(Aeneid)」에서의 한 구절인 "그러한 수고가 필요했던 것이다"를 인용하면서 "자본은 머리에서부터 발끝까지의 모든 털구멍에서 피와 오물을 흘리면서 태어난다"고 서술한다.

부정의를 고발하는 마르크스 저술의 이런 측면이, 오히려 그의 이론적 작업의 중심을 이루었던 착취 형식에 대한 꼼꼼한 분석보다 훨씬 더, 오늘날 철

93) William L. McBride(번역: 이상훈), 앞의 논문, 48-49쪽.

학적으로 시사하는 바가 크다고 생각한다.

Q. 인디언 사냥이 당시 영국 의회에 의해 신이 내린 기회로 공식적으로 선양되었다고 한다. 이러한 현상을 오늘날이 정의론의 관점에서 비판해 보자.

4. 마르크스와 롤즈 비교

앞에서 언급하였듯이 마르크스를 사회정의론 영역에서 탁월한 감각을 지닌 철학자로 새롭게 재평가하면서, 이런 내용을 존 롤즈와 한번 비교해 보자. 나는 롤즈 저술들의 몇몇 독일어 번역본을 비평한 구절을 최근의 다른 글에서 이미 인용했던 적이 있다. 이와 같은 비교가 좀 지나치다고 볼 수도 있겠지만, 나로서는 상당히 적합한 생각이 든다. 특히 예를 들어, 롤즈가 사회정의론 영역에서 대표 주자이며, 이에 반해 마르크스는 기껏해야 될까 말까 하는 후보자에 불과하다고 생각하는 학자들에 대해서는 강력한 도전으로 자리매김 될 수 있을 것이다. 비평자의 독일어 원문을 옮겨 보기로 하자.[94)]

> "롤즈가 현대 정치철학의 고전으로 꼽히는 것은 참으로 이상한 일이다. 왜냐하면, 롤즈의 저술은 단적으로 정치를 무시하고 있기 때문이다! 롤즈는 거저 규범 윤리학을 피력하고 있을 뿐, 단지 그뿐이다. 과연 이와 같은 규범 윤리학이 권력, 힘, 지배, 이데올로기, 의사결정, 해석, 정치적 입장, 혁명, 역사, 경제, 생정치학(biopolitics) 등에 대해서 무엇을 말해주고 있는가? 아무것도, 아니 거의 아무 것도 말하지 않고 있지 않은가? 자신을 칸트의 추종자로 여기는 롤즈는 마치 뉴잉글랜드에서 온 학생처럼 정치 과정을 다루고 있다. 말하자면 중상층의 건전한 세계관으로 여겨질 법한 것들을 규칙으로 삼고 있을 뿐인 것이다. 바로 이 점에 그가 정치를 모호하게 다룬 뿌리를 찾을 수 있다."

롤즈가 지배와 종속으로 이어지는 권력형 자본주의 경제구조가 배태하는 현실세계의 부정의와 대결하는 것을 극단적으로 기피하고 있다는 것은 그의 최근 저술 「인민법(The Law of People)」에서 가장 극명하게 드러난다. 그리고 유감스럽게도 나뿐 아니라 여러 논자들이 지적하듯이, 하버마스의 최근 저술

94) William L. McBride(번역: 이상훈), 앞의 논문, 50-51쪽.

도 마찬가지 경향을 보여준다.

5. 오늘날 자본주의 이데올로그

이와는 아주 대조적으로 오늘날 자본주의 이데올로그들은 바로 이런 현상들을 주목하면서, 그들이 비록 완전하지는 않지만, 현실사회에서 실현 가능한 최선의 형태의 정의를 구현하고 있다고 선언하며, 심지어 자축하는 분위기마저 노골적으로 드러내고 있다. 그와 같은 생각을 단적으로 나타내는 예로 최근 내가 읽은 법학자 리차드 포스너(Richard Posner)의 글을 들 수 있을 텐데, 여기서 그는 이른바 "부를 최대화하는 불법행위의 법"을 설파하고 있다. 하지만 포스너와 같은 입장이 자본주의 이데올로그의 가장 극단적인 예는 결코 아니다.[95]

"칸트주의자라면 … 아마도 불법행위의 법을 통해 부를 최대화하는 길을 달가워하지는 않을 것이다. 하지만 법망을 피하는 차원에서 보면, 부촌에서보다 가난한 동네에서 좀 더 빨리 운전하고 싶은 것은 자연스런 일이다. 왜냐하면 만약 사고가 났을 지라도 그 비용이 적게들 것이기 때문이다(사고시 지불해야 할 비용은 희생자의 소득에 부분적으로 비례한다). 시간도 절약할 수 있고, 사고를 피하기 위해 동원해야 할 자원 측면에서도 빈촌이 비용이 적게 들기 때문이다. 칸트적인 관점에서 보자면, 이런 분석은 잠재적 사고의 희생자들을 단지 잠재적인 상해를 없애는 데 있어서 장애물 정도로 여기는 격일테다. 그러나 불법행위의 법외의 과연 어떤 다른 대안이 칸트의 도덕 원리를 더 잘 충족시킬 수 있겠는가?"

물론 포스너는 더 나은 다른 대안이 없을 것 같다고 말한다. 즉, 기존의 경제적 불평등을 심화시키기는 하겠지만, 그래도 이 체제가 가능한 최선의 경우라는 것이다. 포스너의 글은 내가 초등학교 시절에 읽었으며 지금도 생생하게 기억하는 디킨스(Charles Dickens)의 「두 도시 이야기」를 다시금 상기시켜 준다. 프랑스 혁명 이전의 파리를 묘사한 이 소설 속의 귀족은 그가 탄 호화로운 마차가 가난한 아이를 치고 지나가지만, 단지 거추장스런 잡사에 불과한 양 그냥 지나치고 만다. 어쩌면 우리는 최소한 이 정도까지, 아니 더 심하게 퇴보

95) William L. McBride(번역: 이상훈), 앞의 논문, 51-52쪽.

했는지도 모른다. 다시 말해, 곪아터지고 있는 사회 부정의에 대해서 유명세를 떨치고 있는 철학자들은 거의 대부분 침묵하고 있고, 반면에 자본주의 이데올로그들은 체제 수호를 위해 매진하는 오늘날의 시류는, 우리로 하여금 다시 한번 마르크스를 찾게 만들어 준다.

제 4 장
자 유 론

제1절 서 설

Ⅰ. 우리는 자유로운가

1. 군대 이야기

군대 생활을 기억해 보면 언제나 바쁜 것은 아니었다. 말년에 가까울수록 짬이 나는 시간이 많아지는 경우도 있었다. 또 재수가 좋아 보직을 잘 받으면 아주 한가하게 군 생활을 할 수도 있다. 그런데 군대에서는 아무리 한가한 시간을 많이 받더라도 특별히 의미 있는 일을 하기는 어렵다. 시시껄렁한 잡담을 나누거나 텔레비전을 켜 놓고 멍하니 시청하는 일 말고는 다른 일은 손에 잡히지 않는다. 왜일까?

말년 병장이 되면 꽤나 편해진다. 정확한 시간에 끼니가 나오고 잠잘 시간에 맞추어 규칙적으로 잠자리에 든다. 말년이라서 느는 열외는 자유시간이 지루할 정도로 많다. 그런데도 마음 한 구석에서는 불안감이 사라지지 않는다. 군대에서의 자유시간은 막연한 불안과 함께 한다. 왜일까? 군대에서의 자유가 '진짜 자유'일까?

Note. 자비로운 노예소유주나 가부장의 지배 아래 있는 노예나 여성은, 설령 노예소유주나 가부장이 실제로 간섭을 하지 않기 때문에, 불간섭으로서의 자유를 누릴 수 있다고 하더라도 언제든지 그들의 기분이나 변덕에 좌우될 가능성이 있는 한, 지배에 예속되어 있고 그로부터 자유롭지 못하다.[1)]

2. 삼성그룹 이야기

우리 사회 일각에서 삼성그룹을 이야기하면서 “삼성은 노조가 필요 없다. 워낙 그룹차원에서 노동자들을 잘 챙겨주는데 노조가 왜 필요하겠는가?”라는 말을 자주 한다. 이러한 생각에 문제점은 없는가?

Note. 군대에서의 ‘자유 시간’이 그렇게 자유롭지 않은 이유는 군대라는 조직 속에서 자신의 의지가 아니라 지휘관의 의지에 종속되어 있기 때문이다. 군인이 한가한 것도, 또 갑자기 바빠지는 것도 모두 내가 아닌 타인이 내린 결정에 따른 것이다. 따라서 군대의 ‘자유시간’은 그리 자유로운 시간이 되지 못한다. 타인의 의지에 종속되는 것을 고대 로마법에서 ‘obnoxius’라 불렀다. 삼성그룹의 사례가 바로 이 ‘obnoxius’의 대표적인 예가 될 수 있을 것이다. 삼성그룹의 직원들이 만일 좋은 복지혜택을 받는다면(삼성그룹의 복지수준이 실제로 높은지도 의문이지만), 이것은 자신들이 노동조합에 참여해 확보한 것이 아니라(삼성그룹은 무노조 원칙으로 유명하다) 경영진의 선의에 의한 것이다. 언제 그런 선의가 철회될지는 아무도 모른다.[2)]

3. 두 소녀의 케이크 나누기

A와 B 두 소녀가 케이크를 나누어 먹는다. 이 경우 어떻게 하면 양자가 합의를 할 수 있을까? 만약 A가 케이크를 자르고 또 이 소녀가 그 케이크를 분배한다면 B는 A의 의지에 휘둘리게 되며, 이내 불만을 갖게 될 것이다. 하지만 한 소녀가 케이크를 자르고 다른 소녀가 케이크를 분배한다면 두 소녀 모두 만족하게 될 것이다. 이러한 합의를 통해 ‘자의’는 배제되고 ‘합의’가 이루어지게

1) 김도균, 앞의 논문, 330쪽.
2) 김동규, “자유의 조건,” 시민과 세계 제23집(2007), 325-328쪽.

되는데, 이로써 이 두 소녀로 구성된 조직은 자유롭게 된다. 제임스 해링턴은 자의가 아닌 동의에 의해 단체가 행동하는 모습으로 이 유명한 두 소녀의 예를 들었다. 해링턴은 이 케이크 분배하는 방법에서 '숙의'(deliberation)하는 손과 '집행'(execution)하는 손이 달라야 한다는 초기적 행태의 '권력분립' 이론을 내놓기도 한다. 어쨌건 케이크를 자르고 분배하는 방식을 잘 조정함으로써 어떤 소녀도 다른 소녀의 의지(자의)에 종속되지 않게 되었고, 모든 결과는 모두 자신의 결정에 의한 것이 되었다. 합의를 이루어 하나의 행동을 하게 된 조직도 자유롭게 되었지만, 자신의 결정에 의해 자신의 몫이 정해진 각 소녀들도 자유롭게 되었다. 즉 자유로운 조직 속에서 개인이 자유를 누릴 수 있게 된 것이다. 반대로 한 소녀가 케이크를 자르고 분배한다면 '합의'가 이루어지기 어려웠기에 조직이 자유를 가질 수 없게 될 것이고(하나의 의지에 따라 행동하지 못하므로), 또 다른 소녀는 이 소녀의 의지에 종속되므로 자유를 상실하게 될 것이다.

Q. '개인의 자유'의 전제가 된다는 '자유 국가'란 어떤 것인가?

Note. 진정으로 자유로운 국가는 전체 의지에 따라(의도대로) 움직일 수 있는 국가이다. 국가가 하나의 의지에 따라 움직이려면, '제멋대로' 하려는 일부의 자의에 휘둘려서는 안 되며 모두의 '동의'에 의해 움직여야 한다.

4. 지배/예속으로부터의 자유: 국가권력과 경제권력

피고용자의 처지가 고용주의 기분에 좌우되는 경우, (비정규직) 노동자가 고용주나 관리자의 자의에 예속되는 경우, 시민의 운명이 경찰과 검찰의 자의와 재량에 무방비상태로 맡겨져 있는 경우 등이 한 사회에서 관찰되는 일상적인 모습들이라면 그 사회는 지배/예속이 만연하는 사회가 아닌가?[3]

인류가 꿈꾼 정의로운 사회의 모습을 소박하게 표현한다면, 각 개인의 처지가 타인의 기분과 변덕에 따라 좌지우지되지 않는 사회, 즉 각 개인이 독립성을 갖고 자유롭게 살아갈 수 있는 사회가 아니었나 싶다.

3) 김도균, 앞의 논문, 329쪽.

Q. 다음을 생각해 보자.

(1) 우리나라의 경우 많은 사람들의 삶이 재벌기업들에 의존해 있다. 이른바 재벌총수들은 전근대적인 지배구조를 통해 자의적으로 수많은 사람들의 생존이 걸려 있는 기업집단을 통제하고 있다. 자본권력은 기업의 직원들의 권리를 보장하고 있는가?

(2) 우리 현대인은 진정 자유를 추구하고 있는가? 후쿠야마가 말한바와 같이 자유민주주의 국가는 비록 완전하지는 않을지라도 누구나 자유를 누릴 수 있게 하고, 누구나 평등하게 대우받을 수 있게 하는 인류의 최적의 정치·경제 시스템이 아닌가? 우리 현대인은 객관적 진리나 가치판단의 보편적 기준과 같은 것을 믿지 않고 각자 자유롭게 판단하고 자신의 의지에 따라 자유로운 선택을 하면서 살아가고 있지 않은가? 현대의 가치다원주의를 토대로 우리는 그 어느 때보다도 모험적인 인식의 시도와 다양한 선택의 자유를 누리고 있지 않은가? 그동안 인류가 원했던 자유와 평등을 비로소 관념에서가 아니라 현실에서 실현하고 있지 않는가?

Ⅱ. 자유란 무엇인가

1. 자유가 아니면 죽음을 달라

자유가 소수 특권층의 독점물로 당연시되던 시대에는 자유보다는 빵을 더 우선시했다. 또 “자유가 아니면 죽음을 달라”고 외치면서 생명보다도 자유를 더 소중한 것으로 여겨 투쟁하던 시대도 있었다. 이상으로서의 자유를 꿈꾸던 시대도, 이념으로서의 자유가 구가되던 시대도, 쟁취해야 할 구체적인 목적으로서의 자유를 부르짖던 시대도, 자유와 관련하여 역사의 흐름 자체를 해방의 역사로 보는 시각도 있었다. 인간이 인간됨을 이루게 해주는 궁극적인 차원으로서의 자유, 인간의 존엄성, 침해받을 수 없는 개인의 권리, 대신할 수 없는 일신전속성, 스스로 목적을 설정해 갈 길을 정하고 그에 맞는 방법을 선택해 스스로의 삶을 자율적으로 영위한다는 의미에서의 자유, 자기가 한 행동에 대해 책임을 지는 자기 자신에 대한 책임으로서의 자유 등의 의미에서 보여지는 것처럼 자유는 인간의 자기보존, 자기생산, 자기형성, 자기구현 등과 관련해 개인으로서의 인간에 있어 필수불가결한 기초원리이다.[4)]

자유란 죄없는 사람이 더 이상 괴롭힘을 당하거나 살해당하지 않는 것을 말하고, 더 이상 고대에서처럼 다른 노예들과 쇠사슬로 묶여 탄광일로 죽도록 혹사당하지 않는 것을 말하며, 근세 초기처럼 그나마 머리를 눕힐 수 있었던 알량한 오두막집에서 쫓겨나 거리에서 걸식에 의존하며 연명하다가 결식했다는 죄목으로 교수형당하지 않는 것을 말한다.

자유란 무엇인가? 이것은 하나의 막중한 주제이다. 너무나 거창하고 중대하기에 그것을 합당하게 다룰 수 없을 정도이다. 그러나 너무나도 중대하기에 다루지 않고 남겨 두어서는 안 될 주제이기도 하다. 그에 대한 물음 자체가 진부할 정도로 자유는 이제 더 이상 형이상학적 의미로 심장을 뛰게 하는 어떤 것이 아니며 일상생활에서 항상 만나게 되는 것으로서 누구에게나 너무나도 잘 알려져 있고 자명한 것으로 받아들여져 인정되고 있다.

우리가 하고 싶은 것을 할 수 있는 자유는 결국 허용된 것을 할 수 있는 사회제도 속에서의 행동의 자유이다. 우리에게는 준수해야 할 법이 있고, 지켜야 할 규율이 있고, 따라야 할 도덕규범이 있으며, 하지 말아야 할 금기사항이 있는 등 우리의 행동을 제약하는 보이거나 보이지 않는 요인들이 많이 있음을 일상생활 속에서 절감한다. 그러한 굴레와 틀 속에서의 타성화·습관화·무감각화가 우리의 일생생활인 듯 싶을 정도이다. 그러면 '자유롭다'는 우리 인간으로서의 권리는 말 뿐인 '자유'란 말인가?

'자유'하면 흔히 '자유롭다'는 의미의 어떤 것에도 매여 있지 않은 상태를, 모든 것에서부터 자유롭다(해방되었다)는 의미로 아주 홀가분하고 흔쾌한 상태를 말한다. 나를 육체적으로 구속하는 사슬이나 굴레, 강요나 억압에서부터의 자유로움, 근심이나 걱정에서부터의 자유로움, 고통이나 질병에서부터의 자유로움 등을 생각할 수 있다. 여기서 우리는 우리를 얽어매고 있는 그러한 올가미들이 없음을 단순히 확인하고 있는 것이 아니다. 우리는 그러한 자유로운

---

4) 이기상, "자유와 실천·행위하는 자아의 관점에서 본 자유," 현상과 인식 제12권 제2호 (1988), 141-146쪽.

상태를 좋은 것이라고 생각하여 그것을 요구하며 주장하고 있는 것이다. 그런데 우리는 어떤 기준에서 그러한 상태를 좋아하는가?

우리는 한 걸음 더 나아가 더 근원적으로 "인간은 도대체 자유로운가?"라고 물을 수 있다. 사실 이 물음으로 우리는 지금까지 다만 함축적으로만 주제가 되었던 의미의 '자유'를 겨냥하는 것이다.

Q. 다음을 생각해 보자.

(1) '자유'란 무엇인가? 우리사회는 정치권력으로부터 법적인 개인의 권리를 보장하는 의미의 자유를 획득하였는가? 사람들은 여전히 자유를 갈망하고 있다. 그렇다면 진정한 자유는 어디에서 찾을 것인가?

(2) 알베르 까뮈의 "시지프스 신화"에서 시지프스는 신들로부터 바위를 산꼭대기까지 끊임없이 굴려 올리는 형벌을 받는다. 산꼭대기로 올려 진 바위는 그 무게로 인하여 다시 하계로 떨어진다. 시지프스는 다시 바위를 산꼭대기로 올리는 고통스러운 행위를 반복해야 한다. 시지프스는 끊임없는 노력을 계속한다. 그렇다고 자신의 현실에 대하여 한탄하거나 체념하지 않는다. 그는 자신의 삶을 그 자체로 편안하게 받아들인다. 시지프스의 운명처럼 인간은 끊임없이 굴러 떨어지는 돌을 반복해서 산꼭대기로 올리고 있는지도 모른다. 그렇다면 인간이 이러한 무모하고 끝이 보이지 않는 구속으로부터 벗어나는 길은 무엇일까?

(3) 자유란 하고 싶은 것을 할 수 있는 권리가 아니고 무엇이겠는가? 그러나 과연 우리가 하고 싶은 것을 마음대로 할 수 있는가? 우리는 아무 곳에나 원하는 경우에 자동차를 주차하거나 정차할 수 있는가? 빨간 신호등을 보고 그냥 지나쳐 달려갈 수 있는가? 먹고 싶고 갖고 싶은 욕망이 생기면 남의 물건을 그냥 빼앗아 가질 수 있는가? 죽이고 싶도록 미운 사람이 있으면 그 사람을 죽일 수 있는가? 제 잘난 멋에 살고 싶어 벌거벗은 몸으로 거리를 활보할 수 있는가? 모두가 잠든 한밤중에 큰 소리로 노래를 부를 수 있는가? 하고 싶은 것을 마음대로 할 수 없는 이유는 무엇인가?

2. 서양에서의 자유 발전의 역사

(1) 고대 그리스의 자유

1) 자족성의 실현

서구 민주주의의 원형이 된 고대 그리스의 정치철학에서는 개인주의적 맥락의 자유 개념이 강조되지는 않았다. 고대에는 시민 공동체 전체의 이익을 수호한다는 것이 압도적인 미덕으로 자리를 잡고 있었다. 플라톤은 사적 관심 추구의 정당성을 전혀 인정하지 않았으며, 아리스토텔레스는 가족, 지역, 직업 등의 부분적인 집단들에서의 사적 관심 추구를 용인하면서도 도시국가(폴리스) 공동체 전체의 공적 이익에 저촉되지 않는 부차적 수준에서만 인정하였다. 아리스토텔레스에게 있어서 자유민이란 "타인의 의지가 아니라 자기 자신의 의지에 따라 살고 있는" 사람들이다. 그렇지만 그들의 자유는 '고립된 개인의 삶'이 아닌 '공동체적 삶' 속에서 존재하는 것이다. 결국 고대의 민주주의는 자유주의 없이 성립하였다고 할 수 있다. 그리스의 도시국가들이 독립성을 상실하고 마케도니아의 제국에 편입된 후 스토아 학파와 에피쿠로스 학파의 개인적인 윤리철학이 풍미할 때에도 공익을 지상과제로 삼는 이러한 지향은 계속 유지되고 있었다.[5)]

고대 그리스에서의 자유 개념은 어떤 철학적 의미, 다시 말해 인간의 본성이라든지 도덕적 가치를 담고 있지 않았다. 이때의 자유란 단지 '노예가 아닌 상태'를 의미했고 자유민은 노예가 아닌 자였다.[6)]

폴리스란 무엇인가? 한마디로 말하자면 그것은 자유로운 시민들의 공동체였다. 그것은 시민들의 자유를 온전히 실현시키기 위해 존재하는 기관이었다.

아리스토텔레스가 인간은 본성적으로 폴리스 속에서 살 수밖에 없는 존재라고 말했을 때, 폴리스의 존재이유는 자족성(autarikeia)의 실현에 있었다. 개인은 누구도 자족적일 수 없다. 인간은 오직 폴리스를 통해서만 자족성에 참여할 수 있다. 그런데 아리스토텔레스가 폴리스의 존재이유라고 불렀던 자족성

5) 조혜인, "공동체적 토대위의 참된 자유," 사회과학연구 제10집(2002), 174쪽.

6) 이상엽, "니체의 인식과 자유," 대동철학 제45집(2008), 277쪽.

은 그리스인들의 정신세계 속에서는 참된 자유가 첫째가는 본질적인 규정이기도 했다. 이는 아리스토텔레스의 경우에도 다르지 않아서, 그가 폴리스의 자족성을 노예의 비자족성에 대립시킬 때, 그는 사실 폴리스에 거주하는 시민들의 자유를 노예들의 부자유에 대립시키는 것이나 마찬가지인 것이다.[7]

2) 호메로스와 자유

그렇다면 그리스적 자유는 어떤 것인가? 호메로스에게서 자유는 자기의 땅에 머무르는 것을 의미하였다. 호메로스의 세계에서 인간은 자기 나라 자기 땅에 머무르는 한에서 자유롭다. 반대로 전쟁에서 패배하여 강제로 자기의 땅을 떠나야 할 때 인간은 자유를 잃고 노예상태에 빠진다. 호메로스의 작품인 '일리아드'에서는 자유라는 말이 4회 등장한다.[8]

> "누군지도 모를 청동 갑옷을 입은 아카이아 군이 울며불며 하는 당신을 데려다 자유의 날을 빼앗겠지": 헥토르가 아내인 안드로마케에게 하는 말.
>
> "제우스신께서 일찍이 우리들에게 집안의 홀에서 구원의 주연을 올리기를 허락하신다면, 트로이로부터 아카이아 군을 물리쳐 하늘에 임하시는 불사의 신들께 우리를 자유롭게 하신 데 대한 주연을 올리는 것을 허락하신다면, 오래지 않아 시민들을 만족케 하리라": 헥토르가 동생인 파리스에게 하는 말.
>
> "파트로클로스여, 네가 우리의 도시를 점령할 줄 알았더냐! 트로이의 여자에게서 자유의 날을 빼앗아 네 고장으로 데려갈 줄 알았더냐! 어리석은 놈! 그들 앞에는 전투로 질주하는 헥토르의 말들이 있음을 몰랐더냐! 내 창은 용감한 트로이 군 중에서도 이름이 높다": 헥토르가 파트로클로스에게 하는 말.
>
> "나는 그대를 뒤따라 아테네와 제우스의 도움으로 그 도시를 멸하고 전리품과 더불어 여인들의 자유의 날을 빼앗았는데, 그때 제우스와 여러 신들은 그대만은 살렸도다": 아킬레우스가 아에네아스에게 하는 말.

위 문장들이 가진 공통점은 모두 '신체의 자유'를 의미하는 것이다. 호메로

7) 김상봉, "자유와 타자 - 한국문화의 지역성과 세계성에 대한 한 가지 반성 -," 철학연구 제88집(2003), 26쪽.

8) 김은중, "고대 그리스 초기사상에서 자유와 명예," 동서철학연구 제60조(2011), 221-223쪽.

스는 '일리아드'에서 자유의 날을 언급하고 있다. '자유의 날'이란 트로이의 여자들이 트로이에서 사는 것을 의미하는데, 곧 트로이에서의 자유민의 상태를 의미한다. 반면에 트로이의 여자들이 그리스 군에 끌려 아르고스 등지로 가면 노예의 상태로 빠진다. '자유롭게'라는 표현도 트로이가 아카이아와의 전쟁에서 승리하는 것이 트로이 사람들이 자유민의 상태를 유지시키는 것임을 말한다. 폴리스 시민에게 자유의 조건은 시기에 따라 편차는 있지만, 노예가 아닌 주인으로서, 여성이 아닌 남성으로서, 그리고 이방인이 아닌 폴리스의 시민으로서 공동체의 운영에 적극적으로 참여함으로써 부여되고 보장되는 것이다.

호메로스의 작품에는 '예속의 날'과 '운명의 날'이라는 표현이 여러 차례 등장한다. 그것은 '자유의 날'의 상실을 의미한다. 그것은 유괴 또는 약탈되거나 자신이 속한 도시가 정복됨으로써 부모나 마을 사람들, 혹은 도시의 보호를 받지 못하고 타자의 강제하에 놓이게 된 때를 의미한다.

호메로스 작품은 노예화가 당대의 인간이 겪을 수 있는 불행 가운데 최대의 충격임을 보여 준다. '일리아드'에서는 도시의 정복과 그에 따른 예속의 날로서의 전락이, 그리고 '오디세이'에서는 소규모의 약탈과 유괴, 해적행위 등으로 인한 노예화가 모든 사람의 커다란 관심사가 되어 있다.

Q 호메로스 시대의 자유는 인간의 생존과 삶의 근원인 땅과 가족, 그리고 한 개인이 전체에 대한 일부로서 그 안에 살고 있는 민족과 매우 밀접한 관계를 가지고 있다. 오늘날의 자유와 비교해 볼 때 어떤 차이가 있는가?

Note 우리가 근대적 의미에서의 자유라고 부르는 것은 호메로스에게서는 아직 태동하지 않았다. 태동하지 않았다기보다 호메로스는 그런 문제에 대해 관심이 없었다고 보아야 한다. 벌린은 적극적 자유의 개념은 "누가 나의 주인이며 누가 나를 지배하는가?"라는 질문으로 시작된다고 하면서, 이는 곧 누가 나에 대한 통제나 간섭의 원천인가를 묻는 것이라고 했는데, 이에 대한 호메로스의 대답은 신이다. 인간이 희미하게나마 신으로부터 떠나려 시도한 때는 호메로스류의 서사시 시대를 훨씬 지나 서정시인의 시대에 이르러서였다.

그리스적 자유를 요약하면 다음과 같다. 첫째, 자유는 자기 땅에 머무른다는 의미에서 자기 곁에 있음이다. 둘째, 그것은 모든 외적 강제로부터 벗어난 자립성이다. 셋째, 그것은 정치적 참여를 통한 자기형성과 자기규정의 능력이다. 아리스토텔레스는 이런 의미의 자유를 추상적으로 표현하여 "자유로운 인간은 타인을 위해서가 아니라 자기 자신을 위하여 존재하는 사람"이라고 말하는데, 이런 말에서도 알 수 있듯이 인간의 자유는 자기 자신을 형성하기 위한 모든 자발적이고 능동적인 활동에 존립하는 것이다. 즉 자유는 외적 강제에 구속되지 않고 스스로 자기를 실현할 수 있는 능력을 뜻하는 것인 바, 이런 의미에서 그리스인들에게 자유는 실질적으로 자족성과 같은 것이다.

Q. 그리스인들이 자유로운 삶의 이상을 처음으로 명확하게 정립하기는 했지만 그것을 인간의 보편적인 본질로 사유하지는 않았다. 그 이유를 어디에서 찾을 수 있는가?

Note. 그리스인들은 소수의 시민들에게만 허락되었던 자유로운 삶의 형식이 인간 일반의 보편적 본질로서 사유하지 않았다.

(2) 근대 서구 정치학과 자유

중세 유럽의 봉건적 질서에서 자유는 일종의 면제를 - 세금, 통행료, 의무, 영주의 사법권 등에서 면제를 받음 - 의미했다. 이러한 면제는 특권을 의미하는 것이었다. '자유롭다'는 것은 배타적인 권리를 - 동업조합이나 도시나 재산 따위에 대한 배타적인 권리를 - 인정받고 있음을 뜻했다. 그렇게 면제받고 특권을 지닌 사람들은 고상한 자들과 명예로운 자들, 즉 귀족 대열에 속했다. 16세기 말에 이르기까지 '자유'는 귀족적 태생이나 양육, 고상함, 관대함, 대범함 등과 동의어였다.

근대 이후에야 비로소 자유주의에서 자유를 인간의 본성으로 간주했다. 자유주의는 인간을 자유로운 존재로 선언했고, 이에 따라 바람직한 정치사회의 조직 원리를 모색했다. 하지만 자유주의 사상가들조차도 자유라는 개념을 매우 다양한 형태로 임의적으로 사용했고, 그러한 이유에서 자유에 대한 다양한 해석들이 생겨났다.[9]

9) 이상엽, 앞의 논문, 277-278쪽.

개인과 더불어 자유의 개념이 강조된 것은 영국에서 의회 민주주의가 발전하면서부터이다. 마그나카르타가 잘 보여 주듯 애초에 커 가는 왕의 정부에 대하여 귀족이 자신들의 기득권을 지키려는 차원에서 자라난 영국의 의회 민주주의는 국가로부터 개인을 지킨다는 지향을 영국에서 발전하기 시작한 정치학의 자유 개념 속에 물려주었다. 홉스는 군주정을 옹호했지만, 그것을 당연한 것으로 전제하는 대신에 개인들을 무질서로부터 보호하기 위하여 그들에게서 권력을 양도받은 것으로 봄으로써 국가의 위상을 축소시키는 작업을 시작했다고 볼 수 있다. 그 후 로크는 주권이 개인들로부터 나온다는 것을 명시적으로 선언함으로써 민주정으로의 진입을 공식화시켰다. 그리고 밀은 민주적 국가라 하더라도 각 개인의 활동에 대한 간섭은 최소화하여야 한다고 주장함으로써 국가경제적 자세를 자유 개념 속에서 살려내고 있었다. 그러나 정치학에서는 국가가 자유를 지켜주는 역할을 해내고 있음을 부정하지 않고 있는데, 이것이 자유주의의 고전적 모습이라고 할 수 있다.[10]

(3) 독일 칸트 철학 전통에서의 자유

영국과 프랑스의 계몽주의적 자유사상은 독일로도 번져 갔다. 독일에서 자유 개념은 영국과는 상당히 다른 뉘앙스를 담게 되었다. 독일에서의 지성사적 발전 방향을 잡아 준 철학자 칸트는 자유의 개념에도 독일적 분위기를 담아내고 있다. 로크가 방향을 설정한 영국적 자유 개념은 기본적으로 자기가 하고 싶은 것을, 남이 역시 그렇게 하는 것을 적극적으로 침해하지 않는 한, 마음대로 할 수 있는 상태를 의미하였다. 그것은 타인에 대해 책임을 지는 대칭적 관계라는 점에서 방종은 결코 아니다. 영어에서 의식적으로 liberty를 사용하여 그 개념을 그런 의미로 한정하기도 하는 그 개념을 우리가 원심적 자유라고 부르는 이유는, 그것이 반국가적 맥락에 의해 국가의 구속에서 최대로 벗어나려고 하는 지향, 더 나아가 국가뿐 아니라 사회의 집합적 내지 규범적 구심성에서 최대로 벗어나려고 하는 지향을 지니고 있기 때문이다. 그것을 자유주의자들이 흔히 애용하는 표현을 사용하여 말한다면, 이른바 '다원주의적 다양성'으로 방사하는 지향이 된다. 반면 칸트의 자유는 구심적인 자유 개념이

10) 조혜인, 앞의 논문, 175-177쪽.

다. 구체적으로 그것은 '외적 요인'에 좌우되지 않고 도덕적으로 옳은 일을 실행할 수 있는 의지적 능력을 의미한다. 즉 물리적 욕망이나 구조적 압력에 굴복하지 않고 규범을 구현할 수 있는 능력을 의미하는 것이다. 그것은 개인들이 규범적 구심점을 향해 집중해 가는 지향이 된다. 그것은 정언명령을 말하는 칸트적 도덕률이 다원주의를 적극적으로 강조하지 않는 것과 관련된다. 그리고 그것은 칸트와 같은 독일의 계몽주의적 철학자들이 영국에서와 달리 국가를 경계하기보다 국가를 합리적으로 행동할 수 있는 주체로 받아들이는 차이와 연결된다. 이러한 칸트적 자유 개념의 기본 성격은 이후 헤겔(Hegel) 같이 칸트와 인식론으로 적지 않은 차이를 노정하는 경우들을 포함하여 대부분의 독일 후대 철학자들이 유지해 가게 되었다. 사실 밀은 그의 지적 편력 과정에서 독일의 이러한 이른바 '관념론적' 자유 개념의 영향을 받아 자유 개념의 원심적 모습을 어느 정도 완화시키기도 하였지만, 결국에는 영국적 특성을 고도로 간직한 자유 개념을 남기게 되었다. 영국과 독일의 자유 개념은 이렇듯 때로 서로 조금씩 영향을 주고받는 수렴 현상을 보여 주면서도 서로 그 원심적 특성과 구심적 특성을 완전히 버리지 않고 유지해 왔다.

(4) 경제학과 자유

영국에서는 경제학이 발전하면서 원심적 경향이 더욱 심화되어 갔다. 정치학에서는 개인들이 일단 국가라는 실체적 권력을 두고 그로부터 자유를 확보하는 것으로 그려진다. 그러나 경제학에서는 개인들이 각자 자기 선호를 따라 마음대로 움직이는 것 자체가 시장원리라는 보이지 않는 손에 인도되어 질서를 이루는 것으로 되어 있다. 아담 스미스 자신은 국가의 역할을 완전히 부정하지 않았으며, 또한 그의 도덕철학체계에서는 시장원리가 강조되기 전에 사람들이 지니는 도덕적 감정의 토대가 전제되었다. 그러나 그 후 신고전학파라고 불리게 된 경제학의 주된 흐름이 자리 잡아 가면서 국가와 가치의 역할이 계속 축소되어지는 쪽으로 발전이 이루어지게 되었다. 그러는 과정에서 각 개인의 욕구 충족을 극대화시키는 것을 당위로 삼는 것을 중요한 요소로 삼는 자유 개념이 영미 사회에 널리 자리 잡게 되었다. 그러한 자유 개념은 칸트적 자유 개념과 거의 정반대의 내용을 담고 있는 것이라고 할 수 있다. 그것은 욕구에 좌우되지 않는 자유가 아니라 욕구를 따르는 자유를 의미하기 때문이다. 사실 신고전파 경제학을 적지 않게 수정한 케인즈 학파의 경제학도 국가 개입의 초점을 주로 사후적으로 교정하는 데 둠으로써 각자의 이익을 추구하는 개인들로 구성되는 시장이라는 주로 경제학의 출발점 자체는 크게 훼손하지 않았다. 그 점에서 공동체와 개인의 관계를 상충적으로 인식하는 경향은 경제학에서 극대화되었다고 할 수 있을 것이다.

제 2 절　만인의 만인에 대한 투쟁: 토마스 홉스

Ⅰ. 생애와 작품

1588년 4월 5일 영국 서남부 브리스톨에서 멀지 않은 맘스베리라는 작은 마을은 스페인의 무적함대 '아마다'가 브리스톨쪽으로 침공한다는 소문으로 공포에 휩싸였다. 무능력한 교부 목사 토마스 홉스 씨의 부인은 임시 7개월째였으나 이 놀라운 소문에 조산을 했다. 칠삭둥이로 태어난 이 천재는 훗날 자신의 출생에 대해 "나는 공포와 쌍둥이로 태어났다"라고 말하고 있다. 그의 이 말은 단순히 출생과 관련된 일화만이 아니었다. '공포'의 감정은 그의 일생을 따라다닌 기본 정서였다. 시민전쟁(1641-1648)을 피해 프랑스로 망명을 가야 했고, 런던의 대화재(1666) 이후 무신론자와 신성모독자를 처단하라는 청원이 의회에 상정되면서 자신의 대표작인 「리바이어던」이 금서로 지정되자 알려지지 않은 몇몇의 작품마저 스스로 불태워 없애야 했다.[11)]

아버지의 이름을 그대로 물려받은 철학자 토마스 홉스(T. Hobbes)는 사업으로 성공한 큰아버지의 도움으로 14세에 옥스퍼드 대학에 들어갈 때까지 고향의 학교에서 교육을 받았다. 이미 4세 때부터 그리스어와 라틴어에 특출한 재능을 보인 홉스는 유리피데스의 「메디아」라는 작품을 그리스어에서 라틴어로 번역하여 선생님에게 제출하기도 했다. 어학에 대한 그의 재능은 훗날 프

11) 김용환, "토마스 홉스: 보수적 이상주의자," 철학과 현실(1995), 152-154쪽, 169쪽.

란시스 베이컨의 개인 비서 역할을 하면서(1621-1626) 그의 에세이들을 라틴어로 번역할 수 있었다. 그리고 홉스가 처음 출판한 책이 투키디데스의 「펠로폰네소스 전쟁사」(1629) 번역판이었으며, 마지막으로 출판한 책이 호머의 「일리아드」와 「오디세이」였다는 사실도 그의 어학적 재능을 짐작하게 해 준다.

옥스퍼드 대학에서의 교육은 불만족스러운 과정이었다. 이것은 후에 로크나 흄의 경우도 마찬가지였다. 모두 당시의 제도 교육에 불만을 보였던 것은 우연의 일치가 아니었다. 스콜라 철학과 아리스토텔레스의 철학, 그리고 청교도주의로 무장된 대학교육은 근대 초기의 사회적 분위기를 적절하게 반영하기에는 역부족이었으며, 젊은 홉스의 관심을 끌 수도 없었다. 아리스토텔레스 철학과 스콜라 철학, 그리고 청교도주의에 대한 홉스의 반감은 아마도 이 시기에 형성되었을 것이다. 5년간에 걸친 지루한 대학교육은 존 윌킨슨 학장의 추천으로 윌리암 카벤디쉬(후에 1대 디본셔 백작이 됨) 가문의 가정교사로 취직됨으로써 끝이 난다. 이 귀족 가문과의 인연은 수년간의 공백기를 제외하고는 평생을 통해 지속된다. 중산층 출신의 홉스가 귀족 가문과 깊고 긴 인연을 맺게 된 것은 두 가지 중요한 의미가 있다. 하나는 현실 정치 세계의 중심부에 접근할 수 있는 기회를 가짐으로써 의회파 보다는 왕당파에 더 우호적인 성향을 갖게 된 것이며, 다른 하나는 학문적으로 폭넓은 지식을 얻을 수 있는 기회를 가질 수 있었다는 점이다. 당시의 귀족들은 교육의 대부분을 가정교사에게 맡겼으며, 그 교육 과정의 마지막 단계로서 선생과 학생이 같이 외국으로 수학여행을 하는 것이 하나의 관행이었다. 1641년 프랑스로 망명을 간 것을 포함해서 모두 네 차례에 걸친 해외여행을 통해 홉스는 당시 유럽의 대표적인 지식인들과 교류를 하게 된다. 1634년부터 3년 동안 파리에 머물면서 그는 메르센느(Mersenne)가 주축이 된 과학자들의 모임에 참여하게 되고, 거기서 프랑스의 대표적인 과학자들과 철학자들을 만나게 된다. 1634년 플로렌스로 가서 말년의 갈릴레오를 방문한 것은 홉스의 철학적 방법론에 결정적인 영향을 준다. 프랑스의 유물론자인 가상디(Gassendi)와의 평생에 걸친 우정은 홉스와 가상디를 근대 제일의 유물론자로 만들었으며, 데카르트와의 논쟁은 「성찰」에 대한 제3비판서를 쓰게 만들었다.

1637년 유럽 여행에서 돌아온 홉스는 자신의 철학적 임무가 무엇인지를 깨닫게 된다. 유물론의 입장에서 물체, 인간, 그리고 사회를 다루겠다는 것이 그의 세 가지 철학적 주제가 된다. 그리고 저술의 순서도 그 차례를 지키려고 계획하지만, 당시 시민전쟁을 눈앞에 둔 영국 사회의 혼란은 홉스에게 사회 문제부터 먼저 다룰 것을 요구한다. 망명지 파리에서 귀국하기 직전에 출판한 홉스의 대표작 「리바이어던」(1651)은 새로 왕이 된 찰스 2세의 환심을 사기 위한 책이라는 오해를 받으면서도 일반인들에게 호평을 받는다. 이 작품 이후 홉스는 죽을 때까지 정치적으로 거의 침묵을 지키면서 살게 된다. 대신 자신의 나머지 철학적 주제인 「물체론」과 「인간론」을 1655년과 1658년에 출판한다. 1679년의 겨울 날씨는 91세의 노철학자가 건강을 유지하기에 좋은 기회가 못 되었다. 평생의 주인이었던 카벤디쉬 가문의 저택인 하드윅 홀에서 지내던 홉스는 12월 4일 평화롭게 세상을 떠났다. 그리고 그 저택에서 1마일 가량 떨어진 조용한 올트 허크넬의 작은 교회의 제단 앞바닥 밑에서 잠들고 있다.

Ⅱ. 시대적 배경

한편으로는 이기적인 개인주의의 씨를 뿌리고 당시의 신분 질서 속에서 만인은 평등하다고 하여 근대 시민사회의 문을 활짝 열었지만, 다른 한편으로는 절대 권력을 열렬히 옹호하는 홉스의 모순된 자세는 그의 시대적 상황과도 무관하지 않다. 홉스는 1588년 4월 5일 가난한 목사의 아들로 스페인 무적함대가 쳐들어 온 날 태어났다. 홉스는 후에 두려움은 나의 쌍둥이라고 말하였다. 홉스가 살던 시대는 중세의 봉건체제가 해체되고 도시를 중심으로 수공업이 발달하면서 자본주의 사회가 태동한 시대이다. 이와 함께 구질서를 대변하는 교회의 권위와 새로운 질서를 대변하는 세속화가 첨예하게 대립했던 시기이다. 그의 개인주의는 이런 시대적 분위기에 영향을 받았을 것임에 분명하다. 그러나 그의 생애 내내 그에게 드리워졌던 시대의 공포는 그에게 절대 권력의 존재를 받아들이게 하였다.[12)]

12) 배진영, "홉스의 사회계약론에 함축된 정부의 역할과 시장경제질서 홉스의 사회계약론에

당시 영국은 왕족을 중심으로 한 귀족 세력과 새롭게 떠오르는 상공업 계층과 자영 농민 등과의 사이에 사회적 갈등이 생겨났으며, 영국 국교와 가톨릭 그리고 청교도 간의 종교적 갈등도 격화되고 있었다. 홉스가 살았던 16세기와 17세기는 치열한 종교전쟁으로 얼룩진 시대였다. 1519년부터 시작된 가톨릭 지지자와 프로테스탄트 지지자들 간의 100년 넘은 전쟁의 참혹함은 17세기 30년 전쟁(1618-1648)으로 그 절정에 이른다. 홉스의 생애의 한복판이었던 때이다. 열강들의 정치적 야욕과 종교적 맹신으로 유럽 전역은 살육과 폭력 그리고 공포로 가득 찼다. 죽음의 위협을 막아줄 수 있다면, 그 어떤 것도 희생할 수 있다는 홉스의 절대 국가관은 이러한 참혹한 사회적, 정치적 상황에 대한 자기 보호의 산물이다. 살 수만 있다면 1651년 출판된 그의 대표작인 '리바이어던' 만큼이나 무시무시한 정부조차 받아들일 수 있다는 것이다.

홉스의 개인적 삶을 조명해보더라도 그는 대내외의 정치적, 종교적, 사회적 갈등 속에서 생존을 위한 줄타기를 계속한다. 왕권신수설을 부인하는 그의 개인주의 사상은 당시 찰스 1세를 역정케 하고 교회를 분노케 한다. 홉스는 이로 인해 매우 불안해한다. 홉스는 군비 조달을 위한 당시 찰스 1세의 입장에 섰고, 그것이 당시의 불안정한 권력 투쟁으로 미래에 어떤 박해로 이어질지도 모른다는 두려움을 갖게 하였다. 그는 이 두려움으로 1640년 11월 갑작스럽게 프랑스로 피신하였으며, 영국의 격렬한 내전 기간을 피해 10년 넘게 그곳에서 머무른다. 그 기간 찰스 1세는 처형되며, 그의 '리바이어던'은 이 기간에 집필하여 영국에서 출판된다. 실로 홉스의 '리바이어던'은 당시의 영국 내전에 큰 영향을 받는다. '리바이어던'에서 그가 주장하는 통치구조는 여전히 군주제를 지지하는 것이었으나, 그의 교회질서에 관한 3부와 4부는 종전의 입장을 번복하여 교회의 분노를 사게 된다. 이로 인해 그는 죽을 때까지 감옥이나 망명 생활을 해야 될지도 모른다는 공포 속에 시달렸고, 그의 독백처럼 생애 내내 세상을 빠져나갈 구멍만을 찾고 있었다. 그의 사회계약론은 그가 살았던 시대적 상황이 만들어 낸 그의 절박함의 산물이라 하지 않을 수 없다. 이런 점에서 그의 내면적 성향은 개인의 자유로움과 강력하지만 작은 정부를 지

함축된 정부의 역할과 시장경제질서," 경상논총 제27권 제2호(2009), 13-14쪽.

향하고 있음이 분명하다는 생각을 갖게 한다.

Q. 홉스 당시의 시대적 배경은 그의 국가권력과 자유에 대한 사상에 영향을 주었다. 시대적배경이 사람의 사상에 어떤 영향을 줄 수 있는가를 생각해 보자.

Note. 홉스의 리바이어던의 가장 유명한 구절인 "만인에 대한 만인의 투쟁"은 홉스가 피하려 했던 인간의 가장 비극적인 상황이다. 당시 영국은 프랑스와의 백년전쟁(1337-1453), 장미전쟁(1455-1485)과 같은 귀족들 간의 내전, 청교도혁명(1642-1660) 등의 끊임없는 다툼으로 실제로 그런 상황에 놓여 있었다.

Ⅲ. 자유의 개념

홉스는 근대세계로 들어오면서 자유에 관한 문제를 본격적으로 거론한 최초의 사상가이다. 그의 자유 개념은 "생명보존의 본능을 수행하기 위하여 자신이 가진 능력을 사용할 수 있는 자유"라고 정의한 자신의 자연권 개념과 밀접하게 관련되어 있다. 홉스에 의하면 인간이 사회생활을 하기 이전에 존재하는 자연 상태하에서 각 개인은 자연권을 갖는다. 이 자연권은 무제한적이고 무한정한 것으로 사람들은 자기와 자기 가족의 생명을 보존하려고 모든 수단을 사용하게 되는데, 바로 여기에서 충돌이 생긴다. 이러한 자연 상태에서는 법규도 없이 오직 고립된 개인들이 이러한 자기보존을 위한 자연권에 따라 행동하게 되므로, 극심하고 항구적인 투쟁 상태가 있게 되며, 가장 강한 자가 일시적으로 이기게 된다. 따라서 자연 상태 속에서는 인간은 인간에게 늑대가 되며, 모든 사람이 모든 사람을 상대로 투쟁하게 된다.[13)]

Q. 홉스에게 있어서의 자유 개념은 구체적으로 무엇인가? 오늘날 양도할 수 없는 기본적 권리로서 자유 개념에는 어떤 것이 있는가?

---

13) 최성철, 앞의 논문, 71-72쪽.

Ⅳ. 국가권력과 개인의 소통: 국가주권 – 리바이어던의 탄생

홉스가 군주와 신민의 관계를 규정하기 위해 채택한 주요 이론은 자연권론이다. 홉스는 인간의 자기보존을 자연권이라 상정한다. 홉스에 의하면, 자기보존의 자연권을 가진 인간은 본래 신체적·정신적 능력에 있어 평등하며, 정치사회 이전의 상황인 자연 상태에서 살았다. 그러나 인간의 평등한 능력은 자기보존을 위한 서로 간의 동일한 갈망을 낳아 자연 상태의 사람들은 불화와 경쟁이 끊이지 않는다. 자연 상태에는 이러한 인간의 갈등을 제어하는 공동의 힘이 부재하므로, 자연 상태의 인간은 지속적인 두려움과 폭력이 난무하는 만인 대 만인의 전쟁상태로 들어간다. 홉스는 이와 같은 상태에서 인간은 고독하고, 가난하며, 험악하고, 잔인하다고 주장한다.[14)]

인간으로 하여금 전쟁의 자연 상태를 벗어나도록 하기 위해, 홉스가 고안한 것은 '계약'이다. 인간은 자기 보전권을 갖고 있지만 공동체 내에서 서로의 평화를 위해 각자의 자연권을 포기할 줄 아는 약속을 하고 그 약속을 지킬 것을 계약한다. 즉 인간에게 계약은 생존을 위해 불가피한 장치이다. 홉스는 인간들 사이에 맺어진 계약이 제대로 준수되기 위해서는 공동권력(common power)이 필요함을 통찰하였다. 인간이 자기보존을 할 수 있도록, 즉 자신의 자연권을 유지할 수 있도록 약속을 지키도록 강제하기 위해 공동권력이 창출된다. 홉스는 모든 사람의 합의에 의해 만들어진 공동권력을 인격화시키고 이를 주권(Sovereign)이라 하였다. 이는 곧 국가이다.

홉스에 의하면, 자기 보전권을 자연 상태에의 만인의 만인에 대한 투쟁, 즉 모두가 파멸하는 것, 곧 죽음의 상태로부터 벗어나기 위해, 모든 인간은 자신들이 갖고 있던 주권을 주권자인 국가에 이양한다. 이양된 권한은 더 이상 개인의 것이 아니라 온전히 국가의 몫이다. 개인으로부터 모든 권한을 부여받은 국가의 권한은 개인을 보전한다는 이유로 거의 무제한적인 권한을 갖게 된다. 이로써 주권자인 국가가 성경 「욥기」에 나오는 절대적이며 가공할 만한

---

14) 이화용, "권력과 소통의 정치학: 영국 근대 사회계약 담론을 중심으로," 중앙사론 제31권 (2010), 130쪽.

힘을 가진 괴물인 리바이어던이라 불리기에 충분하다.

Q. 다음을 생각해 보자.

(1) 홉스의 리바이어던은 무엇인가? 홉스의 리바이어던을 현대사회에 비추어 볼 때 어떤 것들이 이에 해당할 수 있는지를 생각해 보자.

Note. 리바이어던에 관하여 구약성경 「욥기」 41장에서는 교만과 허영이 극치에 달한 존재로서 태초의 '용'과 같은 무시무시한 수중 괴물을 상정한다. 홉스가 국가를 리바이어던에 비유한 것은 국가가 지닌 막강한 권력 때문이 아니라 국가만이 종국에 가서는 개인들의 교만과 허영심을 누를 수 있다고 보았기 때문이다.

(2) 홉스는 '새로운 철학의 빛나는 땅을 개척한 위대한 콜럼버스였다'는 찬사와 '최고의 무신론자이며 악마였다'는 비난을 동시에 받고 있다. 그 이유는 무엇이라고 생각하는가?

Note. 홉스는 리바이어던을 통해 절대 왕정의 이론적 기반을 확고히 마련할 수 있었다. 이것은 과거의 왕권신수설과는 차별성을 갖고 있었다. 17세기 중반 찰스 1세와 의회가 대립하는 영국의 심각한 분열과 갈등을 겪으며 홉스는 「리바이어던」을 통해 내 놓은 국가와 사회(개인)와의 소통 해법은 절대군주론이라고 이해할 수 있는 측면이 있다.

V. 현대적 의미

자유의 뿌리는 인간존재 자체에 근거를 둔 것이며 인간으로부터 분리시킬 수 없다. 인간이 포기한 것은 자유에서 나오는 결과를 포기한 것이지 자유 그 자체를 포기한 것은 아니다. 홉스는 근대사상의 특징인 양도할 수 없는 권리, 즉 기본적 자유 개념을 처음으로 제시하였다. 홉스는 자유에 대한 개념을 정립하고, 자유와 정치권력 간의 관계를 논하며, 양도할 수 없는 기본적 권리로서 자유 개념을 제시함으로써 근대 자유주의 발전에 기여하였다.

Q. 일반적으로 지나간 철학자의 이론은 그가 살았던 시대나 사회의 변화로부터 나온 사회적·정치적 도전에 대한 대답으로서 해석되어야 한다. 다음을 생각해 보자.

(1) 홉스의 「리바이어던」이 17세기 영국 사회에 대한 진단과 처방으로서의 가치를 지니고 있다면 그의 사상은 오늘 우리에게 어떤 가치를 지니고 있는가?

(2) 17세기 영국과 유럽의 사회가 겪었던 진통을 오늘의 아시아와 아프리카에서 여전히 겪고 있지는 않는가?

(3) 시민전쟁, 종교와 국가 간의 갈등, 종교적 분파주의, 그리고 정당화되지 못한 통치권의 수립 등을 경험하고 있는 많은 국가들이 아직도 있음을 상기할 때, 홉스가 「리바이어던」에서 보여 주고 있는 철학적 교훈은 여전히 유효한 것이 아닌가?

(4) 세계 곳곳에서 전쟁이 벌어지고 있으며 경쟁적인 자본주의가 주도하는 오늘날 '만인의 만인에 대한 투쟁', '인간은 인간에 대해 늑대', 그리고 '전쟁은 결코 승리함으로써 끝나지 않는다'는 홉스의 말은 현실감 있게 들리지 않는가?

제 3 절 자유 민주주의의 토대를 놓은 인물: 존 로크

Ⅰ. 생애와 작품

로크(J. Locke)는 찰스 1세가 통치하던 1632년 잉글랜드 남부 브리스톨 근교의 링턴에서 출생한다. 그는 과일저장법, 비단생산 같은 생활적·경제적 지혜에서부터 윤리학에서의 인식론, 자유주의적 입헌제도, 비교인류학, 자본주의 정신, 성경분석에 이르기까지 다양한 영역에서 뛰어난 지적 성취를 보였고, 계몽의 지도자이자 영국 명예혁명의 이론적 대변자로서 역사진전에 기여했다. 이에 그치지 않고 르네 데카르트와 아이작 뉴턴에서 꽃피웠던 자연과학에 덧붙인 인간 정신 산물의 사조로서 경험론과 계몽철학의 원조로 당시는 물론 현대 사회에서도 큰 업적을 남긴다. 그는 자연과학에 관심을 가졌고 반스콜라적이었으며, 그 누구 못지않게 교육에도 많은 관심을 보여 각 개인의 소질을 본성에 따라 발전시켜야 한다고 주장한 인물이다.

로크는 홉스, 데카르트, 라이프니쯔 등의 철학자들과 갈릴레오, 하비, 보일, 뉴턴 등 과학자들과 거의 동시대의 삶을 살았다. 그는 경건주의적 자영업을 하는 농촌의 중산층 집안 출신으로 아버지는 지방의 법률가로서 그 지방 치안판사의 비서이자 완고한 의회주의자였고, 어머니는 경건하고 인정이 많은 여인이었다. 내란 와중에 의회파의 일원으로 참가하여 왕당파와 싸웠던 로크는 옥스퍼드대학에서 철학, 자연과학, 의학 등을 배운다. 1666년 여름 옥스퍼드에서 로크는 근처의 온천으로 놀러 온 앤소니 애슐리 쿠퍼 경(뒤의 샤프츠베리 백작)과 운명적인 만남을 갖는다.

찰스 2세가 왕권적 절대주의를 표방하던 프랑스와 손을 잡고 가톨릭 신자인 제임스에게 왕위를 물려주려고 하자 샤프츠베리는 이에 반대하는 '초록리본회'를 결성한다. 이 모임은 나중에 휘그당으로 발전하게 된다. 반면에 왕당파는 토리당으로 불리게 된다. 토리당이 권력을 잡고 있었으므로 휘그당원들은 감시를 받거나 쫓겨 다닌다. 휘그당의 지도자인 샤프츠베리의 혁명계획이 실패하자 로크도 1683년 반역죄로 몰려, 1683년 네덜란드로 망명했다가, 1688년 명예혁명 이후 사면되어 영국으로 돌아온다. 망명생활 동안 각지를 전전하면서 여러 학자들과 친교를 맺는다. 57세에 이르기까지 출간한 저서가 하나도 없었던 로크는 1689년에 익명으로 '종교관용에 관한 서한'(1689), '제2서한'(1690), '제3서한'(1692), '통치론'(1690), '인간오성론'(1690) 등을 잇따라 출간하게 되고, 1704년 타계할 때까지 수많은 지성의 표본을 산출하게 된다.[15)]

Ⅱ. 시대적 배경

로크는 직물업을 하는 청교도 가문에서 태어났다. 그는 옥스퍼드 대학을 졸업한 후 연구원과 의사로 활동하다가 1666년에 애슐리 경을 만나 가정교사로 들어간다. 로크와 그의 후견인인 애슐리 경은 이후 정치적 입장과 운명을 같이 하게 되는 오랜 인연을 맺는다. 애슐리 경은 찰스 2세 시대 대법관에 오르면서 샤프츠베리 백작의 작위를 받을 정도로 당대의 영향력이 있는 정객이

15) 문종욱, "존 로크 법사상의 법사학적 고찰," 충남대학교 법학연구 제17권(2006), 33-35쪽.

었다. 그러나 휘그당의 열렬한 대표자였던 샤프츠베리 백작은 찰스 2세의 정책에 대해 타협할 수 없는 매우 확고한 정치적 입장을 가져 찰스를 지지하는 왕당파와 대립한다. 샤프츠베리 백작은 영국 국교회에 맞서 비국교도의 관용을 주장하고, 가톨릭교도를 영국 왕위계승에서 배제시키는 배척 법안을 발의함으로써, 영국의 정치적 상황은 대립과 위기로 치닫게 된다. 로크 역시 그 소용돌이 속에서 샤프츠베리 백작과 같은 입장을 견지하고 있었다.[16]

영국은 1649년부터 1660년까지 왕이 없는 공위시대를 갖고 공화정과 호국경 시대를 맞이한다. 그러나 이 정치적 실험도 결국 실패로 끝나고 1660년 왕정복고가 이루어진다. 내전 당시 프랑스로 망명하였던 찰스 1세의 아들인 찰스 2세가 영국으로 돌아온다. 가톨릭과 왕권신수설을 지지했던 찰스 2세도 선친과 마찬가지로 영국 사회에 화합보다는 갈등을 더 많이 야기한 군주였다. 특히 찰스 2세는 과세문제를 둘러싸고 의회와 반목하였는데, 그 와중에 그는 자신의 뒤를 잇는 후사가 없자 동생인 제임스 2세를 그 자리에 올리고자 한다. 찰스 2세처럼 가톨릭교도였던 제임스 2세의 왕위 계승을 둘러싸고 격론이 벌어진다. 특히 샤프츠베리 백작 중심으로 휘그 정치가들은 "배척법안"을 상정하여(1679) 가톨릭교도는 영국왕위에 오를 수 없게 하는 제도를 만들고자 한다. 이것은 찰스 2세의 동생이자 가톨릭교도인 제임스를 왕위 계승에서 배척하려는 의도에서 만들어진 것이다. 그러나 배척론이 단지 제임스를 왕좌에 오르게 하느냐 마느냐에 관한 정치적 논쟁에 국한된 것은 아니었다. 배척논쟁은 정치적 정당성에 관한 영국의 기초를 마련하는 시도로서 군주의 권위에 대한 법적 제한을 규정하고, 나아가 정치적 권위에 대한 저항권을 제안한 논의이기도 하다.

그러나 제임스 2세의 등극을 막으려는 샤프츠베리 백작의 시도는 실패로 끝나고, 이로 인해 그 사건의 주동자와 로크는 네덜란드로 망명한다. 이들의 망명 후에도 제임스 2세의 실정은 계속된다. 제임스 2세는 가톨릭교도는 정부의 관리가 될 수 없다는 원칙을 어기고 친가톨릭, 반국교회 정책을 공공연하게 자행한다. 게다가 제임스 2세가 아들을 얻자, 의회파는 자명해진 가톨릭교

---

16) 이화용, 앞의 논문, 136-138쪽.

도의 왕위계승을 막기 위해 대사를 도모한다. 1688년 명예혁명은 이렇게 이루어져 오렌지공 윌리엄과 제임스의 신교도 딸인 메리가 왕위에 오르고, 로크도 영국으로 돌아온다. 이와 같은 정치 소용돌이 속에서 저술한 책이 1690년에 출간된 로크의 「통치론」이다. 홉스의 「리바이어던」이 군주와 의회의 권력 싸움으로 혼란한 영국의 상황 속에서 저술된 것인데 비해, 로크의 「통치론」은 명예혁명을 통해 입헌군주제가 시작되는 시점에서 씌어지게 된다. 외견상일지라도 정치적 안정을 되찾은 상황에서 로크의 「통치론」은 홉스보다 더욱 급진적이고 새로운 주제를 다룰 수 있었다.

17세기 말 영국의 정치적·사회적 맥락에서 로크가 「통치론」을 통해 영국 사회와 소통하고 싶었던 이슈는 크게 두 가지로 요약될 수 있다. 하나는 저항권 논의, 즉 '주권자에게 도전하는 것이 옳은 일인가? 옳다고 한다면 어떤 근거로 도전할 수 있는가? 또 언제 도전하여야 하는가?'이다. 저항권은 주권자의 부당한 명령에 대해 시민들이 자신의 정치적 의무를 행하지 아니할 수 있음을 말하는데, 이는 개별적 인간의 판단에 근거한 정치적 평등과 책임에 관한 로크의 주장이기도 하다. 다른 하나는 당시 주류 이데올로기였던 로버트 필머의 재산 공유권을 반박하면서 제시하는 새로운 소유권 개념이다. 로크는 개인의 시민적·정치적 자유를 확보하기 위해 저항권과 소유권의 개념이 새롭게 규정될 필요가 있다고 본 것이다.

Q. 로크가 살던 시기는 비단 로크 개인뿐만 아니라 모든 유럽인들에게 새로운 미래를 꿈꾸게 하는 중요한 역사적 전환기였다. 그리고 그러한 역사적 전환기의 한 요인으로 중세에서 근대로 이행되는 과정을 꼽을 수 있다. 이는 시대적 상황이 한 사람의 사상에 얼마나 큰 영향을 줄 수 있는가와도 연관된다. 다음을 생각해 보자.

(1) 로크가 「통치론」을 통해 사회와 소통하고자 하는 새로운 문제는 무엇인가?

(2) 정치적 권위에 대한 변함없는 복종으로부터 부당한 정치적 권위에 대한 저항권의 지지와, 사적 소유권의 옹호는 인간들이 자신들의 사회를 보존하기 위해 무엇을 어떻게 판단해야 하는지에 대한 로크 생각의 변화였다. 당시 영국 사회도 이러한 변화를 받아들일 준비가 되어 있었는가?

Note. 로크가 「통치론」에서 주로 시도한 것은 명예혁명에 의해 형성된 새로운 국가, 제한군주제인 영국의 정당화였다. 그 정당화의 제1의 기초가 된 것이 인간의 사회발전의 과정이고, 그것을 위하여 맨 먼저 상정한 것이 자연 상태이다. 로크는 인간이 이성을 가지고 있으므로 자연 상태에서도 홉스와는 달리 무질서한 것은 아니라고 보고 있다. 그리고 자연법이 지배하고 있는 자연상태에 있어서 인간이 가지고 있는 권리를 자연권이라고 부른다. 이와 같이 로크의 인권사상의 핵심이라고 할 수 있는 자연권의 내용으로서 생명, 자유, 재산이 있다.

Ⅲ. 자유의 개념

로크는 '정치적 자유'의 원천적 사상가로서 홉스에 비해 자유에 보다 적극적인 의미를 부여하였다. 우선 로크는 자연 상태에 대한 이해에 있어서 이성이 차지하는 부분을 강조함으로써 홉스와 견해를 달리한다. 그는 자연 상태 속에서도 인간은 평화적이고 행복한 상태에서 재산에 대한 자연적 권리를 갖고, 타인과 마찰 없이 살 수 있다고 봄으로써, 이성에 바탕을 둔 자연적 조화와 질서가 가능하다고 본다.[17)]

로크는 인간이 태어나면서부터 자유·평등 및 독립적인 존재임을 주장하면서도, 상대적이기는 하나 노예제도를 인정하고 있는 점은 철저한 평등을 주장한 것은 아님을 알 수 있다. 로크가 주장하는 자연법론, 사회계약론 등은 객관적·역사적 사실에 의해 실증될 수 있는 이론이 아니라, 하나의 의제적 이론에 지나지 않는다. 따라서 여기에서는 '인간은 자유이어야 하기 때문에 그 자유를 보장하지 않으면 안 된다'는 당위의 문제가 전제된다. 그러나 이러한 당위의 명제는 실증과학의 범위 밖의 문제이다. 실제로 역사적 사실을 검증해 볼 때, 이와 같은 인권론은 소수인 부자의 자유를 보장하는 기능을 수행해 왔을 뿐, 다수인 가난한 자의 자유를 보장하는 데는 불충분했다는 비판을 면하지는 못할 것이다. 새로운 인권론이 대두되고 발전될 계기가 여기 있다고 할 수 있다.[18)]

---

17) 최성철, 앞의 논문, 73-74쪽.
18) 라용식, "존 로크의 인권사상," 원광법학(1987), 39-44쪽.

로크는 홉스와 달리 이성을 보다 강조하며, 재산권을 중시하고, 자유와 정치권력의 관계에서 자유를 보다 확장적으로, 정부의 권력을 보다 제한적으로 해석하였다.

Q. 로크에 의하면 인간이 연합체에 속하고 정부에 귀속하는 가장 크고 주요한 목적은 무엇인가? 또 정부의 존재의의는 무엇인가?

Note. 주요한 목적은 자신의 재산을 보호하는 것이다. 또 로크에 의하면 정부는 개인의 생명과 재산을 지키고 또 각 개인의 자유를 더 많이 향유할 수 있게 하도록 함에 그 존재의 의미가 생긴다.

Ⅳ. 저항권을 위한 새로운 소통

홉스와 마찬가지로 로크는 정치사회를 설명하기 위해 자연 상태에서 출발한다. 로크가 상정하는 자연 상태는 자유롭고 평등한 상태이다. 로크의 자연 상태에서 인간은 자연법의 범위 안에서 각자 자율적으로 행동하고 자기의 소유물을 마음대로 처분할 수 있는 완전한 자유의 상태이다. 또 로크의 자연 상태는 평등한 상태이다. 로크가 상정한 자연 상태에서는 모든 권력과 지배가 상호적이어서, 어느 누구도 다른 사람보다 더 많은 것을 갖지 않는다. 그리하여 로크의 자연 상태는, 홉스와는 달리, 자기보전을 위해 경쟁과 갈등이 일어나지 않는 평화의 상태이다. 로크는 하나님이 인간으로 하여금 자유롭고 평화롭게 살도록 하기 위해 자연법을 부여하고, 이에 의해 인간은 생명권, 자유권, 재산권의 자연권을 갖는다.[19)]

"자연 상태란 사람들이 타인의 허락을 구하거나 그의 의지에 구애받지 않고, 자연법의 테두리 안에서 스스로 적당하다고 생각하는 바에 따라 자신의 행동을 규율하고 자신의 소유물과 인신을 처분할 수 있는 완전한 자유 상태이다."

19) 이화용, 앞의 논문, 139-142쪽.

로크는 자연 상태에서 자연법의 집행은 모든 사람 각자의 손에 맡겨졌다고 주장한다. 따라서 모든 사람은 자연법의 위반을 막기 위해 필요한 만큼 그 법의 위반자를 처벌할 권리를 가지고 있다. 자연 상태에서 자연법의 준수와 집행이 각자의 손에 달려 있음은 인간이 평등하다면 당연한 귀결이다. 자연 상태에서 처벌은 사람들에 의해 개인적으로 이루어질 뿐 공권력에 의하지 않는다. 왜냐하면 자연 상태에서는 첫째, 옳고 그름의 기준이 없고, 둘째, 사람들 사이에서 일어나는 싸움을 판결할 권위 있는 재판관이 없으며, 셋째, 판결을 집행할 권력이 없다. 따라서 자연 상태가 투쟁 상태가 아니라 평화 상태라 하더라도, 사람들은 불안정할 수 있으며 타인으로부터 침해받을 수 있는 잠재성이 있다. 이와 같은 자연 상태의 불편이나 폐단으로 인해, 사람들은 정치사회를 만들게 되고, 여기서 생명, 자유, 재산이라는 자연권을 보다 안전하게 향유하고자 한다. 이러한 목적을 갖고 인간들은 동의에 기반한 계약을 통해 정치사회를 형성하기로 한다. 정치사회를 만들기 위해, 사람들은 자연 상태하에서 자신이 갖고 있던 처벌권을 공동의 권력체인 정부에게 위임하는 것에 동의한다. 처벌권을 위임함으로써 더욱 안정되고 평화로운 생활을 하게 된다. 그러나 이 모든 것은 개인의 동의에 근거한다. 동의없이 권력의 양도란 없으며 합의 없이 정치사회 형성은 불가능하다.

홉스의 국가론에서는 개인들의 권한이 전적으로 국가에게 전이되는 반면, 로크가 상정하는 정치사회에서 모든 개인은 자신의 처벌권만을 정부에 이양한다. 홉스에 의하면 국가주권에 대한 도전과 저항은 없고 완전한 복종만이 있다. 반면, 로크의 경우 동의에 의해 형성된 정치사회가 제대로 그 목적을 행하지 못할 때에 구성원의 저항이 있을 수 있고, 이는 개인의 동의만 있으면 언제든지 정당화된다. 로크는 이미 사람들의 동의에 의해 형성된 정치사회를 찬탈한 정부라 하더라도, 그 정부가 구성원의 동의만 얻는다면 정치적 정당성을 확보하게 된다.

> "입법부는 사회의 가장 최초의 기본적인 행위이며, 그 설치를 통해서 사람들의 일체감을 지속시키기 위한 조치들이 인민의 동의와 임명에 의해서 권한이 부여된 사람들의 지도와 그 사람들이 제정한 법의 구속하에서 마련된다. 한 사람

이든 여러 사람이든 인민이 임명하지 않았음에도 불구하고 법률을 제정한다면 인민은 이에 복종할 의무가 없다. 이로 인해 인민은 다시 복종에서 벗어나 스스로 그들이 최선이라고 생각하는 바에 따라 새로운 입법부를 구성할 수 있다."

Q. 17세기와 18세기 당시 대부분의 영국인들은 홉스의 「리바이어던」과 로크의 「통치론」을 거의 이해할 수 없었을 것이다. 다음을 생각해 보자.

(1) 로크도 홉스처럼 동의에 의한 정치사회의 형성을 주장한다. 그러나 홉스의 국가주권 형성에 비해 로크의 정치사회는 훨씬 느슨하게 이루어진다. 홉스의 국가론과 로크의 국가론은 어떻게 다른가?

(2) 홉스와 로크가 살았던 당시 영국의 역사적 격동기에 나타난 갈등의 쟁점은 무엇인가? 그러한 쟁점으로 인한 사회분열과 그것을 아우르는 방식은 어떠했는가? 나아가 두 사상가가 소통을 위해 제시한 장치는 무엇인가?

(3) 당시 영국 내전이 지배 엘리트 내의 갈등이었듯이, 홉스와 로크의 새로운 주장도 그들의 소통이었을지도 모른다. 그렇다면 홉스와 로크의 사회적 소통은 과연 실패하였는가?

Ⅴ. 소유권을 위한 새로운 소통

로크는 하느님이 자연을 인간에게 공용으로 부여했음에 이견을 달지 않는다. 로크에 의하면, 인간은 자연을 공동재산으로 갖고 있으며 자연 상태에서 인간은 이를 사적으로 지배하는 것이 허용되어 있지 않다. 그러나 동시에 로크는 하느님으로부터 공유물로 받은 자연을 개인적인 소유로 할 수 있다고 한다. 로크에 의하면, 모든 사람은 자연을 공동재산으로 부여받았지만 자신의 몸은 자신의 것이므로 어느 누구도 그것에 대해 어떤 권리도 갖지 못한다고 한다. 즉 온전히 자기 것인 자신의 신체를 이용하여 얻는 결실, 즉 노동을 통해 얻은 결과물은 개인의 소유물이 될 수 있다는 것이다.[20]

20) 이화용, 앞의 논문, 143-144쪽.

"모든 사람은 자신의 신체에 대해서 소유권을 갖고 있다. 이것에 관해서는 그 사람 자신을 제외한 어느 누구도 권리를 가지고 있지 않다. 그의 신체 노동과 손의 작업은 당연히 그의 것이라고 말할 수 있다. 노동은 노동을 한 자의 소유물이므로 타인이 아닌 오직 그만이 노동이 첨가된 것에 대한 권리를 가질 수 있기 때문이다."

Q. 로크는 우리에게 유용한 모든 산물 대부분의 가치가 노동에서 나옴을 역설하였다. 이와 관련하여, 사람이 땅에 밀을 심어 나오는 결과물이 황무지에서 나오는 산물보다 가치가 있는 이유는 무엇인가?

Ⅵ. 현대적 의미

로크의 사상을 요약하면, 로크는 먼저 자유롭고 평등한 독립적인 인간의 자연 상태로부터 출발하여, 이와 같은 자연 상태에 있어서 인간이 갖는 자연권을 보장하기 위하여, 인간의 자발적인 동의(계약)에 의하여 정치사회=정부=국가를 형성하고, 개인의 권리를 거기에 위양한다는 것이다. 이와 같이 정치사회에 있어서의 정치의 목적 내지 정부의 목적은 인간의 천부적인 자연권을 보호하는 데 있으므로, 만약 현실의 정부가 정치사회를 구성하고 있는 개인의 자연권을 보호할 수 없게 된 경우에는, 그 정치사회를 구성하고 있는 개개인은 그 정부에 대하여 저항할 권리를 갖는다는 것이다.

어떤 사상가의 사상도 그것이 주장된 처음단계에 있어서는 그의 개인적인 생각에 지나지 않는다. 그러나 그의 저서나 주장이 많은 사람들에게 읽히고, 또 공감을 얻게 되면, 그것은 이미 단순한 그 개인의 사상이 아니라, 사회의 사상, 시대의 사상으로 인정받게 되어 그 사회, 그 시대에 크게 영향을 미치면서 계승되고 발전되어 갈 것이다. 이러한 현상은 로크에 있어서도 마찬가지이며, 그 당시의 인권면에 있어서의 로크의 사상을, 그 사회, 그 시대의 사상으로 받아들인 것이 18세기 후반기의 프랑스이며 미국이다. 로크 사상의 진보적인 면은 프랑스에서 있어서는 루소, 미국에서 있어서는 제퍼슨을 통하여, 그리고 로크의 다른 면인 보수성은 프랑스의 몽테스키외와 미국의 메디슨에 의해 계승·발전되어 갔다. 로크의 인권사상이 미국과 프랑스에서 하나의 규범으로 정착화된 대표적인 표현물이 1776년의 미국의 「버어지니아 권리장전」과 「독립선언」이며, 또 1789년의 프랑스의 「인간과 시민의 권리선언」이다.

Q. 로크의 인권사상은 자본주의 국가의 인권사상의 고전이라고 할 수는 있다. 그러나 그것은 자본주의 상승기의, 극히 낙관적이고 자유주의적인 국가관을 기초로 한 것이기 때문에, 현실의 국가를 과학적으로 다루고 있지 않다는 결함이 있다. 자연 상태에 있어서의 인간은 태어나면서부터 자유이며 평등하고, 노동에 의해 재산을 획득하는데, 이 자연권(생명, 자유, 재산)을 보호하기 위하여 사회를 만들고 정부를 만든다고 로크는 말한다. 그리고 로크는 정부가 이러한 자연권을 지켜주지 못할 때는 그 정부를 타도하고 새로운 정부를 만들 수 있는 저항권을 갖는다고 말한다. 이렇게 볼 때, 정부라는 것은 오로지 인권에 종속되는 것이라고 생각된다. 그러나 이것은 이상적인 국가론이며, 현실의 국가는 그렇게 단순한 것은 아니다. 국가권력과 개인과의 긴장관계라는 문제는 로크에게서 찾아 볼 수 없는 것이다. 이와 관련하여 다음을 생각해 보자.

(1) 개인의 생명을 지키기 위해 만들어졌다는 정부의 명령에 따라 조국수호를 위해 목숨을 바쳐야 하는 경우, 그 정당성은 어떻게 설명할 것인가?

(2) 개인의 재산을 지키기 위해 만들어졌다는 정부가 국민에게 재산의 제공(조세부과)을 요구하는 모순은 어떻게 설명할 것인가?

제 4 절　보이지 않는 손: 아담 스미스

Ⅰ. 생애와 시대적 배경 및 지적 배경

아담 스미스(A. Smith, 1723-1790)는 1723년 6월 스코틀랜드 동해안의 항구도시 커컬디(Kirkcaldy)에서 태어났다. 초등교육을 받은 후 14세에 글래스고우대학에 입학하였다. 이 시기 유럽은 영국과 프랑스를 중심으로 지적 활동이 왕성한 시기였다. 특히 글래스고우대학은 활기에 차 있었다. 스코틀랜드가 문화적 황금기를 맞이할 수 있었던 역사적 배경은 1707년 잉글랜드의 합병으로 잉글랜드에 대한 대항의식의 자극으로 근대화가 촉진되었고 이로 인해 봉건적 잔재들이 급속히 청산되었기 때문이다. 특히 당시 글래스고우는 인도 및 아메리카 식민지활동의 중심지가 되어 공업과 농업부문에서 번영한다. 글래스고우 대학에서 그는 허치슨(F. Hutchson) 박사를 은사로 모시고 그의 생애에 있어 가장 많은 영향을 받는다. 스미스는 1764년에서 1766년까지의 대륙여행에서 프랑스 자유주의자들과 교우하고 많은 영향을 받지만 그의 경제적 자유주의 사상은 이미 허치슨의 영향이 결정적이었다.21)

허치슨은 스코틀랜드 계몽주의의 대표자로서 글래스고우대학에서 자연철학, 도덕론, 법학론, 정부론 등을 강의하였다. 허치슨은 영국 공리주의학파의 창시자 중 한 사람이며 자연신학자로서 신의 신비성을 부정하고, 신은 인류의 행복을 위해 존재하는 것이라고 생각한다. 그는 "신은 우리의 평안과 최고 행복의 기초이다. 도덕적 향수는 우리들의 본성 중 최고의 것이요, 종교적인 기쁨과 신에로의 귀의는 최고의 도덕적 향수가 된다"고 말하면서 종교로부터 해방된 도덕철학은 다시 종교로 말미암아 해소되는 것처럼 말한다. 그는 또한 개인은 자연권, 즉 자연적 자유를 갖고 있음을 믿는다. 그의 사상은 1755년에 발간한 「도덕철학체계」에 잘 나타나 있다. 허치슨은 공공의 이익에 의한 제한을 두고 있지만, 개인의 자연권에 대한 신앙은 당시로서는 진보적인 것이다. 스미스의 저서 전편에 흐르고 있는 자유주의사상은 그 맹아가 이미 글래스고우대학 강의실에서 싹트게 된다.

스미스는 17세 때 옥스퍼드대학으로 가서 어머니가 바라던 수도성직자의 과정을 밟지 않고 6년의 세월을 문학에 바친다. 당시의 옥스퍼드대학은 학문적으로 침체하고 있었을 뿐만 아니라 근대적 합리주의를 탄압하였으므로 스미스의 사상적 발전에 도움을 주지는 못한다.

스미스는 1751년 글래스고우로 돌아와 논리학 강좌를 담당하게 된다. 이때 진이라고 알려진 여인과 로맨스를 가졌지만 실패로 끝난다. 스미스는 1년

---

21) 박진, "아담 스미스의 사회철학," - 도덕감정론을 중심으로 -, 사회과학연구 제8집(1998), 506-510쪽.

후인 1752년에 도덕철학 교수가 된다. 대학에서 처음의 스미스의 지위는 철학자이다. 스미스는 1759년에 출간한 「도덕감정론」(The Theory of Moral Sentiments) 때문에 유명해진다. 스미스가 "자연철학과 정치학을 가르치는 것이 나에게는 가장 적합하게 생각된다"고 말한 것을 보면, 이 생활에 아마도 만족했던 것 같다. 그 후 이 책은 6판까지 출간된다. 스미스는 도덕철학 교수 부임 후 1764년 글래스고우대학을 떠날 때까지 12년 동안 도덕철학을 강의한다. 당시 도덕철학은 오늘날 사회철학에 가까운 것이다. 스미스의 도덕철학 강의내용은 크게 4부분으로 구성된다. 제1부 자연철학(Natural Theory) 제2부 윤리학(Ethics strictly so-called) 제3부 법학(Jurisprudence) 제4부 정치경제학(Political Economy)으로 구성되었다. 스미스는 이 책을 출간한 후로 점차 논리학을 줄이고, 그 대신 법학과 경제학의 원리구명에 기울인다. 「도덕감정론」은 그 자체로서 시민사회에 대한 과학적 인식이었고, 동시에 그 속에서 경제학을 성립시키는 가능성과 필연성을 내포했다고 할 수 있다. 스미스는 1763년까지 법학, 역사, 경제에 관해서 자기의 견해를 논리정연하게 설명하는 강의를 하며, 이것은 「법학강의」에 표현되었다. 이 책은 학생들이 정리한 노트를 캐넌(E. Cannan)이 1896년 책으로 엮어 출판한다. 「법학강의」는 먼저 법학이 시민정부를 인도하는 여러 규칙에 관한 이론임을 분명히 하고, 법학의 목적에 관해 언급하고 있다. 즉 정부의 주요한 목표는 정의를 유지하는 것, 사회적 여러 성원이 서로 재산을 침범한다든지 자기 소유가 아닌 것을 손안에 넣는다든지 하는 것을 방지하는 일이라고 말한다.

스미스가 자극을 받고 한 걸음 더 나아가 경제학의 대저를 쓰게 된 것은 버클리 공작의 개인 교사로서 유럽대륙여행에 수행해 달라는 제의 때문이다. 스미스는 글래스고우대학 교수의 지위를 포기하고 2년 반 가량 여행을 하는데 그 대부분을 프랑스에서 지낸다. 프랑스에서 「제국민이 부의 본질과 원인에 관한 고찰」을 쓰기 시작한다. 흄에게 쓴 편지에서 "내가 글래스고우에서 보낸 생활은 현재 여기서 하는 생활과 비교하면 즐겁고 방탕한 생활이었다. 나는 시간을 보내기 위해서 책을 쓰기 시작했다"고 고백한다. 이리하여 근대적인 경제학이라는 과학이 탄생하게 된다. 스미스는 그의 이론의 기초를 부여함에 있어서 계몽사상가의 업적을 바탕으로 하고, 또 개혁을 위한 실제적 요구를 뒷받침하기 위해 수집된 경험적 자료를 바탕으로 한다.

스미스는 대륙여행에서 중농학파의 영향을 받는다. 18세기 중기까지 정치적·사회적인 문제, 특히 농업문제에 대해 쏟은 관심은 프랑스를 휩쓸게 된다. 프랑스와 케네(Francois Quesnay)는 백과전서에 경제적 문제에 대한 항목을 기고한 후 1758년 경제표(Tableau economique)를 출판했다. 그 후 뒤퐁 드 뉘무르(Dupont de Nemours)는 새로운 사상의 요약을 중농주의(Phystocratie, 1767-8)라는 제목을 쓰는데, 이 학파가 후의 중농주의 또는 자연에 의한 통치라는 명칭을 얻게 된 것은 이 책의 제목에 의한 것이다. 중농학파의 특색은 토지의 우위를 강조하고, 그것과 함께 지대가 공동체에 있어 부의 중심을 이룬다는 생각을 강조함으로써 중상주의를 공격하였다. 그리고 부의 분배와 순환에 주목한다. 당시 영국은 제조업이나 무역이 성장하고 있었기 때문에 스미스는 비록 토지가 부의 창조에 기본이기는 하지만 노동력도 역시 그러하다는 것을 깨닫는다. 스미스는 이를 토대로 유명한 노동가치설을 공식화한다. 그 이전에 합리적인 것과 경험적인 것을 결합시켜 과학적 방법을 짜낸 스미스는 프랑스의 중농주의와 영국의 정치산술을 합쳐서 경제학이라는 보다 발전한 상위의 과학을 형성하게 된다.

아담 스미스 시대 영국은 18세기말부터 산업혁명에 의한 집중직장제 기계공업이 먼저 성립하면서 생산력의 증대와 생산자의 지위향상이 일어나게 된다. 따라서 중상주의 사상이 가장 먼저 쇠퇴하기 시작한 나라는 영국이다. 영국은 15, 6세기경부터 양모공업의 발달과 농업기술의 개량으로 지금까지의 봉건적인 장원은 해체되고, 이에 대하여 이윤추구의 기업가적 대규모공업이 발달하게 된다. 공업에서 그 생산이 점차 대규모화되고, 가내공장제 수공업으로부터 기계제 대량생산체제로의 움직임이 일어난다. 이러한 시대배경에서 스미스의 사상이 싹트게 된다.

한편 스미스는 위에서 언급한 프랑스 중농학파를 비롯한 그의 스승인 허치슨으로부터 지적인 세례를 받는다. 18세기 스코틀랜드의 학문적·사상적 관심은 대개 4가지 부류로 열거할 수 있다. 우선 스코틀랜드 역사학파라고 불리듯이 역사서술 및 역사철학에 관한 것, 두 번째 도덕철학에 관심을 두는 부류, 세 번째 미학 및 문학이론 부류들, 네 번째 자연과학에 관심을 두는 사람들로 대별된다. 이들의 주요관심은 인간 본성과 행복에 관한 것이다. 특히 도덕철학의 문제에 깊은 논의를 한다. 이들에게 도덕철학이란 생활태도이자, 의무의 과학이자, 인간본성으로부터 행복에 이르는 길을 추구하는 것으로 규정된다. 이로부터 인간본성의 발생적인 부분이 요구되는데, 여기서는 덕과 행복의 관계가 중요하다. 왜냐하면 정신과 물질, 전체와 객체의 문제가 관련되기 때문이다. 이 시기에 일관된 도덕사상은 인간본성의 자연적인 덕성을 강조하는데 있었지만, 그것은 종교의 자연적인 계시와 내면적으로 별다른 모순 없이 인간의 현세적 흐름은 시민사회 실현에 있어 시민의식의 주체성 확립에 관한 것이다. 이런 지적 전통은 스미스의 「도덕감정론」과 「국부론」에 반영된다.

스미스의 「국부론」은 14년 동안 연구를 한 후의 작품이다. 스미스는 아마도 사회과학에 가장 박식한 사람일 것이다. 스미스는 앞에서 본바와 같이 윤리학 교수로 재직한 글래스고우대학에서 신학, 윤리학, 법철학, 행정 등 광범위한 학문체계를 포괄했다. 36세의 나이에 「도덕감정론」을 저술하고, 1776년에 「국부론」을 저술하였다. 이것은 윤리학의 입장에서 진일보하여 고전경제학의 골격을 완성함으로 보여 준 것이다. 「국부론」은 5부로 구성된 방대한 책인데 1편과 2편은 경제학, 3편은 경제사, 4편은 경제학사, 5편은 재정학으로 구성되었다.

스미스는 1787년 11월 글래스고우대학 총장으로 추천된다. 그는 “이만큼 진정한 만족을 줄 수는 없다. 내가 이 조직에서 보낸 13년은 나의 생애 중 유익하고 행복한 시기이다. 23년 동안의 공백 후에 옛 친구 및 후원자에 의해 이렇게 총장으로 추천된 것은 나로서는 표현하기 어려운 기쁨이다”라고 고백한다. 스미스는 67년이라는 일생을 독신으로 살면서 학문에 매진한다. 그리고 1790년 7월 17일 세상을 떠난다. 그는 사망하기 전에 자기가 저술한 각종 원고를 소각하라고 말했다. 10여 권에 이르는 불타는 노트를 보고 스미스는 안도의 얼굴빛을 띠었다고 전해진다.

Q. 다음을 생각해 보자.

(1) 아담 스미스의 '국부론'을 출간한 후 그의 자유주의 정치경제이론은 소위 좌파로 간주되었다. 그러나 오늘날 우리는 자유무역을 주장하는 사람들을 소위 우파로 간주하는 경향이 있다. 시대의 상황에 따라 이념의 지형이 변할 수 있다는 것에 대하여 어떻게 생각하는가?

(2) 아담 스미스가 강조한 것은 인간에게는 행복 그 자체의 추구보다도 행복을 달성하는 수단, 즉 부, 명성 등을 추구하는 속성이 있다는 것이다. 그런데 개인이 이 속성을 발휘함으로써 사회전체가 이득을 본다고 생각하는가?

Ⅱ. 자유의 개념과 자유방임주의

스미스는 홉스와 로크의 자유주의의 사상적 기초를 충실히 계승하여 경제적 이론을 전개한 고전적 자유주의 경제학자들 중 대표적인 인물이다. 특히 스미스는 자유주의 개념을 더욱 구체화시켰을 뿐만 아니라, 정치경제학의 영역으로까지 확대시킴으로써 자유주의 사상 발전에 크게 기여한다. 스미스는 「국부론」에서 정치권력이 국민들의 경제활동과 시장에 개입하는 것을 옹호하는 중상주의를 강력하게 비판한다. 나아가 정부의 간섭없이 시장질서를 자유방임의 상태로 놓아둘 경우, 개인의 경제적 능력이 극대화되고 또 국부도 증대한다는 경제적 자유주의의 교의를 설파한다.[22]

자유주의자로서의 스미스의 명성은 「국부론」의 성공에 의존한다. 「국부론」은 출판된 지 6개월 만에 그 초판이 다 팔려나가는 성공을 거둔다. 당시 사람들의 관심은 「국부론」에서 스미스가 주장했던 경제적 자유주의, 즉 자유무역론에 대한 것이다. 스미스는 「국부론」에서 당시 영국의 보호무역 정책을 비판하면서 자유와 경쟁에 기초하는 새로운 정치경제 이론을 논한다. 스미스 자유무역론의 핵심은 자기이익(self-interest)을 좇는 개인들의 자유로운 경제활동이 궁극적으로 국가의 부를 증대시킨다는 자유방임(laissez-faire) 경제이론이다.[23]

---

22) 최성철, 앞의 논문, 75쪽.

23) 김성훈, "아담 스미스의 자유주의 교육관," 영국 연구 제12호(2004), 201-204쪽.

Q. 아담 스미스는 규제를 "인류의 가장 신성한 권리에 대한 명백한 모독"으로 보았다. 만약 정부가 기업에 장려금을 지급하거나 독점을 허용하는 경우 스미스가 살아 있다면 어떤 말을 했을까?

스미스에 의하면, 국가는 시민들의 개인적인 삶에 필요 이상으로 개입 또는 간섭을 해서는 안 된다. 개인은 정의의 법을 침해하지 않는 한, 자기의 방식으로 자기의 이익을 추구하고, 자기의 노농 및 자본을 가지고 다른 어떤 사람 또는 어떤 계층의 노동 및 자본과 경쟁하도록 완전히 자유로이 방임되어야 한다. 한편 자유에서 비롯되는 공정한 경쟁은 공공사회에 유리하다. 왜냐하면 경쟁이 더욱 자유롭고 더욱 일반적이 되면 될수록, 그것은 언제나 점점 더 공공사회에 유리한 것이 되기 때문이다.

> "상점주인이나 소매상인에게 과세한다든지 그들의 수를 억제한다든지 하는 것은 불필요하다. 왜냐하면 그들은 제아무리 그 수가 증가하여도 서로 해치는 일은 있겠지만, 공공사회를 해치는 일은 없을 것이기 때문이다. 예를 들면, 특정한 도시에서 식료잡화의 수량이 두 사람의 상인에게 분할되어 있다면, 그들의 경쟁은 그 두 사람으로 하여금 그 자본이 한 사람의 수중에 있는 경우보다 더욱 싸게 그 상품을 팔게 하는 경향을 가질 것이다. 그들의 경쟁은 그들 중 한 사람을 파멸시킬 것임에 틀림없다. 그러나 이 경쟁은 소비자나 생산자를 해하는 것은 아니다."

스미스에 의하면, 인간의 자연적인 이기심과 개인적인 성향은 다른 모든 경우에 있어서와 마찬가지로 공공사회의 이익을 일치한다는 것이다.

Q. 아담 스미스는 사회의 일반적인 이익과 개인들의 특별한 이익 사이에는 어느 정도 완벽한 조화가 존재한다는 보는가? 또 스미스의 주장에 의하면 개인의 이기심과 개인적인 성향은 잠재적으로 사회적인 이익을 고려하고 있는 것으로 볼 수 있는가?

스미스의 경우 자연적인 자기 이익이 어떻게 보편적인 사회공동의 선으로 변형될 수 있는가? 스미스는 이기적인 자기이익의 추구가 공공사회의 행복으로 이어지는 과정을 설명하기 위해 '보이지 않는 손'(invisible hand)의 은유를 든다.

"물론 그는 사회공공의 이익을 촉진하려고도 하지 않고, 그가 어느 정도 사회공공의 이익을 촉진하고 있는지도 모른다. 그가 외국의 산업을 유지하지 않고 국내의 산업을 선호하는 것은 오로지 자기 자신의 안전을 생각하기 때문이고, 그가 그 산업의 생산물이 최대의 가치를 가지도록 운영하는 것은 오로지 그 자신의 이익만을 생각하는 것이다. 그래서 그는 이 경우에 다른 많은 경우처럼 보이지 않는 손에 이끌려 그가 전혀 의도하지 않았던 한 목적을 촉진하게 되는 것이다. 그것이 그가 의도한 바가 아니라는 것은 반드시 사회에 대해서 나쁜 것은 아니다. 그는 자기 자신의 이익을 추구함으로써 진실로 사회의 이익을 증진시키고자 의도하였을 때보다 더욱 유효하게 사회의 이익을 증진시키는 수가 많은 것이다."

스미스는 자유가 번영을 가져온다는 '자유의 효과'에 기초해 개인의 자유로운 이익추구를 용인하고 권장한다. 그는 '부의 추구'를 '덕의 추구'로 본 것이다. 스미스는 근대 상업사회에서 인간들이 추구해야 할 덕으로 시장의 덕을 강조한다. 스미스는 「국부론」의 여러 곳에서 상업도시가 물질적으로 뿐만 아니라 정신적으로도 우월하다는 사실을 강조하면서 시장의 도덕의 이점을 논한다.

Q. 아담 스미스에 의하면, 상업도시나 공업도시에 사는 사람들은 대체로 근면하고, 진지하며, 또 부유한 반면 일반적인 소비도시나 행정도시에 사는 사람들은 게으르고 방탕하며 가난하다. 그 이유는 어디서 찾았는가? 또 부의 증대가 정신의 계몽도 함께 가져온다는 스미스의 주장은 타당하다고 보는가?

Ⅲ. 자유방임 경제이론과 교육관

스미스는 「국부론」에서 자기이익을 좇는 개인들의 자유로운 경제활동이 국가의 부의 원천이며, 또 '보이지 않는 손'에 의해 그것이 궁극적으로 국가의 분배정의를 가져온다는 그의 자유방임 경제이론을 교육에 적용하면서 교육의 질 제고와 개선을 위해 교육에서의 대항과 경쟁, 그리고 국가의 간섭으로부터의 자유를 주장한다. 자유와 경쟁은 스미스의 교육개혁론의 두 중심축이었다.[24)]

24) 김성훈, 앞의 논문, 205쪽 이하.

스미스는 당시 유럽 대부분의 학교에 존재했던 기부재산 제도를 비판한다. 기부재산은 교육시설의 목적의 달성에 기여하지 못하고, 나아가 교사들의 나태와 무능을 초래한다. 기부재산 제도가 교육기관의 비효율화와 교사들의 수업능력 저하로 이어진다는 것이다. 스미스의 결론은 당시 기부재산이 많았던 옥스퍼드대학의 현실을 반영한 것이다. 또한 스미스의 인간 본성에 대한 견해가 담겨 있다.

> "어떤 직업에 있어서도 그것에 종사하는 사람들 대부분이 이룩하는 노력의 정도는 그들이 그 노력을 해야 할 필요성의 정도에 언제나 비례한다. 이 노력의 필요성은 재산을 형성하는 경우나 매일의 수입과 생계를 얻는데도 그들의 직업상의 보수만을 재원으로 하는 사람들의 경우에 가장 크다. 그러한 재산을 획득하기 위해서나 생계비를 얻기 위해서는 그들은 1년 중에 일정한 가치가 있는 일을 일정한 분량 수행하여야 한다."

Q. 다음을 생각해 보자.

(1) 스미스는 '노력과 보상 사이에는 밀접한 관계가 있어야만 한다'는 사실을 강조한다. 그는 학교에 대한 기부는 필연적으로 교사들의 근면의 필요성을 떨어뜨릴 수밖에 없다고 주장한다. 그 이유는 기부금을 교육기관의 교사들의 생계가 그들의 직업상의 성공과 탁월함과는 아무런 상관도 없는 기부금에서 충당되기 때문이라고 한다. 스미스의 주장을 오늘날 교육현실에 비추어 볼 때 타당하다고 생각하는가?

(2) 스미스의 자유주의에 이론에 의하면 기부금제도의 문제점을 해결하기 위해서는 어떤 방법을 사용하여야 하는가? 또한 오늘날 우리 사회가 안고 있는 기부금 제도의 도입에 대한 찬반논쟁을 해결하기 위한 방법은 무엇인가?

스미스는 교육에서 자유의 효용성을 강조한다. 당시 옥스퍼드대학에서는 학생들이 학교선택의 자유가 없었다. 스미스는 학생의 학교 선택에 대한 자유권 침해에 대한 불만이 있었다. 스미스가 주장한 교육개혁론의 핵심은 학생 선택권의 확장이었다. 즉 학생들은 자유롭게 학교와 교사를 선택할 수 있어야 하며, 이러한 학생 선택권의 존중은 교사 간의 경쟁을 불러일으켜 필연적으로 그들의 근면과 노력을 자극한다는 것이다.

스미스는 그의 자유에 대한 믿음을 교육에까지 확장한다. 그는 교육에서 개인의 선택과 자유로운 경쟁을 강조하는 스미스의 교육개혁론을 그의 자유주의 사상의 큰 틀 속에서 설명한다.

Q. 1980년대 초반 영국의 대처 행정부와 미국의 레이건 행정부에 의하면 신자유주의라 불리는 새로운 형태의 자유방임 경제이론을 그들의 정책기조로 삼고, 사회 전 분야에 시장적 개혁을 요구하였다. 교육분야도 예외가 될 수 없어 그들은 케인즈식 복지국가 모델 아래서의 교육의 경제적 비효율성을 비판하면서, 시장의 원칙을 교육의 영역에 적용하고자 했다. 그들의 기본가정은 국가의 필요 이상의 간섭이 교육의 질적 저하를 가져온다는 것이다. 이러한 관점에서 그들은 자율화, 민영화, 규제철폐와 같은 신자유주의 기본정책을 교육의 영역에 적용하면서 교육을 자유시장의 '보이지 않는 손'에 맡기려고 했다. 다음을 생각해 보자.
(1) 이와 같은 정책기조는 오늘날 한국 현실에 비추어 볼 때 어떠한가?
(2) 교육을 시장에서 매매할 수 있는 사적인 상품으로 볼 수 있는가? 또한 교육의 시장화에 대해 어떻게 생각하는가?
(3) 교육의 수요자인 학생의 구매 욕구를 불러일으키기 위해 교육은 보다 경쟁력을 갖춘 상품이 되어야 하는가?

Ⅳ. 도덕감정론과 공감

아담 스미스의 '보이지 않는 손'의 은유는 그의 경제학에서는 물론이고 윤리학에서도 나타난다. 윤리학에서의 '보이지 않는 손'이 어쩌면 공감일지도 모른다. 스미스는 「도덕감정론」에서 모든 사람들이 가진 공감 능력을 다음과 같이 말한다.[25)]

"우리가 타인의 슬픔을 보고 흔히 슬픔을 느끼게 되는 것은 그것을 증명하기 위해 예를 들 필요조차 없는 명백한 사실이다. 왜냐하면, 이러한 감정은 인간의 본성 중의 기타 모든 원시적인 감정들과 마찬가지로, 결코 도덕적이고 인자한

25) 김민선, "퇴율의 심학도상 구방심 논의와 공감교육 문제 연구," 동양철학연구 제65집 (2011), 94-95쪽.

사람에게만 있는 것은 아니기 때문이다. 비록 이런 사람들이 이런 감정을 가장 예민하게 느낀다는 것은 사실이지만, 무도한 폭도와 가장 냉혹한 범죄자들에게도 이러한 동정심이 전혀 없는 것은 아니다. 우리는 타인이 느끼는 것을 직접적으로 체험할 수 없다. 따라서 그들이 어떻게 느끼고 있는지 알 수도 없다. 그러나 상상을 통해서 우리가 그와 유사한 상황에 처해 있다면 어떻게 느끼게 될지를 상상할 수는 있다. 우리의 형제가 고문을 받고 있더라도, 만약 우리 자신이 편안한 상태에 있다면, 우리의 감각은 우리에게 그가 겪고 있는 고통을 말해 줄 수 없다. 그것은 결코 우리로 하여금 우리 자신을 초월하도록 했던 적도 없고, 또한 그렇게 할 수도 없다. 우리는 오로지 상상을 통해서만 그가 느끼는 감각에 대한 어떤 관념을 형성할 수 있을 뿐이다. 우리의 감각기능, 즉 관능은 우리에게 만약 우리가 그와 같은 처지에 있다면 우리가 어떻게 느끼게 될지를 보여주는 것 이외에는 달리 우리를 도와줄 수 있는 방법이 없다. 우리의 상상력이 복제하는 것도 다만 우리 자신의 감각의 인상이지 그의 감각의 인상은 아니다."

스미스는 모든 종류의 격정에 대한 위와 같은 우리의 동류의식을 '공감'(sympathy)이라고 정의한다. 스미스에 의하면, 공감은 우리 자신을 다른 사람의 처지에 둠으로써 그에 대한 느낌을 갖는 것을 말한다.[26]

"공감은 주요 관심의 대상이 된 사람과 상상적으로 입장을 바꾸어 봄으로써 생기는 것이라고 말하는 것이 적합하다. 그런데 상상적으로 바꾸어 본다는 것은 나 자신의 인격과 성질 속에서 일어나는 것이 아니라 내가 공감하는 사람의 인격 안에서 일어나는 것이다. 내가 진실로 당신이라면 어떤 고통을 느낄까에 대해 숙고한다. 그리고 나는 당신과 환경을 바꿀 뿐만 아니라 인격과 성질까지도 바꾼다. 따라서 나의 슬픔은 전적으로 당신 때문에 있는 것이지 조금도 나 자신 때문에 있는 것이 아니다."

스미스는 윤리학에서 '보이지 않는 손'인 공감을 어떻게 이해하고 있는가? 스미스의 공감은 인지로서의 공감은 물론이고 감정으로서의 공감으로도 이해하고 있다. 공감은 상상에 의해 다른 사람의 입장에서 상황을 생각할 때 저절로 생겨나는 자연적인 감정이다. 따라서 스미스에 의하면, 나를 스스로 상대방

26) 이진희, "공감과 그 도덕 교육적 함의에 관한 연구," 도덕윤리과교육연구 제26호(2008), 83쪽.

의 입장에 놓고, 그에게 발생할 수 있는 상황을 진지하게 느끼고, 그리고 나서 그의 감정과 일치하도록 하여 그와 한 몸이 된다.

공감은 다른 사람을 이해하는 방식이고, 공감이 이루어질 때, 다른 사람과 더불어 잘 살 수 있다. 따라서 공감이 잘 발동될 수 있도록 하는 일이 중요할 것이다. 스미스는 인간의 이기적인 마음이나 편파성을 그대로 인정하면서, 그러한 인간의 자연적인 감정의 움직임에 의해 규정되는 인간관계의 윤리 실태를 해명하려고 노력한다. 인간관계에서 다른 사람의 공감을 얻을 수 있을 정도까지 감정표현을 억누르지 않으면 안 된다. 그러한 태도로 사람을 대할 때 우리는 상호 공감을 바탕으로 인간관계의 윤리가 마련된다.

Q. 공감에 대한 정의는 다양하다. 그러나 공통적으로 논의되는 것은 공감이란 어떤 주체가 다른 사람의 감정에 대해 함께 인식하고 느낀다는 것이다. 이러한 공감적 경향은 모든 사람들 간에 일종의 우애를 제공함으로써 우리의 주변을 인간화하고 인격화하는 경향이 있다. 따라서 공감은 다른 사람의 감정을 알아가는 사회적·인지적 결합을 촉진하는 두 개념이 압축되어 있음을 짐작할 수 있다. 즉 공감에는 정서적 요소와 사회적 요소가 모두 포함되어 있다.[27] 다음을 생각해 보자.

(1) MP3를 들으며 길을 걷고 있는 아이들, 지하철 의자에 앉아 스마트폰 자판을 두들기는 사람들, PC 모니터 앞에서 게임을 하는 아이들, 요즘 흔히 볼 수 있는 모습이다. 문명의 이기가 발전함에 따라 우리들은 친구들과 서로 몸을 부대끼며 '함께 놀기'보다는 '혼자 놀기'에 점점 익숙해져 가고 있다. 본래적으로 사회적 존재인 인간의 특성에 비추어 볼 때, '혼자 놀기'에 열중하는 것은 문제이다. 그러나 이것이 타인에 대한 무관심으로 이어지고 있는 현실이 더욱 심각한 문제이다. 사람들이 활보하는 거리에서 격렬하게 다투는 사람들이 있어도, 옳지 못한 일이 눈앞에서 벌어져도 자신의 일이 아니면 지나치기 일쑤다. 우리는 그냥 묵묵히 소나 닭을 쳐다보듯 하면서 방관자가 되어 가고 있다. 이러한 상황에 대해 스미스의 공감론이 어떤 역할을 할 수 있는가? 관계지향적 윤리가 필요하지 않는가?

(2) 도덕적 의분을 참지 못하고 남의 불행을 그냥 지나치지 못하여 두 주먹 불끈 쥐고 나선 사람들을 우리가 의인이라고 칭송하는 것도 어찌 보면 그런

27) 이진희, 앞의 논문, 80쪽.

의인들이 점점 줄어들고 있는 우리 사회의 현실과 무관하지 않다. 이렇게 우리 사회에 만연한 타인에 대한 도덕적 무관심은 여러 도덕적 문제를 일으키는 큰 위협적 요소를 작용하고 있다. 이러한 상황의 문제점이 무엇이라고 생각하는가? 스미스의 공감론이 시사하는 바는 무엇인가?

(3) 매일 늦은 밤까지 열심히 공부하여 자신이 원하는 대학에 합격한 이웃집 학생의 환한 얼굴을 보고, 틈새시장을 공략하기 위해 밤새 아이디어를 짜내고 연구한 결과 소비자의 수요를 정확히 예측하여 시장에서 성공을 거둔 중소기업인을 보며, 우리는 그들이 정성들인 그간의 노력에 대해, 오늘의 영광에 대해 아낌없이 박수를 보낸다. 공감과 관련하여 우리는 그 동안 강조해 온 고통과 불행에 대한 공감만이 아니라 행복과 즐거움에 대한 공감도 포함한다는 점에 유념해야 한다는 점에 대해 어떻게 생각하는가?

Ⅴ. 아담 스미스와 시장

시장옹호론자의 원조 아담 스미스는 '도덕'없는 시장은 위험하다고 말한다. 1776년에 출간한 「국부론」은 1759년의 「도덕감정론」의 기초 위에 씌어진 것이다. 따라서 스미스의 시장론을 보려면 최소한 이 두 저서를 함께 보아야 한다. 「도덕감정론」이 빠진 「국부론」은 스미스를 절반만 보게 하거나 왜곡까지 할 수 있다.[28]

스미스의 위 두 저서를 종합하면 다음과 같은 결론을 도출할 수 있다. 국부의 증진을 위해서는 우선 양심과 공감, 신뢰와 도덕에 기초를 둔 정의구현의 조건이 마련되어야 한다. 다음으로 전문화와 공정경쟁, 사회간접자본을 통해 시장교역 범위를 확대해야 한다. 정의구현과 시장확대를 잘 이루어내어야 국부증진이 된다. 정의와 도덕이 결여된 시장은 그것만으로 국부증진을 이루기 어렵다. 스미스는 말한다. "시장을 돌아가게 만드는 것은 인간본성이다. 그것이 자비심 및 정의와 균형을 이루어야만 시민사회가 형성되는 것이다." 여기서 스미스는 본성으로서의 자기애와 이기심을 구분한다. 이기심은 자기욕구

28) 강수돌, "시장, 할 수 있는 일? 해서는 안되는 일?," 시민과 세계(2005), 60-62쪽.

가 타인의 합법적 권리와 충돌할 때 오로지 자기 본위로만 행동하는 것인 데 비해, 자기애는 자기 이익을 추구함과 동시에 타인을 배려하는 신중함과 분별력을 포함한다고 정의한다.

이렇게 볼 때 스미스가 강조한 시장자유주의 역시 그 외부에서 도덕적 개입(정의의 법의 작동)이 적절히 이루어지지 않는다면, 사람들에게 '마음의 평화'나 '참 행복'을 안겨다주지 못할 것이다. 결국 스미스는 상업독점에서 오는 초과이윤을 수호하기 위해 시장의 확산을 저지하고자 했던 유럽의 자치도시들에 대해 단호히 안티테제를 제시한 셈이다.

그러나 스미스가 주장한 도덕성이 있고 공정성이 유지되는 시장은 불과 100년을 가지 못했다. 즉 독점과 과점이 자유경쟁으로 유지되는 시장에 다시금 안티테제로 등장한 것이다. 역설적이게도 스미스가 「도덕감정론」에서 경계했던 '과도한 성장'이 시장체제 덕에 급속히 이루어졌기 때문이다. 과도성장에서 자본의 집적과 집중이 일어나고, 이것은 결국 독과점을 낳았다. 독점은 다시 해외시장 개척, 즉 식민지개척과 그에 따른 세계전쟁을 부르는 한편, 과잉축적과 과잉투자로 인해 간헐적인 공황과 대량실업을 유발한다. 이러한 자기모순이 바로 1930년대에 케인즈주의를 기반으로 한, 국가와 시장의 재구성이라는 형태로 나타나게 된다. 그러나 국가에 의한 경제개입과 노동시장개입은 약 40년간의 선순환 끝에 또 다시 요동을 치게 된다. 한편으로 재정적자, 다른 한편으로 노동저항과 생산성 하락이 강해졌기 때문이다. 한마디로 자본의 새로운 축적위기가 나타난 것이다.

따라서 1980년대 이후 다시금 자유시장을 외치는 '신자유주의'가 등장하게 된다. 범세계적 자본주의와 자본의 국제화는 신자유주의와 궤를 같이 한다. 여기서 신자유주의가 스미스류의 고전적 자유주의와 다른 점은 스미스의 '도덕'이 빠진 자유시장을 추구한다는 점이다. 그리하여 신자유주의는 그 이전의 시대에도 주지 않았던 길바닥에서 '굶어죽을 자유'까지 대중에게 선물하고 있다.

Q. 다음을 생각해 보자.

(1) 스미스가 주장한 시장은 어떤 시장인가? 현대의 시장은 스미스가 주장한 시장에 비추어 볼 때 어떠한가?

(2) 20 대 80 사회로의 양극화가 각 나라에서 전개되는 것, 빈곤과 실업의 세계화가 현실화되는 것, 고용 없는 성장이 지속되는 것, 각국의 자립능력과 생태계의 파괴가 가속화되는 것, 반면 돈과 권력이 초국적자본과 세계금융자본, 각국의 일부 엘리트들에게 집중되는 것, 승자독식의 사회가 확산되는 것 등은 오늘날 자본주의 사회의 징표로 받아들여지고 있다. 이 징표들의 원인은 무엇이라고 생각하는가? 이러한 문제점을 해결할 수 있는 대안은 무엇인가?

Ⅵ. 현대의 자유방임주의(신자유주의)

1. 문제의 제기

오늘날 세계 경제질서는 신자유주의 논리에 근거하여 자유화, 개방화, 탈규제화, 민영화, 유연화, 세율인하 등의 방향으로 급속하게 진행되어 왔다. 이러한 상황에서 기업은 생산, 판매, 투자 활동 등을 세계적 차원으로 확대하여 왔다. 우리는 이를 글로벌화 내지 국제화라고 부른다. 이는 다음과 같은 경제적 상황변화를 배경으로 한다. 1970년대 초반 1차 석유파동과 함께 자원 보유국들은 '자원 민족주의'를 표방하였으며, 이로 인해 원자재 가격이 폭등하자 경제침체 속에서 물가가 앙등하는 소위 스태그플레이션 현상이 발생하였다.

이로 인해 수요측면을 강조하며 1930년대 이후 주류 거시경제학으로 자리를 잡았던 케인즈 경제학은 그 빛이 바래기 시작했고, 공급측면을 중시하는 경제학이 득세하게 되었다. 즉 기업활동에 장애가 되는 요소를 완화 내지 제거함으로써 기업의 생산비용을 절감해 주어야만 세계 경제가 스태그플레이션 상황에서 벗어나 활성화 될 수 있다는 주장이 전개되기에 이르렀다.

이러한 사고체계는 아담 스미스로부터 시작하여 케인즈 경제학이 등장할 때까지 경제학에서 지배적인 위치를 차지해 왔던 자유방임적 사고체계로 회귀하는 것을 의미하기 때문에 신자유주의로 불리게 되었다. 이는 민간부문의 경제활동에 대하여 정부가 간섭해서는 안 된다는 사고체계이며, 개인이나 기업이 그 누구의 간섭도 받지 않고 시장에서 자유롭게 자신의 이익을 추구할 때 자원의 배분이 가장 효율적으로 이루어질 수 있다는 논리이다.

이러한 논리를 최초로 체계화한 사람이 아담 스미스이다. 스미스는 국부론에서 각 개인들이 최선을 다해 사익을 추구하면, 이것이 바로 최대의 공익을 가져온다고 했으며, 자본주의 경제체제에 정당성을 부여하여 자본주의사회가 성립할 수 있도록 해준 기본명제이다.

그러나 우리는 이러한 주장에 대해 다음의 두 가지 점을 유념해야 한다. 첫째, 이러한 주장이 성립하기 위해서는 완전경쟁시장이 전제되어야 한다는 것이다. 불완전경쟁에서는, 다시 말해서 시장에 대한 정보가 불완전하거나 시장에 독과점기업이 존재하는 상황에서는 적극적인 사익의 추구가 최대의 공익을 가져올 수 없을 뿐만 아니라 경우에 따라서는 공익을 해칠 수도 있다. 둘째, 스미스는 기본적으로 국민국가를 전제로 하여 이러한 주장을 전개하였다는 점이다. 스미스는 국경선에 의해 구분된 사회 및 그 사회의 이익을 말한 것이지 국경을 넘어선 지구촌 전체의 이익을 지칭한 것을 아니었다.

오늘날 우리는 앞에서 말한 바와 같이 국제화시대에 살고 있다. 이는 모든 생활영역에서 국경선이 희미해지고 있음을 의미한다. 이러한 현상은 특히 경제분야에서 현저하게 나타나고 있는데, 주로 상품시장(서비스 시장 포함)과 자본시장의 완전한 개방화 및 자유화를 지향하고 있다. 즉 상품 및 서비스의 거래가 국경선에 의해 방해받지 않고 자유롭게 이루어짐은 물론, 산업자본과 금융자본도 자유롭게 국경선을 넘나들 수 있게 된 것이다.

이러한 상황에 직면하여 우리는 하나의 중요한 의문을 갖지 않을 수 없다. 국민국가를 전제로 하여 제기된 스미스의 명제가 국제화시대에서도 타당한가의 문제이다. 다시 말해서 자유로운 사익추구가 국경을 넘어서 이루어질 때, 이것이 과연 범세계적 차원에서도 공익의 최대화를 가져올 수 있는가 하는 문제이다.[29)]

29) 김준현, "글로벌리제이션 시대의 사익과 공익-아담 스미스의 명제의 재조명-," 담론 201(2000), 52-53쪽.

2. 자유방임주의의 인간관

(1) 초기 자유방임주의 인간관

서구에서는 15세기 중세 봉건사회가 붕괴하면서 근대국가의 형성과 함께 경제를 중심으로 하는 중상주의 사조가 등장하게 된다. 중상주의의 목적은 국가의 이익창출과 부의 축적이었기 때문에, 국가는 상인 및 생산자들의 이익을 보장해주기 위해 노동자들에게 저임금을 강요해야 한다. 따라서 노동자들은 국가를 대표로 하는 자본가들로부터 노동을 착취당하면서 인간다운 대접을 받을 수 없게 된다. 그러나 스미스는 분업화된 사회 속에서 개인의 이익 추구는 '보이지 않는 손'에 의해서 국가의 부 또한 증진시킨다고 주장하면서, 중상주의 사조를 비판한다. 스미스로 대표되는 이 비판자들의 가장 기본적인 공동 원칙은 자유방임이다. 그들은, 시장은 자연의 법칙에 의해 자율적으로 이루어지는 것으로 정부의 개입은 시장의 활성화를 저해하는 요인이기 때문에, 정부가 중립적인 위치를 지킬 것을 권고한다.[30]

이러한 개인의 자율성을 강조하는 자유방임주의 인간관에 의하면, 개인을 움직이는 것은 매우 적극적인 욕망이다. 생명은 그 자체가 운동이며, 욕망 없는 생명은 생명일 수 없고, 그것은 단지 죽은 것이다. 즉 개인은 자기 자신의 행복과 쾌락을 추구하는 이기적인 정열과 욕망에 의해 활동하고 행동한다는 것이다. 이러한 욕망을 가진 인간을 보는 자유주의에 입각한 인간관은 두 가지가 있다. 하나는 인간이 욕망에 의해 움직인다는 인간관이고, 다른 하나는 욕망이 합리성이나 이성의 엄격한 통제를 받아야 한다는 인간관이다.

초기 자유방임주의자의 대표인 스미스는 경제활동과 부의 축적과 연관된 인간행동의 기본적인 특성으로서 개인의 이기심을 인성의 일반적 원리로서 수용한다. 즉 경제사 이론을 구성하는 제1의 원리는 인간의 본성에 대한 가설로서 '사람은 자신의 상황을 개선하려는 욕구를 지닌 이기적 존재'라는 점이다. 스미스는 모든 사회현상은 인간행위에 의해 구현되는데, 이는 시간 및 공간을

---

30) 구민희, "아담 스미스와 노자의 자유방임주의 비교," 동양철학연구 제61집(2010), 539-543쪽.

초월하여 본질적으로 동일하다고 인식되는 인간의 내적 운동 원리인 인성에 의해 규제된다고 본다. 스미스의 인간관은 앞서 설명한 자유주의 인간관의 두 가지 모두를 포괄한다고 볼 수 있다. 스미스에 의하면, 인간은 욕망에 의해 움직이지만 그것을 통제하고 규제하는 것 또한 인간 스스로 가지고 있는 인성을 바탕으로 한 이성이다. 따라서 그의 인간관은 자율적인 거름 장치를 가진 인간, 욕망과 그것을 컨트롤 할 수 있는 내적 작용을 가진 인간이 기본 조건이 된다.

그리고 이러한 인간관을 바탕으로 스미스는 당시의 사회를, 산업적 진보와 발맞추면서 개인과 공동체의 이익을 자연스럽게 조화시키는 잘 짜여 진 기계처럼 돌아가는 도덕체계로 보았다. 또한 그에 의하면 세계는, 각자가 개인의 사적인 문제를 추구해 나가는 과정 속에 공동체의 복지까지 자연스럽게 증진되는 '보이지 않는 손'에 의에 운용된다고 한다. 즉 개인이 욕망을 가진 인성을 발휘하면 할수록 세계는 '보이지 않는 손'에 의해 사회 전체의 이익을 가져 온다는 것이다. 스미스의 이러한 욕망과 인성을 가진 인간은 '공감'을 통해 타인과의 관계를 맺는다.

스미스는 "상호 간의 사랑, 감사, 우정, 그리고 존경의 감정에 기초하여 서로가 필요로 하는 도움이 상호 제공되는 사회, 그러한 사회는 번성하고 행복하다"고 한다. 그에게 있어서 이기적인 개인은 사회의 불운을 가져오는 대상으로 여겨진다. 이것이 스미스의 자유방임주의 인간관의 핵심인 것이다.

Q. 아담 스미스의 두 가지 인간관은 무엇인가? 또 스미스는 자신이 살았던 당시의 사회를 어떻게 보았는가? 스미스가 바라본 사회는 너무나 이상적인가? 아니면 실현가능한 사회인가?

(2) 현대 자유방임주의(신자유주의) 인간관: 소외된 개인

현대의 자유방임주의는 스미스가 강조하고 있는 두 가지 측면, 즉 인간의 욕망과 이를 내적으로 통제하는 인성(이성) 가운데 전자를 강조한다. 특히 자본주의와 연결되면서 국가와 개인은 수단과 방법을 가리지 않고 부를 축적하고, 자본의 논리와 시장의 논리로 타인을 도구화하면서 자신을 제외한 모든

인간을 기계화하여 소외시킨다.[31)]

현대 자유방임주의의 다른 말은 신자유주의로, 이 신자유주의는 초기 자유방임주의와는 다르다. 특히 초기 자유방임주의를 기초로 다루는 고전적 자유주의와는 큰 차이가 있다. 그 차이점을 아래서 설명할 것이다. 그 차이 때문에 타인, 즉 사회의 문제를 해결하는 기능이 상실되어 부의 양극화 현상과 인간의 도구화는 해소되기 힘든 실정이다.

자본주의 세계경제의 중심부 나라들에서 19세기 자유주의의 정치 프로젝트는 합리적 개혁주의의 삼각 프로그램, 즉 선거권, 복지국가, 국가정체성을 제공함으로써 위험한 계급을 길들이는 것이었다. 당시 그들은 '문명화된 민족' 대 '야만인'이라는 집단적 민족주의로 자신들의 권력을 정당화했으며, '문명화된 민족'으로서 '야만인'에게 자신들의 권리를 부여함으로써 사실상 특별한 민족 구성원들의 개인적 '인권'을 부정하는 결과를 낳았다. 그리고 이러한 문제가 해소될 때쯤에는 성차별주의(sexism)와 결합된 인종차별주의가 등장했다. 이것은 반자유주의적인 것이나 자유주의 이데올로기 내부에서 발생했다. 그리고 20세기에 들어와 성차별주의와 인종차별주의에 억압당해온 사람들이, 자유주의자들에 의해 인권과 민족의 권리라는 두 형태를 통해 이론적으로 포괄되었다고 주장되어온 권리를 강력히 요구하는 사태가 일어났다. 자유방임주의의 기본사상이 되는 자유주의 또한 이데올로기화된 것이다. 다시 말해 자유주의와 대립하는 반자유주의의 자유주의가 된 것이다.

세계경제와 자유주의 이데올로기가 합쳐져 더욱 자신의 이익추구만을 강조하는 현대 자유방임주의를 양산했다. 원래의 자유주의와 이데올로기화된 지금의 자유주의가 다르듯, 현대 자유방임주의가 개인의 욕망만을 강조하고 그것이 경제·자본의 범위에 한정된다는 점에서 초기 자유방임주의와 다르다. 문제해결의 실마리는 개인과 타자의 소통에 있다. 따라서 초기 자유방임주의의 인간관을 되짚어 볼 필요가 있다.

<u>Q.</u> 초기 자유방임주의 인간관과 현대 자유방임주의 인간관의 가장 큰 차이점은 무엇인가? 스미스로부터 유추할 수 있는 자유방임주의는 현대 자유방임주의와

---

31) 구민희, 앞의 논문, 543-545쪽.

다르다. 우리는 오늘날의 권력편중, 부익부 빈익빈, 인간소외의 문제들을 불러온 자본과 결탁되어 변질된 자유방임주의를 다시금 생각해 볼 필요가 있다. 인간의 도구화가 사회의 질서로 완전히 뿌리를 내려 기계화된 인간이 인간을 지배하는 사회가 오지 않기 위해 스미스의 자유방임주의는 현대의 문제를 해결할 수 있는 하나의 실마리가 될 수 있는가?

3. 신자유주의의 등장배경

신자유주의는 전후 세계 자본주의를 이끌어온 테일러주의, 포드주의, 복지국가, 케인즈주의의 위기 속에서 위기 타파를 위해 그 동안의 국가 개입과 규제에 반대하며, 규제로부터 자유로운 자유시장만이 자원의 효율적인 배분에 적합하다고 주장하는 고전적 자유주의로 회귀하려는 경제발전 이데올로기이다. 이러한 신자유주의는 70년대 중반 자본주의의 구조적 위기를 극복하기 위한 대안으로서 여러 가지 별명을 가지고 있다. 대처리즘, 레이거노믹스, 신고전파 경제학, 구조조정 등이 그것이다.[32]

일반적으로 자본주의는 최소비용으로 최대이윤을 획득하는 것을 최대 가치로 생각하기 때문에 상호 호혜적이라기보다는 경쟁과 효율을 중요한 경제원리로 생각하고 있다. 전후 세계 자본주의의 한 축을 이끌어왔던 테일러주의[33]도 최대 이윤과 효율성 중심의 경제원리에 부응하여 대두되었다. 테일러주의는 포드주의 시스템[34]과 결합하여 대량생산체제로 들어가면서 자본가들의 이윤획득에 크게 기여한다. 포드주의 생산시스템은 테일러주의에 움직이는 조립라인을 결합시킨 것이다. 포드주의가 유럽, 일본 등을 비롯해 전 세계로 퍼져

32) 김우영, “신자유주의와 중도사상,” 대한정치학회보 제10집 제2호(2002), 171-172쪽.

33) 기계사로 일했던 테일러는 그가 일하는 작업장에서 노동자들의 일하는 모습을 주의 깊게 관찰하여 노동자들이 각자의 작업과정에서 특별히 뛰어난 기술과 작업방법들을 잘 정리해서 표준화하고 분류하여, 각 단계마다 똑같은 동작은 이용함으로써 작업의 효율성을 엄청나게 높였다. 이와 같은 테일러주의는 효율성 중심의 자본주의경제의 견인차 역할을 하는 전기를 마련하였다.

34) 포드주의 시스템은 움직이는 조립라인이 컨베이어 벨트를 결합시켜 노동자가 제자리에 서서 제품이 작업대 벨트를 따라 지나갈 때 노동자들은 자기가 해야 할 일 한 두 가지만 하루 종일 하는 시스템을 말한다. 미국의 포드자동차에 포드는 처음으로 움직이는 조립라인을 사용하여 자동차를 엄청나게 생산하여 이른바 대량생산시대가 되었다.

나가면서 세계적 수준의 대량생산이 형성되게 된다.

세계적 수준의 대량생산체제는 생산과 소비, 이윤과 분배의 중도적 균형을 깨뜨려 중소기업의 도산 속에서 1930년대 대공황이 발생한다. 이러한 문제들을 해결하기 위해 케인즈주의가 대두된다. 케인즈는 대공황으로 인한 실업의 원인을 총수요가 부족해서라고 주장하고 총수요를 증대시키면 실업 문제를 해결할 수 있다고 주장한다. 총수요 증대는 재정정책, 금융정책, 복지정책을 통해서 소득을 재분배하고 소비재 수요를 증대하고 이자율을 낮추어 생산재에 대한 수요를 높이는 정부역할을 강조한다.

정부개입에 의한 유효수요 창출은 케인즈 경제학에서 매우 중시되는 이론이다. 그런데 포드주의의 영향으로 세계적 수준에서 대량생산이 형성되자 케인즈주의와 포드주의적 국가독점 자본주의는 한계에 부딪히게 된다.

따라서 정부개입과 규제에 반대하고 자유시장만이 자원의 효율적 배분에 적합하다고 주장하는 대처리즘이 1970년대 전개된다. 영국의 대처 정부 이전의 히드 정부는 정부의 광범위한 개입을 허용하는 혼합경제, 완전고용, 방대한 복지 프로그램과 공공부문의 역할, 그리고 케인즈식 수요관리 기법 등에 대한 진지한 신뢰를 바탕으로 한 것이다.

이에 반해 대처의 사회경제적 정책의 핵심은 케인즈식 총수요관리 정책의 포기와 공공지출 삭감, 조세감축, 통화량 조절, 사유화, 탈규제, 투자유인 확보를 통한 공급중시 경제학의 강조, 관료와 노조권한 감축, 복지로부터 국가의 전면적인 후퇴를 내용으로 한다.

이와 같이 대처리즘은 효율의 증진에 기여한 점은 부인할 수 없다. 그러나 공공주택의 사유화를 촉발시켜 엄청난 실업이나 임금하락 또는 한없는 소외감을 갖는 계층이 생겨나게 된다.

미국의 레이거노믹스도 신흥공업국의 약진 속에 국제경쟁력 약화와 무역수지가 악화되는 상황을 신자유주의적 원리로 탈피하려는 미국의 국가 전략이었다. 1980년대 초 강대국들이 개도국들에게 보호무역을 용납하지 않고 자유주의 경쟁심리를 부추긴 데는 다음과 같은 배경을 갖고 있다. 첫째, 1973년과 1979년 석유파동으로 인한 경제성장의 후퇴, 둘째, 신흥공업국들의 약진으로 제조업 경쟁력의 약화와 무역수지약화, 셋째, 실업증대와 임금생활자들의 실질소득 하락에 대한 우려 등이다.

UR협상이 처음 개최되었던 1986년 강대국들은 자유무역의 기조를 더욱 세계적으로 확대시키기 위하여 1995년 WTO의 무한경쟁체제를 출범하여 신자유주의 질서를 지금까지 주도해 오고 있다.

Q. WTO 체제가 등장하게 된 배경과 이유는 무엇인가?

4. 신자유주의적 질서와 문제점

(1) 신자유주의적 질서와 팍스아메리카나체제

정보통신기술의 발달은 매체와 통신의 세계화와 함께 무역, 금융, 기술, 환경, 질병, 문화 등 인적·물적 원거리 교류를 가능하게 함으로써 국경을 무너뜨리고 지구촌을 전체로서 바라보게 만들었다. 이와 같은 세계화에 지구촌의 대응은 신자유주의로 나타나게 되었다. 신자유주의적 질서의 핵심은 시장의 세계화로써 자유, 개인주의, 효율성, 경쟁, 실적주의를 전 세계에 확산시켜 경쟁을 통한 자원의 효율적 배분을 가져다주는 긍정적 측면도 있지만, 동시에 부의 집중과 빈곤의 증대로 인한 경제적·사회적 양극화를 초래하는 부정적 측면도 갖고 있다.[35)]

이러한 방향의 신자유주의적 질서는 미국 주도의 팍스아메리카나(Pax-Americana)체제의 성격이 농후하다. 팍스아메리카나의 궁극적인 목표는 미국의 국가 이익 극대화를 위하여 자유무역주의를 확대하려는 한 측면도 있다. 자유무역주의의 확대는 결국 1991년 소련 사회주의 블록을 몰락시키고, 미국 자본주의의 세계시장 확대로 이어졌다.

미국과 소련이 전후의 세계를 패권적으로 양분하는 냉전체제의 주요한 구조적 특징은 미·소의 두 강대국에 의해 주도되는 자본주의체제와 사회주의체제 간의 정치적, 군사적, 이데올로기적, 경제적 대결이었다. 이 과정에서 미국은 세계자본주의의 체제를 강화시켜 소련 중심의 사회주의체제를 해체시켜

35) 김우영, 앞의 논문, 174-175쪽.

버린 것이다.

뿐만 아니라 팍스아메리카나체제로 불리는 미국 주도의 자본주의 세계경제는 전후 정치적 독립을 달성한 제3세계는 물론 정부주도형으로 근대화와 경제성장을 이룩한 한국을 비롯한 NICS(New Industrializing Countries: 대만, 싱가포르, 한국, 홍콩, 브라질, 멕시코, 아르헨티나, 포르투갈, 스페인) 등 신흥공업 국가들에게도 시민주도의 자본주의 경제를 확고하게 확대시켜주었다는 점에서 미국의 국가이익에 부합된 전략이다. 서구사회의 근대화와 산업화는 자유, 개인주의, 효율성, 시장경쟁이라는 가치를 기초로 한 시민주도형 자본주의 체제이다. 미국 등 선진국들은 이러한 신자유주의의 질서가 세계적 보편성의 원리가 될 수 있다고 강조하였지만, 이러한 질서는 확실히 미국이나 서구 중심적이라고 할 수 있다. 월랜 스다인은 "문화란 언제나 힘을 가진 자의 것이었으며, 세계문화도 마찬가지이다"고 하였는데, 신자유주의적 세계화는 미국에게 힘을 실어주는 시민주도형 문화로 여전히 서구 중심적이라 할 수 있다.

NICS의 하나인 한국의 근대화 내지 산업화 및 경제성장 모델은 시민사회가 일찍이 발달되어 있지 않았기 때문에, 시민주도가 아닌 정부주도형과 외자도입, 시장경제가 결합된 발전모델로서, 시민주도형과 그 문화적 가치가 상이한 발전전략이라고 할 수 있다. 미국과 같은 서구의 선진자본주의 국가들은 1991년 대립적 위치에 있었던 사회주의 종주국인 소련의 붕괴로 사회주의 체제가 해체된 후 그들의 국익에 도움이 되는 1995년 WTO 체제의 무한경쟁체제를 출범시켰다.

Q. 다음을 생각해 보자.

(1) 15세기 이후 서구사회에서부터 시작된 근대화의 물결은 20세기에 이르러서는 아시아, 아프리카, 중남미의 전 대륙으로 확대되었다. 그런데 서구사회의 근대화는 자유, 개인주의, 효율성, 시장경쟁이라는 시민주도형의 근대화라고 할 수 있다. 그러나 시민사회가 발달되어 있지 않은 NICS와 같은 신흥공업국은 시민주도가 아닌 정부주도형 근대화를 추진하였다. 이와 관련하여 시민주도의 신자유주의적 질서는 미국 등과 같은 선진자본주의국가들에게 유리한 발전 패러다임인가?

(2) 미국은 타국에 대하여 무역장벽철폐를 주장하지만 동시에 슈퍼 301조를 동원하거나 지난 2002년 3월 외국산 철강제품에 세이프가드(긴급수입제한) 조치를 취하는 등과 같이 자국 이익을 배타적으로 지키려고 하였다. 미국이 신자유주의 질서에 배치되는 슈퍼 301조나 세이프가드 조치를 서슴없이 적용한다는 점에서 신자유주의 질서는 초기 자유방임주의에 비추어 볼 때 어떠한가?

Note. 슈퍼 301조(Super 301조)는 미국이 교역상대국의 불공정 무역관행을 제거하기 위해 우선협상대상국과 우선협상관행을 지정하고, 통상협상을 추진하거나 혹은 이를 거치지 않더라도 무역보복조치를 단행할 수 있도록 한 미국 통상법상의 강제규정이다. 1974년 제정된 미국 통상법 301－309조까지를 '일반 301조(Regular 301조)'로 뭉뚱그려 통칭하는 반면, 1988년 종합무역법에 의해 보복조항을 한층 강화한 310조를 '슈퍼 301조(Super 301조)'라고 부른다.

슈퍼 301조가 통상법 301조와 다른 점은 크게 세 가지를 들 수 있다.

첫째, 교역상대국의 품목별(담배, 쇠고기, 포도주 등) 혹은 분야별(보험, 통신, 지적재산권 등) 불공정 무역관행의 제거를 위한 통상협상을 추진하도록 하는 기존의 제301조와는 달리 특정 국가의 불공정 무역관행을 제거하기 위해 포괄적으로 우선협상대상국을 지정하여 통상협상을 추진하도록 규정하고 있다.

둘째, 불공정 무역관행에 대한 조사개시 권한과 보복조치권한을 대통령으로부터 미국 통상대표부로 이관시키고 보복조치의 결정과정에서 필요한 경우에 한해 대통령의 재량권을 인정한다.

마지막으로 미국 정부가 업계의 요구 없이도 특정 국가를 불공정 무역관행 국가로 지정하여 협상과정을 거치지 않더라도 곧바로 무역보복조치를 취할 수 있다. 슈퍼 301조의 발동절차는 먼저 미국 통상대표부가 국가별무역장벽보고서를 제출한 날로부터 180일 내에 우선협상대상국 관행을 지정하고 이에 관한 보고서를 상원 재정위원회와 하원 세입세출위원회에 제출한다.

(2) 신자유주의의 객관성 상실문제

신자유주의는 중도적 입장에서 고찰할 때, 자유주의의 이성관보다 욕망관의 병폐로 인해서 경제적·사회적 객관성이나 공공성의 상실로 인해 국경을 넘나드는 거대한 투기자본의 이동과 함께 예기치 못한 경제위기의 불안을 함축하고 있다. 중도적 질서의 상실 속에 신자유주의는 사실상 경쟁력을 갖추지 못한 수많은 사람들을 길거리로 내몰아 사회적으로 소외된 사람들을 대량으로 만든다는 점이다. 국영기업은 국민전체에 대한 이윤을 추구하지만 과거에는 최소한의 공공성을 가지고 있었다. 그러나 국경기업이 민영화되면서 국민전체에 대한 보편적 서비스를 목표를 했던 애초의 공공정신이 사라지고 있다.[36]

그리고 신자유주의의 핵심은 시장의 세계화를 말한다. 시장의 세계화는 국경을 허물어뜨리고 미국을 위시한 선진자본주의의 국가이익에 부합되는 자본의 세계화, 생산의 세계화, 금융의 세계화, 정보통신의 세계화를 주도하고 있다. 그러나 개도국에 유리한 자유로운 노동인구의 이동을 보장하는 노동의 세계화는 봉쇄되고 있어 신자유주의적 자유경쟁은 여전히 선진자본주의국과 개도국 사이에 불균등하고 객관성이 결여되어 있어 불공정성이 논란거리가 되고 있다. 또한 신자유주의는 시장을 자원의 합리적 배분과 개인의 자유를 보장해주는 모든 생활의 중심원리로 생각하고 있지만, 실제로 독점자본의 존재는 완전경쟁을 불가능하게 만든다는 점에서 여전히 객관성을 상실하고 있다.

완전경쟁은 자유경쟁을 전제로 하고 있는데 독점자본은 자유경쟁을 원천적으로 봉쇄하고 있어 경제적 자유주의의 원리가 배제되고 있다. 국경을 넘나드는 거대 초국적 자본의 하루 이동규모가 1조 5천억 달러 내지 3조 달러 정도라고 한다. 이러한 이동규모 가운데 투기목적의 돈이 전체 돈의 95% 이상을 차지하고 있다. 그런데 미국, 일본, 독일, 영국의 중앙은행의 외환 보유액을 모두 합치면 5천억 달러 정도가 되어 불건전한 투기자본의 규모가 얼마나 큰가를 알 수 있다.

Q. 이동 규모가 거대한 투기자본이 한 나라에서 모두 떠나가 버리면 경제위기가 발생할 수 있는가? 경제위기가 발생한 사례를 들어보자.

---

36) 김우영, 앞의 논문, 176쪽.

(3) 신자유주의와 고전적 자유주의의 특질과 차이점

신자유주의는 과거 고전적 자유주의가 20세기 후반에 재등장한 것으로 고찰한다. 그러나 신자유주의와 고전적 자유주의는 엄밀한 의미에서 반드시 일치하지 않는다. 18세기 고전적 자유주의의 3대 핵심내용은 종교의 자유와 경제적 자유, 그리고 정치적 자유로 설명된다. 그런데 신자유주의는 고전적 자유주의의 3대 핵심내용 중 특히 경제적 자유에 치우친 질서이다. 따라서 빈부격차나 사회적 불평등 문제 등 제3계급의 사회정의를 위하여 활동하려는 정치적 자유의 기조를 포용하고 있지 못하다.[37]

경제적 자유주의의 문제점은 사유재산제도를 신성불가침의 영역으로 생각하는 경제적 자유주의로서 18세기 자유방임주의를 파생시켜 부의 양극화 현상을 초래하였다. 그런데 고전적 자유주의는 첫째, 사유재산제도의 신성불가침을 주장하면서 생산수단을 개인이 소유한다는 점이다. 생산수단의 사적 소유는 다른 사람의 생활을 지배할 수 있는 권력을 말한다. 따라서 사회정의를 확립해야 한다는 제3계급의 정치적 자유주의는 다른 사람의 생활을 지배할 수 있는 요소를 구조적으로 가지고 있었다. 그러나 신자유주의는 경제적 자유주의, 즉 시장의 자유경쟁원리에만 치우쳐 사회정의를 회복하려는 자체추진력을 상실하고 있어 부의 양극화 현상 해소는 요원한 실정이라고 할 수 있다. 인격시장에서도 중도적 질서가 상실될 때 구직자들의 인간의 존엄성 그 자체가 흔들리게 된다. 따라서 복지국가사상은 인간의 삶의 질을 높이기 위해서 경제적 자유와 불평등을 중도적으로 포용하여 생성된 사상이다. 여기에 반해서 신자유주의는 복지정책의 값어치를 부차적인 것으로 생각하고 있다.

둘째, 자유경쟁은 사회가 욕망하는 바를 충족시킬 수 있는 수단이 절대적으로 제한되어 있어 경쟁이 불가피하다고 하여 독점자본주의를 지향해가면서 1930년대 세계대공황을 촉발시켰다. 고전적 자유주의는 중도적 질서의 상실에 대한 보완으로 독점자본주의 체제에서 수정자본주의로 전환하면서 노동자·자본가 사이에 타협으로 나아갔다. 케인즈는 자유방임의 종언을 선언하고 노·자간에 타협하지 않으면 다 망한다고 하였는데, 신자유주의는 이러한 타협노선

37) 김우영, 앞의 논문, 177-178쪽.

을 철회하고 '요람에서 무덤까지' 생계를 보장하는 것을 병(영국병)으로 치부하였다. 그리고 시장논리에 입각한 구조조정을 통해 빈부격차와 같은 사회적 불평등 문제를 심화시키고 있다.

셋째, 수정자본주의는 독점자본 상호 간에 국경이라는 울타리를 치고 있었다. 그러나 신자유주의는 독점자본 상호 간에 국경이 사라지고 초국가적 자본을 지향해 가고 있다. 그러나 노동시장의 세계화는 선진자본주의 국가들의 국가이익에 반하므로 여전히 민족국가의 울타리에 묻어두고 있어 후발공업국들에게는 불리한 질서라고 할 수 있다. 따라서 이와 같은 신자유주의적 질서는 부의 양극화 현상을 가속화시킬 것으로 전망되어 지구촌 시대의 모든 국가들에게 적용하는데 한계가 있을 것 같다.

Q. 다음을 생각해 보자.

(1) 1832년 영국의 선거법 개정은 경제적 자유주의 못지않게 제3계급의 정치적 자유의 폭을 확대시켜 주었다. 그리하여 19세기 말과 20세기 초에 선진자본주의 국가들에게서 선거권이 확대된 시점과 복지국가 태동의 시기가 일치된다. 18세기 정치적 자유주의는 제3세계의 정치적·경제적·사회적 지위를 향상시킬 수 있는 자체 추진력을 구조적으로 내포하고 있었다. 이러한 배경과 관련하여 볼 때 신자유주의의 문제점은 무엇인가?

(2) 다국적기업 또는 초국가적 기업들이 시장지배의 논리와 함께 세계적인 경영의 틀 속에서 대량생산체제를 가속화시키고 있다. 이와 관련하여 볼 때 1930년대 독점자본주의로 인한 세계적 경제위기와 같은 유사한 상황이 재현을 앞으로 예견할 수 있는가?

(3) 신자유주의는 세계의 자본주의 원리 속에서 드러난 문제점을 국가나 정부차원에서 해결하려는 움직임에 반대하며, 정부의 시장 규제가 오히려 자원의 효율적 배분을 방해한다는 입장을 견지하고, 정부의 어떠한 규제도 없는 자유시장만이 평등한 부의 분배를 가져올 수 있다고 주장하는 자유방임주의(18세기의 아담 스미스로 대표되는 고전적 자유주의)로 회귀하려는 경제발전 이데올로기라고 할 수 있다. 신자유주의가 초기의 자유방임주의와 다른 점은 무엇인가?

Ⅶ. 아담 스미스의 재조명

1. 아담 스미스의 공익의 최대화

(1) 공익개념

스미스가 각 개인이 자유롭게 사익을 추구하면 의도하지 않은 공익증진을 가장 효율적으로 달성할 수 있다고 주장했을 때, 명시적으로 공익개념을 정의하지는 않았지만 그의 「국부론」을 읽어보면 다음의 두 가지 의미로 사용했음을 알 수 있다.[38)]

첫째, 공익증진이란 한 나라의 토지·노동의 연간생산물의 증진, 즉 국부의 증진을 의미한다. 「국부론」의 제1주제는 책 제목이 의미하는 바와 같이 국부의 증진이며, 스미스에 있어서는 이것이 바로 공익의 증진이다.

둘째, 스미스의 공익증진이란 풍족의 일반적인 확산을 의미한다. 이는 최하층의 국민에게까지 전반적으로 풍족한 생활이 가능해지는 것을 말하는 것으로서, 증가된 토지·노동의 연간생산물이 가능한 한 전국민에게 공평하게 분배되는 것을 표현한 것이다.

위와 같은 공익증진에 대한 스미스의 개념을 다음과 같은 그의 주장에 함축되어 있다.

> "나는 이익이나 이득이라는 것은, 금은량의 증가가 아니라 그 나라의 토지·노동의 연간생산물의 교환가치증대나 주민들의 연간소득증가를 말하는 것이라고 생각한다."

(2) 사익추구의 한계

스미스가 「국부론」에서 시종일관 주장하는 논리는 각 개인이 자기의 이익을 자유롭게 추구하도록 방임하면 국부를 가장 효율적으로 증진시킬 수 있다는 것이다. 그러나 그는 이에 못지않게 상인과 제조업자들의 탐욕과 독점근성, 그리고 궤변을 경계하고 있다. 이러한 상인과 제조업자들의 속성은 임금과 가

---

38) 김준현, 앞의 논문, 54-56쪽.

격결정 과정에서, 그리고 상업적 법률과 규제를 결정하는 과정에서 여실히 드러난다는 것이다. 고용주들은 노동임금을 현재의 수준 이상으로 인상시키지 않기 위해 항상 일종의 암묵적이지만 끊임없는 통일된 단결을 맺는다는 것이다. 또한 동업자들은 즐겁게 놀거나 기분전환을 위해 서로 만나는 경우가 매우 드물지만 만나기만 하면 언제나 국민에 대해 가격인상을 위한 음모를 꾸민다는 것이다.

Q. 우리는 언뜻 보기에 서로 모순된 것처럼 보이는 위의 주장을 어떻게 이해하여야 하는가?

우리는 "자기이익을 자유롭게 추구하도록 방임해야 한다"는 명제를 잘 이해해야 한다. 이는 자기 이익을 추구하되 남의 이익을 침해해서는 안 된다는 것을 전제로 한다. 만약 남의 이익을 침해하면서까지 자기 이익을 추구한다면, 그것은 비열한 탐욕이 된다. 그래서 스미스는 생산자의 이익은 소비자의 이익을 증진시키는 데 필요한 범위에서만 고려되어야 한다고 주장한 것이다. 이는 생산자의 이익추구가 소비자의 이익을 침해해서는 안 될 뿐만 아니라 소비자의 이익증진이 생산자의 이익증진에 우선한다는 주장이다.

Q. 각 개인이 자유롭게 자기이익을 추구하도록 방임할 경우 어떻게 타인의 이익을 침해하지 않을 것으로 기대할 수 있는가?

스미스는 자기이익을 추구하면서도 타인의 이익을 침해하지 않는 방법으로 3중의 방지책을 생각했다. 첫째는 '도덕감정'에 의한 방지이다. 각 개인의 도덕감정의 기초는 '공감의 능력'이다. 이는 자신이 타인이 처한 상황과 동일한 상황에 처해있다고 상정하고 타인이 느끼는 감정과 비슷한 감정을 느낄 수 있는 인간의 감정을 말한다.

둘째는 시장에서의 자유경쟁에 의한 방지이다. 스미스는 특정 사회의 특정 시기에는 모든 가격의 자연적인 수준이 존재한다고 생각한다. 노동과 자본의 각종 사용처에는 평균적인 수준의 임금과 이윤이 존재하는데, 이는 그 사회의 일반적인 상황과 각 업종의 특수성에 의해 규정된다. 스미스에 의하면,

자유경쟁은 생산자들, 그 중에서도 특히 상인과 제조업자들의 탐욕적 이익추구를 상당히 효과적으로 방지할 수 있는 장치이다.

셋째는 정의의 법에 의한 방지이다. 스미스는 공감의 원리와 시장의 자유경쟁만으로는 개인들의 탐심에 의한 사회정의의 파괴를 충분히 막을 수 없고, 정의의 준수를 추호의 예외도 없이 엄격하고 정확하게 강제하기 위한 정의의 법이 필요하다고 본다. 인간은 천성적으로 공감적이지만 이보다는 훨씬 더 이기적이라는 것이다. 이기적인 인간들이 자신의 욕구에 따라 자유롭게 행동할 때 사회정의가 만족스럽게 지켜질 수 있을 것으로 기대하기는 어렵다.

스미스에 의하면 정의에 반하는 것은 침해이며, 이는 적절하다고 공감될 수 없는 동기에 기초하여 특정인에게 현실적으로 적극적인 피해를 가하는 것을 의미한다. 따라서 정의의 목적은 침해로부터의 안전이며, 사회구성원들 사이에서 이러한 의미의 정의가 확보되도록 하는 것이 모든 시민 정부의 가장 중요한 목적이 되어야 한다고 주장한다.

한 개인의 정의에 대한 침해는 반드시 타인에 대한 가해로 나타나므로 정의의 준수는 힘, 즉 정의의 법에 의해 강제되어야 한다. 스미스는 정의의 법을 세 종류로 구분하였다. 첫째는 생명과 신체를 보호하는 법이고, 둘째는 재산과 소유물을 보호하는 법이며, 셋째는 개인의 권리, 즉 다른 사람과의 약속으로부터 기대되는 것을 보호하는 법이다. 그런데 이중에서도 첫 번째 법이 가장 신성한 정의의 법으로서 이를 침해했을 때 가장 강한 보복과 처벌이 가해져야 한다.

Q. 스미스의 정의의 법은 개인들의 탐심에 의한 타인의 이익침해를 방지하기 위한 마지막 보루이지만, 이것에 의해서도 사회정의는 완전하게 보장되지 못한다. 당신은 무엇으로 사회정의를 완전하게 보장할 수 있다고 생각하는가?

Note. 스미스는 정의의 법 이외에도 사회정의가 올바르게 지켜지기 위해서는 사회구성원들의 경제적인 자립이 필요하다고 말한다. 스미스는 가장 많은 법적 규제를 하고 있는 사회에서 최대의 안녕과 질서가 보장된다고 보지는 않는다. 범죄를 방지하는 것은 법적 규제가 아니라 남에게 의존해서 사는 사람의 수를 줄이는 것이라고 생각한다. 종속은 인간을 타락시키고, 자립은 인간의 정직을 함양시킨다는 것이다.

(3) 정부의 역할

정부의 활동 및 정책은 민간부문의 경제활동에 영향을 미침으로써 공익증진을 조장할 수도 있고 저해할 수도 있다. 따라서 스미스는 개인들의 자유로운 사익추구가 공익증대를 가져오도록 하기 위해서는 다음과 같은 내용에 관한 정부의 역할이 필요하다고 본다.

첫째는 공정한 법규 제정과 정책의 채택이다. 스미스는 정부가 새로운 상업적 법규를 제정하거나 새로운 경제정책을 채택함에 있어, 모든 계급에게 공정성이 유지되도록 하여야 하며, 상인과 제조업자들의 궤변에 속아 이들 계급에만 유리한, 즉 공평하지 못한 법규를 제정하거나 경제정책을 채택해서는 안 된다고 경계심을 촉구한다. 뿐만 아니라 몇몇 개인들의 자연적인 자유의 행사는, 이것이 다른 사람들의 이익을 해칠 경우, 사회전체의 안전을 위협할 경우 등에는 제한하는 것이 정당하다는 것이다.

둘째는 국가방위이다. 스미스는 왕의 첫 번째 의무가 국가를 방위하는 것, 즉 다른 독립사회의 폭력과 침략으로부터 그 사회를 보호하는 것이라고 한다. 이것은 그 사회구성원들의 생명과 재산을 외부의 위협으로부터 보호하는 정부의 역할로서 군사력에 의해서만 달성될 수 있다. 스미스는 정부가 일정한 수의 시민을 상비군으로 고용하여 부양하고 국가방위를 담당하게 함으로써 나머지 국민들로 하여금 생명과 재산에 위협을 느끼지 않고 생활할 수 있도록 해야 한다고 주장한다.

셋째는 사법질서의 유지이다. 스미스는 왕의 두 번째 의무를 “그 사회의 모든 구성원을 다른 구성원의 불의나 억압으로부터 가능한 한 보호하는 의무, 다시 말해서 재판의 엄정한 시행을 확립하는 의무”라고 생각한다. 즉 정부는 올바른 사법질서를 확립하고 유지함으로써, 사회 각 구성원의 자유와 권리 및 재산과 생명이 다른 구성원에 의하여 침해되지 않도록 해야 한다는 것이다. 또 스미스는 재판이 공평무사하게 이루어지도록 하기 위해서는 사법권이 행정권으로부터 분리되어야 할 뿐만 아니라 가능한 한 행정권으로부터 독립되어야 한다고 주장한다. 사법권이 행정권에 통합되어 있을 경우 재판이 정치라고 불리는 것에 의해 자주 희생되는 것은 거의 불가피하다는 것이다.

넷째는 공공사업과 공공시설의 건설 및 유지이다. 스미스는 이 의무를 왕의 마지막 의무로 생각하며, 이러한 범주에 속하는 공공시설과 공공사업으로 사회의 상업을 편리하게 하기 위한 것과 사람들의 교육을 진흥시키기 위한 것으로 구분한다.

스미스는 교육은 교육을 받는 개인은 물론 사회적으로도 큰 이익을 가져온다고 생각한다. 그러나 그 성과는 그 사회가 어떠한 교육제도를 택하느냐에 따라 다르게 나타난다고 본다. 교육제도는 우선 선생의 근면을 장려하고 선생의 능력을 발전시키는 데 기여할 수 있어야 하며, 다음으로 교육의 내용을 개인과 사회에 유용한 것이 될 수 있도록 유도할 수 있어야 한다. 그는 여기에 가장 잘 부합하는 제도로서 가능한 한 시장의 원리가 많이 도입된 교육제도를 꼽았다.

그렇다면 정부는 시민의 교육을 위하여 아무 것도 할 필요가 없는가? 스미스는 어느 정도의 지위나 재산을 가진 계층에 대한 교육과 하층민에 대한 교육을 다르게 생각한다. 어느 정도의 지위나 재산을 가진 사람들은 스스로 교육을 받을 능력이 있으므로 이들에 대한 교육에는 시장원리를 도입하여 교육의 질과 유용성을 높여야 하고, 하층민은 스스로 교육을 받을 수 있는 능력이 없으므로 이들에게는 국가가 직접 나서서 가장 필수적인 교육을 받을 수 있도록 만들어 주어야 한다는 것이다.

Q. 아담 스미스가 주장한 정부의 역할이 오늘날 잘 수행되고 있다고 생각하는가?

2. 신자유주의 질서와 아담 스미스

(1) 부의 증진

스미스의 명제에 있어서 공익증진의 개념은 국민 경제적 차원의 개념으로서 앞에서 살펴본 바와 같이 일차적으로 한 국가의 '국부의 증진'이다. 이를 글로벌 경제의 개념으로 확장한다면 공익증진의 개념은 일차적으로 범세계적인 부의 증진이 될 것이다. 그러면 과연 신자유주의 경제질서, 다시 말해 모든 시장의 범세계적 차원에서의 자유화가 범세계적 부의 증진을 가져왔는가?

시장에서의 자유경쟁이 최대의 국부증진을 가져온다는 주장은 그것이 자원의 최적배분을 가져온다는 논리를 그 근거로 든다. 그러나 자유경쟁에 의해 자원의 최적배분이 이루어지기 위해서는 시장이 다음과 같은 몇 가지 조건을 만족시켜야 한다.

첫째, 모든 시장 참여자들이 시장에 대한 완전한 정보를 가지고 있어야 한다. 만약 시장 참여자들마다 시장에 대하여 가지고 있는 정보의 양이 서로 다르다면, 보다 많은 정보를 가진 시장 참여자는 보다 유리한 위치에서 거래에 참여함으로써 보다 많은 이익을 얻게 될 것이다. 따라서 자유경쟁은 자원의 최적배분을 달성하지 못한다.

둘째, 어떠한 시장 참여자도 시장에 대해 영향력을 행사할 수 없어야 한다. 만약 일부의 시장 참여자들이 시장에 영향력을 행사하여 시장의 여건 내지 상황을 변경시킬 수 있다면, 그러한 시장 참여자들은 자신들의 영향력을 행사하여 시장여건을 바꿈으로써 자신들의 이익을 극대화하고자 할 것이다. 따라서 이 경우에도 자유경쟁은 자원의 최적배분을 가져오지 못한다.

셋째, 시장에서의 진입과 퇴출이 자유로워야 한다. 모든 시장 참여자들은 자신이 소유한 자원을 가장 유리한 방법으로 사용하고자 노력한다. 따라서 자원의 최적배분이 이루어지기 위해서는 시장 참여자들이 언제든지 자신들의 자원을 불리한 사용처로부터 끌어내어 유리한 사용처에 투입할 수 있어야 한다. 시장 참여자들이 자신들의 자원 사용의 방법을 전환하는 데 있어서 완전한 자유가 주어진다면, 그 사회의 자원사용의 유리함과 불리함은 균등화되고, 이에 따라 자원배분의 최적화가 달성되는 것이다. 만약 그렇지 못할 경우 자원사용의 자연스러운 흐름이 방해를 받게 되고, 자원배분의 최적화는 이루어질 수 없게 된다.[39]

Q. 신자유주의 경제 질서에서의 글로벌 경제가 위 세 조건을 만족시켜 주는가? 그렇지 못하다면 글로벌 경제에서의 자유경쟁은 자원배분의 최적화를 이룰 수

39) 김준현, 앞의 논문, 70-73쪽.

없다. 따라서 위의 질문에 대한 답이 자명해진다. 범세계적 부의 증진의 극대화를 가져올 수 없다. 다음을 생각해 보자.

(1) 글로벌 시장에서 시장 참여자 모두가 완전한 정보를 가지고 있는가? 현실 세계에서 모든 시장 참여자들이 완전한 정보를 획득한다는 것은 불가능한 일이다. 그러면 최소한 시장 참여자들이 시장정보를 획득함에 있어서 공평성이 유지 되는가?

Note. 긍정적인 답변을 하기 어렵다. 각 시장 참여자들의 정보수집능력은 한 국가 내에서도 많은 차이를 보인다. 더구나 그 범위를 전 세계로 확장할 경우 그 차이는 천차만별일 수밖에 없다. 국제화의 주도자들은 거대 기업들과 대규모 금융자본들이다. 이들은 범세계적인 정보수집망을 확보하고 있다. 따라서 이들은 글로벌 경제활동에 있어서 그 누구보다도 유리한 위치에 있다. 다시 말해서 범세계적 자원배분은 이들에게 유리하게 왜곡될 수밖에 없다.

(2) 시장 참여자들의 글로벌 시장에 대한 영향력은 어떠한가?

Note. 오늘날 기업의 행태를 살펴볼 때 거대 기업들과 대규모 금융자본들의 시장에 대한 영향력은 막강하다. 이들은 시장여건을 자신들에게 유리하도록 바꿀 수 있는 능력을 지니고 있다. 각국 정부는 독점규제법을 제정하여 이러한 기업들의 영향력을 축소하고자 많은 노력을 기울여 왔다. 그러나 오늘날 자국 기업들의 경쟁무대가 국내에 국한되지 않고 세계화하자 이러한 경향마저 악화되는 추세이다. 뿐만 아니라 거대 기업들은 그들의 영향력을 더욱 키우기 위해 서로 합병하는 현상을 보이고 있다. 그 대표적인 예가 1998년 거대 석유회사인 엑슨사와 모빌사의 엑스－모빌사로의 합병 선언이다. 또 미국 공정거래위원회가 합병을 승인한 아메리칸온라인사(AOL)와 타임워너사의 합병이다. 이들은 자신들의 이윤을 극대화하기 위하여 시장상황을 자신들에게 유리한 상태로 바꾸고자 최선의 노력을 기울였다. 이 경우에도 자원의 최적배분은 이루어지지 않았다.

(3) 글로벌 시장에의 진입과 퇴출은 자유로운가? 글로벌 시장에서 어떤 기업이 평균 이상의 이윤을 올리고 있을 때 평균 이하의 이윤을 내고 있는 기업이 자신의 사업에서 빠져 나와 평균 이상의 이윤을 내고 있는 사업으로 자유로이 진입할 수 있는가?

Note. 이 또한 매우 어려운 일이다. 전 세계를 무대로 경영활동을 전개하는 기업들은 그 규모가 상당한 수준에 이른 기업들이다. 이러한 기업들이 자신의 사업영역에서 퇴출하여 보다 이윤율이 높은 새로운 사업영역으로 진입한다는 것은 현실적으로 상상하기 힘든 일이다. 따라서 글로벌 경제에서의 이윤율 균등화 현상은 기대할 수 없으며, 이는 글로벌 시장에서의 자유경쟁이 자원의 최적배분을 달성할 수 없음을 의미한다.

(2) 소득분배

스미스의 명제에 있어서 공익증진의 이차적 개념은 풍요의 일반적인 확산, 즉 증가된 소득의 공평한 분배임을 앞에서 살펴보았다.

Q. 신자유주의 경제 질서에서 국제화는 개인의 소득불평등을 개선시켰는가? 아니면 심화시켰는가? 또 국가 간의 소득불평등 현상을 해소시켰는가?

Note. 실증적 분석에 의하면 글로벌화가 빠른 속도로 진행되고 있는 오늘날, 소득불평등은 개선되기보다는 오히려 개인 간, 국가 간에 심화되고 있는 현상을 보였다.

우선, 글로벌화의 주도국이라 할 수 있는 미국의 경우를 살펴보자. 과거 25년간 상위 5%의 인구가 소유한 재화의 몫은 총재화의 16.7%에서 21.4%로 증가하였으며, 이들이 소유하고 있는 재화의 양은 하위 60%가 소유하고 있는 재화의 양과 비슷하다. 중산층 20%의 경우에도 총 재화에서 그들이 차지하는 몫은 인플레이션을 감안할 경우 1989년과 1997년 사이에 10%에서 3% 수준으로 감소했다.

지난 4반세기 동안 인플레이션을 감안한 미국의 1인당 실질 GDP는 55% 이상 증가했다. 그러나 중산층의 소득은 3% 상승하는데 그쳤다. 특히 젊은 층의 타격은 심각했는데, 가장의 나이가 25세 미만인 중간 정도의 가정 소득은 25%나 감소했고, 25세에서 34세 사이의 가정 소득은 8%나 감소했다. 오늘날 젊은 남성들은 대학졸업 학력층을 포함한 모든 학력층에서 과거의 노동자들보다 소득이 적다. 고학력 소지자들만 실질임금이 상승했다. 최고경영자들의 보수는 불평등심화의 상징처럼 보인다. 지난 30년 사이 미국 최고경영자의 보수는 노동자 평균임금의 44배에서 212배 폭등했다.

다음으로 멕시코의 경우를 살펴보자. 멕시코는 1986년 무역자유화, 1989년 투자자유화를 단행하였으며, 1994년 NAFTA를 체결하였다. 이는 개도국 중에서 멕시코가 글로벌 경제를 충실히 추구해 온 나라임을 보여준다. 1980년 이후 수출조립가공업종의 생산직 노동자 실질임금의 변화추이를 살펴보면 1982년 약간 증가했을 뿐 지속적으로 감소하여 1996년에는 1980년 임금의 54% 수준으로 감소했다. 이는 몇몇 해의 예외적인 경우를 제외하면 지속적인 성장을 해 온 국내총생산(GDP)과는 대조를 이루는 것으로서, 이 기간 동안에 멕시코의 소득분배가 생산직 노동자에게 지극히 불리하게 이루어졌음을 보여주는 것이다.

소득불평등의 심화는 개인 간에만 일어나고 있는 현상이 아니라 국가 간에도 일어나고 있는 현상이다. 1950년대, 1960년대 및 1970년대에는 국가들 간의 1인당 소득격차가 줄어드는 경향을 보였으나 1990년대에는 확대되는 추세를 보이고 있다. 과거 제2세계라 불렸던 중간 소득의 공산주의 국가들의 경우 1인당 GDP가 감소하여 거의 대부분 제3세계의 수준으로 하락하였다. 아프리카 국가들은 대부분 1인당 소득이 1965년도 수준 이하로 감소했으며, 라틴아메리카의 경우에는 1980년도 수준 이하로 떨어졌다. 아시아 국가들도 1997년 외환위기를 겪은 후 1인당 국민소득이 급감했다. 인도네시아의 경우에는 과거 30여 년간 얻었던 모든 수익을 잃고 말았다. 이와 같은 실증자료들은 글로벌화가 소득분배의 공평성을 개선시키는 방향보다는 악화시키는 방향으로 진행되어 왔음을 보여주는 것이다.

결론적으로 실증자료들은 거대 기업들과 대규모 금융자본들의 범세계적 차원의 활동을 자유롭게 해주는 글로벌화가 현재로서는 범세계적 차원의 공익증진에 기여하기보다는 오히려 이를 해치고 있다는 주장이 설득력이 있음을 보여주고 있다.

제 5 절　자유주의의 사도이자 예언자: 존 스튜아트 밀

I. 생애와 작품

19세기 영국의 사회철학자이며 경제학자인 존 스튜아트 밀(J. S. Mill, 1806-1873)은 1806년 5월 20일 런던에서 출생했고, 1873년 5월 8일 프랑스 남부 아비뇽에서 세상을 떠났다. 실로 이 67년간 그의 일생은 불요불굴의 지적 노력과 인도주의의 추구를 위해서, 그리고 진리를 위한 헌신적 봉사로 충만한 위대한 생애였다. 밀은 저명한 경제학자였던 부친 제임스 밀(J. Mill)의 손에 의해서 유례 드문 조기교육을 받는다. 3세 때에 라틴어를, 8세 때에 그리스어를 배우고, 유년기에 이미 그리스와 로마의 주요 고전을 독파할 정도로 그가 받은 교육은 엄한 것이었고, 대체로 14세 때까지 고전, 윤리학, 역사, 일반 문학, 수학 등과 더불어 경제학에 걸쳐 부친의 교육은 종결되어진다.[40)]

당시의 경제학은 아담 스미스의 「국부론」과 데이비드 리카도(D. Ricardo)의 「경제학과 과세의 원리」를 필수적인 책으로 삼았으므로 그의 부친은 매일 아침 장남인 존 스튜아트 밀과 산책을 하면서 리카도를 알기 쉽게 설명하고, 아들은 그것을 노트에 정리해서 부친에게 제출했다. 부친은 그것을 검토하여 틀린 부분을 다시 쓰게 했는데, 이것이 아들에 대한 부친의 경제학에 대한 교육방법이다. 그리고 이 노트를 정리하여 1821년 부친은 유명한 「경제학강요」로 발간한다.

밀이 받은 엄격한 교육의 근본 내용은 결국은 제레미 벤담(J. Bentham)의 공리주의 사상이었으므로 밀의 초기 사회적 활동은 부친과 더불어 벤담주의를 선전하는 데 있었다. 1820년대 이후 공리주의가 성행하게 된 데는 물론 당시 사회생활의 발전 그 자체가 그러한 사상과 이론을 요청하였다는 점도 있겠으나, 이를 언론계에 반영하고 보급시킨 사람은 부친 밀과 아들 밀 부자의 노력

40) 임일숙, "J. S. Mill의 자유사상에 관하여 -'자유론'을 중심으로 -," 녹우회보 21집(1979), 110-112쪽.

이 크다. 밀은 자신의 자서전에서 1823년부터 1828년까지의 시기를 청년 시대의 선전운동기로 규정한다. 그에 의하면 당시 벤담주의, 즉 공리주의를 선전함에 있어서 특수한 양상을 부여한 것은 부친의 의견이었고, 다시 아들 밀의 여러 경험을 통하여 이를 다방면으로 확산시키는 데 크게 기여한다.

밀은 그가 부친으로부터 받은 교육이야말로 풍부한 인간성을 지니게 한 독특한 방법이었음을 확인하고, 그러한 교육 방법을 널리 찬양, 선전함으로써 수많은 청년들에게 감화를 주고, 그들도 후에는 공리주의의 선전자가 되었던 것이라고 서술한다.

사실 부친의 조기교육과정을 마치고 난 14세 때 벤담의 동생인 사무엘 벤담(S. Bentham)의 초청으로 프랑스로 건너가 약 1년간 견문을 넓힐 기회를 가졌던 밀은 귀국한 후에도 계속 심리학, 역사, 법학과 더불어 벤담주의를 연구하였으며, 특히 1822년(16세)에 읽었던 벤담의 저술에 크게 감화되어 1823년에 공리주의협회(Utilitarian Society, 1826년까지 존속)를 만든다. 이 협회가 발족할 당시 수년 동안은 협회 회원 간의 독서 및 토론을 통하여 혹은 웨스트민스터 리뷰(Westminster Review) 등 각종 잡지에 기고를 통해서 혹은 5권에 달하는 벤담의 「증거론」을 정리함으로써 밀은 벤담의 공리주의에 심취하여 그 전파에 노력한다.

한편 공리주의협회가 결성된 해인 1823년 5월에 밀은 부친이 근무하는 동인도회사에 직책을 갖게 되어 그 회사가 해산된 1858년까지, 즉 인도의 통치권이 동인도회사로부터 국왕의 손에 이양될 때까지 30여 년 동안 근속하여 해산 당시에는 심사국장의 요직을 차지하기에 이른다. 그러나 그간 그의 사색과 논의와 집필은 여가를 틈타 계속된다.

소년 시절에 벤담의 공리주의의 열렬한 신봉자였던 밀은 1826년경부터 한두 해 동안 그 자신의 이른바 심적 위기에 봉착하게 되었는데, 이는 주로 정서를 무시하고 이성만을 존중하는 공리주의에 대한 불만에 관련된 것이었다. 그 무렵 영국의 낭만주의 시인인 윌리엄 워즈워스(W. Wordsworth, 1770년-1850년)와 새뮤얼 테일러 코울리지(S. T. Coleridge, 1772년-1834년)의 시를 통해 새로 흘러들어온 독일의 관념론은 그에게 새로운 방향을 모색하게 하였으며, 이러한 그의 심경의 변화를 잘 나타내고 있는 것은 1838년의 「벤담론」과 1840년의 「코울리지론」이다. 그는 전자에서 여태껏 추앙해 온 스승 벤담에 대하여 기탄없는 비판을 가하고 후자에서는 독일 관념론에 대한 넘치는 찬사를 보낸다. 한편 1830년에 일어난 프랑스의 7월 혁명은 밀로 하여금 생시몽(Saint Simon)파의 견해에 대한 접근을 가져오게 한다. 이들 영국의 낭만주의사상, 독일의 관념론, 프랑스의 생시몽주의, 그리고 프랑스의 철학자 꽁트(August Comte)와 토크빌(Alexis de Tocqueville)의 사상에 접하게 된 밀은 그의 종전의 공리주의사상에 더하여 새로이 인도주의와 사회주의의 요소를 가미한다. 이러한 점에서 밀을 흔히 개인주의에서 단체주의에 이르는 과도기적 사상가라고 부른다.

이와 같이 심적 위기로부터 벗어나기 시작할 때인 1830년에 밀은 런던의 약재상 존 테일러(J. Taylor)의 초청을 받고 그의 아내 하리엣 테일러(H. Taylor)와 만난다. 당시 밀은 25세였고, 그녀는 23세였으며, 그때부터 약 20년간 두 사람 사이에 청순한 연애가 계속된다. 그 동안 밀은 이 유부녀와의 연애로 인해 친지와 가족들로부터 많은 비난을 받기도 하였으나, 하리엣의 남편이 병사(1849년)한 후인 1851년에 주위의 반대를 무릅쓰고 그녀와의 결혼을 올렸다.

밀은 이 결혼을 자기의 사생활에 있어서 가장 중대한 사건의 하나로 간주하고 있었지만, 이 결혼은 겨우 7년 반으로 끝나고 마는데, 그것은 그녀가 얼마 후에 병으로 세상을 떠났기 때문이다. 그녀와 결혼한 후 7년이 경과한 1858년 밀은 동인도회사의 해산과 더불어 연 1,500 파운드의 연금을 받고 퇴직하여 부인과 남유럽 여행 길에 올랐는데, 도중 프랑스의 아비뇽에서 부인이 죽음을 당하게 되어 유해를 그 곳에 묻고 그 부근에 마련된 집에서 여생의 반을 보내고, 나머지 반을 런던에서 보낸다. 런던에서 지내게 된 이유는 그가 1865년부터 68년까지 런던의 하원의원직을 갖고 있었기 때문이다.

> "그녀와의 교제는 나에게 큰 영향을 끼쳤다. 내가 받은 이익은 내가 주었으면 하고 바란 것 보다 훨씬 컸다. 지적방면에서도 내가 그녀로부터 얻은 것을 자세히 말하려면 한이 없을 것이다. 경제학, 분석심리학 및 윤리학이나 역사철학 혹은 그 밖에 어떠한 학문에서도 그 결론을 내림에 있어서 내가 그녀의 현명한 회의적 태도를 배운 것은 내가 지적 방면에서 그녀로부터 얻은 것들 가운데 가장

큰 것이다. 나의 여러 저서와 다른 사상가들의 저술을 비교해 볼 때 나의 것이 실제에 더 잘 적용될 수 있다하여 가끔 칭찬을 받아 왔으나 나에게는 이 칭찬의 일부밖에 받을 가치가 없다. 이러한 칭찬을 받을 만한 저술은 한 사람이 힘이 아니요 두 정신의 합작이었다. 그녀의 견실은 도움이 없었던들 내가 일찍부터 가지고 있던 사상을 지나치게 수정했을는지도 모른다. 나의 정신발달에 무엇보다도 귀중하였던 것은 그녀가 여러 가지 다른 견해의 상대적인 중요성을 올바르게 평가해 주었던 것이다. 이것은 내가 얼마 전에 깨달은 진리를 내 사상 속에서 그 당연한 위치보다도 더 중요한 자리에 놓고 보지않게끔 나를 지켜준 것이다. 내가 공감하고 완성하려한 일은 그녀와 함께 일했거나 또는 공감한 것이요 그녀에 대한 추억과 밀접하게 결부되어 있는 것들이다. 그러므로 그녀를 추억함은 나에게 있어 하나의 종교요 그녀가 옳다고 여긴 것은 가치있는 모든 것의 총화요 또 그것에 의하여 내가 내 생애를 규모있게 해 나가려고 애쓰는 표준이었다.

밀은 그의 자서전에서 자기의 사상을 형성하는 데 있어 그녀의 감화력이 얼마나 컸는가를 술회하며 모든 자기의 저작은 자기의 저작인 동시에 그녀의 저작이라고까지 말한다. 실로 그녀는 그에게는 하나의 신앙의 표상이었던 것이다. 두 사람의 연애시대는 1830년의 프랑스 7월 혁명, 1832년의 영국의 선거법개정, 1848년의 프랑스 2월 혁명 등으로 점철된 시대이며, 밀의 2대 저작 「논리학체계」(1843)와 「경제학원리」(1848)는 이 시기에 출간된 것이다.

이러한 저작 이후의 밀의 원숙한 저술은 대체로 그녀와의 결혼한 1851년 이후에 씌어졌으며, 1854년에 발간한 「대의정부론」, 1861년에 잡지에 발표되고 63년에 단행본으로 나온 「공리주의론」 등이 그것이다. 이 밖에 그는 철학적 서술로서 「꽁트와 실증주의」(1864), 「윌리엄 해밀턴경의 철학의 검토」(1865), 여성해방사상의 기념비적인 문헌이 된 「여성의 종속」(1869) 등을 발간하였다.

1873년 5월 8일 그가 부인이 묻혀있는 아비뇽에서 숨을 거둘 때에 그는 이런 말을 남겼다. "나의 일은 끝났다(My work is done)." 사실 그의 생애는 지적인 노력과 선의 실행에 바쳐 온 숭고하고도 청순한 그것이었다.

Ⅱ. 시대적 배경

영국에서 근대자본주의의 성장의 결과 새로운 과제들이 나타났다. 1832년 행정부와 입법부에 대한 의회개혁이 진행되고 있었다. 또한 행정부는 왕권의 영향력을 벗어나 의회와 밀접한 관련이 있는 비교적 독립적인 내각으로 발전되어가고 있었다. 이때 권력의 방향이 점차적으로는 왕권에서 내각으로, 상원에서 하원으로 이양되고 있었다. 귀족들은 과거의 귀족주의적인 정치구조에서 시민민주주의 사회로의 변혁의 흐름을 되돌릴 수는 없었다.[41)]

또한 세계적인 무역과 식민지에 의한 무역수지의 증가와 함께 산업화는 도시화를 촉진시켰으며, 시민의 위치를 막강하게 만들었다. 영국은 산업경제의 발전에서 지도적인 위치를 구축하면서 세계의 공장으로 공업화되어가고 있었다. 영국의 산업혁명은 18세기 후반에서 19세기 초에 걸쳐 전개되었다. 이때의 산업혁명은 중세기적 동업조합식 가내수공업(Guild)을 공장수공업으로 변화시킨 생산양식의 발전이었다. 산업혁명은 기계의 발명과 개량을 통하여 생산방법의 획기적인 변화와 그 생산능력의 증대를 가져왔고, 기술혁명의 결과로 영국의 경제생활의 발전을 촉진시켰다.

영국의 경제적 발전은 19세기까지 지속되었고, 1860년경에는 세계시장을 완전히 제압하고 세계적인 자유무역체제를 구축하는데 성공하였다. 영국은 산업혁명을 계기로 산업자본의 축적, 공업 생산력, 그리고 대외무역을 통하여 근대자본주의 체제를 확립함으로써 봉건적인 제요소를 청산하는 한편, 인구의 증가와 더불어 현저한 부의 축적을 이루게 되었다.

그러나 이와 같은 급격한 변화는 전 산업부문의 기계화에 따라 노동자를 기계의 부품과 같은 존재로 전락시켰을 뿐만 아니라 노동력의 기계로의 대치에 따른 실업, 소위 과학기술에 의한 실업과 그로 인한 저임금 상태를 유발하여 사회문제를 야기하였다. 공업화가 가져온 산업발전의 효율성과 생산의 향상에도 불구하고 공장제하에서 노동자는 비인간적인 상태에 놓이게 되었다.

---

41) 박수명, "J. S. Mill 사상에서의 개혁과 조화 - 자유민주주의를 중심으로 -," 부산국민윤리학회보 제8집(1996), 64-65쪽.

19세기 산업화 과정에서 노출되었던 제반 사회문제 중에서도 노동자의 노동조건과 생활안정에 관한 문제가 가장 큰 것이었다. 나아가 대량실업 문제까지 가중되었는데, 여기서 일부 노동자들은 기계를 빈곤의 주범으로 보고, 기계를 파괴하는 소위 러다이트(Luddite) 운동을 전개하였다. 이러한 사회문제는 개혁을 통해서 해결해야 할 정치적인 과제로 등장하게 되었다.

Ⅲ. 시민적 자유를 옹호하는 웅변적인 선언

1. 새로운 인간관

시민적 자유에 대한 밀의 견해는 그의 저서 「자유론」에 요약되어 있다. 밀은 「자유론」 서문에서 자신의 '자유의 원칙'을 효용(utility)과 독립적이고 추상적인 권리의 개념으로부터 도출하지 않고 효용에 호소하여 정당화할 것을 먼저 밝힘으로써 공리주의적 원칙을 천명하고 있다. 그러나 이때 효용은 "진보적 존재인 인간의 항구적 이익에 기초한 광의의 효용이어야 한다"고 주장한다. 이것은 벤담의 공리주의와는 달리 스미스의 결과론적인 공리주의에 가까운 것이다.[42)]

밀은 벤담의 공리주의가 가정하고 있는 인간의 본성과 행복의 요소에 대한 비판을 통해 새로운 인간관을 확립한다. 밀에 의하면 인간은 단지 쾌락을 추구하고 고통을 피하는 동물적인 본능을 가진 존재가 아니다. 인간은 동물적인 본능보다는 고차원적인 기능을 갖고 있으며, 일단 그것을 자각한 후에는 그 기능을 충족시키지 않는 것은 행복으로 간주하지 않는다. 따라서 단순한 감각의 충족보다는 지능, 감정, 상상력, 그리고 도덕감정의 충족이 보다 높은 가치를 갖는다. 즉 어떤 종류의 쾌락은 양의 많고 적음에 관계없이 다른 쾌락보다 더 우월하고 바람직하며 가치있는 것이 될 수 있다.

고전적 자유주의와 그 철학적 배경으로서의 공리주의는 쾌락과 고통의 단순한 수용자로서의 인간관에 그 기초를 두고 있었다. 그러나 밀은 이러한 인간관의 불완전함을 지적하고, 보다 높은 가치를 추구하며 자기 개발에 관심을

---

42) 김완진, "J.S. 밀의 자유주의론," 경제논집 제35권(1996), 292-293쪽.

갖는 존재로서의 인간을 상정한다. 이러한 인간의 본성에 기초하여 시민적 자유의 필요성을 새롭게 옹호하며 고전적 자유주의의 기본명제를 새로운 각도에서 조명한 것이 밀의 업적이다. 이 점에서 밀은 고전적 자유주의의 완성자라고 불린다.[43)]

밀의 자유주의 사상에서 핵심은 그의 인간관에 있다. 밀이 「자유론」에서 인용하고 있는 훔볼트의 다음과 같은 생각은 바로 밀 자신의 견해와 같다.

> "인간의 목표는 애매모호하고 일시적인 욕망에 의해서가 아니라 영원불변의 이성의 명령에 의해 지시된 인간의 능력을 최고도로 또 가장 조화롭게 발전시켜서, 완전하고 일관된 하나의 전체를 이루는 것이다. 그러므로 모든 인간이 그것을 향하여 끊임없이 노력을 경주해야 하고, 특히 동료 인간에게 영향을 행사하려는 사람들이 항상 주의를 기울여야 하는 목표는 능력있고 발전하는 개별성이다. 이것을 위해서 필요한 두 가지 조건은 자유와 환격의 다양성이다. 이 두 조건의 결합으로부터 개인적인 활력과 풍부한 다양성이 나타나며 또한 그 결과 독창성이 생겨나는 것이다."

이러한 고상한 인간관으로부터 자율적인 삶의 요구와 그를 보장하는 자유의 필요성을 밀은 도출하고 있다.[44)]

Q. 밀의 자유주의와 공리주의는 어떤 조화를 이루고 있는가? 벤담의 공리주의와는 어떻게 다른가? 아담 스미스의 결과론적인 공리주의는 어떤 것인가?

2. 개별성과 행복의 관계는 무엇인가

밀은 「자유론」 제3장 "복지의 한 요소로서의 개별성"에서 개별성의 개발이야말로 자기발전의 핵심요소로서 인간의 인간됨과 진정한 행복의 필요요건임을 역설한다. 밀에 의하면 개별성은 독특한 개성, 자발성, 자율성 모두를 포함하는 포괄적인 개념이다.[45)]

43) 김완진, 앞의 논문, 286쪽.
44) 김완진, 앞의 논문, 301쪽.
45) 김완진, 앞의 논문, 293-294, 303쪽.

개별성은 우선 독특한 개성을 의미한다. 자기 자신의 욕구와 충동을 가진 사람을 개성을 가졌다고 말한다. 개인적 욕구와 충동이 강렬할 때, 사람은 내면적 힘의 성향에 따라 자연스럽게 성장한다. 이와 같이 자신의 욕구에 따라 행동하는 사람은 자발적인 인간이다. 이러한 충동을 억제하는 강제력에 순종하게 될 때, 사람들은 자신의 본성을 잃게 되고, 그들의 인간적 능력은 쇠퇴하고 고사하게 되며, 강렬한 소망이나 타고난 쾌락을 잃게 되고 일반적으로 자신의 고유한 의견이나 감정을 갖지 못하게 된다. 느낌이나 사고방식을 관습에 따라 받아들이는 사람은 개성을 갖지 못한 것이다. 자신의 삶의 방향을 자신의 판단에 의해 선택하는 자율적인 삶에 의해서만 인간의 정신적, 도덕적 능력이 발전하게 된다. 육체적 힘과 마찬가지로 정신적, 도덕적 힘은 사용할 때만 향상된다. 단순히 다른 사람들이 하기 때문에 따라 하는 것은, 다른 사람이 믿기 때문에 따라 믿는 것과 마찬가지로 재능의 작동을 요청하지 않는다. 따라서 개별성이 발달할수록 인간의 생활은 풍부해지고 다양해지며 생동감이 넘치게 되는 것이다. 또한 자율적인 삶 그 자체가 인간을 가치있게 한다. 밀은 다음과 같이 말한다.

> "그러나 인간존재로서의 비교적인 가치는 무엇인가? 진정으로 중요한 것은 사람이 무엇을 하는가 뿐만 아니라, 그 일을 어떤 방법으로 하는가이다. 설령 집을 짓고, 곡식을 재배하고, 전투를 치르고, 재판을 하고, 심지어는 교회를 건립하고, 기도하는 것조차도 기계에 의해 – 사람의 형태를 한 자동기계에 의해 – 행해질 수 있다고 하더라도, 현재 문명세계에 살고 있는 사람들 중에서 자연적인 재능이 적은 사람들일지라도 그러한 자동기계로 대체된다면 그 손실은 상당할 것이다. 인간본성은 주어진 일을 정확하게 해내도록 모형에 따라 설계된 기계가 아니라, 자신을 생명체로 만드는 내면적 힘의 성향에 따라 모든 방향으로 성장하고 발달하기를 요구하는 나무와 같다."

개별성은 인간성의 완성에 이르게 한다는 점에서 그 자체 가치가 있을 뿐 아니라, 개별성이 계발된 사람들이 사회에 미치는 영향력을 통해서 사회의 효율성을 증가시킨다. 즉 개별성은 사람을 창조적으로 만들어 준다. 창조적인 소수의 사람들이 세상의 소금 역할을 하여 세상은 보다 나은 방향으로 진보하게 되는 것이다. 일반적으로 사회의 발전은 개별성이 조장되어 다양한 사고방식과 생활방식이 상호 영향을 미치고 그 가운데에서 새로운 경향들이 창조될 때 일어난다. 밀은 유럽과 동양을 비교하면서, 동양이 정체하게 된 근본 원인을 장기간에 걸친 관습의 독재에 의한 개별성과 다양성의 결여에서 찾고 있다.

때로는 개인들의 개별성에 대한 열정이 지나치기 때문에 사회가 통합되고 질서를 유지하는 데 애를 먹을 때가 있다는 사실을 밀은 인정한다. 그러나 그런 사회는 역시 미성숙한 사회이고, 사회가 발전하기 위해서는 통일된 기준에 획일적으로 순응하는 것이 아니라, 오히려 개개인의 독특한 삶의 방식이 존중받는 것이 필수적이라고 말한다. 밀은 유럽사회가 선진사회인 이유가 다양한 인간들의 삶의 방식이 존중받고 있기 때문이라고 본다.

Q. 한국의 현실과 관련하여 밀의 입장에서 다음을 생각해 보자

(1) 오늘날의 상황을 두고 개인의 개별성이 급속도로 신장되었다고 할 것인가? 아니면 무책임하고 방종하는 사회로 변모했다고 할 것인가? 아니면 여전히 미개한 요소가 곳곳에 판치고 있는 사회라고 할 것인가?

(2) 고교평준화에 대하여 어떤 입장을 취할 것인가?

(3) 검인정 교과서에 대하여는 반대할 것인가? 아니면 찬성할 것인가?

Note. 밀은 국가가 교육의 문제에 깊숙이 개입하는 것 자체를 반대한다. 민간인이 자유롭고 창의적인 교육철학에 따라 교육이 이루어지는 것을 원칙적으로 찬성한다. 다만 국가에 의한 교육을 사립학교가 미처 생각하지 못한 분야에 모범을 보이는 것이 불가피한 예외적인 경우에 한하여 허용한다. 학교선택권도 학생과 학부모에게 주고자 할 것이다. 검인정 교과서를 국가가 통제하는 것에 대하여도 반대의 입장을 표명할 것이다. 다양한 의견이 개진될 수 없도록 만들기 때문이다. 피교육자가 비록 미성년자이기는 하지만, 교사가 자율적으로 다양한 교과서를 선정해서 가르치는 것을 허용하고자 할 것이다.

Q. 사회를 구성하면서 많은 인간들이 살아가기 위해서는 질서가 필요하다. 다음의 경우에 밀은 어떤 입장을 취할 것인지를 생각해 보자.

(1) 질서를 유지하기 위해서는 하나의 통일된 기준이 모든 사람들의 의견과 행

동을 구속해야 하는가?

(2) 자신의 종교가 돼지고기를 부정하고 불결한 고기 취급한다는 이유로 해서, 다른 사람들로 하여금 먹지 못하도록 금지시킨다면 그것은 정당한가? 우리나라 사람들이 개고기를 먹는 것을 두고 무엇이라고 할 것인가?

Note. 우리나라 사회에서 획일주의적인 사고방식의 위험은 여전히 크다. 나의 사상과 다른 사상은 용납하지 않으며, 대화와 토론에 의해서보다는 힘에 의해서 자신의 생각을 강요하는 것이나, 이러한 압력에 굴복하여 자신이 진정으로 믿는 견해보다는 상대방의 견해에 무조건 순종하는 태도는 모두 창조적인 지성의 발전을 가로막는 것이다. 토론문화의 부재, 획일화되고 일방적인 교육, 사상과 언론의 자유의 제한 등이 개선되어야 한다. 그러나 무엇보다 중요한 것은, 자신의 생각이 틀릴 수도 있다는 것을 인정하고 자신에 반대되는 모든 의견을 경청하여 그중 옳은 것은 수용하는 개방적인 정신과, 또 한편으로는 여론과 관습의 독재에 굴하지 않고 자신의 본성에 따라 양심적으로 사고하고 행동하는 용기를 가져야 하고, 또 가지도록 교육하는 사회제도를 만들어가야 할 것이다. 밀의 자유의 원칙은 바로 이러한 지성의 용기와 개방적 정신의 선언이라고 할 수 있다.

3. 사회적 권력과 관습의 독재

밀에 의하면 개별성의 발전을 가장 저해하는 것은 억압적인 정치권력이 아니라 사회적 압제이다. 왜냐하면 사회적 압제는 보통 정치적 탄압처럼 그렇게 극심한 처벌을 동반하지는 않지만, 대신에 도피할 여지를 남겨두지 않고, 일상생활에서 구체적인 세부까지 훨씬 더 깊숙이 개입하여, 인간의 영혼 그 자체를 노예화하기 때문이다. 이러한 사회적 압제는 다수의 횡포에 의한 법적 또는 물리적 강제일 수도 있고, 사회적 관습이나 공공여론일 수도 있다. 밀은 민주주의가 확립된 사회에서 정치적 탄압은 사라진다 하더라도 사회적 압제에 의한 강제가 개별성을 억압할 것을 경계한다. 이것이 「자유론」의 핵심적인 메시지라고 할 수 있다. 대중은 일반적으로 자신의 기호에 불과한 것을 보편적인 진리인 것처럼 타인에게 강요하는 경향이 있다. 대중은 가장 무책임한 태도로, 그들이 혹평하는 행위를 하는 사람의 쾌락이나 편의를 무시한 채 자기 자신들의 기호만을 고려한다. 많은 사람들이 자신이 혐오하는 행위를 자신에 대한 해악으로 간주하고, 자신들의 감정에 대한 모욕으로 여기고 분개한다. 이러한 대중의 압력이 어떻게 인간을 위축시키고 관습의 노예로 만드는가에 대한 밀은 다음과 같이 말한다.[46]

> "우리 시대에는 상류계층에서 하류계층에 이르는 모든 사람들이 두렵고 적대적인 검열의 감시하에 살고 있다. 타인과 관련된 일뿐 아니라 자신에게만 관계되는 일에 대해서도, 개인이나 가족은 다음과 같이 자문해 보지 않는다. 즉 나는 무엇을 선호하는가? 혹은 나의 성격과 기질에 적합한 것은 무엇인가? 혹은 무엇이 나의 내부에 있는 가장 고귀한 최상의 자질을 잘 활용하게 하고 성장하고 융성하게 하는가? 대신에 그들은 다음과 같이 자문한다. 즉 내 처지에 적합한 것은 무엇인가? 나와 같은 지위와 재정형편에 있는 사람들은 대체로 무엇을 하는가? 혹은 (더 나쁜 질문은) 나보다 우월한 지위와 상황에 있는 사람들이 보통 하는 것이 무엇인가? 내가 말하고자 하는 바는 그들이 자신의 성향에 적합한 것보다는 관습적인 것을 택한다는 것이 아니라, 관습적인 것 이외에는 어떤 성향을 갖는 것을 생각조차도 하지 못한다는 것이다. 이리하여 정신 그 자체가 굴레에 예속되어 있다. 즉 사람들은 쾌락을 추구할 때 조차도 관습을 따를 것을 먼저 생각한다. 그들은 군중 속에서 살펴 통상적으로 행해지는 범위 안에서만 선택을 행한다. 독특한 취미나 기이한 행동은 범죄와 같이 기피된다. 자신의 본성을 따르지 않은 결과, 따라야 할 본성 자체를 상실하게 된다. 그들의 인간적인 능력은 쇠퇴하고 고사하게 되며, 강렬한 소망이나 타고난 쾌락을 잃게 되고 일반적으로 자신의 고유한 의견이나 감정을 갖지 못하게 된다. 이것이 인간본성의 바람직한 상태인가 아닌가?"

이러한 관습의 독재로부터 개별성을 보호하고 인류의 항구적인 발전을 위해서 자유의 원칙이 요구된다. 밀에게 있어서 자유란 자신의 삶은 자신의 본성에 따라서 자신이 원하는 대로 자율적이고 자발적으로 영위하는 생태를 말한다.

46) 김완진, 앞의 논문, 294-295쪽.

Q. 다음을 생각해 보자.

(1) 사회를 구성하면서 살아가는 개인들은 사회적 권력을 가진 자들로부터 지배받게 된다. 지배자가 권력의 정당성을 피지배자의 동의에서 근거지우려는 노력의 결실이 바로 오늘날 자유민주주의의 핵심요건이다.[47] 지배자가 개인을 억압하지 않는 방향으로 권력을 행사하는 가장 좋은 방법은 무엇일까?

Note. 첫째, 개인에게 신성불가침의 영역을 정해서 그것을 침해하지 않도록 권력에 제한을 가하는 것이다. 둘째, 권력행사와 정책집행에 있어서 국민 대의기구의 동의를 획득하도록 감시하는 것이다. 이 두 가지가 결국은 개인의 자유를 담보해 주는 것이다.

(2) 밀은 지배자의 권력에 대한 견제만을 우려한 것은 아니다. 오늘날 사회는 개인들에게 사회가 설정한 성공하는 기준을 추종할 것을 강요한다. 다수의 생각을 거스르는 소수의 튀는 행동에 엄청난 압력을 가함으로써 사회적 획일성을 이루고자 하는 강력한 경향이 존재한다. 여론이라는 이름으로 존재하는 '다수의 횡포'가 개별성을 압살하는 것이다. 또한 종교적 신념 자체에 대하여 반대하는 것이 아니라, 자신의 종교적 신념과 배치되는 입장을 탄압하려는 불관용적 자세가 문제가 된다. 밀의 주장에 의할 때 이러한 사회는 진정으로 자유로운 사회라고 할 수 있는가?

(3) 밀은 다음과 같은 권력기관 사이의 충돌을 부정적으로 볼 것인가? 아니면 긍정적으로 볼 것인가? 예를 들어 검찰과 경찰의 대결구도, 언론과 정부의 상호 견제, 신문과 방송의 갈등, 정치권력과 재벌의 대립과 갈등에 대해 토론해 보자.

(4) 밀은 다음과 같은 재벌기업의 행위를 보고 무엇이라고 할 것인가? 예를 들면 재벌들의 편법증여를 통한 부의 변칙상속, 기업의 윤리경영, 기업의 사회적 책임 등이 있다.

Note. 사회유지의무를 다하지 않는 행위를 범죄로 규정하는 밀의 입장은 단호하다. 상거래 행위는 분명하게 사회적 행위이기 때문에 윤리경영, 책임경영을 요구할 것이다. 기업의 사회적 책임은 자유로운 상거래를 전제로 하고 있다. 따라

47) 김형철, "J.S. Mill 자유론," 철학과 현실 제69집(2006), 214쪽 이하.

서 밀은 타인에게 해를 끼치지 않을 책임을 기업에게 엄중하게 물을 것이다.

(5) 소크라테스는 "관습을 타파하라"고 우리에게 권고한 바가 있음에도 불구하고 여전히 관습에 얽매여 사는 사람들이 대부분이다. 그 이유는 관습은 우리의 사고와 행동에 엄청난 구속력을 발휘하는 것이 사실이기 때문이다. 다음을 생각해 보자.

① "어른 앞에서 담배피지 말라" 또는 "어른 앞에서 술을 마실 때는 고개를 돌리고 마셔라"는 관습은 그 원래의 의미가 없어졌음에도 불구하고, 여전히 우리에게 강력한 행동지침으로 작동한다. 관습은 사람들의 행동을 획일화하고, 그렇게 함으로써 예측가능하게 한다고 할 수 있다. 우리를 지배하는 관습으로 어떤 것을 들 수 있는가? 또 관습을 맹목적으로 추종하는 경우의 대가는 무엇이라고 생각하는가?

② 인간은 신의 의지대로 살아야 하고, 자신의 생각을 적극적으로 펼쳐나가는 것을 최대의 죄악으로 간주하는 칼뱅주의자들에 대하여 밀은 무엇이라고 했겠는가?

③ 일찍이 공자는 논어에서 "인간은 도구가 아니다", 즉 "인간은 특정한 목적을 수행하기 위한 존재가 아니라 인격체를 가진 존재다"라고 말한다. 그럼에도 불구하고 현실에서 체제에 복종하는 개인을 길러내는 데 급급했던 중국의 유교 교육과 정치는 어떤 결과를 가져왔는가? 정치적으로 반대입장을 표방하는 세력을 완전하게 숙청하는 것을 서슴지 않은 대가는 무엇인가?

Note. 관습을 맹목적으로 추종하는 것의 대가는 개별성의 상실, 다양성의 실종, 자유의 부당한 억압으로 이어지면서 그 사회는 결국 거대한 화석처럼 굳어져 갈 것이다. 밀은 동양사회의 정체원인을 관습의 독재로 인한 개별성의 억압에서 찾는다. 동양에서는 "관습이 모든 것에 대한 심판관이다. 관습에 순응하는 것은 정의이고 권리이다." 그 결과 동양인들은 "그들의 조상들이 장엄한 궁전과 화려한 사원을 가지고 있을 때, 숲속을 방황하던 조상들을 가졌지만 관습과 함께 자유와 진보의 지배도 받았던 서양인들에게 피지배자의 신세로 전락하였다." 특히 중국인에 대해서는, 그들이 최상의 지혜를 가지고 높은 문화를 가졌으나 계속 선두를 지키지 못하고 정체된 것은, "모든 국민들을 똑같이 만들고, 동일한 법칙에 의해 생각과 행동을 지배하는 데 성공했기 때문이다." 밀은, 중국이 교육과 정치체제에 의해 조직적으로 그렇게 한 것처럼, 유럽은 공공여론에 의해 획일화를 꾀하고 있다고 비판하고, 만약 개별성이 이에 대항하여 성공적으로 자신을 방어할 수 없게 된다면, 유럽도 제2의 중국이 될 것이라고 경고한다.

4. 자유의 원리 또는 해악의 원리

밀은 국가의 제재로부터, 그리고 이와 동일시할 수 있는 다수의 횡포로부터 개인의 자유를 보호하려는 목적으로 「자유론」을 집필했다. 그는 독재국가와 마찬가지로 민주주의 사회에서도 개인의 자유를 침해하는 일이 발생한다고 말한다. 대중은 편견, 미신, 사회적 감정, 자기 이익에 의해 많이 좌우되는 존재이고, 사회의 지배적인 도덕이란 단순히 그 사회가 혐오하거나 선호하는 것을 나타낸다. 그런데 사회 구성원들은 대중 여론에 의한 통제가 정당한 것인가에 대해서 따져 묻기보다는 그 내용에만 관심을 갖는다. 그렇기 때문에 밀은 대중 여론의 횡포를 심각하게 여겼고, 그래서 그는 개인이 다른 사람으로부터 간섭받지 않고 자유로울 단 하나의 원리를 말한다.[48] 자유의 원리를 간단히 말하면, '타인에게 해악을 끼치지 않는 한, 개인의 자유는 최대한 보장되어야 한다'는 명제로 요약할 수 있다.

> "이 책의 목적은 법적 처벌의 형태로 물리적인 힘을 사용한 수단이든지 공공의 의견으로 도덕적 강제를 하든지 간에 사회가 강요와 통제의 방식으로 개인들을 다루는 것에 대해 완전히 영향을 주고자 하는 하나의 매우 간단한 원리를 말하는 것이다. 그 원리는 그들 중 누구에 대해서라도 개인으로나 집단적으로 행동의 자유를 침해할 때 인류가 보장받기 원하는 유일한 목적인 자기 보호이다."

이 원리는 자유의 원리 또는 해악의 원리로 불린다. 이 원리가 말하고자 하는 것은 누군가의 행위를 사회가 통제할 수 있는 유일한 경우가 다른 사람에게 해를 줄 때라는 것이다. 자신에 관한 부분에서 개인의 독립은 절대적이다. 개인의 행위를 '오직 자신에게만 관계되는 행위'와 '타인에게 관계된 행위'로 나누고, 전자에 대해서는 사회가 간섭해서는 안 된다고 말한다. 그런데 밀

---

48) 임정아, "미네르바 검찰 기소 사건과 밀의 표현의 자유," 범한철학 제56집(2010), 318-321쪽.

에 의하면 이 원리를 적용할 때 다음과 같은 네 가지 제약이 있다.

첫째, 이것은 '정신적 역량이 성숙한 사람'에게만 해당한다. 그리고 스스로를 노예로 파는 계약 조건의 경우에도 간섭해야 한다고 말한다. 간섭이 '인생에 있어 자신의 운명을 자발적으로 처리하는 개인의 능력'을 제한하기 때문에 분명히 자유를 침해하는 것이지만, 더 자유로울 수 있는 가능성을 보존하기 위해 자유는 부정될 수 있다.

둘째, 위의 제약을 확장하여, 밀은 미발달 사회의 민족들에게는 적용할 수 없다고 말한다. 원리적으로 자유는 인류가 자유롭고 평등한 토론에 의해 진보된 상태에 도달한 이후에만 적용할 수 있다.

Q. 다음을 생각해 보자.

(1) 아리스토텔레스는 "인간은 정치적 동물이다"라고 말했다. 그 의미는 인간은 사회적 집단생활을 영위하면서 살아갈 수밖에 없는 존재라는 것이다. 밀 역시 인간은 사회공동체를 구성하면서 살아가는 존재라는 전제아래 "사회가 개인의 자유에 간섭할 수 있는 한계는 어디인가"를 규명하고자 한다. 그렇다면 만약 인간이 로빈슨 크루소와 같이 고립적으로 삶을 살아가기를 원하고, 또 그러한 것이 실제로 가능하다면 밀의 자유의 의미와 개별성의 중요성은 어떤 의미를 가질 것인가?

Note. 이 경우는 굳이 자유의 의미와 개별성의 중요성을 강조할 필요가 없을 것이다. 그냥 원하는 대로 밀림 속에서든지 사막에서든지 본인이 원하는 은둔지에서 살아가면 될 것이다. 자유론은 정치에 관한 책인 것이다.

(2) 밀은 자유의 원리가 두 부류의 인간에게는 적용되지 않는다고 말한다. 미성년자와 야만인이 바로 그에 해당한다. 충분한 합리성을 결여한 존재자에게 절대적 자유를 무제한으로 제공하는 것은 어불성설이라고 주장한다. 심지어 소위 '개발독재' 또는 '자비로운 독재'마저도 미개인을 통치하는 데에 불가피할 수 있다고 옹호한다. 이것은 밀이 모든 인간에게 자유가 무조건적으로 주어진다고 본 것은 아닌 것 같다. 자신의 행위 의미와 결과에 대한 충분한 사실적 판단과 가치서열을 매김할 수 있는 능력을 가진 성인에게만 자유가 주어진다는 밀의 생각에 동의할 수 있는가?

셋째, 다른 사람에게 간접적으로 해를 끼치는 경우, 그것은 통제될 수 없다. 몇몇 비판자들은 개인이 하는 행동의 대부분이 원리상 다른 사람들에게 해를 끼칠 수 있기 때문에 자신에게만 해당하는 행동은 실제로 없다고 말한다. 그러나 이것은 밀도 인정한다. 밀의 의도는 “내가 그 자신만이라고 말할 때 나는 직접적으로, 그리고 맨 처음을 말한다. 왜냐하면 자신에게 영향을 주는 어떤 것이라도 그 자신을 통해서 다른 사람에게 영향을 줄 수도 있기 때문이다”인 것이다. 어떤 행동이 간접적으로, 그리고 나중에 야기한 결과를 고려할 때, 그 원인이 된 행동을 간섭하지 못하도록 하는 것이 밀의 생각이다.

Q. 동성애자들 사이의 성관계와 같은 경우, 그 사실만으로 혐오감을 갖는 피해자는 해를 입을 수도 있다. 밀의 주장에 의하면 동성애자의 행동을 하지 못하게 간섭할 수 있는가? 만약 간섭할 수 없다면 그 이유는 무엇인가?

넷째, 다른 사람에게 해를 끼치는 않는 경우라도 그것은 간섭할 수 있는 충분조건이 될 수 없고 필요조건이 될 뿐이다. 어떤 부정적인 방법에 의해 그 결과가 생긴 것이 아니라면, 이것은 받아들여질 수 있는 적법한 형태이며 간섭할 근거가 없다는 것이다.

Q. 다음을 생각해 보자.

(1) 학생의 성적 경쟁이나 상인의 판매 경쟁에서 이기지 못한 사람은 이긴 사람 때문에 자신의 이익을 해를 입었다고 볼 수 있다. 이 사실을 가지고 이기지 못한 사람은 이긴 사람에게 간섭할 수 있는가?

(2) 아무도 보지 않는 곳에서 나체로 생활하는 것은 자기 관계적이므로 제재대상이 될 수 없다. 오히려 이를 몰래 훔쳐보는 것이 사생활 침해로 문제가 될 수 있다. 그러나 대중이 모여 있는 곳에서 스트리킹을 하는 것은 과연 자기 관계적인가? 아닌가? 은밀한 장소에서 연인 간에 사랑을 나누는 행위는 아름답다고 말할 수 있다. 그러나 공개적인 장소에서 사랑을 나누는 것은 어떤가?

Ⅳ. 표현의 자유

1. 표현의 자유에 관한 열렬한 옹호자 밀

밀은 앞서 본 '자유의 원리'를 말함과 동시에 인간 자유의 고유 영역으로서 구체적으로 다음과 같은 세 가지를 제시하고 있다.[49)]

"첫째, 자유는 의식의 내면적 영역을 포함한다. 가장 포괄적인 의미에서 양심의 자유, 사상과 감정의 자유, 그리고 실천적 또는 사색적, 과학적, 도덕적 혹은 신학적 등과 같은 모든 주제에 대한 의견과 감정의 절대적 자유를 요구한다. 언론·출판의 자유는 다른 원칙에 속하는 것으로 보일지 모른다. 왜냐하면 그것이 타인과 관계되는 개인의 행동 부분에 속하기 때문이다. 그러나 그것이 사상 자체의 자유와 거의 같은 정도로 중요하고, 대부분 같은 이유에 근거하기 때문에, 양자를 실제로 분리할 수 없다.

둘째, 자유의 원리는 기호를 즐기는 자유와 목적을 추구하는 자유를 요구한다. 비록 우리의 행위가 그들의 눈에 바보스럽거나, 기이하거나, 잘못된 것으로 보일지라도, 우리가 하는 행동이 동포들에게 해를 끼치지 않는 한에서는, 그들로부터 방해받지 아니하면서, 우리 자신의 개성에 적합한 인생 계획을 설계하고, 초래될 결과를 감수한다는 조건하에서 우리가 좋아하는 것을 행할 수 있는 자유를 요구한다.

셋째, 각 개인이 갖는 이 같은 자유로부터 동일한 한계를 가지는 결사의 자유가 도출된다. 즉 타인을 해치려고 하는 목적을 제외하고 단결할 수 있는 자유이다. 단결하는 사람들은 당연히 성년이고, 강제되거나 기만되어서는 안 된다."

'자유의 원리'가 밀의 자유에 대한 총론적 입장이었다면, 위에서 말한 자유의 목록들은 밀의 자유에 대한 각론적 관점을 드러내고 있다.

첫 번째는 「자유론」 제2장에서 상세하게 언급되고 있는 사상과 언론의 자유이다. 사상과 언론의 자유는 개인이 자기발전에 관련된 자기영역의 자유로서, 절대적으로 보장되는 것이라고 하여, 원칙적으로 앞서 천명한 '자유의 원

---

49) 윤성현, "J.S. Mill의 자유론에 나타난 자유개념에 관한 일고찰," 법과 사회 제37집(2009), 285-288쪽.

리'의 적용이 없는 것으로 본다.

밀은 사상과 토론의 자유를 옹호하는 네 가지 주요한 논증을 제시하면서 행동의 한 형태로서의 표현을 강조한다. 밀은 사상과 토론의 자유가 모든 구성원에게 특히, 소수입장을 표방하는 사람에게 부여되어야 하는 이유가 진리 접근의 유일한 방식이라는 데 있다고 생각한다. 첫째, 인간은 어느 누구도 진리에 대한 독점적 해석을 할 수 있는 권한을 선험적으로 가지지 못한다(오류가능성 논증). 인간은 자신의 의견이 항상 틀릴 수도 있다는 전제아래 삶을 살아가야 한다. 이는 인간관계에서의 겸손함을 의미하는 것이 아니라, 인식능력의 한계에 대한 정확한 이행에 기초한 태도이다. 어느 누구도 진리를 독점할 수 없다면, 모든 사람에게 자유롭게 생각할 수 있는 권리, 그리고 그것을 다른 사람과 자유롭게 토론할 수 있는 권리는 대단히 중요하다. 권력자는 이러한 개인의 자유권이 침해되지 않도록 절대적으로 보호해야 한다. 만약 침묵을 강요당하는 의견이 진실이라면, 인류는 진실에 접근할 수 있는 기회를 영원히 박탈당하거나, 적어도 상당한 기간 연기되는 결과를 맞이하게 된다. 둘째, 의견이 틀린 것이라고 할지라도, 부분적 진리를 가지고 있다면, 우리는 그러한 진리를 놓쳐서는 안 된다(진리가 갖는 가치 논증). 이러한 경우는 흔하다고 밀은 말한다. 셋째, 만약에 다수의 주장이 전적으로 옳은 것이라고 하더라도, 소수의 잘못된 의견을 극복하는 경험을 하는 것은 대단히 중요하다(합리성 논증). 시련을 통해서 검증된 진리는 단순한 편견일지 모른다는 생각으로부터 해방되어서 진리의 지위를 진정으로 획득하게 되는 것이다. 넷째, 결국 토론의 과정이 생략 되어버린 다수의견은 의미를 상실하고 독단적 구호로 전락해 버릴 것이다(본질적인 신념이 갖는 가치 논증).[50)]

Q. 사상과 토론의 자유는 어디까지 보장되어야 하는가?와 관련하여 다음을 생각해 보자.

(1) 사회 내의 절대다수가 주장하는 바와 다른 주장을 하는 소수의 목소리에 귀를 기울여야 하는가? 밀은 99명의 생각과 다른 주장을 하는 단 1명의 목소리가 어떠한 경우에도 들려질 수 있어야 한다고 주장한다. 그 이유는 무엇인가?

50) 김형철, 앞의 논문(2006), 217쪽.

(2) 밀의 주장은 사회통합적이고 리더십의 차원에서 소수의견을 존중하는 것인가?

Note. 어느 사회, 어느 조직에서나 소수의 입장을 주창하는 세력이 있게 마련이다. 문제는 특정집단이 모든 주제에 대하여 영원한 소수의 입장, 즉 약자와 패자의 입장에 서게 되는 것이다. 어떤 조직 내에서 분란이 일어나게 되면 그 책임의 80%는 지도자에게 있다. 왜냐하면 분란이 일어나게 되는 근본적인 이유는 소수의 목소리에 지도자가 귀를 기울이지 않는 데 있기 때문이다. 지도자는 소수의 목소리가 전체에게 전달되도록 할 수 있는 권한과 의무가 동시에 있다. 그런데 밀은 사회통합적이고 리더십의 차원에서 소수 의견에 접근하고 있지는 않다.

(3) 만약 누군가가 자신의 의견에 대한 진리성을 확신할 수 없기 때문에, 그것을 주장하거나 다른 사람과 토론하는 것이 불가능하다고 판단한다면, 밀은 어떤 충고를 할 것인가?

Note. 모든 사람은 자신의 의견을 최선을 다해서 진리에 가깝도록 정립하고, 성실하게 토론할 자세를 갖추어야 한다고 말한다. 자신이 진리라고 생각하는 것을 말하지 않는 것은 겸손한 것이 아니라, 비굴한 태도라고 질타한다. 진리 앞에 겸손한 것은 자신의 의견을 숨기는 것이 아니다. 그렇다고 자신만이 옳다고 하며 다른 사람의 의견을 침묵시키는 것은 더더욱 아니다. 교만도 비굴함도 다같이 경계해야 할 대상인 것이다.

두 번째로는 행동의 자유로서, 개인의 취향의 자유와 목적 추구의 자유를 포함한다. 밀은 「자유론」 제3장에서 "행동이 의견과 마찬가지 정도로 자유스러워야 한다고 우기는 사람은 없다"고 하여, 앞서 사상과 언론의 자유가 절대적으로 보호되어야 한다고 한 것과는 달리 이 부분에서는 사회의 개입이 가능하다는 점을 밝힌다. 즉 이는 사상을 넘어서는 행동의 영역으로, 개별성과 사회성이 함께 문제되기 때문에, 사회의 간섭이 가능한 부분이지만, 그럼에도 불구하고 개별성은 소중하며 함부로 무시되어서는 안 된다. 따라서 밀은 비교적 넓은 범위의 개인의 자유로운 행동을 용인하는 태도를 보이며, 다소 기이하거나 바람직하지 않은 행위의 경우에도 그러하다.

Q. 다음의 경우에 밀은 무엇이라고 할 것인가? 생각해 보자.

(1) 독극물을 판매하는 것은 그것이 자살용도로 쓰일 수 있으므로 금지시켜야 한다.

(2) 술과 담배는 국민건강에 해로우므로 국가가 개입하여 금지시켜야 한다.

Note. 독극물은 자살용도 이외에 유용한 목적으로 사용될 수도 있기에 선별적 규제를 할 수 없다. 술과 담배는 수요자와 소비자의 자유를 침해하는 것이므로 금지시켜서는 안 된다. 또한 밀의 입장에 의하면, 포르노그래피를 허용하자는 것이 음란물을 옹호하거나 지지하는 것은 아니며, 특정 이데올로기 신봉자의 처벌을 반대하는 것이 그 이데올로기를 지지하는 것은 아니며, 동성애자를 허용하자는 것이 그것인 윤리적으로 옳다는 것이 아니다. 무엇이 절대적으로 옳고 좋은지를 판단할 기준이 없는 상황에서는 '의견의 다양성'을 허용하는 것이 금지하는 경우보다 이롭다.

그리고 마지막으로 결사의 자유를 제시하는데, 이는 개인의 자유를 넘어서는 집단적 자유의 영역이다. 하지만 밀은 「자유론」에서 헌법이론상 결사의 자유와 함께 집단적 표현의 자유로서 취급되고 있는 집회의 자유에 대해서는 정면으로 언급하고 있지는 않다. 다만 의견의 경우에도 구체적 상황에 따라 해로운 행동을 선동하게 되는 경우에는 면책권을 잃는다고 하면서, 그 예로서 비방적인 의견이 단순히 언론을 통해 유포되는 경우와는 달리, 그것이 성난 군중들 앞에 구두로 전달되거나 플래카드의 형태로 전달되는 경우에는 처벌을 감수해야 할 것이라고 하여, 집회의 자유의 경우에는 언론이나 결사의 자유에 비해 좀 더 제한이 가능한 행위의 영역으로 본 것으로 해석할 수 있는 여지를 남긴다. 그러나 결사의 자유의 특별한 경우인 노동조합의 경우에는 노조(trade union)나 집단적 파업의 경우에도 긍정적 입장을 견지하고 있다.

2. 미국의 가장 위대한 법관 홈즈

(1) 밀의 사상적 영향과 홈즈

자유주의 이념의 목표는 개인의 자유를 최대한 보장하는 것이고, 자유주의자는 이를 위해 정치제도 및 법규범을 통해서 필요한 권리를 보호하고 확장하려 한다. 법규범과 제도 가운데 이러한 입장이 가장 구체적으로 나타나는 것은 표현의 자유이다. 표현의 자유에 대해 미국 연방대법원이 내린 자유주의의 판결들을 보면 밀의 자유주의 이념이 드러난다. 홈즈 대법관은 의견 표현에 관한 자유를 옹호하는 일련의 판결들을 통해 소위 "명백하고 현존하는 위험"이라는 기준을 제시한 것으로 유명하다. 그가 다룬 사건들 가운데 대표적인 두 사건의 판결을 검토하면서 의견 표현의 자유는 어떻게 정착되었고, 미국의 법사상에 어떻게 자리 잡고 있는지를 알아보자.[51)]

(2) 명백·현존하는 위험의 원칙의 탄생

미국 연방대법원에서 '명백·현존위험의 원칙'을 처음 도입한 것은 1919년 쉥크(Schenck) 사건에서이다. 이 사건은 제1차 세계대전이라는 전쟁 중에 발생했다. 미국 의회는 1917년 방첩법(Espionage Act)을 제정하고 명령불복종, 복무거부 등 군대 안에서의 행위뿐만 아니라 징병업무를 의도적으로 방해하는 행위로 처벌할 수 있게 했다. 이 사건의 피고인인 쉥크는 사회당 당수로 징병에 반대하는 내용의 유인물을 징집대상자들에게 돌린 혐의로 기소되었다. 그런데 그 유인물의 내용은 징집 대상자들에게 불법행위, 예를 들어 소집통지서를 찢어 버리고 군 입대를 하지 말라는 식의 내용은 담고 있지 않았다. 오히려 평화적인 방법을 옹호했다. 유일하게 불법행위를 조장했다고 인정될 수 있는 내용은 징병제를 폭정이라고 표현하고 징집 대상자들로 하여금 미국 시민으로서 자기 권리를 주장해야 한다고 역설한 부분이다.[52)]

쉥크는 하급심에서 유죄판결을 선고받고, 연방 수정헌법 제1조에 보장된 언론의 자유가 침해당했다고 주장하면서 연방대법원에 상고했다. 이 사건의 핵심적인 쟁점은 방첩법 규정이 공적관심사에 관해 자유롭게 의견을 표현할 수 있는 권리를 침해한 위헌규정인가 하는 것이었다. 홈즈 판사는 이 쟁점에 관해 부정적인 판단을 내리고 피고인에게 유죄를 확정했다. 홈즈는 '명백하고 현존하는 위험'이라는 새로운 판단 기준을 제시하면서, 이것이 시간적 근접성

51) 임정아, 앞의 논문(범한철학), 314쪽.
52) 문재완, "명백·현존위험의 원칙의 현대적 해석과 적용에 관한 연구," 헌법학연구 제9권 제1호(2003), 381-382쪽.

및 위험의 정도에 따라 판단된다고 부언했다. 이 판결의 핵심은 '전쟁 중에는' 평상시와 달리 의사 표현의 자유가 제한된다는 단순한 논리였다.[53)]

이 사건이 중요한 이유는 이 판결이 표현의 자유에 대한 자유주의적 판결의 효시가 된다는 점이다. 이 사건 이전까지 기존 대법원의 입장은 '위험 경향 심사'라는 것으로 어떤 표현이 사회에 나쁜 영향을 끼칠 소지가 있는지 판단하고, 그렇다고 생각되면 그것을 통제하는 것에 대해 정당한 것으로 여겼다.

Q. 다음을 생각해 보자.

(1) 위법한 행위의 선동 발언도 표현의 자유에 의한 보호를 받을 수 있는가? 보호의 한계는 어디까지인가?

Note. 미국 연방 수정헌법 제1조에는 표현의 자유, 종교의 자유를 비롯한 여러 중요한 기본권들이 규정되어 있다. 실제로 미국 로스쿨에서는 '수정헌법 제1조(First Amendment)'라는 과목이 헌법과목으로서 한 학기 동안 강의되는 독립과목을 이룬다. 그만큼 미국 헌법학에서는 수정헌법 제1조의 표현의 자유 등을 중시한다는 방증이다. 표현의 자유의 한계 내지는 표현의 자유를 제한하는 법률의 합헌성 판단기준이 되는 것이 바로 이 '명백·현존하는 위험의 원칙'이다. 이 원칙을 어떻게 이해하고 활용하느냐 하는 것은 표현의 자유 보장 및 확대와 관련하여 대단히 중요하다. 왜냐하면, '명백·현존하는 위험의 원칙'을 표현의 자유의 '한계'로서의 의미에 무게를 두고 이해하면, 이 원칙은 표현의 자유 제한을 정당화하는 이론이 되어 표현의 자유 보장이 좁아진다. 반대로 '명백·현존하는 위험의 원칙'을 표현의 자유를 제한하는 법률의 '엄격한' 합헌성심사기준으로서 이해하게 되면, 이 원칙은 명백하고 현존하는 위험을 발생시키지 않는 한 모든 표현은 자유롭게 개진될 수 있다는 의미로 이해되어 표현의 자유 보장이 넓어지게 되기 때문이다. 적어도 미국 연방대법원에 의해서는 이 원칙이 후자의 의미로 활용되면서 표현의 자유 보장을 확대해주는 이정표로서 기능했다.[54)]

(2) 이 사건 판결문에는 "명백하고 현존하는 위험" 이외에 또 하나의 유명한 구절이 있다. 그것은 "극장 안에서 거짓말로 '불이야' 하고 소리를 질러 혼란을

53) 임정아, 앞의 논문(범한철학), 315쪽.

54) 임지봉, "명백·현존하는 위험의 원칙," 고시계 제51권 제8호(2006), 29쪽.

야기한 사람"에 대한 비유이다. 홈즈는 불법행위를 조장하지 않았더라도 처벌할 수 있다는 결론을 도출하기 위해 상황논리를 거창하게 설명했다. 몇몇 사람이 있을 때는 불이 났다는 거짓말이 별거 아니지만, 극장 같은 곳에서는 큰 혼란과 재난을 초래할 수 있다는 것이다. 따라서 평상시에는 징병제의 문제점을 지적하는 글이 별로 문제될 것 없지만, 전시에는 처벌받을 수 있다는 의미이다. 그러나 극장 안에서의 거짓 외침 비유는 그 강렬한 이미지에도 불구하고 적절하지 못하다는 평가를 받는다. 그 이유는 무엇인가?

Note. 불이 난 것과 안 난 것은 명백한 사실에 대한 표현이지만 징병에 대한 반대는 의견이다. 따라서 순수한 의견에 대해서는 그 내용이 무엇이든 보호해야 한다는 입장에서는 견강부회격인 비유이다. 즉 비유로 든 행위는 처음부터 표현의 자유로 보호받을 수 없다. 또한 명백·현존위험의 원칙을 그대로 적용하더라도 징병제의 문제점을 지적한 글이 극장에서의 불처럼 현존하는 위험인지에 대해서는 의문이다.

(3) 사상의 자유시장과 명백·현존하는 위험의 원칙의 발전

앞의 판결은 자유주의 언론관과 거리가 멀지만 또 다른 사건을 통해서 홈즈는 자유주의 언론관에 밀의 사상적 기초를 제공한다. 홈즈에게 미친 밀의 영향을 가장 잘 보여주는 판결은 쉥크 사건과 같은 해에 내려진 아브람스(Abrams) 사건이다.

홈즈의 사상의 자유시장이 판결에서 어떻게 나타났는가는 규명하기 위해서는 아브람스 사건에서부터 시작해야 한다. 1918년 뉴욕 시내에서 아브람스와 유태계 러시아 국적인 5명이 영어와 Yiddish 언어(고지 독일어에 헤브라이어, 슬라브어 등이 섞여서 된 언어를 말하며, 유럽 내륙 지방과 그곳에서 미국으로 이주한 유대인들이 사용한 언어)로 씌어진 전단지를 배포했다. 그들은 체포되기 전까지 5년에서 10년 동안 미국에서 살았으며, 지적으로 훈련된 사람들이었다. 그러나 그들은 미국에 귀화를 신청하지 않았다. 왜냐하면 미국 정부와 같은 유형의 자본주의를 신뢰하지 않았으며, 다른 정부형태를 추구하는 일종의 혁명주의자 내지 아나키스트였기 때문이다. 그들이 건물의 창밖으로 배포한 전단지는 5천 장 이상이었다. 이 선전문건은 노동자들에게 열광적인 호응을 받았다.

당시는 대 독일 전쟁 중이었다. 그리고 이 전단지는 러시아의 볼셰비키 정권에 대해 파병한 윌슨(Wilson) 대통령을 비판하고, 자본주의 국가 미국을 비판하고 있었다. 또한 러시아 혁명과 러시아 동지들을 지키기 위하여 군수산업 노동자들에게 동맹파업을 선동하였다. 이러한 일련의 행위가 계속되고, 대독일전에 대한 방해와 연계되자 방첩법(스파이처벌법) 위반으로 유죄를 선고하여 대법원에 상고하였다.[55]

Q. 이 사건에 대해 미국 대법원은 유죄를 선고했다. 그러나 홈즈 판사는 소수의견을 내고 무죄를 주장했다. 그 이유는 무엇이라고 생각하는가?

Note. 이 사건의 핵심쟁점은 피고인에게 독일과의 전쟁을 방해할 의도가 있었는지 여부이다. 다수의견을 집필한 클라크 대법관은 피고인들의 목적이 전쟁에 꼭 필요한 군수품의 생산을 중단하도록 함으로써 미국 정부의 전쟁 계획을 좌절시키려는 데 있다면서 유죄를 인정했다. 나타난 결과가 자기 발언이 야기할 수 있는 합리적인 가능성의 범위 안에 있는 것이라면 그렇게 할 의도가 있었다고 인정해야 한다는 것이 다수의견의 논리였다.

그러나 이 사건에서 홈즈는 반대의견을 통해 자유주의적 신조를 드러낸다. 홈즈에게 '위대한 반대자'라는 칭호가 주어지는 계기가 된 이 사건에서, 그는 밀의 견해를 소위 "사상의 자유시장"이라는 이론으로 부활시킨다. 서로 다른 입장들이 정면으로 충돌한 상황에서 홈즈는 마치 시장에서 거래되는 물건들처럼 경쟁을 통해 이들의 진실과 우수성이 판가름 날 것이라고 말한다. 결국 이 사건의 피고인들에게 독일과의 전쟁을 방해할 의도가 없다고 본 것이다. 이 판결에서 홈즈는 표현의 자유를 옹호한 의견을 내 놓는다. 그는 "타인의 권리를 침해하지 않는 사건에서 정부가 의견의 표명을 제한할 수 있는 것은 임박한 위험이 현존해 있거나 이를 야기할 의도가 있는 경우에 한한다"고 역설했다.[56] 미국 비판적인 팸플릿이 독일에서 미국의 전쟁노력을 실질적으로 방해한다고 가정하는 어이없는 상황을 논증하면서 유죄판결을 선언을 대법원을 비판한 것이다.

---

55) 김민배, "표현의 자유와 사상의 자유시장," 토지공법연구 제33집(2006), 314-315쪽.
56) 문재완, 앞의 논문, 385쪽.

3. 미네르바 사건: 밀에게 답을 묻다

2009년 1월 7일 서울중앙지검 마약수사부는 인터넷 포털 사이트 다음의 아고라에 쓴 글 '정부, 금융기관에 달러 매수 중단 지시(2008. 12. 29)'를 문제삼아 "전기통신기본법 제47조 제1항(일명 허위사실 유포죄)" 위반으로 미네르바라는 필명을 가진 박대성씨를 구속하였다. 그의 글로 인해 외환시장의 업무가 중단되는 사태가 일어났고, 국가가 22억 달러의 손해를 보았기 때문에 외환시장 및 국가의 대인신인도에 미친 영향으로, 사건의 성격과 중대성이 커서 구속 수사를 결정했다고 검찰은 발표했다. 그 후 4월 13일 검찰은 박씨에게 1년 6월을 구형했다.[57)]

미네르바 사건의 경우 일부 사람들을 제외한 대부분의 사람들이 "심각한 표현의 자유 침해", "인터넷 민주주의에 대한 사망 선고" 등등의 반응을 보이며 박씨 구속에 대해 강하게 반발하였다. 사회의 원활한 운영만을 생각한다면, 국민의 입장에서는 강한 나라가 좋고 권위적이어야 더 효율적이라는 데 동의할 것이다. 공공의 이익만을 염두에 둔다면 강하고 권위적인 정부에 대해 충분히 만족하겠지만, 정의와 개인의 권리를 염두에 둔다면 공공의 이익에 반하더라도 기본적인 자유와 빼앗길 수 없는 권리를 강조할 것이다. 표현의 자유와 공익이 상충할 때 어떻게 해야 하는가?

Q. 미네르바 사건에 대한 검찰 기소를 두고 밀은 무슨 생각을 했을까?

V. 여 성 관

1. 빅토리아 시대 여성의 지위

1837년 즉위 이후 1901년까지 빅토리아 여왕이 통치했던 시대는 거대하게 팽창한 부르주아가 자신들에게 맞는 방식으로 이데올로기를 만들어간 역사적 시기이다. 이들이 가장 공들여 만든 당대의 지배적 이데올로기는 바로 '가

57) 임정아, 앞의 논문(범한철학), 312-313쪽.

족'이었다. 귀족과 젠트리가 창조한 '도덕적 가정'이란 행복하고 보호된 가족생활과 가족 기도, 안식일 준수, 규칙적인 가정생활의 일상에 기반을 둔 곳이었다. 가족은 경쟁과 자본이 지배하는 냉혹한 바깥 세계로부터의 피난처이자 화목한 안식처였다. 그러나 그곳은 남성에게는 분명 안식처였으나 여성에게는 창살없는 감옥과 같은 곳이었다. 그 세계에 전제되어 있었던 가장 엄격한 도덕과 규율이 남성과 여성 사이의 역할 분담이었기 때문이다. 남성은 바깥 활동의 부산물인 권력과 돈의 수혜자이자 소유자로서 공적 영역을, 여성은 그 권력과 돈의 소유자를 보조하는 존재로서 가정이라는 사적 영역을 지배하게 되었다.[58)]

> "여성은 공적 영역에서 대개 침묵을 강요당했고, 남자가 충분히 벌고 여자는 의존한다는 이상은 이미 중간계급 문화에 확고히 자리 잡았으며, 이제 노동 계급 관행에도 뿌리를 내리려 하고 있었다."

그러한 역할 분담 속에서 여성은 '여성다움'이라는 언어의 이미지로 재현된다. 순수하고 겸손하며 젊고 아름다운 존재로서의 여성이 부각되는 데 비해 노동하고 있는 여성의 거친 손이나 땅위를 걷고 있는 현실적인 존재로서의 여성은 망각되었다. 여성이라는 존재는 '도시의 추잡한 거리들', '삶의 피로함', '현실의 거친 갈등', 즉 물질적인 직업의 세계와는 어울리지 않았다. 이러한 이데올로기로 인해 여성과 직업의 부조화가 각인된다. 하지만 사실상 19세기 자본주의는 그 어떤 때보다 여성을 노동 현장으로 불러들이고 있었다. 성차별 이데올로기는 여성을 "노동으로부터 떼어놓은 것이 아니라 권력으로부터 떼어놓았을 뿐"이다. 여성들의 노동은 '자연스러운' 여성적 역할의 연장선에 있어야 했다.

Q. 다음을 생각해 보자.

(1) 빅토리아 여왕 시대에 여성과 남성의 역할 분담 속에서 여성은 '여성다움'이라는 언어의 이미지로 표현되는 것에 대해 어떻게 생각하는가? 오늘날은 어떠한가?

---

58) 하수정, "빅토리아 시대 여성의 글쓰기-사적 영역과 공적 영역의 경계 허물기," 영미어문학 제102호(2012), 207-209쪽.

(2) 젊고 아름다운 존재로서의 여성이 부각되는 데 비해, 현실적인 존재로서 노동하고 있는 여성의 거친 손은 망각되고 있던 것이 당시의 상황이다. 이에 대해 어떻게 생각하는가? 오늘날의 시각에서는 어떠한가?

(3) 당시 하녀로 고용되어 청소, 요리, 육아를 맡는 것은 예절에 어긋나지 않았고, 여성복이나 모자를 만드는 직업도 문제가 없었으며, 음식을 준비하고 만드는 직업도 동일했다. 그렇다면 이러한 사례들은 '여성과 직업의 부조화'라는 당시 이데올로기에 부합하는 현상인가?

(4) 1850년대부터 시작된 여성들의 권리를 얻기 위한 투쟁에도 불구하고 19세기 거의 내내 여성은 전문직 직업 훈련이나 그를 위한 사회적 관계로부터 철저히 배제되었다. 그 이유는 무엇인가?

19세기 후반까지도 여성의 두뇌는 장사나 전문직을 감당하지 못하며, 여성들은 본성적으로 남성의 세계에서 그들과 어울릴 수 없다는 통념이 지배적이었던 탓에 강한 의지를 지니고서 자신의 정신을 사용하려는 여성들에 대해서는 불쾌해하거나 놀라기까지 했다. 경제적으로 부유하여 직업을 가질 필요가 없는 부르주아 처녀들의 경우 "안주인으로서의 역할을 제대로 수행하기 위한 준비"로서 집안을 가꾸고 하인들을 지도하며 남편의 대화 상대가 되고 자녀를 교육할 수 있을 만큼의 자질을 충분히 갖추기만 하면 되고, 이러한 자질을 갖추는 일이 공부나 교육의 전부였다. 즉 그들이 가정이나 사립 교육기관에서 받는 교육에는 지적 도전을 불러일으킬 만한 내용이 전혀 없었다. 1848년 퀸스 칼리지가 설립되어 여성에게 새로운 고등교육을 제공했지만, 1880년이 되어서야 여성에게 최초의 학위가 수여된다. 1869년과 1879년 캠브리지와 옥스퍼드에도 각각 여성 대학(women's college)이 설립되지만 1920년까지는 여성에게 학위를 수여하지 않는다. 19세기 말에 이르러서야 몇몇 탁월한 결단력을 가진 젊은 여성들만이 학교를 졸업할 수 있었다.

이처럼 빅토리아 시대에는 사실상 어떤 계급의 여성이건 그녀가 실제로 공적인 영역에서 어떤 지위나 역할을 담당하는 길을 봉쇄되어 있다. 몇몇 최상류 계급이나 귀족계급 여성들의 경우, 직업 대신 권력을 가질 수는 있다. 이들에게는 결혼도 종속적인 관계라기보다는 일종의 동반자의 관계였다.

여성의 권리가 어느 정도로 무시되었는지는 1870년 여성들이 법적 인격을 획득하기 이전까지 아내의 범죄행위에 대해 남편이 죗값을 치렀으며, 남편은 여성이 법적 무능력자라는 이유만으로 아내에게 폭력을 행사해도 처벌받지 않는 특권을 누렸다. 이 시대의 여성은 지적, 정신적, 인격적으로 열등한 불완전한 존재일 따름이다. 1919년 직업상의 '성차별 금지법'이 제정되면서 법적으로 여성의 전문직 진출이 가능해진 직후인 1920년대까지도 여성은 공공연히 남성보다 지적인 능력에서 열등한 존재로 묘사된다.

Q. 길모아(Gilmour)의 표현대로 종교의 문제에 대해서는 급진적이었던 빅토리아 시대의 과학이 젠더 문제에서는 덜 급진적이었다. "여성들이 공적인 영역에 진입한다는 것은 가정에서 잘 발휘할 수 있는 능력을 잃어버리게 될지도 모르는 위험에 처하는 일이다"라는 주장에는 어떤 문제점이 있다고 생각하는가?

Note. 버지니아 울프는 1920년 10월 2일자 '뉴 스테이츠맨(New Statesman)'에 실린 '여성이 지적인 능력에서 남성보다 열등하다'는 칼럼니스트 애퍼블 호크(Affable Hawk)의 글에 대한 반박 글을 10월 9일자 같은 신문에 실었다. 호크는 문제의 글에서 '어떤 교육과 행동의 자유도 그것(남성과 여성의 차이)을 식별이 가능한 만큼 바꿀 수는 없을 것'이라는 아놀드 베넷(Arnold Bennett)의 결론을 옹호한다. 이에 대해 울프는 제인 오스틴과 에밀리 브론테, 에이프라 벤 등 여러 여성 작가를 지적 능력의 증거로 제시한다. 또한 플라톤과 아리스토텔레스가 사포를 호머와 동일한 시인의 반열에 두고 있음을 예로 들면서 여성의 지적 능력이 근본적으로 남성과 차이가 있다는 논자의 주장에 반박한다.

2. 밀의 여성관

중기 빅토리아 시대에 이르기까지 영국의 부녀자들은 보통법(Common Law)에 의하여 재산관리권, 유언권 및 자녀에 대한 후견권조차 인정되지 않는 불평등한 대우를 받는다. 소위 "부부일체"란 명칭 아래 처는 남편에 대한 무한한 복종만이 허용되며, 많은 종교단체 역시 부녀자에게는 불평등한 대우를 한다. 이러한 현상은 교육면에서도 다를 바가 없다. 부녀자의 두뇌는 남자에 비하여 열등하다는 관념이 지배적이었기 때문에, 그들은 고등교육을 받을 만한 두뇌도 못 가졌거니와 교육에 시일을 허비하면 혼기도 늦어지고 주부로서의 책임도 감당하지 못하여 가정을 파괴할 우려가 많다고 주장되었다. 그래서 당시 여성교육이라면 단순히 미술, 음악 등에 불과하고, 이 정도의 교육조차도 일부 부유층의 여성만이 받을 수 있음으로 전문직을 가질 수 없었을 뿐만 아니라 공무에 참여하고자 하는 부녀자는 여성답지 못한 인간이라는 평을 받았던 실정이었다. 그러므로 밀은 당시의 여성을 다음과 같이 표현한다.[59)]

> "아내의 생활은 사실 노예의 생활 그 이하이다. 노예는 일이 끝나면 제 방에서 팔다리를 뻗고 제 처자와 단란한 시간을 가질 수가 있지만 아내에게는 평생 이런 자유조차 없다."

이는 고된 살림살이만을 두고 하는 말이 아니라 가장의 전제에서 도피할 수도 반항할 수도 없는 정신적 고통을 말하는 것이었다.

밀이 여권을 주장한 것은 그가 항상 부르짖었던 인간성에 관한 다음 두 원리로부터의 당연한 귀결이었다. 즉 ① 성격의 무한변경성과 ② 환경이 인간 상호 간의 차이를 결정하는 힘이라는 것이다. 양성 간의 차이가 주로 환경에 의한다면, 이는 근본적인 것이고 불가피한 것이 아니며, 오랜 세월에 걸쳐 남성들이 여성들을 그렇게 차별대우한 결과이다. 그러므로 만약 상황의 변화가 생기고 부녀자가 사회적, 정치적 자유를 획득하기에 이르면, 남녀의 차이는 자연 해소될 것이다. 뿐만 아니라 부녀자가 남자보다 열등시 당하는 것은 권위의 법이 획일적으로 적용됨으로써 생긴 것이므로, 정의가 권위의 우위를 차지하게 되면 남녀평등이 실현될 것은 명백한 사실이라고도 말한다.

> "여성이 남성의 지배로부터 벗어나려는 투쟁은 다른 어떠한 전제에 대한 투쟁보다 더 어렵고 오랜 시일이 걸린 것이다. 왜냐하면 이 투쟁은 모든 가정이 가장과 이제부터 가장이 될 모든 남성과 관계있는 일이며, 예속자가 모두 단결하여 반항한다는 것은 거의 불가능한 일이기 때문이다. 이것은 예속된 자끼리의 유대보다 지배자(남성)와 예속자(여성) 간의 관계가 더 긴밀하기 때문에 어쩔 수 없는 일이다."

---

59) 손중애, "여권론자로서의 John Stuart Mill," 여성문제연구 제2집(1972), 41-43쪽.

Q. 밀은 남자가 다른 사람들에게 법적으로 예속해야만 할 이유를 찾아 볼 수 없었던 것처럼, 또한 부녀자들이 남자들에게 예속해야만 할 아무런 이유도 없다고 하고, 부녀자도 남자와 동등하게 이익이 보장되어야 한다고 확신하였다. 다음을 생각해 보자.

(1) 양성 차별의 잔재가 아직도 남아 있는 우리나라의 상황에 비추어 볼 때 밀의 여성관은 우리에게 어떤 시사점을 던져 주는가?

(2) 밀은 남녀차별을 철폐하기 위해 여성해방의 필요성과 그 도덕성을 높이 외쳤다. 그 이유는 무엇인가?

밀의 여성관은 테일러 부인으로 하여금 그에게 호기심을 품게 한 요인이 되기도 하였다. 그러나 부녀자의 무능력이 초래하는 결과가 사회의 진보발전에 실질적으로 미치는 영향력에 대한 충분한 관념을 갖게 된 것은 그녀로부터 힘입은 바가 컸던 것이다.

그의 결혼생활은 비록 짧았으나 그 동안 두 사람의 협력으로 준비되고 부인의 급사 후 고독한 생활 속에서 집필한 「여성의 종속」은 오늘날 여성운동의 고전으로서 널리 알려져 있다. 여기서 그는 남녀의 결혼이 정의에 입각한 평등한 것이라면 인도적 입장에서 처에게도 별거, 이혼 및 재산공유권이 인정되어야만 된다고 말한다. 특히 강조한 것은 여성의 취업문제와 무능력의 해소이다. 즉 인류사회에 있어서의 자만심과 아집 등은 모두 그 근원을 남녀 간에 현존하는 불평등한 제도에서 파생된 것으로 보고, 각종 직업의 문호를 여성에게도 개방하여 동일직업에는 동일보수를 지급할 것과 이를 위하여 교육의 기회균등을 부르짖는다. 그러나 주부의 최대 임무는 가정과 육아에 두었으며, 만일 주부가 경제권을 가짐으로써 도리어 남편으로 하여금 의뢰심을 조장시켜 가족부양의 의무까지 처에게 지우고, 자신은 음주, 오락 등으로 소일하는 경우가 생긴다면 이는 바람직하지 못하다는 우려를 표시하기도 한다. 그리고 이상적인 결혼은 의사와 목표가 동일하며, 상호 우열장단을 달리하는 교양과 능력을 갖춘 남녀의 결합이라고 주장한다. 밀의 이러한 이상적인 결혼은 그 자신과 테일러 부인과의 결혼이며, 그가 이상으로 하는 부인도 또 그녀였음은 의심할 여지가 없다. 그의 여성관이 항상 낙관적이며, 여성의 완전한 능력과 이지에 주안점을 둔 까닭도 이 이상적인 여성이 머릿속에서 떠나지 않았기 때문일지도 모른다. 이렇게 말하면 밀의 여성관은 곧 그의 사회관이었다. 세계가 여성의 무능력과 복종을 폐지하는 데서 얻는 이익은 개인적이라기보다 오히려 사회적인 것임을 강조한 그의 사회관에 의하면 이성이 가장 발달하여 사회적 책임감이 강한 사회, 즉 개인 행위의 자유를 강하게 인정하는 사회가 이상적인 사회였던 것이다. 그리고 인류의 태반을 차지하는 여자들을 무능력하게 만듦으로써 생기는 죄악이 인류에게 불행을 초래하는가를 세상에 경고한 것이 이 저서의 결론이라고 하겠다.

Q. 다음과 같은 밀의 생각에 동의하는가? 동의한다면 그 이유는 무엇인가? 또한 동의하지 않는다면 그 이유는 무엇인가?

(1) 주부의 최대 임무는 가정과 육아에 두었으며, 만일 주부가 경제권을 가짐으로써 도리어 남편으로 하여금 의뢰심을 조장시켜 가족부양의 의무까지 처에게 지우고, 자신은 음주, 오락 등으로 소일하는 경우가 생긴다면 이는 바람직하지 못하다는 우려를 표시하기도 하였다.

(2) 이상적인 결혼은 의사와 목표가 동일하며, 상호 우열장단을 달리하는 교양과 능력을 갖춘 남녀의 결합이라고 주장하였다.

3. 여성참정권 운동

19세기 영국 여성의 참정권 운동을 논하는데 있어서 밀의 기여한 바를 높이 평가하지 않을 수 없다. 밀은 1851년 'Westminster Review' 7월호에 'The Enfranchisement of Women'이라는 논문을 발표하고 "국민 문화의 발전을 여성이 남성과 같이 참정권을 행사하는데 있다"고 주장하여 세인의 주목을 끌었다. 그는 1865년 5월 50여 명의 여성들이 조직한 'Ladies Discussion Society'의 주요 논제가 여성참정문제 이었음에 착안하고 동협회의 명칭을 'The London Society for Obtaining Political Rights for Women'으로 변경시켰고, 다시 1867년 이를 'The London National Society for Women Suffrage'로 개칭하게 하고, 자신도 이에 적극적으로 참여한다. 이를 계기로 주요도시에도 여성

참정협회가 설립되고, 상호 제휴하여 참정권 획득을 위하여 활약한다.[60)]

한편 밀은 1865년 총선거에 입후보하였을 때도 정견발표에서 여성참정권을 역설하였거니와 당선 후에도 그의 주장을 관철하고자 스스로 여성운동의 선두에서 활약한다. 1867년 제2차 선거법 개정안이 의회에 상정되었을 때에는 일반 여성 1,499명의 연서와 1,605명의 조세를 납부한 여성의 연서, 그리고 3,559명과 3,000명의 남녀 연서로 된 4종의 탄원서를 의회에 제출하고, 여성참정권을 주장하는 동시에 선거법 개정안 중에 기록된 'Man'을 'Person'으로 개정하여 여성도 이에 포함시키려 했으나 애석하게도 73대 195로 부결되고 말았던 것이다. 비록 그의 제안이 통과되지는 않았으나 여성참정권 문제가 의회에서 최초로 토의되었다는 사실은 특기할 만하다. 그런데 동년 제2차 선거법 개정안의 통과로 도시노동자가 선거권을 획득하게 되자 Manchester 지방에서는 4,215명의 여성들이 여성참정권협회를 조직하고, 또 지방의 여성 92%가 투표권을 요구하였다.

밀은 1868년 총선거에서 다시 입후보하였으나 불행히도 낙선하자 종래의 주장을 종합하여 「여성의 종속」(The Subjection of Women)이라는 저서를 간행한다. 여기서 여성이 남자에게 복종하는 것은 심리상으로나 능력상으로 보아 불합리하며, 남성에 의하여 이루어진 문명은 폭력에 의하여 창조된 야만적 문명이라고 논하고, 여성문화의 필요성을 역설한다. 이 저서가 간행되자 여성해방의 여론이 크게 환기되어 전국적 운동으로 발전한다. 그 결과 동년 조세를 납부하는 여성들에게 공민권을 부여하는 지방자치단체 선거법안이 통과되고, 뒤이어 1870년에는 교육조례의 통과로 주부에게도 재산소유권이 인정된다. 그리고 1878년의 London대학에 이어 1882년 Cambridge 대학과 Oxford 대학에서도 여성의 입학을 허용하기에 이른다. 이와 같이 지방자치단체에의 선거권 획득과 가정에 있어서의 발언권 확대 및 여성교육의 보급에 따른 경제적 지위향상은 여성운동의 큰 성과이며 여권신장에 가일층 박차를 가하는 계기가 된다.

19세기 말 이래 영국의 여성참정단체로서는 종래 각지에서 조직된 여성참정 단체가 통합(1896년)되어 합법적인 방법으로 참정권을 획득하려는 'National

60) 손중애, 앞의 논문, 46-47쪽.

Union of Women's Suffrage Societies'와 여성노동자들이 그들의 대표를 의회에 파견함으로써 자신들의 처우를 개선하고자 과격한 방법으로 참정운동을 전개시킨 'Women's Social and Political Union'(1903년)을 들 수가 있다. 전자의 리더인 Millicent Garrett Fawcett와 후자의 리더인 Emmerlin Pankhurst의 남편 Richard Marsden Pankhurst가 모두 밀에 의해 조직된 최초의 여성참정협회에 참여하였음을 보아도 밀이야말로 영국 여성운동의 대표적인 선구자라 하지 않을 수 없다. 그리고 1918년 비록 제한된 선거권(30세 이상의 여성으로서 지방의회에 선거권이 있는 자, 즉 주택을 소유하든지 연수입 5파운드의 부동산 소유자 또는 유권자의 처에게 부여됨)이나마 부여된 것은 제1차 세계대전 중에 있어서 여성들의 애국적인 활약에 대한 국가의 보답이라고 할 수 있으나, 그 이면에는 여성운동자들이 대전 발발 직전에 이르기까지 참정운동을 전개시킨 결과이다. 이러한 사실로 미루어 보아 밀이 영국의 여권시장에 기여한 바는 여성사에서 길이 빛날 것이다.

Q. 밀의 다음과 같은 활동에 대해 공감할 수 있는가? 우리나라의 현실을 놓고 오늘날의 입장에서 밀의 활동을 재평가 해보자.

(1) 밀이 많은 여성들과 함께 단체를 조직하여 여권신장운동을 하였다.

(2) 여성이 남자에게 복종하는 것은 심리상으로나 능력상으로 보아 불합리하며, 남성에 의하여 이루어진 문명은 폭력에 의하여 창조된 야만적 문명이라고 논하고, 여성문화의 필요성을 역설하였다.

(3) 당대의 지배적 이데올로기에 순응하지 않는 개인에게는 언제는 소외와 고통이 뒤따른다. 하지만 밀은 아내 헤리엇과 동반자관계로서 그녀의 사상을 표현하는 운동을 전개하였다.

제 6 절 문명비판의 이단아이며 고독한 은자: 루소

Ⅰ. 생애와 작품

장 자크 루소(Jean-Jacques Rousseau, 1712-1778)는 1712년 6월 28일 스위스의 제네바에서 태어난다. 그의 아버지 이삭 루소(Issac Rousseau)는 시계수리공과 댄스 교사를 겸하고 있었다. 그의 선조는 프랑스의 신교도였기 때문에 앙리 2세의 신교도 박해를 피하기 위해 1529년에 제네바로 망명한 후에 시민권을 얻는다. 루소의 어머니 수잔느 베르나르(S. Bernard)는 재능과 미모를 겸비했고, 연애결혼하여 루소의 출생 후 10일째 되는 날 산욕열로 세상을 떠나고, 루소는 이모에 의해 양육된다.[61)]

루소는 어렸을 때 정식교육을 받지 못하였으나 독서를 좋아했다. 7세 때 플루타르크(Plutarch, 46-120)의 영웅전을 애독하면서 큰 감동을 받고, 특히 스파르타 헌법의 제정자인 리쿠르구스(Lycurgus)를 존경하며, 공화주의와 독립심을 기른다. 7세 연상인 형은 외국에 나간 후 소식이 끊긴다. 루소가 10세 되던 해 그의 아버지는 프랑스 군인과의 말다툼 끝에 칼을 뽑았다는 이유로 고소당하여 제네바를 떠나 니용(Nyon)으로 피신한다.

그래서 루소는 숙부나 목사에 의탁하여 생활을 하다가 14세 때인 1726년에 한 조각가의 도제가 된다. 그러나 그는 가혹한 도제생활을 견딜 수 없어, 16세 때 제네바를 떠나 방랑생활을 하면서 사보이(Savoie)의 아느시(Annecy)에 도착한다. 19세 때 그는 한 주교의 소개로 29세의 남작부인 바랑(Madam de Warrens, 1699-1762)의 도움을 받는다. 그녀는 종교에 대한 헌신으로 말미암아 사보이왕으로부터 연금을 받을 정도로 마음씨 고운 여인이다. 그녀는 루소의 후원자인 동시에 애인이기도 하다. 루소는 28세 때인 1749년까지 약 10년 동안 거의 대부분의 시간을 그녀와 함께 보낸다.

---

61) 이환구, "루소의 자연상태적 인간관과 자유·평등사상," 현대이념연구 제6호(1991), 87-90쪽.

1736년 24세이던 해에 루소와 바랑부인은 샹베르(Chanbery) 부근의 샤르메트(Charmettes)라는 시골의 별장으로 이사해서 수년을 함께 보낸다. 그것은 루소의 일생에 있어 가장 행복한 시기였다. 동시에 이 기간은 그의 학문연구시대이다. 그는 근대철학 및 자연과학의 연구에 몰두하였고, 정치 철학자로서 소양을 갖추게 되며, 제네바 공화국의 정치에도 깊은 관심을 가지고 있었다.

29세 때인 1741년 루소는 바랑 부인을 떠나 파리를 목적지로 하여 리용(Lyons)에서 약 1년 간 가정교사로 지내다가, 30세 때 파리에 도착한다. 그는 음악에 흥미를 가지고 자신이 고안한 새로운 음악 부호법을 과학아카데미에서 발표회를 가졌으나 인정받지는 못한다. 그러나 그는 음악의 취미를 통해 백과전서파인 디드로(Diderot, 1713-83)등의 계몽사상가들과 사귀게 된다.

1743년 31세 때 루소는 베니스 주재 프랑스 대사의 비서가 된다. 이탈리아 베니스에서의 체제기간은 약 1년 6개월 이지만 그의 생활은 그의 정치사상 형성에 큰 영향을 주게 된다. 그는 이 시절에 그의 「사회계약론」을 최초로 구상한다. 그는 대사와의 불화로 말미암아 32세인 1744년 파리로 돌아와서, 다시 디드로 등과 교우관계를 가지며, 사교계의 여인들과 사랑을 나누게 된다.

33세 때인 1745년 3월 루소는 자신이 투숙해 있는 파리의 작은 호텔에서 일하는 하녀 테레스와 사귄 뒤에 남은 일생을 함께 동거한다. 루소보다 10세나 연하인 그녀는 문자해독을 못할 정도로 무학이었으나 소박했다. 그는 그녀와의 사이에서 5명의 자녀를 두게 되는데 빈곤으로 인하여 자식들 모두를 고아원에 보낸다. 38세 때인 1750년 루소는 디종학원의 현상논문 제목 "학문 및 예술의 진보가 도덕을 부패시키는데, 혹은 순화시키는데 이바지했는가?"에 응모하여 논문 「학문예술론」을 제출한다. 루소는 이 논문에서 학문 및 예술, 즉 문명의 진보는 인간의 도덕적 퇴폐와 정치적 예속을 초래한다고 주장한다. 그 논문에는 "자연으로 돌아가라"는 유명한 말이 표현되어 있다. 그의 논문은 최우수 논문으로 당선되어 그 해 출판된다. 그는 이 논문으로 갑자기 유명해진다.

디종학원은 1753년 루소가 41세 되던 해 "인간에 있어서 불평등은 무엇인가. 그 불평등은 자연법에 의해서 시인되어 있는가?"라는 주제를 가지고 현상논문을 공모한다. 루소는 이 현상논문에 응모하기 위해서 42세 때인 1754년에

「인간불평등 기원론」을 제출한다. 그는 이 논문에서 인간은 본래 선하고 평등하지만 사회제도로 말미암아 악하고 불평등하게 된다고 주장한다. 이 논문은 당선되지는 않지만, 그 후 민주주의와 사회주의 사상의 역사에서 가장 영향력이 있는 논문의 하나가 된다.

43세 되던 1755년 루소는 디드로의 「백과전서」 속에 「정치경제론」을 발표한다. 이 논문에서 그는 국민경제학과 재정학의 정책적 문제를 취급하고, 시민사회에 있어서 시민의 신성한 소유권의 중요성을 강조하며, 일반의지의 개념을 발표한다.

44세이던 1756년 루소는 에피네 부인의 도움으로 약 2년 동안 파리 부근에 있는 한 별장에서 전원생활을 하고, 에피네의 여동생 우드 부인과 사랑에 빠지기도 하나, 46세이던 1758년에는 디드로 및 에피네 부인 등과 불화하게 된다.

49세인 1761년 그의 소설 「신엘로이스」를 발표하여, 한 중년남자의 사랑 고백형식으로 우드 부인과의 연애를 기초로 한 그의 자연관, 인생관, 사회관을 표현하였으며, 계약결혼을 미화한다.

50세이던 1762년 루소는 민주주의를 선언함으로써 왕권신수설을 부인한 「사회계약론」, 정식명칭으로는 「사회계약론 또는 정치적 권리의 제원리」와 반기독교적인 자연신앙의 원칙 및 자연주의 교육사상이 담겨져 있는 「에밀」, 정식명칭으로는 「에밀 또는 교육에 관하여」를 출판함으로써, 더욱 높은 명성을 얻게 된다.

그러나 당시의 프랑스 정부는 루소의 두 저작들이 급진적 사회개혁사상을 내포하고 있다고 해서 이를 용납하지 않는다. 루소는 정부의 박해를 피하기 위해 스위스, 프러시아, 영국 등 유럽 각지로 돌아다니다가, 55세이던 1767년 5월 파리로 돌아온다. 그는 56세이던 1768년 8월 30일 테레스와 정식 결혼식을 거행하고, 58세이던 1770년 6월 파리로 돌아와서 그의 「고백록」을 쓴다.

루소는 그 후 주위 사람들로부터 위험인물로 간주되었기 때문에 빈곤한 생활을 하게 된다. 66세이던 1778년 봄 그들은 한 후작의 호의로 파리 교외에 있는 후작의 영지로 이사하며, 그 곳에서 발작으로 인하여 그 해 7월 2일 오전 11시 그의 부인 테레스가 지켜보는 가운데 급사하게 된다. 그는 7월 4일 한 공원의 호수 가운데의 섬에 매장된다. 그 후 1794년 프랑스 혁명정부는 그의 유해를 위인묘인 빵떼옹으로 옮기고, 프랑스 대혁명의 정신적 기반 형성에 공헌한 철학자인 볼테르의 유해와 나란히 안치한다. 그리고 그의 명저 「사회계약론」은 프랑스 대혁명에서 대부분의 지도자들의 바이블이 된다.

Q. 루소는 전방위적인 학문 및 예술 활동을 수행한 대표적인 인물이다. 그의 학문은 오늘날 철학, 사회학, 인류학, 교육학, 정치학 등에 큰 영향을 주었다. 그는 화학 논문을 쓰기도 하였으며, 식물학에 매우 깊은 관심을 기울이고 저술을 하기도 했다. 또한 루소는 시인이며, 희곡 작가이며, 18세기 최고의 베스트셀러 소설이었던 「신엘로이스」의 작가이다. 그리고 그는 「마을의 점쟁이」라는 오페라의 작곡가이기도 하다. 루소는 다방면의 학문 예술계에 기여하였고, "자기 시대만이 아니라 근대 세계의 가장 영향력이 있는 작가의 한 사람"으로 인정받는다. 루소의 이러한 태도는 오늘날의 학제 간 연구에 어떤 시사점을 주는가?

Note. 루소는 각 분과학문을 공부하면서도, 그 공부한 내용을 전체와 결부시키며 통합적인 사고를 형성하고자 했다. 루소의 이러한 학문적 태도는 오늘날 학제 간 연구, 다학문적 연구의 정신과 일맥상통하는 것이다. 이러한 학제 간 또는 다학문적 연구방법과 이를 통한 통합적인 사고는 오늘날 새롭게 부상하는 '탈경계인문학'의 주요한 요소이다.[62)]

Ⅱ. 시대적 배경

현대정치에 있어서 인간의 존엄성을 근본정신으로 한 자유와 평등은 선진민주 복지 사회를 실현하기 위한 최고 이념이다. 자유와 평등은 상호 보완 또는 대립관계에 있는 야누스의 얼굴일지도 모른다. 근대 민주주의의 3대 혁명의 하나인 프랑스 대혁명(1789년)의 구호는 바로 이 자유·평등·박애이다. 18세기 말경, 프랑스 대혁명 이전에 유럽 대륙의 정치질서는 구제도, 즉 앙상레짐하[63)]에 있었다.[64)]

62) 송태현, "루소의 자연종교와 그 생태학적 함의," 문학과 환경 제10권 제2호(2011), 147-148쪽.

앙상레짐하의 특권계급은 대지주층으로서 그 소유지에 대하여 많은 특권과 옛 영주로서의 공적 권한을 보유하고 있다. 그 당시의 승려와 귀족은 유럽에 있는 모든 토지의 3분의 1을, 조세수입의 4분의 1을 소유하였고, 자본의 3분의 1은 교회의 소유였다. 프랑스의 인구 구성을 보면 승려가 13만 명, 귀족이 15만 명으로서, 이들 특권계급은 전체인구 2,500만 명의 약 10분의 1 정도의 소수에 불과하였다. 그런데 이들 귀족과 승려는 각각 프랑스 토지의 5분의 1을 소유하고 있었다. 그들은 면세의 특권을 가지고 호화로운 생활을 하고 있었다.

앙상레짐하에서 정치적 피해자는 농민, 그리고 시민계급인 제3계급이었다. 전인구의 8·9할을 차지하는 농민층과 노동자들은 아직 제4계급으로서의 사회적 자각을 하지 못한 채, 제3계급의 일부로서 실질상 농노와 다름없이 가장 비참한 생활을 한다. 그들은 과중한 조세공납, 그 밖의 봉건적 의무를 부담함으로써, 극심한 빈곤과 고통과 무지의 생활 속에서 신음하고 있었다.

다만 그 당시의 프랑스의 공업은 수공업적 단계를 벗어나지 못하였으나, 상업은 재무대신 콜베르(1619-83)의 중상주의적 경제정책으로 말미암아 영국 못지않게 발전한다. 그리하여 상공업자와 은행가를 중심으로 제3계급으로서 대두한 부유한 시민계급은 경제적인 권력을 획득함에 따라, 특권계급의 이익만을 옹호하는 절대왕정의 재정적 낭비와 결핍에 대하여 심한 불만을 가지며 개혁을 요구한다.

부패한 앙상레짐에 대한 시민계급의 개혁을 이데올로기적으로 지지하는 사회혁신사상이 이른바 계몽사상이다. 계몽사상가들은 당시의 낡은 사회제도에 대하여 인민의 각성을 환기시키고, 자유·평등·박애를 기조로 하는 새 질서의 건설을 주장한다.

계몽사상의 선구자로서는 자유주의를 부르짖는 영국의 로크를 들 수 있으며, 프랑스의 계몽사상가들로서는 입헌정치를 주장한 몽테스키외, 귀족과 승려들의 폐단을 비난한 볼테르, 자유와 평등을 부르짖은 루소 등을 들 수 있다.

63) 17·18세기에 있어서 귀족 및 승려와 결탁한 중앙집권적 전제군주정치와 그 사회조직을 말한다.

64) 이환구, 앞의 논문(1991), 85-87쪽.

이들 계몽사상은 진보와 개혁의 정신으로서 앙상레짐을 신랄하게 비판함으로써 프랑스 대혁명의 사상적 원동력이 된다.

그 중에서도 루소는 근대 민주주의의 이론적 기초를 제공한 정치철학자로 널리 알려져 있다. 그의 과격한 문명사회 비판과 결부된 인민주권론과 민주주의 구상은 앙상레짐을 근저로부터 붕괴시키는 힘을 가지고 있었으며, 다가올 시대에 하나의 방향성을 부여한다. 또 루소만큼 인간의 자유와 평등의 문제를 열렬히 다룬 사람이 드물 정도로, 그의 자유·평등에 대한 믿음과 불평등에 대한 관심은 프랑스 혁명주의자들의 열정을 고취시킨다. 루소는 프랑스에서 저술활동을 하였기 때문에 프랑스인으로 알려져 있으나, 사실 그는 온 생애에 걸쳐서 끊임없이 방황한 범유럽적인 인물이었다. 그가 주장한 견해들은 오늘날에도 세계적으로 민주 혁명주의자들의 표어가 되고 있다.

Q. 시대적 상황과 배경은 인물을 낳는다. 그 인물은 당시의 상황과 배경을 진보시키고 개혁하면서 새 역사를 창조할 사상을 제공한다. 시대적 상황과 위대한 인물들 간의 관계를 생각해 보자.

Ⅲ. 자유와 불평등 기원

1. 자연적 자유

루소는 자유를 사랑하였다. 「사회계약론」의 주제는 어느 의미에서 자유라고 할 수 있다. 루소에 의하면 인간은 자유롭게 태어난다. 그런데 어디에서나 인간은 쇠사슬에 얽매여 있다. 개개인은 타인의 주인으로 자처하나 사실은 그 타인 못지않게 노예적 상태에 있다. 그 이유는 사회제도의 발달에 기인한 것이며, 그 사회제도의 발달은 자연적인 것이 아니고 계약에 기인한 것이며, 인류가 약속에 의해서 만들어 낸 것에 불과하다.[65]

우선 가장 기본적이고 자연적 사회인 가족에 관해서 보면, 부자 간의 유대관계는 자녀가 자기 자신의 생명유지를 위해서 부친의 도움이 필요한 동안 계

65) 이환구, 앞의 논문(1991), 96-98쪽.

속될 뿐이다, 이 필요성이 없어지는 즉시 자연적 유대도 해소되고 만다. 그리하여 아들은 아버지에게 복종해야 할 의무로부터 해방되고, 아버지는 아들을 보호해야 할 의무로부터 해방되어, 쌍방이 모두 독립하게 된다. 그럼에도 불구하고 부자의 유대관계가 결합된 채로 계속 유지된다면, 그것은 이미 자연적인 것이 아니라 임의적인 것이다. 따라서 이렇게 가족이 유지되어 가는 것은 오로지 계약에 의한 것이다.

이 공통의 자유는 인간의 본성에서 기인한다. 따라서 일정한 연령에 달하면 인간은 자기방위를 위하여 자기 자신의 판단자가 되고, 자기 자신의 주인이 된다. 그러므로 가족은 정치적 사회의 최초 모형이라 할 수 있다. 즉 지배자는 아버지요 인민은 자식들에 해당한다. 모두가 자유롭고 평등하게 태어났기 때문에, 오직 자신들의 이익을 위해서만 자유를 양보할 수 있다.

그러나 좀 더 발달한 사회로서의 국가에 관하여 보면, 그것은 가족과 동일하지 않다. 부자의 관계는 사랑에 기초하여 결합되어 있지만, 국가의 군신관계는 치자의 지배욕에 기초를 두고 있다. 아무리 최대의 강자라고 하더라도 만일 자기의 힘을 권리로 바꾸어 놓거나 피치자의 복종을 의무로 바꾸어 놓지 않는다면, 결코 언제나 주인이 될 만큼 충분히 강하지는 못하다. 폭력은 완력이므로 공정하지 않다. 법적 권위는 공정에 기초를 둔다. 사회에 있어서 합법적 힘은 계약에 의거한다. 폭력이 권리를 만들지 않으므로 합법적 권력 이외에는 복종할 의무가 없는 것이다.

<u>Q.</u> 루소에 의하면 가족은 정치적 사회의 최초 모형이다. 이와 관련하여 좀 더 발달한 사회인 국가와 가족의 다른 점은 무엇인가?

그러면 자유란 무엇인가? 루소에 의하면 자연과 질서에는 영원한 법칙이 있다. 그것은 성문법에 대신하여 양심과 이성에 의해서 마음속에 새겨져 있다. 자기의 의사에 의해서 그 법칙에 따르는 것이야 말로 자유이다. 따라서 자유란 우리 자신이 만든 법에 복종하는 것이다. 루소의 자유란 한마디로 말하면 자기규율, 즉 자율이다.

루소가 주장하는 자유에는 세 가지 종류 내지 단계가 있다. ① 자연적 자유, ② 시민적 자유, ③ 도덕적 자유이다.

자연적 자유는 자연 상태에 있어서의 불평등이 거의 없는 평등의 상태에 있는 인간의 자유이다. 자연 상태에서는 상호 간의 교통도 없고, 따라서 허영도 없고, 사람은 타인을 고려하지도, 존경하지도 경멸할 줄도 모르며, 자기와 타인과의 구별도 모르며 참다운 정의의 관념도 가지고 있지 않았다. 자연적 자유에 있어서는 자기가 원하는 대로 획득할 수 있는 모든 것에 대한 무제한한 권리를 가지고, 개인의 힘만이 그 한계를 지어질 수 있다.

시민적 자유는 사회계약에 의해서 자연적 자유와 권리를 포기하고 양도하여 사회 속에 결합하고 난 후에 사회의 구성원으로서 국가의 법률에 의하여 전체의 불가분의 일부분으로서 자기의 생명 및 재산을 소유하는 것이다. 시민으로서의 인간의 능력은 자극을 받아 발전하게 되고, 그의 사상은 확대되고, 그의 감정은 고귀한 것이 되어 그의 영혼 전체가 고매해진다.

도덕적 자유는 인간으로 하여금 진실로 자기 자신의 지배자가 될 수 있게 하는 데 유일한 기반이 된다. 시민적 자유는 도덕적 자유에로 승화되며, 도덕적 자유는 시민적 자유로부터 국가를 매개로 하여 얻어진다. 루소는 자유의 중요성을 다음과 같이 강조한다.

> "자유를 포기한다는 것은 인간으로서의 자격을 포기하는 것이요, 인간의 여러 권리 및 의무까지를 포기하는 것이다."

자유의 상실은 인간의 상호 의존관계에서 비롯된다. 인간이 타인에게 의존하여 자기의 이익을 추구하는 경우, 불가피하게 타인의 임의적 의사에 동조하지 않으면 안 된다. 타인의 자의에의 종속은 위선과 증오 등으로 인한 도덕적 부패와 자유의 상실을 초래한다. 따라서 루소에게 있어서 인간의 자유라는 것은 정신적·물질적 의존으로부터의 해방을 의미한다.

Q. 다음을 생각해 보자.

(1) 루소가 말하는 자연인의 자연적 자유는 과연 과거의 인간이 실제로 누렸던 자유인가?

Note. 결코 그렇지 않다. 자연인은 상상의 인간이다. 루소가 자연적 자유를 설명하기 위해 원시사회에 관한 유용한 역사적 기록으로부터 많은 증거를 끌어낸 것은 사실이다. 그러나 인류가 실제로 그런 자유를 누리는 순수한 원시상태에서 살 수가 없는 한에서는, 자연적 자유는 자유 개념의 이해에는 중요하되 비실제적인 허구적 개념의 자유이다. 자연적 자유 상태는 그 자체 명백한 한계를 지닌다. 거기서 인간은 미완의 독립된 존재인 것이다.[66)]

(2) 루소가 말하는 시민적 자유는 사회계약으로 성립된 사회에서 인간들이 누리는 자유를 말한다. 왜 인간은 사회계약이라는 조건을 부과하여 시민적 자유라는 새로운 자유를 보장받고자 하는가?

Note. 그것은 인간이 추구하는 최고가치인 생존과 자유의 이익을 보장받기 위해서이다. 본래 자연적 자유는 생존을 위해 자신이 원하는 모든 것을 수행하고 획득할 수 있는 무제한의 권리를 지닌다. 그러나 자연적 자유는 고유한 결점이 있다. 실제로는 자연이 부여하는 한계로 말미암아 인간이 원하는 모든 것을 수행할 수는 없다. 특히 재화를 둘러싼 불확실한 소유권은 많은 언쟁과 갈등의 원인으로 작용한다. 이를 해결하기 위해 개인 각자는 상호계약을 통해 사회를 성립시키고 자연적 자유를 시민적 자유로, 불확실한 소유를 정치적으로 보장된 법률적 소유로 변형시키는 계기를 제공받는 것이 필요하다. 이 과정에서 인간은 자연적 자유의 일부를 상실하지만 시민적 자유의 확장에 의해 지적능력의 훈련과 발전, 사상의 확장, 감정의 고상함과 영혼의 고양을 성취하여 장차 도덕적인 '자율적 존재'로 질적 변화를 겪을 계기를 맞는다.[67)]

(3) 루소의 자유개념은 비록 자연 상태와 사회계약이라는 매우 추정적인 역사의 전망에 바탕을 두지만, 실제로는 인공적인 사회적 공동체에서 자유의 실현을 모색하는 지극히 실천적인 전망과 결합되어 있다. 시민적 자유의 명제는 법률에 의해 강제되고 보호받기를 요청하는 소극적인 자유의 측면이 존재한다. 반면에 도덕적인 자유의 모색에서는 공동체의 자율적 참여를 강조하는 적극적인 자유의 측면이 공존한다. 이와 관련하여 루소의 자유개념은 현대

66) 장세룡, "루소의 자유론," 대구사학 제76집(2004), 8, 10쪽.
67) 장세룡, 앞의 논문, 13쪽.

사회가 모색하는 새로운 자유와 휴머니즘의 전망을 제시할 가능성이 있다. 그 이유는 무엇이라고 생각하는가?

Note. 그 이유는 현대인의 자유가 지나치게 개인의 사생활을 보호하는 소극적 자유의 측면에 집착함으로써, 도리어 개인의 삶이 파편화되고 왜곡되는 상황에 도달하였기 때문이다. 그 뿐만이 아니라 개인의 자유를 빌미로 경제활동의 영역을 방치하여, 인간성을 모독하는 빈부격차의 심화에 제동을 걸고 나설 제도적 장치의 마련이 어려워졌다. 특히 과학의 발전에 따른 개인정보의 통제와 유출문제, 그리고 유전자 조작식품의 문제에서 보듯 과학의 급속한 발전 아래서 개인의 소극적 자유에의 집착이 도리어 그 소극적 자유의 토대조차도 유지하기를 위태롭게 한다. 따라서 지금은 공동체의 자유 문제에 적극적인 참여가 도리어 개인의 자유를 보호해 줄 수 있는 상황이라고 할 수 있다.[68]

2. 불평등의 기원

정치사상사에 있어서 루소만큼 자유와 함께 평등의 문제를 강렬하게 다룬 사람은 별로 없다. 그에 의하면 자연 상태에서 인간은 본래 평등하다. 그가 가정한 '자연 상태'는 자유롭고, 건실하고, 정직하고, 행복한 생활을 향유한 시기였다. 홉스의 자연 상태는 전쟁상태였고, 로크의 그것은 잠재적 전생상태이기는 하나 자연법의 지배를 받는 평화의 상태였다. 그러나 루소의 자연 상태는 가장 행복된 것이고 진·선·미가 발휘될 수 있는 상태였다.

루소는 「인간불평등 기원론」에서 자연 상태의 평등이 왜 불평등으로 되었는가를 상세히 설명한다. 그는 다음과 같은 두 종류의 불평등을 구별한다. 첫째는 자연적 불평등이며, 그것은 연령·건강·육체적 힘·마음과 정신의 차이이다.[69]

둘째는 도덕적 또는 정치적 불평등이며, 그것은 사회제도에 기인하는 것으로 부·명예·권력 등의 특전이다. 그는 자연적 불평등의 문제가 사회의 형성으로 일어나는 불평등과 같이 본질적인 것은 아니라고 한다.

루소에 의하면 인간의 불평등은 농업과 치금의 발달로 인한 문명의 출현

---

68) 장세룡, 앞의 논문, 32-34쪽.

69) 이환구, 앞의 논문(1991), 98-100쪽.

과 더불어, 사회에서 채택되어 있는 인류생활상의 온갖 조직과 제도의 불공정에 기인한다. 물론 사람 사이에 자연적 불평등이 없는 것은 아니지만, 불평등의 기원은 문명의 발달과정에서 생겨난 주로 재산제도와 같은 사회제도와 관습·교육 등의 불공정에 있으며, 또한 그에 의해서 증대된다.

Q. 불평등의 기원은 재산제도 등의 사회제도와 교육 등의 불공정에 기인하고 이러한 제도 등에 의해 증가한다는 루소의 견해에 동의하는가? 인간은 결코 평등할 수 없는 존재인가? 불평등을 조금이라도 해소할 방법은 무엇인가?

인류를 타락시킨 문명사회의 불평등은 토지의 점유로부터 시작되었다.

> "토지의 일부를 막아 놓고 '이것은 내 것이다'라고 선언할 것을 생각해 내고 그것을 믿을 정도로 아주 단순한 사람들을 발견한 최초의 사람이 문명사회의 진정한 창설자였다."

인간의 생활이 복잡한 관계로 진화되면서 사유와 노동이 필요하게 되고, 치금과 농업은 문명화의 대혁명을 초래한 두 가지 기술이었다. 불평등사회는 인간과 인간이 상호 의존하는 사회이다. 부자는 빈자의 노동에 의존하고, 빈자는 부자의 원조를 필요로 한다. 이로부터 인지와 간계가 발달함에 따라 자연상태는 파괴되고, 동정의 자연적 발로는 부자의 약탈과 빈자의 강도 때문에 중지된다. 재산의 불평등은 수많은 범죄와 무서운 전쟁의 상태를 가져온다. 그래서 부자는 계속적인 전쟁의 위협을 받지 않고 그들의 권력과 소유물을 보다 더 잘 향유할 수 있는 계획을 고안하게 된다.

루소는 불평등 발달의 순서로서 다음 3단계를 든다. 1단계는 법률의 제정과 사유재산제의 발달이다. 이 기간에 빈부의 격차가 생긴다. 2단계는 통치조직의 발달이다. 이 기간에 강자와 약자의 구별이 생긴다. 3단계는 합법적 권력의 자의적 폭력에로의 변천이다. 이 기간에 주종·노예관계가 생긴다. 이러한 상태는 결국 새로운 혁명에 의해서 다시 합법적인 정치로 시정되지 않으면 안 된다.

루소에 의하면 정치적 차별은 필연적으로 사회적 차별을 초래한다. 이러한 불평등사회는 도덕적 부패와 자유의 상실을 필연적으로 초래하며, 소수의 권력자와 부유층의 영화와 사치는 경제적 불평등을 전제로 한다. 결국 재산과 신분상의 극단적 불평등은 사회와 정부의 구조를 침식하는 분열과 충돌을 야기시킨다. 전제정치는 이러한 무질서로부터 등장하였으며, 전제정치는 가장 최종적인 형태의 불평등이다. 나중에는 민중의 반란이 전제자를 폐위시키거나 혹은 그를 사형에 처하게 된다. 폭력이 폭력을 낳게 된 것이다.

> "어린이가 노인을, 어리석은 자가 현인을 지배하고, 굶주린 대중이 생필품에도 결핍하고 있음에 반하여, 소수 특권자만이 여유를 가지고 포식한다는 것은 명백히 자연법에 위반되기 때문이다."

루소는 위와 같이 「인간불평등 기원론」의 결론부분을 끝맺으면서 당시 프랑스 사회의 불평등과 부정의를 강력히 비판한다.

Q. 루소에 의하면 "정치적 차별은 필연적으로 사회적 차별을 초래한다. 이러한 불평등사회는 도덕적 부패와 자유의 상실을 필연적으로 초래하며, 소수의 권력자와 부유층의 영화와 사치는 경제적 불평등을 전제로 한다." 루소의 이 말이 인류에게 주는 시사점은 무엇인가?

Ⅳ. 사회계약과 일반의지

1. 사회계약의 성격

루소는 국가의 기원에 관하여 그 기초를 사회계약에서 찾는다. 사회발달의 동인은 인구의 증가이다. 정치사회의 가장 원시적 형태는 가족이다. 가족의 기원은 가옥이 만들어지면서 시작되었다. 가족이 형성되면 재산관계도 발생한다. 재산관계의 형성은 모든 사회투쟁의 출발점이 된다. 이어서 여러 가족이 집합하여 민족이 형성된다.[70)]

자연 상태하의 군거생활은 이익의 충돌을 일으키고, 서로의 의심과 증오를 야기한다. 이제 인간에게 자연 상태에서 발전을 이루는 동안에 원시적 독

70) 이환구, 앞의 논문(1991), 100-102쪽.

립 상태를 더 이상 보존할 수 없는 시기가 찾아온다. 그래서 인류는 행복을 잃은 자연 상태를 구하고, 자기보존을 유지하기 위해서, 개개인의 힘을 결합시키는 사회계약을 통하여 국가를 설립하게 된다. 루소는 사회협동의 필요성을 다음과 같이 강조한다.

> "인간은 새로운 힘을 만들어낼 수 없고 단지 현존하는 힘을 결합하여 지배할 뿐이므로, 자기보존을 위해서는 저항에 이겨나갈 수 있는데 필요한 힘의 총화를 단결에 의하여 만들어서 그것을 유일한 원동력에 의하여 움직이고 협동시키는 방법 밖에 없다."

사회계약의 목적은 개인이 계약을 맺기 이전에 가지고 있었던 자연적 자유와 집단적 단체로부터 오는 안전을 결합시키는 데 있다. 루소는 사회형성의 과정에서의 정치적 근본문제를 다음과 같이 밝힌다.

> "그 문제는 전체의 공동적 힘을 가지고 각 구성원의 생명과 재산을 방어하고 보호해 주는 일종의 협동체를 조직하되, 그 단체를 위한 행위가 결코 자기 자신에 대한 불복종의 행위가 되지 않고 여전히 자유를 누릴 수 있는 그러한 조직체를 발견하는 것이다."

루소의 사회계약은 복종계약 또는 통치계약이 아니라 오직 결합계약일 뿐이다. 이 점에 있어서는 홉스의 견해와 일치한다. 그러나 계약의 개념에 관하여 홉스와 루소 사이에는 본질적인 차이가 있다. 홉스의 경우에는 다수의 인간이 결합하여 국가를 형성할 것을 결심하고, 각 개인은 개별적으로 다른 모든 사람들과 계약을 체결한다. 그 결합은 '만인의 만인과의 계약에 의해서', 즉 개인 상호 간의 계약에 의해서 행해진다.

그런데 루소에 있어서 사회계약에 의한 결합행위는 홉스의 경우와 같은 상호 간의 계약이 아니라 법인체로서의 공중과 개인과의 상호약속을 포함한다.

따라서 개인들은 자기들이 구성원이 되는 인민단체와 상호계약을 체결한다. 설립중의 인민단체는 마치 이미 설립되어 있듯이 계약 당사자의 일방이 된다. 그것은 무체적 인격(법인)으로 간주된 인민단체와 개인들과의 상호약속, 즉 집합적 입법공동체로서의 주권자와 그 신민과의 상호계약이다.

Q. 전반적으로 민주화된 세계 질서속에서 민주주의의 성공이 낙관적이지만은 않다. 전 세계적인 경제위기 속에서 민주주의의 가치는 위협받고 있으며, 이미 민주주의를 달성했다고 평가받고 있는 유럽의 여러 국가들도 역행적 모습을 보여주고 있다. '자유선거, 경쟁하는 복수 정당, 자유로운 공개 토론, 인권, 공무의 일정 수준의 투명성' 등 '민주주의의 형식적 요소는 그대로 남아 있으면서 정치와 정부는 점점 더' 소규모 엘리트와 부유한 집단과 같은 '특권적인 엘리트의 통제권 안으로 미끄러져 들어가고' 있으며, '평등주의적 운동이 점차로 무능해지고 있다.' 루소의 주장에 기초해 다음을 생각해 보자.

(1) 민주주의는 다수지배의 의미처럼 일차적으로 구성원의 평등한 정치참여의 자유와 권리를 보장하는 정치형식을 의미한다. 평등한 정치참여는 어느 누구(집단)도 일방적으로 자신의 의사(의지)에 관계없이 다른 누군가(집단)에게 지배받지 않고 평등하고 자유롭게 자신의 정치적 의사를 표현할 수 있는 것을 말한다. 그렇다면 서로 함께 사회를 구성할 수밖에 없는 구성원들이 어떻게 결합을 해야만, 한 정치세력이 다른 세력을 지배하는 일이 없이 모두가 지배할 수 있는 형식이 될 수 있는가?

(2) 인간은 끊임없이 인간이 인간답게 할 수 있는 새로운 대안적 정치질서를 모색하였다. 새로운 질서에 대한 모색의 과정에서 루소의 사상은 어떤 역할을 했을까? 루소의 사회계약론이 제시한 인간의 정치질서는 무엇이며, 그것이 인간다운 삶에 어떤 기여를 했는가? 만약 그렇지 못했다면, 어떤 대안적 질서가 가능한가? 아니면 질서는 애당초 필요가 없는 것인가?

Note. 루소는 사회계약론을 주장하면서도 자유주의 또는 급진적 민주주의 요소도 보여 주고 있다. 공화주의의 영향도 간과할 수 없다. 루소는 직접민주주의의 옹호자로서 자유주의와 민주주의의 발전에 기여하였지만, 평등 지향의 민주주의적 요소는 일부 자유주의자들에 의해 비난을 받기도 한다.[71)]

71) 류청오, "공화주의, 민주주의, 그리고 루소의 사회계약론," 진보평론 제43집(2010), 224-226쪽.

2. 사회계약과 자유 및 평등

루소는 사회계약을 다음과 같이 설명한다.

> "우리들 개인은 각자의 신체와 모든 힘을 공동으로 일반의사의 최고지도하에 둔다. 그리고 우리는 공동체의 자격으로 각 구성원을 전체의 불가분한 일부분으로 받아들인다. 이 협동단체 구성행위가 성립되는 순간부터 각 계약당사자의 개인적 인격 대신에 하나의 정신적이고 집단적인 단체를 형성하는 것인데, 이 단체는 투표권을 가진 전 단체성원으로서 구성되며, 그 결합행위 자체로부터 그의 통일성·공동일체감·그의 생명과 그의 의사를 받아들인다. 이렇게 모든 개인적 인격의 결합으로서 형성된 그 공동인격은 이전에는 도시라는 이름을 가졌었는데, 오늘날에는 공화국 또는 정치체라는 이름을 가지고 있다. 또 그 구성원들은 그것을 수동적으로는 국가라 부르고, 능동적으로는 주권자라 하고, 그 자체와 다른 것과 비교할 때에는 권력이라고 부른다."

사회계약은 반드시 명시적 의사표시를 필요로 하는 것은 아니고 묵시적인 의사표시도 무방하다. 그리고 개인의 재산은 계약에 의해 국가의 소유물로 바뀌는 것은 아니고 그들의 소유가 합법적인 것으로 되기 때문에 오히려 확고하게 된다. 따라서 인간은 사회계약의 체결과 동시에 자연적 자유를 잃는 대신에 계약적 자유를 취득하게 된다.[72)]

계약적 자유의 내용을 고찰해 보면 그것은 본능에 기초를 둔 방종을 의미하는 것이 아니고 윤리와 공정에 기초한 자유를 의미한다. 계약적 자유는 국가적 견지에서 보면 시민적 자유라고도 할 수 있다. 시민적 자유는 법적 자유를 의미한다.

그 밖에 정신적 또는 도덕적 자유라는 것이 있다. 이 자유는 인간에게 가장 중요한 철학상의 문제로서, 루소는 그 자유에 의해서 본능을 극복하여 자기의 주인이 된다고 본다. 그는 동물과 인간과의 정신작용을 비교하고, 인간은 사물선택에 있어서 자유의사라는 특색을 지니고 있기 때문에 정신적 자유를 가질 수 있다고 생각한다. 이러한 점에서 그는 자유주의를 이탈하지는 않는다.

---

72) 이환구, 앞의 논문(1991), 102-103쪽.

또한 국가의 구성목적은 자연에 있어서의 육체적 불평등을 변화시켜서 정신적·법적 평등을 수립하는 데 있다. 이 새로운 평등도 내용적으로 절대적 평등을 의미하지는 않는다. 첫째, 모든 폭력을 억압하여 도덕 및 법률에 의하지 아니하고는 힘이 행사될 수 없도록 해야 한다. 둘째, 어떠한 부자도 다른 사람을 매수할 수 있을 정도로 부유해지지 않도록 억제해야 하며, 어떠한 빈자도 금전에 의해서 매수당할 정도로 빈곤해지지 않도록 해야 한다. 사실상 법률은 유산자에게는 유익하고, 무산자에게는 유해하다고 한다. 따라서 사회적 상태가 인간에게 유익한 것이 되려면, 모든 사람이 모두 유산자인 동시에 아무도 너무 부유해서는 안 된다는 것이다.

Q. 사회 및 국가 속에서 타인과 공존하는 삶을 모색하는 것은 개인에게 자유와 권리를 제한하는 의무를 부과하기도 한다. 또 국가 권력은 자신의 권력 의지를 추구하면서 폭압적인 형식으로 드러나는 경우도 다반사이다. 그렇다면 인간은 자유롭고 평등한 독립적인 존재이면서도, 왜 굳이 사회나 국가를 형성하면서 살아야 하는가?

Note. 인간은 사회로부터 독립적이라고 하더라도 홀로 살 수 없으며 타인과의 관계 속에서 함께 살아갈 수밖에 없다. 방법론적 개인주의는 단지 개인이 사회에 우선한다는 것과 개인의 결합을 통해 사회를 설명한다는 것이지, 개인 혼자만으로 살 수 있다는 것은 아니다.[73]

3. 국가의 설립과 일반의사

사회계약을 기초로 하여 국가라고 하는 하나의 단체인격이 형성된다. 국가의 설립은 전원일치의 계약과 계약당사자의 자유로운 동의에 기초를 둔다. 그리고 개인의 결합에 의해서 형성된 공동체로서의 국가는 그 자신이 하나의 의사를 갖는다. 이러한 공적 인격의 의사가 루소의 일반의사이다. 그러므로 국가가 행사하는 권력의 기초는 일반의사이며, 국가는 공적 인격의 의사인 일반의사에 의해서 업무를 집행한다. 국가는 곧 일반의사의 이념공동체이며, 개인

73) 류청오, 앞의 논문, 228쪽.

은 이 공동체 내에서 비로소 시민적 자유를 획득하게 된다. 일반의사는 다음과 같은 특징을 갖고 있다.[74)]

첫째, 일반의사는 특수의사와는 다르다. 특수의사는 개별적 사회구성원인 개인의 의사이며, 개인의 사적 이익을 추구하는 의사이다. 이에 반하여, 일반의사는 공동의 이익만을 추구하는 단체의사이다. 특수의사가 그 성질상 특권을 요구하는 데 대하여, 일반의사는 언제나 평등을 요구한다.

둘째, 일반의사는 전구성원의 의사의 집합인 전체의사와 다르다. 전체의사는 단순히 사람들 전부의 의사이며, 사적 이익을 고려한 특수의사의 총화에 불과하다.

셋째, 일반의사의 본질은 투표자의 수에 의해서 결정되는 것이 아니라 그 투표자를 결합시키는 공동이익에 의해서 결정된다. 그러므로 일반의사는 항상 보편적이며 정당하고, 공익적이며, 형평적이다.

Q. 법에 따라 국가가 조직되고 정부가 구성된다. 법질서와 국가 체제 수립의 목적은 만인의 최대의 행복이며, 그것은 자유와 평등으로 귀착된다. 루소의 사회계약에 따라 수립된 국가는 어떤 국가인가? 단지 영토가 넓고 힘이 막강한 국가인가? 구성원의 동의하에 만든 법에 의해 통치되는 국가인가?

Note. 구성원을 소외시키지 않고 개별의사를 법에 입각하여 전체적으로 만드는 방향으로(일반의사에 입각하여) 국가를 운영하기 때문에, 국가는 절대군주의 소유물이 아니라 구성원 모두의 '공동의 것'이다. 국가가 공동의 것이라면, 그것은 군주국가와 같이 사적 치부를 위해서가 아니라 공동의 이익과 행복을 위해 존재한다. 국가의 공적인 일은 그 구성원 모두의 일이다. 공공성의 정신이 악화되고 자신의 개인적 일에 매몰된 채 공적인 일은 딴 세상의 일이거나 자신과는 아무 관련이 없는 정치인들의 일로만 생각하는 곳에서 공화국이 작동할 수는 없다. 그런 국가에서 공공정신이 약화되어 시민들은 부와 권력이 막강한 개인에게 종속되는 노예적 예속 상태가 나타나며, 공동의 나라를 자신 또는 자기 당파의 사적 치부를 위해 국가권력을 남용하는 부패상황이 초래된다.[75)]

---

74) 이환구, 앞의 논문(1991), 103-104쪽.

75) 류청오, 앞의 논문, 236-237쪽.

V. 인민주권과 자유 및 평등

루소에 있어서 개인의 자유란 본질적으로 자기를 규율하는 것이므로, 인민의 정치적 자유는 자기입법과 자기통치이지 않으면 안 된다. 따라서 인민에 의한 인민을 위한 정치는 이론적으로 인민주권의 원리를 요청하게 된다. 근대 민주주의는 루소의 인민주권의 원리와 불가분의 관계를 가지고 있다.[76]

주권이라 함은 국가의사를 결정하는 최고의 원동력인 통치권을 말한다. 루소에 있어서 주권은 국가의 일반의사의 행사작용이며, 법률은 그 일반의사의 표현이다. 주권은 일반의사의 실체이며 법률은 그 형식이다. 구체적으로 주권은 인민을 구성원으로 하는 정치체가 능동적인 경우로서의 인민주권을 의미하며, 주권자는 인민전체이다. 루소가 말하는 주권의 특질은 다음과 같다.

첫째, 주권은 양도될 수 없다. 주권은 일반의사의 행위이므로 결코 양도될 수 없다. 왜냐하면 권리는 이전될 수 있어도 의사는 이전될 수 없기 때문이다.

둘째, 주권은 분할될 수 없다. 주권은 국가의 일반의사이고 인민의 공동의사이므로 불가분적이다. 어떤 정치이론가들은 주권을 입법권과 행정권, 과세권과 사법권과 선전권으로 분할하고 있으나, 그들은 주권의 발동에 지나지 않는 것을 주권의 분할로 간주함으로써 주권의 작용과 본질을 혼동하고 있다.

셋째, 주권은 오류를 범할 수 없다. 왜냐하면 국가의 일반의사는 항상 올바르고, 공동이익만을 추구하기 때문이다.

넷째, 주권은 절대적이다. 사회계약은 정치권, 즉 국가에게 전구성원을 통제하는 절대권을 부여한다. 주권은 일반의사의 행위이므로 개인의 자유와 인민의 공동이익을 보호하기 위하여 공동체의 필요성에 따라 절대적·일반적·무제한적으로 행사된다.

국가의 자율성이라는 관점에서 본다면 주권은 절대적이 아니라 상대적이다. 그래서 루소는 개인의 생명과 자유는 본래 정치체인 공적 인격으로부터 독립된 것으로 보고, 인민주권의 한계를 다음과 같이 말한다. 즉 국가는 ① 시민과 주권자의 권리, 그리고 ② 인간과 신민의 자격을 구별해서 개인의 생존

---

76) 이환구, 앞의 논문(1991), 105-107쪽.

권과 자유권을 확보할 수 있도록, 공적 유용성의 한계 내에서 주권을 인민에 대하여 공정·평등하게 행사할 권리와 의무를 가진다는 것이다.

주권의 행사에 있어서 루소는 직접민주정치를 주장하고, 간접민주정치로서의 대의정치를 부정한다.

> "주권은 양도될 수 없다는 이유와 같은 이유로 대표될 수도 없다. 주권은 본질적으로 일반의사 속에 존재하며, 대표하는 것을 허용할 수 없다. 즉 의사라는 것은 동일한 의사이거나 아니면 전혀 다른 의사일 수는 있어도 그 중간의 의사란 존재할 수 없다. 그러므로 인민의 대의원은 인민의 대표자가 아니며, 또한 그 대표자일 수도 없다. 그들은 단순히 인민의 대행자일 뿐이며, 따라서 결정적으로 일을 매듭지을 수는 없다. 인민이 직접 인준하지 않은 법률은 전부 무효이며, 따라서 그것은 사실상 법률이 아니다. 영국민은 자신의 자유롭다고 보고 있으나 그 생각은 대단한 과오로서, 그들은 다만 의회의 구성원을 선거하는 동안만 자유를 가진다. 그 구성원이 선거되자마자 인민은 다시 노예 상태로 되돌아갈 뿐, 아무 것도 아닌 존재가 되어 버린다."

따라서 일반의사의 표현인 법률의 제정은 인민이 직접적으로 해야 한다. 또한 루소의 권력분립론을 보면 국가에는 두 가지 원동력이 있다. 즉 그것은 힘과 의사로 구별된다. 국가의 의사에 해당하는 것이 입법권이고, 국가의 힘에 해당하는 것이 행정권이다. 입법권은 일반의사의 표현으로서의 법률제정권이므로 주권자인 인민에게 속해야 한다. 그러나 행정권은 입법자 또는 주권자로서의 인민전체에 속할 수 없다. 따라서 루소의 권력분립론은 이권분립론으로서, 사법권이 아직 분리되어 있지 않다.

Q. 현대사회의 대의민주주의는 심각한 위기에 봉착해 있다. 사회와 조직의 확대로 인하여 직접민주주의가 불가능해지면서 대안으로서 제시된 대의민주주의에서 시민의 참여라는 문제가 난관에 봉착하면서 발생한 위기이다. 이 위기의 핵심은 무엇이라고 생각하는가? 위기를 해결하기 위해 루소의 사상에서 얻는 교훈은 무엇인가?

Note. 시민의 실질적인 참여가 없다는 점이다. 참여의 부재와 정치에 대한 무관심의 증대를 돌이켜 민주주의를 민주주의로 돌리기 위해서 가장 중요한 것은 시민의 시민으로서의 확립이다. 이를 위해서는 대의민주주의로 시작된 전문가 정치에서 보통 사람, 즉 시민의 정치로 돌아와야 한다. 여기서 시민은 자유와 평등을 기반으로 해서 독립적 판단능력을 발휘하여 자신이 소속된 조직에서 자아성취를 중시해야 한다.

루소에게 있어 자유로의 전환은 행동양식의 전환 - 즉 일반의지의 지속적 형성을 위한 적극적 참여로의 전환 - 이다. 자유는 특정인이나 특정 사회를 통해 주어지거나 증여되는 것이 아니다. 루소의 자유는 지속적으로 요구되어 얻어지는 것으로 적극적 참여는 자유의 필수적인 조건이고, 동시에 참여는 자유를 위해 노력하는 시민이라면 반드시 가져야 할 의무인 것이다.[77)]

Ⅵ. 교 육 관

1. 근대교육의 서장을 연 아동중심 교육사상가

루소가 위대한 것은, 그가 처음으로 어린이의 입장에서 교육학을 세우고, 교육은 아동에게 내재한 자기개발 욕구에 근거해야 한다는 것을 주장했기 때문이다.[78)]

루소의 교육적 참회록이라고 할 수 있는 「에밀」은 아동중심 사상을 처음으로 제시한 역작이다. '교육의 주요 목적은 정신을 형성하는 일이며, 공부는 즐겁게 해야 하고, 가르치는 내용은 학생의 나이에 알맞은 것이어야 한다'는 그의 아동중심 교육사상은 새로운 사회의 건설을 위해 새로운 인간형을 키우려는 해방의 교육사상이었다. 주인공으로 '에밀'이라는 아동을 설정한 것도 어린이에 대한 새로운 인식을 촉구하기 위한 것이었고, 자신도 '어린 시절'이 있었다는 것을 사람들이 잊고 있음을 깨우치기 위한 것이었다.

Q. 사르트르는 "자기 자식을 고아원에 보낸 루소의 '인간주의'를 누가 진지하게

77) 박의경, "참여민주주의를 위한 루소의 역설," 사회과학연구 제16집 제2호(2008), 76쪽.
78) 심성보, "루소: 어린이를 발견한 최초의 근대적 교육사상가," 교육비평 제8호(2002), 178-179쪽.

생각하겠는가?"하고 반문하며, "「에밀」은 단지 문학작품일 뿐"이라고 과소평가한다. 사르트르의 루소에 대한 평가에 동의하는가? 또 교육사상가로서의 루소를 어떻게 평가할 것인가?

Note. 루소 연구자들은 그를 작가·출판인·철학자·교육학자·심리학자·정치학자·사회비판가·식물학자·작곡가 등 다양한 면모를 지닌 인물로 거론한다. 한편에서는 루소를 칼뱅, 볼테르와 어깨를 나란히 하는 '거의 성직자와 같은 인물'로까지 평가하는 견해도 있다. 다른 한편으로는 루소를 어떤 나쁜 사람보다 먼저 유형지로 보내 마땅한 '비열한 놈', '불안전한 정신병자'라고 혹평하는 견해도 있다. 그럼에도 불구하고 분명한 것은, 「에밀」은 어린이의 성장과정에서 있을 수 있는 영향에 대해 풍부한 직관적인 인식을 제공하는 문학작품으로 평가받고 있다는 사실이다. 오늘날 실험대에 올라 있는 '반 권위주의적 교육'의 모델은 부분적으로 「에밀」에 나오는 루소의 사상에 근거하고 있다고 해도 과언이 아니다.[79)]

2. 원죄설과 엄격한 교육을 거부한 루소

유럽의 전통적 아동관은 원죄설에 입각하고 있다. '아동은 아담의 후손으로 죄악과 함께 무지하고 허약한 존재로 태어나며, 아동의 마음속에는 모든 종류의 사악한 욕망이 들어 있다'는 것이다. 17세기에 이르러 대표적 교육기관인 예수회를 비롯해서 여러 교파에 소속된 교육자들은 어린이를 '원죄의 씨앗'이라고 생각했다. 부모는 가능한 한 아이들을 멀리하려 했고 일종의 방해물로 취급했다. 아이가 태어나면 유모에게 맡겼으며, 학교나 수도원에서 성장이 끝난 다음에나 만나는 것을 허락했다. 귀부인들은 자식에게 관심이나 애정을 표현하는 것을 촌스러운 일로 여겨 자신의 고상한 품위를 손상시키는 것이라고 생각했다. 그나마 이런 식의 교육도 귀족들에게나 가능했다. 서민들 역시 아이들을 귀찮은 방해물로 여겼다.[80)]

원죄설에 입각한 아동관은 자연히 엄격한 교육방법을 선택하기 마련이다. 어린이는 엄격한 감시 속에서 자라야 하고, 사악한 존재이기 때문에 교회를

79) 심성보, 앞의 논문, 197쪽.
80) 심성보, 앞의 논문, 179-181쪽.

통해 적극적이고 조직적인 훈육을 받아야 한다. 세례를 통해 예수를 받아들이고, 그럼으로써 어린이를 부활시키는 것이 교육의 특징이다. 세상 그 자체가 악이기 때문에 어린이는 세속으로부터 완전히 격리된다. 어린이에게는 악과 싸울 힘과 의지, 이성이 결핍되어 있기 때문에 어른이 지켜주어야 한다. 아동에게 강압적으로 대하는 것은 신성한 크리스트 교도의 의무이다.

루소는 이러한 아동관을 거부한다. 루소가 원죄설을 부정한 것도 같은 흐름에서이다. 루소는 기독교적 인간관을 타파함으로써 원죄설을 극복하고자 한다. 그는 원죄를 부정하고 인간과 세계를 있는 그대로 인정하기 때문에 교회와 충돌한다. "아동은 선하다"고 말하는 것은 "아동은 악마와 같다"고 말하는 칼뱅주의적 사고를 부정하는 것이다. 그는 오히려 아동의 선한 머릿속에 잘못된 관념이 들어가 악의 씨앗이 된다고 생각한다. 그에게는 인간의 첫 출발이 매우 중요하다.

> "만물은 창조주의 손에서 선하게 만들어졌다. 그러나 인간의 손에 의해 타락했다."

루소에 의하면, 문명에 의해 변질되지 않은 인간, 즉 원시적 인간인 '자연인'이 곧 선이다. 자연인은 아직 변질되지 않은 인간이며 타락하지 않은 인간이다. 그가 말한 '자연'은 황량한 사막이나 벌판과는 다른 '선한 자연'이다. 홉스는 자연 상태를 '만인의 만인에 대한 투쟁'이라고 보는 '성악적 인간관'을 제시했고, 로크는 자연 상태를 '이성적인 인간의 상태'라고 보는 '이성적 인간관'을 제시했다. 하지만 루소의 생각은 다르다. 홉스는 자연 상태의 인간은 공격적으로 이익을 추구하며, 이것은 문명화된 삶의 규칙과 규제를 통해서만 개선될 수 있다고 생각하지만, 루소는 인간의 본성은 기본적으로 호의적이고 자비롭지만 문명 상태로 나아가는 과정에서 타락과 부패에 빠지는 것이라고 생각한다.

그럼 루소는 이 문제를 어떻게 해결하려 했는가? 그는 국가가 주도하는 부의 재분배는 해결방안이 아니라고 생각한다. 그는 인간의 '도덕적 진화'에서 해답을 찾는다. 루소는 '천국의 행복'을 약속한 기독교 교리보다는, '지상에서의 행복'을 추구하는 현실적 약속에 관심이 많은 인간적 모럴리스트이다. 그는, 인간에게 부여된 이성과 양심은 신의 섭리와 무관하기 때문에 신은 인간을 책임질 필요가 없다고 말한다. 또 평화를 파괴하고 자연적 인간을 파괴하는 비인간화된 문명사회(타인을 무차별하게 착취하여 손실, 빈곤, 고통으로 몰아넣음으로써 더 많은 특권, 부, 권력을 가지려고 하는)를 부정한 것으로 보지만, 자연 상태에서의 인간의 이기심을 부정한 것은 아니다. 오히려 인간의 이기심을 삶의 근원을 이루는 원동력으로 수용해야 한다고 말한다. 인간의 본성을 선한 것으로 믿은 그는, 선과 악이 공존하고, 아름다움과 추함이 공존하며, 이성과 감성이 공존하는 모순된 인간 역시 긍정한다. 그는 대규모의 사회적 부정의와 착취를 해결하는 방법은, 일반적 정의와 선행의 관점에서 모두에게 공평무사한 진정한 도덕에 입각하여 인간을 재교육시키는 것이라고 말한다.

Q. 루소의 사상에 의하면 아동에 대한 체벌과 제재는 허용될 수 있는가?

Note. 원죄설을 부정하는 루소의 성선설은, 아동을 원래 악한 존재로 보고 몽둥이를 들어 버릇을 고쳐놓아야 한다는 행동주의적 경향을 위험한 것으로 본다. 아동에 대한 체벌은 아동의 어린이다움을 고갈시킬 뿐이다. 교사나 부모가 잔소리하고 닦달하고 싶은 마음을 참고 아동을 신뢰하며 기다리는 태도야말로 아동의 마음에 신뢰의 싹을 틔우는 것이다. 그러나 미국의 진보주의 교육자학자인 듀이는 원죄설에 기초한 중세 교육자들의 생각에는 동의하지 않지만, 루소처럼 아동이 선한 존재로만 태어난다고 믿지 않았다. 그는 아동은 선과 악을 동시에 지니고 태어나는 존재이며, 성장과정을 통해 교육적·비교육적 환경과 교섭을 통해 서로 영향을 주고받는다고 생각했다.[81]

3. 자연적 본성과 자연인

목가적 상징으로 표현된 자연은 존재하지도 않고 존재한 적도 없으며 앞으로도 존재하지 않을 것이다. 루소가 가정한 자연은 바로 그런 '이상적 자연'이다. 이런 가설은 사물의 자연 상태를 분명히 하기 위한 것이며, 인간의 본성을 규명하기 위한 전제이다. '자연 상태'란 아직 문화에 의해 손상되지 않은,

81) 심성보, 앞의 논문, 200쪽.

어린이에게서 보이는 민요와 동화의 자연스러움과도 같은 것이다. 이러한 가정은 홉스의 성악설을 비판하기 위한 것이다. 홉스에 의하면, 인간은 자기중심적인 존재이며 경쟁심이 강하고 타인을 불신하기 때문에, 자연 상태는 전쟁 그 자체, 그것도 '만인의 만인에 대한 전쟁상태'이다.[82)]

루소가 제시한 '자연인'의 개념은 소극적인 의미이나, 그것이 함축하는 자연의 착함, 미덕, 자유, 평등은 '사회적 상태'와 대립됨으로 인해서 더욱 구체적이고 적극적인 의미로 발전한다. 그에 따르면, 소유권과 사유재산은 자연적 상태를 종결짓고 사회적 불평등을 야기하는 최초의 요인이다. 어느 날 땅에 금을 긋고 "이것이 내 땅이다"라고 선언한 최초의 사람이 평화로운 자연 상태를 파괴한 것이다. 그것은 약자에게는 쇠사슬이고, 강자에게는 교묘한 보호책이다.

> "만물은 창조주의 손에서 떠날 때는 선이었으나, 인간의 손에 옮겨 온 뒤로 악이 되었다. 태어날 때부터 타인에게 둘러싸여 있는 사람이 자연 상태에 놓여 진다면, 그는 가장 타락한 인간이 될 것이다. 편견과 권위와 본보기들, 감당할 수 없을 정도로 커져버린 사회제도들은 그의 자연적 본성을 짓눌러 버릴 것이다."

루소는 자연적 상태에는 악이 끼어 들 수 없다고 본다. 따라서 그가 가정한 '자연적 선'은 도덕과 인습이 정한 '도덕적 선'과는 다른 차원의 것이다. 인간에게는 있는 그대로의 자연적 본성과 사회화된 역사적 본성이 있다. 루소가 중시한 것은 사회관계에서 생성되는 사회적 본성이 아니라 자연적 본성이다. 그가 설정한 자연인은 자신의 회상과 어린 시절의 꿈에서 반복되는 가상적 상징이며 이미지라고 할 수 있다. '자연으로 돌아가라'는 슬로건은 원시인들의 미개상태, 자연인의 생활로 돌아가라는 의미가 아니라, 파리 사교계의 인위적이고 가식적인 습속에 젖어든 자신을 발견하고 내부의 생명력을 느끼자는 것이었다.

<u>**Q.**</u> '자연으로 돌아가라'는 말은 루소의 교육이론을 한마디로 요약한 것이다. 이 말은 원시의 자연 상태로 돌아가 네발로 기어야 할지도 모른다는 오해를 유발할 수도 있다. 이 말의 진정한 의미를 생각해 보자.

---

82) 심성보, 앞의 논문, 181-182쪽.

4. 자연주의 교육

문명사회가 발달할수록 지식이 축적되고 학습량이 많아지기 때문에 부모들은 조급한 마음을 갖게 된다. 그리하여 실제로 아이들이 갖고 있지 않은 욕망까지 강요함으로써 아이들을 더 힘들게 한다. 뿐만 아니라 아이가 의지를 실천하기 위해 가지고 있는 최소한의 의지마저 억눌러 어른의 의지에 따르도록 하거나, 어린이의 연약함과 어른의 애착에서 생기는 상호의존적 관계를 노예관계로 변화시킨 어린이를 더욱 약하게 만든다.[83]

> "원시인과 문명인은 근본적으로 다르다. 한 쪽이 최고의 행복으로 여기는 것이 다른 쪽을 절망으로 빠뜨릴 수 있다. 원시인은 평온과 평화를 추구한다. 왜냐하면 그들은 자유롭고 여유를 갖고 싶어 하기 때문이다. 반면 문명인은 언제나 분주하고 무엇을 꾀하느라 안정을 찾지 못하며 항상 새롭고 힘든 일을 떠맡기 위해 끝없이 노심초사한다. 문명인은 죽을 때까지 일한다. 오직 살기 위해 그렇게 하고 있다. 이러한 모든 노력의 대가는 단 하나, 권력과 명예뿐이다. 반면 원시인은 자신의 삶을 산다. 사회화된 문명인은 다른 사람의 견해를 따르고, 다른 사람의 판단에서 존재감을 얻는다."

자연적 교육은 자연의 질서를 따라야 하기 때문에 어른이 마음대로 바꿀 수 없고, 속도를 재촉할 수도 없다. 또 순서를 뛰어 넘어 속성으로 성장시키는 인위적인 방법도 통하지 않는다. 어린이에게 중요한 것은 하루 빨리 어른이 되는 일이 아니라, 어린이의 자연적 발달단계에 합당한 교육을 받는 것이다. 서두르지 않는 교육, 시간을 충분히 사용하는 교육은 어른의 세계를 위해 어린 시절을 희생시키지 않는 것이다. 인공(가식)의 문명이 아닌 자연적 교육은 이런 것이다.

인간에게는 인위적으로 만들어진 모습과 자연 그대로의 모습이 혼합되어 있으므로, 우선 자연의 질서를 식별하는 능력이 있어야 한다. 이런 능력을 통해 현재의 상태를 정확히 판단하고, 그 상태를 인식할 수 있어야 한다. 근대문명이 만들어낸 과도한 인공, 반자연성을 원래 상태인 자연적 교육으로 돌아가야 한다.

83) 심성보, 앞의 논문, 182-184쪽.

“어린이는 시골에서 검소하고 단순하며 자연에 맞는 생활을 해야 하고, 자주 자유롭게 해방되어야 한다. 그러면 모든 것이 잘 될 것이다.”

그렇게 해서 인간의 존재와 교육의 과제가 함께 자연과 일치하도록 하자는 것이다. 루소의 자연주의 사상은 타락한 도시생활보다는 친자연적인 농촌의 전원생활에 대한 숭상으로 나타난다.

Q. 루소의 자연주의적 교육은 노자의 ‘무위자연’ 사상을 연상시키는 점이 있다. 인공으로 빚어낸 문명의 과도한 인위를 부정하고 무위적 절제의 삶을 강조하는 루소의 교육사상은, 생태적 위기에 봉착해 있는 현대 기술주의 교육의 위험성을 경고하며, 자연성(원시성)의 회복을 통한 균형 잡힌 ‘개발’의 필요성을 역설하고 있다. 이러한 루소의 교육관은 현실감각이 없는 공허한 메아리일 뿐인가? 아니면 현대 사회에 어떤 시사점을 주는가?

Note. 아리스토텔레스의 사상을 추종하는 현대 공동체주의자들은 진정 자유로운 자연적 개인을 상정한 루소의 전제를 비판하고 있다. 그러나 루소가 가상한 이상적 자연상태는 현실로 존재하는 사회상이라기보다는 이상사회를 위한 일종의 실험적 전제임을 유념해야 할 것이다. 또 루소의 생각이 ‘자연’을 넘어 자력갱생, 사회적 연민, 시민적 의무, 자연에 대한 사랑과 같은 ‘문명적 상태’를 지향했다는 점을 감안할 때, 그는 ‘과도한 문명’과 ‘과도한 자연’의 균형을 잡음으로써 ‘문명 이전’과 ‘문명 이후’를 상호의존적이고 협력적인 관계로 다시 설정하려는 전략적 사고를 했다고 보여진다.[84]

5. 아동의 고유한 발달과 아동중심 교육

루소는 전통적 원죄설을 부정한 로크의 사상을 수용하면서도, 어린이보다 어른의 기준에서 만들어진 ‘백지설’을 부인한다. 그 이유는, 어린이는 ‘미완성 어른’이 아니라 그들만의 고유한 활동이 있고, 따라서 그 발달단계에 부합되는 교육이 필요하기 때문이다. 어린이는 어른이 되는 준비단계에 있는 ‘작은 어른’, 즉 어른의 축소판이 아니라 어린이로서 완성해야 할 독립된 존재로서 고

84) 심성보, 앞의 논문, 200쪽.

유한 발달 과제가 따로 있다. 루소는 미래를 위한 준비로서의 교육을 비판하면서, 어린이의 첫째 의무는 장차 어떤 직업을 갖는가가 아니라 '사람이 되는 것'이라고 역설한다. 그의 이런 아동관은 근대교육의 시작을 여는 새로운 교육 이념이다.[85)]

인간의 본성을 선으로 본 루소의 아동관은 자신이 청년시절 경험한 다루기 힘든 고집투성이 아이들의 모습을 인정한 것이었으며, 아마도 스스로 자식 교육에 실패했음을 반성하는 가운데 나온 것일 것이다. '에밀'이라는 어린이는 실재하는 인물이라기보다는 그의 비상한 상상력과 치밀한 관찰력이 만들어낸 하나의 가공인물이다. 그는 이상적인 교육을 말하기 위해, 현실에서는 도저히 찾을 수 없는 어린이를 상상 속에서 만들어낸다. 왜냐하면 현실은 이미 타락했고, 그 속에서 자라나는 아이들 또한 타락하고 있었기 때문이다. 자연인인 어린이 '에밀'은 인간을 구제하기 위해, 그리고 사회를 구제하기 위해 루소가 만들어낸 탈출구이다.

루소는 '에밀'이 그 당시의 이상적인 인간상인 판사, 군인, 목사가 되기 전에 먼저 '인간'이 되어야 한다고 말한다.

> "인간이 된다는 말은 곧 산다는 것이며, 산다는 것은 곧 삶을 행하는 것이다. 삶의 행위는 또한 지금 여기에 현존하고 있다는 감정을 갖도록 만드는 우리의 감각, 능력, 신체기관, 그리고 우리의 존재 전체의 각 부분을 자유롭게 사용하는 것이다. 따라서 어린이는 먼저 '자연인'이 되고 난 후에 '직업인'이 되어야 한다. 미래의 삶을 위해 현재의 삶이 희생되는 교육을 해서는 안 된다. 그렇게 하는 것은 인간의 비자연적 요구를 실현하는 것이나 다름없다."

> "자연은 어린이가 성인이 되기 전에 우선 아이일 것을 요구한다. 이러한 질서를 전도시킬 경우 우리는 설익고 맛도 없고 곧 썩어버리는 과일을 생산하게 될 것이다. 즉, 우리는 나이 어린 박사들과 애늙은이들을 얻게 되는 셈이다. 어린이들은 그들 자신만의 고유한 견해와 사고와 느낌을 갖고 있다. 그들에게 우리의 견해와 사고와 느낌을 강요하려는 것보다 어리석은 일은 없다."

---

85) 심성보, 앞의 논문, 184-186쪽.

“사람들이여, 인간적이 되라! 어떤 상황에서도 어떤 연령의 사람들에게도 인간적으로 대하라. 어린이들을 사랑하고, 그들의 놀이와 기쁨과 사랑스러운 본능을 장려하라. 어째서 그대들은 순진무구한 어린이들에게서 그렇게 짧고 그렇게 빨리 지나가 버리는 기쁨을 빼앗으려 하는가?”

Q. 현대 사회의 교육은 어린이들에게 너무나 빨리 일정한 직업에 종사할 수 있는 기술과 지식을 주입하고 있다. 그리하여 어린이는 자신의 내부로부터 솟아나는 고유의지로 스스로를 확인하지 못하고, 밖으로부터 강요되는 낯선 목적을 위해 목표 중심적인 활동을 한다. 그리하여 자신의 전인적 실현을 희생하도록 강요당한다. 루소가 되살아나 우리의 현실을 본다면 무엇이라고 할까? 아마도 “이제 겨우 돋아나기 시작한 ‘아동의 싹’이 짓밟히고 있다”고 하지 않을까?

Note. 루소가 주장한 아동중심 교육은 페스탈로찌 등에게 결정적인 영향을 주었고, 1960년대와 1970년대 ‘교실의 위기’에 대처하기 위해 실버만이 제시한 미국의 ‘열린교육 운동’에 수용되었다. 수업에 들어오든 말든 자유롭게 놓아두는 닐의 ‘섬머힐’ 자유학교 운동, 그리고 동기와 경험을 중시하는 듀이의 ‘진보주의 교육’에도 영향을 주었다. 또 적절한 시기에 적절한 준비와 교육을 해야 한다는 몬테소리의 ‘발달주의론’, 교사와 학생에게 한정되어 있던 주체와 대상이 상호작용을 사회적 상호작용으로까지 확대시킨 비고츠키에게도 큰 영향을 주었다.[86)]

6. 소극적 교육관과 아동의 발견

루소는 기존의 아동교육과 상반되는 새로운 원칙을 제시한다. 아동은 자율적 판단력을 획득하기 위하여 ‘소극적 교육’을 받아야 한다는 것이다. 정신의 본질인 이성은 12세 이후에나 발달하기 때문에, 12세 이전의 아동교육은 추상적 이치를 따지는 정신적 기능을 자극할 것이 아니라, 아동이 이해할 수 있는 육체적 기능이나 감각 계발에 주력해야 한다는 것이다. 루소는 12세까지의 아동기를 통해 가능한 한 아동의 정신을 ‘무위’의 상태로 보존하는 것이 가장 성공적인 교육이라고 주장한다. 즉 소극적 교육의 목표는 무방비 상태인 아동의 정신을 보호하는 일이다. 아동교육에서 중요한 조건 가운데 하나는 아

86) 심성보, 앞의 논문, 198-199쪽.

동을 외부의 영향으로부터 보호하기 위해 아동의 주변에 '울타리'를 만드는 일이다. 아동이 최초의 선에 입문하는 시기에 외부의 악한 영향(사회악)에 방치돼서는 안 되기 때문이다.[87]

아동은 태어날 때부터 선하기 때문에 가능한 한 제약이 없는 상태에서 교육되어야 한다. 아동은 이미 선하기 때문에 엄격한 도덕교육이 필요 없다. 불확실한 장래를 위해 현재를 희생시키는 교육은 어린이의 현재의 행복을 희생시키는 구속적인 교육이다. 어린이의 자연을 존중하는 교육은 그 자연을 지키는 소극적 교육이어야 한다. 어린이의 생활은 아직 도덕적 의미를 갖지 않아 자유롭지만, 욕망보다는 능력이 커서 악을 유발하지는 않는다.

따라서 어른은 아이의 욕망을 억제할 필요도 없고, 자연에 따르는 아이의 본성을 보호해야 한다. 어린이는 강요나 명령을 받지 않고, 내재된 소질을 자유롭게 계발시켜야 한다.

> "지식을 제공하기에 앞서, 그 도구가 되는 여러 기관을 발달시키고 감각훈련에 의해 이성을 준비하는 교육이 소극적 교육이다. 소극적 교육은 아무 의미도 없다는 것은 잘못된 생각이다. 그것은 미덕을 주지는 않지만, 악덕을 막아준다. 또 진리를 넣어주지는 못하지만, 오류를 예방해 준다."

소극적 교육은 시간을 아끼고 단축시키는 교육이 아니다. 소극적 교육은 어른의 의지에 따라 움직이는 노예 같은 어린이를 만드는 것이 아니다. 그렇다고 해서 어린이 혼자 자라게 내버려두라는 것은 아니다. 갓난아이는 허약하게 태어났기 때문에 다른 동물에 비해 장기간의 보살핌을 받아야 하는 것이다. 또 자연교육은 자연의 질서에 따라야 하기 때문에 어른이 마음대로 바꿀 수도 없고, 성장속도를 빠르게 할 수도 없다.

> "어린이를 혼자 놓아 두어라. 아무 얘기도 하지 말고 무엇을 하는지 그냥 바라보라. 그리고 무슨 일을 하고 어떻게 행동하는지를 잘 관찰하라."

> "우리는 가르치려는 욕망과 지나친 꼼꼼함 때문에 아이들이 스스로 배우는 편이 훨씬 좋았을 사실을 항상 직접 가르치려고 한다. 그래서 즐거운 시절은 눈

87) 심성보, 앞의 논문, 187-189쪽.

물과 징벌과 위험과 노예상태에서 보내게 만든다. 우리는 그것이 아이를 위해 최선이라고 강변하며 불행한 아이를 괴롭힌다."

소극적 교육관은 어린이를 혼자 내버려두는 방임이 아니다. 다만 밖으로부터 강제해서 가르치는 교육이 아니라, 아동의 심신의 발달을 보호하고 좋은 환경을 정비하는 것이 더 중요하다는 말이다. 루소는 규범, 규율, 의무, 책임 등을 기피하라고 한다. 너무 성급하게 훈육하려 들지 말고 아동을 신뢰하고 기다리면 무엇인가 아동에게 변화가 나타날 것이라는 '자연적 성장'을 강조한다. 어린이는 자신의 욕구에 의해 행동할 수 있어야 하며, 외부로부터 끊임없이 이것저것을 하라고 윽박지르고 닦달해서는 안 된다. 어린이의 내적 욕구와 소망을 계속 억제하고 축소하면 어린이의 소질과 능력의 계발 자체를 그르치게 될 것이다.

"젊은 교사들이여, 나는 그대에게 한 가지 어려운 기술을 간곡히 권고한다. 그것은 지시하지 않고 지도하는 일이고, 그대가 아무 것도 하지 않으면서 모든 것을 하는 것이다."

"교육자는 스스로의 행동과 모범을 통해 심지어는 약간의 계략까지 씀으로써 제자를 올바른 길로 인도해야 한다. 그러나 명령을 해서는 안 된다. 어린이에게 사물을 가르치는 것이 아니라, 인도해야 한다."

루소의 소극적 교육은 학습의 주체로서 아동을 발견한 것이다. 방법적으로는 '발견학습'을 주창한 것이며, 아동의 입장에서 보면 '능동적 교육'을 말한다. 아동에게 사물을 가르치는 교육이 아니라 '알고 싶다'는 욕구를 일으키는 교육, 진리를 가르치는 것이 아니라 '진리를 발견하는 방법'을 배우게 하는 교육이다.

<u>**Q.**</u> 루소의 교육관에 비추어 다음을 생각해 보자.

(1) 루소의 소극적 교육관은 '교육의 부정' 또는 '교육 무용론'을 주장하는 것인가?

(2) 루소의 주장에 의하면 물이 끓고 있는 주전자나 찻길에서 놀고 있는 아이를 방치해야 하는가?

(3) 발달론적 관점에서 보면, 루소의 소극적 교육론은 12세 이전의 아동은 관념

적 사고가 불가능하기 때문에 정신을 외부세계로부터 보호해야 한다는 의미로 해석할 수 있다. 그러나 정치적인 관점에서 보면, 그것은 부패한 시민사회의 법과 도덕으로부터 아동을 차단함으로써 사회의 변화를 이루고자 하는 적극적 전략이 개재되어 있다. 이에 관해 생각해 보자.

Note. 아동에게 적극적으로 지식을 전달하려는 기존의 교육이 '적극적 교육'이라면, 루소의 교육은 그러한 것들과의 접촉으로부터 아동의 정신을 보호하는 것이다. 소극적 교육의 참 의미는 교육을 부정하거나 교육이 무용하다는 것이 아니라 조기교육에 부정적이다. 아동의 발달단계에 따른 적절한 교육을 강조한 것이다. 즉 아동의 발달단계에 비추어 감각능력이나 사고능력을 너무 일찍 계발해서는 안 된다는 것이다. 또 루소의 소극적 교육은 방임교육과는 다르다. 아이를 보호하기 위해 루소는 울타리를 칠 것을 주장했다.

7. 적극적 교육과 시민교육

루소는 12세 이후에는 관념적 사고가 가능해져 아동의 정신이 활성화되므로 소극적 교육에서 적극적 교육으로의 변화를 시도해야 한다고 말한다. 그리하여 루소의 교육론은 어린 시절의 소극적 교육과 청소년기의 적극적 교육이 변증법적 통합을 이루게 된다.[88)]

'에밀'은 가정과 학교를 떠나 가정교사로부터 교육을 받는다. 「에밀」의 목표는 숲 속에서 혼자 살아가는 원시인을 만드는 것이 아니라, 도시의 생활인, 즉 통제된 자유·능력과 욕망의 균형이 잡힌 인간, 자연적 자유를 배우고 인간의 상호의존을 자각하는 '자연인'을 만드는 것이다. 그것은 곧 가장 적극적인 형태의 사회교육이자 시민교육이다.

'완성된 어린이'는 사회의 구성원이 되기 위해 이성을 요구하는 것들을 학습하게 되며, 타인과의 관계를 형성하고 사회구성원으로서의 의무를 깨닫고 따르도록 하는 적극적인 교육을 받아야 한다. 루소의 「에밀」에서 자연교육은 전반부의 소극적 교육과 후반부의 적극적 교육이 서로 연결되어 있다.[89)]

---

88) 심성보, 앞의 논문, 190쪽.

89) 이인화, "자연주의와 현대 음악교육 사상," 한국음악학회 논문집 음악연구 제48집(2012), 36쪽.

Q. 일부 사람들은 루소의 소극적 교육을 '반 사회교육'이나 '반 시민교육'으로 오해하기도 한다. 그러나 실제 루소가 강조한 것은 자연적 자유인을 만드는 '인간교육'이 사회적 자유인을 만드는 '시민교육'보다 앞서야 한다는 점이다. 그렇게 볼 때 소극적 교육과 적극적 교육의 배치는, '인간개혁'을 거치고 난 뒤에야 '사회개혁'이 가능하다는 의미를 갖는다. 이와 관련하여 오늘날의 입장에서 인간교육과 사회교육, 인간개혁과 사회개혁에 관하여 토론해 보자.

Note. 루소의 자연인은 오늘날의 시민의식이 몸에 밴 민주시민을 의미한다. 따라서 그의 교육방법이나 교육사상은 오늘날의 민주주의 교육방법에 많은 영향을 미쳤다. 루소의 교육사상은 19세기 교육이 아동중심, 생활중심, 활동중심, 흥미중심으로 나아가는데 앞장섰으며 전인교육을 지향하는 20세기 현대아동교육의 모체가 되었다. 현대교육의 근간을 이루었다는 루소의 자연교육이 작금의 현실에서 주목을 받고 높게 평가되는 것은 비인간화를 조장하는 사회의 변혁을 추구하기 위해 교육의 개혁적 측면을 과감하게 제시한 데 있다.[90)]

8. 감각과 경험을 강조하는 사물교육

합리주의는 중세 기독교를 극복하려는 사상으로 등장한다. 로크가 '백지설'에서 주장한 논리의 핵심은 "자연법은 이성의 법칙이며 모든 사람에게 평등하고 독립되어 있으므로, 타인의 생명·건강·자유·재산을 침해해서는 안 된다"는 것이다. 나아가 "어른은 이성적 존재이고 어린이는 감성적 존재"라는 이분법의 원리와 "이성의 가치는 감성의 가치보다 우선한다"는 것이다. 그리하여 감성적인 어린이는 이성적인 어른의 지배를 받아야 하며, 어른이 되기까지 어린이는 관심의 대상에서 제외되었다.[91)]

이에 반해서 루소는 오직 이성으로만 사물을 파악하려던 17세기 합리주의의 일변도의 사고에서 벗어나 아동의 '감정적인 측면'을 포함해서 인간을 전체로 파악하려는 '낭만주의적 교육관'을 제시한다. 그는 객관적인 이성을 중시하고

---

90) 김숙이, "루소의 자연주의 교육사상: 현대 아동교육에의 시사점을 중심으로," 교육사상연구 제19집(2007), 15-16쪽.

91) 심성보, 앞의 논문, 190-192쪽.

감성을 낮게 평가하는 로크를 '이성 순종주의'라고 비판하면서, 감각과 경험을 중시하는 '사물교육'을 강조한다. 사물교육이란 인간에게 영향을 미치는 여러 사물에 대한 경험을 쌓는 교육이다. 영향을 미치는 여러 사물이란 환경, 즉 물리적, 인적 환경을 의미하며, 경험을 쌓는다는 것은 습관 또는 관습을 의미한다. 습관은 아리스토텔레스가 말한 '제2의 천성'으로, 강제로 생긴 습성과 자연에 합치된 습성으로 나뉜다. 어린이에게 유익한 습관은 힘들이지 않고 '사물의 필연성'에 따르는 습관이며, 어른의 습관은 힘들이지 않고 '이성의 법칙'을 따르는 것이다. 아동은 자신의 관심, 직접적 경험을 통해 학습해야 하기에 감각과 감정은 가장 우선적이어야 하며, 사고와 추상은 그것을 위한 보조수단이 되어야 한다.

사람은 감각을 통해서만 사물을 이해할 수 있다. 감각을 훈련하는 목적은 감각에 의해서만 학습이 가능하기 때문이다. 따라서 시각·청각·촉각·미각 훈련이 교육의 주요 내용이 된다. 감각은 인간의 최초의 이성이며 지적 이성의 기초가 된다. 감성은 결코 이성에 의해 무시될 수 없는 것으로, 오히려 이성의 발달은 감성을 기초로 한다. 아무리 사태를 올바로 인지했더라도 정서와 감동이 동반되지 않으면 행동이 일어나지 않는다.

> "아동은 결코 절반만 이해한 말들을 사용하지 않는다. 자신의 감각과 경험을 통해 그리고 자발적 활동을 통해 스스로를 도야한다. 어린이는 사물을 실제로 직관하고 붙잡고 쪼개고 연구하며 부수고 만든다. 따라서 교사는 어린이의 이런 특성을 이해하고 허용해야 한다.

자연적 생활환경 안에서 각자의 소질에 맞게 다양하고 심도 있는 체험을 하게 하고, 자연스럽고 자발적으로 기억능력과 사고능력을 키울 수 있는 기회를 풍부하게 갖도록 해야 한다. 모든 인식은 학습자 자신과 체험적으로 밀착해야 하며, 학습자와 공감해야 한다. 그리하여 인식의 내용을 확대하고 심화하려는 욕구를 불러 일으켜야 한다.

Q. 루소는 이미 200년 전에 이성의 하인으로만 취급되던 감성을 아동발달론 차원에서 명예회복 시킨 선구자이다. 과학적 논리와 계산으로 사물을 이해하고, 지

식을 중시하는 주지주의 교육의 폐해로 인해 아동이 점점 비인간화되는 현실에 비추어 본다면, 사람과 사람, 사람과 사물의 감성적 관계를 역설한 루소의 사상은 시사하는 바가 크다. 루소가 살아 있다면 기존의 이성중심 교육관이나 암기식 입시교육을 보고 어떤 생각을 할 것 같은가? 오늘날의 'EQ 교육'을 보고 무엇이라고 할 것인가?

Ⅶ. 건 강 관

1. 의복과 건강

루소의 방대한 저서 중 그의 건강관이 집중적으로 담겨 있는 책은 「에밀」이다. 이 책 전편에 걸쳐 건강의 중요성을 강조하고 있다. 하지만 그의 건강관은 정밀한 실험이나 과학적 분석에 의한 것이 아니라 다섯 아이의 가장으로서의 경험과 주변에서 얻은 다양한 관찰과 깊은 사색을 토대로 정립된 것이기에 현대 의학의 시각에서 보면 다소 비과학적이고 좀 더 입증이 필요한 내용이 없지는 않지만, 이 책에 담겨 있는 루소의 남다른 안목은 역사 이래 누구나 경험했지만 그냥 지나쳤던 진실을 여지없지 드러내고 있다.[92]

의복과 건강의 문제에 대한 루소만큼 관심을 가진 사람도 드물다. 매일 입는 의복이 인체에 어떠한 영향을 미치는가에 대해 루소는 상당한 관찰을 했다. 우선 그는 태아가 모태에서 나오는 순간부터 더 이상 그를 답답하게 감싸는 것은 좋지 않다고 본다. 모자나 띠를 매는 일도 마찬가지이다. 몸에 꼭 끼는 배내옷은 금물이며 기저귀도 사지를 마음대로 움직일 수 있도록 여유 있는 것이어야 한다고 생각한다.[93]

신생아는 사지를 뻗었다 움직였다 할 필요가 있는데도 사람들은 아기를 배내옷으로 졸라매고 온갖 종류의 끈과 헝겊이 아이의 몸을 구속하기 때문에 아이는 마음대로 자세를 바꿀 수 없으며 숨이 막힌다. 이처럼 이제 발육을 시작하려는 신체의 모든 부분이 방해를 받아 어린이는 불필요한 노력을 계속하

92) 반덕진, "루소의 건강관에 대한 현대적 고찰-에밀을 중심으로-," 보건교육·보건증진학회지 제16권 제1호(1999), 190쪽.

93) 반덕진, 앞의 논문, 191-192쪽.

며 그 결과 어린이는 힘이 빠지고 발육이 늦어진다. 어린이의 사지를 움직일 수 없도록 속박하는 것은 혈액과 체액의 순환을 방해할 따름이다.

루소가 영아의 의복에만 관심을 가진 것은 아니다. 성장하는 신체의 정상적인 발육을 위해 손발 등이 의복 속에서 넉넉하게 자리 잡고 있어야 한다. 옷은 운동을 방해해서는 안 되고 발육을 저해해서도 안 된다.

> "너무 딱 맞거나 몸에 꼭 끼어서도 안 된다. 조이는 것은 절대 안 된다. 프랑스의 의복은 어른들에게 거북하고 건강에도 좋지 못한데 아이에게는 특히 해롭다."

> "부인들이 사용하는 고래뼈 코르셋은 그녀들의 몸매를 드러내기보다는 오히려 그것을 위장하는 것인데, 총명하고 아름다웠던 그리스 여성들은 전혀 그것을 사용하지 않았다. 여성이 말벌처럼 둘로 잘라진 모습은 결코 기분 좋은 것이 아니다. 그것은 보기에도 딱하고 상상하기에도 괴로운 것이다."

역사 속에서 코르셋은 몸을 조여 심한 경우 호흡장애를 초래한 일이 다반사였다. 특히 건강에 치명적인 영향을 미쳤던 것은 19세기 말에서 20세기 초에 유행된 고래뼈 코르셋이다. 이 코르셋은 몸을 한층 더 죄었다. 개미허리를 열망하던 영국의 빅토리아 시대 여성들은 자주 기절을 했고, 옆에 있던 사람들이 코르셋 끈을 풀어주어야 다시 정신을 찾을 정도였다.

Q. 오늘날의 청바지나 쫄바지를 보고 루소는 무슨 말을 할까?

Note. 루소의 지적은 예리한 면이 있다. 오늘날의 패션감각을 내다본 것처럼 그는 정확하게 의복과 건강과의 관계를 간파하고 있다. 지난 수십 년 동안 유행하고 있는 청바지를 보면 실감이 난다. 딱 달라붙고, 꽉 조이는 청바지는 우선 하체의 자유로운 운동을 제약한다. 의복의 신축성이 적어 허벅지를 압박하므로 혈액순환에 장래를 초래하여 혈압상승의 원인이 된다. 이렇게 되면 온 몸에 산소와 영양분의 공급이 부족하게 되어 쉽게 피로를 느끼게 된다. 이것은 청바지를 입어 본 사람이면 누구나 경험하는 일이다. 그럼에도 사람들은 체형을 돋보이게 하고 몸매에 곡선을 살리기 위해 건강을 해치는 의상을 버젓이 착용하고 다닌다. 따라서 건강차원에서 청바지 보다는 넉넉한 면바지나 치마가 권장되어야 할 필요가 있다. 의복을 입는 경우에는 멋 차원을 넘어 건강측면을 고려할 필요가 있다.

2. 모유와 유아건강

루소는 「에밀」에서 모유문제에 가장 많은 지면을 할애하고 있다. 그만큼 인간의 건강은 첫 출발점이 중요하다고 본 것이다. 루소는 갓 태어난 아이에게 생모의 젖을 주지 않고 유모의 젖을 주는 것은 자연에 역행하는 것이라고 한다. 세상 어머니들이 그들의 최초의 의무를 경시하고 자기 어린애를 유모에게 맡겨 기르기 때문에 어린아이는 의무감으로 자신을 돌보는 유모에게서 양육된다고 우려한다. 당시 프랑스에서는 어린이에게 젖을 먹여 기르기 위해 흔히 시골의 젖 좋은 여자에게 어린이를 맡기는 풍습이 있었다.[94]

생모의 젖이나 유모의 젖에 차이가 없다는 주장에 대해 루소는 생모의 혈액에 유전병과 같은 치명적인 결함이 있는 경우에만 건강한 유모의 젖이 바람직하다고 본다. 그러나 루소는 이 문제를 단순히 신체적인 측면에서만 고찰하지 않고 정서적인 측면까지 함께 고려한다. 어린이에게 있어 어머니의 보살핌은 모유 이외에 다른 필요성도 있다고 본다. 젖은 다른 여성이나 동물이 줄 수도 있지만 모성에서 우러나는 사랑의 정은 대신할 수 없다고 본다. 자기 자식이 아닌 다른 아이에게 젖을 주는 어머니는 좋은 어머니일 수 없다는 것이다. 그 좋지 않은 어머니가 어떻게 좋은 유모가 될 수 있겠느냐고 반문한다.

루소는 세상 어머니들에게 다른 일에 우선하여 어머니의 의무부터 시작하라고 역설한다. 세상의 모든 타락은 이 최초의 타락에서 비롯되는 것이며 여기서 모든 정신적 질서가 무너진다고 본다. 자연의 감정이 만인의 가슴에서 사라진다고 통탄한다. 어린애를 갖지 않은 어머니는 존경의 대상이 되지 못하며 세상 어머니들이 자기 어린애를 직접 자기 젖으로 길러준다면 사회풍습은 자연히 개선될 것이고 자연의 감정이 만인의 가슴속에 용솟음 칠 것이라고 한다. 귀찮은 일로만 생각했던 아이 돌보기가 즐거운 일이 되고 또 그 일이 아버지와 어머니를 더 필요한 존재로 만들고 부부의 사랑을 한층 공고하게 한다고 생각한다. 이러한 내용이 담긴 이 책이 출간되자 당시 사람들이 아이에게 모유를 먹이는 습관이 유행처럼 번졌다고 한다.

94) 반덕진, 앞의 논문, 192-193쪽.

Q. 최근 우리나라는 물론 전세계적으로 확산된 '모유로 돌아가자'는 운동은 어떤 면에서 루소가 주장했던 '자연으로 돌아가자'는 운동의 현대판이라고 할 수 있다. 루소가 강조한 모유의 중요성을 다시 한번 생각해 보자.

Note. 지금은 루소의 시대와는 상황이 달라져 생모의 젖과 유모의 젖에 관한 문제가 아니라 모유냐 우유냐의 문제로 변모되었다. 1970년대 만해도 미국에서는 우유가 모유보다 더 좋다는 분위기가 지배했다. 그 이유는 모유보다 우유의 단백질 함량이 많다는데 있었다. 그러나 최근 모유 이상으로 단백질이 많으면 건강상의 문제가 발생할 가능성이 높은 것으로 알려지고 있다. 식품영양학자들에 의하면 모유는 인간에게 꼭 필요한 영양소들로 만들어진 자연이 내려준 완전 영양식이다. 소에게는 우유가 적합하듯이 인간에게는 모유가 가장 적합하도록 되어 있다는 것이다. 특히 출산 후 24시간 후에 나오는 초유는 충분한 항체가 포함되어 있어 그 면역력이 높이 평가되고 있다. 게다가 아이를 안고 젖을 먹이는 엄마의 품은 아이에게는 편안한 휴식처이며 젖을 통해 어머니의 사랑까지도 아이에게 함께 전달되어 아이와 어머니 사이의 정신적 유대감도 깊어질 것이다. 과연 우유가 이러한 역할까지 대신할 수 있을까?

3. 과보호와 신체건강

루소는 어린이에 대한 엄마의 무관심과 마찬가지로 지나친 보살핌 역시 자연의 길에서 벗어난다고 보고 과잉보호를 경계한다. 엄마들이 그들의 자식들을 너무 사랑한 나머지 이들을 우상으로 만들어 결국 자식들의 일생을 망치게 된다고 경고한다. 그러면서 자신의 아들을 불사신으로 만들기 위해 핏덩이인 아킬레우스를 스틱스 강에 거꾸로 담갔다는 그리스 신화를 예로 들고 있다. 이 사례와는 달리 프랑스의 아이들은 부모들의 지나친 보호 때문에 연약한 체질을 타고난다고 우려한다. 아이들이 지닌 본래의 건강한 활력을 유지하기 위해서는 우선 아이를 자주 씻겨주면서 아이들이 점차 튼튼해짐에 따라 물의 온도를 낮추고 마침내는 여름과 겨울을 가릴 것 없이 냉수나 얼음물로 씻겨줄 것을 강조한다. 이런 목욕습관은 평생의 습관으로 자리 잡도록 해야 하는데 그 이유는 당장의 청결이나 건강만을 위해서가 아니라 근육조직을 유연

하게 하고 더위나 추위의 변화에서 오는 고통과 위험을 줄이는 예방요법이기 때문이라는 것이다.[95]

이와 같은 맥락에서 루소는 어린이의 신체건강에 많은 관심을 나타낸다. 지성의 힘을 배양하기 위해서도 그 지력을 마음대로 제어할 수 있는 체력을 키우도록 하고 있다. 몽테뉴의 사상에 많은 영향을 받은 루소는 어린이의 영혼을 강인하게 만들기 위해서는 근육을 튼튼하게 단련시켜야 하며 노동에 익숙해지면 어린이는 고통에도 익숙해진다고 본다.

같은 맥락에서 루소는 허약한 불구자를 교육하는 사람들은 그들의 직분이 교사로부터 간병인으로 전락하기 때문에 삶의 질을 증진시키는데 바쳐야 할 귀중한 시간이 한 생명의 간호에 낭비되는 것을 못마땅하게 여긴다.

> "나는 병들고 허약한 어린이라면 그가 80세를 산다고 해도 그를 맡지 않을 것이다."

오직 신체의 보호에만 급급하다 자신이나 남을 위해 도움이 되지 않는 제자, 그리고 신체가 정신의 교육에 방해가 되는 제자를 절대로 원치 않는다는 말도 덧붙이고 있다. 루소는 이처럼 허약한 아이를 위해 자신의 정성을 낭비하는 것을 극도로 꺼려하고 있다.

Q. 다음을 생각해 보자.
(1) 오늘날 우리 사회에서 일어나고 있는 학생들에 대한 부모의 과잉보호의 문제
(2) 병들고 건강하지 않은 사람들에 대한 문제

4. 자연치유력

루소는 한때 의학연구에 몰두했던 존 로크가 어린이들에게 예방차원이나 또는 사소한 질병에 대해 함부로 약을 먹이지 말도록 강조한 사실을 환기시키면서, 자신을 위해서나 에밀을 위해 최악의 경우가 아니면 의사를 부르지 않을 것이라고 단언한다. 생명이 확실한 위험상태에 있지 않는 한 의사의 도움

95) 반덕진, 앞의 논문, 193-194쪽.

을 거부하겠다는 루소의 생각은 질병의 자연치유능력에 기초하고 있다.[96)]

> "어린이가 비록 병에서 회복하는 방법은 알지 못한다 해도, 그는 병에 대처하는 방법을 배울 것이다. 이 방법은 병을 치유하는 방법을 대신할 것이며 치료보다 더 좋은 효과를 가져 올 수도 있다. 이것이 자연의 치료법이다. 동물은 병에 걸리면 그저 묵묵히 괴로워하며 가만히 있다. 그러나 병들어 초췌한 동물은 병든 인간만큼 많이 눈에 띄지 않는다. 초조와 근심, 걱정, 불안, 특히 약품 등이 얼마나 많은 사람을 죽였던가? 그냥 내버려두었으면 저절로 치유되었을 환자들이, 그저 시간만 경과하면 회복될 수 있었던 병자들이 얼마나 많이 죽었던가?"

동물들은 인간보다 더 자연적인 방법으로 생활하기 때문에 인간보다 건강하게 살 수 있으며, 그러한 생활방식이야말로 루소가 에밀에게 가르치고 싶은 방법이라고 말한다.

Q. 현대 사회는 출생에서 사망까지 철저하게 의료화되어 있고 사회에 의료의 개입이 만연되어 있다. 이러한 현상을 두고 오스트리아의 한 문명비평가는 의료의 개입이 최소화되는 사회를 건강한 사회로 규정한 바 있다. 루소의 자연치유력이 현대 사회에 던져주는 의미는 무엇인가?

Note. 루소가 말하고 있는 자연치유력은 루소의 독창적인 사고의 산물이 아니라 오래전부터 이미 동서양에서 강조되어 왔으나 치료중심의 의학에 가려져 왔던 것이다. 자연치유력은 동서양을 넘어 확고하게 자리 잡은 생명체의 내적 본질이며 치유는 밖에서 오는 것이 아니라 내부로부터 오는 것이 대부분이다. 그런데도 현대인은 병이 발생하면 그 원인과 치료를 밖에서 찾아 왔고 현대 의학도 주된 관심을 외부적 요인에 두어 왔다. 더욱이 현대 의학은 질병의 발생원인을 찾아 근본치료를 하는 것이 아니라, 병의 진행과정을 억제하거나 통증을 약화시키는 대증 요법에 머무는 경우가 많다. 이처럼 현대 의학의 중대한 철학적 결함 중의 하나는 자연치유력을 실종시켜온 점이라고 미국 하버드대 출신의 앤드류 와일 박사는 지적한다.

---

96) 반덕진, 앞의 논문, 196-197쪽.

제 7 절 일생을 한 도시에서 보내며 광범한 사고를 한 교육자: 칸트

Ⅰ. 생애와 작품

임마누엘 칸트(Immanuel Kant, 1724-1804) 1724년 4월 22일 동프로이센의 쾨니히스베르크에서 태어난다. 수공업에 종사하고 있는 부모는 경건파 신교도로서 9남매를 두었는데, 칸트는 넷째 아들이다. 그는 성실, 정직, 질서를 중시한 모범적인 가정교육을 받으며 성장한다. 그의 어머니는 상식이 풍부하고, 경건한 신앙심으로 심성이 고결하며, 어린 칸트의 교육에 심혈을 기울인다. 그의 정신적인 성장에 가장 큰 영향을 준 사람은 그의 어머니이다.[97)]

8세에서 16세(1732-40) 동안 프리드리히라는 김나지움에서 초·중등교육을 받는다. 이 학교는 신교주의 학교로서 칸트는 종교, 라틴어, 고대 로마의 시와 철학을 공부하고, 사상적으로 경건주의와 주지적 계몽주의 사상에도 큰 영향을 받는다. 17세에서 22세(1740-45) 동안 자신이 교수와 총장으로 재직한 쾨니히스베르크 대학에 들어간다. 여기서 철학·수학·신학을 공부한다. 철학과에 입학하지만 그는 신학, 고전문학, 생물학 등에도 깊은 관심을 갖고 수강한다. 대학 생활 중 가장 큰 감동과 감화를 준 교수는 크누첸이다. 크누첸 교수와의 만남을 통해 수학, 생물학, 철학 세 분야에 특히 관심을 갖게 되고, 교수가 빌려준 뉴턴의 저서는 칸트가 향후 사색적인 삶 내지 철학을 공부하는 데 큰 영향을 준다. 칸트의 초기 저술을 대부분 자연과학에 할애한 것도 그의 영향 때문이다. 1746년 칸트는 「활력과 참된 측정에 관한 고찰」이라는 논문으로 대학을 졸업한다. 1747년 이후 부친의 사망으로 자립생활을 하지 않을 수 없었으며, 1755년까지 이곳 저곳에서 가정교사 생활을 9년간 계속한다. 그의 「교육학」에서 가정교사에 관해 자세하게 서술한 것도 바로 칸트가 젊은 시절에 경험한 결과이다.

가정교사 생활을 하면서 철학연구에 전념하여 31세이던 1755년 「불에 관

---

97) 장찬익, "이마누엘 칸트," 사학 제81집(1997), 87쪽.

하여」라는 논문으로 박사학위를 받는다. 그 해 가을에는 「형이상학적 인식의 제일원리에 관한 새 해석」이라는 구직 논문이 통과되어 모교에서 시간 강사 생활을 하면서 강사료로 생활을 유지해 나간다. 그는 두 번이나 모교의 교수로 들어가려는 노력을 하였으나 실패한다. 47세이던 1770년에 모교의 정교수가 되어 논리학과 형이상학을 담당하게 된다. 이것은 그 대학에서 15년간의 강사 생활 후의 일이다. 그는 일생 독신으로 살아간다.

그 당시의 쾨니히스베르크는 상업과 정신적 교류가 왕성한 개방적 도시였다. 따라서 그는 그 곳에서 귀족·상인·대학교수·저술가들과 사교계에서 접촉할 수 있었다. 칸트는 한 번도 긴 여행을 한 적이 없다. 일생을 한 도시에서만 보내고, 한 번도 그 도시를 떠난 적이 없다. 칸트는 어떻게 보면 고지식하리만큼 평생 동안 40마일 밖을 나가보지 못한 좁은 공간에서 생활한다. 그러나 그의 많은 독서와 사색은 이 좁은 공간을 넘어섰고, 때로는 어느 지형에 대해 직접 경험자보다 더 정확하게 인식하고 있었다. 이러한 삶의 형태가 수많은 저술을 가능하게 했는지 모른다.[98)]

그의 강의의 범위는 수학, 물리학을 비롯하여 논리학, 형이상학에 이르렀고, 더 나아가서는 자연지리학·인간학·교육학 및 자연과학을 강의한다. 특히 지리학과 인간학의 강의는 많은 인기를 끈다. 1796년에 그는 노쇠하여 강의를 그만둔다. 1798년 이후 노쇠현상이 더욱 더 악화되고, 1804년 2월 12일 만 80세에 노인성 치매증으로 생을 마감한다. 그의 장례식에는 수많은 사람들이 참석했고 12명의 학생들이 그의 관을 들었다.

그의 사상 속에는 프랑스 계몽사상, 당시의 자연과학적 사상과 독일의 종교적 사상이 절충되어 있다. 그의 독자성은 영국의 경험론적 입장과 형이상학적 합리론의 순수오성의 입장을 통일하고 선험적 관념론의 체계에 있어서 관념론과 유물론과의 타협 및 조화를 의도했다는 점이다. 칸트는 정치면에서 조금도 능동적으로 활동하지 않았으나 미국혁명과 프랑스혁명에 대해서는 깊은 관심을 표명했으며 영국의 정치적 조건도 고려했다. 칸트의 정치원리는 주로 루소와 몽테스키외로부터 영향을 받는다. 그는 루소의 사상을 몽테스키외의

98) 백상건, "칸트의 정치사상," 법정논총 제16집(1963), 7-8쪽.

「법의 정신」 원칙과 조정 및 조화시키는 데 지대한 정력을 기울인다. '법'이라든가 '자유'라든가 하는 용어에 대한 그의 연구는 측정할 수 없을 만큼 지대한 가치를 간직하고 있다.

칸트의 연구는 자기의 관념을 자기의 비판철학의 범주 속에 알맞도록 집어넣었다는 데 있다. 그는 정치와 행정에 관한 실제 문제보다도 기본개념의 분석에 큰 관심을 가졌다. 독일 전국에 걸쳐서 채택된 칸트 철학은 자유주의 사상을 촉진시키는 데 큰 이바지를 했고, 그와 더불어 대의제도와 국민적 통일을 확보하려는 노력을 자극시키는 데에도 큰 도움을 준다.

칸트는 1781년 이 책 한 권으로 철학사에서 충분히 최고봉의 자리를 보장하게 하는 저작인 「순수이성비판」을 발간했다. 그때부터 그는 단기간에 연이어 1786년의 「도덕형이상학원론」, 1788년에 「실천이성비판」 1790년에 「실천력비판」 1793년에 「순수이성의 한계 내에서의 종교」를 출간했다. 1795년과 1797년에 무엇보다 칸트는 두 저작 「영구평화론」고 법론이라는 첫 장의 제목이 붙은 「도덕형이상학」을 출간하였다.

Ⅱ. 시대적 배경

1. 사회 문화적인 배경

칸트는 18세기 초반인 1724년에 계몽시대의 후진국이었던 독일에서 태어났다. 당시의 선진국과 후진국을 구별하는 표준은 두 가지 측면에 있다. 하나는 중세의 봉건적 교회세력이나 신분적 계층제도를 타파하고, 근대적 의회정치 제도를 확립하는 동시에 중앙집권적인 정치를 운영할 단계에 도달했는가 하는 점이다. 다른 하나는 산업혁명을 치르고 자본주의적 생산제도를 확립할 만큼 중산계층이 성숙했는가 하는 점이다. 이러한 두 가지 측면에 비추어볼 때 칸트가 살던 당시의 독일은 확실히 후진국에 속한다.[99]

당시 독일에는 중앙집권적 통일국가가 없었다. 중세 봉건체제가 붕괴하기는 했지만, 그 뒤에 출현한 것은 삼백여개의 영방국가(領邦國家) 즉, 각 지방의

99) 김란주, "칸트의 도덕교육사상에 대한 고찰," 연구논총 제21집(1991), 2-3쪽.

분립국가 뿐이었다. 이 영방국가의 집권자는 군주였고, 봉건영주가 이에 결탁하였다. 이러한 국가의 헌법은 권력자의 자의적인 통치를 가능하게 하여 민중에게는 무익한 것이었다. 백성들은 왕실의 안전을 위한 전쟁, 군주의 기분에 좌우되는 전쟁을 위한 도구가 되었다. 게다가 당시의 독일사회는 신분적 구별이 엄격하여 세습적인 귀족계층이 일반민중과 엄격히 대립하고 있었다. 노예대우를 받았던 농민계층은 귀족의 토지를 경작하며 양도 및 매매의 대상이 되는 등 가축과 같은 취급을 받았다. 또 당시의 독일은 아직 산업혁명을 치르지 못하였다. 따라서 근대의 자본주의적 생산양식을 가지고 있지 못하였다. 영방국가들은 중세도시가 지닌 경제생활을 그대로 유지하여 공업생산이 아닌 상업과 농업에 의존하고 있었다.

같은 유럽문화권에 속했지만, 영국은 1688년 명예혁명 이후로 의회정치제도를 더욱 공고히 하였고, 18세기에는 산업혁명까지 치르면서 근대적 공업자본체제를 이미 갖추고 있었다. 프랑스는 비록 군주 절대주의이기는 했지만, 17세기에 중앙집권적 통일국가가 확립되었고, 18세기에 들어서서는 계몽철학을 정신적 지주로 해서 군주절대주의라는 구제도에 항거하여 프랑스 대혁명을 일으켰다.

이웃 프랑스의 혁명사상은 독일지역에도 밀려 들어왔다. 그러나 독일에는 영국이나 프랑스에서와 같이 시민계층이 성장하고, 성장한 시민계층이 주축이 되어 혁명을 수행할 만한 경제적·정치적 조건이 마련되어 있지 않았다. 따라서 독일에서의 계몽사상은 뒤떨어진 현실을 개혁하기 위한 '아래로부터의 혁명'을 주도하는 사상으로 발전하지 못하고, 실천과의 연관을 벗어난 추상적인 이념에 그쳤다.

이와 같은 상황에서 프러시아의 프리드리히 대왕은 비록 '위에서 내려오는' 식이긴 했으나, 프랑스 혁명의 자유·평등·박애 사상을 받아들여서 자기나라를 근대적 서구사회로 발전시키려 하였다. 프리드리히 대왕은 종교계의 반대에도 불구하고 추방되었던 볼프를 다시 할레대학으로 소환하여 볼프의 합리주의가 독일의 대학들을 지배하도록 지원하였다. 그리하여 독일의 계몽사상은 볼프철학과 프리드리히 대왕으로 대표된다고 해도 과언이 아니다.

이러한 18세기 독일의 상황이 칸트 사상의 배경을 이룬 것은 당연하다. 칸트는 독일의 사회적 현실을 철학적 사색의 출발점으로 삼고, 프리드리히 대왕의 후원에 힘입어 당시 독일을 휩쓸고 있던 볼프의 합리주의의 영향을 받아 자신의 사상을 구축하고 발전시킴으로써 독일의 계몽주의를 완결시켰다는 평가를 받는다.

2. 루소의 초상화만을 텅 빈 서재에 걸어둔 칸트

루소와 칸트는 기질적으로 판이하다. 루소는 방랑적이고, 자유분방하고, 책임감이 부족하고, 감성적이고 비체계적인 사람이다. 반면 칸트는 기질적으로 여행을 싫어하고, 규칙적인 삶을 선호하고, 책임감이 넘치고, 이성적이고 체계적인 사람이다. 이런 기질적인 차이만으로 두 사람은 서로를 싫어할 것처럼 보인다. 나아가 루소는 5명의 자식을 전부 고아원에 버렸다. 철저한 모럴리스트인 칸트가 이런 루소로부터 큰 사상적 영향을 받았다는 것은 기이한 일이다. 규칙적인 산책으로 유명했던 칸트는 단 한번 산책을 빼먹은 일이 있다. 루소의 저서 「에밀」을 읽으면서 너무 독서에 몰입한 나머지 산책을 하지 못한다. 칸트는 루소에게서 받은 사상적 영향을 솔직히 인정한다.[100)]

> "나는 끝없는 지식욕을 느끼고 있으며 모든 진보에서 만족을 맛보듯이 지식에서 발전하려는 지칠 줄 모르는 열정을 느끼고 있다. 나는 한때 지식의 발전만이 인간의 영예를 구성한다고 믿었던 적이 있었다. 그리고 아무 것도 알지 못하는 일반인을 무시하였다. 루소는 나를 올바로 교정하였다. 이러한 맹목적인 편견은 사라졌다. 나는 인간의 본성을 존경해야 함을 배웠다."

칸트가 루소로부터 인간을 존중하는 법을 배웠다고 고백한 것이 칸트의 나이가 40세일 때이다. 이때는 칸트가 교수가 되기 7년 전이며, 그의 첫 번째 주저인 「순수이성비판」이 출간되기 17년 전이다. 그러니까 칸트는 비판철학기 이전부터 루소의 영향을 받은 셈이다. 칸트는 1762년 그의 나이 38세 때 루소의 저술을 읽기 시작한다. 청년시절의 칸트는 뉴턴으로부터 자연과학적인 세

---

100) 문성학, "칸트 도덕철학의 자율적 자유 개념의 루소적 기원," 철학연구 제116집(2010), 80-82쪽.

계관찰의 원칙을 진지하게 수용한다. 그는 루소로부터 인간에 대한 새로운 안목을 배운다. 뉴턴과 루소는 칸트 철학의 형성에 결정적인 영향력을 행사한 두 주연배우이다.

> "뉴턴은 지금까지 무질서와 혼란의 지배적인 영역에서 아주 단순한 질서와 규칙성을 발견한 사람이다. 마찬가지로 루소는 인간 모습의 다양성 아래에 깊게 숨겨 있는 인간의 본성을, 그리고 신의 섭리를 정당화시켜 줄 만한 법칙을 최초로 발견한 사람이다."

인간의 실천적 이성에 대한 칸트의 관심은 루소를 통해 각성된다. 칸트는 더 이상 외눈박이 거인처럼 세계의 사태에 대한 이론적 호기심만으로는 만족하지 않았다. 루소는 칸트로 하여금 인간 삶의 실천적 차원에 대한 안목을 부여했다. 말하자면 일종의 개안이었던 것이다. 그 개안식의 감동이 얼마나 컸던지 칸트는 당연히 루소의 모든 저서를 연구 대상으로 삼으며, 친구 루프만이 보내준 루소의 초상화만을 텅 빈 그의 서재에 걸어 놓는다.

Q. 칸트는 루소를 "인간 모습과 다양성 아래에 깊게 숨겨 있는 인간의 본성"을 발견한 사람으로 높이 평가했는데, 과연 그 '인간의 본성'은 무엇인가?

Note. 그것은 인간의 자유이다. 이 사실은 위 인용문에서 칸트가 필연적 자연법칙의 발견자인 뉴턴과 루소를 대비시키고 있는 데서도 알 수 있다. 칸트 철학에서 자연법칙에 대비되는 것은 도덕법칙인데, 도덕법칙은 자유의 법칙임을 칸트 철학의 상식에 속하는 일이다. 칸트는 자유에 대한 루소의 열정적인 옹호에 깊이 감명을 받은 것이다. 콩도르세 역시 루소를 결코 잃어버릴 수 없는 진리들 가운에 하나인 인권의 개념을 확립한 사람으로 간주한다. 물론 자유는 인권의 기초이다. 루소의 주요 저작을 관통하고 있는 개념이 자유의 개념이라면, 칸트 역시 자유를 자기 철학 체계의 요석으로 간주하고 있다.

Ⅲ. 자　　유

1. 인간본성과 자유

(1) 자유는 왜 좋은 것인가?

근대 계몽주의 이래로 탈근대를 말하는 오늘날까지 '자유'라는 말은 그 자체로 '좋은 것'으로서 가치 있는 것으로 생각되고 있다. 그러나 인류의 사상사에서 볼 때 근대적인 의미의 '자유'가 그렇게 절대적으로 중요하고 가치 있는 것이라고 생각하게 된 것은 그리 오래된 일이 아니다. 그것은 적어도 계몽주의 이래로 인간 이성에 대한 전폭적인 신뢰가 있은 다음, 정치적으로 자유·평등·박애라고 하는 이념이 절대적인 가치로 추앙되면서부터라고 보아야 할 것이다.[101)]

자유! 21세기! 우리 시대의 사람들은, 이 말에서 무엇을 연상하는가? 우선은 (그것이 어떤 제약이든) 제약으로부터의 해방, 마음대로 할 수 있음(개인의 행위에서 선택의 폭과 가능성을 최대화함) 등일 것이다. 정치적 자유주의는 이것에 더해서 개인성의 최대한의 존중, 개인에게 가하는 모든 사회적인 간섭이나 장치의 최소화를 지향한다. 정치적 자유주의에서의 자유는 논란의 여지가 있겠지만, '자유'라는 말이 우리에게 던져주는 해방감의 느낌은 여전히 오늘날 우리에게 매혹적인 힘을 지니고 있다.

우리에게 이러한 방식으로 익숙한 '자유'라는 말에 대해서 사상사적으로 아주 중요한 의미를 처음 부여한 사람이 바로 칸트다. 어쩌면 오늘날 우리에게 익숙한 '자유'라는 개념은, 그 근원을 거슬러 올라가자면 칸트라는 시원을 만나게 될 것이다. 그런데 그 시원에서 만나는 자유 개념은 우리에게 낯설다. 왜 그럴까? 우리가 오늘날 느끼는 자유 개념과 칸트가 정립한 자유 개념 사이에 놓인 거리는 무엇일까? 그 거리를 지나오면서 겪은 자유 개념의 굴곡과 변형은 어떤 내용이며, 그 변화의 이유는 어디에 있을까?

101) 김주연, "칸트에게서의 자유의 문제," 칸트연구 제7권 제1집(2001), 274-275쪽.

Q. 오늘날 우리는 자유를 만끽하고 있는가? 자유는 왜 좋은 것인가? 자유를 구속하는 것은 어떤 것들이 있는가?

(2) 인간본성과 자유

인간이란 무엇인가? 라는 물음의 중요성은 철학의 역사와 더불어 끊임없이 강조되어 왔던 물음이다. 소크라테스의 유명한 말, '너 자신을 알라'는 것도 결국은 인간 문제의 중요성을 강조한 것이다. 그러나 그 물음이 그 물음의 중요성에 걸 맞는 자기 자리를 찾게 된 것은 칸트에 이르러서이다. 칸트는 철학의 모든 물음들, 심지어 인간이 던지는 모든 물음들은 궁극적으로 인간이란 무엇인가라는 물음에 귀착한다고 주장함으로써 인간이란 무엇인가라는 물음을 철학의 중심적인 물음으로 만들었다.[102)]

인간의 본성에 대한 칸트의 입장은 무엇인가? 인간이 본성이 선한가 악한가 아니면 선하기도 하면서 동시에 악한가하는 문제에 대해 전통적인 접근방식은 현대식으로 표현해서 인간 속에 선이나 악의 유전자가 있는가 없는가 하는 방식으로 접근했다. 마치 늑대는 포탈자로서의 삶을 살아갈 수밖에 없는 유전인자를 자신 속에 갖고 있으며, 양은 온순한 초식동물로서의 삶을 살아갈 수밖에 없는 유전인자를 갖고 있듯이, 인간도 어떤 유전인자를 갖고 있을 것이라는 것이다.

그러나 칸트에 의하면 인간에 대한 이러한 접근방식은 '그 배후에 인간은 근본적으로 동물'이라는 생각을 숨기고 있는 것이 된다. 동물들의 행동은 유전자에 입력된 명령에 따라 환경과 교섭하며 행동한다. 그러나 인간은 자유로운 존재라는 사실을 인정하는 데서 인간에 관한 논의를 시작하지 않으면 안 된다. 선의 유전자나 악의 유전자 같은 것은 없다. 인간에게는 단지 자신의 행위준칙을 스스로 택할 수 있는 자유가 있을 뿐이라는 관점에서 우리는 다음의 몇 가지 사실을 추리할 수 있다.

첫째, 기존의 성선설과 성악설 간의 논쟁은 근본적으로 길을 잘못 찾아든 것이 된다. 만약 인간의 선함과 악함이 인간 속에 있는 유전자 탓이라면, 그 성격이 악한 경우에는 그 책임이 자연에게 있는 것이 될 것이고, 그 성격이 선

---

102) 문성학, "칸트의 인간 본성론," 철학 제58집(1999), 177, 181-183쪽.

한 경우에는 그 공로 역시 자연이 차지해야 한다. 그러나 인간은 그 자신이 '그의 성격의 창시자'이다. 따라서 '도덕적 악을 자유와 인간 행위를 통해 규정하려는 칸트의 태도는 성선설과 성악설의 논의 자체를 처음부터 거부한다.

둘째, 도덕법칙과의 관계에서 인간의 심성은 선하지도 악하지도 않을 수는 없다. 즉 "인간은 어떤 부분에서는 도덕적으로 선하면서 동시에 다른 부분에서는 악할 수도 없다. 왜냐하면 어떤 면에서 인간이 선하다고 한다면 이는 그가 도덕법칙을 그의 준칙으로 삼고 있다는 것을 의미한다. 그런데 인간이 또 다른 한편에 있어서는 악하다고 한다면, 의무의 수행에 있어서 도덕법칙은 유일하고 보편적인 것이므로, 선하기도 하면서 동시에 악하기도 한 사람에게는 도덕법칙과 관계하는 그의 준칙이 보편적이면서 동시에 특수한 것이 된다. 그러나 이것은 모순된 것이기 때문이다."

셋째, 칸트는 인간의 본성이라는 말을 '단지 객관적 도덕법칙 아래에 있는 자유 사용의 주관적 근거'로 이해한다. 그렇다면 이 주관적 근거는 다시금 그 자체 '자유'의 행위이지 않으면 안 된다. 왜냐하면 그렇지 않다면 도덕법칙에 대한 인간의 선택의지의 사용 또는 오용에 대해 책임을 물을 수가 없으며, 그의 내부에 있는 선 혹은 악을 도덕적 평가의 대상으로 삼을 수도 없기 때문이다.

칸트에 의하면, 악의 근거는 경향성을 통해 선택의지를 규정하는 대상들 안에 있는 것이 아니라, 다만 선택의지가 자기의 '자유'를 사용하기 위하여 스스로 설정하는 규칙, 즉 준칙 안에 있다.

칸트는 인간의 본성 안에는 선에의 소질이 있음을 인정하면서 다른 한편으로는 악에의 성향이 있음도 인정한다. 인간은 선에의 소질을 갖고 있는 것만으로는 아직 선하다고 할 수 없듯이, 인간이 악에의 성향을 갖고 있다는 사실만으로는 아직 악하다고 말할 수 없다. 왜냐하면 '악은 단지 자유로운 선택의지의 규정으로서만 가능한데, 이 선택의지는 자신이 택하는 준칙을 통해서만 선 또는 악으로 판단될 수 있는 것'이기 때문이다. 따라서 '인간은 본성상 악하다'는 말은 인간이 도덕법칙을 의식함에도 불구하고 그 법칙으로부터 이탈하게 하는 여러 가지 성향이 인간의 본성 안에 존재한다는 의미로 받아들여야 한다.[103)]

---

103) 문성학, 앞의 논문(1999), 185쪽.

Q. 다음을 생각해 보자.

(1) 늑대 또는 양 등의 동물과 인간의 차이는 무엇인가?

(2) 인간은 자유로운 존재라는 관점에서 보았을 때, 인간은 본성적으로 선하다든지 악하다고 말할 때, 그 의미는 무엇인가?

(3) 칸트의 인간관

순전히 감성적이기만 한 존재, 예를 들면, 하등동물에게는 '인식'이라는 것이 없다. 하등동물들은 감각적 본능에 따라 살아가기 때문에, 그런 것들에게는 '개념'이라는 것이 없기 때문이다. 그들에게는 단지 감각적 지각만이 있을 뿐이다. 따라서 이런 존재에게는 진리와 오류의 구분을 모른다. 이런 존재는 인식 이전의 존재다.[104)]

이와 마찬가지로 순전히 이성적인 존재에게도 '인식'이라는 것이 없다. 순수하게 감성적이기만 한 존재는 판단하지 않기 때문에 오류를 범하는 것이 원칙적으로 불가능하다면, 순수하게 이성적이기만 한 존재는 그것이 자신의 법칙에 따라 활동하기만 하면, 그 판단이 법칙에 완전히 일치하기 때문에 오류를 범하는 것이 불가능하다. 이런 존재는 인식 초월의 존재이다. 따라서 이런 존재는 진리와 오류의 구분을 알고 있을지 모르지만, 그 구분은 무의미하다.

그러나 감성적인 존재인 동시에 이성적인 존재인 인간에게는 진리와 오류의 구분이 있다. 그는 자신이 감각으로 지각한 것을 이성으로 판단하는 존재이다. 인간만이 인식적인 존재이다. 그는 진리와 오류 사이에서 탐구하는 존재이다.

순전히 감성적인 존재에게는 '악'이라는 것은 없다. 우리는 늑대나 양에 대해서 도덕적인 범주를 적용해서는 안 된다. 늑대나 양은 오로지 자기애의 본능에 따라 살 뿐, 그 어떤 도덕적 당위도 의식하지 않는다. 그들은 자기애(특수자의 요구)와 도덕적 당위(보편자의 요구) 사이에서 전혀 갈등하지 않는다. 왜냐하면 그들에게는 갈등을 유발시키는 한 축인 도덕적 당위가 없기 때문이다. 말하자면 그들은 도덕 이전의 존재다. 그들은 선과 악의 구분을 모른다.

그러면 순전히 이성적이기만 한 존재는 어떤가? 이런 존재는 그 자체가 보편자이기 때문에 아무런 갈등도 느끼지 않는다. 그에게 있어서는 갈등의 한

104) 문성학, 앞의 논문(1999), 199-200, 203쪽.

축인 특수자의 요구, 즉 자기애와 그에 수반되는 경향성이 없기 때문이다. 칸트는 이처럼 순전히 이성적이기만 한 존재자의 의지를 '신성한 의지'니 또는 '도덕법칙을 따르는 의지'[105]니 하는 말로 묘사한다. 이런 존재는 선악을 초월한 존재로, 선악의 구분을 알고는 있지만 그 구분이 그들에게는 무의미하다. 순전히 감성적인 존재가 윤리 이전의 존재라면, 순전히 이성적인 존재는 윤리 초월적 존재다.

그러나 인간은 자기애라는 특수자로서의 요구와 도덕적 당위라는 보편자로서의 요구를 자기 속에서 동시에 느끼고 갈등한다. 그런데 칸트에 있어서 자기애의 요구는 감성에서 생겨난 것이고, 도덕적 당위의 요구는 이성에서 생겨난 것이기에, 인간이 윤리적인 존재인 이유는 인간의 감성과 이성의 결합체이기 때문이다. 바로 그 때문에 인간에게는 선과 악의 구분이 존재한다.

칸트에게 있어서 인간만이 인식적인 존재요 윤리적인 존재인 이유는, 인간만이 감성적이면서 동시에 이성적인 존재이기 때문이다. '감성적'과 '이성적'은 칸트의 인식론의 문맥에서는 인간을 규정하는 근원적인 양극성이요, 칸트적인 윤리학의 문맥에서는 인간성을 규정하는 근원적인 이중성이다.

Q. 왜 인간에게는 그가 도덕법칙을 의식하고 도덕법칙에 따라 행동하겠다고 결의하게 하는 능력이 있는가 하면, 다른 한편으로는 종종 그 법칙으로부터의 이탈을 부추겨 다른 준칙을 받아들이게 하는 성향이 존재하는가?

Note. 그것은 인간이 감성적이면서 이성적이라는 사실, 즉 이중성 때문이다. 인간은 한편으로는 이성적이기에 보편적인 요구를 의식하고 그에 따라 행동해야 한다는 당위를 느끼지만, 다른 한편 감성적이기에 자기애의 유혹을 쉽사리 물리치지 못하는 존재다.

---

105) 칸트는 '도덕법칙을 따르는 의지'와 '도덕법칙 아래에 있는 의지'를 구분한다. 칸트에 의하면 '도덕법칙을 따르는 의지'는 언제나 도덕법칙에 부합하는 행위만을 하는 의지라면, '도덕법칙 아래에 있는 의지'는 정언명령을 인식하지만, 그렇다고 필연적으로 그 명령에 복종하지는 않는 의지이다.

2. 이론이성과 실천이성

(1) 쟁점정리

칸트 철학을 공부하는 사람들이 흔히 말하기를 칸트 철학은 너무 어렵고 난해하다고 한다. 칸트 철학 뿐 아니라 모든 철학은 어렵다. 철학 공부를 해 본 사람은 누구나 경험한 일이다. 그러나 한 걸음 한 걸음 나가다 보면 그리 어렵지 않음을 할 수 있을 것이다. 세상 모든 것이 그러하듯이 공부도 어디 그리 쉬운 일인가?

칸트 철학의 맥을 이루는 시발점이 된 이념은 '이성'이다. 이성에 있어서 이론이성은 선천적 인식능력으로서, 그것은 하나의 인식과정을 그 진로로 한다. 그리고 의지능력으로서의 실천이성은 도덕법칙의 전형으로 선과 악을 규정한다. 또 이론이성은 실천이성을 위한 기초적 단계로서 서로 관계를 맺게 됨으로써 칸트 철학의 맥을 이루는 근거가 된다.[106]

실천이성은 자유를 요청하지 않을 수 없다. 자유는, 물자체로서의 선험적 자유는 실천적 자유의 근거가 되고, 실천적 자유는 도덕법칙에 따르는 의지의 자유로 나타난다. 따라서 자유는 도덕법칙의 존재근거요, 도덕법칙은 자유의 인식근거이다. 따라서 자유는 칸트 철학의 맥을 이루는 또 하나의 근본이념이다.

이러한 칸트 철학의 목표는 선의지에 있다. 선의지의 개념에서 의무의 개념이 생긴다. 즉, 의무는 자기 속에 선의지의 개념을 가지고 있음으로, 의무에 의한 행위가 아니면 결코 선의지에 의한 행위가 아니다. 따라서 의무에 의한 행위만이 도덕적 행위이다. 이런 점에서 선의지와 의무는 칸트 철학의 맥을 이루는 근본이념이다.

도덕적 의무에 이해서 명령이 내려지고, 이 명령의 형식이 칸트 철학의 마지막 맥을 형성하는 정언명법이다. 정언명법은 도덕법칙으로서 당위의 법칙인 것이다. 따라서 모든 인간에게 타당한 원리로서 무조건적이며, 그것은 본질적으로 도덕성과 관계될 수밖에 없다.

---

106) 손승길, "칸트 윤리학의 근본이념들," 윤리교육연구 제15집(2008), 145쪽.

(2) 이론이성

이론이성은 인식에 관여하는 선천적 인식능력이다. 여기서 '이론'이라 함은 사물의 존재를 설명하고, 자연체계의 법칙연관성을 밝혀내는 이성원칙을 말한다. 그러나 이 원칙은 존재세계와 별개로 있는 것이 아니라 존재세계 자체를 형성하는 이성의 원칙들이다. 칸트에 있어서 이론이란 개별적인 상황이나 조건들을 떠나서 그것들을 규정하고 영향력을 행사할 수 있는 규칙들의 집합인 것이다.[107]

칸트에 의하면 이론의 정당성은 실천에 유용한 적용가능성을 통해서 얻어지는 것이 아니라, 그것이 실천을 가능하게 하는 근거라는 사실을 통하여 얻어지는 것이다. 따라서 도덕적 실천에 관한 이론적 정당성이 부여되는 것이다. 이런 점에서 이론이성과 실천이성은 연결된다.

(3) 실천이성

이성이 우리들의 행위에 어떠한 영향을 주고, 그러한 행위를 결정하는 한에서 이를 실천이성이라고 한다. 실천이성은 인간의 무한한 가능성을 실천하는 창조적 인간으로 만든다. 실천이성은 스스로 선을 요구하며, 또한 선을 실천의 대상으로 삼는다. 실천이성은 형식적인 법칙이므로 실천이성은 도덕법칙의 전형이다. 따라서 실천이성은 스스로 선과 악을 규정하고 그 대상을 실천한다. 따라서 선과 악은 행위의 동기가 아니고 실천이성의 대상개념이다.

실천이성은 존재에 대한 당위를 결정한다. 우리의 의지로 하여금 자신의 의지에 합치하는 행위를 하도록 하는 것이다. 즉 선한 일을 마땅히 하도록 하는 것이다.

> "아무리 약한 사람이라 할지라도 인간은 만약 그가 이성을 사용할 줄만 안다면, 본받을 만한 일들이나 개인의 선한 행위규범을 지키는데 있어서의 충실함 또는 다른 사람의 입장을 이해하고, 일반적으로 잘 되기를 바라는 마음에 대한 예를 들었을 때, 자신 또한 그렇게 되기를 당연히 마음속으로 바라게 된다."

이처럼 도덕적으로 옳지 않은 사람도 그 근본에 있어서는 도덕적이기를

---

107) 손승길, 앞의 논문, 147-148쪽.

바란다는 사실이 누구에게나 있음은 실천이성의 원칙에 있어서 존재에 대한 당위를 규정한다고 볼 수 있다. 이론이성이든 실천이성이든 그 근저에는 자유가 있다. 이론이성은 자연과 자유의 영역을 서로 조화시켜 주는 역할을 한다. 실천이성은 분석적이지만 구체적으로 주어지고 언제나 현실적이다.

Q. 이론이성과 실천이성 중 어느 이념이 우위에 있는가? 앎(공부를 통해서 지식을 습득하는 것)이란 제작을 위한 것이고, 실용을 위한 것이며, 실천을 위한 것인가?

Note. 실천이성의 우위성이라 함은 이론이성의 관심이 실천이성의 관심에 종속된다는 것이다. 이것의 모든 관심은 궁극적으로 실천적인 것이 될 수밖에 없다. 즉 앎의 한계개념에서 실천의 영역으로 넘어감에 따라 이론이성은 실천이성으로의 관계를 맺게 되고, 이론이성은 실천이성의 기초적 단계이다. 우리가 일반적인 통례로 볼 때, 앎이라고 하는 것은 실천을 전제로 하고 있다. 칸트도 행위의 문제를 앎의 문제보다 우위에 두고 있다.

3. 자유와 도덕성: 도덕적 딜레마 사례

(1) 선험적 자유

• **사례:** ① 당신은 당신의 약속을 지켜야 한다. ② 당신은 죄없는 사람을 죽이지 말아야 한다. ③ 당신은 삼성전자에 투자해야 한다. ④ 당신은 그를 조용히 살해하려면 권총을 사용하지 말아야 한다. ⑤ 당신은 345에 678을 더해서 1023을 산출해내야 한다. ⑥ 전철이 곧 여기에 와야 한다.

Q. 위의 사례에서 도덕적 딜레마와 관련이 있는 것을 찾아보자.

Note. ①과 ②가 가장 자연스럽게 말해지는 경우는 최소한 약속을 지켜야 하고, 죄없는 사람을 살해하지 말아야 할 도덕적 근거가 있다는 주장을 하는 경우이다. ③과 ④가 가장 자연스럽게 말해지는 경우는 도덕적 근거는 아니지만, 당신이 삼성전자에 투자하거나 권총을 사용하지 말아야 할 어떤 개인적인 이유가 있다는 주장을 하는 경우이다. ⑤가 가장 자연스럽게 말해지는 경우는 도덕적 근거나 어떤 개인적인 이유와는 관계없이 정상적인 인식 수준을 유지하고 있는 사람이라면 당연히 1023이라는 합계를 산출할 것이라는 주장을 하는 경우이다. ⑥이라 가장 자연스럽게 말해지는 경우는 전철이 여기에 곧 도착할 것이라는 화자의 믿음을 표현하고 있는 경우이다. 이처럼 '해야 한다'는 말이 여러 가지 이유를 나타내는 말로 사용될 수 있지만, 도덕적 딜레마와 관련되어 있는 경우는 도덕적 근거를 주장하고 있는 ①과 ② 같은 경우들이다.[108)]

칸트는 선험적 자유와 실천적 자유를 구별한다. '선험적'이란 '우주론적인'이라는 의미인데 반하여, '실천적'은 '우리의 결의와 관련된'이라는 의미이다. 선험적 자유는 스스로 한 상태를 시작하는 능력이며, 선험적 자유가 없다면 실천적 자유는 있을 수 없다. 실천적 자유는 이성적 원리들에 따라 결의를 규정할 수 있는 원인이며, 결의 속에서는 스스로 한 계열의 사건을 시작할 수 있다는 인과성이 전제되어 있다. 선험적 자유는 감성적 세계에서 절대 독립된 반면, 실천적 자유는 자연 속의 감성적인 것으로부터 우리를 자유롭게 한다. 선험적 자유가 의의를 가지는 것은 바로 인간의 실천적 행위에 대한 의미있는 해석 때문이다.[109)]

선험적 자유는 자유의 존재근거이고, 자유를 가능하게 하는 논리적 근거이다. 자유의 실천적 개념은 자유의 선험적 이념에 기초하고 있다. 실천적 자유는 감성의 충동에 의한 강제로부터 자의(의지능력)를 독립시키는 것이다. 이러한 자의는 자유로운 것이다.[110)]

Q. 선험적 자유는 어떻게 실천적 자유와 결부되는 것일까?

Note. 칸트에 있어서 인간의 실천은 행위를 통해 가능하며, 이 행위의 규정근거는 의지이다. 따라서 만약 선험적 자유가 실천적 자유의 근거일 수 있으려면 우리의 의지는 모든 감성적 충동에 의한 강제로부터 독립하여 선험적 이념에 의해서 규정됨으로서 실천적일 수 있음을 증명해야 한다. 즉 행위의 규정근거로서의 우리의 의지가 자유의 능력인 이성에 의해 규정될 수 있음을 증명해야 한다. 그렇게 될 때, 선험적 자유는 실천적 자유로 되며, 이는 곧 의지의 자유를 의미하게 된다.

108) 윤혜진, "도덕적 실재론과 도덕적 딜레마," 철학 제56집(1998), 280쪽.
109) 박종식, "칸트의 제3이율배반과 선험적 자유," 철학연구 제106집(2008), 123-124쪽.
110) 손승길, 앞의 논문, 151-152쪽.

(2) 실천적 자유로서의 의지의 자유

• **사례:** 그의 아버지는 그의 어머니와 불화가 심했다. 그것은 그의 아버지가 '적국에 협력하는' 태도를 보였기 때문이었다. 그의 형은 1940년 독일 침공으로 사망했는데, 다소 순박하면서 감정이 풍부한 이 젊은이는 이로 인해 적개심으로 불타올랐다. 그의 어머니는 남편과 헤어져 그를 데리고 살고 있었다. 그의 아버지의 반역 행위에 가까운 행각과 장남의 죽음으로 인해 마음에 깊은 상처를 받고 있었기 때문에, 그녀가 위안을 얻을 데라고는 이 젊은이밖에 없었다. 하지만 바로 그 순간 이 젊은이는 프랑스 자유군에 들어가기 위해 영국으로 가야 할지 아니면 그의 어머니 곁에 머물러서 그의 어머니에게 위안을 드려야 할지를 선택해야 하는 기로에 놓여 있었다.

Note. 이 사례는 사르트르의 제자가 나치 점령 당시 그의 어머니와 함께 파리에 그대로 머물러 있어야 할지 아니면 영국에 있는 프랑스 자유군에 입대하여 그의 형의 죽음에 보복해야 할지를 선택해야 하는 상황에 대한 기술이다. 그 젊은이가 도덕적 차원에서 그의 어머니 곁에 머물러 있어야 하거나 도덕적 차원에서 영국으로 가야 한다면, 그는 그 때 그 두 행위를 모두 할 수 없기 때문에 도덕적 딜레마에 빠지는 것이다. 칸트의 정언명법을 공부한 후에 해결책을 생각해 보자.[111)]

우리는 감성적 충동들의 강제로부터 독립해서 자발적으로 스스로를 결정할 수 있는 능력을 가지고 있으며, 이것이 인간의 '결의의 능력'이다. 이처럼 감성이 아니라, 이성에 의해서 행위를 도출해 내는 결의의 능력이 실천적 자유이다.[112)]

칸트 철학에서 자유를 상정하지 않고는 그의 도덕법칙을 설명할 수 없다. 즉 자유가 없다면 도덕법칙도 없다고 볼 수 있다. 따라서 칸트는 자신의 철학의 맥을 이어가기 위해서 자유를 요청한 것이다. 실천적 자유란 인간이 이성적 법칙을 따라 행위를 하는 것을 말하는 것이고, 이러한 자유를 이성적 존재자의 자기규정, 즉 자율이라는 말로 사용할 수도 있다. 이것은 자유의지라 함

111) 윤혜진, 앞의 논문, 278쪽.
112) 박종식, 앞의 논문, 123쪽.

은 스스로 자기 자신에게 법칙을 부여하는 의지요, 도덕법칙과 이것에 합치하는 의무는 그러한 자유의지의 자기입법, 즉 자율로서 가능하다.[113]

Q. 플라톤이 지적하는 바와 같이 인간의 영혼은 이성과 욕정이라는 두 마리의 말이 끄는 수레에 탄 마부와 같아서 앎과 행위가 일치하지 않을 수도 있다는 데서 인간은 인간이외의 것들과는 다르게 윤리가 문제되는 존재이다. 이렇게 볼 때 자유는 도덕적 존재의 기본조건이다. 그리고 의지자유를 전제로 하지 않는 윤리학은 가능하지 않을 것이다. 그러면 인간에게 있어서의 의지자유는 어떻게 가능한 것일까? 만약 그것이 가능하다고 하더라도 그것은 우주론적 의미의 선험적 자유와는 어떻게 조화를 이룰 수 있을 것인가? 또한 의지자유의 윤리적 의미는 과연 어떤 것인가?

(3) 의지의 자유와 도덕법칙: 의지의 자율

• **사례:** 아가멤논은 트로이를 공격하러 가는 그리스 군의 선봉장이었다. 트로이로 진군하던 도중에 그리스 함선은 풍랑을 만나 더 이상 진군할 수 없게 되었다. 그런데 신탁을 받은 제사장이 예언하기를, 만일 아가멤논의 딸 이피게니아를 제물로 삼지 않는다면 풍랑이 계속될 것이라고 했다. 모든 그리스인들은 이러한 예언을 믿었고, 그래서 그들은 아가멤논이 그의 딸을 죽이지 않는다면, 아가멤논은 더 이상 그의 부대를 이끌고 트로이로 갈 수 없다고 믿었다. 그들은 또한 아가멤논이 사령관으로서의 책임과 자기 휘하에 예속된 부하들에 대한 책임과 자신의 명예를 지킬 책임 같은 것 때문에, 그의 부대를 트로이로 인솔해야 할 의무를 가지고 있다고 믿었다.[114]

Note. 아가멤논이 그의 부대를 트로이로 이끌고 갈 의무와 이피게니아를 죽이지 말아야 할 의무를 지고 있다. 칸트에게서 발생하는 도덕적 당위 간의 딜레마는 다음과 같은 처방을 생각해 볼 수 있다. 두 가지 대안이 정확히 도덕적으로 등가의 것이라면, 그 중 어느 하나를 함으로써 나머지 하나를 수행하지 못한 것은 비난의 대상이 될 수 없다고 보는 것이다.

---

113) 손승길, 앞의 논문, 152-153쪽.
114) 윤혜진. 앞의 논문, 278쪽.

우리 인간들 사이의 도덕적 관계는 자유로운 주체 간의 관계이지만 있는 그대로의 관계는 아니다. 그것은 진실한 인간관계이며, 자기중심적 주체에 있어서는 의무로서 실현되어야 할 관계이다. 의무는 감정이나 충동이나 경향성이 아니라, 이성적 존재자 상호 간에만 의거하는 것이다. 우리 각자는 감정과 충동과 경향성의 주체이며, 행동의 원리로서의 준칙의 실천적 내용은 그들 요소에 의하여 제약되어 있다. 그러나 어떤 실질을 행위의 내용으로 선택하건 자기애에 빠지지 않기 위해서는 이성적 존재자 상호 간의 관계에 의거한 도덕의 원리에 따라야 한다. 이 원리는 감성적 요소가 혼재할 수 없는 주체 간의 이성적 관계이다. 예지계가 실천적 세계의 이념으로 될 때, 그 보편적 법칙은 도덕법칙으로 정립되는 것이다. 그리고 이에 의거하여 의무의 개념이 성립한다. 원리로서의 도덕법칙과 의무와의 이 관계를 칸트는 정언명법으로 정립하고 있다.115)

의지의 자율은 모든 도덕법칙과 그것을 따르는 의무들의 유일한 원리이다. 이것은 법칙의 모든 실질에서 독립된 것과 그와 동시에 준칙이 가질 수 있는 보편적 법칙 수립의 형식에 의해서 결정되는 것, 이 두 가지 것에서만 도덕성의 원리는 존재하는 것이다. 의지의 자율은 모든 도덕성의 근거로서 인간은 의지의 자율에 의해서만 평가되어야 하고, 외부적인 관계로서 평가되어서는 안 된다. 이것은 의지의 자율과 양립할 수 있는 행위는 허용할 수 있지만, 의지의 자율과 양립할 수 없는 행위는 허용될 수 없다. 따라서 의지의 격률이 필연적으로 자율의 법칙과 합당한 의지는 가장 신성한 절대적 선의지뿐이다. 선의지는 칸트 철학에서 가장 최고의 가치를 가진 것으로서 철학의 맥을 이룰 뿐만 아니라, 윤리적 방향을 설정해 주는 근본이념이다.116)

Q. 실천적 자유로서의 의지의 자유가 갖는 도덕적 의의는 무엇인가?

Note. 칸트에 있어서 도덕적 당위는 의지일반의 객관적 규정근거인 도덕법칙을 자각하는 순수의지를 전제로 한다. 한편 인간은 자애의 원리에 의해 규정될 수도 있으므로, 항상 순수의지가 규정하는 것만을 선택하지는 않는다. 그러므로 불완전한 이성적 존재자인 인간에게 도덕법칙은 항상 명령으로 부과되고, 이는 의

115) 이윤복, “칸트에 있어서 자유와 도덕성,” 철학연구 제99집(2006), 253-254쪽.
116) 손승길, 앞의 논문, 153-154쪽.

무의식으로 나타난다. 그리고 이 의무의 이행을 통한 감성적 욕망의 통제에서 인간의 존엄성과 긍지, 그리고 겸허함이 성립한다. 이러한 존엄성은 인간이 예지계에 속할 때 가능하며, 예지계는 인간들의 도덕적 행위를 통해서 실현되어야 할 이념이다.[117]

(4) 선의지와 의무

1) 선의지와 의무의식

칸트는 선의지(Guter Wille)를 본래적 가치로 정의한다. 즉 "이 세계 안에서, 아니 이 세계 밖에서도 우리가 무제한적으로 선하다고 볼 수 있는 것은 오직 선의지뿐이다." 선의지는 어떤 조건도 없이 그저 단순히 어떤 행위가 옳다는 바로 그 이유 하나만으로 말미암아 그 행위를 선택하는 의지이다. 이와 같이 선의지는 객관적 실천의 법칙을 순수한 동기에서 따르는 능력이다. 이런 점에서 선의지는 칸트 철학에서 인간에게 윤리적 방향을 설정한다고 말할 수 있다.[118]

그런데 우리 인간의 의지는 주관적 동기의 세력 아래 있기 때문에 보통 객관적 실천의 법칙과 합치되는 경우가 그리 많지 않다. 여기서 실천법칙은 의지에 대하여 명령의 형태로 주어지고, 동시에 '옳다'는 관념은 당위, 곧 의무의식(aus Pflicht)으로서 강제성을 띠고 나타난다. 본래 의무의식에 의한 행위는 자발적인 행위로서 책임을 지는 행위이며 자신의 만족을 위한 행위가 아니라, 보편적 법칙에 의한 행위이다.

그러나 오늘날 현대인들은 대부분 행위의 근거를 자기만족, 자기 행복의 확보에 맞추고 있다. 이러한 행위는 의무의식에 위배된 행위로서 현실적이고 타율적인 행위이다.

이런 점에서 선의지와 의무의 두 개념이 관계를 맺게 된다. 즉 선의지의 개념을 행위의 본분으로 삼을 때, 의무의 개념이 생긴다. 따라서 의무의 개념은 선의지의 개념을 전제로 하여, 선의지의 개념을 자기 속에 지니고 있다. 이러한 전제 아래서 선의지에 의한 행위가 아니더라도 '의무에 적합한' 행위일

117) 이윤복, 앞의 논문, 261-262쪽.
118) 손승길, 앞의 논문, 154-155쪽.

수는 있다. 여기서 '의무에 적합한 행위'라 함은 행위자의 태도로 평가할 때, 그것은 이 태도의 내적 규정근거가 의무 그 자체가 아니라, 어떤 내용적인 목적이 있을 가능성이 있기 때문이다. 이러한 행위는 도덕적 행위를 아니지만 반 가치라고는 볼 수 없다.

그렇다면 우리의 도덕적 행위는 '의무에 의한 행위'이어야 한다. 왜냐하면 우리의 의지가 따르고자 하는 순수한 의무의식만 있고, 그 밖에 아무 것도 아닐 때 우리의 행위는 선한 것이 되기 때문이다. 바로 이러한 의무의식이 도덕법칙에 대한 존경의 감정이다.

따라서 의무에 적합한 행위는 적법성은 있을지 모르지만, 도덕성은 없는 것이다. 그것은 선의지에 의한 행위가 아니기 때문이다. 그러므로 도덕적 행위라고 말할 수 있는 것은 오직 선의지를 전제로 한 의무의식에 의한 행위뿐이다.

Q. "악법은 법이 아니다"라고 말하면서 악법을 준수하지 않는 경우를 도덕법칙에 적합한 행위로 볼 수 있을 것인가?

Note. 법이 우리에게 어떤 의무를 부과한다 할지라도 그것이 언제나 도덕적 구속력을 갖는 것은 아니다. 실정법에서 개인의 기본적인 자유나 그 밖의 인권을 부당하게 간섭하거나 침해하는 경우에는 그것이 법적 의무는 될지언정, 도덕적인 의무가 되기는 어렵다. 예를 들면, 정부를 비판할 수 있는 자유를 제한하는 법을 국가가 만들어 국민들에게 강요한다면, 그러한 법을 지켜야 할 의무를 없을 것이다. 개인의 기본적인 인권을 유린하는 악법을 준수하지 않는 것이 부도덕한 것은 아니다. 따라서 법을 준수하는 것이 언제나 도덕적인 것은 아니며, 어떤 경우에는 법을 준수하지 않는 것이 도덕적인 행위가 될 수 있다.[119)]

2) 의 무

칸트 철학에서의 의무는 양심이 명하는 바에 따라 해야 할 것과 해서는 안 될 것의 의식이다. 이것은 당위(Sollen)로서 주어진다. 이처럼 의무의식은 일종의 권위와 구속의 힘을 가지고 있다. 즉 우리가 한번 의무라고 판단하면 반드시 실행하지 않으면 안 된다는 것을 요구한다. 그러므로 의무는 절대성을

---

119) 조성민, "도덕 판단의 준거와 정당화 과정," 윤리철학교육 제8집(2007), 5쪽.

갖는다. 칸트는 의무를 세 가지 측면에서 파악한다.[120)]

첫째, 동기의 측면에서 그는 "인간의 어떤 행위가 도덕적으로 선하다는 것은 그것이 직접적인 경향성으로부터 행하여지기 때문에서나, 더욱이 자기 애착에서 행해지기 때문에서가 아니라, 의무를 이루기 때문이다"라고 말함으로써 행위에 있어서 유일한 선한 동기는 의무라고 말한다.

둘째, 형식적 원칙의 측면에서 보면, 의무로부터의 행위는 그 행위를 규정하는 준칙에서 도출된다. 행위에 도덕적 가치를 부여하는 준칙은 그의 의무가 어떤 것이든가 간에 그의 의무를 행하는 준칙인 것이다.

셋째, 위의 두 측면을 종합한 것으로, "의무는 법칙에 대한 존경에서 발생한 행위의 필연성"이라고 한다. 따라서 한 사람의 행위가 도덕적 가치를 가지려면 법칙에 대한 존경에서 수행되어야 한다. 또 행위에 도덕적 가치를 부여하기 위해서는 준칙은 법칙을 준수하고 존경하는 것이어야 한다. 또한 그것은 보편적인 법칙 그 자체에 복종하는 준칙이어야 한다.

이렇게 볼 때 도덕법칙에 대한 순수한 존경에서 비롯된 행위의 필연성이 의무를 형성하게 되고, 이 의무는 다른 모든 가치를 능가하는 그 자체로서 선의지의 조건이기 때문에 다른 모든 동기는 이러한 의무에게 길을 내주어야 한다.

순수 의무에 의한 도덕적 행위는 감성적 욕망과 경향성에 반항하면서 실천이성이 지시하는 명령에 복종한다. 따라서 준칙이 보편적 법칙이 되도록 행위 해야 한다는 의무의 원칙은 칸트가 정언명령이라고 부르는 것을 정식화하는 방식이다.

Q. 무고한 시민살상을 막기 위해 폭탄 설치범으로부터 폭탄이 있는 위치를 자백 받아야 하는데 그의 입을 열 수 있는 방법은 그의 어린 자녀를 고문하는 것 이외에는 다른 방법이 없는 취조자의 경우, 무고한 다른 여러 명의 인질을 살려주는 조건으로 그 인질 중 한 명을 살해할 것을 인질범으로부터 제안받은 여행자의 예가 있다. 이 경우 당신은 어떤 조치를 취할 것인가?

120) 손승길, 앞의 논문, 155-156쪽.

Note. 취조자와 여행자는 보다 많은 사람의 생명을 구할 수 있는 경우임에도 불구하고, "어떤 이유로도, 어린아이를 고문할 수 없다"는 것과 "무고한 사람을 살해할 수 없다"는 무조건적인 이유를 갖는다. 이 경우, 우리 대부분은 그들에게 고문이나 살해를 요구할 수 없음을 공감할 수 있다. 그러나 토니 모리슨(T. Morrison)의 소설 「사랑스런 이」에 나오는, 실재했던 흑인여성인 제테(Sethe)의 경우는 보다 더 어려운 경우이다. 그녀는 주인집으로부터 탈출한 노예이다. 그녀가 낳은 아이들 중 큰 아이들은 이미 주인이 팔아버려 그녀의 곁을 떠났고, 팔 수 없는 어린 것들만이 아직 그녀의 곁에 남아 있다. 그녀는 자신과 아이들이 더 이상 노예로 살기를 원하지 않았기 때문에 탈출을 시도한다. 이후 노예사냥꾼들의 추격을 당해 붙잡히게 되고, 결국 그 사냥꾼들의 손이 아이들을 자신의 품에서 낚아채려는 순간에 그녀는 자신의 손으로 자신의 사랑하는 아이들을 죽인다. "내 아이들을 노예로 살게 해서는 안 된다"고 하면서 말이다.[121]

Ⅳ. 정언명법의 현실에의 적용

1. 정언명법

(1) 가언명법과 정언명법

칸트는 명법을 가언명법과 정언명법으로 나눈다. 실천이성의 객관적 원리가 어떤 목적에 의하여 조건 지어지는 곳에서는 가언명법이다. 이처럼 일정한 목적을 달성하기 위한 적당한 수단을 충고하고 지시하는 것이며, 이때 그 목적이 이성적이건 아니건, 또 선인지 아닌지는 전혀 문제가 되지 않는다. 다만 어떤 목적을 달성하기 위하여 해야 할 일을 명령하는 것이다. 따라서 이성의 명령은 목적에 의해서 조건 지어지며, 목적이 변함에 따라 이성이 명령하는 행위도 변한다. 이와 같은 명법은 보편타당성을 갖지 못하므로, 도덕적 명법의 자격이 없다.[122]

---

121) 허라금, "도덕적 갈등과 다원주의," 철학 제68집(2001), 266-267쪽.
122) 손승길, 앞의 논문, 157-158쪽.

Q. '성공하기 위해서, 열심히 노력해야 한다'와 '벌을 받지 않기 위해서, 거짓말을 해서는 안 된다'는 가언명법인가?

Note. 만약 열심히 노력을 하지 않더라도 성공할 수 있게 된다면, 노력을 하지 않아도 되는 것인가? 또한 만약 거짓말을 하더라도 어떠한 처벌도 받지 않게 된다면, 거짓말을 해도 되는 것인가?라고 반문할 수 있다. 따라서 가언명법은 언제나 자신의 조건에 의존하게 된다.

정언명법이란 행위가 목적에 대한 수단이어서가 아니라, 그 자체가 선한 것이기에 행위를 명령하는 것이다. 이것은 필연적 명령이다. 정언명령은 실천적 원칙으로서 타당하다. 행위가 근본적으로 선한 것은 그 심정에 있어 그 결과가 어떠하든 상관없다. 정언명법이 바로 도덕적 명법이요, 오직 도덕적 명령만이 법칙이 될 수 있다. 도덕법칙은 모든 이성적 행위자에게 타당한 무조건적 필연성을 가진다. 또한 정언명법은 우리 인간이 만드는 것이 아니라, 그 존재를 우리 속에서 발견하는 것이다. 정언명법은 모든 인간에게 타당한 원리로서 무조건적이며, 그것은 본질적으로 도덕성과 관계된다.

Q. 어느 누구도 교통법규를 준수하지 않는다고 가정해 보자. 그러면 분명 도로는 매우 위험하게 될 것이다. 그러한 상황 속에서 많은 사람들은 사고로 도로에서 다치거나 죽게 될 것이다. 따라서 '우리는 교통법규를 지켜야 한다'는 결론이 도출된다. 이것은 정언명법인가?

(2) 도덕법칙으로서의 정언명법

① 보편성의 원리: "네 행위의 준칙이 보편적인 법칙이 되는 것을 바랄 수 있도록 그렇게 행위하라"는 명법이다. 이 원리는 도덕법칙이 보편화될 수 있어야 한다는 것을 규정하고 있는 형식적인 입법의 원리이다.[123] 보편적이라는 것은 객관적이고 개인과는 무관하여 단지 나의 욕구에 의해서 결정될 수 없으므로 사람들 상호 간에 공평해야 한다는 것이다. 도덕법칙의 보편성은 이제 개인과 개인 사이에 있는 의무의 상호성을 함축하고 있다.[124]

123) 조성민, 앞의 논문, 7-8쪽.
124) 박문경, "칸트의 정언명법과 그 적용에 관한 연구," 윤리철학교육 제7집(2007) 122쪽.

Q. "내가 미워하는 사람을 험담해도 좋다"는 준칙은 보편적인 도덕법칙이 될 수 있는가?

Note. 준칙이 보편적인 법칙이 된다는 것은 그것이 모든 사람에게 적용된다는 것을 의미한다. 따라서 만약 그 준칙이 보편화된다면, 다른 사람이 나를 미워하는 경우, 그가 나를 험담해도 좋다는 것을 받아들여야 한다. 그러나 내가 미워하는 사람을 다른 사람 앞에서 험담하고 싶은 마음이 들겠지만, 거꾸로 다른 사람이 나를 험담한다면 나는 그것을 받아들이기 어려울 것이다. 따라서 "내가 미워하는 사람을 험담해서는 안 된다"는 결론이 나오게 된다.

② 인격존중의 원리: "너 자신의 인격을 포함해서 모든 사람의 인격을 단순한 수단으로서가 아니라 목적으로 대우하라"는 명법이다. 이 원리는 개인의 권리와 존엄성을 존중하라는 보다 구체적인 내용을 담고 있다. 인간은 누구나 목적으로 존중받아야 함을 의미한다. 이 원리는 인간의 권리와 존엄성을 중요시한 원리로서, 도덕법뿐만 아니라 실정법을 만들 때에도 적용된다.

Q. 타인의 신체에 위협을 가하는 행위, 도적질하는 행위, 명예를 훼손하는 행위, 거짓말을 하는 행위, 환경오염, 탈세 등의 행위를 하지 말아야 하는가?

Note. 인격존중의 원리는 행위자가 다른 사람의 인격을 자신의 욕구충족을 위한 단순한 수단으로 이용해서는 안 된다고 주장한다. 타인의 권리를 침해하는 행위는 그를 자신의 욕구충족을 위한 단순한 수단으로 이용하는 것이다. 따라서 사람에게 가해지는 모든 부도덕한 행위는 다른 사람을 단순한 수단으로 이용하는 행위이므로 해서는 안 된다. 그러나 부도덕한 행위가 모두 타인의 권리를 침해하는 것은 아니다.

③ 자율성의 원리: "네 의지가 자신의 준칙을 통하여 동시에 자기 자신을 보편법칙을 세우는 존재로 간주할 수 있도록 행위하라"는 명법이다. 이 원리는 인간이 이성적 의지를 통해 스스로 법칙을 세우거나 제시한다는 자율성을 말한다.

2. 수험생의 성적비관과 자살 사례

현대 사회에 급속도로 증가하고 있는 자실 현상은 이제 한국 사회의 심각한 사회문제이다. 자살을 현실의 어려움에 대한 도피이자 세상을 향한 무언의 반항이라고 한다. 칸트는 자살을 허용하지 않는다. 칸트에게 인간이 삶을 유지하는 것은 자신에 대한 완전한 의무이다. 그러나 어쩔 수 없는 상황에서 죽을 자유도 없느냐는 항변 앞에서 가슴이 아파온다.

> "고3 수험생이 수능을 보는 날 시험 2교시 마친 뒤 화장실 창문으로 뛰어내린 사건이 발생했다. 지난해의 경우 수능 시험이 끝난 직후 언론은 수능 평균점수가 그 이전 연도보다 15내지 20점 가량 올라갈 것이라고 보도해, 이 뉴스를 접한 수험생이 수능 성적을 비관해 투신자살하는 일이 발생하기도 했다."

Q. 이 사례를 칸트의 정언명법에 비추어 생각해 보자.

Note. 인격존중의 원리와 자율성의 원리에 초점을 두고 생각해 보자. 인격존중의 원리는 시대와 문화를 초월한 보편성을 띠기 때문에, 모든 행위 결정이 통제원리로서 작용할 수 있다. 자살이나 살인은 인간성을 경시하는 행위이다. 특히 자살의 경우 자신의 편안함과 인간성을 맞교환 하는 경우이다. 살인 역시 타인의 인간의 존엄성을 침해하는 행위이다. 인간성의 훼손을 통해 얻은 이익은 그 무엇으로도 인간 생명의 손실을 보상하지 못한다. 자살은 보편적 원리로 받아들여질 수 없는 행위이다. 따라서 바람직하지 못하면 자율적인 행위라고 볼 수 없다. 인간의 감정은 자신의 생명을 고무하고 촉진하는 것을 자연법칙으로 삼는데, 도리어 감정의 고통 때문에 생명을 파괴한다는 것은 감정 자체의 자연법칙에 모순된다.

그렇다면 자살은 자신에 대한 무책임은 물론 타인과 사회에 대한 책임회피 행위이다. 시험이 어렵다고 모든 수험생이 자살을 하는 것은 아니다. 따라서 죽을 명분만 주장하지 말고 타인 및 사회와의 공존을 위해 자신의 위기를 이겨내야 한다는 결론이 나온다. 물론 사회 역시 자살이 만연할 경우, 이에 대해 책임이 없다고 개인에게 모든 잘못을 돌릴 수만은 없다.[125)]

---

125) 박문경, 앞의 논문, 126-129쪽.

3. 어려운 처지의 할머니 돕기와 지각 사례

인간은 타인의 입장에 비해 자신의 입장을 예외적인 것으로 간주하려는 경향이 있다. 칸트는 모든 문제의 핵심이 이러한 경향성을 극복하는 데 있다고 보고, 도덕법칙은 모두에게 동일하게 적용될 수 있는 객관적인 타당성을 지녀야 한다고 주장한다. 타인의 무관심에 대해서는 쉽게 질책을 하면서도, 자신이 그러한 상황에 처해 있음으로 인해 배려를 할 수 없을 경우 우리는 변명으로 일관한다.126)

> "고2 학생 영민은 아침 일찍 집을 나섰지만 지각을 했다. 함께 등교하던 친구들은 벌써 교실에서 자습을 하고 있다. 영민이가 지각을 한 이유는 등굣길에 한 할머니를 도왔기 때문이다. 영민은 할머니의 짐을 들어주고 찾는 장소까지 길을 가르쳐 드리고 오느라고 지각한 것이다."

Q. 이 사례를 칸트의 정언명법에 비추어 생각해 보자.

Note. 보편성의 원리를 생각해 볼 수 있을 것이다. 이 원리를 적용해 '어려운 할머니를 외면해서는 안 된다'와 '학생의 본분을 학교생활에 충실해야 한다'는 두 가지가 갈등할 경우 어떤 선택이 바람직한가? 영민의 행위는 자신이 불이익을 당함에도 불구하고, 그렇게 행위하고자 하는 선한 의지가 보이므로, 칸트가 보기에 가장 선하다. 물에 빠진 사람을 구하려고 하다가 자기도 함께 죽을 수 있는 경우에도, 타인의 어려움을 모른 채 할 수 없어 물에 빠진 사람이 극악무도한 살인마이거나 그렇지 않거나에 관계없이, 죽어가는 사람을 살리려는 선의지 자체를 우리는 칭찬하고 존경한다. 술 취한 일본인을 구하다가 전철에 치여 죽은 일본 유학생 이수현씨의 죽음을 두고 우리는 살신성인이라고 말한다. 선의지는 천재성이나 강인한 성품과는 달리, 그것이 가져올 이익이나 결과에 관계없이 그 자체로 가치를 갖기 때문이다.

---

126) 박문경, 앞의 논문, 130-131쪽.

4. 시험과 부정행위 사례

인간에게는 자기애에 따라 행동한다는 원칙을 도덕법칙에 따라 행동한다는 원칙보다 하위에 두는 것이 옳음에도 불구하고, 상위에 두려는 강력한 전도에의 성향을 갖고 있다. 바로 이것이 인간성 안에 있는 근본악이다. 이러한 악에의 자연적인 성향은 결국 자유로운 선택의지 안에서 발견되며, 그것에 대한 책임은 인간에게 있다.[127)]

왜 인간에게는 도덕법칙에 따라 행동하겠다고 결의하게 하는 능력이 있는가? 다른 한편으로는 그 법칙으로부터 이탈을 부추겨 다른 준칙을 받아들이게 하는 성향이 존재하는가?

> "시험 날 아침이 되어서야 칠복은 걱정이 되었다. 차일피일하다가 시험 준비를 제대로 하지 않았다. 시험 문제지를 받아 보니 그저 아득하기만 했다. 다급해진 칠복은 부정행위를 해서라도 시험을 잘 보고 싶은 생각이 들었다. 잘하면 감독 교수님께 들킬 염려도 없을 것 같고, 또 다른 친구들은 문제를 푸는 데에 정신이 팔려 옆에 신경을 쓰는 것 같지도 않다. 하지만 부정행위를 하면 안 된다는 것을 알고 있는 칠복은 고민 중이다."

Q. 이 사례를 칸트의 정언명법에 비추어 생각해 보자.

Note. 학창시절 누구나 한 번쯤은 해 본 고민이다. 자율성의 원리에 기초해 생각해 보자. 칠복의 내면은 시험을 잘 치르고 싶다는 감성적 욕망과 정정당당하게 시험을 치러야 한다는 도덕적 양심이 갈등하고 있다. 칠복의 행위에 대해 선과 악을 말할 수 있음은 그가 취한 동기에 따른 행동을 통해서이다. 누구나 자신이 손해 보는 것을 싫어하고, 이익이 되는 것을 선호하지만, 하고 싶은 대로 하지 못함은 그의 양심에 그렇게 하는 것이 바람직하지 않다는 것을 스스로가 잘 알기 때문이다. 칠복은 누구보다 자신이 어떻게 하는 것이 옳은가를 잘 알고 있다.

칠복이 자신의 이기적인 욕망대로 하고자 하는 마음속에는 이미 타인과의 관계를 무시하고 있다. 타인의 권리를 염두에 두지 않고 행할 때, 우리는 이를

---

127) 박문경, 앞의 논문, 131-134쪽.

방임이라고 한다. 따라서 성적을 잘 받기 위한 부정행위는 도덕적인 관점에서 무의미한 행위이다. 만약 칠복이 부정행위를 시도했다면, 그것은 칠복의 본성이 악해서가 아니라 내면에 도덕법칙을 준수하겠다는 의지가 약해서 행해진 결과이다.

칠복이 평소 교칙을 준수하면서 자신의 양심에 어긋나는 행동을 하지 않으려고 노력하며 학교생활을 성실하게 하고 있다. 그러나 순간 시험에 대한 두려움이 부정행위로 향했으나 곧 마음을 고쳐먹고 그렇게 하지 않겠다고 결단을 내렸다면 다음과 같은 결론을 도출할 수 있다.

'칠복은 내면의 갈등을 극복할 수 있다. 그러므로 공부를 하지 않아 성적이 좋게 나오지 않을지라도 정직하게 시험을 치러야 한다.'

자율성의 원리는 자신을 도덕법칙을 입법하는 존재로 본다. 칠복은 단지 부정행위를 하지 말아야 한다는 법칙에 기꺼이 따를 뿐만 아니라 스스로 부정행위를 근절하는 모임에 참석해 방안을 제시할 수도 있다. 칠복이 행위의 결과와 상관없이 스스로 존엄한 존재임을 자각할 수 있는 기회를 얻게 되면, 그의 행동은 얼마든지 달라질 수 있다.

5. 현대판 씨받이 계약모 사례

(1) 문제의 제기

• **사례:** 삼식씨 부부는 결혼을 한 후 10여 년이 지났지만 아이를 낳지 못하고 있다. 시험관 아기 시술을 받았지만 여러 번 실패했다. 길을 가다가 지나가는 아이들만 바라보면 미칠 것만 같다. 삼식씨 부인은 계약모 계약을 삼식씨에게 제안했다. 최근에 상업적인 계약모 알선 사이트가 급증하고 있다. 계약 임신자로 국내 여성뿐만 아니라 저렴하고 추후에 문제의 소지가 적은 중국 동포나 동남아 여성까지 동원되는 일도 있다. 이러한 가운데 반드시 아들을 낳아야 한다거나, 계약모 여성의 외모 등의 신상 명세를 요구하거나, 계약모 여성과의 직접적인 성교를 원한다거나, 난자를 매매한다거나, 계약 임신 후 불임부부가 이혼하는 등의 괴이한 일들이 벌어지고 있다.

2006년 말 불임환자가 15만 명을 넘어섰다는 보도가 있었다. 불임이란 의학적으로 정상적 성생활을 했지만 1년이 지나도 임신이 되지 않은 상태를 말한다. 임신이 되지 않을 경우 대부분 여성이 먼저 불임클리닉에 방문한다. 그것은 수태를 하고 아기를 낳는 일이 여성의 몸에서만 일어날 수 있기 때문에, 여성의 몸을 우선적으로 검사하는 것을 당연한 것으로 받아들이기 때문이다. 임신과 관련된 불임 정밀 검사를 통해 몸에 이상이 없는 경우, 여성은 배란기 때 자궁에 정자를 주입하는 인공수정을 하게 된다. 인공수정의 성공률은 10－15% 정도라고 한다. 대부분의 불임 여성은 인공수정의 낮은 성공률 때문에 시험관 아기(체외수정) 시술을 받게 된다. 시험관 아기의 성공률은 인공수정보다는 더 높은 30－40% 정도이다. 하지만 고령으로 갈수록 시험관 아기의 시술 성공률은 더 낮아진다. 10회 이상의 시험관 아기 시술을 받아 본 여성들이 적지 않게 있다고 한다. 계속되는 시술의 실패는 여성에게 신체적 고통은 물론 이루 말할 수 없는 정신적 고통을 준다.

이렇게 계속되는 시험관 아기의 시술의 실패, 그리고 완전 불임이라는 진단을 받을 경우, 불임부부는 자신들과 유전적으로 관련된 아기를 갖기 위한 마지막 수단으로써 계약모를 생각하게 된다. 계약모란 한 여성이 임신하기 전에 임신을 위탁한 남자에게 자신이 수태한 아기를 보수를 받고 양도하는 데 합의하는 생식 관행을 말한다. 여성의 불임에는 난소에서 난자를 생산하는 데 문제가 있는 경우와 난자 생산과 자궁 모두 문제가 있는 경우가 있다. 전자의 경우에는 계약모에게 자궁만 빌리는 경우이고 (자궁계약임신) 후자의 경우에는 계약모 당사자에게서 난자와 자궁 모두를 빌려야 하는 경우(유전적 계약모)와 제3의 여성의 난자를 얻어 계약모의 자궁에 이식시키는 경우이다(자궁계약임신).[128]

Q. 대리 임신은 오래 된 관행 중의 하나이다. 성경에서 그 예(아브라함/사라/하갈)를 찾아 볼 수 있고, 조선 시대의 씨받이도 이에 해당되는 예이다. 그것은 가계 혹은 남성의 핏줄이나 혈통을 잇게 하기 위한 씨받이였으며, 불임 여성의 묵

128) 이혜정, "계약모 생식 테크놀로지에 대한 여성주의적 성찰," 한국여성철학 제9권(2008), 156－158쪽.

인하에 이루어진 혹은 남편의 혈통을 이어주기 위한 적극적인 주선의 관행이었다. 그 대리 임신 여성의 신분은 낮고 미천하였으며 강간과 유사한 거의 비자발적 형태의 대리 출산이었다. 더욱이 씨받이 여성은 노동 가치에 부합되는 보수(?)도 받지 못했다.

그러나 현대의 계약모 협정 계약은 어떠한가? 현대의 계약 임신은 계약모와의 직접적인 성교가 아닌 생식 테크놀로지에 의한 임신이라는 점에서, 과거와는 다르게 신분 사회가 아니라는 점에서, 그리고 현대의 계약모는 자신의 임신 여부를 선택할 자유를 갖고 있다는 점에서 다르다.

그러나 과연 이상의 차이들로 인해 과거의 씨받이와 현대의 계약모는 다르다고 볼 수 있는가? 계약모의 도덕성 문제는 여성주의가 아니더라도 이미 윤리학자들, 가톨릭 등의 종교계, 그리고 법학자들이 연구 중에 있다. 그리고 계약모 문제는 여성주의도 공유할 수 있는 '권리', '착취', '동의', '계약' 등의 다양한 도덕적 언어들을 통해 논의되고 있다. 칸트는 계약모 사례를 두고 무슨 말을 했을 것인가? 당신은 찬성하는가? 아니면 반대하는가? 각각의 이유를 생각해 보자.

(2) 찬반논쟁

1) 반대견해: 인격체를 목적으로 대하고 수단화하는 것에 반대하는 칸트이다.

① 주장: 칸트는 인간을 실천이성을 지니고 있는 존엄한 존재로 보면서 정언명법을 제시하였다. 이 말은 모든 사람은 인격체로서 존중받아야 할 존재라는 것이다. 즉 다른 인격체를 나의 인격체인 양 존중하는 것을 말한다. 또한 인격체를 존중한다는 것은 그 인격체를 무조건적으로 존중받아야 할 인간으로 대우하는 것을 의미한다. 타인의 인격체는 자신의 이익이나 이해관계에 따라 그 가치가 평가되는 존재가 아니며, 자신의 욕구나 욕망의 도구로 대우받는 존재도 아니다.[129)]

② 적용: 이러한 칸트의 입장을 계약모에 적용해 보면, 불임부부와 계약모 모두 다른 인격체들을 자신들의 욕구와 이해를 위해 타인들을 수단화하고 있다고 볼 수 있다. 불임부부는 일단 자신의 자손에 대한 욕구를 채우기 위해 계

---

129) 이혜정, 앞의 논문, 160-162쪽.

약모를 수단화하고 있다. 계약모의 자유와 복지를 제한하고 계약모를 출산 용기나 인간 인큐베이터 혹은 자궁 임대자로 대우하는 것이다. 계약모도 자기 자신을 수단화하고 있다. 자신의 경제적 이익을 위해서 그리고 불임 부부의 행복을 증가시키기 위해 자신을 아기 제공자로 또는 한 사물로 사물화하는 것이다. 계약모는 불임부부의 욕구 충족의 도구가 된다. 불임부부와 같이 계약모가 자기 자신을 출산 서비스 제공자나 자궁 임대자로 평가절하하고 이미지화할 때, 그녀는 인격체로서 매매될 수 없는 자신의 귀중한 그 무엇을 파는 것이다. 아기 또한 불임부부와 계약모 모두에 의해 수단화되고 있다. 아기는 불임부부와 계약모 자신들의 행복과 욕구를 충족시키기 위한 한갓 수단으로 대우받고 있는 것이다.

Q. 불임부부는 계약모를, 계약모는 불임부부를 인격체로 대우하는 것이 아니라, 한갓 자신의 욕구를 위해 수단화하고 있는 것인가? 어느 한 사람이 자신의 욕구와 필요 때문에 다른 사람을 강제로 이용하거나 사기치는 일이라면 그 사람을 인격체로 보지 않는 것이지만, 서로의 욕구와 필요 때문에 합의에 의해 만나는 관계라면, 과연 타인을 도구화하고 있다고 할 수 있는가?

Note. 업무상의 목적으로 타인과의 수단적 만남을 가진다고 해서 타인을 인격체로 보지 않는다고 말할 수는 없는 것이다. 구체적으로 말한다면, 불임부부가 계약모를 한갓 수단으로 취급하고 있다는 것은 사실이다. 또한 계약모도 불임부부를 한갓 수단으로 취급하고 있다는 것 또한 사실이다. 따라서 불임부부와 계약모 모두는 서로를 목적으로서가 아니라 수단으로서 취급하고 있는 것이다. 그러나 그들의 관계는 직업상의 서비스에서 볼 수 있는 관계이다. 결론적으로 말해서, 불임부부와 계약모의 관계는 일방적으로 수단화하는 것이 아닌 서로를 수단화하고 있는 관계이기 때문에 그것을 칸트의 정언명법의 논법에 따라 비난할 수는 없다는 것이다.

이러한 칸트의 정언명법의 형식을 액면 그대로 계약모에 적용하는 일이 그릇될 수 있다 하더라도, 칸트는 계약모와 관련하여 사소하게 넘어갈 수 없는 중요한 문제를 지적한다. 그것은 인격체로서 대우를 받아야 할 계약모와 아기에 대한 이미지와 존중이다. 계약모 협정은 인간을 사고 파는 일종의 매매 계약이 되는데, 이 경우 불임부부는 아기 소비자로, 대리모는 아기 판매자로, 아기는 상품으로 취급되는 계약을 비판한다. 여기서 계약모는 자궁 임대자로 혹은 인큐베이터로 이미지화되고 아기는 판매되는 상품으로 여겨지고 비유되는 점에 경악해 한다. 인간은 사고 팔 수 없는 다시 말해서 양도할 수 없는 가치를 지닌 그 자체로 존엄한 존재이다. 더욱이 스스로 생명에의 권리를 행사할 수 없는 아기를 상업적 거래의 대상으로 여기는 것은 인간 존엄성을 훼손하는 일이다. 어떤 이들은 아기를 사고 파는 일을 허용하게 되면 미끄러운 경사 길에 의해서 인간을 노예화하는 길로 들어서게 된다고 비판한다.

2) 찬성견해: 해악 보다는 이익이나 유용성에 역점을 두는 공리주의이다.

① 주장: 결과주의의 한 형태로서의 공리주의는 한 행위의 결과의 좋음과 나쁨에 따라 도덕적으로 옳고 그름을 결정하는 이론이다. 따라서 불임부부와 계약모 그리고 아기에게 있을 수 있는 이득과 해악을 계산하거나 추정함으로써 계약모 협정이 옳은 행위인지 나쁜 행위인지를 결정한다.[130)]

② 적용: 공리주의자들은 우선 계약모 협정에 위험이나 해악이 있을 수 있다는 점을 인정한다. 계약모는 모든 임신부들에게 나타나는 위험을 감수해야 한다. 즉 피로감, 메스꺼움, 몸무게 증가, 산전 검사, 유산, 제왕절개, 신체적 부자유 등의 위험이 나타난다. 이외에도 아기를 떠맡아야 하는 상황이 오지 않을까, 강제로 낙태해야 하는 상황이 오지 않을까, 아기에게 장애가 있지나 않을까, 사례금을 못 받지 않을까 하는 불안감이 있을 수도 있다.

공리주의자들은 아기에게도 해악이 있을 수 있다고 생각한다. 계약모가 담배, 술, 마약 복용자라면 아기는 최악의 조건에서 태어날 것이다. 무엇보다도 출생의 비밀을 알게 될 때 가질 수 있는 심리적 위험이 있을 수 있다. 가장 해악적인 일은 불임부부와 계약모 모두가 아기를 원하지 않는 상황에 놓여 있을 때 아기가 처한 운명일 것이다.

공리주의자들은 이러한 위험과 해악을 짚어보면서도, 계약모 협정에서 있을 수 있는 이득들을 짚어볼 것이다. 그들은 계약모의 위험은 계약모만이 갖

130) 이혜정, 앞의 논문, 162-164쪽.

는 위험이 아니라 사실상 모든 임신부들이 갖는 위험이라고 본다. 위에서 열거한 그러한 위험이 내재되어 있다고 해서 많은 임산부들이 아기를 포기하지는 않는다. 계약모는 임신의 경험을 갖고 있으며 그러한 경험을 통해 아기를 다른 사람에게 양도한다는 것이 어떤 기분일 것이라는 것을 안다. 그럼에도 불구하고 임신과 아기의 양도로 인한 고통과 그에 대한 보수를 저울질 할 때 후자에 더 큰 비중을 둔다. 계약모 중에는 불임부부에게 생명의 선물을 주는 데 큰 기쁨을 느끼는 여성들도 있다고 한다.

아기가 자라서 자신의 출생의 비밀을 알게 될 때 자신의 현실을 받아들이기 어려울 수 있으며 정신적 상처를 입을 지도 모른다는 사실을 인정하지만, 이러한 문제는 입양의 문제에서도 동일하게 일어나기 때문에 계약모 협정 자체를 반대하는 논변으로는 그다지 설득력이 없어 보인다. 오히려 계약모를 입양의 형태로 법제화할 수도 있을 것이다. 아기는 자신이 얼마나 원했던 존재이며, 그리고 아주 어렵게 태어난 존재라는 사실을 알게 되면 기뻐할 수도 있을 것이다. 무엇보다도 결과주의적 입장에서 볼 때, 태어나지 않는 것 보다 태어나는 것이 훨씬 좋은 일이기 때문에, 아기는 자신의 진정한 어머니가 누구이건, 자신이 장애로 태어났건 상관없이 태어나는 것이 무조건적으로 좋다는 것이다.

공리주의자들은 제3자적 관점에서 어떤 사태에서 있을 수 있는 위험과 해악을 정직하게 인정하는 경향이 있기 때문에, 이러한 계약모 협정에서의 위험과 해악을 있는 그대로 인정할 것이다. 이러한 계약모의 위험과 해악이 있음에도 불구하고 공리주의자들은 계약이라는 법적 장치, 적당한 의료 혜택, 심리학적 카운슬링으로 이러한 위험과 해악들이 제거되거나 적어도 경감될 수 있다고 주장하기 때문에 계약모 협정에 대해 낙관적인 견해를 취한다.

Q. 공리주의자들의 찬성 견해에 문제점은 없는지를 생각해 보자.

Note. 여성주의적 시각에서 볼 때, 공리주의는 몇 가지 비판에서 벗어날 수 없는 것으로 보인다. 첫째, 공리주의는 일반 노동과 여성의 임신 및 출산의 노동을 비교 계산할 수 있는 것으로 가정하는데 우리의 직관과 상식은 이와는 다르다.

둘째, 공리주의는 불임부부와 계약모 그리고 아기의 모든 이해관계들을 충분히 고려하고 있는 보편적 관점을 지향하는데, 실제로는 특수자인 계약모의 입장과 여건들을 고려하지 않는 한계를 보이고 있다는 점이다. 왜냐하면 계약모가 어떤 처지와 입장에서 계약을 하는가를 고려하지 않고, 단지 보수를 받고 있다는 그 점만 부각시킨다면, 그러한 보편적 관점은 불임부부(혹은 남성)의 이해관계만을 극대화시킬 수 있는 위험이 있기 때문이다.

(3) 계약론적 접근으로 합의는 가능한가?

계약모 옹호자들은 계약에 기초해 계약모를 지지한다. 이들에 의하면, 도덕은 일종의 합의의 산물이다. 우리가 도덕의 요구들에 복종해야 하는 이유는 우리 모두가 그렇게 하기로 합리적이고 자유롭게 합의했기 때문이다. 계약의 전제조건은 합의이다.

계약모 합의는 합리적이고 자유로운 성인들 간의 계약에 의해서 이루어진다. 강요나 강제에 의한 계약이 아닌 자유롭고 합리적인 사람들로 이루어진 사는 자와 파는 자와의 계약 그 자체는 보호받아야 할 사회적 행위이자 법적 행위이다. 더욱이 계약모가 충분한 고지에 의한 동의에 의해 계약된 것이라면 더욱 그러하다.

계약모 합의를 한다는 것은 계약에 의해 아기를 만들고 출산 뒤에 그 아기를 양도한다는 것을 뜻한다. 계약론자들은 시장에서의 계약은 신성 불가침적인 절대적인 것으로 가정한다. 계약모가 출산된 아기를 양도하겠다고 계약했다면, 그리고 불공정한 계약이 아니었다면, 어떠한 일이 있어도 그 계약은 지켜져야 한다는 것이다. 그들은 계약모가 파는 것은 아기가 아니라 출산 서비스를 파는 것이라고 주장한다. 혈액이나 정자 판매가 가능하다면, 왜 자신의 몸의 일부를 파는 일, 즉 출산 서비스 더 나아가 아기 매매는 안 되는가 라고 반문한다.131)

Q. 계약모 '합의'의 문제점에 대해 생각해 보자.

Note. ① 계약론적 접근에서의 '합의'에 대해 의구심을 갖고 있는 여성주의자들

---

131) 이혜정, 앞의 논문, 167-170쪽.

은 "계약모의 합의가 정말로 가능한 것인가?"라고 의문을 품는다. 출산의 대가를 받는 계약모는 자유롭고 합리적인 상황에서 동의한 것이 아니라 가난이라는 막다른 골목에서의 강요이기 때문에, 가난으로 인한 절망적인 선택은 강제와 다름없다고 비판한다. 이러한 이유로 비판가들은 계약모 문제를 부자와 가난한 자 사이의 갈등으로 보려고 한다. 가난한 불임부부는 수천 만원에서 수억원의 비용이 드는 계약모를 꿈꿀 수 없을 것이기 때문에, 결국 부자인 부부와 가난한 여성 간의 경제적 계급 문제로 볼 수 있다는 것이다.

② 다른 문제는 계약모 협정은 계약에 의해 아기를 매매하는 노예계약이라는 점이다. 자신의 미래를 선택할 수 없는 취약한 아기는 더더욱 매매의 대상이 될 수 없다. 비판가들은 자신의 신체의 일부인 장기 매매가 도덕적으로 그리고 법적으로 허용될 수 없는 일이듯이, 이제 더 이상 임산부의 신체에 의존하고 있지 않더라도 출산된 인격체로서의 아기는 더더욱 매매될 수 없는 존재라는 것이다.

③ 계약론적 접근의 또 다른 문제점은 시장을 형성시키며 상업화를 부추길 수 있다는 것이다. 계약모 합의가 이루어졌다는 것은 아기를 원하는 사람들과 아기를 만들 수 있는 난자나 자궁을 팔거나 임대해 주겠다는 사람들이 있다는 것과 이들을 연결시켜 줄 중개인이 있다는 것이다. 이것은 출산 서비스의 소비자와 공급자 그리고 그들을 연결해주는 중개인이 존재하는 시장의 형성을 의미한다. 그러나 사는 사람과 파는 사람이 있다고 해서 시장이 형성될 필요 충분 조건을 다 갖추었다고 볼 수 있는가? 시장에서 팔 수 없는 것도 있는 것이 아닌가? 다시 말해서 시장에 내 놓을 수 없는 가치들이 있는 것이 아닌가?

④ 계약은 모든 문제들을 봉합시킬 수 있는 만능 재주꾼은 아닐 것이다. 계약을 했으니까 그 계약은 무조건적으로 지켜져야 하고, 모든 옳고 그름을 가르는 보편적 기준일 수 없다. 어떤 사람들은 계약은 신성불가침적인 것으로 간주하는 반면, 다른 사람에게는 자신들의 기본적인 가치들과 갈등을 일으키는 경우 계약은 부차적인 것으로 밀려날 수 있다고 여긴다. 후자의 경우, 계약은 언제든지 유보되거나 철회될 수 있는 유연한 약속이라고 주장하는 것이 아니라, 계약이 불공정하거나 누군가에게 도덕적으로 법적으로 버릴 수 없는 권리를 포기할 것을 요구하는 경우, 그 계약은 불법적이며 지켜지지 않아도 된다는 것을 의미한다. 가령, 자기 자신을 노예로 팔아 버리는 계약에 서명했다 해도 그것은 무효이다.

어떤 관점에 초점을 맞추느냐에 따라 여성주의자들 사이에서도 계약모에 대한 이견이 상당히 크다. 어떤 급진적 여성주의자들은 보조 생식술을 이용한 계약모 협정은 여성의 삶에서의 선택의 폭이 커졌다고 찬성한다. 그러나 다른 여성주의자들은 그 계약을 여성 착취의 노예 계약으로, 경제적으로 부유한 사람과 가난한 사람의 계급의 문제로, 그리고 그러한 보조 생식술을 가부장제 이데올로기의 수단으로 인식하기도 한다.[132]

Q. 다음을 생각해 보자.

(1) 인도의 가난한 여성들이 가족의 생계수단으로 기꺼이 계약모를 지원하는 경우를 볼 수 있다. 그들은 자신들은 큰 돈을 벌 수 있어서 좋고 불임 부부는 아기를 선물해 주어서 유익하고 좋은 일이라고 한다. 인도 여성들은 자발적으로 그렇게 한다. 또 그들은 뿌듯해 한다. 이러한 여성들에게 그들이 지금 착취를 당하고 있다고 말할 수 없으며 말할 필요도 없다. 왜 그러한가?

(2) 계약모 계약에서 간과해서는 안 될 문제는 불임 여성의 목소리가 배제되어 있다는 것이다. 계약모 계약은 통상적으로 계약모와 남성에게 초점이 맞추어져 있다. 불임 여성은 왜 그토록 다른 여성의 몸을 사용하면서까지 남편의 혹은 자신의 아기를 가지려 하는가? 불임 여성은 자신의 일과 건강 또는 몸매 관리 때문에 그러한 선택을 하는가? 아니면 주변 여건들 때문에 그러한 결정을 할 수밖에 없는 불가피한 선택인가?

Note. 계약모 또는 계약모 계약은 여성 몸에 대한 착취와 억압의 역사 한 가운데에 있음에도 불구하고 자본주의의 비인격성 속에서, 그리고 사는 자와 파는 자의 자유로운 선택과 결정이 절대적인 것으로 인식되기 때문에 여성주의적 도덕성이 표면화되지 못하는 구조를 띠고 있다. 몸이 물체가 아닌 인격으로 경험되는 한, 또한 임신과 출산과 양육이 개인으로서의 여성과 집단으로서의 여성의 삶에서 특별한 의미를 지니고 있는 한, 계약 임신은 아무리 자발적이라 해도 벼랑 끝에 선 여성의 마지막 선택이자 흥정일 것이다. 여성주의자들이 계약모를 단순히 사는 자와 파는 자 간의 자유로운 선택과 결정으로 여길 수 없는 것은, 계약모 문제가 성별, 경제적 계급, 몸과 노동에 대한 소외, 그리고 가부장제 이

---

132) 이혜정, 앞의 논문, 181-183쪽.

데올로기로 둘러싸여 있기 때문이다. 그리고 어머니와 아기와의 생물학적 정서적 유대감을 간과할 수 있기 때문이다. 아무리 칸트가 계약모와 아기에 대한 비도덕성을 강조하더라도, 여성이라는 성/성별 특유의 문제를 짚지 못하는 한계가 있는 것이다. 계약모 계약이 여성주의적 도덕에서 더더욱 문제가 되는 것은 몸에 대한 지배와 통제가 여성 자신에게 있지 않을 때, 계약모 협정에서 계약모 여성에게 불리하게 작용하는 법들이 제정될 때이다. 그럼에도 불구하고 개인의 삶의 문맥이 중요할 수도 있다. 인도의 여성처럼, 절실하게 자신들의 아기를 원하는 어느 불임 부부처럼. 여성주의자들은 이러한 사람들을 어떤 시각에서 보아야 할지 난감해 할 것이며 의견을 달리 할 것이다.

V. 자율성의 운명과 현실

1. 문제의 제기

한국은 그동안 문민의 정부, 국민의 정부, 참여의 정부, 실용의 정부를 거쳐 오면서 그 이전의 정부가 국가주의 아래 개인의 자유와 권리를 억압하거나 유보하였던 반민주적 요소를 청산하고 점차 민주화를 이루어왔다. 이른바 군사정권 이후 한국의 정부는 점차 '작은 정부'를 표방하며, 국민에게 자유와 권리를 이양하는 작업을 추진해왔다. 그러나 이런 이행 과정이 반드시 긍정적인 결과만을 낳은 것은 아니었다. 여기에는 긍정적 요소와 부정적 요소가 함께 작동하고 있었다. 국가의 역할을 약화시킴으로써 한편으로는 개인들의 자유와 권리가 신장되기도 했지만, 다른 한편에서는 개인들 사이의 차별이 심화되기도 했다. 이와 같은 현상은 서구의 근대화 과정에서도 나타났으며, 오늘날 신자유주의의 확산과 더불어 서구 사회민주주의가 위축되는 과정에서도 나타나고 있다. '최소정부'의 강조가 한편에서는 민주주의의 발전에 기여도 하였지만, 다른 한편에서는 시장의 지배를 강화시킴으로 인해 사람들 사이의 차별과 소외를 증대시키기도 하였다.[133] 여기서는 해방 이후 한국의 현실을 칸트의 자율성 이론에 비추어 살펴본다.

133) 김석수, "자율성의 운명과 우리의 현실 - 서구 자율성 이론과 연계하여 -," 사회와 철학, 제19호(2010), 102-103쪽.

2. 자율성의 운명

(1) 발전과정

자율성 개념을 본격으로 체계화한 사람은 칸트다. 원래 자율성 개념은 그리스 정치철학에서 사용된 'autarchy'에서 유래한 것이다. 'autarchy'는 한 도시국가가 다른 도시국가로부터 간섭이나 지배를 받지 않고 스스로 다스림(self-rule)을 의미하였다. 이때의 'autarchy'는 도시국가와 관계된 정치적 차원에서 사용되었지, 개인의 도덕적 행위와 관계된 것이 아니었다. 이 용어는 17-18세기에 이르러 법학에서 중요한 의미를 지니게 되었으며, 칸트에 이르러 체계적이고 전문적으로 논의되기 시작했다.[134)]

근대의 자율은 개인이 국가로부터 간섭을 받지 않고 스스로 다스리는 것을 말했다. 근대의 자율은 개인의 권리와 자유를 확립하는 것과 밀접하게 관련되어 있다. 홉스, 로크, 루소로 이어지는 사회계약론자들은 국가의 권위를 자율적인 개인들의 동의로부터 마련하려고 했다. 이들은 인간을 본성상 자유롭고, 평등하며, 자기 자신을 통제할 권한을 가진 존재로 보았다.

로크의 경우, 다수가 동의한 계약이면 그것은 모두에게 구속력을 가지는 정당한 규범으로 허용되어야 했다. 비록 소수가 그것에 동의하지 않았더라도 그들 역시 이 규범에 따라야만 했다.

Q. 로크가 주장하는 자율의 한계는 무엇인가?

Note. 사실 소수는 자율적 존재가 아니라 타율적 존재가 될 수박에 없을 것이다. 이른바 다수의 폭력이 개입되어 소수의 자율성이 무시될 수 있다.

존 스튜어트 밀은 자율을 그 자체로 값어치가 있는 것으로 보지 않았고, 그것이 직·간접적으로 유용성을 산출해주기 때문에 중요하다고 본다. 밀에게 자율은 개인들 각자가 자신들의 삶의 주인이 되고자 하는 욕구에서 비롯되는 것이다.

---

134) 김석수, 앞의 논문(2010), 105쪽 이하 요약 정리함.

Q. 존 밀의 자율은 어떤 문제점을 지니고 있는가?

Note. 자율을 이익이나 유용성의 관점에서 바라본다면 '자율을 개인의 권리와 자유를 보호하기 위한 도구'로만 생각하게 된다. 따라서 자율은 개인을 타율적인 존재로 전락시키게 된다. 존 밀이 공리주의자임을 보여주는 것이다.

루소는 모두가 스스로 세운 법칙에 스스로를 구속시키는 상태, 이른바 '전체의지'보다는 '일반의지'에 스스로를 예속시키는 것을 진정한 민주주의라고 규정한다. 루소에 이르러 스스로 법칙을 세워 그 법칙에 스스로 따르는 근대적 자율개념이 제자리를 잡게 된다.

(2) 칸트의 자율성

① 자율의 목적: 칸트의 자율은 최소한 두 가지 목적을 갖는다. 즉 한편에서는 중세의 그늘 아래서 억압당했던 인간을 자유롭게 하고, 다른 한편에서는 근대 자본주의 사회에서 전개된 인간의 도구화와 사물화로부터 인간을 해방시킴을 목적으로 한다. 칸트에게 있어서 자유와 자율은 근본에 있어 서로 일치하고 있다. 일반적으로 자유란 외부적인 원인과는 독립적으로 작용하는 의지의 특성, 즉 타자로부터의 자유(소극적인 자유)를 가리키는 것이었으나, 이제는 자유가 자기 자신에 대해 당위의 도덕법칙에 따르는 자율(적극적인 자유)을 의미하게 되었다. 요컨대, 칸트에게 있어서의 자유는 자연필연성으로부터의 자유인 동시에 도덕적 자율에의 자유이다.

② 자율의 나라와 목적왕국: 칸트의 자율은 법칙을 스스로 세우되, 그 법칙을 기본으로 한다. 그러므로 칸트의 자율에 기초하고 있는 인간은 법칙의 제정자이자 법칙을 존경하여 이에 스스로 복종하는 자이다. 이 법칙을 위반하였을 때는 스스로 책임을 지는 자이다. 물론 이때의 법칙은 자기에게만 타당한 주관적 법칙으로서의 준칙이 아니라 모두 함께 할 수 있는 보편적 법칙이 되어야 한다. 그러기 위해서는 법칙의 설정 과정이나 준수 과정이 이해관계로부터 자유로워야 하며, 관계하고 있는 타자를 항시 목적으로 대우해야만 한다. 그러므로 칸트의 자율의 나라는 모두가 목적으로 대우받는 목적의 왕국이어야 한다. 이처럼 자율은 인간 존엄성의 근거가 된다.

③ 국가의 존재이유는 정의 준수: 칸트의 자율은 개인의 도덕적 차원에만 머물지 않고 국가에 확장된다. 그는 '국가가 세 개의 상이한 권한들, 이른바 입법권, 행정권, 사법권을 통해서 자신의 자율을 갖는다'고 주장한다. 국가는 자유의 법칙에 따라 정의의 원리를 준수하며 존재해야 하며, 국민들의 부나 행복을 위한 단순한 도구로 전락해서는 안 된다.[135] 칸트의 국가관은 로크의 도구적 국가관과 구별된다. 국가의 존재이유는 정의를 준수하는 데 있지, 국민들의 행복을 증진하는 도구로서 역할을 하는 데 있지 않다. 국가는 정의의 원리를 수행하는 이념적 존재이다. 개인적 차원에서는 도덕법칙과 직결되어 있고, 국가적 차원에서는 정의와 직결되어 있다.

Q. 칸트의 국가관은 로크의 국가관과 어떻게 다른가?

④ 칸트의 자율과 밀의 자율의 차이점: 전자는 도덕적 인격체로서의 인간의 존엄성과 인권 그 자체의 근거로 자율성을 바라본다면, 후자는 자율성을 자신들의 권리와 행복을 증진시키는 도구로 본다. 따라서 전자는 국가를 개인들의 욕구충족의 수단으로 보지 않고 그 자체를 목적으로 대하는 데 반해서, 후자는 국가를 개인들의 행복실현의 도구로 본다. 그러므로 전자는 개인이나 국가가 시장의 힘에 저항하는 힘을 가지고 있는 데 반하여, 후자는 국가가 시장의 논리에 포섭될 위험을 지니고 있다. 칸트의 경우 주관적 목적을 추구하는 사민보다는 객관적 목적을 추구하는 공민을 더 중시하며, 사익보다는 공익을, 유용성보다는 정의를, 행복보다는 의무를 중시한다.[136]

Q. 자유주의자들의 자율성은 개인들 사이의 차별을 심화시키고, 소수자와 약자의 고통을 가중시킨다는 비판을 받는다. 그러면 칸트의 자율성은 이 비판에서 자유로울 수 있는가?

---

135) 진정한 의미에서 국가의 안녕은 헌법이 정의의 원리와 가장 많이 일치하는 상태가 되어야 한다. 바로 이와 같은 상태는 이성이 정언명령을 통하여 우리에게 추구하도록 의무를 부여하는 상태이다.

136) 칸트가 자립성의 정도에 기초하여 시민을 능동시민과 수동시민으로 분류하고 공적 업무에 참여하는 것에 차이를 둔 것은 그의 이론의 한계이다. 한편 칸트는 국가가 시장의 힘에 예속되는 최소정부론을 견제하여, 국가의 구성원들 중 생계의 위협을 받고 있는 자가 있으면 세금 정책 등을 통해서 이들을 국가가 도와야 한다고 주장한다.

⑤ 비판: 자유주의자들의 자율성이 지나치게 유용성 중심으로 기울게 됨으로써 부작용을 낳았듯이, 반대로 칸트의 자율성은 지나치게 현실의 행복이나 욕구법칙으로부터 분리되어버림으로써 이상적인 이념으로 기울고 말았다.

3. 유신정권부터 MB정부까지

(1) 자율성의 양면성

자율성은 양면성을 갖는다. 한편에서는 우리를 억압과 지배로부터 벗어나 각자가 자신들의 자유와 권리를 누리도록 긍정적 기능을 한다. 다른 한편 우리들 서로를 소외시키고 차별화하여 우리 자신에게 고통을 안겨주기도 한다. 우리는 전자의 요소 때문에 부단히 자율성을 자신의 존엄성과 인권을 확립하는 중요한 기반으로 삼아왔다. 그렇지만 후자와 같은 부작용 때문에 자율성은 비판을 받아왔다.

(2) 유신정권과 자율성

우리의 근대화 과정에는 서구의 근대화 과정과 달리 민족주의, 국가주의 이념이 강하게 작동하였다. '뭉치면 살고 흩어지면 죽는다'는 관점이 강하게 지배한 우리의 현대사는 '나' 개인의 권리와 자유보다는 '우리'를 절대시하였으며, 이로 인해 자유주의가 중시한 자율성은 유보되거나 억압되어야 했다. 유신정권 시절에는 자유주의조차 붉은 색으로 규정되기도 하였다.

Q. 한국 현대사는 자율성이 핍박받은 시대였다. 그 이유는 무엇인가?

Note. 우리는 서구의 자유주의와 칸트의 사상에서 나타나는 자율성 이론을 제대로 학습하지도, 그것을 현장에서 실천하면서 체화하는 연습도 제대로 하지 못했다. 우리는 서구처럼 아래로부터의 혁명을 통한 근대화를 이루어내지도 못했으며, 개인들의 합리적인 동의와 승인을 통한 계약의 문화도 제대로 학습하지 못했다. 지배집단은 지배집단대로 저항집단은 저항집단대로 집단의 이름으로 개인의 자율성을 유보해왔다. 법칙을 스스로 세워 그것을 스스로 지키는 자율적 개인의 출현과 그 개인의 성숙의 역사는 서구에 비해 너무나 짧다.

(3) 노무현 정부와 자율성

우리 사회는 분명 자율적 개인의 성숙이 필요한 사회이다. 6월 민주항쟁 이후 우리 사회에는 많은 시민단체들이 등장하였고, 이들 단체들은 자율적인 조직을 통해 정치, 경제, 사회, 문화 전반에 걸쳐 개혁 운동을 펼쳤다.

참여 정부에 이르러 자율성은 국가 발전의 중요한 기본 이념으로 자리하게 되었다. 노무현 정부가 가장 소중하게 생각한 분권과 균형을 통한 지방자치의 활성화에는 자율성 이념이 작동하고 있었다. 실제로 노무현 대통령은 자신의 대통령 취임연설문에서 "분권과 자율을 새 정부 국정운영의 좌표로 삼고자 합니다"라고 선언하고 있듯이, 그에게서 자율성은 조국근대화 과정에서 발생한 반민주적 요소를 철폐하는 핵심 이념이기도 하였다. 그는 국가주의 아래 자라난 중앙권력을 해체하고 민주화를 실현하는 데 있어서 이 자율성을 매우 소중한 이념으로 생각하고 있었다. 그는 기존의 권위주의를 청산하기 위해서 언론계, 정보계, 기업계, 사법계, 교육계 등 사회 전 영역에 자율성을 열어주고자 하였다.

Q. 노무현 정부의 자율성 강화는 어떤 결과를 가져 왔는가?

Note. 자율성이 잘못 작동할 때 기득권자에게는 더 많은 권력과 자본을 제공하게 되지만, 역으로 소수자, 약자에게는 더 큰 고통을 안겨줄 수도 있다. 이는 앞서 논의한 근대 자유주의자들의 자율성이나 공리주의자들의 자율성이 당시의 부르주아지들의 입지를 강화시킨 경우와 유사하다. 자율성의 확대가 사회 구성원들 사이의 차별을 심화시키고, 소수자, 약자들을 더 소외시키는 결과를 낳을 수 있다.

노무현 정부는 가진 자로부터 못 가진 자로, 중앙으로부터 지방으로 권리와 부를 이양하고자 하였다. 하지만 이와 같은 정책 수행은 결국 자율성을 통제하는 결과를 낳았으며, 기득권자로부터 강한 불만을 사게 되었다. 당시의 기득권자들은 칸트적인 이념형적 자율성보다는 실용주의적 자율성을 선호하였다. 그래서 이들은 노무현 정부에 협조하지 않았으며, 이로 인해 노무현 정부의 자율성 정책은 성공적인 결실을 맺지 못했다. 분권과 균형을 목적으로 추진한 노무현 정부의 자율성 정책은 칸트적인 도덕적 엄격성에 기초한 이념적 형태를 지니고 있었다. 이로 인해 노무현 정부의 자율성 정책은 현실의 욕구 세계에서 자신들의 권리와 행복을 추구하는 자유주의자들로부터 반발을 살 수밖에 없었다. 한국의 기득권자들은 시장의 위축과 성장의 실패를 노무현 정부의 정의와 원칙을 강조하는 강한 이념주의에서 비롯된 것으로 비판하였다. 이는 칸트의 자율성이 현실 세계와 괴리된 추상적 상태를 면치 못하고 있다고 지적하는 헤겔, 하버마스의 비판이나 공동체주의자들의 비판과 맞닿아 있기도 하다.

(4) 이명박 정부와 자율성

이명박 정부는 이념보다는 실용을 강조하는 입장에서 새로운 자율성을 강조한다. "작은 정부 큰 시장"이라는 슬로건을 내걸었듯이, 시장을 통제하기보다는 시장을 활성화하고, 이를 통해 경쟁을 극대화함으로써 국가의 선진화를 도모하고자 한다. 이명박 정부가 추구하는 자율성은 더 이상 칸트적인 자율성이 아니다. 그것은 로크적이거나 밀(Mill)적인 자율성에 훨씬 가깝다. 정부가 추구하는 자율성 정책의 주된 목적은 경쟁을 통해 효율성을 극대화하는 데 있다. 그래서 이명박 정부는 정부의 각 기관과 단체, 공기업 모두에 자율성을 도입하고자 했다. 이명박 정부가 가장 많이 자율화하고자 영역은 바로 교육의 분야이다. 그것은 국가 경쟁력의 근간을 인재대국에서 찾고 있기 때문이다. 그래서 정부는 다른 모든 분야보다 우선적으로 교육에 시장의 원리와 경쟁시스템을 도입하였다. 초중등학교에서부터 대학에 이르기까지 자율화를 강하게 시도하는 이면에는 바로 이와 같은 목적이 개입되어 있다. 따라서 정부의 자율화는 인간의 존엄성을 확립하고 정의를 실현하는 데 일차적인 목적을 두고 있는 칸트적인 자율성에서 꽤 멀어져 있다. 경쟁을 시켜 효율성을 극대화하려는 정부의 이와 같은 입장은 근대 자유주의가 추구해 온 길이자, 오늘날 신자유주의가 강력하게 지향하는 방향이기도 하다. 이런 신자유주의를 기반으로 세계화를 표방하는 자들은 자율성을 국가들 사이에 장벽을 허물고 각 국가의 단체들이 자유롭게 교류하는 데 기초로 삼고자 한다. 이런 의미에서 오늘날 이들이 추구하는 자율성은 제국의 심장부에서 작동하는 근원적인 힘이라고 할 수도 있다.

Q. 이명박 정부가 추구하는 자율성을 칸트의 자율성에 비추어 생각해 보자.

Note. 자율성은 그 자체가 지니고 있는 부정적 요소, 즉 소수자와 약자를 더 고통스럽게 하고, 차별과 소외를 양산하는 결과를 낳을 수 있다. 이명박 정부의 자율성 정책은 지방을 더욱 위축시키고, 지방에 자리하고 있는 대학들, 기업들, 학교들 모두를 더욱 더 어렵게 만들었다. 정부가 지방에 권력을 이양하고, 지방의 자율권을 확대시키는 것도 경쟁력과 성장에 주안점을 두고 있기 때문이다. 그러나 이런 정부의 정책이 현실적으로 실효성을 많이 얻지 못해 수도권 규제 완화 정책을 시행하게 되었고, 세종시를 행정수도로부터 기업 중심 도시로 변형시키고자 했다. 작은 정부를 지향하는 것은 큰 시장을 위해서이다. 이는 서구 근대의 최소정부론의 모델에 충실하고 있다고 볼 수 있다. 시장의 경쟁력과 효율성이 국가의 정의 실현보다 우선하고 있다고 볼 수 있다.

경쟁과 배려는 함께 가야 한다. 경쟁이 없는 사회는 무력한 사회가 되겠지만, 배려가 없는 사회는 무자비한 사회가 될 것이다. 이런 맥락에서 자율성은 각 구성원들이 속해 있는 사회적 관계를 중시하고, 그리고 서로 마주하고 있는 타자를 인정하고 존중하는 연대성의 원리, 인정의 원리, 배려의 원리로부터 일정 부분 제재를 받고 또 도움을 받아야 한다.

Ⅵ. 촛불집회와 칸트

1. 문제의 제기

2002년 가을 미선이·효순이 추모 촛불집회를 시작으로 2008년 봄 미국산 쇠고기 수입반대 촛불집회에 이르기까지 촛불집회는 대의 민주주의의 한계에 대한 직접 민주주의의 실험으로 평가받는가 하면, 다른 한편으로는 기존의 대의 민주주의 질서를 교란시키는 사회현상으로 지적되기도 한다. 특히 2008년 촛불집회는 한국의 민주주의에 대한 평가와 앞으로 나아가야 할 방향성에 대한 논쟁을 촉발시키고 있다.[137)]

137) 홍성구, "촛불집회와 한국사회의 공론영역: 숙의 민주주의와 공화주의를 중심으로," 사이버 커뮤니케이션 학보 제26권 제1호(2009), 78쪽.

2008년 한국사회를 대표하는 상징은 의심의 여지없이 촛불집회이다. 소수의 여중생에 의해 시작된 촛불집회는 수 만에서 수십 만에 이르는 사람들이 그토록 오랜 기간 동일한 성격의 집회를 계속했다는 것은 국내외적으로 유례를 찾기 어려운 일이다.

촛불집회는 처음부터 언론의 주목을 받았다. 대규모 집회가 축제의 모습을 가질 수 있다는 사실은 민주화 시대를 지나 온 사람들에게 커다란 충격이었다. 정치적 의사 표현이 생기발랄한 유머로도 가능하다는 것 또한 한국사회는 경험한 적이 없었다. 주체도 없고 기획도 없는 집회란 70－80년대에는 생각할 수조차 없는 일이었다. 그 모두는 우리에게 낯선 새로움이었고, 언론은 동시간적으로 그것을 국민에게 알렸다.[138)]

Q. 촛불집회에 대해 200년 전 칸트는 과연 무슨 말을 할까? 촛불집회는 칸트의 눈에 어떤 모습으로 보일까?

Note. 정치권력을 칸트에게 언제나 비판의 대상이었다. 권력과 철학의 정치적 공동작업은 오직 권력에 대한 철학적 비판을 통해서만 가능하다는 것이 그의 확신이었다. 정치적 갈등이 발생했을 경우 부당한 권력 행사로부터 정치적 약자의 권리를 보호하는 것이 정치철학자 칸트의 일관된 자세였다.

2. 촛불집회와 정치: 칸트에게 길을 묻다

(1) 정치행위로서의 촛불집회

촛불집회가 축제의 모습을 가졌다고 해도 그를 통해 제기된 문제 역시 축제처럼 즐길 수 있는 것은 아니다. 문제제기의 겉모습과는 달리 문제의 내용은 매우 심각했으며 문제제기의 방식은 전면적이었다. 사람들은 축제라는 겉모습 안에 민주주의의 위기라는 실체를 담았으며, 집회라는 형태를 통해 문제해결의 시급성을 한국사회 전체에 제기했다. 우리는 이와 같은 촛불집회를 온전한 의미의 정치적 행위라 부를 수 있다. 왜냐하면 그것이 담고 있는 내용(민

138) 이충진, “촛불집회와 칸트철학－소통의 정치를 위하여,” 소통과 인문학 제7집(2008), 75－77쪽.

주주의) 및 그것의 문제제기 형태(국민 전체에게 호소함)가 모두 공동체와 연관된 것이기 때문이다.[139]

(2) 정치적 의견의 충돌: 경제적 이익 대 국민의 생명권

촛불집회의 계기는 미국산 쇠고기 수입 문제였다. 이러한 정치적 사안에 관하여 촛불집회 참가자와 정부는 각기 다른 정치적 의견을 가지고 있었다. 한쪽에서는 '경제적 이익(값싼 쇠고기, 한미 FTA)의 크기에 비해서 그를 위해 지불해야 할 대가(광우병 위험)가 현저하게 적다'고 주장하고, 다른 한쪽에서는 '경제적 가치가 국민의 생명권에 우선할 수 없다'라고 주장하였다. 두 개의 의견이 정치적 의견인 한 원칙적으로 말하면, 두 의견은 차이점을 극복하고 하나의 공통된 의견으로 수렴되어야 한다. 왜냐하면 모든 정치적 의견은 자신의 정치적 관철(법제화 또는 제도화)을 함축하고 있으되, 하나의 사안에 대하여 서로 상충하는 두 개의 정치적 제도가 존재할 수 없기 때문이다.

Q. 칸트는 정부 쪽의 손을 들어 주었을 것인가? 아니면 촛불집회 참가자의 의견에 손을 들어 주었을 것인가?

Note. 칸트가 촛불집회를 보았다면 집회 참가자 쪽의 손을 들어 주었을 것이다. 다음의 이유를 들어 정부를 비판했을 것이다. ① 권리와 이익은 전혀 다른 종류의 것이며, 따라서 동일한 잣대로 측정할 수 없다. 권리의 일시적 제한은 오직 보다 큰 권리제한의 위험성에 의해서만 정당화될 수 있을 뿐 어떤 경우에도 이익에 의해 정당화될 수 없다. 정치는 권리와 이익 모두에 관여해야 하지만, 권리와 이익이 충돌할 경우 정치는 무조건적으로 권리를 우선시해야 한다. 진정한 의미의 정치는 도덕성에 충실하지 않고서는 일보도 전진할 수 없기 때문이다. ② 정부의 정치행위는 부당한 행위이다. 정부의 의도가 성공하기 위해서는 철저히 비밀에 부치지 않으면 안 되는 정치활동이었으며, 공개적으로 고백하면 정부의 계획에 대한 모든 사람의 반대를 불러일으킬 것이기 때문에 공개적으로 알릴 수 없었던 정치행위였다. ③ 정부의 정치행위는 미숙한 정치행위이다. 국민의 소극적 동의는 도입될 정책에 대한 국민들의 불신을 제거함으로써만 획득될 수 있는바, 그를 위해서는 새로운 정책이 국민의 권리와 조화를 이루지 않으면 안 된

139) 이충진, 앞의 논문, 81-84쪽.

다. 국민의 적극적 지지를 얻기 위해서는 새로운 정책이 국민의 일반적 목적(행복)과 일치하지 않으면 안 된다. 이와 같은 조화 여부 및 일치 여부는 정책 도입 이전에 확인될 수 있어야 하며, 때문에 정책의 사전 공개는 국민의 지지를 얻기 위한 선행조건이다. 정부의 사후홍보 및 설득 위주의 정치행위는 정치의 본성에 대한 무지에 기인하는, 아마추어리즘의 결과이다.

3. 소통의 부재와 소통의 회복

우리는 흔히 촛불집회의 발생 원인으로 소통 부재를 말한다. 촛불집회는 소통의 회복을 요구하며, 소통 회복을 통해 민주주의를 관철시키고자 한다. 촛불집회의 정치적 성격에 주목해서 표현하자면, 정치권력 행사의 주체(집권 세력)와 객체(피지배자로서의 국민)가 정치적 사안(민주주의)에 대하여 제도적·언어적 소통에 실패하였고, 이러한 상황에 직면하여 후자가 자신의 정치적 의사를 직접적·비언어적으로 표출한 것이 촛불집회이다. 그렇다면 촛불집회의 목적인 소통 회복 및 소통을 통한 공동의견(합의)의 창출을 위해 지금 필요한 것은 무엇인가? 특히 소통 부재의 원인제공자이며 따라서 소통 회복의 일차적 책임을 가지고 있는 정치집단 특히 정부는 무엇을 해야 하는가?

Q. 만일 촛불집회 및 소통의 문제와 관련해서 칸트가 말할 수 있는 것들 중에서 가장 칸트적인 것을 제시할 수 있는 것을 생각해 보자.

Note. 칸트가 '지식인들의 사유규범'이라고 불렀던 것을 제시할 수 있다. "스스로 사유하라! 타인의 입장에서 사유하라! 항상 일관되게 사유하라!" 이것은 소통을 가능하게 하는 선행조건 내지는 소통의 가능적 조건이다. 칸트에 의해서 촛불집회는 경험적 사실에서 이성적 사실로, 정치적 사건에서 규범적 사건으로, 우연적 현실에서 필연적 현실로 고양되어 이해될 수 있을 것이다.

Ⅶ. 여성관과 성담론

1. 문제의 제기

우리 사회에 만연된 혼전성교, 혼외정사, 동성애, 사랑과 무관한 성의 탐닉, 일상적인 포르노그래피의 향유 등은 되돌릴 수 없는 시대의 흐름인 것처럼 보인다. 동성애를 다룬 드라마나 영화가 낯설지 않고, 중등 도덕과 교육과정에서도 성적 소수자의 권리를 다룰 수 있는 교육과정이 고시되기도 했다. 성담론의 홍수 속에서 성윤리 내지 성에 관한 가치관을 정립한다는 것은 매우 어려운 과제로 보인다. 다음은 전철을 타고 가다가 나이가 지긋하신 어르신들이 성에 관해 대화한 것을 옮긴 것이다.[140)]

A: 요즘 젊은 것들은 순결 개념이 없어. 아무나 마음만 맞으면 성관계를 맺는단 말이야. 말세야 말세!

B: 구닥다리 얘기는 그만 둬. 성관계가 별 것인가? 악수하는 것과 뭐가 달라. 그냥 피부 접촉일 따름이야!

Q. 위의 대화에서 우리는 보수주의적 성담론과 자유주의적 성담론의 대립을 엿볼 수 있다. 어떤 분의 입장이 타당한 것인가? 과연 성에 대한 건전한 가치관의 정립은 가능한 것인가?

2. 독신 생활과 여성 이해: 가부장적 시각

칸트는 여러 가지 이유로 독신생활을 했다. 먼저 건강의 문제이다. “나의 가슴은 납작하고 좁아서 심폐 운동을 자유롭지 못하게 했고, 이로 인해 나는 우울증에 걸리기 쉬운 소질을 갖고 있었다. 과거에 나는 심지어 삶을 포기할 생각까지 했을 정도였다.”

다음으로 결혼생활에 대한 긍정적인 전망이 미약했다. 정교수가 되고 생활이 안정됨에 따라 칸트는 결혼을 몇 차례 고려했다. 한번은 “젊고 아름다우

---

140) 윤영돈, “칸트의 여성관과 성담론,” 윤리교육연구 제28집(2012), 192쪽.

며 부드러운" 미망인이었고, 한번은 베스트팔렌에서 온 소녀였으며, 한번은 쾨니히스베르크 출신의 한 여인이었다. 그런데 칸트가 결혼 이후 발생할 비용을 계산하며 우물쭈물하는 사이에 첫 번째 여인은 자신에게 청혼한 다른 남자와 결혼했으며, 두 번째 여인 역시 기다리다 못해 다른 곳으로 여행을 떠나 버렸다. 세 번째 여인에게서는 정신적인 유덕함을 발견할 수 없어서 결국 결혼을 포기하고 말았다.

칸트는 쇼펜하우어처럼 여성에 대한 혐오감을 갖고 있지는 않았다. 이것은 칸트가 사교모임에서 여러 부인들과 지속적으로 교제한 것에서 알 수 있다. 그런데 그가 생각한 좋은 의미의 여성은 현숙하고 요리를 잘하는 가정주부 정도였다. 그런가 하면 "여성에게 중요한 학문의 내용은 인간이며, 그 중에서도 특히 남성이다. 여성의 철학은 사색하는 데서 성립한다기보다는 느끼는 데서 성립한다"는 언급이나, 여성에 대한 자연의 목적은 "종의 보존과 여성에 의한 사회의 교양과 세련화"이며, "남성은 자신을 위해서 취미를 가지고, 부인은 모든 남성을 위해서 자기 자신을 취미의 대상으로 만든다"는 언급에서 여성의 자율성을 인정하지 않는 가부장적 시각이 드러난다.[141]

Q. 계몽주의의 철학자로서 여성의 주체성을 인정하지 않는 칸트의 모습은 아이러니한 면이 있다. 칸트에게서 여성은 "인간 종에 속하지만 인간 그 자체는 아닌 그저 아름다운 종"으로 간주되는 것이 아닌가 하는 비판도 제기될 수 있다. 이 점을 오늘날의 시대변화에 비추어 생각해 보자.

3. 여성에 대한 편견

(1) 여성주의자의 문제제기

칸트 철학에 대해 여성주의 학자들은 강한 문제제기를 한다. 한마디로 칸트의 철학은 '남성적인 것 = 이성적인 것 = 보편적인 것'과 '여성적인 것 = 감성적인 것 = 주관적인 것'으로 이원화 되어 있고, 전자가 후자에 비해 우월하며, 전자가 후자를 지배하는 구조를 지니고 있다는 것이다.[142]

141) 윤영돈, 앞의 논문, 193-194쪽.
142) 윤영돈, 194-196, 199쪽.

(2) 철학적 사유능력

남성과 여성의 철학적 사유능력의 차이에 관한 칸트의 설명은 다음과 같다.

> "여성도 남성처럼 상당한 지성을 갖지만 여성의 것은 아름다운 지성이며, 남성의 것은 깊은 지성(deep understanding)인데, 그것은 숭고와 동일한 것을 의미하는 표현이다. 독자들은 필자가 남성적인 (…) 깊은 명상과 오래 지속된 숙고는 고상하지만 어려운 것이며, 아름다운 천성 이외에는 아무것도 보여줄 수 없는 강제되지 않는 매력을 가진 사람(여성)에게는 잘 어울리지 않는다. 수고스러운 배움 내지 고통스러운 숙고는, 비록 어떤 여성이 이러한 일에 크게 성공했을지라도, 여성에게 적합한 장점들을 훼손한다. (수고스러운 배움 내지 고통스러운 숙고에 대한) 여성의 성취는 그 희소성으로 인해 냉담한 칭찬의 대상이 될 수 있기 때문이다. 아름다운 지성은 보다 섬세한 감정에 밀접하게 관련된 모든 것을 그 대상으로 선택하며, 추상적인 사고나 유용하지만 무미건조한 지식의 분과들은 근면하고 근본적이며 깊은 지성에게 양도한다. 그러므로 여성은 기하학을 배울 수 없을 것이다. 여성의 위대한 학문의 내용은 인류라기보다는 남성이라는 인간에 속한 것이다. 여성의 철학은 이성에 근거하지 않고, 감각에 근거한다."

Q. 칸트의 '여성의 철학적 사유 능력'에 대한 입장은 어떤 문제점이 있는지를 생각해 보자.

Note. 여성이 문학, 과학, 수학 등 학문에서 상당한 성취를 이룰 수 있다는 점을 칸트가 인정했음에도 불구하고, 모름지기 학문 탐구는 여성에게 적합하지 않다고 보는 대목에서 여성에 대한 시대적, 문화적 편견이 강하게 드러난다. "여성의 철학이 이성에 근거하지 않고, 감각에 근거한다"는 칸트의 지적은 남성적인 것은 이성적인 것이며, 여성적인 것은 감성적인 것이라는 이분법적 한계를 노정하고 있다.

(3) 도덕적 능력

여성과 남성의 도덕적 능력에 관한 차이에 대한 칸트의 설명은 다음과 같다.

> "여성의 덕은 아름다운 덕이다. 남성의 것은 고귀한 덕이다. 여성은 사악한 일을 피하는데, 그것이 옳지 않기 때문이 아니라, 그것이 추악하기 때문이다. 덕이

있는 행위란 여성들에게 도덕적으로 아름다운 것과 같은 것을 의미한다. 책임, 강제, 의무의 어떤 것도 아니다. 여성이 원리에 근거할 수 있다는 점을 필자는 거의 믿을 수 없다. 이 때문에 필자는 여성이 기분상하지 않기를 바란다. 왜냐하면 원리에 근거한다는 것은 남성에게도 매우 드문 일이기 때문이다. 원리 대신에 신은 여성의 가슴에 친절하고 이타적인 감각, 예의범절에 대한 섬세한 감정, 공손한 영혼을 넣어두셨다. 결코 희생과 관대한 자기억제를 요구해서는 안 된다."

Q. 칸트의 '여성의 도덕적 능력'에 대한 입장의 문제점이 무엇인가를 생각해 보자.

Note. 여성주의자들은 칸트가 이성과 감성(또는 감정)을 분리 내지 대립시키고, 이러한 태도가 이성에 의한 감성의 지배를 초래했으며, 남성적인 것이 여성적인 것보다 우월하고, 남성에 의한 여성의 차별을 정당화시켰다고 본다.

4. 성담론과 결혼관

(1) 성담론: 보수주의와 자유주의

① 보수주의와 자유주의: 성담론은 크게 보수주의와 자유주의로 대별될 수 있다. 좀 더 세분하자면 보수주의 진영이든 자유주의 진영이든 극단적인 쪽과 온건한 쪽으로 나눌 수 있다. 그럴 경우, 성담론의 스펙트럼은 극단적 보수주의, 온건한 보수주의, 온건한 자유주의, 극단적 자유주의로 구분할 수 있을 것이다.[143]

② 극단적인 보수주의: 혼전 성이나 출산 이외의 성, 혹은 자위행위를 인정하지 않는 입장이다. 아우구스티누스나 아퀴나스의 관점이 이에 해당한다.

③ 온건한 보수주의: 서약과 결혼으로 나아가는 혼전 성을 용인하며, 출산의 목적이 아닌 부부 간의 사랑의 표현으로서의 성도 긍정할 것으로 보인다. 보수주의는 무엇보다 성을 결혼의 테두리에 한정함으로써 "성의 사회적 책임" 및 "안정성"을 추구한다.

④ 온건한 자유주의: 성인 당사자들 간의 자율적인 합의하에서 타인에게 해악을 끼치지 않는다면 혼외의 성도, 동성애도 문제없는 것으로 간주한다. 이

143) 윤영돈, 앞의 논문, 200쪽.

른 바 "해악 금지의 원리"와 "자율성 존중의 원리"가 결합된 관점이라 할 수 있다. 온건한 자유주의는 자율성을 존중하기 때문에 미성년자와의 성관계는 옳지 않은 것으로 본다. 왜냐하면 미성년자는 성관계의 결과에 대해 충분한 정보에 근거하여 동의할 능력이 없기 때문이다.

⑤ 극단적인 자유주의: 성의 진정한 해방을 위해서는 어떤 제약도 거부하고자 한다. 그러니까 어떤 대상이든 어떤 유형의 파트너든 쾌락의 대상이 될 수 있다는 것이다. 이러한 논변이 타당할 경우 노출증, 가학증 및 피학증, 관음증, 수간(獸姦)이나 시간(屍姦) 등도 모두 용인될 수 있다는 것이다.

⑥ 온건한 보수주의와 온건한 자유주의: 성담론의 네 유형 가운데 대체로 사람들은 온건한 보수주의자이거나 온건한 자유주의자로 보인다. 온건한 보수주의는 성을 결혼과 출산이라는 테두리 안에서 허용하는 데 비해, 온건한 자유주의자는 '사랑'이 전제된다면 성의 향유가 정당화될 수 있다고 본다. 물론 여기서 '사랑'은 결혼과 출산(양육)을 전제로 한 부부 간의 사랑으로 간주할 수도 있고, 혼외의 관계일지라도 상호 인격을 존중하는 '사랑'을 의미할 수도 있다. 사실 혼인한 부부 간의 성관계에서도 사랑이 배제된 성을 추구할 개연성이 충분히 있고, 동성애라고 해서 반드시 사랑 없는 성을 추구하리라는 법도 없다. 따라서 '사랑'을 성적 결합의 도덕성을 확보하는 충분조건으로 본다면 온건한 자유주의의 관점에, '사랑'을 성적 결합의 도덕성을 확보하는 필요조건으로 본다면 온건한 보수주의의 관점에 근접할 것으로 보인다.

Q. 성담론도 시대의 변화에 따라 변해 왔다고 생각하는가?

(2) 결혼관

① 금욕주의의 영향: 성에 대한 칸트의 입장은 계보학적으로 볼 때, 스토아적 관점이나 아우구스티누스와 아퀴나스 그리고 종교 개혁가의 금욕주의적 관점의 영향을 받은 것으로 보인다. 이에 따르면 칸트는 몸과 성적인 욕망은 절제해야 할 부정적인 것으로, 이성에 의해 초월해야 할 것으로 본다. 이른바 칸트는 결혼과 출산에 매여 있는 보수주의적인 성담론을 제시한다.[144]

144) 윤영돈, 앞의 논문, 201-202, 204쪽.

② 결혼과 성적 결합: 성적 결합은 결혼이라는 제도 안에서 허용될 수 있으며, 성적 결합은 일차적으로 출산과 양육을 목적으로 한다. 그것이 성에 관한 자연스러운 사용이다. 그렇기 때문에 동성애나 동물과의 교접은 자연스럽지 못한 사용이며, 자연의 섭리에 부합하지 않는 것이다. 또한 성의 자연스러운 사용이 일차적으로 출산에 있기 때문에 자위행위를 금지하는 것이 당연하다. 그래서 칸트는 자위행위를 하느니 차라리 여성과 성관계를 하는 것이 자연의 섭리에 부합하다고 말한다. 그러나 충분히 성숙하여 결혼할 때까지 성관계를 유보하는 것을 제안한다.

③ 부부의 성적 자유: 칸트는 출산과 양육을 목표로 하지 않을지라도 한 성이 다른 성의 기관을 향유할 수 있는 정당성은 '결혼'이라는 조건하에서 확보될 수 있다고 말한다. 따라서 칸트는 성적 결합을 결혼의 테두리에서 정당화하지만, 그 목적을 출산과 양육에 국한하지 않고, 오히려 적극적으로 부부의 성적 향유를 지지한다고 할 수 있다. 그러므로 칸트의 성담론이 상당 부분 보수주의적 성격을 띠고 있지만 금욕주의나 자연법적 성윤리와는 일정한 차이점이 있다는 점을 기억할 필요가 있다.

④ 결혼계약: 칸트에 따르면 성충동은 언제나 인간성(인격)이 아니라 성(기관)으로 향하며, 성적 충동은 인간성을 사물로 간주하기 때문에, 도덕적으로 문제가 된다. 상대방과 성적 결합을 맺는 것은 다른 사람과 테니스를 치는 것과는 성격이 다르다. 둘 다 일정한 욕구를 만족시키는 데 있어서 상대방과 수단 관계를 맺기는 하지만, 테니스를 치는 것은 자신의 인격을 사물화하지 않는 데 비해, 성적 결합은 인격을 사물로 간주하게 한다. "몸은 자아에 속하며, 몸은 자아와 함께 인격을 이룬다." 따라서 자신의 몸의 한 부분인 성(기관)을 상대방에게 양도한다면, 이는 자신의 인격을 사물로 간주하는 것이다. 왜냐하면 성과 인격은 분리될 수 없는 것이기에 그러하다. 칸트는 성충동이 도덕적으로 정당화되고, 인간성을 침해하지 않는 유일한 조건은 결혼계약이라고 말한다.

Q. 다음을 생각해 보자.

(1) 결혼을 계약으로 보는 칸트의 입장을 어떻게 생각하는가?

Note. 결혼은 인륜성이 강한 특성을 갖는 점을 무시했다는 비판을 받는다.

(2) 칸트의 결혼관은 어떠한지 생각해 보자.

Note. 인간의 성적 결합은 무법천지에서 짐승처럼 교배하는 관계, 이른바 동물적 본성에 따라 이루어져서는 안 되며, 법적 계약의 법칙에 입각해서 이루어져야 한다. 그러므로 혼인 계약은 자의적인 계약이 아니고, 인간성을 구현하는 법칙을 통해서 이루어져야 하는 계약이어야 한다. 그래서 칸트는 남녀의 결혼 조건에는 자유와 평등의 원칙이 반드시 기초로 놓여 있어야 한다고 주장하였다. 이런 맥락에서 그는 남녀가 각자의 성을 서로 자유롭고 평등하게 점유할 수 있는 일부일처제를 주장하였다.[145)]

(3) 인간이 결혼하는 목적은 무엇인지 생각해 보자.

Note. 그 동안 인간들은 종족을 보전하고, 성적이고 심리적이고 경제적인 차원에서 서로의 행복을 도모하고, 나아가 인격적인 존재가 되기 위해서 결혼을 해왔다. 물론 결혼이 결혼 당사자의 자유의사에 입각해서 중매나 연애를 통해 성립된 경우도 있지만, 권력이나 자본의 확대 및 신분의 유지를 위해 결혼 당사자들의 의사와 무관하게 강제로 이루어진 경우도 있다. 그렇지만 결혼이 어떤 목적을 위해 강제적으로 이루어졌을 때에는 불행할 수밖에 없을 것이다. 결혼은 결혼 당사자들이 안고 있는 유한성으로부터 발생하는 어려움들, 가령 존재의 소멸, 외로움, 궁핍 등 다양한 문제들을 해결하고 자유와 행복을 안겨줄 수 있어야 할 것이다.

(4) 결혼만이 가족을 형성할 수 있다고 생각하는가? 오늘날의 가족의 기능에 대해 생각해 보자.

Note. 유감스럽게도 오늘날 우리의 가족은 이런 기능을 상실하고 있다고 해도 과언이 아니다. 가족 역시 이미 시장의 논리가 지배하는 시민사회에 포섭되어 가족 내부의 구성원들 사이에도 욕구투쟁의 장이 형성되고, 능력 없는 자를 가족의 구성원으로 인정하지 않으려는 움직임이 강하게 대두하고 있다. 오늘날 해

145) 김석수, "현대적 관점에서 본 칸트와 헤겔의 가족," 동서사상 제11집(2011), 103, 105, 109, 111, 124쪽.

체시대에는 사랑과 존경으로 형성된 전통적 가족보다는 언제든지 행복을 추구하는 데 방해가 되면 떠나버릴 수 있는 동거가족, 계약가족, 반가족(anti-family) 등이 확산되고 있다. 한 마디로 가족 그 자체가 해체되고 있는 실정이다. 이제 가족의 존재 이유가 너와 나의 어려움을 해소하고 외로움을 달래는 사랑의 현실화에 있는 것이 아니라 너와 나의 권리와 자유를 더 많이 실현하기 위한 욕구의 현실화로 기울고 있다.

오늘날 확산되고 있는 동거형 가족, 계약형 가족, 반(反)가족 등이 좋은 것만은 아니다. 이 속에는 성의 도구화, 욕망의 무한 긍정, 이혼의 확산, 고립된 자아의 확산 등 다양한 문제들이 내재되어 있다. 마치 포스트모더니즘이 신자유주의와 결합하면서 엄청난 문화계급의 양산과 그로 인한 문화적 폭력을 낳듯이, 오늘날 가족해체주의에는 인간의 삶의 근원적 조건인 사회성과 도덕성을 위협할 여지가 담겨 있다.

제 2 부

법: 자유·평등·정의

제 1 장 서 론

제 1 절 현대사회에서의 법과 권력

Ⅰ. 법의 지배

근대 이전의 신분사회에서는 인간 존엄의 보편성을 침해 혹은 파괴하는 권력 행사가 합법적인 형태로 가능하였다. 그러나 서구에서 근대가 열리면서부터 그러한 형태의 권력과 법의 관계는 법 이념상으로나 실정법 차원에서 점차 부정되기 시작하였다. 이러한 역사적 흐름 속에서 법은 더 이상 권력의 도구가 아니라, 오히려 권력을 감시하고 통제하는 역할을 담당하는 인간 정신의 산물로 정착하게 되었다. 근대 시민법 이후에 나타난 법에 대한 이러한 자리매김은 20세기에 들어서 대의제가 보통선거 제도에 그 기반을 두게 되면서부터 거의 하나의 황금률처럼 관철되기에 이른다. 왜냐하면 현대국가에서 법의 창출, 즉 입법은 원칙적으로 국민이 선출한 대의기관을 통해서만 가능할 뿐이므로, 이를 국민적 합의의 산물로 이해하면서 정치권력을 비롯한 경제권력 혹은 문화권력을 포함한 사회권력들은 법의 지배를 부정할 수 없다는 이른바 법의 지배 또는 법치국가의 원리가 사회를 관통하는 하나의 철칙으로 확립되었기 때문이다.[1)]

1) 이종률, "현대사회에서의 법과 권력," 동아법학 제52호(2011), 2-3쪽.

오늘날 법과 권력의 관계에 대한 이러한 인식의 근저에는 지금 그리고 여기의 법이 비록 완전할 수 없다하더라도, 인간이 고안할 수 있는 강제력을 수반하는 사회규범으로서 최선이라는 묵언의 신뢰가 존재하고 있음을 주목해야 한다. 다시 말해 '법의 지배' 또는 '법치국가'의 원리가 사회적으로 관철되어 가고 있는 현대사회에서 법은 비록 한 치의 오차도 없이 인간존엄의 보편성을 완벽하게 담보하지는 못한다고 하더라도 목적을 정당화시키는 하나의 수단으로 전락하여 인간 존엄의 보편성을 침해 또는 파괴하지는 않을 뿐 아니라, 오히려 그러한 유혹으로부터 자유로울 수 없는 권력을 감시하고 통제한다는 믿음이 그들의 인식의 밑바탕에 작용하고 있다는 것이다.

법과 권력에 대한 사회의 이와 같은 지배의식을 무조건적으로 폄하하거나 비난하는 데는 무리가 따를 수 있겠으나, 그러한 의식은 허위의식일 뿐이라는 비판으로부터도 자유로울 수 없다. 그 이유는 어디에 있을까? 그것은 법을 형성하고 운용하는 데 있어 모태로 작용하는 권력이 지금, 여기에서도 사회적으로 불균등하게 배분되어 있다는 데서 찾을 수 있다.

Ⅱ. 법과 정치권력

1. 현대사회의 시민

인간에게 있어서 정치란 특별한 의미를 띠게 된다. 왜냐하면 그것은 대립을 해소하고 통합을 이루어내는 과정이라는 점에서 인간의 사회공동생활상 본연의 모습과 본질적으로 동일하기 때문이다.[2)]

인간에게 있어서 정치는 이러한 의미가 내포되어 있다고 이해되고, 정치권력의 문제에로 나아갈 때 그것은 사회의 통합수단이 될 것이며, 정치권력의 산물인 법 또한 그러할 것이다. 정치권력과 법의 존재근거가 이러하다면 양자가 인간의 대립구도를 어떻게 해소하면서 통합을 이루어 내는지를 파헤쳐 볼 필요가 있다. 즉, 정치권력과 법이 인간존엄의 보편성을 담보하는지 아니면 그것들이 이를 파괴하는 수단에 불과할 뿐인지 라는 것이 문제된다.

---

2) 이종률, 앞의 논문, 4-5쪽.

현대사회는 근대 이전의 사회와 다른 정치지형이 구축되어 있고, 법 또한 모든 인간을 자유롭고 서로 대등한 인격체로서 확인하고 있다. 따라서 오늘날 직접적인 형태로 인간이 인간을 지배하거나 예속시키는 권력구조는 있을 수 없고, 현상적으로는 법과 권력을 매개로 한 지배질서만 실재할 뿐이다. 나아가 이러한 지배질서는 국민적 합의의 산물로 이해되고 있는 법에 근거하고 있고, 또한 법은 자신을 낳은 모태라 할 수 있는 정치권력을 감시하고 통제하므로 정치적 지배관계는 정당화 될 수 있는 것이다. 그러나 우리가 현대국가에서 거의 일반적인 형태로 굳어져 있는 이른바 시민의 정치적 무관심이나 정치적 백치증상과 같은 정치로부터의 도피현상에 주목한다면 정치권력과 법의 정당성 문제는 재고할 여지가 있다.

현대국가의 법은 시민을 정치권력의 주체로 확인하고 있지만, 현실의 삶 속에서 그들은 주인이 되기보다는 오히려 권력과 법의 통제 또는 지배대상에 지나지 않는 삶을 스스로 자초하고 있는 것이다. 시민에게서 나타나는 이러한 태도는 소외된 의식에서 비롯되는데, 세계와 인간에 대한 올바른 자기성찰을 애당초 기대할 수 없는 이러한 소외의식은 결국 법과 권력에 대한 엄정한 감시나 통제를 기대할 수 없게 한다.

2. 현대국가의 정치과정: 선거

현대국가의 정치권력은 선거에 의해 창출되기 때문에 시민의 감시와 통제로부터 자유로울 수 없으므로 정치권력이 직접적인 형태로 시민을 억압하거나 지배할 수는 없다. 나아가 현대국가에서는 입법권의 행사가 시민을 대표하는 정치권력 담당자들의 몫이 되어있으므로, 법은 정당한 시민적 합의의 산물로 이해되면서, 모든 것은 '법대로'라는 법의 지배의 논리가 위력을 발휘하고 있다. 그래서 간명하게 현대국가를 법치국가라 말하기도 한다. 그러나 대의제를 채택하고 있는 현대국가에서는 시민이 정치권력을 직접적으로 지배하거나 행사할 수 없을 뿐만 아니라 명령적 위임 역시 법적으로 허용되지 않고 있으므로 선거를 통하여서만 정치권력에 대한 책임, 이른바 정치적 책임을 추궁할 수 있을 뿐이다.[3)]

그러나 현대국가의 정치과정에서 가장 중요한 의미를 갖는 선거가 한낱 정치적인 쇼(show)에 지나지 않는다면, 국가로 상징되는 법과 권력에 대한 시민의 엄정한 자기반성이 당연히 요구될 것이다. 그러나 현실은 그렇지 못하고 오히려 국가는 시민들의 의식 속에서 우상으로 전화되고, 국가에 대한 그러한 허위의식 때문에 시민은 법을 제정하고 집행하는 권력담당자(권력엘리트)들에 대한 실존적 개념조차 갖지 못한 채 아무런 자기반성 없이 법과 권력에 거의 맹목적으로 복종하고 있다는 점을 유의해야 한다. 뿐만 아니라 법과 권력에 대한 국민의 이러한 허위의식은 정치권력으로부터의 도피와 서로 맞물리면서 상승적으로 작용하여 정치권력의 주인이면서도 스스로 그것을 포기하고 권력과 법에 맹종하는 일종의 노예와 같은 소외된 삶을 마치 인간의 보편적인 삶으로 오인해버리는 현실을 낳고 있다.

Ⅲ. 법과 경제권력

1. 신분제 사회

우리가 경제권력을 생존수단에 대한 인간의 지배력이라 이해할 때, 노예제나 농노제와 같은 신분제사회에서는 사회의 소수 특정계층만이 토지를 소유할 수 있었고, 사회의 절대 다수라고 할 수 있는 노예나 농노 등의 피지배계급은 토지를 보유할 수 없었다. 그렇다면 그것은 무엇을 의미할까?[4]

경제권력에 대한 이러한 배타적 독점으로부터 인간과 인간 사이의 주종관계가 형성될 수 있었는데, 그 이유는 인간의 생존본능에서 찾을 수 있다. 농업사회에 있어서 경제권력을 상징하는 토지는 무소불위의 힘이 있는 절대적인 생존수단이고, 토지로부터의 추방은 죽음을 의미할 뿐이었다. 따라서 그러한 사회에서 절대다수를 구성하고 있었던 노예나 농노들은 스스로 죽음을 선택하지 않는 한 경제권력을 독점한 지배계급, 즉 그들의 주인이나 영주의 의지에 구속당하지 않을 수 없었다. 뿐만 아니라 법은 인간의 이러한 지배와 예속관

3) 이종률, 앞의 논문, 5-7쪽.

4) 이종률, 앞의 논문, 11-12쪽.

계를 마치 자연적 또는 당위적인 관계로 미화시켜 그러한 관계를 지지하였기에, 역사에서 노예나 농노들이 봉기하여 일으킨 이른바 민란이 빈번하게 발생하였음에도 불구하고 변혁을 위한 그런 시도들은 법의 이름 아래 좌절로 끝나버리고 극소수 특정집단이 절대다수의 인간을 억압하고 착취하는 주종관계가 마치 인간 삶에 고착된 본래의 모습처럼 이어져 내려 왔었다. 다시 말해 경제권력이 불균등하게 배분되어 있는 사회에서는 필연적으로 계급적 지배질서가 형성되고 법은 이를 정당화하는 까닭에 피지배계급에 속하는 인간들은 대체로 자신들의 생존본능을 뛰어넘지 못한 채 결국 스스로 법 안에 감금당하는 삶을 선택의 여지없이 수용해야 했던 것이다.

2. 현대사회

(1) 근대 시민법질서의 출현과 자본

산업혁명과 부르주아혁명을 거치면서 근대 시민법질서가 출현한 이후, 인간이 인간을 직접적으로 지배하거나 예속시키는 형태의 주종관계는 법이념은 물론 실정법 차원에서 부정되기 시작하였다. 즉, 자본주의체제가 인간 삶의 새로운 틀로 확립되면서부터 법은 모든 인간이 주인으로서 자유인이고 서로 대등한 인간임을 선언하게 되었다. 인간에 대한 법의 이러한 확인은 사회적 경제관계에도 그대로 적용되어, 모든 인간은 자유롭고 대등한 지위에서 시장에 참가하는 사람들로 의제되면서 동시에 시장법칙에 따를 것을 요구하고 있다. 인간에 대한 법이념이나 실정법상의 이러한 확인은 20세기 중엽에 이르러 완성된 모습으로 드러나게 되지만, 오늘날 경제권력은 여전히 사회적으로 불균등하게 배분되고 있음을 간과해서는 안 된다.[5)]

역사적으로 근대 시민법질서가 확립되었던 자본주의 초기단계에 이론가들이 그려냈던 인간상과 사회상은 허상에 불과했음이 반증되었는데, 그 중요한 원인은 경제권력의 불균등성에 있었다. 우리가 알고 있는 바와 같이 자본주의 사회의 경제권력은 본질적 성격을 달리하면서 서로 대립하는 두 가지의 형태로 나타나는데, 그 하나는 화폐로 상징되는 '자본'이고 다른 하나는 인간생명

5) 이종률, 앞의 논문, 12-13쪽.

그 자체를 의미하는 '노동'이다. 물론 자본주의사회의 일반적인 법 논리에 따르면 '자본'이나 '노동' 양측 모두 대등한 당사자로서 시장법칙을 준수해야 한다. 그러나 '자본'은 시장에서 거의 전면적인 형태로 사회적인 힘을 행사할 수 있는 반면에, '자본'과 대항관계 있는 '노동'은 지극히 제한적인 형태의 힘만을 발휘할 수밖에 없다는 점을 유의해야 한다. 다시 말해 현실의 법에서 모든 인간이 자유롭고 대등하게 시장에 참가할 수 있다는 것은 현실의 경제논리상 애당초 불가능하다는 것이다.

서로 대립하는 경제권력인 '자본'과 '노동'의 대항구도에는 이러한 불균등이 가로놓여 있었으므로, 유일한 자산이 노동력뿐인 임금노동자들은 생존을 위해 '자본'의 형태로 나타나는 경제권력과 줄기차게 싸움을 벌일 수밖에 없었다. '노동'과 '자본'이 서로 대립하고 투쟁하는 과정에서 노동계급은 자본가계급으로부터 일정한 수준의 양보를 이끌어 내었고, 그것을 규범적으로 대표하는 것이 경제권력의 불균등을 해소하기 위해 고안된 각종의 노동관계법 및 사회법들이었다. 물론, 그나마 결실을 맺게 된 것은 경제권력으로부터 정치권력이 상대적 자율성을 확보할 수 있는 지형을 사회적으로 형성한 데서 비롯되었지만, 그렇다고 경제권력의 불균등이 사회적으로 완전히 해소된 것은 아니었다. 경제권력의 완벽한 균등은 자본주의 그 자체의 부정을 의미할 뿐이므로 '자본'을 향한 '노동'의 대항력에는 근본적인 자기한계가 있고, 경제권력으로부터 정치권력의 상대적 자율성도 말 그대로 상대적일 수밖에 없었다.

(2) 세계화와 자본권력의 지배

오늘날 세계화의 물결 속에서 '자본'은 거대화, 독점화되면서 국가의 경계를 뛰어넘어 전 세계적 형태로 발전하고 있는데, 이러한 거대·독점자본은 '노동'은 물론이고 법과 정치권력을 상징하는 전통적인 국가조차도 압도할 수 있게 되었다. 다시 말해 '자본'은 법적으로 거의 아무런 규제나 제재도 받지 않고 국경을 자유자재로 넘나들 수 있는 데 반하여, '노동'은 여전히 국가규제의 틀 안에 감금되어 법적 규제나 통제대상이 되어있으므로, 시장에서 '자본'과 '노동'의 대항은 일방적인 결과를 갖고 올 수밖에 없을 뿐만 아니라, '자본'의 이러한 힘은 노동통제의 수준에 그치는 것이 아니고, 전통적인 국가를 위협하면

서 법과 정치권력을 자신들의 이윤추구를 위한 도구로 전락시키고 있는 형상이다.[6)]

서로 본질적으로 성격을 달리하면서 대립하는 경제권력인 '자본'과 '노동'의 대항구도가 이른바 '세계화 시대'라 일컬어지는 현시점에서 이렇게 변화된 형태를 드러내고 있으므로, 임금노동자계급은 자신들의 생존을 거의 일방적인 수준에서 '자본'에 의존하는 존재론적 굴레에서 벗어날 수 없는 상황 속으로 내몰리고 있다. 뿐만 아니라 2차 세계대전 이후 냉전시대가 열리면서 정치권력이 경제권력으로부터 일정수준 독립성을 확보할 수 있는 환경이 조성되어 임금노동자계급을 어느 정도나마 보호할 수 있었지만, 냉전이 종식되면서 상황은 반전되어 이제는 정치권력이 '자본'의 우산 아래로 뛰어 들어가는 수준의 자율성을 기대할 따름이다.

Ⅳ. 법과 문화권력

1. 정보대중매체의 체제내화 경향

신문이나 방송, 그리고 인터넷을 비롯한 다양한 정보대중매체들이 인간의 의식에 끼치는 영향은 거의 절대적이라 해도 과언이 아니다. 그래서 사람들은 이러한 정보대중매체를 '제4의 권력'이라 말하고 있다. 때문에 정보대중매체가 주도하여 가공하고 유포하는 정보나 자료의 내용에 따라 세계에 대한 인간의 이해태도가 변할 수 있으며 동시에 고착화될 수도 있다.[7)]

현대사회의 법은 현실에서 모든 인간생명의 보편성을 담보해내지는 않고, 오히려 소외된 인간의 삶을 끊임없이 사회적으로 재생산하고 있을 뿐이다. 여기에서 우리는 한 가지 의문에 직면하게 된다. 그것은 오늘날 제4의 권력으로 지칭되는 신문이나 방송, 인터넷 등이 정치권력 및 경제권력과 어떠한 상호관계를 갖고 있기에 법이념과 법 현실의 간격이 메워질 수 없는 사실로서 굳어지고 있으며, 절대 다수의 인간존재는 자신의 삶을 거의 전반적인 형태에서

6) 이종률, 앞의 논문, 14-15쪽.
7) 이종률, 앞의 논문, 18-19쪽.

통제하고 지배하는 법에 대한 엄정한 자기반성도 없이 법과 권력의 지배나 통제의 대상이 되는 존재로서 안주하고 있는지에 대한 문제이다.

신문이나 방송, 인터넷 등의 역할과 관련한 이른바 (시민의 알 권리 혹은 정보접근권까지 포함된) 언론의 자유는 오늘날 민주주의의 상징으로 여겨지고 있다. 이에 대한 자리 매김은 신문이나 방송, 인터넷 등이 고발 또는 비판하는 사회적 부조리 혹은 모순을 국가권력이 방치하지 않고 치유하도록 주도할 뿐 아니라, 정보대중매체의 그러한 힘은 결국 정보나 자료를 수취하는 시민의 힘을 배경으로 삼고 있다는 데 있다. 다시 말해 신문이나 방송, 인터넷 등이 법과 권력의 주인인 시민에게 제공한 정보나 자료 때문에 의식이 변하고, 그에 따라 정치권력 및 경제권력 특히 선거를 의식하는 정치권력이 시민의 변화된 의식으로부터 자유로울 수 없으므로 정보대중매체의 역할은 민주주의를 지키는 파수꾼의 의미를 갖는다.

오늘날 사회의 지배의식으로 나타나고 있는 언론에 대한 이러한 인식태도는 일정수준에서는 분명히 그 공적을 인정할 점이 있지만, 신문이나 방송, 인터넷 등이 국민에게 제공하는 정보나 자료들이 상술한 것처럼 주관성, 특수성 및 당파성이라는 자기한계를 갖고 있음을 놓쳐서는 안 된다. 그것을 반증하는 것이 정보대중매체의 체제내화 경향이다. 정보대중매체도 자본주의사회를 전제로 한 기업이고, 기업이란 이윤을 추구하는 시장논리로부터 자유로울 수 없다. 나아가 세계화의 시대가 열림과 함께 언론기업들도 거대·독점화 되어 가는 경향을 강하게 드러내고 있는데, 인간의 의식에 심대한 영향을 끼치는 언론기업에서 드러나는 이러한 경향은 결국 경제논리에서 비롯되는 것이므로 언론기업으로부터 객관성, 보편성, 중립성을 기대하기는 더욱 어렵게 되어버렸다. 즉, 언론기업이 가공하여 유포하는 정보나 자료들은 거의 독과점의 형태에서 생산된 정보나 자료이므로, 그것을 수령하여 소비하는 인간들은 의식의 차원에서 아무런 비판 없이 그러한 정보나 자료에 손쉽게 끌려 다닐 수 있다는 것이다.

2. 정보대중매체와 상업주의

광고자본으로부터 자유로울 수 없는 대중매체는 광고수익과 직결되는 발행부수 또는 시청률 등을 높이기 위하여 쓰레기나 다름없는 저질의 정보나 자료를 제공하는 경우가 허다한데, 그것을 대표하는 사례로는 무절제한 오락물, 유명연예인, 정치인, 고급관료, 운동선수들의 사생활에 대한 폭로, 추적물 그리고 선정적이거나 폭력적인 내용을 주로 다루는 기사나 영상물들이다.[8)]

인간이란 자기의식을 매개로 세계를 이해하고 평가하는 존재이지만, 대중매체를 통하여 그들이 받아들이는 정보와 자료의 내용들에서 이러한 저질물들이 무시할 수 없을 정도로 상당 수준 자리를 차지하게 된다면, 인간의 의식이 왜곡될 가능성은 그만큼 더욱 커질 수밖에 없다. 의식의 이러한 왜곡을 드러내는 다른 하나의 사례는 인간의 소비욕망을 끝없이 자극하는 이른바 유행이다.

인간은 물론 자기반성 능력을 소유하고 있으므로 정보대중매체가 전달하는 저질물들을 자기 나름대로 여과할 수도 있겠지만, 인간의 의식이란 처음에는 거의 백지와 같고 사회화 과정에서 그것이 형성되므로, 이러한 간극에 끼어들어 인식의 왜곡을 조장하려 하는 상업주의와 결탁한 정보대중매체의 성향을 간과해서 안 된다. 다시 말해 법과 권력의 주인이어야 할 인간존재의 절대다수가 스스로 주인이 되기를 포기하는 행태로밖에 이해할 수 없는 정치로부터의 도피현상을 드러내는 반면에, 무절제한 오락물, 다른 사람의 스캔들, 선정물이나 폭력물에 탐닉하든지 혹은 비정치적인 영역이라 할 소비나 유행에 지나칠 정도로 민감한 열망을 보여준다면, 그것은 정보대중매체에 의해 이성적 인간이 어떻게 속물로 변화하게 되는지를 짐작할 수 있게 한다.

---

8) 이종률, 앞의 논문, 20-21쪽.

제 2 절 인권과 기본권

Ⅰ. 인권과 기본권의 역사적 전개

1. 기본권의 역사적 전개

헌법의 역사와 정치사는 항상 복선궤도를 달린다. 일반적으로 이들 양자 사이에는 대략 한 세대의 시간차이가 나는 것으로 알려져 있다. 역사는 철학자와 법학자들의 생각이 대략 30년에서 50년이 시간이 지난 후 정치제도, 법률, 그리고 그 밖의 법적 수단으로 받아들여지는 것을 보여준다. 새로운 정의관이 한 세대가 흐르는 동안 사회조직에 받아들여지면, 다음 세대 또는 또 다음 세대는 그것을 사회질서의 한 부분으로서 법질서로 받아들인다.[9)]

따라서 오늘날 헌법전에 규정되어 있는 기본권목록은 그 존재가 자명한 것은 아니다. 그러나 기본권사상이 인권사상에서 비롯되었다는 것만은 확실하다. 그러나 그것이 헌법전에 성문화된 것은 시간이 흐르고 난 후이며, 그것은 여러 차례의 정치적·혁명적 투쟁을 통해서 이룩되었다. 이러한 투쟁은 절대적 국가권력이 지배자의 의사가 아닌 법에 구속될 것을 요구한 자유헌법(근대의 시민적 헌법)을 쟁취하기 위한 투쟁과 동일시된다.

절대주의 국가관에 따르면 국가권력은 무제한이며 군주의 사유물로 간주되었다. 국가권력의 발로로서의 군주의 의사에 대하여 신민은 무력할 수밖에 없었다. 18세기에 급격하게 성장한 상공업에 힘입어 시민계급은 경제적 부를 축적할 수 있었다. 이로써 자유권을 성문화 할 수 있는 조건과 그 필요성이 성립되었다. 이제 국가의 주도자가 된 시민계급은 법질서의 안정을 요구함과 동시에 국가적 조치들이 예견 가능할 것을 요구하고, 더 나아가 국가가 자의적 행위를 중지할 것을 요구하게 되었다. 자유와 법적 안정성에 대한 요구는 그 당시로서는 혁명적인 것이었으며, 절대주의의 권력구조와는 대립되는 것이었다.

---

9) 홍성방, "헌법학(상)," 박영사(2010), 241-243쪽.

2. 자유권의 역사적 전개

(1) 영　　국

1628년 영국의 의회는 왕의 자의적인 통치에 대하여 대헌장을 내세워 신민의 자유와 권리를 재확인하는 '권리청원'(Petition of Rights)에 대한 승인을 왕으로부터 얻어냈다. '권리청원'은 특히 의회의 동의없는 과세와 자의적인 체포를 금지하였다. 1679년 찰스 2세가 서명한 '인신보호령'(Habeas-Corpus-Act)은 문서로 된 체포영장 없이는 영국신민의 인신을 체포하는 것을 금지하였으며, 체포된 자는 늦어도 30일 이내에 법관에게 구인되어 그 체포가 허용되는 것인가 여부를 심사할 것을 명하고 있다. 1689년의 '권리장전'(Bill of Rights)은 1688년과 1689년에 걸친 무혈혁명의 결과였다. 여기서는 의회의 동의 없이 법률을 제정하거나 폐지하는 것을 금하였고, 권력은 여러 면에서 매우 제한되게 되었다. 1690년에 로크는 「시민정부론」에서 인권에 대하여 최초로 학문적인 서술을 함으로써 그를 체계화시켰다.[10)]

영국에서의 인권 및 기본권 전개의 특색은 일반적인 권리와 자유를 개인에게 국민의 권리로서 보장하기 위하여 국가권력을 제한하는 것이었다. 이러한 자유권의 보장과 국가권력의 제한은 후세에 모범이 되었으며, 그 후의 모든 인권발전에 영향을 주었다.

(2) 미　　국

영국의 인권선언이 신분적 자유와 권리를 개별 헌법문서에 보장한 것과는 달리 미국에서는 천부불가침의 자연권을 선언하고 근대적 의미의 기본권목록을 최초로 헌법전에 성문화하였다. 1776년 6월의 '버지니아 권리장전'은 천부불가양의 권리에 대하여 언급하고 있다. 따라서 버지니아 권리장전은 전국가적 자연법사상에 기초한 기본적 인권을 확인한 최초의 기본권목록으로 평가된다. 1776년 7월 4일의 '미국독립선언'은 엄격한 의미에서 인권선언의 성격을 가지는 것은 아니었다. 그러나 그 문서는 로크가 주창한 바와 같은 자연법사상에 기초한 자유주의적 국가관을 공표한 것으로, 자연권적 인권의 승인, 국가

---

10) 홍성방, 앞의 책(상), 246-247쪽.

계약설, 국민주권, 혁명권 등을 선언하고 있다. 1787년 9월 제정된 미연방헌법은 처음에는 권리장전에 대한 부분이 없었으나, 발효 직후인 1791년에 권리장전에 해당하는 수정헌법 제1조－제10조를 증보하였다. 그 내용은 종교, 언론, 출판, 집회의 자유, 신체의 자유, 적법절차, 사유재산 보장 등으로 이루어져 있다. 그 후 시대의 변화와 더불어 수정헌법 제13조－제15조(1865-1870)와 제19조(1920)를 추보하였다. 그 주요 내용은 노예제와 강제노역의 폐지, 인종에 따른 참정권의 차별금지, 부인참정권의 인정 등이었다.[11)]

미국에서의 인권 및 기본권 전개의 특색은 헌법의 우위와 위헌법률심사제도의 정착이었다. 헌법은 최고법의 우위를 확보한 결과 위헌법률을 내용적으로 심사할 수 있게 되었다. 이를 제도화한 것은 의회도 국민에게 부정을 행할 수 있다는 것을 식민지하의 영국의회 제정법으로부터 배웠다. 그렇기 때문에 그들은 헌법에 규정된 기본권들이 정부뿐만 아니라 의회다수파에 의해서 침해되는 것을 방지하고자 했다.

(3) 프 랑 스

18세기 프랑스에 입헌운동과 자유주의 운동에 동기를 부여한 사상가들인, 볼테르, 몽테스키외, 루소, 미라보의 영향을 받은 프랑스 국민의회는 1789년 8월 26일 '인간과 시민의 권리선언'을 선포하였으며, 이는 인간성(자유, 평등, 박애)에 대한 열렬한 고백이었다. 워싱턴의 친구이며 미국독립전쟁에도 참전한 라파이예트가 제퍼슨의 도움을 받아 작성한 전문 17개 조항으로 구성된 이 인권선언은 전문에서 인권의 자연권성, 불가양성, 신성성을 선언하는 것으로 시작된다. 이 인권선언은 미국의 인권선언들과 많은 공통성을 보인다. 그러나 프랑스의 역사적 여건이 미국과는 달랐기에 구체적인 내용에서는 차이가 난다. 또한 이 선언은 '버지니아 권리장전'과 13년밖에 차이가 나지 않음에도 불구하고 진보를 보인다. 즉 "이곳에서는 모든 것이 한층 더 수미일관되게, 논리적으로 더욱 철저하게, 보편타당하게 그리고 간결한 언어로 표현되어 있다."[12)]

그 후 수많은 우여곡절을 거치면서, 프랑스에서 헌법에 현대적 의미의 기본

11) 홍성방, 앞의 책(상), 247-250쪽.
12) 홍성방, 앞의 책(상), 250-252쪽.

권이 채택된 것은 1946년의 제4공화국 헌법과 1958년 9월의 제5공화국 때였다.

(4) 독 일

독일은 특수한 상황으로 인하여 기본권 보장 보다 절대국가 건설이 주요 관심사였고, 지배자의 도덕적 자기구속이라는 형태로 지배권을 제한하려고 했다. 1849년 프랑크푸르트 헌법에서 독일국민의 기본권이라는 제목하에 방대한 자유주의적 기본권 목록을 규정했지만 발효된 적은 없었다. 1871년 비스마르크 헌법에서는 기본권 목록이 없었고, 1919년 바이마르 헌법에서는 고전적 기본권뿐만 아니라 사회적 기본권을 최초로 규정하였다. 나치정권에 의한 온갖 만행과 인권유린을 경험하고 난 후 1949년 5월에 제정된 현행 독일기본법은 제1조에 인간의 존엄성을 규정하고 국가와 국가권력은 인간의 존엄성 존중을 위해 존재한다는 것을 분명히 하고 있다.[13)]

3. 사회권의 등장과 전개

(1) 일 반 론

사회권은 산업사회의 등장에 따른 새로운 시대를 특징짓는 법발전의 단계이다. 전통적인 시민권 일반과 마찬가지로 사회권도 기존의 사회질서와 '정의의 명령의 집대성'인 자연법사상 사이의 투쟁의 한 부분이다. 사회권의 문제점은 언제나 위기시에는 시야에 들어왔다가 안정되거나 회복기에는 사라지곤 한다. 사회변화가 법에 영향을 미치는 것은 일반적으로 인정되고 있다. 사회권에는 여러 인권선언 이후의 사회적 대변혁 －기술과 산업적 분업, 고도의 인구증가, 독점자본주의의 등장, 세계경제의 흥망, 두 차례의 세계대전, 환경오염, 그리고 그 결과 단 하나의 '중립적 권력'인 국가에 부여된 통합역할－ 의 산물인 우리시대의 사회상황이 반영되어 있다.[14)]

(2) 프랑스 대혁명과 사회권

1776년 루이 16세의 포고문은 사회적 문제 해결을 언급한 최초의 헌법문서로서 근로의 권리를 언급하였다. 1789년의 '인간과 시민의 권리선언'은 자

---

13) 홍성방, 앞의 책(상), 252-255쪽.

14) 홍성방, 앞의 책(상), 255-256쪽.

유, 평등, 박애라는 프랑스 대혁명의 3대 구호에도 불구하고 전적으로 자유권만을 수용했을 뿐 사회권에 대해서는 전혀 언급이 없다. 사회적 문제를 헌법상의 권리로 보장하여야 한다는 생각은 프랑스 대혁명 주체세력 중 과격주의자들의 헌법초안에서 처음으로 성문화되었다. 즉 1793년 6월의 자코뱅당 헌법초안에서 근로의 권리, 공적부조 청구권, 교육을 받을 권리를 처음으로 규정하였다. 이들 최초의 사회권에 대한 헌법규정은 구체적으로 아무 것도 보장하지 않고 그 구체화와 실현은 입법과 행정에 위임한, 즉 의무를 선언하는 데 그쳤다.[15)]

(3) 영국 차티즘운동과 사회권

19세기 전반기에 초기자본주의에 그 원인을 찾을 수 있는 가난과 불의와 부자유를 처음으로 알게 된 영국의 노동자들은 유럽 최초의 거대한 사회운동인 차티즘운동에서 자신들의 권리를 주장하였다. 차티스트들의 주된 목적은 노동자들에게 선거권을 부여하여 스스로를 의회 내에서 대변하게 함으로써 사회변혁의 전제요건을 확보하여 무산자를 정치적으로 해방시키려는 것이었다. 차티즘운동에서 우리가 주목해야 하는 것은 영국적 기반 위에서 인간의 권리와 시민의 권리가 노동자의 권리와 조화를 이룬 방법이다. 예컨대 차티스트들은 재산권에 대한 로크의 생각을 원용하였다. 이러한 자연법적 원리들은 후일 새로운 사회·경제질서에 전용되게 되었다.[16)]

4. 1945년 이후의 인권보장

(1) 인권보장의 현대적 추세

1945년 이후를 현대로 볼 때 인권의 자연권성을 기초로 한 인권보장의 국제화와 사회적 인권의 헌법적 수용 및 환경권을 중심으로 하는 제3세대 인권의 등장이 현대를 특징짓는 인권보장의 현대적 추세라고 생각된다.[17)]

(2) 인권보장의 국제화

인권의 국제적 선언은 법규범에 나타나는 공적 양심, 즉 '세계양심'의 표현이다. 오늘날 인권은 개별 국가만의 문제가 아니라 전 인류에게 그 존중을 요

---

15) 홍성방, 앞의 책(상), 256-258쪽.
16) 홍성방, 앞의 책(상), 259쪽.
17) 홍성방, 앞의 책(상), 267쪽.

구하고 있다. 전통적 자유권뿐만 아니라 사회권의 여러 문제들은 국제적 공동 노력에 의해서만 어느 정도 만족할 수 있는 해결을 이끌어낼 수 있다. 따라서 인권에 대한 이러한 인식의 변화는 인권의 문제를 더 이상 개별 국가의 문제로 보지 않게 되었고, 인권탄압에 대한 타국의 간섭은 더 이상 내정간섭으로 간주하지 않는다.[18)]

인권보장의 국제화현상은 이미 제1차 세계대전 후에 시작되었다. 그리고 이러한 인권의 국제화현상에서는 전통적 자유권뿐만 아니라 사회권도 그 대상이 되었다. 특히 1919년 베르사유 강화조약의 결과로 1919년 6월 설립된 '국제노동기구'(ILO)는 근로자의 근로조건과 생활조건을 향상시키는 조약들을 다루고 있다.

그러나 인권이 본격적으로 국제적 선언, 결의, 협약 등에서 보장되기 시작한 것은 제2차 세계대전 후의 일이다. 1945년의 '국제연합헌장'과 1948년의 '세계인권선언'은 단순한 권고사항이자 구속력이 없는 선언에 지나지 못했지만, 국제인권보장사에서 획기적 전기를 마련하였다.

1950년 '인권과 기본적 자유의 보호를 위한 유럽협약(유럽인권협약)'이 채택되었고, 이 협약은 회원국에 대하여 구속력을 갖게 되었다. 비록 유럽지역에 한정된 것이기는 하지만 강제력을 가진 인권선언이 탄생되었다는 것은 국제적 인권보장의 신기원을 이룩한 것으로 평가될 수 있다. 1961년에는 유럽인권협약을 보완하기 위하여 '유럽사회헌장'이 채택되어 19개의 사회적 기본권이 보장되었다.

'세계인권선언'이 공포된 이후 국제연합 인권위원회는 '세계인권선언'에 규정된 권리들에 구속력을 부여하기 위하여 큰 노력을 경주하였다. 그 결과 1966년 국제연합 제21차 총회에서 '국제인권규약'이 통과되었다. 이 규약은 전문 31개조로 구성된 '경제적·사회적·문화적 권리에 관한 규약'(A규약)과 전문 53개조로 된 '시민적·정치적 권리에 관한 규약'(B규약) 및 B규약 선택의정서로 구성되어 있다. 이 규약은 1977년부터 서명국에 대하여 효력을 발생하기 시작하였다.

인권이 세계적으로 효력을 가지게 됨으로써 한편으로는 자연법적 사고가

18) 홍성방, 앞의 책(상), 267-271쪽.

세계적인 것이 되었다. 여기서 말하는 효력이란 소송과정에서 관철되는 법적 실효성을 의미하는 것이 아니라, 도덕적 의무부여와 사회윤리적 효력으로 이해된다. 그러한 한에서 인권은 국가적 보증과 보장과 관계없이 효력을 갖는다고 할 수 있다.

(3) 사회적 인권의 헌법적 수용

1945년 이후 사람들은 개인에게 책임이 없는 사정 때문에 발생한, 점점 더 긴박해져 가는 사회적 문제의 해결을 국가와 법이 해결하지 않으면 안 된다고 생각하기 시작하였다. 즉 1945년 이후 '사회적 안전과 사회적 정의는 시대의 커다란 관심사'로 등장하였다. 이러한 요청에 따라 1945년 이후에 제정된 헌법들은 사회적 인권을 헌법에 규정하고 있다. 우리 헌법도 건국헌법 이래 자세한 사회권 조항을 두고 있다.[19)]

Ⅱ. 인권과 기본권의 관계

인권은 모든 인간이 인간이기만 하면 단지 인간이라는 이유만으로 누리는 권리로서 자연권이다. 인권은 보편성, 도덕성, 근본성, 추상성, 우월성이라는 다른 권리와 구별되는 특성이 있다. 그러나 인권은 그 내용이 불명확하고 그것을 관철하기 어렵다. 이러한 인권의 단점을 보완하기 위해서 국법적 실정화가 요구되었다. 이러한 요구에 따라 헌법을 통해서 실정화한 인권이 기본권이다. 인간은 인권을 보장하기 위하여 헌법을 통해서 국가를 창설하였다. 그래서 국가는 개인의 인권을 확인하고 보장할 의무를 진다. 이러한 국가의 의무 중 구체적 의무에서 개인의 주관적 권리가 도출된다. 이러한 과정을 거쳐서 인권이 헌법을 통하여 국가법질서 안에서 기본권이라는 이름으로 정착하여 보장된다. 기본권은 국가의 기본법이 실정법적으로 보장하는 실정적 효력이 있는 권리로서 실정권이다. 따라서 국가에 의무를 부과하는 인권과 국가의 의무에서 도출되는 기본권은 국가의 의무를 매개로 연결된다.[20)]

19) 홍성방, 앞의 책(상), 271-272쪽.
20) 허완중, "인권과 기본권의 연결고리인 국가의 의무," 저스티스 제124호(2011), 136쪽.

제 2 장 법과 자유: 기본권

제1절 법과 자유

Ⅰ. 자 유 권

우리 헌법 제12조에서 제23조에 걸쳐 규정되어 있는 기본권을 일반적으로 자유권적 기본권 또는 줄여서 자유권이라고 부른다.

Ⅱ. 사 회 권

우리 헌법 제31조에서부터 제36조에 걸쳐 규정되어 있는 기본권을 일반적으로 사회적 기본권 또는 사회권이라 부른다. 견해에 따라 사회권적 기본권을 생존권적 기본권이라 부르기도 한다.

Ⅲ. 자유권과 사회권의 관계: 자유와 평등의 관계

우리가 자유와 평등 사이의 관계를 추상적·형식적으로만 관찰하는 한 자유와 평등 사이에는 긴장관계가 성립하고 있음을 부인할 수 없다. 그러나 그와 같은 방법은 주관적 자유의 사회적 의존관계를 충분히 고려하지 못하고 있다. 오히려 여기서 문제되는 것은 추상적 평등이 아닌 인간의 존엄을 위하여 존재하는 법적 자유와 법적 평등인 것이다. 법적 자유와 법적 평등은 서로 제약하고 보완한다. 따라서 양자는 상호관련되어 있고 상호의존한다. 법적 자유와 법적 평등은 동일한 물건의 양면에 해당되며, 따라서 이 양자는 서로 배척하는 것이 아니라 해체될 수 없을 정도로 서로 교착되어 있다. 진정한 자유는 법적 평등을 통하여 보장되는 인간실존의 최저조건을 확보하는 토대 위에서만 가능하다. 왜냐하면 곤궁과 궁핍 속에서 생활하는 자는 자신의 생활을 영위하기 위하여 끊임없이 그리고 전적으로 강제받는다. 궁핍의 극복은 평등의 기본적 요청이기도 하다. 왜냐하면 궁핍 속에서 생활한다는 것은 곧 자유롭지 못하다는 것을 의미하기 때문이다. 자유는 국가적 간섭에 대한 방어 이상의 것을 의미한다. 자유는 각자를 위하여 인격 발전의 사회적 대전제를 창출해 내는 것을 의미하기도 한다. 자유와 평등은 양자 사이에 진정한 균형이 이루어질 때에만 성립될 수 있다. 이러한 균형이 상실되는 곳에서는 자유와 평등은 똑같이 위험에 빠지게 된다.[1]

따라서 하나의 헌법 내에 사회권과 자유권을 결합시키는 문제는 사회권과 자유권의 대립에 대한 문제가 아니라, 부자유를 극복하는 과정에서 양자를 조화시키는 문제인 것이다. 따라서 대안은 "자유권이냐, 사회권이냐"의 양자택일이 아니라, 자유와 평등을 얼마만큼씩 보장하면 양자를 극대화시킬 수 있는가 하는 것이다. 그리고 이러한 것은 사회적인 인간관계를 전면에 내세우고 그러한 관계를 개선하는 것이 성공할 때에만, 곧 모든 사람이 그리스도교적 이웃사랑의 정신으로 만날 때에만 보장될 수 있을 것이다.

1) 홍성방, "헌법학(중)," 박영사(2010), 245-246쪽.

제2절 인 신 권

Ⅰ. 신체의 자유

1. 헌법규정과 그 의미

우리 헌법은 제12조 제1항 제1문에서 "모든 국민은 신체의 자유를 가진다"고 하여 신체의 자유를 규정하고 있다. 그리고 신체의 자유를 철저히 보장하기 위해 죄형법정주의와 적법절차원리(제1항 제2문), 고문·불리한 진술강요 금지(제2항), 사전영장제도(제3항), 변호인의 조력을 받을 권리(제4항), 구속적부심사제도(제6항) 등을 규정하고 있다.

신체의 자유란 좁은 의미에서는 법률에 의하지 아니하고는 신체적 행동의 자유를 제한받지 않을 자유, 즉 자의에 의한 체포나 형사소추에 의해 신체적 구속을 받지 아니하는 것을 내용을 하는 자유로 이해된다. 그러나 이 자유는 생물학적·신체적 의미의 건강과 정신적·영혼적 의미의 건강이라는 의미에서 신체안전의 자유를 포함하는 것으로 넓게 이해된다.[2)]

2. 신체의 자유 제한과 한계

신체의 자유는 1215년 영국의 대헌장에 최초로 보장되고 1679년의 인신보호령과 1689년의 권리장전에서 확인된 후 현재는 신체의 자유를 보장하고 있지 않는 헌법은 찾아 볼 수 없다. 이 자유는 국가안전보장·질서유지 또는 공공복리를 위하여 필요한 경우 법률에 위해 제한될 수 있다(제37조 제2항).

신체의 자유는 정신적 자유와 더불어 인간의 존엄과 가치를 구현하기 위한 가장 기본적인 자유로서 모든 기본권 보장의 전제가 되는 신체의 자유를 보장하고 있다. 따라서 경찰서 유치장 내의 수용자에 대한 정밀신체검사의 실시에 따라 국민의 기본권에 대한 제한이 불가피하다 하더라도, 그 본질적인 내용을 침해하거나, 목적의 정당성, 방법의 적정성, 피해의 최소성 및 법익의

2) 홍성방, 앞의 책(중), 75-76쪽.

균형성 등을 의미하는 과잉금지의 원칙에 위배되어서는 아니 된다(헌재 2002. 7. 18.자 2000헌마327 결정).

Ⅱ. 죄형법정주의

1. 의 의

헌법이 죄형법정주의를 규정하는 이유는 예측가능성을 부여하여 개인의 법적 안정성을 보호하고, 성문의 형벌법규체계를 확립하여 국가형벌권의 자의적 행사로부터 개인의 자유와 권리를 보장하기 위한 것이다.[3)]

2. 명확성의 원칙

죄형법정주의는 "법률 없으면 범죄없고, 법률 없으면 형벌없다"라는 말로 요약된다. 즉, 죄형법정주의는 범죄와 형벌이 법률로 정하여져야 함을 의미하는 것으로 이러한 죄형법정주의에서 파생되는 명확성의 원칙은 누구나 법률이 처벌하고자 하는 행위가 무엇이며, 그에 대한 형벌이 어떠한 것인지를 예견할 수 있고, 그에 따라 자신의 행위를 결정지을 수 있도록 구성요건이 명확할 것을 의미하는 것이다. 여기서 구성요건이 명확하여야 한다는 것은 그 법률을 적용하는 단계에서 가치판단을 전혀 배제한 무색투명한 서술적 개념으로 규정되어져야 한다는 것을 의미하는 것은 아니고, 입법자의 입법의도가 건전한 일반상식을 가진 자에 의하여 일의적으로 파악될 수 있는 정도의 것을 의미하는 것이라고 할 것이다. 따라서 다소 광범위하고 어느 정도의 범위에서는 법관의 보충적인 해석을 필요로 하는 개념을 사용하여 규정하였다고 하더라도 그 적용단계에서 다의적으로 해석될 우려가 없는 이상 그 점만으로 헌법이 요구하는 명확성의 요구에 배치된다고는 보기 어렵다 할 것이다. 그렇지 않으면 처벌법규의 구성요건이 지나치게 구체적이고 복잡하게 정형화되어 다양하게 변화하는 생활관계를 제대로 규율할 수 없게 될 것이기 때문이다(헌재 1989. 12. 22.자 88헌가13 결정).

---

3) 홍성방, 앞의 책(중), 82쪽.

Ⅲ. 적법절차의 원칙

1. 의　　의

적법절차의 원칙(due process of law)은 공권력에 의한 국민의 생명·자유·재산의 침해는 반드시 합리적이고 정당한 법률에 의거해서 정당한 절차를 밟은 경우에만 유효하다는 원리로서 공권력에 의한 국민의 자유와 권리침해는 반드시 실체법상 또는 절차법상 합리적이고 정당하다고 인정되는 절차에 의하여야 할 것을 요구한다. 적법절차원리는 모든 국가작용을 지배하는 원리이고, 법률이 정당성을 가지고 있는가를 판단하는 위헌법률심판의 심사기준이 된다.[4)]

2. 헌법의 기본원리

적법절차원리는 형사절차에 한정되지 않고, 입법, 행정, 사법 등 모든 국가 공권력의 행사에 적용되는 헌법상의 기본원리이다. 헌법 제12조 제1항 및 제3항에 규정된 적법절차의 원칙은 일반적 헌법원리로서 모든 공권력의 행사에 적용되는바, 이는 절차의 적법성뿐만 아니라 절차의 적정성까지 보장되어야 한다는 뜻으로 이해된다. 즉 형식적인 절차뿐만 아니라 실체적 법률내용이 합리성과 정당성을 갖춘 것이어야 한다는 실질적인 의미로 확대 해석되고 있다. 나아가 우리 헌법재판소는 이 적법절차의 원칙의 적용범위를 형사소송절차에 국한하지 않고 모든 국가작용에 대하여 문제된 법률의 실체적 내용이 합리성과 정당성을 갖추고 있는지 여부를 판단하는 기준으로 적용된다고 판시함으로써, 행정절차에도 적법절차의 원칙이 적용됨을 명백히 하고 있다(헌재 2007. 4. 26.자 2006헌바10 결정).

Ⅳ. 사전영장주의

1. 법규정과 그 의미

사전영장제도는 1679년의 '인신보호령'에서 유래한다. 이 제도는 수사기관

4) 홍성방, 앞의 책(중), 87-88쪽.

이 형사절차와 관련하여 체포·구속·압수·수색 등의 강제처분을 하는 경우에 검사의 청구에 의하여 법관이 발부한 영장을 사전에 제시해야 한다는 원칙이다. 헌법 제12조 제3항은 "체포·구속·압수 또는 수색을 할 때에는… 영장을 제시하여야 한다"라고 규정하고 있으므로, 영장주의는 원칙적으로 사전영장의 원칙을 의미한다. 다만 같은 항 단서는 "현행범인인 경우와 장기 3년 이상의 형에 해당하는 죄를 범하고 도피 또는 증거인멸의 염려가 있을 때에는 사후에 영장을 청구할 수 있다"고 규정하여 사전영장원칙의 예외를 인정하고 있는데, 현행범인 체포와 형사소송법 제200조의3 제1항 소정 요건을 갖춘 긴급체포의 경우에는 법관이 사전에 발부한 영장을 제시하지 않아도 체포할 수 있도록 허용하고 있다.

2. 강제수사

신체의 자유를 침해하는 강제수사의 경우에만 적용되므로, 임의수사, 즉 임의처분은 상대방의 동의를 받아 행해지므로 적용되지 않는다. 영장주의란 형사절차와 관련하여 체포·구속·압수 등의 강제처분을 함에 있어서는 사법권 독립에 의하여 그 신분이 보장되는 법관이 발부한 영장에 의하지 않으면 아니 된다는 원칙이고, 따라서 영장주의의 본질은 신체의 자유를 침해하는 강제처분을 함에 있어서는 중립적인 법관이 구체적 판단을 거쳐 발부한 영장에 의하여야만 한다는 데에 있다고 할 수 있다. 수사단계이든 공판단계이든 수사나 재판의 필요상 구속 등 강제처분을 하지 않을 수 없는 경우는 있게 마련이지만 강제처분을 받는 피의자나 피고인의 입장에서 보면 심각한 기본권의 침해를 받게 되므로 헌법은 강제처분의 남용으로부터 국민의 기본권을 보장하기 위한 수단으로 영장주의를 천명한 것이다. 특히 강제처분 중에서도 중립적인 심판자로서의 지위를 갖는 법원(우리나라 형사소송의 구조는 원칙적으로 당사자주의 구조이다. 헌법재판소 1995. 11. 30. 선고 92헌마44 결정 참조)에 의한 강제처분에 비하여 수사기관에 의한 강제처분의 경우에는 범인을 색출하고 증거를 확보한다는 수사의 목적상 적나라하게 공권력이 행사됨으로써 국민의 기본권을 침해할 가능성이 큰 만큼 수사기관의 인권침해에 대한 법관의 사전적·사법적 억제를 통하여 수사기관의 강제처분 남용을 방지하고 인권보장을 도모한다는 면에서 영장주의의 의미가 크다고 할 것이다(이러한 면에서 법원이 직권으로 발부하는 영장과 수사기관의 청구에 의하여 발부하는 구속영장의 법적 성격은 갖지 않다. 즉, 전자는 명령장으로서의 성질을 갖지만 후자는 허가장으로서의 성질을 갖는 것으로 이해되고 있다)(헌재 1997. 3. 27.자 96헌바28 결정).

V. 진술거부권

1. 헌법규정과 그 의미

헌법 제12조 제2항은 "모든 국민은 고문을 받지 아니하며, 형사상 자기에게 불리한 진술을 강요당하지 아니한다"고 규정하여 형사책임에 관하여 자신에게 불이익한 진술을 강요당하지 아니할 것을 국민의 기본권으로 보장하고 있다. 우리 헌법이 이와 같이 진술거부권을 국민의 기본적 권리로 보장하는 것은, 첫째 피고인 또는 피의자의 인권을 실체적 진실발견이나 사회정의의 실현이라는 국가이익보다 우선적으로 보호함으로써 인간의 존엄성과 가치를 보장하고 나아가 비인간적인 자백의 강요와 고문을 근절하려는 데 있고, 둘째 피고인 또는 피의자와 검사 사이에 무기평등을 도모하여 공정한 재판의 이념을 실현하려는 데 있다. 이와 같은 의미를 지닌 진술거부권은 형사절차뿐만 아니라 행정절차나 국회에서의 조사절차 등에서도 보장되며, 현재 피의자나 피고인으로서 수사 또는 공판절차에 계속 중인 자뿐만 아니라 장차 피의자나 피고인이 될 자에게도 보장된다. 또한 진술거부권은 고문 등 폭행에 의한 강요는 물론 법률로써도 진술을 강요당하지 아니함을 의미한다.

2. 음주측정과 진술거부권

진술거부권을 침해하는지의 여부는 결국 주취운전의 혐의자에게 호흡측정기에 의한 측정에 응할 것을 요구하는 것이 "형사상 불리한 진술을 강요"하는 것에 해당하는지의 여부에 달려 있다. 먼저 호흡측정기에 의한 측정에 응하는 것이 "형사상 불리한"것이 되는 것은 의문의 여지가 없다. 호흡측정의 결과는 곧바로 주취운전죄라는 범죄의 직접적 증거로 활용되기 때문이다. 다음 호흡측정에 응하도록, 구체적으로는 호흡측정기에 입을 대고 호흡을 불어 넣도록 요구하고 이를 거부할 때 처벌하는 것이 “진술강요”에 해당하는 것인가가 문제이다. “진술”이라함은 언어적 표출 즉, 생각이나 지식, 경험사실을 정신작용의 일환인 언어를 통하여 표출하는 것을 의미하는데 반하여, 호흡측정은 신체의 물리적, 사실적 상태를 그대로 드러내는 행위에 불과하다. 또한 호흡측정은 진술서와 같은 진술의 등가물로도 평가될 수 없는 것이고 신체의 상태를 객관적으로 밝히는데 그 초점이 있을 뿐, 신체의 상태에 관한 당사자의 의식, 사고, 지식 등과는 아무런 관련이 없는 것이다. 호흡측정에 있어 결정적인 것은 측정결과 밝혀질 객관적인 혈중알코올농도로서 이는 당사자의 의식으로부터 독립되어 있고 당사자는 이에 대하여 아무런 지배력도 갖고 있지 아니하다. 따라서 호흡측정행위는 진술이 아니므로 호흡측정에 응하도록 요구하고 이를 거부할 경우 처벌한다고 하여도 “진술강요”에 해당한다고 할 수는 없다 할 것이다. 요컨대 이 사건 법률조항은 형사상 불리한 “진술”을 강요하는 것이 아니며 수사상 증거확보를 목적으로 사람의 신체를 직접적인 대상으로 하는 신체검사로서의 성질을 가지므로, 헌법 제12조 제2항의 진술거부권조항에 위배되지는 아니한다 할 것이다(헌재 1997. 3. 27.자 96헌가11 결정).

Ⅵ. 변호인의 조력을 받을 권리

1. 헌법규정과 그 의미

변호인의 조력을 받을 권리는 국가권력의 일방적인 형벌권 행사에 대항하여 자신에게 부여된 헌법상·소송법상 권리를 효율적이고 독립적으로 행사하기 위하여 변호인의 도움을 얻을 피의자 및 피고인의 권리를 말한다. 헌법은 제12조 제4항에서 “누구든지 체포 또는 구속을 당한 때에는 즉시 변호인의 조력을 받을 권리를 가진다. 다만, 형사피고인이 스스로 변호인을 구할 수 없을 때에는 법률이 정하는 바에 의하여 국가가 변호인을 붙인다”고 규정하고, 제12조 제5항 제1문에서 “누구든지 체포 또는 구속의 이유와 변호인의 조력을 받을 권리가 있음을 고지받지 아니하고는 체포 또는 구속을 당하지 아니한다"고 하여 변호인의 조력을 받을 권리를 헌법상 기본권으로 명시하고 있다. 이러한 변호인의 조력을 받을 권리에는 변호인을 선임하고, 변호인과 접견하며, 변호인의 조언과 상담을 받고, 변호인을 통해 방어권 행사에 필요한 사항들을 준비하고 행사하는 것 등이 모두 포함된다.

2. 변호인과의 접견교통권 제한

청구인은 헌법재판소가 "변호인과의 자유로운 접견은 신체구속을 당한 사람에게 보장된 변호인의 조력을 받을 권리의 가장 중요한 내용이어서 국가안전보장·질서유지 또는 공공복리 등 어떠한 명분으로도 제한될 수 있는 성질의 것이 아니다"(헌재 1992. 1. 28. 91헌마111)라고 판시한 것을 들어, 미결수용자와 변호인과의 접견에 대해서는 어떠한 제한도 할 수 없다고 주장한다.

그러나, 위 결정에서 어떠한 명분으로도 제한할 수 없다고 한 것은 구속된 자와 변호인 간의 접견이 실제로 이루어지는 경우에 있어서의 '자유로운 접견', 즉 '대화내용에 대하여 비밀이 완전히 보장되고 어떠한 제한, 영향, 압력 또는 부당한 간섭 없이 자유롭게 대화할 수 있는 접견'을 제한할 수 없다는 것이지(헌재 1992. 1. 28. 91헌마111), 변호인과의 접견 자체에 대해 아무런 제한도 가할 수 없다는 것을 의미하는 것이 아니다. 변호인의 조력을 받을 권리 역시 다른 모든 헌법상 기본권과 마찬가지로 국가안전보장·질서유지 또는 공공복리를 위하여 필요한 경우에는 법률로써 제한할 수 있는 것이다(헌법 제37조 제2항). 그렇다면 변호인의 조력을 받을 권리의 내용 중 하나인 미결수용자의 변호인 접견권 역시 국가안전보장·질서유지 또는 공공복리를 위해 필요한 경우에는 법률로써 제한될 수 있음은 당연하다.

체포 또는 구속된 자와 변호인 간의 접견은 변호인의 조력을 받을 권리의 필수적인 내용이므로 미결수용자와 변호인 간의 접견은 가능한 한 충분히 보장되어야 함은 물론이다. 그러나 변호인의 조력을 받을 권리를 보장하는 목적은 피의자 또는 피고인의 방어권 행사를 보장하기 위한 것이므로, 미결수용자 또는 변호인이 원하는 특정한 시점에 접견이 이루어지지 못하였다 하더라도 그것만으로 곧바로 변호인의 조력을 받을 권리가 침해되었다고 단정할 수는 없는 것이고, 변호인의 조력을 받을 권리가 침해되었다고 하기 위해서는 접견이 불허된 특정한 시점을 전후한 수사 또는 재판의 진행 경과에 비추어 보아, 그 시점에 접견이 불허됨으로써 피의자 또는 피고인의 방어권 행사에 어느 정도는 불이익이 초래되었다고 인정할 수 있어야만 하며, 그 시점을 전후한 변호인 접견의 상황이나 수사 또는 재판의 진행 과정에 비추어 미결수용자가 방어권을 행사하기 위해 변호인의 조력을 받을 기회가 충분히 보장되었다고 인정될 수 있는 경우에는, 비록 미결수용자 또는 그 상대방인 변호인이 원하는 특정 시점에는 접견이 이루어지지 못하였다 하더라도 변호인의 조력을 받을 권리가 침해되었다고 할 수 없는 것이다(헌재 2011. 5. 26.자 2009헌마341 결정).

제 3 절 사생활영역의 보호

Ⅰ. 주거의 자유

1. 법규정과 그 의미

헌법 제16조는 "모든 국민은 주거의 자유를 침해받지 아니한다"라고 규정하여 주거의 자유를 기본권으로 보장하고 있다. 주거는 인간의 일상적인 삶에 있어서 개인의 자유의 기초이고 자유로운 삶을 영위하는 데 있어 필수적인 영역이다.

주거의 자유란 인간의 체류와 활동을 위한 사적 공간인 주거에 관하여는 개인의 자유로운 영역으로 인정하여 국가가 공간적으로 이를 침해할 수 없다는 것을 의미한다. 주거의 완전성을 보호하기 위한 것으로 주거의 불가침이라고 불리기도 한다. 주거의 자유는 사생활영역에서 "인간실존의 중점"으로서 또한 "개인의 인격발현을 위한 공간적 영역"으로서 특별한 의의를 갖는다. 주거의 자유는 개인에게 그의 존엄성과 관련하여 또한 그의 자유로운 인격의 발현을 위하여 '기초적 생활공간'을 보장해 준다. 주거의 자유는 개인에게 "은거

할 수 있는 영역"을 보장하며 자신의 거소에서 "조용히 있고"싶은 인간의 욕구를 확보해 준다. 즉 주거의 자유는 개인의 인격의 발현과 자주적인 생활형성을 위한 공간적 기초를 보장해 준다.[5)]

주거의 자유가 처음 기본권으로 인정된 것은 1776년의 버지니아 권리장전(제10조)이었다. 그 후 1776년의 펜실베니아헌법과 1780년의 매사추세츠헌법에도 유사한 보장이 규정되었다. 미국 연방헌법은 1791년의 수정헌법 제4조에서 주거의 자유를 보장하고 있다. 1831년의 벨기에헌법(제10조), 1849년의 프랑크푸르트헌법(제140조), 1850년의 프로이센헌법(제6조), 바이마르헌법(제115조) 등으로 그 역사적 맥락이 이어져 왔고 오늘날에는 거의 모든 헌법이 이를 규정하고 있다. 국제적 차원에서도 세계인권선언 제12조와 시민적 정치적 권리에 관한 국제규약 제17조도 주거의 불가침을 규정하고 있다.

2. 긴급체포와 제한

주거의 자유는 주로 제37조 제2항에 따라 국가안전보장·질서유지 또는 공공복리를 위하여 필요한 경우 법률에 의해 제한된다. 주거의 자유를 제한하는 법률로는 형사소송법(제106조 이하, 제216조), 경찰관직무집행법(제7조), 소방법(제5조, 제41조 등), 전염병예방법(제38조, 제42조), 국제징수법(제26조), 마약류관리에 관한 법률(제41조), 관세법(제296조) 등 많은 법률이 있다.

수사절차에서 피의자를 영장에 의해 체포·구속하거나 영장없이 긴급체포 또는 현행범인으로 체포하는 경우, 필요한 범위 내에서 타인의 주거 내에서 피의자를 수사할 수 있으므로(형사소송법 제216조 제1항 참조), 출입국관리법에 의한 보호에 있어서도 용의자에 대한 긴급보호를 위해 그의 주거에 들어간 것이라면, 그 긴급보호가 적법한 이상 주거의 자유를 침해한 것으로 볼 수 없다고 할 것이다(헌재 2012. 8. 23.자 2008헌마430 결정).

5) 이성환, "주거의 자유에 대한 소고," 세계헌법연구 제13권 제1호(2007), 1-3쪽.

Ⅱ. 사생활의 비밀과 자유

1. 헌법규정과 그 의미

헌법 제17조 사생활의 비밀과 자유는 사생활보호 내지 프라이버시보호의 원리를 헌법상 개별적 기본권으로 규정한 것이다. 헌법은 사생활보호와 관련하여 헌법 제16조 주거의 자유와 헌법 제18조 통신의 자유를 개별적 기본권으로 규정하고 있다. 그러므로 사생활의 비밀과 자유는 주거의 자유와 통신의 자유를 제외한 나머지 사생활의 비밀과 자유에 관한 사생활보호를 위한 기본권으로 이해할 수 있다. 사생활의 공간적인 측면은 주거의 자유를 통해서 보호되고, 사생활의 내용적인 측면은 사생활의 비밀과 자유를 통해서 보호되며, 자유로운 의사교환을 보장함으로써 달성되는 사생활의 수단적 측면은 통신의 자유를 통해 보호된다.[6)]

사생활의 비밀과 자유권의 보호대상인 사생활은 개인의 사적영역, 나만의 영역, 타인과의 교제 또는 공적 관심에서 물러난 상태인 '은거'와 한 사람의 인격의 성역, 본인이 공개하지 않기로 결정하여 비밀이 요구되는 생활영역 등으로 정의되고 있다.

사생활에 대한 자유와 보호는 영미에서 먼저 발달하였다. 영미의 속담인 "Everyman's house is his castle"은 사생활의 존중과 보호의 중요성을 표현하는 의미로 사용되어져 왔으며, 오래전부터 집은 타인의 관심과 간섭 및 감시로부터 자유로운 공간으로서 사생활의 보호에 있어서 매우 중요한 역할을 담당하여 왔다. 하지만 19세기 말에 발명된 전화의 보급으로 인해 집을 경계로 해서 보호되던 사생활이 외부에 알려지기 시작하면서 그 보호막이 점점 허물어지기 시작하였다. 이처럼 사적영역에 침투가 가능한 통신기술의 발전은 사생활의 침해와 그 위험성을 높이고 있다. 반대로 통신기술의 발전에 의한 사생활의 침해와 그 위험성의 증대가 오히려 사생활에 대한 보호의 중요성을 자

6) 박인수, "사생활의 비밀과 자유의 보호영역에 관한 연구," 토지공법연구 제42집(2008), 631-632쪽.

각하고 강화시키는 계기를 마련한 것도 사실이다. 오늘날 사적영역의 핵심인 집조차도 누군가에 의해 고성능의 카메라 등에 의해 도촬되어 사생활이 제대로 보장되지 않고 있는 현실에 비추어 볼 때 헌법과 법률의 보호대상인 사생활이 무엇인가에 대한 명확한 개념적 정의를 내리기는 쉽지 않아 보인다.

2. 운전 중 좌석안전띠착용과 사생활의 영역

사생활 공간인 자동차 내부에서의 행위인 좌석안전띠 착용의무를 강제하고 위반시 범칙금을 부과하는 것은 국가의 편의적인 공권력의 행사로 인한 개인의 사생활의 비밀과 자유의 침해의 가능성 여부이다.

헌법 제17조가 보호하고자 하는 기본권은 '사생활영역'의 자유로운 형성과 비밀유지라고 할 것이며, 공적인 영역의 활동은 다른 기본권에 의한 보호는 별론으로 하고 사생활의 비밀과 자유가 보호하는 것은 아니라고 할 것이다. 자동차는 단순히 사람이나 화물을 장소적으로 떨어진 곳으로 이동시켜 주는 교통수단 또는 운송수단의 역할 이외에도, 여가시간의 여행과 오락활동 등에 이용되고 일상생활에서도 상당한 시간을 자동차 안에서 보내는 경우가 많으므로, 자동차 안에서 이루어지는 활동 중 일부는 사생활의 영역에 속할 수도 있을 것이다. 다만, 이 사건 심판대상 조항들이 규율하고 있는 것은 자신의 집 차고와 같은 사적인 공간에 세워 놓은 자동차 안에서의 행동이 아니라, 자동차를 운전할 때 운전자의 좌석안전띠 착용이다.

일반교통에 사용되고 있는 도로는 국가와 지방자치단체가 그 관리책임을 맡고 있는 영역이며, 수많은 다른 운전자 및 보행자 등의 법익 또는 공동체의 이익과 관련된 영역으로, 그 위에서 자동차를 운전하는 행위는 더 이상 개인적인 내밀한 영역에서의 행위가 아니다. 또한 자동차를 도로에서 운전하는 중에 좌석안전띠를 착용할 것인가의 여부의 생활관계가 개인의 전체적 인격과 생존에 관계되는 '사생활의 기본조건'이라거나 자기결정의 핵심적 영역 또는 인격적 핵심과 관련된다고 보기 어렵다. 그렇다면 운전할 때 운전자가 좌석안전띠를 착용하는 문제는 더 이상 사생활영역의 문제가 아니어서 사생활의 비밀과 자유에 의하여 보호되는 범주를 벗어난 행위라고 볼 것이므로, 이 사건 심판대상조항들은 청구인의 사생활의 비밀과 자유를 침해하는 것이라 할 수 없다(헌재 2003. 10. 30.자 2002헌마518 결정).

3. 성매수자의 신상공개여부

사생활은 헌법과 법률에 의해 절대적인 보호를 받을 수는 없다. 헌법이 상정하는 인간상은 고립된 개인이 아니라, 타인과의 지속적인 소통과 연대에 의해서 자아를 발견하고 실현하기 때문에 개인의 사생활은 절대적으로 보호될 수는 없을 것이다.[7] 그러므로 사생활의 비밀과 자유도 헌법 제37조 제2항에 따라 필요한 경우에 법률로써 제한할 수 있으므로 사생활의 영역이라고 하더라도 국가권력에 의한 제한은 가능하다.

헌법재판소는 성매수자의 신상공개에 관하여 과잉금지의 원칙 위배 여부를 다음과 같이 판단하고 있다. 신상공개제도는 범죄자 본인을 처벌하려는 것이 아니라, 현존하는 성폭력위험으로부터 사회 공동체를 지키려는 인식을 제고함과 동시에 일반인들이 청소년 성매수 등 범죄의 충동으로부터 자신을 제어하도록 하기 위하여 도입된 것으로서, 이를 통하여 달성하고자 하는 '청소년의 성보호'라는 목적은 우리 사회에 있어서 가장 중요한 공익의 하나라고 할 것이다.

이에 비하여 청소년 성매수자의 일반적 인격권과 사생활의 비밀의 자유가 제한되는 정도를 살펴보면, 청소년의 성보호에 관한 법률 제20조 제2항은 "성명, 연령, 직업 등의 신상과 범죄사실의 요지"를 공개하도록 규정하고 있는바, 이는 이미 공개된 형사재판에서 유죄가 확정된 형사판결이라는 공적 기록의 내용 중 일부를 국가가 공익 목적으로 공개하는 것으로 공개된 형사재판에서 밝혀진 범죄인들의 신상과 전과를 일반인이 알게 된다고 하여 그들의 인격권 내지 사생활의 비밀을 침해하는 것이라고 단정하기는 어렵다.

또한 신상과 범죄사실이 공개되는 범죄인들은 이미 국가의 형벌권 행사로 인하여 해당 기본권의 제한 여지를 일반인보다는 더 넓게 받고 있다. 청소년

---

7) 김명식, "성적 자기결정권의 헌법적 근거에 대한 재고찰", 성균관법학 제15권 제2호 (2003), 36쪽.

성매수 범죄자들이 자신의 신상과 범죄사실이 공개됨으로써 수치심을 느끼고 명예가 훼손된다고 하더라도 그 보장 정도에 있어서 일반인과는 차이를 둘 수 밖에 없어, 그들의 인격권과 사생활의 비밀의 자유도 그것이 본질적인 부분이 아닌 한 넓게 제한될 여지가 있다. 그렇다면 청소년 성매수자의 일반적 인격권과 사생활의 비밀의 자유가 제한되는 정도가 청소년 성보호라는 공익적 요청에 비해 크다고 할 수 없으므로 결국 법 제20조 제2항 제1호의 신상공개는 해당 범죄인들의 일반적 인격권, 사생활의 비밀의 자유를 과잉금지의 원칙에 위배하여 침해한 것이라 할 수 없다.

4. 자기정보통제권

헌법 제10조는 "모든 국민은 인간으로서의 존엄과 가치를 가지며, 행복을 추구할 권리를 가진다. 국가는 개인이 가지는 불가침의 기본적 인권을 확인하고 이를 보장할 의무를 진다"고 규정하고, 헌법 제17조는 "모든 국민은 사생활의 비밀과 자유를 침해받지 아니한다"라고 규정하고 있는바, 이들 헌법규정은 개인의 사생활 활동이 타인으로부터 침해되거나 사생활이 함부로 공개되지 아니할 소극적인 권리는 물론, 오늘날 고도로 정보화된 현대사회에서 자신에 대한 정보를 자율적으로 통제할 수 있는 적극적인 권리까지도 보장하려는 데에 그 취지가 있는 것으로 해석된다(대법원 1998. 7. 24. 선고 96다42789 판결).

Ⅲ. 통신의 자유

1. 헌법규정의 그 의미

우리 헌법 제18조는 "모든 국민은 통신의 비밀을 침해받지 아니한다"고 하여 통신의 자유를 보장하고 있다. 통신의 비밀 또는 자유란 개인 또는 법인의 의사나 정보가 우편물, 전기통신 등 통신수단에 의하여 전달·교환되는 경우, 그 과정이나 형태, 내용 등이 본인의 의사에 반하여 공개되지 아니함을 내용으로 하는 기본권이다. 통신의 비밀은 주거의 자유와 더불어 사생활의 비밀을 보장하기 위한 수단으로서의 성격을 가지며, 헌법 제18조에서 별개의 조항으로 통신의 비밀의 불가침을 규정하고 있다. 또한 이는 사생활의 보호와 마찬가지로 내부적 의사전달과정 및 그 의사내용의 보호를 통하여 개인의 인격을 보호하기 위한 것이기도 하다.[8)]

따라서 통신의 중요한 수단인 서신의 당사자나 내용은 본인의 의사에 반하여 공개될 수 없으므로 서신의 검열은 원칙적으로 금지된다고 할 것이다. 그러나 위와 같은 기본권도 절대적인 것은 아니므로 헌법 제37조 제2항에 따라 국가안전보장·질서유지 또는 공공복리를 위하여 필요한 경우에는 법률로써 제한할 수 있고, 다만 제한하는 경우에도 그 본질적인 내용은 침해할 수 없다.

2. 수형자의 서신검열

수형자를 구금하는 목적은 자유형의 집행이고, 자유형의 본질상 수형자에게는 외부와의 자유로운 교통·통신에 대한 제한이 수반된다. 따라서 수형자에게 통신의 자유를 구체적으로 어느 정도 인정할 것인가의 기준은 기본적으로 입법권자의 입법정책에 맡겨져 있다. 수형자의 교화와 갱생을 위하여 서신수발의 자유를 허용하는 것이 필요하다고 하더라도, 구금시설은 다수의 수형자를 집단으로 관리하는 시설로서 규율과 질서유지가 필요하므로 수형자의 서신수발의 자유에는 내재적 한계가 있고, 구금의 목적을 달성하기 위하여 수형자의 서신에 대한 검열은 불가피하다. 현행법령과 제도하에서 수형자가 수발하는 서신에 대한 검열로 인하여 수형자의 통신의 비밀이 일부 제한되는 것은 국가안전보장·질서유지 또는 공공복리라는 정당한 목적을 위하여 부득이할 뿐만 아니라 유효적절한 방법에 의한 최소한의 제한이며 통신의 자유의 본질적 내용을 침해하는 것이 아니다(헌재 1998. 8. 27.자 96헌마398 결정).

3. 감청설비 제조 등과 국가기관

통신의 자유를 기본권으로서 보장하는 것은 사적 영역에 속하는 개인 간의 의사소통을 사생활의 일부로서 보장하겠다는 취지에서 비롯된 것이라 할

8) 이성환, "통신의 비밀과 알 권리에 대한 헌법적 고찰 : 도청 테이프 공개와 관련하여," 저스티스 제88호(2005), 6-7쪽.

것이다. 그런데 개인과 개인 간의 관계를 전제로 하는 통신은 다른 사생활의 영역과 비교해 볼 때 국가에 의한 침해의 가능성이 매우 큰 영역이라 할 수 있다. 왜냐하면 오늘날 개인과 개인 간의 사적인 의사소통은 공간적인 거리로 인해 우편이나 전기통신을 통하여 이루어지는 경우가 많은데, 이러한 우편이나 전기통신의 운영이 전통적으로 국가독점에서 출발하였기 때문이다. 사생활의 비밀과 자유에 포섭될 수 있는 사적 영역에 속하는 통신의 자유를 헌법이 별개의 조항을 통해서 기본권으로 보호하고 있는 이유는, 이와 같이 국가에 의한 침해의 가능성이 여타의 사적 영역보다 크기 때문이라고 할 수 있다. 이에 따라 국가, 특히 수사기관에 의한 통신의 비밀에 대한 침해를 규제하기 위하여 통신비밀보호법은 일정한 종류의 범죄에만 국한하여 일정한 경우에만 통신제한조치를 허가하도록 한다든지(법 제5조), 통신제한조치는 원칙적으로 법원의 허가를 받아서 하도록 한다든지(법 제6조), 통신제한조치 등으로 취득한 내용을 법의 규정에 의하여 사용하는 경우 외에는 다른 기관 또는 외부에 공개하거나 누설할 수 없도록 한다든지(법 제11조) 등의 제반장치를 마련해두고 있다.

그러나 오늘날에 있어서는 통신기술의 발달과 광범위한 보급으로 인해 사인에 의한 통신의 비밀의 침해가능성도 점차 확대되어 가고 있는바, 통신비밀보호법 제10조 제1항은 이와 같이 사인에 의한 통신의 비밀에 대한 침해행위를 사전에 예방하기 위한 것이라고 할 것이다. 아무런 통제 없이 감청설비가 대량 제조, 유통, 사용된다면, 그와 같은 감청설비를 이용한 통신비밀 침해행위가 사인들에 의하여 널리 이루어질 가능성이 매우 높기 때문이다.

통신비밀보호법 제10조 제1항은 감청설비의 대량유통이나 사용을 사전에 방지함으로써 사인에 의한 무분별한 통신비밀 침해를 억제하겠다는 취지에서 입법화된 것으로서, 이는 통신의 비밀보호를 핵심내용으로 하는 통신의 자유의 보장에 기여할 수 있는 규제수단이라고 할 것이다. 국가기관을 통신비밀보호법 제10조 제1항에 의한 규율대상에서 제외하는 것은 국가기관의 경우에는 감청설비의 보유와 사용이 제도적으로 관리, 감독될 수 있고, 특히 수사기관의 경우 통신비밀 침해행위를 억제하기 위한 통제수단이 법적으로 마련되어 있으므로, 정보통신부장관의 '인가'가 없이 국가기관이 감청설비를 보유, 사용할 수 있다 하더라도 그 사실만 가지고 바로 국가기관에 의한 통신비밀 침해행위를 용이하게 하는 결과를 초래함으로써 통신의 자유를 침해한다고 볼 수는 없다 (헌재 2001. 3. 21.자 2000헌바25 결정).

제 4 절 정신 · 문화 · 건강생활영역의 보호

Ⅰ. 양심의 자유

1. 헌법규정과 그 의미

헌법 제19조는 "모든 국민은 양심의 자유를 가진다"고 하여 양심의 자유를 규정한다. 양심의 자유는 종교의 자유와 함께 오랜 기간의 정신사적인 전사(前史)를 지니고 있으며, 초기에는 종교의 자유와 결합하여 규정되었으나, 오늘날에는 별도로 독립하여 규정하는 경우도 있다. 1776년의 버지니아 권리장전 제16조는 "양심이 명하는 바에 따라 자유로이 종교를 신앙하는…"이라고 규정하여 양심의 자유를 신앙의 자유와 결합하여 동일한 범주로 규정하고 있었고, 1789년의 프랑스 인권선언이나 1791년의 미연방수정헌법은 양심의 자유에 대하여 별도의 규정을 두지 않았다. 독일에서는 1849년의 프랑크푸르트헌법 제144조와 1919년의 바이마르 헌법 제135조는 동일조항에서 신앙과 양심의 자유를 규정하고 있었으며, 현행 독일 기본법 제4조 제1항도 동일하다. 오늘날 양심의 자유 보장은 국제사회에서 보편화되고 있는바, 우리나라가 1990년에 가입한 시민적 및 정치적 권리에 관한 국제규약(이른바 국제인권규약 B규약) 제18조 제2항에서도 "스스로 선택하는 신념을 가질 자유를 침해하게 될 어떠한 강제도 받지 않는다"고 규정하여 이를 보장하고 있다.[9]

헌법 제19조가 보호하고 있는 양심의 자유는 양심형성의 자유와 양심적 결정의 자유를 포함하는 내심적 자유뿐만 아니라, 양심적 결정을 외부로 표현

9) 권형준, "양심의 자유에 관한 연구," 법학논총 제26집 제4호(2009), 1-2쪽.

하고 실현할 수 있는 양심실현의 자유를 포함한다고 할 수 있다. 내심적 자유, 즉 양심형성의 자유와 양심적 결정의 자유는 내심에 머무르는 한 절대적 자유라고 할 수 있지만, 양심실현의 자유는 타인의 기본권이나 다른 헌법적 질서와 저촉되는 경우 헌법 제37조 제2항에 따라 국가안전보장 질서유지 또는 공공복리를 위하여 법률에 의하여 제한될 수 있는 상대적 자유라고 할 수 있다.

2. 양심적 병역거부

(1) 사건의 개요

현역병으로 입영하라는 병무청장의 현역입영통지서를 받고도 이에 응하지 아니하여 병역법 제88조 제1항 제1호 위반으로 서울지방법원 남부지원에 공소제기되어 재판계속 중에, 동 규정이 양심에 따른 입영거부자의 양심의 자유를 침해한다고 주장하면서 법원에 위헌제청신청을 하여, 법원이 이를 받아들여 헌법재판소에 위헌여부심판을 제청하였다(헌재 2004. 8. 26.자 2002헌가1 결정).

(2) 다수의견

① 양심의 개념과 헌법상 보장되는 양심의 내용

헌법상 보호되는 양심은 어떤 일의 옳고 그름을 판단함에 있어서 그렇게 행동하지 아니하고는 자신의 인격적인 존재가치가 허물어지고 말 것이라는 강력하고 진지한 마음의 소리로서 절박하고 구체적인 양심을 말한다. 즉, '양심상의 결정'이란 선과 악의 기준에 따른 모든 진지한 윤리적 결정으로서 구체적인 상황에서 개인이 이러한 결정을 자신을 구속하고 무조건적으로 따라야 하는 것으로 받아들이기 때문에 양심상의 심각한 갈등이 없이는 그에 반하여 행동할 수 없는 것을 말한다. 인간의 존엄성 유지와 개인의 자유로운 인격발현을 최고의 가치로 삼는 우리 헌법상의 기본권체계 내에서 양심의 자유의 기능은 개인적 인격의 정체성과 동질성을 유지하는 데 있다.

일반적으로 민주적 다수는 법질서와 사회질서를 그의 정치적 의사와 도덕적 기준에 따라 형성하기 때문에, 그들이 국가의 법질서나 사회의 도덕률과 양심상의 갈등을 일으키는 것은 예외에 속한다. 양심의 자유에서 현실적으로 문제가 되는 것은 국가의 법질서나 사회의 도덕률에서 벗어나려는 소수의 양심이다. 따라서 양심상의 결정이 어떠한 종교관·세계관 또는 그 외의 가치체계에 기초하고 있는가와 관계없이, 모든 내용의 양심상의 결정이 양심의 자유에 의하여 보장된다.

② 양심의 자유로부터 대체복무를 요구할 권리가 도출되는지 여부(소극)

양심의 자유는 단지 국가에 대하여 가능하면 개인의 양심을 고려하고 보호할 것을 요구하는 권리일 뿐, 양심상의 이유로 법적 의무의 이행을 거부하거나 법적 의무를 대신하는 대체의무의 제공을 요구할 수 있는 권리가 아니다. 따라서 양심의 자유로부터 대체복무를 요구할 권리도 도출되지 않는다. 우리 헌법은 병역의무와 관련하여 양심의 자유의 일방적인 우위를 인정하는 어떠한 규범적 표현도 하고 있지 않다. 양심상의 이유로 병역의무의 이행을 거부할 권리는 단지 헌법 스스로 이에 관하여 명문으로 규정하는 경우에 한하여 인정될 수 있다.

③ 양심실현의 자유에 대한 침해여부의 심사에 일반적인 비례의 원칙이 적용되는지 여부(소극)

양심의 자유의 경우 비례의 원칙을 통하여 양심의 자유를 공익과 교량하고 공익을 실현하기 위하여 양심을 상대화하는 것은 양심의 자유의 본질과 부합될 수 없다. 양심상의 결정이 법익교량과정에서 공익에 부합하는 상태로 축소되거나 그 내용에 있어서 왜곡·굴절된다면, 이는 이미 '양심'이 아니다. 따라서 양심의 자유의 경우에는 법익교량을 통하여 양심의 자유와 공익을 조화와 균형의 상태로 이루어 양 법익을 함께 실현하는 것이 아니라, 단지 '양심의 자유'와 '공익' 중 양자택일 즉, 양심에 반하는 작위나 부작위를 법질서에 의하여 '강요받는가 아니면 강요받지 않는가'의 문제가 있을 뿐이다.

④ 대체복무제도의 도입을 통하여 병역의무에 대한 예외를 허용하더라도 국가안보란 공익을 효율적으로 달성할 수 없다고 본 입법자의 판단이 현저히 불합리하거나 명백히 잘못된 것인지 여부(소극)

이 사건 법률조항(병역법 제88조 제1항 제1호)을 통하여 달성하고자 하는 공익은 국가의 존립과 모든 자유의 전제조건인 '국가안보'라는 대단히 중요한 공익으로서, 이러한 중대한 법익이 문제되는 경우에는 개인의 자유를 최대한으로 보장하기 위하여 국가안보를 저해할 수 있는 무리한 입법적 실험을 할 것을 요구할 수 없다. 한국의 안보상황, 징병의 형평성에 대한 사회적 요구, 대체복무제를 채택하는 데 수반될 수 있는 여러 가지 제약적 요소 등을 감안할 때, 대체복무제를 도입하더라도 국가안보라는 중대한 헌법적 법익에 손상이 없으리라고 단정할 수 없는 것이 현재의 상황이라 할 것인바, 대체복무제를 도입하기 위해서는 남북한 사이에 평화공존관계가 정착되어야 하고, 군복무여건의 개선 등을 통하여 병역기피의 요인이 제거되어야 하며, 나아가 우리 사회에 양심적 병역거부자에 대한 이해와 관용이 자리 잡음으로써 그들에게 대체복무를 허용하더라도 병역의무의 이행에 있어서 부담의 평등이 실현되며 사회통합이 저해되지 않는다는 사회공동체 구성원의 공감대가 형성되어야 하는데, 이러한 선행조건들이 충족되지 않은 현 단계에서 대체복무제를 도입하기는 어렵다고 본 입법자의 판단이 현저히 불합리하다거나 명백히 잘못되었다고 볼 수 없다.

⑤ 양심보호조치 등에 관한 입법자에 대한 권고

입법자는 헌법 제19조의 양심의 자유에 의하여 공익이나 법질서를 저해하지 않는 범위 내에서 법적 의무를 대체하는 다른 가능성이나 법적 의무의 개별적인 면제와 같은 대안을 제시함으로써 양심상의 갈등을 완화해야 할 의무가 있으며, 이러한 가능성을 제공할 수 없다면, 적어도 의무위반시 가해지는 처벌이나 징계에 있어서 그의 경감이나 면제를 허용함으로써 양심의 자유를 보호할 수 있는 여지가 있는가를 살펴보아야 한다. 그러므로 입법자는 양심의 자유와 국가안보라는 법익의 갈등관계를 해소하고 양 법익을 공존시킬 수 있는 방안이 있는지, 국가안보란 공익의 실현을 확보하면서도 병역거부자의 양심을 보호할 수 있는 대안이 있는지, 우리 사회가 이제는 양심적 병역거부자에 대하여 이해와 관용을 보일 정도로 성숙한 사회가 되었는지에 관하여 진지하게 검토하여야 할 것이며, 설사 대체복무제를 도입하지 않기로 하더라도, 법적용기관이 양심 우호적 법적용을 통하여 양심을 보호하는 조치를 취할 수 있도록 하는 방향으로 입법을 보완할 것인지에 관하여 숙고하여야 한다.

(3) 재판관 김경일, 재판관 전효숙의 반대의견

① 일반적으로 적용되는 법률에 있어 그 법률이 명령하는 것과 일치될 수 없는 양심의 문제는 법질서에 대해 예외를 인정할지 여부의 형태로 나타난다. 그러나 다수가 공유하는 생각과 다르다는 이유만으로 소수가 선택한 가치가 이상하거나 열등한 것이라고 전제할 수는 없으므로 이 경우 '혜택부여'의 관점에서 심사기준을 완화할 것이 아니며, 그 합헌성 여부 심사는 일반적인 기본권제한 원리에 따라 이루어져야 한다. 한편, 헌법 제39조에 의하여 입법자에게 국방에 관한 넓은 입법형성권이 인정된다 하더라도, 병역에 대한 예외인정으로 인한 형평과 부정적 파급효과 등 문제를 해결하면서 양심적 병역거부자들의 양심보호를 실현할 수 있는 대안을 모색하는 것은 징집대상자 범위나 구성의 합리성과 같이 본질적으로 매우 광범위한 입법형성권이 인정되는 국방의 전형적 영역에 속하지 않으므로 그에 대한 입법자의 재량이 광범위하다고는 볼 수 없다.

② 양심적 병역거부가 인류의 평화적 공존에 대한 간절한 희망과 결단을 기반으로 하고 있음을 부인할 수는 없으며, 평화에 대한 이상은 인류가 오랫동안 추구하고 존중해 온 것이다. 그런 의미에서 양심적 병역거부자들의 병역거부를 군복무의 고역을 피하기 위한 것이거나 국가공동체에 대한 기본의무는 이행하지 않으면서 무임승차식으로 보호만 바라는 것으로 볼 수는 없다. 그들은 공동체의 일원으로서 납세 등 각종의무를 성실히 수행해야 함을 부정하지 않고, 집총병역의무는 도저히 이행할 수 없으나 그 대신 다른 봉사방법을 마련해달라고 간청하고 있다. 그럼에도 불구하고 병역기피의 형사처벌로 인하여 이들이 감수하여야 하는 불이익은 심대하다. 특히 병역거부에 대한 종교와 신념을 가족들이 공유하고 있는 경우 부자가 대를 이어 또는 형제들이 차례로 처벌받게 되고 이에 따라 다른 가족 구성원에게 더 큰 불행을 안겨준다.

③ 우리 군의 전체 병력 수에 비추어 양심적 병역거부자들이 현역집총병역에 종사하는지 여부가 국방력에 미치는 영향은 전투력의 감소를 논할 정도라고 볼 수 없고, 이들이 반세기 동안 형사처벌 및 유·무형의 막대한 불이익을 겪으면서도 꾸준히 입영이나 집총을 거부하여 온 점에 의하면 형사처벌이

이들 또는 잠재적인 양심적 병역거부자들의 의무이행을 확보하기 위해 필요한 수단이라고 보기는 어렵다.

④ 국방의 의무는 단지 병역법에 의하여 군복무에 임하는 등의 직접적인 집총병력형성의무에 한정되는 것이 아니므로 양심적 병역거부자들에게 현역복무의 기간과 부담 등을 고려하여 이와 유사하거나 보다 높은 정도의 의무를 부과한다면 국방의무이행의 형평성회복이 가능하다. 또한 많은 다른 나라들의 경험에서 보듯이 엄격한 사전심사절차와 사후관리를 통하여 진정한 양심적 병역거부자와 그렇지 않은 자를 가려내는 것이 가능하며, 현역복무와 이를 대체하는 복무의 등가성을 확보하여 현역복무를 회피할 요인을 제거한다면 병역기피 문제도 효과적으로 해결할 수 있다. 그럼에도 불구하고 우리 병역제도와 이 사건 법률조항을 살펴보면, 입법자가 이러한 사정을 감안하여 양심적 병역거부자들에 대하여 어떠한 최소한의 고려라도 한 흔적을 찾아볼 수 없다.

(4) 재판관 권성의 별개의견

이 사건 청구인의 신념은 종교상의 신념이므로 종교의 자유가 문제되는데, 집총거부를 허용하더라도 국가안보라는 중대한 헌법적 법익에 손상이 없으리라고 단정할 수 없으므로 입법자의 판단이 명백히 잘못되었다고 볼 수 없으므로 이 사건 법률조항이 종교의 자유를 침해한다고 할 수 없다. 종교에 바탕하지 않은 양심이 내심에 머무르지 않는 경우 비판의 대상이 되며, 비판의 기준은 보편타당성이다. 보편타당성의 내용은 윤리의 핵심 명제인 인(仁)과 의(義), 두가지로 집약되며 적어도 보편타당성의 획득가능성과 형성의 진지함을 가진 양심이라야 헌법상 보호를 받으며, 보편타당성이 없을 때에는 헌법 제37조 제2항에 따라 제한될 수 있다. 불의한 침략전쟁을 방어하기 위하여 집총하는 것을 거부하는 것은 인(仁), 의(義), 예(禮), 지(智)가 의심스러운 행위로서 보편타당성을 가진 양심의 소리라고 인정하기 어렵다. 국가안전보장상의 필요성은 헌법유보사항이며 이 사건 법률규정은 청구인에게 외형적인 복종을 요구할 뿐이고 입영기피의 정당한 사유에 대한 의회의 재량범위를 넘었다고 볼 수도 없어 양심의 자유의 본질을 침해한다고 할 수 없으므로 이 사건 법률조항이 양심의 자유를 침해한다고 할 수 없다. 민간대체복무의 검토 등 의회의 입법

개선의 필요여부에 대한 의회의 연구가 필요하다는 다수의견의 권고는 권력분립의 원칙상 적절치 않고 오히려 오해의 소지가 있으므로 이는 바람직하지 않다.

(5) 재판관 이상경의 별개의견

헌법 제39조 제1항은 기본권 제한을 명시함으로써 기본권보다 국방력의 유지라는 헌법적 가치를 우위에 놓았다고 볼 수 있고 입법자는 국방력의 유지를 위하여 매우 광범위한 입법재량을 가지고 있으므로, 헌법 제37조 제2항 및 과잉금지원칙이라는 심사기준은 적용될 수 없다. 따라서 이 사건 법률조항이 위헌이라고 판단되기 위해서는 입법자의 입법권한 행사가 정의의 수인한계를 넘어서거나 자의적으로 이루어져 입법재량의 한계를 넘어섰다는 점이 밝혀져야 한다. 양심을 이유로 한 병역거부자의 양심이라는 것 자체가 일관성 및 보편성을 결한 이율배반적인 희망사항에 불과한 것이어서 헌법의 보호대상인 양심에 포함될 수 있는지 자체가 문제될 수 있고 적어도 이를 우리 공동체를 규율하는 정의의 한 규준으로 수용하기 어렵다 할 것이므로 양심을 이유로 한 병역거부자에 대한 형벌의 부과가 정의의 외형적 한계를 넘어섰다고 볼 수 없다. 또한 병역의무의 불이행에 대한 제재가 완화되어도 필요한 국방력이 유지될 수 있는지 여부 등 미래의 상황에 대한 전망이 불투명한 상태이므로 양심적 병역거부자에 대한 형벌이 자의적 입법이라고 할 수 없다. 정당한 입법의 방향에 관하여 확신을 가질 수 없는 상황에서 이 사건 심판대상과 관련이 없는 대체복무제에 대하여 입법자에게 입법에 관한 사항에 대하여 권고하는 것은 사법적 판단의 한계를 넘어서는 것으로서 바람직하지 않다.

Ⅱ. 종교의 자유

1. 헌법규정의 그 의미

헌법 제20조 제1항에서 “모든 국민은 종교의 자유를 가진다”라고 하여 종교의 자유를 보장하고, 제2항은 “국교는 인정되지 아니하며, 종교와 정치는 분리된다”라고 하여 국교분리와 정교분리의 원칙을 정하고 있다. 종교의 자유는 일반적으로 신앙의 자유, 종교적 행위의 자유 및 종교적 집회·결사의 자유의

3요소로 구성된다(헌재 2001. 9. 27. 2000헌마159). 신앙의 자유는 신과 피안 또는 내세에 대한 인간의 내적 확신에 대한 자유를 말하는 것으로서 이러한 신앙의 자유는 그 자체가 내심의 자유의핵심이기 때문에 법률로써도 이를 침해할 수 없다. 종교적 행위의 자유는 종교상의 의식·예배 등 종교적 행위를 각 개인이 임의로 할 수 있는 등 종교적인 확신에 따라 행동하고 교리에 따라 생활할 수 있는 자유와 소극적으로는 자신의 종교적인 확신에 반하는 행위를 강요당하지 않을 자유 그리고 선교의 자유, 종교교육의 자유 등이 포함된다. 종교적 집회·결사의 자유는 종교적 목적으로 같은 신자들이 집회하거나 종교단체를 결성할 자유를 말한다. 이러한 종교적 행위의 자유와 종교적 집회·결사의 자유는 신앙의 자유와는 달리 절대적 자유가 아니므로 헌법 제37조 제2항에 의거하여 질서유지, 공공복리 등을 위해서 제한할 수 있는데, 그러한 제한은 비례의 원칙이나 종교의 자유의 본질적 내용을 침해해서는 안 된다(헌재 2001. 9. 27. 2000헌마159).

2. 사법시험 1차 시행일자와 종교적 행위

일요일에 예배행사 참석과 기도, 봉사행위 이외의 다른 업무를 일체 금지한다는 교리에 위반하지 않으면 사법시험 응시가 불가능하게 되어 청구인의 종교적 확신에 반하는 행위를 강요하는 결과가 된다는 것이므로 그 점에서 종교적 행위의 자유에 제한이 될 수 있다. 생각건대, 종교적 행위의 자유는 신앙의 자유와는 달리 절대적 자유가 아니다. 따라서 질서유지, 공공복리 등을 위하여 제한할 수 있는 것이다. 사법시험 제1차 시험 시행일을 일요일로 정하여 공고한 것은 국가공무원법 제35조에 의하여 다수 국민의 편의를 위한 것이므로 이로 인하여 청구인의 종교의 자유가 어느 정도 제한된다 하더라도 이는 공공복리를 위한 부득이한 제한으로 보아야 할 것이고 그 정도를 보더라도 비례의 원칙에 벗어난 것으로 볼 수 없고 청구인의 종교의 자유의 본질적 내용을 침해한 것으로 볼 수도 없다. 또한 기독교 문화를 사회적 배경으로 하고 있는 구미 제국과 달리 우리나라에서는 일요일은 특별한 종교의 종교의식일이 아니라 일반적인 공휴일로 보아야 할 것이고 앞서 본 여러 사정을 참작한다면 사법시험 제1차 시험 시행일을 일요일로 정한 피청구인의 이 사건 공고가 청구인이 신봉하는 종교를 다른 종교에 비하여 불합리하게 차별대우하는 것으로 볼 수도 없다(헌재 2001. 9. 27.자 2000헌마159 결정).

Ⅲ. 학문과 예술의 자유

1. 학문의 자유와 대학의 자율성

우리나라 헌법은 제22조 제1항에서 "모든 국민은 학문과 예술의 자유를 가진다"라고 규정함과 동시에 제31조 제4항이 대학의 자율성을 따로 보장하고 있다. 학문의 자유는 프란시스 베이컨(F. Bacon, 1561-1626), 존 밀턴(J. Milton, 1608-74) 등에 의하여 주창되었다. 그렇지만 학문의 자유가 제도적으로 보장된 것은 1849년 독일의 프랑크푸르트헌법이 최초였다. 이후 각국의 헌법이 학문의 자유를 명시적으로 보장하기 시작했다. 독일기본법도 제5조 제3항에서 학문·연구와 강학의 자유를 보장하는데, 프랑크푸르트헌법의 전통을 계승하여 대학자치에 관한 명시규정을 따로 두지 않고, 학문의 자유 안에 대학자치가 포함되어 보장된 것으로 해석된다.[10]

헌법 제31조 제4항이 규정하고 있는 교육의 자주성, 대학의 자율성 보장은 대학에 대한 공권력 등 외부세력의 간섭을 배제하고 대학인 자신이 대학을 자주적으로 운영할 수 있도록 함으로써 대학인으로 하여금 연구와 교육을 자유롭게 하여 진리탐구와 지도적 인격의 도야라는 대학의 기능을 충분히 발휘할 수 있도록 하기 위한 것으로서 이는 학문의 자유의 확실한 보장수단이자 대학에 부여된 헌법상의 기본권이다(헌재 1992. 10. 1.자 92헌마68 결정).

2. 예술의 자유와 성표현

(1) 예술의 자유에 대한 헌법적 보장의 역사

예술은 인류역사와 더불어 시작되었으나, 창조적 활동으로서의 예술의 자유가 헌법상 기본권의 하나로서 보장된 것은 20세기적 현상이라고 할 수 있

---

10) 김명재, "과학기술과 학문의 자유," 헌법학연구 제11권 제4호(2005), 160-161쪽.

다. 전통적으로 예술은 자연의 모사품으로 여겨졌었고, 르네상스시대부터 예술은 자연에 대항하는 예술가의 독창적인 창의력의 표현으로 이해되었다. 그렇지만 당시의 예술가는 군주나 고위귀족들에게 봉사하는 것이 본연의 임무였다. 시민사회의 형성과 더불어 상품으로서의 예술이 시장에 도입된 이후에도 예술의 창의성을 헌법적 가치로 인정하려는 시도는 미약하였다.[11]

이러한 시도는 독일의 경우 1919년의 바이마르헌법에서 처음으로 이루어졌다. 동 헌법 제142조는 "예술과 학문, 그리고 학문전달은 자유이다"라고 선언하였다. 그리고 1948년의 독일의회는 특별한 토의과정 없이 바이마르헌법의 예에 따라 예술의 자유를 기본법에 수용하였다. 이후 이탈리아헌법, 브라질헌법, 아르헨티나헌법 등 몇몇 국가에서 예술의 자유를 독자적 기본권으로 규정하였고, 최근의 중부유럽과 동유럽국가의 신헌법에서도 예술의 자유를 기본권목록에 삽입하고 있다. 한편, 이처럼 명문의 규정을 두고 있지 않더라도, 오늘날 많은 자유민주국가들은 헌법상의 언론의 자유 조항을 통해 예술의 자유를 보장하고 있다.

우리 헌법 제22조 제1항은 "모든 국민은 학문과 예술의 자유를 가진다"고 선언하고 있다. 그러나 이러한 헌법전상의 보장이 곧 예술의 자유의 실질적인 향유를 보장하는 것은 아니다. 이 점은 우리의 과거 권위주의 정권하에서 헌법전상의 선언에도 불구하고 예술의 자유가 크게 위축되어 왔던 사실에서도 충분히 입증된다.

검열금지의 원칙이 헌법에 명문으로 규정되어 있었음에도 불구하고, 영화, 음반, 공연예술 등에 대한 전면적인 사전검열은 1996년 10월 헌법재판소에 의해 영화사전심의제도가 위헌으로 결정되기까지 너무나 당연한 현실이었다. 이 위헌적 현실에 대해 정부는, 사후에 제재를 받기 전에 정부가 여과해주는 것이야말로 예술을 보호하는 것이라고 사전검열을 정당화하곤 하였다. 또한 예술을 보호하고 장려한다는 명목의 여러 법률들이 존재하였으나, 이들 법률의 실제적 기능은 예술의 자유를 보장하고 예술의 발전을 지원·육성하기보다는 예술에 대한 국가권력의 개입을 정당화하여 부당한 간섭을 행하거나 또는 예

11) 이인호, "예술의 자유와 성도덕의 보호," 스포츠와 법 제4집(2003), 2-3쪽.

술활동에 대한 제약과 탄압을 행사하는 기능을 수행해왔다고 해도 과언이 아니다. 실로 예술은 자유의 기술이나 진리탐구의 수단이 되지 못하였고, 권력에 의한 억압의 대상이었거나 때로는 권력의 선전도구로 이용되곤 하였다.

(2) 예술의 자유의 보호범위

① 예술의 자유의 내용과 제한

헌법 제22조는 모든 국민은 학문과 예술의 자유를 가진다고 규정하고 있다. 예술의 자유의 내용으로서는 일반적으로 예술창작의 자유, 예술표현의 자유, 예술적 집회 및 결사의 자유 등을 들고 있다. 그 중 예술창작의 자유는 예술창작활동을 할 수 있는 자유로서 창작소재, 창작형태 및 창작과정 등에 대한 임의로운 결정권을 포함한 모든 예술창작활동의 자유를 그 내용으로 한다. 따라서 음반 및 비디오물로써 예술창작활동을 하는 자유도 이 예술의 자유에 포함된다.

예술표현의 자유는 창작한 예술품을 일반대중에게 전시·공연·보급할 수 있는 자유이다. 예술품보급의 자유와 관련해서 예술품보급을 목적으로 하는 예술출판자 등도 이러한 의미에서의 예술의 자유의 보호를 받는다고 하겠다. 따라서 비디오물을 포함하는 음반제작자도 이러한 의미에서의 예술표현의 자유를 향유한다고 할 것이다.

이러한 예술표현의 자유는 무제한한 기본권은 아니다. 예술표현의 자유는 타인의 권리와 명예 또는 공중도덕이나 사회윤리를 침해하여서는 아니 된다. 그리고 국가안전보장·질서유지 또는 공공복리를 위하여 필요한 경우에는 헌법 제37조 제2항에 의하여 법률로써 제한할 수 있으나, 이러한 필요에서 하는 법률에 의한 제한도 그 목적이 헌법 및 법률의 체계상 그 정당성이 인정되어야 하고(목적의 정당성), 그 목적달성을 위하여 그 방법이 효과적이고 적절하여야 하며(방법의 적절성), 그로 인한 피해가 최소한도에 그쳐야 하며(피해의 최소성), 보호하려는 공익과 침해하는 사익을 비교형량할 때 보호되는 공익이 더 커야 한다는(법익의 균형성) 과잉금지의 원칙에 반하지 않는 한도 내에서 할 수 있는 것이다(헌재 1993. 5. 13.자 91헌바17 결정).

② 보호범위

헌법재판소는 지금까지 여러 결정에서 드러난 바와 같이 예술표현의 자유를 일반적인 표현의 자유와 비교해서 달리 차별적으로 취급하지 않고 있는 것으로 분석된다. 오히려 표현의 자유에 관한 몇몇 선구적인 결정들은 예술표현과 관련된 것이었고, 이들 결정에서 예술표현의 자유와 언론·출판의 자유를 구별하지 않고 동일한 법리를 전개하고 있다. 예컨대, 음반등록시설요건 사건, 영화사전심의 사건, 음반사전심의 사건 등 에서 헌법재판소는, 언론자유조항이 보장하는 의사표현은 그 매개체가 어떠한 형태이건 제한이 없이, "담화·연설·토론·연극·방송·음악·영화·가요 등과 문서·소설·시가·도화·사진·조각·서화 등"이 모두 보호의 대상이며, 이들 중 예술표현의 수단이 동시에 "의사형성적 작용"을 하는 경우에는 언론자유조항과 예술자유조항에 의해 모두 보호받는다고 판시하고 있다. 나아가, 영화나 음반의 예술표현에 대해서 헌법 제21조 제2항의 검열금지 원칙을 그대로 적용하고 있다. 요컨대, 우리 헌법재판소는 예술표현과 정치적 표현에 대해 동등한 헌법적 보장을 인정하고 있다고 하겠다. 이 점은 예술표현의 제한과 그 한계를 논함에 있어 특히 유의할 필요가 있다. 즉 예술표현을 제한하는 입법에 대해서는 헌법 제21조의 엄격한 법리가 그대로 적용된다고 할 것이다.12)

(3) 음란 개념에 대한 헌법재판소의 입장

① 문제의 제기

예술의 자유가 헌법적 보장을 받는다 하더라도 결코 절대적일 수는 없다. 성도덕의 보호라는 헌법적 가치와 조화를 이루어야 할 것이다. 이 두 가치를 양단적으로 조정하기 위한 방편으로 우리 법질서가 전통적으로 채택해 온 개념이 '음란'(淫亂)이다. 주장되는 어떤 예술표현이 음란에 해당하는 경우에는 성도덕의 보호가치가 우선하게 되고 그 표현은 헌법적 보호를 받을 수 없게 된다. 이처럼 음란개념의 의미폭의 광협에 따라 예술의 자유의 보호범위가 결정되게 되는데, 문제는 지금까지 법원이 음란개념을 넓게 설정함으로써 예술표현이 크게 위축되어 왔고, 그 결과 헌법상의 두 가치가 조화롭게 조정되지 못했다는 점이다.13)

---

12) 이인호, 앞의 논문(2003), 6-7쪽.

13) 이인호, 앞의 논문(2003), 7, 11쪽.

② 헌법상 보호표현과 비보호표현의 구분

최근의 컴퓨터와 통신기술의 발전에 따른 엄청난 정보유통의 확대는 사이버공간에서 성표현의 확산을 초래하였고, 이로 인해 사회의 성문화관에도 상당한 변화가 일어나고 있다. 특히 이제 우리 시민사회의 구성원들도 성숙한 민주시민으로서의 자질, 즉 '성적흥분을 유발하고 성적 수치심을 초래하는 성표현'에 접하여 이를 스스로 소화시킬 수 있는 능력을 가지고 있다고 보아야 한다. 이제 새로운 세기에 이르러서는 시민이 자유롭게 표현하고 또 볼 수 있는 성표현에 대해 성도덕의 보호라는 명분으로 정부가 나서서 지나치게 규제하고자 하던 종래의 권위주의적이고 가부장적인 언론관은 폐기되어야 한다. 만약 우리 시민사회의 보통의 성인 시민이 '성적 흥분을 유발하고 성적 수치심을 초래하는 성표현'에 접하여 이를 자체적으로 해소할 수 없다고 판단하는 것이라면, 이는 곧 정부가 시민사회의 자율성을 모독하는 것이 될 것이다. 그러므로 헌법적 보호를 받지 못하고, 형사처벌의 대상으로서 사회적 유통 자체가 전면 금지되는 음란의 개념은 위와 같은 시대의 변화에 따라 매우 엄격하고 분명하게 설정되어야 한다.

다행히 최근에 헌법재판소는 음란물출판사등록취소 사건에서 헌법적 보호를 받지 못하는 음란의 개념을 대법원과는 달리 새롭게 규정하면서 이를 대폭 좁히고 있다. 즉 "음란이란 ⅰ) 인간존엄 내지 인간성을 왜곡하는 노골적이고 적나라한 성표현으로서 ⅱ) 오로지 성적 흥미에만 호소할 뿐 전체적으로 보아 하등의 문학적, 예술적, 과학적 또는 정치적 가치를 지니지 않은 것"이라고 하여 음란개념을 새로이 제시하고 있다(헌재 1998. 4. 30.자 95헌가16 결정).

이러한 헌법재판소의 새로운 음란개념은 21세기의 정보시대에 예술의 자유 및 언론·출판의 자유 보장에 있어 새로운 지평을 여는 것으로 평가되어 마땅하다. 이 개념 속에서는 그간 수십 년 동안의 권위주의적이고 가부장적인 언론관이 완전히 극복되어 있는 것으로 보인다. 특히 이 법개념 속에는 애매한 주관적인 '성도덕 위배'라는 개념요소가 들어 있지 않다. ⅰ) 과 ⅱ) 의 객관적 요건을 충족하는 성표현만이 우리 헌법질서가 보호하고자 하는 성도덕에 결과적으로 반한다는 평가가 가능하게 된 것이다. 성도덕의 보호를 법질서의 내재된 목적으로 수용하면서도, 법개념의 형성 및 법적 판단에 있어서는 도덕적 요소를 배제시키고 있는 것이다.[14)]

(4) 성표현 금지법규와 명확성의 원칙

명확성의 원칙은 법치국가의 일반원칙이다. 행위의 기준을 설정하는 법률이 무엇을 금지하고 무엇을 금지하지 않는지를 명확하게 제시하지 않는다면 그 법률은 행위의 지침으로서 기능할 수 없게 된다. 물론 법률은 일반적인 규율이기 때문에 개별 행위 하나하나를 지시할 수는 없다. 때문에 일반적이고 추상적인 언어로 행위기준을 제시할 수밖에 없다.[15)]

그러나 제시된 행위기준이 너무 불명확하고 애매할 경우에는 일반국민의 입장에서 무엇이 금지되는지를 알 수 없게 되어 법으로서 기능할 수 없게 되고 또 그 애매한, 행위기준을 해석·적용하는 법집행기관이나 법원에게 사실상의 입법권한을 넘기는 셈이 되어 권력분립의 원칙과도 조화되기 어렵다. 특히 표현을 금지하는 형사법규가 불명확하고 애매할 경우에는 법집행이 자의적으로 이루어질 가능성이 높고, 그리하여 일반국민의 입장에서는 형사처벌의 위험을 감수하느니 차라리 금지되지 않는 표현까지도 스스로 자제하거나 자기검열을 하게 되는 위축효과(chilling effect)를 일으켜 그로 인해 표현의 자유가 불필요하게 억제된다. 표현을 금지하는 형사법규가 무엇이 금지되는지를 더욱 분명하게 제시하여야 하는 까닭은 바로 여기에 있다.

헌법재판소도 불량만화 사건(헌재 2002. 2. 28.자 99헌가8 결정)에서 표현규제 형사입법과 관련하여 "죄형법정주의에서 파생되는 명확성의 원칙은 누구나 법률이 처벌하고자 하는 행위가 무엇이며, 그에 대한 형벌이 어떠한 것인지를 예견할 수 있고, 그에 따라 자신의 행위를 결정할 수 있도록 구성요건이 명확할 것을 의미하는 것이다"라고 설시하면서, "미성년자에게 음란성 또는 잔인성을 조장할 우려가 있거나 기타 미성년자로 하여금 범죄의 충동을 일으킬 수 있게 하는 만화"를 미성년자에게 유통시키거나 유통목적으로 제작하는 행위를 형사처벌하는 미성년자보호법조항과 "아동의 덕성을 심히 해할 우려가 있는"

14) 이인호, 앞의 논문(2003), 11-12쪽.
15) 이인호, "성표현의 자유와 한계," 언론과 법 제7권 제2호(2008), 14-16쪽.

표현물을 아동에게 유통시키거나 제작하는 행위를 형사처벌하는 아동복지법 조항을 명확성의 원칙 위반으로 위헌결정하였다.

또한 헌법재판소는 불온통신 사건(헌재 2002. 6. 27.자 99헌마480 결정)에서도 "공공의 안녕질서 또는 미풍양속을 해하는 내용의 통신"을 금지하는 전기통신사업법조항을 명확성의 원칙 위반으로 위헌결정하였는데, "어떠한 표현행위가 과연 공공의 안녕질서나 미풍양속을 해하는 것인지, 아닌지에 관한 판단은 사람마다의 가치관, 윤리관에 따라 크게 달라질 수밖에 없고, 법집행자의 통상적 해석을 통하여 그 의미내용을 객관적으로 확정하기도 어렵다"고 판시하였다. 이 사건에서 헌법재판소는 표현규제입법에서 명확성의 원칙이 특별히 강하게 요구되는 이유를 음란물출판사등록취소 판결의 판시내용을 원용하여 다음과 같이 제시하고 있다.

"표현의 자유를 규제하는 입법에 있어서 명확성의 원칙은 특별히 중요한 의미를 지닌다. 현대 민주사회에서 표현의 자유가 국민주권주의의 이념의 실현에 불가결한 존재인 점에 비추어 볼 때, 불명확한 규범에 의한 표현의 자유의 규제는 헌법상 보호받는 표현에 대한 위축적 효과를 수반하고, 그로 인해 다양한 의견, 견해, 사상의 표출을 가능케 하여 이러한 표현들이 상호 검증을 거치도록 한다는 표현의 자유의 본래의 기능을 상실케 한다. 즉, 무엇이 금지되는 표현인지가 불명확한 경우에, 자신이 행하고자 하는 표현이 규제의 대상이 아니라는 확신이 없는 기본권주체는 대체로 규제를 받을 것을 우려해서 표현행위를 스스로 억제하게 될 가능성이 높은 것이다. 그렇기 때문에 표현의 자유를 규제하는 법률은 규제되는 표현의 개념을 세밀하고 명확하게 규정할 것이 헌법적으로 요구된다(헌재 1998. 4. 30. 95헌가16)."

(5) 맺는 말

헌법재판소가 헌법 제21조의 언론자유조항을 진정한 의미의 자유주의적 관점에서 접근하기까지, 건국 이후 40여 년 동안 우리 사회의 자유언론제도에는 후견적 간섭주의가가 짙게 작용하여 왔다고 생각된다. 7-80년대의 만화심의에서는 범인을 쫓는 경찰이 "경찰이다. 서라"고 외쳤는데도 서지 않고 달아나는 장면이 '공권력의 권위를 실추시킨다'는 이유로 삭제되는가 하면, 경찰의 체포시 피의자가 “잡아도 소용없어. 나는 돈이 많아 좋은 변호사를 고용할테니까”라는 표현은 ‘위화감을 조성한다’는 이유로 삭제되곤 하였다.[16]

그간 대법원의 넓은 음란개념도 이러한 후견적 간섭주의에 입각해 있었다고 판단된다. 성도덕의 보호라는 명분하에 국민이 보아서는 안 되는 성표현을 지나치게 넓게 인정하여 왔다. 그런 과정에서 언론·출판의 자유 및 예술표현의 자유는 크게 위축되었으며, 범람하는 성표현 가운데 몇몇의 불온한 표현만이 법집행기관의 자의적인 단속에 걸려 법의 제재를 받음으로써 법의 권위만 실추되어 왔다. 법은 높은 도덕과 이상을 추구해서는 안 된다. 높은 도덕을 실현하려는 법은 대다수의 국민을 잠재적인 범법자로 만들 것이고, 그 결과 법위반자는 자신의 법위반사실에 대해 더 이상 수치심을 느끼지 않을 것이며 준법의식은 사라져 갈 것이다. 이제 성도덕을 보호하고자 하는 표현영역에서도 정부는 후견적 간섭주의의 구태를 벗어던지고, 시민사회 내에 작동하는 사상의 경쟁메커니즘을 신뢰하여야 할 것이다. 그것이 언론자유조항 및 예술자유조항의 헌법정신과 양립하는 길이다.

Ⅳ. 교육을 받을 권리

1. 연혁과 그 의미

산업혁명과 더불어 노동자들은 인간다운 생존권의 요구와 결부하여 교육권을 요구하였다. 그들은 “교육은 자선이 아니라 권리”이며, “교육을 제공하는 것이 정부의 의무”라는 인식을 가지고 있었다. 이러한 민중의 교육운동은 19세기 중반 이후 각국으로 퍼져 제1차 세계대전 이후 탄생한 사회주의 국가의 교육권구조의 중심을 이루었으며, 20세기의 자본주의 국가에서도 생존권 규정의 하나로 ‘교육을 받을 권리’를 선언하게 되어 교육권은 체제의 차이를 초월하여 인정되었던 것이다.[17]

특히 1919년 바이마르 헌법에서 생존권을 선언한 이후 교육에 대한 전반

16) 이인호, 앞의 논문(2003), 14-15쪽.

17) 이재명, “교육을 받을 권리,” 공법학연구 제8권 제1호(2007), 145-146쪽.

적인 경향은 교육에 대한 방임에서 교육의 제공에로, 분리교육(남녀 또는 귀족과 평민의 別學)에서 통합교육(共學)으로 진전되었다. 그리고 교육에 관한 논의는 교육을 베푸는 편이 아니라 교육을 받는 편의 학습권과 발달권의 입장에서 전개되었으며, 오늘날 수학권은 대체로 헌법이나 법률을 통하여 보장되고 있다.

헌법상의 권리로 수학권을 보장하고 있는 경우로, 일본헌법 제26조는 "모든 국민은 법률의 정하는 바에 의하여 그 능력에 응하여 균등하게 교육을 받을 권리가 있다"고 규정하고 있으며, 자유중국 헌법 제159조는 "국민은 균등하게 교육을 받을 기회를 가진다"라고 규정하고 있다. 한편 미국의 경우에는 교육에 관한 권리를 헌법에 규정하지 않고 주의 권리로 남겨두었으며, 각 주의 헌법에서는 교육에 관한 장을 두고 있다. 또한 국제적인 차원에서도 1948년 세계인권선언은 제26조에서 "교육을 받을 권리"와 "적어도 초등 및 기초적인 과정에서는 무상이어야 한다"는 규정을 채택하였으며, 아울러서 교육이 "인격의 완전한 발전 및 인간의 기본적인 자유와 권리의 강화"를 지향할 것을 규정하였다.

우리나라의 경우 임시정부의 요인들에게 수학권 또는 학습권에 대한 현대적인 권리인식이 정립되어 있었으며, 그 결과 1941년 건국강령과 1944년 제6차 임시헌장에서 '學權', '受學權', '教育의 權', '免費受學{權', '就學要求權'}이라는 교육인권을 선언하기에 이르렀다. 그리고 1948년 건국헌법에서는 제16조에서 "모든 국민은 균등하게 교육을 받을 권리가 있다. 적어도 초등교육은 의무적이며 무상으로 한다"라고 규정하여 교육에 관한 권리조항을 두었다. 그 후 1962년 헌법 제27조 제1항에서는 "모든 국민은 능력에 따라 균등하게 교육을 받을 권리를 가진다"라고 규정하여 현재에 이르고 있다.

2. 교육을 받을 권리(수학권)의 의의

헌법 제31조 제1항은 "모든 국민은 능력에 따라 균등하게 교육을 받을 권리를 가진다"라고 하여 교육을 받을 권리를 규정하고 있다. 교육을 받을 권리는 우선 인간다운 생활의 전제가 된다. 왜냐하면 인간은 교육을 통하여 자신의 이상을 실현시키고, 자신의 인격을 계발할 수 있을 뿐만 아니라 생계를 꾸려나갈 수 있기 때문이다. 다음으로, 교육을 받을 권리는 자유, 평등 그리고 민주주의와 같은 헌법의 기본이념들을 실현시키기 위한 전제가 된다. 왜냐하면 이러한 이념들을 실현하는 일은 정치적·경제적·사회적인 자각과 식견을 배양함으로써만 가능하며, 그것은 어느 정도 교육을 받은 개인을 전제로 하는 까닭이다.[18]

학교교육에 있어서 교사의 가르치는 권리를 수업권이라고 한다면 그것은 자연법적으로는 학부모에게 속하는 자녀에 대한 교육권을 신탁받은 것이고, 실정법상으로는 공교육의 책임이 있는 국가의 위임에 의한 것이다. 그것은 교사의 지위에서 생기는 학생에 대한 일차적인 교육상의 직무권한(직권)이지만, 학생의 수학권의 실현을 위하여 인정되는 것으로서 양자는 상호협력관계에 있다고 하겠으나, 수학권은 헌법상 보장된 기본권의 하나로서 보다 존중되어야 하며, 그것이 왜곡되지 않고 올바로 행사될 수 있게 하기 위한 범위 내에서는 수업권도 어느 정도의 범위 내에서 제약을 받지 않으면 안 될 것이다. 교사의 수업권은 교사의 지위에서 생겨나는 직권인데, 그것이 헌법상 보장되는 기본권이라고 할 수 있느냐에 대하여서는 이를 부정적으로 보는 견해가 많으며, 설사 헌법상 보장되고 있는 학문의 자유 또는 교육을 받을 권리의 규정에서 교사의 수업권이 파생되는 것으로 해석하여 기본권에 준하는 것으로 간주하더라도 수업권을 내세워 수학권을 침해할 수는 없으며 국민의 수학권의 보장을 위하여 교사의 수업권은 일정범위 내에서 제약을 받을 수밖에 없는 것이다(헌재 1992. 11. 12.자 89헌마88 결정).

3. 헌법적 기능

헌법 제31조 제1항이 교육을 받을 권리를 보장하는 것은 개인의 잠재적인 능력을 계발하여 모든 국민의 인간의 존엄성 및 인간다운 생활의 실현을 가능하게 하고, 헌법이 지향하는 문화국가와 민주주의 및 사회복지국가의 실현한다는 의의와 기능을 가진다.[19]

---

18) 홍성방, 앞의 책(중), 248쪽.
19) 이재명, 앞의 논문, 148쪽.

우리 헌법은 문화국가·민주국가·사회국가·복지국가에서 차지하는 교육의 중요성을 감안해서 교육을 모든 국민의 권리로 규정함과 동시에 국가와 국민의 공동의무임을 명백히 밝히고 있다. 교육을 받을 권리는, 첫째 교육을 통해 개인의 잠재적인 능력을 계발시켜줌으로써 인간다운 문화생활과 직업생활을 할 수 있는 기초를 마련해 주고, 둘째 문화적이고 지적인 사회풍토를 조성하고 문화창조의 바탕을 마련함으로써 헌법이 추구하는 문화국가를 촉진시키고, 셋째 합리적이고 계속적인 교육을 통해서 민주주의가 필요로 하는 민주시민의 윤리적 생활철학을 어렸을 때부터 습성화시킴으로써 헌법이 추구하는 민주주의의 토착화에 이바지하고, 넷째 능력에 따른 균등한 교육을 통해서 직업생활과 경제생활영역에서 실질적인 평등을 실현시킴으로써 헌법이 추구하는 사회국가, 복지국가의 이념을 실현한다는 의의와 기능을 가지고 있다(헌재 1994. 2. 24.자 93헌마192 결정).

V. 보건에 관한 권리

헌법 제36조 제3항은 "모든 국민은 보건에 관하여 국가의 보호를 받는다" 라고 하여 국민보건에 관한 국가의 보호의무를 규정한다. 이 규정을 근거로 국민은 국가에 대하여 자신과 가족의 건강한 보호를 받을 권리 및 이를 위한 적극적인 보건행정의 실시를 요구할 수 있는 권리를 갖는다. 이 권리는 국가에 의한 건강의 침해금지라는 소극적 내용과 국가에 대하여 국민의 위생과 건강을 유지하는 데 필요한 시설이나 환경을 요구하는 적극적 내용을 갖는다. 이 권리를 구체화하는 법률로는 국민건강보험법 등이 있다.[20]

건강보험의 문제를 시장경제의 원리에 따라 사보험에 맡기면 상대적으로 질병발생위험이 높거나 소득수준이 낮은 사람들은 보험에 가입하는 것이 매우 어렵거나 불가능하게 되어, 국가가 소득수준이나 질병위험도에 관계없이 모든 국민에게 동질의 의료보장을 제공하고자 하는 목적을 달성할 수 없으므로, 국민건강보험법 제5조, 제31조 제1항·제2항, 제62조 제1항·제3항·제4항은 원칙

20) 홍성방, 앞의 책(중), 319쪽.

적으로 전국민을 강제로 보험에 가입시키고 경제적 능력에 비례하여 보험료를 납부하도록 함으로써 의료보장과 동시에 소득재분배 효과를 얻고자 하는 것이다. 이와 같이 국가가 국민을 강제로 건강보험에 가입시키고 경제적 능력에 따라 보험료를 납부하도록 하는 것은 행복추구권으로부터 파생하는 일반적 행동의 자유의 하나인 공법상의 단체에 강제로 가입하지 아니할 자유와 정당한 사유 없는 금전의 납부를 강제당하지 않을 재산권에 대한 제한이 되지만, 이러한 제한은 정당한 국가목적을 달성하기 위하여 부득이한 것이고, 가입강제와 보험료의 차등부과로 인하여 달성되는 공익은 그로 인하여 침해되는 사익에 비하여 월등히 크다고 할 수 있으므로, 위의 조항들이 헌법상의 행복추구권이나 재산권을 침해한다고 볼 수 없다(헌재 2003. 10. 30.자 2000헌마801 결정).

Ⅵ. 환 경 권

1. 의의와 법적 성격

모든 국민은 건강하고 쾌적한 환경에서 생활할 권리, 즉 환경권을 가지고 있고, 국가와 국민은 환경보전을 위하여 노력하여야 한다(헌법 제35조 제1항). 환경권은 건강하고 쾌적한 생활을 유지하는 조건으로서 양호한 환경을 향유할 권리이고, 생명·신체의 자유를 보호하는 토대를 이루며, 궁극적으로 '삶의 질' 확보를 목표로 하는 권리이다. 환경권을 행사함에 있어 국민은 국가로부터 건강하고 쾌적한 환경을 향유할 수 있는 자유를 침해당하지 않을 권리를 행사할 수 있고, 일정한 경우 국가에 대하여 건강하고 쾌적한 환경에서 생활할 수 있도록 요구할 수 있는 권리가 인정되기도 하는바, 환경권은 그 자체 종합적 기본권으로서의 성격을 지닌다.

환경권의 내용과 행사는 법률에 의해 구체적으로 정해지는 것이기는 하나(헌법 제35조 제2항), 이 헌법조항의 취지는 특별히 명문으로 헌법에서 정한 환경권을 입법자가 그 취지에 부합하도록 법률로써 내용을 구체화하도록 한 것이지 환경권이 완전히 무의미하게 되는데도 그에 대한 입법을 전혀 하지 아니하거나, 어떠한 내용이든 법률로써 정하기만 하면 된다는 것은 아니다. 그러므로 일정한 요건이 충족될 때 환경권 보호를 위한 입법이 없거나 현저히 불충분하여 국민의 환경권을 과도하게 침해하고 있다면 헌법재판소에 그 구제를 구할 수 있다고 해야 할 것이다.

또한 '건강하고 쾌적한 환경에서 생활할 권리'를 보장하는 환경권의 보호대상이 되는 환경에는 자연환경뿐만 아니라 인공적 환경과 같은 생활환경도 포함된다. 환경권을 구체화한 입법이라 할 환경정책기본법 제3조에서도 환경을 자연환경과 생활환경으로 분류하면서, 생활환경에 소음·진동 등 사람의 일상생활과 관계되는 환경을 포함시키고 있다. 그러므로 일상생활에서 소음을 제거·방지하여 정온한 환경에서 생활할 권리는 환경권의 한 내용을 구성한다(헌재 2008. 7. 31.자 2006헌마711 결정).

2. 건강하고 쾌적한 환경에서 생활할 권리를 보장해야 할 국가의 의무

헌법 제10조의 규정에 의하면, 국가는 개인이 가지는 불가침의 기본적 인권을 확인하고 이를 보장할 의무를 지고 기본권은 공동체의 객관적 가치질서로서의 성격을 가지므로, 적어도 생명·신체의 보호와 같은 중요한 기본권적 법익 침해에 대해서는 그것이 국가가 아닌 제3자로서의 사인에 의해서 유발된 것이라고 하더라도 국가가 적극적인 보호의 의무를 진다(헌재 1997. 1. 16. 90헌마110). 그렇다면 국가가 국민의 기본권을 적극적으로 보장하여야 할 의무가 인정된다는 점, 헌법 제35조 제1항이 국가와 국민에게 환경보전을 위하여 노력하여야 할 의무를 부여하고 있는 점, 환경침해는 사인에 의해서 빈번하게 유발되므로 입법자가 그 허용 범위에 관해 정할 필요가 있다는 점, 환경피해는 생명·신체의 보호와 같은 중요한 기본권적 법익 침해로 이어질 수 있다는 점 등을 고려할 때, 일정한 경우 국가는 사인인 제3자에 의한 국민의 환경권 침해에 대해서도 적극적으로 기본권 보호조치를 취할 의무를 진다(헌재 2008. 7. 31.자 2006헌마711 결정).

제 5 절 경제생활영역의 보호

Ⅰ. 거주·이전의 자유

1. 헌법규정의 그 의미

헌법은 제14조에서 “모든 국민은 거주·이전의 자유를 가진다”고 규정하고 있다. 헌법상 거주·이전의 자유를 최초로 규정한 국가는 독일로서 1849 프랑크푸르트 헌법초안에서 규정하였으며, 1919년 바이마르 헌법 제111조는 명문으로 거주·이전의 자유를 인정하였으며, 제2차 대전 이후 1946년 일본 헌법, 1948년 이탈리아 헌법, 1949년 독일 기본법 등이 이를 따랐다. 오늘날에는 국제적 차원에서 이전의 자유 보장이 보편화 되고 있고 이를 위한 지역적 기구가 구성되고 있다. 1948년 세계인권선언 제13조는 ‘일국의 국내의 이전의 자유와 주거의 자유로운 선택의 권리’와 마찬가지로 ‘자기 자신의 국가를 포함하여 모든 나라를 떠나고 자기의 나라로 돌아갈 수 있는 권리’를 선언하고 있고, 1966년 시민적·정치적 권리에 대한 국제인권협약 제12조는 ‘국내와 외국에서 자유로이 활동하고 자기의 주거를 자유로이 선택할 권리’를 수용하여 보장하고 있다.[21]

2. 법적 성격

거주·이전의 자유는 사회적·경제적 자유로서의 성격을 지닌다. 거주·이전의 자유는 인간의 사회활동을 가능하게 하기 위한 전제로서 사회적 자유로서의 성격을 지니는 동시에 재산권 보장, 직업선택의 자유, 영업의 자유와 더불어 자본주의 존립에 불가결한 요소로서 경제적 자유로서의 성격을 지니고 있다. 자본주의 경제질서는 사람과 재화의 자유로운 이동을 전제로 성립하기 때문이다.[22]

---

21) 권형준, “거주·이전의 자유에 관한 연구,” 법학논총 제25집 제3호(2008), 2쪽.
22) 권형준, 앞의 논문(2008), 4쪽.

3. 학군제의 문제

거주지를 기준으로 중·고등학교의 입학을 제한하는 교육법시행령 제71조가 헌법 제14조에 의하여 보장되는 거주·이전의 자유를 침해하고 있는지의 여부에 관하여는 사실상 학부모의 경제적 능력에 종속되는 거주지역만을 기준으로 중·고등학교의 입학을 제한하는 것은 최소침해성에 어긋나기 때문에 위헌이라는 입장도 있다.[23]

그러나 헌법재판소는 "시행령 제112조의6 제2항은 제1항에 의하여 입학할 수 있는 고등학교의 선택기준이 되는 거주지를 민법 제909조의 규정에 의한 친권자 또는 제928조의 규정에 의한 후견인의 일상생활의 근거지로 규정하고 있으므로, 거주지 중심의 학군제는 결국 학부모 등의 거주지를 중심으로 한 것으로 이해할 수 있다. 한편 중학교 입학과 관련하여서는 입학할 수 있는 중학교의 선택기준이 되는 거주지의 내용에 관하여 규정하고 있지 않지만 중학생의 발육정도 등에 비추어 볼 때 그 거주지는 시행령 제112조의6 제2항과 동일하게 이해할 수 있을 것이다. 그러므로 이 사건 규정이 적용되는 학교에 자녀를 입학시키고자 하는 학부모는 생활상 발생할 수 있는 여러 가지 불이익을 감수하면서라도 당해 학교 소재지로 거주지를 이전하여야 한다. 그러나 학부모는 원하는 경우 언제든지 자유로이 거주지를 이전할 수 있으므로 그와 같은 생활상의 불이익만으로는 이 사건 규정이 거주이전의 자유를 제한한다고는 할 수 없고, 설혹 이 사건 규정이 거주이전의 자유를 다소 제한한다고 하더라도 앞서 본 바와 같이 그 입법목적 및 입법수단이 정당하므로 그 제한의 정도는 기본권의 본질적인 내용을 침해하였다거나 이를 과도하게 제한한 경우에 해당하지 않으므로 헌법 제14조 및 헌법 제37조 제2항에 위반되지 아니한다고 할 것이어서, 이 사건 규정이 청구인의 거주이전의 자유를 침해하는 것이라고는 할 수 없다"고 판시하였다(헌재 1995. 2. 23.자 91헌마204 결정).

23) 권형준, 앞의 논문(2008), 14쪽.

Ⅱ. 직업선택의 자유

1. 의의와 특성

헌법 제15조는 "모든 국민은 직업선택의 자유를 가진다"고 규정한다. 우리 헌법 제15조는 직업선택의 자유라는 표현을 쓰고 있지만, 직업의 선택만을 보호하기 위한 의도적인 표현이라고 보기 어렵고, 오히려 국민의 직업생활과 관련된 종합적이고 포괄적인 기본권으로서의 '직업의 자유'를 규정하고 있는 것으로 본다. 또한 직업의 자유는 인간의 사회적·경제적 생활의 기초가 되는 직업 내지 일자리를 자유로이 선택하고 행사하는 것에 관한 종합적이고 포괄적인 기본권이다. 또한 직업의 자유는 영업의 자유와 기업의 자유를 포함하고, 이러한 영업 및 기업의 자유를 근거로 원칙적으로 누구나가 자유롭게 경쟁에 참여할 수 있으며, 이 경쟁의 자유는 기본권의 주체가 직업의 자유를 실제로 행사하는데서 나오는 결과이므로 당연히 직업의 자유에 의하여 보장된다. 그리고 여기서 직업이란 사람이 살아가는데 필요한 정신적 또는 물질적 생활수단을 얻거나 유지하기 위하여 계속적으로 행하는 공공에 해가 되지 않는 모든 생활수단적 소득활동을 말하며, 따라서 직업이기 위해서는 생활수단성, 계속성, 공공무해성이 갖추어질 것을 요구한다.[24]

2. 직업의 자유 제한과 3단계이론

독일의 연방헌법재판소는 소위 '약국 결정'에서 직업의 자유에 대한 제한의 형태를, 제한의 강도에 따라 직업행사의 자유에 대한 제한(직업행사에 관한 규정), 주관적 사유 및 객관적 사유에 의한 직업선택의 자유의 제한(직업허가규정)으로 구분하여, 제한의 강도가 높아짐에 따라 입법자의 형성의 자유는 축소되고 직업의 자유에 대한 제한은 보다 엄격한 요건 하에서 정당화된다는 소위 '3단계 이론'을 구성하였다. 여기서 '3단계'란 세 가지 제한단계를 말한다. 우리

24) 이승우, "직업의 자유의 보장을 위한 인허가제도의 운영방향," 공법연구 제38집 제2호 (2009), 33-34쪽.

헌법재판소도 이 이론을 수용하고 있다.[25)]

(1) 직업행사의 자유의 제한

'직업행사의 자유에 대한 제한'이란, 직업의 선택을 금지하거나 직업에의 접근 자체를 봉쇄하는 것이 아니라, 일단 선택한 직업을 구체적으로 행사하는 방법에 대하여 제한하는 경우를 말한다. 직업행사의 자유를 제한하는 법률은 '합리적이고 이성적인 공익'에 의하여 정당화되어야 한다. 직업행사규정에서 입법자는 가장 광범위한 제한권한을 가진다. 여기서 기본권의 보호는 합리적인 공익상의 고려에 의하여 정당화되지 않는 법률규정의 방어에 제한된다. 직업행사의 자유에 대한 제한의 예로는 상점이나 식당의 영업시간의 제한과 같은 방법적 제한 및 특정 장소에서의 영업 제한과 같은 장소적 제한 등을 들 수 있다.

(2) 주관적인 사유에 의한 직업선택의 자유의 제한

특정 직업이 그 성질상 일정한 전문성이나 기술성 등을 요구하는 경우, 그 직업의 정상적인 수행을 보장하기 위하여 직업선택의 여부를 직업지원자가 스스로 충족시킬 수 있는 일정한 조건, 즉 개인적 특성(일정 연령, 신장, 시력, 신뢰성 등), 능력, 일정한 과정의 이수, 시험의 합격, 일정한 학력이나 경력, 자격 등의 요건에 결부시키는 경우를 말한다. 주관적 허가요건의 특징은 직업을 선택하려는 자가 본인의 노력에 의하여 그 요건을 충족시킬 수 있고, 이로써 그 제한으로부터 벗어날 수 있다는 것이다.

주관적 요건에 의한 직업선택의 자유 제한이 과잉금지원칙의 관점에서 정당화되기 위해서는, 주관적 허가요건과 '직업의 정상적인 수행'이라는 목적 사이에 합리적인 관계가 성립해야 한다. 즉, 오늘날 다수의 직업이 그 직업의정상적인 수행을 위하여 전문성과 특정한 개인적 특성을 요청한다는 상황에 비추어, 주관적 요건의 제한 없이 누구나 직업에 종사할 수 있도록 한다면 직업의 정상적인 수행을 보장할 수 없거나 국민일반에 대한 위험이나 손해가 발생할 우려가 있는 경우, 입법자는 주관적 허가요건을 도입할 수 있다.

주관적 허가요건을 정당화하는 중대한 공익으로는 가령, '직업의 정상적인

25) 한수웅·홍계정, "직업의 자유와 3단계이론," 중앙법학 제12집 제3호(2010), 15, 19-21쪽.

수행'을 비롯하여 국민건강, 소비자의 보호, 도로교통에서의 안전 등이 고려된다. 주관적 허가요건에 관한 예로는, 일정 직업에 있어서 그 직업의 정상적인 수행을 보장하기 위하여 요구되는 최소한의 요건(예컨대 학력, 경력, 일정 자격요건 등)을 규정하는 각종 자격제도와 면허제도(의사, 약사, 변호사, 변리사, 건축사, 세무사, 공인중개사 등)를 들 수 있다.

(3) 객관적 사유에 의한 직업선택의 자유의 제한

① 객관적 허가요건이란, 직업선택의 여부를 직업을 선택하려는 자의 개인적인 능력이나 자격과는 하등의 관계가 없는 요건에 결부시키는 경우, 즉 개인이 그 요건의 충족에 아무런 영향을 미칠 수 없는 경우를 말한다. 기본권 주체의 책임영역 외부에 존재하는 객관적 허가요건은 직업수행에 적합한 지원자의 진입을 차단하는 극단적인 수단으로서 개인의 인격발현에 대한 제한의 정도가 매우크기 때문에, 엄격한 요건을 갖춘 예외적인 경우에만 허용된다. 즉, '월등하게 중대한 공익'에 대한 '명백하고 현존하는 위험'(입증할 수 있거나 고도의 개연성이 있는 중대한 위험)을 방어하기 위한 경우에 한하여, 기본권의 주체가 자력으로 충족시킬 수 없는 객관적인 사유에 의한 제한이 정당화될 수 있다.

객관적 허가요건에 속하는 것으로, 국가의 독점, 직업의 금지(가령, 윤락행위의 금지 등), 동일 업종에 있어서 사업자 수의 제한이나 수요의 심사 등을 들 수 있다. 가령, 시내 택시의 수를 제한하는 경우, '지역 대중운송체계의 생존과 기능의 확보'라는 중대한 공익을 위하여 불가결한 경우에 한하여 정당화될 수 있다.

② 또한, 국가가 일정한 경제활동영역을 스스로 독점하는 경우도 객관적 사유에 의한 허가요건에 해당한다. 국가가 특정한 경제활동을 독점하는 경우, 개인은 법적으로 특정 직업을 선택할 수 없게 된다. 단계이론에 의하면, 국가에 의한 독점은 객관적 직업허가요건에 해당하므로, 월등하게 중대한 공익에 대한 명백하고 현존하는 위험을 방지하기 위하여 반드시 필요한 경우에만 정당화될 수 있다. 국가나 지방자치단체의 독점적인 경제활동은 국가재정을 충당할 목적으로 사인을 일정 영역의 경제활동으로부터 배제하는 재정독점(예컨대, 카지노 영업의 독점)과 국가가 공적인 과제를 효율적으로 이행하기 위하여

특정한 경제활동을 독점하는 경우(행정독점)로 크게 나누어 볼 수 있다. 헌법이 명시적으로 국가의 전매사업 등 재정독점을 언급함으로써 스스로 직업선택의 자유에 대한 제한을 허용하는 경우가 아니라면, 재정적인 이유에 근거한 국가의 독점적인 경제활동은 직업선택의 자유를 제한하기 위하여 갖추어야 하는 엄격한 요건을 일반적으로 충족시키지 못하기 때문에 원칙적으로 직업의 자유에 위반된다. 이에 대하여, 공적 과제의 이행을 위한 국가의 독점적 경제활동은 '객관적인 사유에 의한 직업선택의 자유의 제한'으로서 특별히 중요한 공익에 의하여 정당화되어야 한다. 행정독점의 경우 설립 당시뿐만 아니라 그 이후에도 객관적 허가요건을 정당화하는 사유가 계속 존재해야 하므로, 행정 독점의 지속적인 유지도 중대한 공익의 보호를 위하여 불가결하다는 것이 정기적인 심사를 통하여 입증되어야 한다.

(4) 헌법재판소의 판례

그 제한의 범위 및 한계에 관하여 일반적으로 보면, 선택된 직업의 행사를 제한하는 것은 직업의 선택을 제한하는 경우보다는 개성 신장에 대한 침해의 진지성이 적다고 할 것이므로 직업선택에 대한 제한은 행사에 대한 제한보다 더 엄격한 제약을 받는다 할 것이고, 나아가 직업선택의 자유를 제한하는 경우에도 그 제한의 사유가 기본권 주체에 일정한 자격을 요구하는 주관적 사유를 이유로 하는 경우보다는 기본권 주체와는 전혀 무관하여 그 스스로는 요건을 충족시킬 수 있는 방법이 없는 객관적 사유를 이유로 하는 경우에는 직업의 자유에 대한 침해의 진지성이 가장 크다 할 것이므로, 매우 엄격한 요건을 갖춘 경우에만 이를 허용할 수 있다고 할 것이다(헌재 1990. 10. 15.자 89헌마178 결정).

Ⅲ. 재 산 권

1. 재산권 관념의 역사적 변천

헌법상의 재산권 보장의 근원은 1789년의 프랑스 인권선언까지 거슬러 올라간다. 인권선언은 재산권에 대해서 신성불가침의 권리로서 인정하면서(제17조),

한편에서는 적법하게 확인된 공공의 필요가 명백하게 그것을 요구하는 경우에 정당하고 사전보상의 조건하에서 소유권박탈을 긍정하였다(제17조). 이러한 사상적 영향하에 근대 시민혁명기의 헌법은 재산권의 절대적 권리로서의 측면을 강조하면서도, 정당한 보상을 조건으로 사유재산을 공공을 위해 수용할 수 있다는 것을 인정하였다(미연방수정헌법 제5조).[26]

그러나 19세기 자본주의의 고도화에 따른 사회계층 간의 분화와 대립갈등이 첨예화되면서 사회적 폐해의 증대에 대한 반성과 사회국가사상의 진전으로 인하여, 20세기에 들어서면서 재산권은 헌법에 의해 보장되며, 그 내용 및 한계는 법률에 의해 정해지며(바이마르헌법 제153조 제1항), 재산권은 의무를 수반하며, 그 행사는 공공복리에 이바지하여야 한다(동헌법 동조 제3항)고 규정된다. 이것은 재산권의 내용이 법률에 의해 규제된다는 것과, 재산권의 행사가 공공복리에 적합해야 한다는 것을 명문으로 인정한 것이다. 더욱이 제2차 세계대전 후에는 재산권의 공공성이 강조되게 된다. 예를 들어 독일기본법 제15조가 "토지, 천연자원 및 생산수단은 사회화의 목적을 위해 보상의 종류 및 정도를 규율하는 법률에 의해 공유 또는 다른 공공경제의 형태로 이행할 수 있다"고 규정하고 있는 것처럼 사회화나 국유화에 의한 재산권의 제한까지 명문으로 인정하고 있다.

우리 헌법 제23조도 재산권에 대해 개개인이 재산을 소유하고 상속하는 것은 물론, 그것을 사용·수익·처분할 수 있는 자유를 보장하고 있으면서도, 재산권의 상대성, 사회성, 의무성을 강조함으로써 자유주의적 자본주의의 수정을 인정하여 재산권의 제약을 상당한 범위에서 허용하고 있다. 즉 재산권을 보장하는 동시에 그 내용과 한계에 대해 법률로 정하도록 하고 있고(제1항), 재산권의 행사는 공공복리에 적합해야 하며(제2항), 공공필요에 의한 재산권의 수용·사용 또는 제한 및 그에 대한 보상을 동시에 규정하고 있다(제3항).

헌법재판소는 토지거래허가제에 대한 위헌법률심판에서 토지소유권은 "더 이상 절대적인 것일 수가 없었고, 공공의 이익 내지 공공복리의 증진을 위하여 의무를 부담하거나 제약을 수반하는 것으로 변화되었으며, 토지소유권은

26) 민병로, "헌법상의 재산권의 보장과 한계," 토지법학 제22집(2006), 283-284쪽.

신성불가침의 것이 아니고 실정법상의 여러 의무와 제약을 감내하지 않으면 안 되는 것이다"라고 하여 토지의 공공성과 사회성을 강조하고 있다(헌재 1989. 12. 22.자 88헌가13 결정). 다시 말해 토지란 그 수요가 늘어난다고 해서 공급을 늘릴 수 없는 여러 가지 특성을 갖고 있기 때문에 그 이용을 개인의 자의에 맡기는 것은 적당하지 않다는 것이다.

헌법도 토지에 대해서 일반 재산권 규정(제23조)과는 별도로 제122조에서 "국가는 국민 모두의 생산 및 생활의 기반이 되는 국토의 효율적이고 균형 있는 이용 개발과 보전을 위하여 법률이 정하는 바에 의하여 그에 관한 필요한 제한과 의무를 과할 수 있다"고 규정하고 있고, 특히 식량생산의 기초인 농지에 대해서는 제121조 등에서 소작제도를 금지하고 있다. 이 밖에도 헌법 제120조 제2항은 "국토와 자원은 국가의 보호를 받으며, 국가는 그 균형 있는 개발과 이용을 위하여 필요한 계획을 수립한다"라고 하여, 국토와 자원의 균형 있는 개발과 이용을 위한 국가적 경제계획의 필요성을 강조하고 있다. 따라서 일단 공개념의 대상이 되는 토지는 일반 재산권보다 사회공동체 전체의 이익을 위해 보다 가중된 사회적 제약을 받게 된다.

2. 재산권보장의 의미와 한계

헌법상 보장되는 재산권이란 소유권과 그 밖의 물권, 채권 이외에, 저작권, 특허권, 의장권 등의 무체재산권, 광업권, 어업권 등의 특별법상의 권리 등을 포함한 재산적 가치를 가진 모든 권리를 말한다. 즉 헌법적 의미의 재산권이란 사적 유용성과 그에 대한 원칙적 처분권을 포함한 모든 재산적 가치 있는 권리를 말한다고 할 수 있다. 헌법재판소도 재산권은 "사적유용성 및 그에 대한 원칙적 처분권을 내포하는 재산가치 있는 구체적 권리이므로 구체적인 권리가 아닌 단순한 이익이나 재화의 획득에 관한 기회 등은 재산권 보장의 대상이 아니다"고 판시하고 있다(헌재 1997. 11. 27. 97헌바10 결정).

우리 헌법에서도 제23조 이외에 재산권의 보장과 관련된 헌법규정으로 재산권의 소급입법에 의한 박탈금지(제13조 제2항), 지적소유권의 보장(제22조 제2항), 특허권의 보장(제120조 제1항), 사기업의 국공유화와 통제 등 금지(제126조),

농지소작제도의 금지(제121조), 국토개발과 이용을 위하여 국토와 자원 등에 대한 제한(제120조 제2항, 122조), 소비자보호를 위한 생산품규제(제124조), 경제민주화를 위한 경제의 규제와 조정(제119조 제2항) 등이 있다.[27)]

재산권에 관한 일반조항이라 할 수 있는 헌법 제23조 제1항은 "모든 국민의 재산권은 보장된다"고 규정하고 있다. "보장된다"는 표현에는 특별한 의미가 있는 것은 아니고, '침해해서는 안 된다', '박탈해서는 안 된다', "보장된다"라는 문언에 상관없이 헌법이 재산권의 존재를 인정하고, 이것을 보장하는 점에서는 실질적으로 변함이 없다. 다만 제1항에 의한 재산권 보장에 대해서 객관적 법질서로서의 사유재산의 제도적 보장만을 의미한 것인지, 그렇지 않으면 개인의 주관적 권리로서의 재산권, 즉 개인이 갖는 재산권을 개별적으로 보장하는 의미를 갖는지가 문제가 된다. 헌법재판소는 "재산권의 보장은 국민 개개인이 재산권을 향유할 수 있는 법제도로서의 사유재산제도를 보장한다는 의미와 함께 그 기조 위에서 그들이 현재 누리고 있는 구체적 재산권을 개인의 기본권으로 보장한다는 이중적 의미를 지니고 있다"고 판시하고 있다(헌재 1994. 2. 24. 92헌가15등 결정).

그러나 위와 같은 재산권의 보장도 무제약적인 것이 아니라 공공복리를 위하여 일정한 제약을 받는다. 그 제약의 근거로서 헌법 제23조 제2항은 "재산권의 행사는 공공복리에 적합하도록 하여야 한다"라고 하여, 법률로써 내용과 한계가 이미 확정된 구체적 재산권의 행사도 공공복리에 적합한 것이어야 한다는 재산권 행사의 사회적 구속성을 명시하고 있다. 헌법재판소도 재산권 행사의 사회적 구속성에 대해서 "재산권의 절대적 보장에서 배태되는 사회적 폐단을 최소화하고 아울러 사유재산제도의 기본이념을 보호하려는 것으로서 사유재산제도의 유지존속을 위한 사유재산제도의 최소한의 자기희생 내지 양보인 것이다"(헌재 1989. 12. 22. 88헌가13 결정)라고 하여, 재산권의 내재적 한계를 인정하고 있다. 다만, 재산권에 대한 사회적 구속도 일정한 한계를 갖는다. 즉 그 제약은 법률에 의해야 하고, 사유재산제의 제도적 본질을 침해하지 말아야 하며, 비례성의 원칙에 반하지 않아야 한다. 헌법재판소도 사유재산제도

27) 민병로, 앞의 논문, 284-286쪽.

의 전면적 부정이나, 재산권의 무상몰수, 소급입법에 의한 재산권박탈 등은 명백한 재산권의 본질적인 침해에 해당한다고 보고 있다.

재산권 제약의 근거로서의 공공복리는 개개인의 권리를 공평하게 보장하는 것을 목적으로 하는 소극적인 자유국가적 공공복리뿐만 아니라, 개개인의 인간다운 생존을 확보하는 것을 목적으로 하는 적극적 정책적인 사회국가적 공공복리도 포함된 것으로 볼 수 있다. 따라서 재산권 규제의 내용에 대해서 내재적 제약과 정책적 제약 또는 소극목적 규제와 적극목적 규제와 같이 재산권 제약에 이중의 기준이 존재하고 있는 것을 알 수 있다.

재산권의 내재적 제약(소극목적 규제)에 의한 규제의 예로는 인간의 생명이나 건강 등에 대한 위해나 재해를 방지하기 위한 각종 규제, 즉 화재 등의 위급한 상황에서의 국민의 생명, 신체 및 재산을 보호하기 위한 소방법상의 규제나, 전염병 예방을 위한 전염병예방법에 의한 규제, 건축물의 안전 등을 위한 건축법상의 규제 등이 있다. 그리고 정책적 제약(적극목적 규제)에 의한 규제의 예로는 독점규제 및 공정거래법에 의한 사적 독점의 배제, 문화재 보호법에 의한 문화재의 보호를 위한 규제, 자연환경보전법이나 자연공원법에 의한 자연환경보전을 위한 규제 등이 있다.

Ⅳ. 근로활동권

1. 헌법규정의 의미

헌법, 그 중에서도 특히 기본권보장에 관한 헌법규정이 노동법상 어떤 의미와 효력을 갖는가의 문제는 헌법학과 노동법학이 교차하는 영역에서 중요한 테마 중 하나이다. 특히 노동법에서 기본권보장에 관한 헌법규정이 갖는 법적 의의 및 성격은 크게 두 가지 관점에서 접근할 수 있다. 첫째, 헌법상 기본권 조항이 노동법의 법원의 하나로 노동법을 구성하는 최고의 법규범이라는 것이다. 즉 우리나라 헌법에서는 모든 국민들에게 취업을 통해 일할 기회를 제공함으로써 인간다운 생활을 할 권리를 영위할 수 있도록 제32조에서 근로의 권리(근로권)를 인정하고, 제33조에서 근로자의 노동3권을 보장하고 있는데 이를 통합하여 근로활동권이라 한다.

근로활동권의 보장은 우리 헌법이 추구하는 사회정의와 사회평화의 실현을 위해서도 중요한 의미를 갖는 것으로 특히 모든 국민이 일할 기회를 갖고, 근로조건의 향상을 위한 노력을 통해서 합리적 작업환경의 유지와 작업능률 향상을 통한 산업생산능력 강화 등 근로자 개인의 이익보호와 동시에 사회평화 및 경제성장에도 큰 밑바탕을 형성하고 있는 기본권이다.[28]

둘째, 기본권조항은 사법상 근로계약관계의 형성요소 중 하나로 작용한다. 즉 노동법의 법원을 노동법에 속하는 객관적 법규범의 존재형식이라는 형식적 의미로 이해하는 법해석학적 입장에 머무르지 않고 근로관계의 내용을 이루는 권리·의무관계의 존립기반 또는 유효성 여부를 결정한다고 할 수 있다. 즉 노동법이 규율대상으로 하는 근로관계 가운데 가장 근본을 이루는 사인 간의 계약관계로서의 근로관계에 한정해 볼 때, 기본권을 보장하는 헌법규정이 이러한 사법상의 근로관계를 형성하는 요소로 효력이 미치는 것은 당연하다고 할 수 있다.

2. 근로의 권리(근로권)

근로권이라 함은 근로자가 자신의 의사·능력·취미 등에 따라 직업 내지 근로의 종류·내용·장소 등을 선택하고, 또한 타인의 방해를 받지 않고 근로관계를 계속할 수 있는 권리인 동시에, 가장 유리한 조건으로 노동력을 제공함으로써 얻은 대가로 생존유지 및 인간다운 생활을 영위하고, 근로의 기회를 얻지 못한 경우, 국가에 대하여 근로의 기회를 제공하여 주도록 요구할 수 있는 권리의 총체적 의미라 할 수 있다.[29]

근로권은 17,8세기 자연법사상에 있어서 개인이 자유로이 노동하는 것은 인간의 천부인권의 하나로 국가권력도 이를 침해해서는 안 된다는 노동의 자유로 주장되었다. 그 후 자본주의의 발전과 함께 실업 등이 발생하고, 근로자의 빈곤이 심화된 19세기 중엽이후 자유권으로서의 노동권이 점차 사회적 기

28) 김승년, "헌법에서의 근로활동권," 법학논총 제25집(2001), 351-352쪽.

29) 김승년, 앞의 논문, 352-353쪽.

본권의 하나로 적극적 의미의 내용을 주장하게 되어 사회적 약자인 근로자에 대하여 자유권 보장에 의해 인간다운 생활을 영위할 수 없게 되어 생존의 위험으로부터 보호해야 할 필요성이 강조되게 되었다.

이에 1919년 바이마르헌법에서는 근로권을 헌법에서 최초로 규정하여, “모든 독일국민에게는 경제적 노동에 의하여 그 생활자료를 구할 수 있는 기회가 부여된다. 적당한 근로의 기회가 부여되지 아니하는 자에 대해서는 필요한 생계비를 지급한다”고 하였고, 이후 자본주의국가 헌법에서 근로권을 보장하는 규정을 두게 되었다.

3. 노동3권

(1) 헌법적 의의

현행 헌법에서는 제33조 제1항에서 근로자에게 자주적인 단결권, 단체교섭권, 단체행동권을 보장하고 있는바, 헌법에서 이를 규정하고 있는 의의는 다음과 같다.[30)]

첫째, 근로자에게 노동3권을 보장함으로써 현행헌법이 추구하는 가치지표인 실질적 평등이념의 구현에서 찾을 수 있다. 즉 근로자에게 일할 환경에 관한 권리를 보장함으로서 합리적 근로조건과 일한 대가에 맞는 임금, 법정최저임금의 실효성을 확보할 수 있는 것이다.

둘째, 인간다운 생활을 할 권리를 보장하는 것으로 근로자에게 노동3권을 보장함으로써 근로자가 근로조건의 향상을 위한 노동3권 행사에 헌법제정권자가 이를 제도적으로 뒷받침하고자 하는 의지를 담고 있다.

셋째, 노동3권은 사회평화 및 사회정의의 실현으로 경제적 약자인 근로자에게 사용자에 대항할 수 있는 헌법상의 권리를 보장하는 데 있다.

넷째, 노동3권은 계약자유의 원칙 및 재산권보장의 역기능적 현상을 방지하여 헌법이 추구하는 실질적 평등이 노사관계에서 실현될 수 있도록 내용적 조화를 꾀하는 헌법적 표현이라고 할 수 있다.

---

30) 김승년, 앞의 논문, 356쪽.

(2) 일반 근로자의 노동3권 구조

근로자는 근로조건의 유지 및 향상을 위하여 스스로 단체를 조직할 수 있는데, 이를 가리켜 단결권이라고 한다. 이해관계를 같이하는 근로자가 다른 외부 집단의 간섭없이 자주적으로 그리고 독립적인 방법으로 이익집단을 조직할 수 있는 것을 말한다. 그렇지만 이렇게 설립된 노동조합이 반드시 '계속적'인 단체로 유지되어야 할 필연성이 존재하는 것은 아니다. 또한 노동조합이 반드시 쟁의행위의 의지를 갖고 있어야 하는 것이 아니기 때문에 쟁의행위의 의지만을 갖고서 노동조합을 평가할 수는 없다. 왜냐하면 일반적으로 노동조합의 개념요소에 쟁의행위의 의지를 본질적인 요소로 보지 않기 때문이다. 그리고 노동조합은 그 조직형태상 어떤 모습이어야 한다는 제한사항은 존재하지 않는다. 근로자가 기업별노조를 택하건 산업별노조를 택하건 그것은 오로지 근로자의 자유에 맡겨져 있다. 또한 노동조합이 법인의 형식을 취하건 그렇지 않건 그것 또한 노조의 자율에 달려 있다.[31]

역사적으로 보면, 근로자는 초기 자본주의의 발전과정에서 스스로 단체를 조직하는 것은 형법상 공모죄로 처벌할 수 있게 되어, 어떠한 집단행동을 할 수 있는 여지가 존재하지 않았다. 그렇기 때문에 이와 같은 사회구조 속에서 근로자는 장시간 노동이나 열악한 근로조건에 관하여 사용자를 향하여 결집된 한 목소리를 전달할 수 없었으며, 노사관계에서 무기대등의 원리라는 것은 공허한 메아리에 불과하였다. 이로써 근로자들은 철저하게 노동시장에서 대등한 교섭이라는 것은 거의 불가능하였으며, 장기적으로 근로자의 생존적 기반을 붕괴시켜 나갔으며, 근로관계에서 인간존엄이라는 것은 불가능한 '이상구호'에 불과하였다.

위와 같은 사회구조는 오래 지속될 수 없는 것이었으며, 사회통합에 큰 걸림돌로 작용하게 되었고 사회계급 간에 위화감을 조성하고 계층 간 분열을 조장하였다. 이에 국가는 근로자들의 단결권을 보장하기에 이르렀고, 이들의 형사처벌을 면제하게 되었다. 오늘날 헌법국가에서 노동3권을 헌법전에 자세하게 규정하고 있건 아니면 하위 법률의 단계에서 정하고 있건 이를 무시하는

31) 김진곤, "Union Shop조항에 대한 헌법적 검토," 세계헌법연구 제14권 제2호(2008), 62-63쪽.

법체계는 더 이상 허용될 수 없다. 그러므로 노동3권의 정당한 행사는 형사처벌의 면제뿐만 아니라 민법상 채무불이행책임에서도 벗어날 수 있는 계기가 마련되었다. 궁극적으로 근로자에게는 경제적 강자인 사용자를 향하여 보다 강력하게 조직된 단체를 통하여 단체교섭에 임할 수 있게 되었다. 이를 우리 헌법 제33조에서 언급하고 있는 것이다.

(3) 공무원의 노동3권 구조

헌법은 공무원인 근로자에게도 노동3권을 인정하고 있으며, 그에 대한 내용은 일정 부분에서 다른 제한적 접근방식이 필요하다. 공무원인 근로자는 노동3권의 행사주체에 대하여 입법권자에게 상당 부분 유보되어 있기 때문이다. 따라서 입법부의 입법형성에 따라 그 행사주체의 범위가 결정되어지며, 노동3권의 권리 내용도 일반 근로자의 그것을 규정한 헌법 제33조 제1항과 다른 측면에서 고려해야 할 사항이 존재하는 것을 부인하기 어렵다. 이 부분에 대한 논쟁은 우리 사회에서 상당 기간 지속되어 왔으며, 헌법규정에 대한 이해의 폭을 보다 확장시키는 계기를 제공해 주었다. 이 부분은 특히 교원(공무원인 교원이건 비공무원인 교원이건 불문한다)의 노동3권 허용 여부와 관련하여 함께 논의되어 왔으며, 현행 법률에서는 특례법을 규정하여 교원에게 단결권과 단체교섭권을 허용하는 방향에서 기본권 실현을 위한 입법을 갖추었다.[32)]

비록 공무원에 대한 개별 헌법적 근거조항이 없더라도 그들이 제공하는 업무의 계속성 보장이라는 측면에서 일반 근로자와 다른 접근이 필요함을 인정할 여지도 존재하는데(헌법 제37조 제2항), 우리 헌법은 이미 헌법 제33조 제2항에서 그 제한의 가능성을 스스로 밝히고 있다. 이에 근거하여 입법부는 '공무원의 노동조합설립 및 운영 등에 관한 법률'을 제정하여 공무원에 대하여 특수한 규율체계를 형성하였고, 교원의 경우와 마찬가지로 단결권과 단체교섭권을 인정하였다. 다만 단체행동권은 업무의 속성상 계속성 보장이 필수적으로 인정되기 때문에 허용되지 않는다.

그런데 공무원은 그 직급에 따라 단체에 가입할 수 있는 범위가 달라진다. 가장 큰 범주에서 6급 이하의 공무원만이 노동조합에 가입할 수 있으며, 특수

32) 김진곤, 앞의 논문, 63-64쪽.

한 직역에 종사하는 자는 노동조합에 또한 가입할 수 없다. 이들은 공무원의 노조가입 제한사유 중 직급이 아니라 업무영역에 따라 제한을 가하고 있는 것이다. 이처럼 공무원은 일반 근로자와 달리 일정한 직급과 취급업무에 따라 단결권의 행사에서 제한을 받고 있다.

그러나 사실상 노무에 종사하는 근로자는 위 특례법에 따라 규율되는 것이 아니라 일반 근로자와 마찬가지로 '노동조합 및 노동관계조정법'에 따라 규율되고 있다. 이들은 단결권, 단체교섭권 그리고 단체행동권을 일반 근로자와 동일하게 행사할 수 있다. 따라서 공무원은 노동3권을 모두 행사할 수 있는 사실상 노무에 종사하는 집단, 단결권과 단체교섭권만 행사할 수 있는 집단 그리고 5급 이상 또는 특수직역에 종사하는 자로서 노동조합에 전혀 가입할 수 없는 집단 등 3분체계로 구분될 수 있다.

(4) 방위산업체 근로자의 노동3권 구조

앞의 두 경우와 달리 방위산업체에 종사하는 근로자는 원래 헌법 제33조 제1항에 따라 규율되는 근로자의 부분집합에 해당한다. 일반 근로자와 동일하게 취급되어야 함에도 불구하고 방산업체에 종사하는 근로자의 업무는 국가안보의 연속성과 맞닿아 있기 때문에 보다 특수한 규율의 정당화 근거를 가질 수 있다. 하지만 이들 또한 근로자로서 당연히 단결권을 행사하고 단체교섭권을 행사할 수 있다. 이들을 달리 취급하는 것은 단체행동권의 제한 또는 부정의 근거를 이미 헌법이 명시적으로 밝히고 있다는 것뿐이다. 헌법 제33조 제3항은 단지 '법률'이 정하는 '주요'방위산업체에 종사하는 근로자에 대한 제한을 허용하고 있으며, '단체행동권'을 법률에서 달리 정할 수 있는 근거를 제시하고 있다.[33]

헌법은 남북분단 상황을 고려하여 방산물자의 계속적 공급을 확보하여 국가안전보장이 지속적으로 담보될 수 있도록 체계를 형성하였는데, 여기서도 아무런 한계 없이 그것이 방산물자를 생산하는 업체라는 이유만으로 근로자의 노동3권이 형해화되는 것을 방지하고자 하였다. 따라서 입법자에게는 무엇이 방산업체인지, 또한 주요방산업체가 어느 범주로 한정될 것인지, 이러한 물음

33) 김진곤, 앞의 논문, 64-65쪽.

에 대한 대답이 확정되었다면 단체행동권의 규율형태를 어떻게 구조화할 것인지에 대한 설계책임이 주어져 있다. 이 가운데 '노동조합 및 노동관계조정법' 제41조 제2항은 "방위사업법에 의하여 지정된 주요방위산업체에 종사하는 근로자 중 전력, 용수 및 주로 방산물자를 생산하는 업무에 종사하는 자는 쟁의행위를 할 수 없으며 주로 방산물자를 생산하는 업무에 종사하는 자의 범위는 대통령령으로 정한다"라고 하여 이들에게 단체행동권을 부정하고 있다.

이들은 노동3권의 전체적 구조에서 교원이나 공무원과 달리 일반 근로자와 동일한 수준의 단결권과 단체교섭권을 행사할 수 있으나 법률이 정한 주요방위산업체에 종사하는 근로자는 단체행동권에 보다 강한 제한이 존재할 수 있다. 실제법률에서 규정한 바와 같이 단체행동권이 부정되고 있다.

V. 인간다운 생활을 할 권리

제34조 제1항에서 모든 국민의 인간다운 생활을 할 권리인 생존권적 기본권보장의 대원칙을 규정하고 있으며, 동조 제2항에서는 국가는 국민의 인간다운 생활을 보장하기 위하여 사회보장·사회복지의 증진에 노력할 의무를 진다고 하고 이에 관한 사회보장기본법을 두고 있다. 제3항에서는 국가에 여자에 대한 복지와 권익향상노력, 제4항에서는 국가의 노인과 청소년복지 향상의무를 규정하고 있다. 특히 제34조 제5항에서 신체장애자 및 질병·노령 기타의 사유로 인한 생활무능력자는 인간다운 생활을 보장받기 위하여 국가의 보호를 받을 권리를 명시하고, 이를 보장하기 위한 법률로서는 국민기초생활보장법 등을 두고 있다.

헌법재판소는 "모든 국민은 인간다운 생활을 할 권리를 가지며 국가는 생활능력 없는 국민을 보호할 의무가 있다는 헌법의 규정은 입법부와 행정부에 대하여는 국민소득, 국가의 재정능력과 정책 등을 고려하여 가능한 범위 안에서 최대한으로 모든 국민이 물질적인 최저생활을 넘어서 인간의 존엄성에 맞는 건강하고 문화적인 생활을 누릴 수 있도록 하여야 한다는 행위의 지침 즉 행위규범으로서 작용하지만, 헌법재판에 있어서는 다른 국가기관 즉 입법부나 행정부가 국민으로 하여금 인간다운 생활을 영위하도록 하기 위하여 객관적으로 필요한 최소한의 조치를 취할 의무를 다하였는지의 여부를 기준으로 국가기관의 행위의 합헌성을 심사하여야 한다는 통제규범으로 작용하는 것이다"라고 판시하여, 인간다운 생활을 할 권리에 관한 헌법규정이 모든 국가기관을 기속한다는 점, 특히 헌법재판에서 재판규범성을 갖는다는 점을 밝혔다. 또한 국가가 인간다운 생활을 보장하기 위한 헌법적인 의무를 다하였는지 여부가 사법적 심사의 대상이 된 경우의 합헌성 심사기준에 대해서는 "국가가 생계보호에 관한 입법을 전혀 하지 아니하였거나 그 내용이 현저히 불합리하여 헌법상 용인될 수 있는 재량의 범위를 명백히 일탈한 경우에 한하여 헌법에 위반된다고 할 수 있다"라고 판시하여 '과소보호금지의 원칙'에 따라 광범위한 입법형성권을 인정하였다(헌재 1997. 5. 29. 선고 94헌마33 결정).

제 6 절 정치·사회생활영역의 보호

I. 참정권: 정치적 기본권

1. 정치적 자유권

(1) 의 의

종래 정치적 기본권으로는 헌법 제24조(공무원선거권)와 제25조(공무담임권) 및 그 밖에 제72조·제130조(국민투표권)가 규정하는 이른바 '참정권'만을 의미하는 것으로 보았다. 그러나 오늘날 정치적 기본권은 국민이 정치적 의사를 자유롭게 표현하고, 국가의 정치적 의사형성에 참여하는 정치적 활동을 총칭하는 것으로 넓게 인식하고 있다. 정치적 기본권은 기본권의 주체인 개별 국민의 입장에서 보면 주관적 공권으로서의 성질을 가지지만, 민주정치를 표방한 민주국가에 있어서는 국민의 정치적 의사를 국정에 반영하기 위한 객관적 질서로서의 의미를 아울러 가진다. 그중 정치적 자유권이라 함은 국가권력의 간섭이나 통제를 받지 아니하고 자유롭게 정치적 의사를 형성·발표할 수 있는 자유라고 할 수 있다. 이러한 정치적 자유권에는 정치적 의사를 자유롭게 표현하고, 자발적으로 정당에 가입하고 활동하며, 자유롭게 선거운동을 할 수 있는 것을 주된 내용으로 한다(헌재 2004. 3. 25.자 2001헌마710 결정).

(2) 정치적 자유의 내용

① 정치적 표현의 자유

오늘날 정치적 표현의 자유는 실로 정치적 언론·출판·집회·결사 등 모든 영역에서의 자유를 말하므로, 이 권리는 자유민주적 기본질서의 구성요소로서 다른 기본권에 비하여 우월한 효력을 가진다고 볼 수 있다.

그러나 정치적 표현의 자유도 절대적인 것은 아니기 때문에 헌법 제37조 제2항에 따라 제한될 수 있다. 또한 선거운동 기간 중의 정치적 표현의 자유는 그 자체가 선거운동의 의미를 가지기 때문에 선거의 공정성을 확보하기 위하여 상당한 제약을 가하는 것은 불가피하다(헌재 2001. 8. 30. 2000헌마121등).

② 정당가입과 정당활동의 자유

무릇 정당은 국민과 국가의 중개자로서 정치적 도관(導管)의 기능을 수행하여 주체적·능동적으로 국민의 다원적 정치의사를 유도·통합함으로써 국가정책의 결정에 직접 영향을 미칠 수 있는 규모의 정치적 의사를 형성하고 있다(헌재 2003. 10. 30. 2002헌라1). 이와 같이 정당은 오늘날 대중민주주의에 있어서 국민의 정치의사형성의 담당자이며 매개자이자 민주주의에 있어서 필수불가결한 요소이기 때문에, 정당의 자유로운 설립과 활동은 민주주의 실현의 전제조건이라고 할 수 있다.

주권자인 모든 국민은 일반 결사의 자유와 마찬가지로 정당을 결성하고 가입하거나 그렇게 하지 아니할 자유를 가지며, 당원으로서의 계속 잔류와 탈당의 자유가 보장된다. 그러나 정당법 제6조 단서 제1호는 정치적 성격을 갖는 공무원을 제외하고는 국가공무원법 제2조와 지방공무원법 제2조에 규정된 공무원과 교원은 정당의 발기인 또는 당원이 될 수 없도록 규정하고, 다만 국·공·사립대학교의 총장으로부터 전임강사에 이르기까지의 교수들은 예외로 하고 있다.

③ 선거운동의 자유

선거운동이라 함은 특정 후보자의 당선 내지 이를 위한 득표에 필요한 모든 행위 또는 특정 후보자의 낙선에 필요한 모든 행위 중 당선 또는 낙선을 위한 것이라는 목적의사가 객관적으로 인정될 수 있는 능동적, 계획적 행위를 말하는 것"이라고 풀이하고 있다(헌재 2001. 8. 30. 2000헌마121).

헌법재판소는 선거운동의 자유와 관련하여, "자유선거의 원칙은 비록 우리 헌법에 명문으로 규정되지는 아니하였지만 민주국가의 선거제도에 내재하는 법원리로서, 국민주권의 원리, 의회민주주의의 원리 및 참정권에 관한 규정에서 그 근거를 찾을 수 있다. 이러한 자유선거의 원칙은 선거의 전 과정에 요구되는 선거권자의 의사형성의 자유와 의사실현의 자유를 말하고, 구체적으로는 투표의 자유, 입후보의 자유 나아가 선거운동의 자유를 뜻한다. 선거운동의 자유는 널리 선거과정에서 자유로이 의사를 표현할 자유의 일환이므로 표현의 자유의 한 태양이기도 하다."(헌재 2001. 8. 30. 99헌바92) 라고 판시하였다.

2. 선 거 권

(1) 헌법규정

헌법 제24조는 "모든 국민은 법률이 정하는 바에 의하여 선거권을 가진다"고 하여 선거권을 규정하고 있다. 또 헌법 제41조 제1항은 "국회는 국민의 보통·평등·직접·비밀선거에 의하여 선출된 국회의원으로 구성한다고" 하고 있고, 제67조 제1항은 "대통령은 국민의 보통·평등·직접·비밀선거에 의하여 선출된다"고 하고 있다.

(2) 대의민주주의에서 선거의 기능과 선거참여의 필요성

오늘날 대의 민주주의에서 차지하고 있는 선거의 의의와 중요성은 아무리 강조해도 지나치지 않을 것이다. 우선 민주주의의 가장 기본이라고 할 수 있는 국민주권의 원리는 선거를 통해야 비로소 구체적·현실적으로 실현될 수 있다. 주권자인 국민은 선거를 통해 자신의 대표자를 선출하고, 이들로 하여금 국가권력을 행사케 할 수 있는 민주적 정당성을 부여할 수 있는 것이다. 선거는 국민에 의해 선출된 대표자가 계속적으로 국민의 의사를 존중하도록 유도

하는 통제의 기능도 수행한다. 나아가 선거는 소수자가 다수자가 될 수 있는 기회 균등을 보장해 주며, 이와 동시에 소수자를 보호하는 기능도 담당한다. "민주주의에 있어서는 영원한 야당도 영원한 여당도 존재할 수 없으며, 여당은 잠재적 야당이며 야당은 잠재적 여당이다"라는 말은, 선거를 통해 소수자가 다수자가 될 수 있는 가능성이 실현될 때에 비로소 가능한 것이기 때문이다. 그밖에도 선거는 선거라는 전국가적·전국민적 과정을 통해 국민적 통합을 조성시키며, 국민의 주권의식과 민주의식을 고양시키는 기능도 수행한다. 이처럼 오늘날 대의 민주주의의 모든 중요한 내용들은 선거에 달려 있거나 선거와 관련되어 있다는 점을 고려하여, 바두라(P.Badura)는 "민주주의는 선거를 먹고 산다"(Demokratie lebt von Wahlen)라고 표현한 바 있다. 우리 헌법재판소도 "선거제도는 민주정치의 대전제로 존재하며, 민주정치는 선거제도의 여하에 달려있다고 해도 과언이 아니다. 국민은 오직 선거에 의해서만 국정에 참가하는 것이며 선거를 통하여 여론정치가 행해지므로 민주정치에 있어서의 선거는 가장 중요한 국가적 행사의 하나이며 국법질서의 기초가 된다"라고 하여 민주주의에서 차지하는 선거의 중요성을 강조하고 있다.[34)]

선거를 통한 민주주의의 올바른 실현을 위해서 무엇보다도 요청되는 것은 선거에 대한 적극적 참여이다. 선거가 민주적 정당성을 확보·강화함으로써 제 기능을 다할 수 있기 위해서는, 선거에 대한 국민의 참여가 가능한 한 최대한으로 이루어져야 하는 것이다. 이를 위해서는 한편으로 선거참여에 대한 제한을 꼭 필요한 최소한에 그쳐야 하며, 가능한 한 많은 수의 국민에게 선거참여의 기회를 보장해 주어야 한다. 보통선거원칙의 확립을 통해 이루어진 선거권의 확대가 민주주의의 발전과 맥락을 같이 하고 있다는 것도 이러한 관점에서 이해할 수 있을 것이다. 다른 한편 선거의 제 기능을 위해서는 국민 스스로의 적극적인 선거참여가 필요하다. 선거의 참여가능성이 제아무리 폭넓게 보장되었다고 하더라도, 선거권자 자신이 이를 행사하지 않는다면 선거를 통한 민주주의의 올바른 실현은 기대하기 어려울 것이다. 가령 선거에 참여한 일부 국민만의 지지를 얻어 선출된 대표자가, 전체국민의 대표자로서 민주적 정당성

34) 홍일선, "선거권과 선거의무," 공법연구 제34집 제3호(2006), 346-347쪽.

을 부여받았다고 평가하기는 어려울 것이다. 저조한 선거참여율은 대표자의 민주적 정당성을 약화시킬 뿐만 아니라, 이들을 통해 구성되는 국가기관 자체의 활동에도 지장을 초래하여, 결국 민주주의의 올바른 실현수단이라고 하는 선거는 그 의미를 상실하게 될 것이다.

3. 공무담임권

(1) 공무담임권과 능력주의

헌법 제25조는 "모든 국민은 법률이 정하는 바에 의하여 공무담임권을 가진다"고 규정하여 공무담임권을 보장하고 있는바, 공무담임권은 각종 선거에 입후보하여 당선될 수 있는 피선거권과 공직에 임명될 수 있는 공직취임권을 포괄하고 있다(헌재 1996. 6. 26. 96헌마200). 공무담임권도 국가안전보장·질서유지 또는 공공복리를 위하여 필요한 경우 법률로써 제한될 수 있으나 그 경우에도 이를 불평등하게 또는 과도하게 침해하거나 본질적인 내용을 침해하여서는 아니 된다.

선거직공직과 달리 직업공무원에게는 정치적 중립성과 더불어 효율적으로 업무를 수행할 수 있는 능력이 요구되므로, 직업공무원으로의 공직취임권에 관하여 규율함에 있어서는 임용희망자의 능력·전문성·적성·품성을 기준으로 하는 이른바 능력주의 또는 성과주의를 바탕으로 하여야 한다. 헌법은 이 점을 명시적으로 밝히고 있지 아니하지만, 헌법 제7조에서 보장하는 직업공무원제도의 기본적 요소에 능력주의가 포함되는 점에 비추어 헌법 제25조의 공무담임권 조항은 모든 국민이 누구나 그 능력과 적성에 따라 공직에 취임할 수 있는 균등한 기회를 보장함을 내용으로 한다고 할 것이다. "공무원의 임용은 시험성적·근무성적 기타 능력의 실증에 의하여 행한다"고 규정하고 있는 국가공무원법 제26조와 "공개경쟁에 의한 채용시험은 동일한 자격을 가진 모든 국민에게 평등하게 공개하여야 하며……"라고 하고 있는 동법 제35조는 공무담임권의 요체가 능력주의와 기회균등에 있다는 헌법 제25조의 법리를 잘 보여주고 있다. 따라서 공직자선발에 관하여 능력주의에 바탕한 선발기준을 마련하지 아니하고 해당 공직이 요구하는 직무수행능력과 무관한 요소, 예컨대 성별·종교·사회적 신분·출신지역 등을 기준으로 삼는 것은 국민의 공직취임권을 침해하는 것이 된다.

다만, 헌법의 기본원리나 특정조항에 비추어 능력주의원칙에 대한 예외를 인정할 수 있는 경우가 있다. 그러한 헌법원리로는 우리 헌법의 기본원리인 사회국가원리를 들 수 있고, 헌법조항으로는 여자·연소자근로의 보호, 국가유공자·상이군경 및 전몰군경의 유가족에 대한 우선적 근로기회의 보장을 규정하고 있는 헌법 제32조 제4항 내지 제6항, 여자·노인·신체장애자 등에 대한 사회보장의무를 규정하고 있는 헌법 제34조 제2항 내지 제5항 등을 들 수 있다. 이와 같은 헌법적 요청이 있는 경우에는 합리적 범위 안에서 능력주의가 제한될 수 있다(헌재 1999. 12. 23.자 98헌바33 결정).

(2) 가산점제도의 공무담임권 침해성

제대군인 지원이라는 입법목적은 예외적으로 능력주의를 제한할 수 있는 정당한 근거가 되지 못하는데도 불구하고, 가산점제도는 능력주의에 기초하지 아니하는 불합리한 기준으로 공무담임권을 제한하고 있다. 그런데 가산점제도는 제대군인에 해당하는 남자와 병역면제자 등을 차별하는 제도이고, 이 경우 차별의 실질적 기준은 현역복무를 감당할 수 있을 정도로 신체가 건강한가에 있으므로 역시 공무수행능력과는 별다른 관계도 없는 기준으로 공직취임의 기회를 박탈하는 것이다. 공직을 수행함에 있어서도 상당한 정도의 건강을 필요로 함은 물론이나, 공직수행에 필요한 건강의 정도와 현역복무를 감당할 수 있는 건강의 정도는 애초에 다를 수밖에 없기 때문이다. 가산점제도에 의한 공직취임권의 제한은 위 평등권침해 여부의 판단부분에서 본 바와 마찬가지 이유로 그 방법이 부당하고 그 정도가 현저히 지나쳐서 비례성원칙에 어긋난다. 결론적으로 가산점제도는 능력주의와 무관한 불합리한 기준으로 장애인 등의 공직취임권을 지나치게 제약하는 것으로서 헌법 제25조에 위배된다(헌재 1999. 12. 23.자 98헌바33 결정).

Ⅱ. 청 원 권

헌법은 제26조 제1항에서 "모든 국민은 법률이 정하는 바에 의하여 국가기관에 문서로써 청원할 권리를 가진다"고 하여 청원권을 국민의 기본권으로 보장하면서, 제2항에서 "국가는 청원에 대하여 심사할 의무를 진다"고 규정함으로써 청원권의 보장내용을 스스로 구체적으로 밝히고 있다. 청원권은 '원칙적으로 내용과 형식의 구속을 받지 않고 직접 국가에 대하여 국민의 불만과 고충을 진술하고 이의 시정을 요구할 수 있는 기본권'으로서, 그 보장의 정도에 따라 국민과 국가 간의 관계에 긍정적으로 또는 부정적으로 영향을 미칠 수 있다.[35)]

헌법 제26조와 청원법의 규정에 의할 때, 헌법상 보장된 청원권은 공권력과의 관계에서 일어나는 여러 가지 이해관계, 의견, 희망 등에 관하여 적법한 청원을 한 모든 국민에게, 국가기관이 청원을 수리·심사하여 그 결과를 통지할 것을 요구할 수 있는 권리를 말하므로, 청원서를 접수한 국가기관은 이를 수리·심사하여 그 결과를 통지하여야 할 헌법에서 유래하는 작위의무를 지고 있고, 이에 상응하여 청원인에게는 청원에 대하여 위와 같은 적정한 처리를 할 것을 요구할 수 있는 권리가 있다(헌재 2004. 5. 27.자 2003헌마851 결정).

Ⅲ. 언론·출판의 자유: 표현의 자유

1. 의　　의

우리 헌법 제21조는 "① 모든 국민은 언론·출판의 자유를 가진다. ② 언론·출판에 대한 허가나 검열은 인정되지 아니한다. ③ 통신·방송의 시설기준과 기능을 보장하기 위하여 필요한 사항은 법률로 정한다. ④ 언론·출판은 타인의 명예나 권리 또는 공중도덕이나 사회윤리를 침해하여서는 아니 된다. 언론·출판이 타인의 명예나 권리를 침해한 때에는 피해자는 이에 대한 피해의 배상을 청구할 수 있다"는 규정을 두어 언론·출판의 자유(표현의 자유)를 보장하고 있다.

---

35) 한수웅, "의회청원 소개절차 위헌여부," 저스티스 제57호(2002), 6쪽.

2. 표현의 자유의 발전과정과 영향력 확대

(1) 근대인권선언과 표현의 자유의 위상

언론의 자유는 근대 시민혁명 및 인권선언의 과정에서 중요한 역할을 하였다. 근대 초기 언론의 자유는 표현의 자유와 동일시되었으며, 자신의 생각을 자유롭게 표현할 수 있는 자유는 곧 사상의 자유와 연결되어 민주적 정치사상이 대중 속에 확산되어 시민혁명을 성공으로 이끄는 데 결정적인 역할을 하였다. 그 결과 새로운 민주적 국가질서는 사상의 자유와 언론의 자유를 포함한 인권들의 보장을 가장 중요한 것으로 인정하게 되었던 것이다.[36]

이러한 언론의 자유의 의미와 기능은 오늘날에도 여전히 인정되고 있다. 민주주의의 발전을 위해서는 국민의 의사가 자유롭게 표현될 수 있어야 한다는 점이 널리 인정되고 있을 뿐만 아니라, 국가권력의 오·남용으로 인권이 침해될 경우 언론의 자유가 이에 대한 강력한 투쟁의 수단으로 기능하고 있기 때문이다.

현대의 고도 정보화 사회에서는 고전적인 의사표현의 방식 이외에 다양한 매체들이 발달함에 따라 신문과 같은 인쇄매체, 라디오와 텔레비전과 같은 전파매체, 그리고 온라인매체에 이르기까지 다양한 표현의 수단들이 이용되고 있지만, 언론의 자유를 활용한 의사표현의 의미와 중요성이라는 본질은 크게 달라지지 않았다고 할 수 있을 것이다.

언론·출판의 자유는 민주체제에 있어서 불가결의 본질적 요소이다. 사회구성원이 자신의 사상과 의견을 자유롭게 표현할 수 있다는 것이야말로 모든 민주사회의 기초이며, 사상의 자유로운 교환을 위한 열린 공간이 확보되지 않는다면 민주정치는 결코 기대할 수 없기 때문이다. 따라서 민주주의는 사회내 여러 다양한 사상과 의견이 자유로운 교환과정을 통하여 여과없이 사회 구석 구석에 전달되고 자유로운 비판과 토론이 활발하게 이루어질 때에 비로소 그 꽃을 피울 수 있게 된다. 또한 언론·출판의 자유는 인간이 그 생활 속에서 지각하고 사고한 결과를 자유롭게 외부에 표출하고 타인과 소통함으로써 스스로

36) 차진아, "표현의 자유의 구조와 성격에 관한 연구," 법학연구 제53권 제3호(2012), 4쪽.

공동사회의 일원으로 포섭되는 동시에 자신의 인격을 발현하는 가장 유효하고도 직접적인 수단으로서 기능한다. 아울러 언론·출판의 자유가 보장되지 않는다면, 사상은 억제되고 진리는 더 이상 존재하지 않게 될 것이다. 문화의 진보는 한때 공식적인 진리로 생각되었던 오류가 새로운 믿음에 의해 대체되고 새로운 진리에 자리를 양보하는 과정 속에서 이루어진다. 진리를 추구할 권리는 우리 사회가 경화되지 않고 민주적으로 성장해가기 위한 원동력이며 불가결의 필요조건인 것이다. 요컨대, 헌법 제21조가 언론·출판의 자유를 보장하고 있는 것은 이 같은 헌법적 가치들을 확보하기 위한 전제조건을 마련하기 위한 것이다(헌재 1998. 4. 30.자 95헌가16 결정)

(2) 대중매체의 발달과 표현의 자유의 영향력 확대

가장 기본적인 의사표현의 방식은 직접 대면하여 대화를 통해 이루어지는 의사표현 및 전파라고 할 수 있다. 그러나 현대 사회에서는 직접적인 의사소통보다는 각종 매체를 이용한 간접적인 의사소통의 비중이 과거와 비할 수 없을 정도로 증대되었다. 그 결과 표현의 자유를 행사하는 방식이 다양해졌을 뿐만 아니라 그 영향력도 매우 커졌다.[37)]

근대 시민혁명의 경우에도 인쇄매체를 이용한 의사의 표현과 전달이 매우 큰 역할을 하였다. 인쇄매체의 발달에 따라 다양한 형태의 인쇄물들을 통해 기존 정치체제의 문제점을 비판하면서 대중의 지지를 이끌어낼 수 있었던 것이다. 근대 시민혁명의 성공을 통해 성립된 새로운 헌법에서는 이러한 표현의 자유의 의미와 비중을 적극적으로 인정하면서 특별한 보호를 하였다. 모든 형태의 의사표현에 대해 절대적으로 보호할 수는 없지만, 적어도 표현의 자유를 사전적으로는 제한할 수 없도록 허가·검열의 금지를 명시하게 되었던 것이다.

이후 인쇄매체의 중심이 출판물에서 신문으로 바뀌고, 다시금 인쇄매체가 아닌, 라디오, 방송과 같은 전파매체가 더 큰 비중을 갖게 되었지만, 표현의 자유에 대한 보호의 기본적 구조에는 변화가 없으며, 허가 및 검열의 금지는 여전히 헌법적 기준으로 적용되고 있다. 더욱이 다양한 온라인매체들이 생활 속에 침투해 있는 현대 고도의 정보화 사회에서는 이러한 표현의 자유에 대한

37) 차진아, 앞의 논문(2012), 4-6쪽.

보호가 더욱 큰 의미를 갖게 되었으며, 이를 통해 표현의 자유를 통한 의사소통구조 내지 정보의 전달이 갖는 비중 내지 영향력은 날로 커지고 있는 상황이다.

(3) 온라인 매체의 등장과 표현의 자유의 영역 확대

오늘날 일반대중이 인터넷을 비롯한 온라인 매체를 이용할 수 있는 기반시설들이 갖추어지면서 온라인 매체들이 우리의 삶에 미치는 영향은 점차 커지고 있다. 이는 동시에 표현의 자유의 영역이 오프라인에서 온라인으로 확장되는 것으로 평가될 수 있다. 오프라인에서 활동하던 신문과 방송 매체가 온라인 서비스를 시작하였을 뿐만 아니라, 이제는 오프라인보다 온라인에 더 큰 비중을 두는 신문들이 점차 늘고 있다. 텔레비전 방송의 경우에는 아직 오프라인이 중심이지만, 대용량의 동영상을 실시간으로 전송하는 기술이 발전하게 될 경우에는 방송 또한 신문과 비슷한 길을 걷게 될 가능성이 적지 않다고 볼 수 있다.[38)]

온라인 매체는 인터넷신문이나 인터넷방송과 같은 대중매체에 한정되지 않는다. 홈페이지와 블로그 등 다양한 형태의 개인 매체들도 활용되고 있으며, 최근에 그 영향력을 확대하고 있는 페이스북, 트위터 등 SNS도 새로운 형태의 표현수단 내지 매체로 볼 수 있다. 이러한 온라인매체들의 발전과 이를 통한 표현의 영역 확대는 새로운 문제를 야기하기도 한다. 과거에는 볼 수 없었던 새로운 형태의 매체에 대해 과거 표현의 자유의 제한과 관련하여 형성된 법적 기준들을 그대로 적용하는 것이 타당한지, 아니면 이들에 맞는 새로운 기준이 만들어져야 하는지를 둘러싸고 다양한 논의가 전개되고 있는 것이다.

3. 온라인상의 표현의 자유에 관한 현행법의 태도와 논란

언론의 자유 내지 표현의 자유에 관한 헌법 제21조는 기본적으로 그 이전의 헌법규정을 이어받은 것이며, 1987년 6월 민주항쟁의 결과로 현행헌법이 탄생하던 당시에는 온라인 의사소통이 보편화되기 이전이었기 때문에, 이에 관한 문제의식도 나타나지 않고 있었다. 그러나 최근 헌법개정논의 과정에서

38) 차진아, 앞의 논문(2012), 6-7쪽.

는 온라인 의사소통을 포함한 정보기본권의 명문화에 대해서도 많은 관심이 기울여지고 있다.[39)]

그러나 입법론이 아닌 해석론의 관점에서 현행법을 분석할 때, 온라인 의사소통의 문제는 헌법이 아닌 법률에 맡겨지고 있으며, 전통적인 오프라인 의사소통을 보호하는 헌법 제21조의 연장선상에서 함께 규율되고 있다. 이에 따라 온라인 의사소통의 경우에도 사전억제의 금지가 적용되는 것으로 이해하는 것이 일반적이며, 표현의 내용 및 방식에 따라 사후적 통제가 가능하다고 보는 것에도 큰 이견은 없다. 즉, 온라인 의사소통 과정에서 명예훼손, 모욕 등의 행위가 있을 경우에는 형법 및 특별형법에 의한 규제가 가능하고, 그밖에 온라인 매체를 이용한 음란물의 유포 등도 유사하게 생각할 수 있다.

그러나 온라인 의사소통의 비중이 높아지고 그 구조적 특성으로 인하여 특별한 보호 내지 규제의 필요성이 인정됨에 따라 온라인 의사소통에 대한 법적 보호 및 규제를 위한 특별 규정들이 등장하게 되었다. 가장 대표적인 것이 전기통신기본법,[40)] 정보통신망 이용촉진 및 정보보호 등에 관한 법률, 성폭력범죄의 처벌 등에 관한 특례법상 통신매체를 이용한 음란행위에 대한 처벌규정(제12조 제1항), 영리목적으로 정보통신망을 이용한 음란촬영물 유포에 대한 처벌규정(제13조 제2항), 아동·청소년의 성보호에 관한 법률상 아동·청소년이용 음란물에 대한 온라인서비스 제공자의 책임규정(제8조 제3항) 등이다. 정보통신망 이용촉진 및 정보보호 등에 관한 법률은 온라인상 의사표현에 관한 특별법이라 할 수 있지만, 그 밖의 법률들은 다른 사항에 관한 규율과 더불어서 온라인 의사소통에 관련되는 일부 규정들을 포함하고 있는 것이라 할 수 있다.

그러나 현행법상 새롭게 등장한 온라인 의사소통에 관한 법률(규정)은 그 체계성과 구체성 측면에서 아직 많이 부족한 것으로 평가될 수 있다. 물론 온라인 매체의 발달 속도가 이를 규율하는 법제의 발달 속도를 뛰어넘고 있기

39) 차진아, 앞의 논문(2012), 15-16쪽.

40) 헌법재판소는 이른바 '미네르바 사건'에서 '공익을 해할 목적으로' 전기통신설비에 의하여 공연히 허위의 통신을 한 자를 형사 처벌하는 전기통신기본법 제47조 제1항이 죄형법정주의의 명확성원칙에 위반되는 것으로서 위헌이라고 판시한 바 있다(헌재 2010. 12. 28. 2008헌바157 결정).

때문에 현실과 규범 사이에 일정한 괴리가 나타나는 것은 불가피하다고 볼 수도 있지만, IT강국임을 자처하는 우리나라의 관련 법제가 서구 선진법제에 비해 아직 충분하지 못한 측면이 있는 것으로 볼 수 있다.

Ⅳ. 집회·결사의 자유

1. 집회의 자유

(1) 헌법상 의의

헌법 제21조 제1항은 "모든 국민은 집회의 자유를 가진다"고 규정하여 집회의 자유를 기본권으로 보장하고 있다. 집회의 자유도 다른 많은 기본권과 마찬가지로 국가에 대한 방어권으로서 집회의 주체, 주관, 진행, 참가 등에 관하여 국가권력의 간섭이나 방해를 배제할 수 있는 주관적 권리로서의 성격을 가지며, 민주주의를 실현하려는 정치공동체에게 반드시 필요한 객관적 가치질서로서의 이중적 성격을 갖는다.

집회의 자유는 자신의 의견을 자유롭게 표현하여 인격을 발현하는 기능을 수행하기도 하지만, 다른 한편 민주주의의 실현에 기여하는 보충적인 기능을 수행한다. 대의제에서는 추정적인 국민의 의사에 기초하여 대의과정을 통하여 국가의사가 형성된다. 이때 집회의 자유는 국가의사를 형성하는 과정에 국민 각자 또는 집단의 구체적인 의사를 투입하는 계기를 보장한다. 이로써 추정적 국민의사와 구체적 국민의사가 심각하게 괴리되는 현상을 방지할 수 있다. 이러한 의미에서 집회의 자유는 소수보호의 기능을 수행한다. 특히 제도적으로 구현되어 있는 언론이 국가권력에 날선 비판을 하지 못하는 때, 집회의 자유는 이를 보완하는 기능을 수행한다. 현대 언론의 가장 큰 특성 중 하나인, 보내는 사람과 받는 사람, 말하는 사람과 듣는 사람, 쓰는 사람과 읽는 사람이 분리되어, 일반 대중은 수동적인 위치에 머무르는 것이다. 집회의 자유는 이러한 수동적인 위치를 능동적인 위치로 치환할 수 있는 기본권이다. 이러한 의미에서 집회의 자유는 사회적 약자가 기댈 수 있는 약자의 기본권이다.[41]

41) 정필운, "집회의 자유의 제한과 그 한계," 공법학연구 제11권 제4호(2010), 121쪽.

(2) 집회의 자유를 신장한 결정

헌법상 보장되는 집회의 자유는 '집회 및 시위에 관한 법률('집시법')에 의하여 구체적으로 형성되고 제한된다. 입법자는 헌법상 집회의 자유를 면밀하게 검토한 후, 이에 따라 집시법의 내용을 구성한다. 그런데 이와 같은 집시법의 내용이 헌법에 위반되면, 헌법의 최고규범성을 담보하기 위하여 위헌법률심판에 의하여 집시법의 당해 내용의 효력을 상실시킨다(헌법 제111조, 헌법재판소법 제47조). 우리 헌법재판소는 그동안 집시법에 관하여 많은 결정을 하여 국민의 집회의 자유를 신장하는 역할을 하여 왔다.

약 3년 전 헌법재판소는 해가 뜨기 전이나 해가 진 후에는 옥외집회 또는 시위를 원칙적으로 금지하고, 집회의 성격상 부득이하여 주최자가 질서유지인을 두고 미리 신고한 경우에는 관할경찰관서장이 질서 유지를 위한 조건을 붙여 야간옥외집회를 허용할 수 있도록 한 집시법 제10조와 이를 위반하였을 때 형벌을 가하도록 규정한 집시법 제20조 제1항에 대하여 헌법불합치결정을 하였다.

이 결정은 미국산 쇠고기 수입 협상에 대한 시민들의 항의가 표출된 이른바 2008년 5월, 6월의 '촛불집회'의 주최인에 대한 형사사건이 계기가 되어 제청된 사건에 대한 결정이었으며, 대법관으로 임명된 신영철 서울중앙지법원장이 촛불집회 관련 사건을 특정재판부에 몰아서 배당하고 양형 등에도 개입했다는 이른바 '신영철 파문'과 관련하여 세간의 주목을 받았던 결정이었다. 그러나 무엇보다 이 결정은 국민의 집회의 자유를 신장시키는 계기를 마련한 결정으로 평가될 수 있을 것이다.[42]

2. 결사의 자유

(1) 헌법상 결사의 자유의 보장

헌법 제21조가 규정한 '결사의 자유'는 다수의 자연인 또는 법인이 공동의 목적을 위하여 단체를 결성할 수 있는 자유를 말하는 것으로서, 적극적으로는 ① 단체결성의 자유, ② 단체 존속의 자유, ③ 단체 활동의 자유, ④ 결사에의

42) 정필운, 앞의 논문, 111-112쪽.

가입, 잔류의 자유와, 소극적으로는 ① 기존의 단체로부터 탈퇴할 자유, ② 결사에 가입하지 아니할 자유를 모두 포함한다. 그리고 여기에서 '결사'란 자연인 또는 법인의 다수가 상당한 기간 동안 공동의 목적을 위하여 자유의사에 기하여 결합하고 조직화된 의사형성이 가능한 단체를 말하는 것으로서, 공법상의 결사는 이에 포함되지 아니한다(헌재 1996. 4. 25. 92헌바47).

(2) 결사의 자유의 제한

대한안마사협회('안마사회')는 의료법에 따라 설립된 단체이고, 안마사들은 전국적인 조직을 가지는 안마사회에 의무적으로 회원이 되나(의료법 제61조 제3항, 제26조 제3항), 기본적으로 이는 '회원 상호 간의 친목 도모와 권익 옹호'를 주된 목적으로 하는 조직으로서의 성격을 지니고(안마사회 정관 제1조 참조), 안마사회가 안마사들에 대하여 보수교육을 실시하고, 보건복지가족부장관의 협조 의무를 이행하며, 보건복지가족부장관의 감독을 받으나(의료법 제28조, 제29조), 이는 안마사의 자격인정 제도의 효과적인 유지와 관련된 것이라고 볼 여지가 있으므로, 그러한 점만 가지고 안마사회가 사법상의 결사가 아닌 공법상의 결사에 해당된다고 보기 어렵다. 결국 안마사회는 안마사들이 공동의 목적을 위하여 결합하고 조직하는 사법상의 결사에 해당하고, 이에 따라 안마사들은 안마사회에 자유롭게 가입하고 탈퇴할 수 있는 헌법상 결사의 자유를 누릴 수 있다 할 것인데도, 이 사건 법률조항이 안마사들을 안마사회에 의무적으로 가입하도록 한 것은 결과적으로 소극적 결사의 자유를 제한하는 것이다(헌재 2008. 10. 30.자 2006헌가15 결정).

제 3 장
법과 평등: 평등권

제1절 법과 평등

Ⅰ. 평등개념의 변화

1. 평등사상의 전개와 헌법에의 수용

오늘날 헌법이념으로서 평등사상의 직접적인 기원은 근대의 시민정신에서 유래하였다. 그러나 평등에 관한 철학적인 논쟁은 고대로부터 계승되어 내려온 것으로, 많은 역사적 변천과정을 겪어 왔다. 이는 인간 자체의 불평등을 전제로 하고 있으며, 사실 인간은 신분, 권력, 부, 신앙, 사상 등 여러 가지 이유로 유사이해 차별과 불평등한 취급을 받으며 살아왔고, 다른 한편 인간의 역사는 평등을 실현하기 위한 노력과 투쟁의 역사라고 말할 수 있다.[1)]

근대입헌주의 시대에 주창되었던 평등의 원리는 자유이념의 원리와 갈등을 거치면서 형식적 평등으로 머무는 상황을 연출하게 되었다. 그것은 특히 산업혁명의 성공과 더불어 자본주의 발전의 고도화에 따라 더욱 심화되어 갔

---

1) 명재진·이한태(명재진 외 1), "평등권 이론에 관한 현대적 전개로서 적극적 평등실현조치," 법학연구 제18권 제2호(2007), 21-22쪽.

다. 이에 시민의 실질적인 평등이 국가와 사회생활 속에서 구현되지 않고는 국가공동체 자체의 형성과 유지에 위태로운 상황에 이르게 되었다. 여기에 20세기적인 현대 복지헌법에서는 시민의 실질적인 평등을 구현하기 위한 일련의 법과 제도를 헌법의 틀 속으로 끌어들이게 되었다. 그것은 특히 인간과 시민의 권리로서의 사회권적 기본권의 헌법화로 이어졌다. 사실 경제적 약자의 인간다운 생활이 보장되지 아니하는 곳에서의 평등원리를 하나의 공리공론에 불과하기 때문이다.

2. 절대적 평등(평균적 정의론)에서 상대적 평등(분배적 정의론)으로

절대적 평등이란 입법권이 평등원리에 절대적으로 구속된다고 보는 입장으로, 이에는 무제한적인 절대적 평등설과 제한적 절대적 평등설이 있다. 전자는 평등이 모든 사람을 어떠한 경우에도 모든 면에서 무차별·균등하게 취급해야 한다는 입장이며, 후자는 평등의 적용범위를 사실상의 조건 또는 사유(인종, 성별, 사회적 신분 등)나 취급할 사항 또는 범위(선거권, 사회보장, 조세 등)에 한정하고 그 범위 안에서 절대적 평등을 실현하고자 하는 입장이다. 이에 반해 상대적 평등설은 모든 자의적 차별입법은 금지하지만 합리적인 사유에 근거한 차별은 인정하는 입장으로, 현실에 있어서 법적 취급의 비례적 균등을 의미한다. 아리스토텔레스의 분배적 정의에서 출발하여 울피아누스의 '평등한 것은 평등하게, 불평등한 것은 불평등하게'라는 명제로 집약된다.[2)]

3. 형식적 평등에서 실질적 평등으로

형식적 평등은 법규범을 실현하기 위한 법 적용의 평등을 의미한다. 즉 형식적 평등은 모든 사람에 대해서 법규범을 예외 없이 실현할 것을 요구한다. 다시 말해 누구나 법규정에 의해서 평등하게 의무를 지거나 권리를 가지게 된다. 또한 이는 모든 국가기관이 법규를 모든 사람에게 유리하게 또는 불리하게 적용하지 못함을 의미하기도 한다. 이에 비해 실질적 평등은 실질적 정의를 실현하기 위한 법의 동일한 것(법적 취급의 균등)을 요하며, 실질적 평등은

---

2) 명재진 외 1, 앞의 논문, 22쪽.

입법기관에 대하여 부당한 차별입법의 금지, 합리적 차별만의 허용(사실관계의 균등)을 요한다. 즉 내용적인 법적 평등은 모든 사람을 모든 관계에서 차별 없이 평등하게 취급하는 점에 있는 것이 아니고, 오히려 평등한 것만이 평등하게 취급되어져야 한다는 것이다. 평등원리는 평등한 사례를 불평등하게 규율하는 것을 금지하는 것이며, 평등한 사례에는 평등한 규정을 적용해야 한다는 것이다.[3]

근대 민주주의 국가에서 부여된 형식적 평등(기회의 균등)은 개인의 존엄과 가치를 실현하는 수단으로서 무기력해짐에 따라 사회국가는 국민생활에 불간섭이란 소극적 태도를 버리고 국민의 경제생활에 적극적으로 개입하여 실질적 평등(분배적 정의)을 보장하게 되었다. 여기서 조건의 평등이란 한편으로는 자유의 제한 위에서 이루어지지만, 다른 한편으로는 실질적인 자유의 실현을 의미하고 있다. 그리하여 현대 사회국가 내지 복지국가는 국민의 불평등한 조건이 있을 때에는 적극적인 시책을 통해 국민의 실질적인 평등을 보장할 의무를 진다. 여기서 실정헌법상 평등은 '국가권력에 의한 차별의 배제'와 '국가권력에 의한 평등의 실현'이라는 복합구조를 이루게 되었으며, 평등원리의 형식적인 선언과 함께 사회권, 경제질서 등의 규정을 통한 국민의 실질적 평등의 보장을 지향하고 있다.

Ⅱ. 헌법상의 평등권 조항

우리나라에서는 1919년 대한민국임시정부의 헌법에서 처음으로 평등권을 수용하고, 그 법통을 이어받은 1948년의 제헌헌법에서 평등조항을 규정한 이후 그 내용에 큰 변동없이 현행 헌법까지 유지하고 있다. 현행 헌법은 평등에 관한 많은 규정을 두고 있다. 헌법 전문에는 "정치·경제·사회·문화의 모든 영역에서 각인의 기회를 균등히 하고 ... 국민생활의 균등한 향상을 기하고"라고 선언하고, 제11조 제1항에서 "모든 국민은 법 앞에 평등하다"라는 일반규정을 두고 법 앞에 평등과 차별의 금지를, 제2항은 사회적 특수계급의 부인을,

---

3) 명재진 외 1, 앞의 논문, 22-23쪽.

제3항은 영전일대의 원칙을 규정하고 있다. 이 밖에 제31조 제1항은 교육의 기회균등을, 제32조 제4항에서는 근로관계에서 여성의 차별금지를, 제36조 제1항은 혼인과 가족생활에 있어서 양성의 평등을, 제41조 제1항과 제67조 제1항 및 제116조 제1항은 선거와 선거운동에 있어서의 평등을, 제119조 제2항은 균형 있는 국민경제의 발전을, 제123조 제2항은 지역 간의 균형 있는 발전을 규정하고 있다.

제 2 절 양성평등

Ⅰ. 헌법규정

1. 성차별의 금지

헌법은 제11조 제1항 제2문, 제32조 제4항, 제36조 제1항에서 성차별을 금지하고 있다. 이 규정들은 소구가능성 없는 프로그램 규정이 아니라, 입법·집행·사법권을 직접 구속하는 객관적 원칙규범이다.[4)]

성차별이란 성별과 관련된 구성요건 표지에 따라 남성과 여성에게 서로 다른 법적 효과를 부여하는 모든 공권력의 행위를 말한다. 따라서 국가기관이 성별에 따라 남성과 여성 중 어느 한 성에게만 이익을 주거나 불이익을 주는 행위는 성차별에 해당한다. 성차별금지의 원칙은 이처럼 성별에 따라 남성과 여성에게 서로 다른 법적 효과를 부여하는 모든 공권력의 행위를 금지한다. 성차별은 작위나 부작위를 통해 이뤄질 수 있다. 이익이나 불이익이 있는지는 당해 성의 입장과 다른 성의 입장을 비교하여 판단한다. 이익이나 불이익이 있다면, 그 이익이 경제적 이익이든, 정신적 이익이든, 정서적 이익이든 성차별이 있다고 보아야 한다.

4) 김주환, "양성평등원칙의 구체화," 공법학 연구 제8권 제3호(2007), 194-196쪽.

2. 성차별금지의 원칙

헌법은 제11조 제1항에서 “모든 국민은 법 앞에 평등하다. 누구든지 성별·종교 또는 사회적 신분에 의하여 정치적·경제적·사회적·문화적 생활의 모든 영역에 있어서 차별을 받지 아니한다”고 규정하고 있다. 이 규정에 대한 통상적인 이해는 다음과 같다. 즉 헌법 제11조가 규정하고 있는 평등이란 산술적 의미의 절대적 평등이 아니라 배분적 정의에 입각한 상대적 평등을 의미하는 것으로 “같은 것은 같게, 같지 않은 것은 같지 않게” 다루는 것을 의미한다. 같은 것과 같지 않은 것을 위한 구별의 기준으로 미국은 합리성을, 그리고 독일은 자의금지를 들고 있다. 또한 차별금지를 내용으로 하는 “누구든지 성별·종교 또는 사회적 신분에 의하여 차별받지 아니 한다”는 차별금지규정은 성별·종교 또는 사회적 신분은 헌법상 예시규정이므로 인종, 출신지역 등을 이유로 하는 차별도 금지되며 금지되는 영역도 정치적·경제적·사회적·문화적 생활의 영역뿐만 아니라 종교적·군사적 생활영역에서의 차별대우도 금지된다고 본다.[5)]

3. 노동법 영역에서 차별금지

헌법 제32조는 근로에 관한 규정으로 제4항에서 여성노동에 대하여 “여자의 근로는 특별한 보호를 받으며, 고용·임금 및 근로조건에 있어서 부당한 차별을 받지 아니한다”고 하고 있다. 이 규정에 따라 노동에 있어서 여성에 대한 특별한 보호가 요구되며, 고용·임금 및 노동조건에서의 부당한 차별이 금지된다. 이 규정은 1987년 제9차 개헌 당시 신설된 것으로 여자와 연소자를 동일한 범주로 묶어 보호하던 기존의 헌법상의 규정을 개정하여 여성의 경제적 생활영역에서의 평등원칙을 명문화한 점에 의의가 있다. 이 규정에 따라 여성의 신체적·생리적 특성에 따른 모성보호에 근거한 여성의 근로에 대한 특별보호와 근로관계에서의 성차별금지를 명문화하였다.

---

5) 신옥주, “헌법상 남녀동권규정 도입의 필요성에 관한 비교법적 고찰,” 공법학연구 제10권 제2호(2009), 57-59쪽.

4. 가족법 영역에서 차별금지

헌법 제36조는 혼인·가족생활·모성에 대한 조항이다. 제1항은 혼인과 가족생활이 개인의 존엄과 양성의 평등을 기초로 성립되고 유지되어야 하며, 이에 대한 국가의 보장 의무를 규정하고 있다. 제2항은 모성보호를 위해 국가가 노력을 기울여야 한다고 하고 있다. 이 규정을 통하여 혼인과 가족생활에서의 양성평등이 헌법상 보장되며, 우리 헌법은 개인의 존엄과 혼인의 자유, 그리고 양성의 평등이 보장되는 민주적 가족제도를 제도적으로 보장한다고 본다.

Ⅱ. 성차별금지의 원칙

1. 단기복무중인 여자 군인

성별을 차별금지사유로 해서는 안 된다는 것은 구체적으로 남녀평등을 선언한 것이다. 따라서 남녀의 성에 관한 가치판단에 의한 차별은 금지된다.[6)]

헌법재판소는 단기복무군인 중 여성에게만 육아휴직을 허용하는 것이 성별에 의한 차별인지 여부에 대하여 다음과 같이 판시하였다. 헌법 제11조 제1항 후문은 헌법이 차별의 근거로 삼아서는 아니되는 기준의 하나로 '성별'에 의한 차별을 명시하고 있다. 이 사건 법률조항은 그 문언상 육아휴직과 관련하여 단기복무군인 중 '여자군인'에게만 육아휴직을 허용할 수 있는 것으로 되어 있는바, 이것이 헌법이 금지하고 있는 성별에 의한 차별에 해당하는 것이 아닌가 하는 의문이 있을 수 있다.

그러나 이 사건 법률조항이 육아휴직과 관련하여 단기복무군인 중 남성과 여성을 차별하는 것은 성별에 근거한 차별이 아니라 의무복무군인과 직업군인이라는 복무형태에 따른 차별로 봄이 타당하다. 즉, 앞에서 본 바와 같이 병역법은 남자에게만 병역의무를 부과하고 있고, 여성은 지원에 의하여 현역에 복무할 수 있을 뿐이므로, 병역의무를 이행하고 있는 남성 단기복무군인과 달리 장교를 포함한 여성 단기복무군인은 지원에 의하여 직업으로서 군인을 선택한

6) 홍성방, 앞의 책(중), 62쪽.

것이기 때문이다.

더구나 이 사건 법률조항이 장기복무장교나 준사관, 장기복무부사관의 경우에는 남녀 구분 없이 육아휴직을 허용하고 있는 점, 연혁적으로 보더라도 군인사법이 육아휴직제도를 도입할 당시 모델이 되었던 구 국가공무원법(1994. 12. 22. 법률 제4829호로 개정된 것) 제71조 제2항이 육아휴직의 대상이 되는 직업공무원에 대하여 남녀 구분 없이 육아휴직을 허용하고 있었으므로 군인사법 역시 직업공무원에게 부여되는 육아휴직의 혜택을 직업군인에게도 부여하기 위하여 도입한 것으로 보아야 하는 점, 육아휴직제도를 도입할 당시의 군인사법 개정이유에서도 여성우대에 관한 언급없이 '장기복무장교, 준사관 및 장기복무하사관 등'의 사기를 높이고 고충을 해소하기 위한 것이라고만 하고 있는 점 등에 비추어 볼 때, 이 사건 법률조항은 육아휴직과 관련하여 성별을 기준으로 차별한 것이 아니라 직업군인 여부를 기준으로 차별한 것이라고 보아야 할 것이다(이 사건 법률조항에서 '단기복무중인 여자군인'이라는 표현이 사용된 것은 단기복무군인 중 직업군인은 여성뿐이므로 이를 특정하기 위한 것이라고 보아야 한다)(헌재 2008. 10. 30.자 2005헌마1156 결정).

2. 부계혈통주의와 국적법

출생에 의한 국적취득에 있어 부계혈통주의를 규정한 구 국적법(1948. 12. 20. 법률 제16호로 제정되고, 1997. 12. 13. 법률 제5431호로 전문개정되기 전의 것) 제2조 제1항 제1호가 헌법상 평등의 원칙에 위배되는지 여부가 문제되었다. 헌법재판소는 상대적 평등, 합리적 기준을 성평등에도 적용하고 있다. 헌법재판소는 다음과 같이 판시한다. 부계혈통주의 원칙을 채택한 구법조항은 출생한 당시의 자녀의 국적을 부의 국적에만 맞추고 모의 국적은 단지 보충적인 의미만을 부여하는 차별을 하고 있다. 이렇게 한국인 부와 외국인 모 사이의 자녀와 한국인 모와 외국인 부 사이의 자녀를 차별취급하는 것은, 모가 한국인인 자녀와 그 모에게 불리한 영향을 끼치므로 헌법 제11조 제1항의 남녀평등원칙에 어긋난다.

한국인과 외국인 간의 혼인에서 배우자의 한쪽이 한국인 부인 경우와 한국인 모인 경우 사이에 성별에 따른 특별한 차이가 있는 것도 아니고, 양쪽 모두 그 자녀는 한국의 법질서와 문화에 적응하고 공동체에서 흠없이 생활해 나갈 수 있는 동등한 능력과 자질을 갖추었는데도 불구하고 전체 가족의 국적을 가부(家父)에만 연결시키고 있는 구법조항은 헌법 제36조 제1항이 규정한 "가족생활에 있어서의 양성의 평등원칙"에 위배된다.

모가 한국인인 자녀들은 외국인이므로 원칙적으로 대한민국의 공무원이 될 수 없고, 거주·이전의 자유, 직업선택의 자유, 재산권, 선거권 및 피선거권, 국가배상청구권 및 사회적 기본권 등을 누릴 수 없거나 제한적으로밖에 향유하지 못하게 된다. 그러므로 구법조항은 자녀의 입장에서 볼 때에도 한국인 모의 자녀를 한국인 부의 자녀에 비교하여 현저하게 차별취급을 하고 있으므로 헌법상의 평등원칙에 위배된다(헌재 2008. 10. 30.자 2005헌마1156 결정).

Ⅲ. 여성의 근로에 대한 부당한 차별금지

1. 양성평등 채용목표제와 차별

공립중등학교 교사임용후보자 선정경쟁시험에서 양성평등 채용목표 제도를 실시하는 절차를 두고 있지 않은 경우에 헌법소원이 제기되었다. 헌법재판소는 헌법 제32조 제4항에 근거한 여성근로자의 보호를 위한 차별적 처우가 인정되나 헌법이 양성평등 채용목표제와 같은 적극적 평등실현조치를 위한 법률제정을 명하는 것은 아니라고 하였다. 즉 공립중등학교 교사는 법적으로 국가공무원의 일종인 교육공무원의 신분을 지니는데, 교육공무원법에 의하면 교사자격이 있는 자에게는 공개전형시험에서 자신의 능력을 실증함으로써 교사로 임용될 수 있는 균등한 기회가 부여되어야 한다. 다만, 헌법의 기본원리나 특정조항에 비추어 능력주의원칙에 대한 예외를 인정할 수 있는 경우가 있다. 그러한 헌법원리로는 우리 헌법의 기본원리인 사회국가원리를 들 수 있고, 헌법조항으로는 여성·연소자근로의 보호를 규정하고 있는 헌법 제32조 제4항 등을 들 수 있다.

그런데 능력주의원칙의 예외로서 교육공무원의 임용시에 여성과 남성의 평등한 임용기회를 보장하기 위하여 여성 또는 남성이 선발예정인원의 일정비율 이상이 될 수 있도록 하는 양성평등채용목표제를 실시하는 법률을 제정할 것을 입법자에게 입법위임을 하는 그러한 규정은 우리 헌법 어디에도 없다. 또한 헌법해석상 그러한 법령을 제정하여 교육공무원 내 남녀의 성비가 균형을 이루도록 함으로써 양성의 평등을 제고하여야 할 입법자의 행위의무 내지 보호의무가 발생하였다고 볼 여지 또한 없다. 따라서 이 사건은 진정입법부작위에 대하여 헌법소원을 제기할 수 있는 경우에 해당하지 아니한다고 할 것이다(헌재 2006. 5. 25.자 2005헌마362 결정).

2. 사회보장수급권과 차별

이 사건 법률조항에 따르면, 부는 처의 사망 당시 60세 이상이거나 장애등급 2급 이상에 해당하지 않는 이상 유족연금수급권이 없다. 반면, 처는 부의 사망으로 유족연금수급권이 발생한 날로부터 5년간은 소득있는 업무에 종사하는지 여부와 관계없이 지급되고 수급권자의 연령이 50세에 달한 때에도 이와 같다(구법 제66조 제1항 본문). 과도한 사회보장급여는 국가에 대한 의존심, 수혜자의 나태 등을 조장하여 수혜자의 근로의욕을 감소시키므로 과도한 급여는 수혜자가 생활의 자립을 도모하는 데 오히려 장애가 될 수 있어 복지수혜자의 근로의욕을 고취시키는 유인책으로 급여를 제한, 조정, 중지하는 방안이 필요하다. 이러한 맥락에서 유족급여수급권이 순수한 재산권이 아니라 유족의 경제적 생활안정과 복리향상에 기여함을 목적으로 하는 사회보장수급권으로서의 성격을 가진 이상 사망한 가입자의 배우자에 대하여 아무런 제한 없이 유족급여를 지급할 수는 없는 것이다. 다만, 이 사건 법률조항은 유족연금수급에 있어서 부의 수급요건을 처와는 달리 정하고 있어 부를 처에 비하여 차별하고 있음이 인정된다. 이 사건에서 그러한 차별이 헌법적으로 정당성을 지니고 있는 것인지가 문제되었다. 헌법재판소는 당시의 사회 경제적 역할 분담과 그 지위 등의 차이에 따라 남성배우자에 대하여 불리한 차별적 처우를 한 것을 평등에 적합하다고 하였다.[7)]

---

7) 김문현, “양성평등에 관한 헌법재판소 판례에 대한 평가,” 법학논집 제15권 제1호(2010), 247쪽.

헌법재판소는 다음과 같이 판시하고 있다. 그러한 사회보장수급권으로서의 성격이 강한 유족급여의 경우 배우자의 유족연금의 수급요건을 정하는 것은 남녀의 사회·경제적 역할 분담과 그 지위 등에 영향을 받을 수밖에 없는 것이다. 물론 유족연금제도 도입 당시에 비해 여성경제활동 참가율 등이 증가한 측면은 있으나, 2006년 12월 말 현재 국민연금가입률(남자 65.7%, 여자 34.3%), 노령연금수급자(남자 1,047천 명, 여자 470천 명), 경제활동참가율(남자 74.1%, 여자 50.4%), 여성근로자의 평균임금(남성근로자의 64%) 등을 감안할 때 구법 시행 당시에는 유족연금의 수급요건에 있어서 남녀 배우자 간에 차별이 있다 하더라도 이는 여성 배우자 보호의 필요에 의한 것이라고 보여지고, 2007. 7. 23.에 이르러 비로소 유족연금의 수급요건이 남녀 배우자 동일하게 개정되었다고 하여 이 사건 법률조항이 위헌이라고 단정하기는 어렵다. 그러므로 이 사건 법률조항은 우리나라 취업 시장의 현황, 임금 구조, 전체적인 사회보장수준, 우리 가족관계의 특성 등을 종합적으로 고려하여 유족급여의 제공 여부를 결정하고 있는 것으로서, 이 사건 법률조항이 남성 배우자에 대한 실질적 차별을 내용으로 하고 있다거나 입법목적의 비중과 차별대우의 정도가 균형을 상실하였다고 볼 수 없고, 따라서 평등원칙에 반한다고 볼 수 없다(헌재 2008. 11. 27.자 2006헌가1 결정). 그러나 재판관 중 4인은 이 사건 법률조항이 입법되던 당시와는 달리 시대의 변화로 인해 여성의 경제활동인구가 증가하고, 가족 내에서 경제적 역할분담의 양상이 다양해진 오늘날, 부에 대한 유족연금수급권을 처에 비하여 차별적으로 인정하는 것은 헌법 제11조의 평등원칙에 위반된다고 하였다.

Ⅳ. 혼인과 가족생활에 있어서 양성평등

1. 헌법상의 의의

헌법 제36조 제1항은 혼인과 가족생활을 보장함으로써 가족의 자율영역이 국가의 간섭에 의하여 획일화·평준화되고 이념화되는 것으로부터 보호하고자 하는 규정이다. 혼인과 가족생활은 개인의 존엄과 양성의 평등을 기초로 하고 있기 때문에 평등권의 보장에 의하여서도 실현된다. 헌법 제36조가 평등보장과 함께 혼인과 가족의 보호에 대하여 별도로 구체적으로 규정하는 방식을 취하고 있는 것은 그 보장을 보다 명백하게 하기 위함이다. 혼인은 개인의 존엄과 양성의 본질적 평등의 바탕 위에서 모든 국민은 스스로 혼인을 할 것인가 하지 않을 것인가를 결정할 수 있고 혼인을 함에 있어서도 그 시기는 물론 상대방을 자유로이 선택할 수 있는 주관적 권리가 되며, 이러한 결정에 따라 혼인과 가족생활을 유지할 수 있고, 국가는 이를 보장해야 한다.[8]

헌법재판소는 다음과 같이 판시하고 있다. 헌법 제36조 제1항은 혼인과 가족생활을 스스로 결정하고 형성할 수 있는 자유를 기본권으로서 보장하고, 혼인과 가족에 대한 제도를 보장한다. 그리고 헌법 제36조 제1항은 혼인과 가족에 관련되는 공법 및 사법의 모든 영역에 영향을 미치는 헌법원리 내지 원칙규범으로서의 성격도 가지는데, 이는 적극적으로는 적절한 조치를 통해서 혼인과 가족을 지원하고 제삼자에 의한 침해 앞에서 혼인과 가족을 보호해야 할 국가의 과제를 포함하며, 소극적으로는 불이익을 야기하는 제한조치를 통해서 혼인과 가족을 차별하는 것을 금지해야 할 국가의 의무를 포함한다. 이러한 헌법원리로부터 도출되는 차별금지명령은 헌법 제11조 제1항에서 보장되는 평등원칙을 혼인과 가족생활영역에서 더욱 더 구체화함으로써 혼인과 가족을 부당한 차별로부터 특별히 더 보호하려는 목적을 가진다(헌재 2002. 8. 29.자 2001헌바82 결정).

2. 부부평등제와 호주제도의 위헌성

평등원칙의 경우에는 과잉금지의 원칙과 자의금지의 원칙으로 분기되어 그 구별기준은 보다 세분화되고 있는데, 헌법재판소의 호주제의 헌법불합치결정은 바로 이러한 평등원칙을 그 심사기준으로 삼은 것이다. 헌법재판소의 호주제의 헌법불합치결정에 따라 2008년 1월 1월부터 호주제가 폐지되었고, 이를 대체하는 가족관계등록부제라는 새로운 제도가 도입되게 된 것이다. 이로

8) 정극원, "혼인의 자유에 관한 헌법재판소의 판례의 동향," 세계헌법연구 제14권 제1호 (2008), 300쪽.

써 1909년 호주와 본적개념을 골자로 하는 일본 "민적법"이 한국에 도입되면서 시행되었던 호주제를 근간으로 하는 가족에 관한 기존제도에 큰 변화가 생기게 되었다.[9]

헌법재판소는 성역할에 관한 고정관념에 기초한 차별을 다음과 같이 판시하고 있다.

헌법 제36조 제1항은 혼인과 가족생활에서 양성의 평등대우를 명하고 있으므로 남녀의 성을 근거로 하여 차별하는 것은 원칙적으로 금지되고, 성질상 오로지 남성 또는 여성에게만 특유하게 나타나는 문제의 해결을 위하여 필요한 예외적 경우에만 성차별적 규율이 정당화된다. 과거 전통적으로 남녀의 생활관계가 일정한 형태로 형성되어 왔다는 사실이나 관념에 기인하는 차별, 즉 성역할에 관한 고정관념에 기초한 차별은 허용되지 않는다.

호주제는 남계혈통을 중심으로 인위적 가족집단인 가를 구성하고 이를 승계한다는 것이 그 본질임은 위에서 본 바와 같다. 인위적 가족집단인 가를 구성·유지하는 것이 정당한지 여부를 차치하고서, 남계혈통 위주로 가를 구성하고 승계한다는 것은 성에 따라 아버지와 어머니를, 남편과 아내를, 아들과 딸을, 즉 남녀를 차별하는 것인데, 이러한 차별을 정당화할 만한 사유가 없다.

숭조(崇祖)사상, 경로효친, 가족화합과 같은 전통사상이나 미풍양속의 보존을 위하여 호주제를 존치하여야 한다는 견해도 있을 수 있으나, 그러한 것은 문화와 윤리의 측면에서 얼마든지 계승, 발전시킬 수 있다. 호주제를 유지한다고 하여 그러한 전통문화나 미풍양속이 저절로 배양되는 것도 아니고, 호주제를 폐지한다고 하여 그러한 것이 저절로 폐기되는 것도 아니다.

호주제의 남녀차별은 가족 내에서의 남성의 우월적 지위, 여성의 종속적 지위라는 전래적 여성상에 뿌리박힌 차별로서 성역할에 관한 고정관념에 기초한 차별에 지나지 않는다(헌재 2005. 2. 3.자 2001헌가9 결정).

우리의 혼인 및 가족제도는 전통적인 가부장적 제도에 영향을 받아 부계혈통주의를 취하고 있으며, 남성 위주의 호주제도를 구체화하고 있어 이로 인하여 여성이 불이익을 받게 되는 것이 사실이다. 따라서 이러한 영역에서 입

---

9) 정극원, 앞의 논문, 301쪽.

법자는 이러한 불이익을 철폐하기 위하여 남녀평등에 위반되는 혼인과 가족생활 관련 법률을 개정해야 할 헌법적 의무가 있다고 볼 수 있으며, 이와 같은 것이 아무리 오랫동안 지속된 전통이라 하더라도 이러한 전통의 유지가 혼인과 가족생활에 있어서 양성평등원칙을 대체할 만큼의 중요한 헌법적 법익이라 말할 수는 없다는 것이다. 그러나 혼란을 막기 위하여 호적법을 개정할 때까지 잠정적으로 효력을 인정하는 헌법불합치결정을 내렸다. 이에 따라 국회는 2005년 3월 개정민법에서 호주제를 폐지하였고, 개정민법은 2008년 1월 1일부터 시행되기 시작하였다. 개정민법에서는 부부평등의 이념과 조화되도록 부만 제기가 가능하였던 친생부인의 소의 제기권자로 처도 추가하여 처의 친생부인의 소의 제기를 인정하고 있다.[10)]

3. 비례의 원칙과 부부자산소득 합산과세의 위헌성

헌법 제36조 제1항은 단지 차별의 합리적 이유의 유무만을 확인하는 정도를 넘어, 차별의 이유와 차별의 내용 사이에 적정한 균형관계가 이루어져 있는지에 대해서도 심사하여야 함에 있어서의 기준이 된다.[11)]

헌법재판소는 차별취급의 필요성 여부와 법익의 균형성 여부에 관하여 다음과 같이 판시하고 있다. 부부의 자산소득을 합산하여 과세하는 취지는 자산소득을 부부 간에 분산하여 종합소득세의 누진세 체계를 회피하는 것을 방지하고, 소비단위별 생활실태에 부합하는 공평한 과세를 실현하며, 불로소득인 자산소득에 대하여 중과세하여 소득의 재분배를 기하려는 데에 있으므로 그 입법목적은 정당하다.

그러나 자산소득의 인위적인 분산에 의한 조세회피행위 방지라는 목적은 상속세 및 증여세법상의 증여추정규정 또는 부동산 실권리자명의 등기에 관한 법률상 조세포탈 목적으로 배우자에게 명의신탁한 경우 부동산에 관한 물권변동을 무효로 하는 규정 등에 의해서 충분히 달성할 수 있다. 그리고 자산소득이 있는 모든 납세의무자 가운데 혼인한 부부에 대하여만 사실혼관계의 부부

10) 정극원, 앞의 논문, 307쪽.
11) 정극원, 앞의 논문, 310쪽.

나 독신자에 비하여 더 많은 조세부담을 가하여 소득을 재분배하도록 강요하는 것은 위와 같은 입법목적 달성을 위한 적절한 방법이라 볼 수 없다.

오늘날 여성의 사회적 지위가 상승하여 맞벌이 부부의 수가 늘어나고 법률혼 외에 사실혼관계의 남녀가 증가하는 등 전통적인 생활양식에 많은 변화가 일어나고 있음을 고려할 때 혼인한 부부가 사실혼관계의 부부나 독신자에 비하여 조세부담에 관하여 불리한 취급을 받아야 할 이유를 찾아보기 어렵다. 나아가, 부부자산소득합산과세가 추구하는 공익은 입법정책적 법익에 불과한 반면, 이로 인하여 침해되는 것은 헌법이 강도 높게 보호하고자 하는 혼인을 근거로 한 차별금지라는 헌법적 가치이므로, 달성하고자 하는 공익과 침해되는 사익 사이에 적정한 균형관계를 인정할 수 없다.

그러므로 부부자산소득합산과세는 혼인한 부부를 비례의 원칙에 반하여 사실혼관계의 부부나 독신자에 비하여 차별하는 것으로서 헌법 제36조 제1항에 위반된다(헌재 2005. 5. 26.자 2004헌가6 결정).

4. 본질이론과 동성동본 혼인금지규정의 헌법불합치

헌법재판소는 인간다운 생활을 할 권리의 규범내용에 대한 심사에 있어서 평등이론과 더불어 본질이론을 그 적용의 근거로 삼고 있다. 평등이론이 내용적으로 자의의 금지와 비례의 원칙이 지켜지고 있는지를 심사의 기준으로 삼는 것이라면, 본질이론은 기본권의 본질을 침해하여서는 아니 된다는 것을 말한다.[12)]

혼인을 성립하게 하는 방식으로는 의식혼주의, 법률혼주의 및 사실혼주의가 있다. 동성동본인 혈족 사이에서는 혼인이 금지되는 동성동본 혼인금지는 주로 법률혼주의에서의 문제이다. 즉 그 법적 신고를 통하여 혼인을 완성하는 법률혼주의에 있어서 혼인이 동성동본 혼인관계인지를 찾아내는 것이 가능하기 때문이다. 우리 헌법재판소는 동성동본에 대한 혼인을 금지하고 있던 민법 제809조 제1항에 대하여 헌법 불합치결정을 내렸다.

12) 정극원, 앞의 논문, 311-313쪽.

판례: 민법 제809조 제1항의 위헌 여부

(1) 재판관 김용준, 재판관 김문희, 재판관 황도연, 재판관 신창언, 재판관 이영모의 단순위헌의견

중국의 동성금혼 사상에서 유래하여 조선시대를 거치면서 법제화되고 확립된 동성동본 금혼제는 그 제도 생성 당시의 국가정책, 국민의식이나 윤리관 및 경제구조와 가족제도 등이 혼인제도에 반영된 것으로서, 충효정신을 기반으로 한 농경중심의 가부장적, 신분적 계급사회에서 사회질서를 유지하기 위한 수단의 하나로서의 기능을 하였다. 그러나 자유와 평등을 근본이념으로 하고 남녀평등의 관념이 정착되었으며 경제적으로 고도로 발달한 산업사회인 현대의 자유민주주의사회에서 동성동본 금혼을 규정한 민법 제809조 제1항은 이제 사회적 타당성 내지 합리성을 상실하고 있음과 아울러 "인간으로서의 존엄과 가치 및 행복추구권"을 규정한 헌법이념 및 "개인의 존엄과 양성의 평등"에 기초한 혼인과 가족생활의 성립·유지라는 헌법규정에 정면으로 배치될 뿐 아니라 남계혈족에만 한정하여 성별에 의한 차별을 함으로써 헌법상의 평등의 원칙에도 위반되며, 또한 그 입법목적이 이제는 혼인에 관한 국민의 자유와 권리를 제한할 "사회질서"나 "공공복리"에 해당될 수 없다는 점에서 헌법 제37조 제2항에도 위반된다 할 것이다.

(2) 재판관 정경식, 재판관 고중석의 헌법불합치의견

민법 제809조 제1항이 헌법에 위반된다는 결론에는 다수의견과 견해를 같이 한다.그러나 동성동본제도는 수백 년간 이어져 내려오면서 우리 민족의 혼인풍속이 되었을 뿐만 아니라 윤리규범으로 터잡게 되었고 혼인제도는 입법부인 국회가 우리민족의 전통, 관습, 윤리의식 등 여러가지 사정을 고려하여 입법정책적으로 결정하여야 할 입법재량사항이므로, 비록 위 조항에 위헌성이 있다고 하여도 헌법재판소가 곧바로 위헌결정을 할 것이 아니라 입법형성권을 가지고 있는 국회가 우리민족의 혼인풍속, 윤리의식, 친족관념 및 그 변화 여부, 동성동본 금혼제도가 과연 사회적 타당성이나 합리성을 완전히 상실하였는지 여부, 그 제도의 개선방법, 그리고 동성동본 금혼제도를 폐지함에 있어 현행 근친혼 금지규정이나 혼인무효 및 취소에 관한 규정을 새로 정비할 필요

는 없는지 등을 충분히 고려하여 새로이 혼인제도를 결정할 수 있도록 헌법불합치결정을 하여야 한다.

(3) 이 사건 법률조항이 헌법에 위반된다는 점에 있어서는 재판관 7명의 의견이 일치되었으나, 재판관 5명은 단순위헌결정을 선고함이 상당하다는 의견이고 재판관 2명은 헌법불합치결정을 선고함이 상당하다는 의견으로서, 재판관 5명의 의견이 다수의견이기는 하나 헌법재판소법 제23조 제2항 제1호에 규정된 "법률의 위헌결정"을 함에 필요한 심판정족수에 이르지 못하였으므로 헌법불합치의 결정을 선고한다.

(4) 재판관 이재화, 재판관 조승형의 반대의견

동성동본 금혼제는 중국에서 유래한 것이 아니라 단군건국 초부터 전래되면서 관습화된 우리 민족의 미풍양속으로서 전통문화의 하나이며, 비록 1970년대 이래 급속한 경제성장에 따라 우리의 사회환경이나 의식이 여러 면에서 변화하고 있지만 우리의 혼인관습이 본질적으로 변하였다고 볼만한 자료는 없다. 가족법은 그 특성상 전통적인 관습을 반영할 수밖에 없는 것이며 그 중 어느 범위에서 이를 입법화하여 강제할 것인가는 입법정책의 영역에 속하는 것으로 입법자의 판단이 명백히 비합리적이라고 판단되지 않는 이상 이를 위헌이라고 할 수는 없는 것인바, 민법 제809조 제1항은 전통적인 혼인관습을 법제화·강제화함으로써 사회질서를 유지하고자 함을 입법목적으로 하며, 전통문화라는 역사적 사실과 전통문화의 계승이라는 헌법적 이상에 부응한다. 그리고 국민의 행복추구권 즉, 혼인의 자유와 상대방을 자유롭게 선택할 수 있는 자유 등도 불가피한 경우에는 그 본질적 내용을 침해하지 않는 한도에서 법률로써 제한할 수 있으며, 또한 전통문화의 계승이라는 한계 내에서만 보장된다 할 것인데, 이 사건 법률조항의 입법목적의 정당성을 긍정하는 한 이 조항이 배우자 선택권을 지나치게 제한하여 그 본질을 침해한다고 할 수는 없으며, 그 입법수단이나 방법의 적절성 및 법익침해의 균형성도 문제되지 아니하고, 전통관습의 법제화라는 입장에서 이 사건 법률조항을 둔 것이므로 이를 합리성이 없는 자의적 남녀차별이라고 할 수도 없다. 따라서 이 사건 법률조항은 과잉금지의 원칙이나 자의적 차별금지의 원칙에 반하여 국민의 기본권을 제한

한다거나 혼인과 가족생활에 관한 헌법 제36조 그 밖의 헌법원리에 반한다고 할 수 없다(헌재 1997. 7. 16.자 95헌가6 결정).

제 3 절 차별금지영역

Ⅰ. 정치적 영역

1. 정치적 평등

모든 국민은 정치적 생활영역에서 차별대우를 받지 아니한다. 정치적 생활영역에서의 평등은 선거권과 피선거권, 국민투표권, 공무담임권 등에 있어서의 차별금지를 말한다. 이와 같은 정치적 평등은 민주정치의 대전제이며, 평등선거제도는 세계적으로 확립되어 있다. 여기에 적용되는 평등원칙은 '절대적 평등'임을 유의하여야 한다. 우리 헌법도 이를 제41조 제1항과 제67조 제1항에서 규정하고 있다.[13]

2. 선거구 획정과 평등

헌법재판소는 인구편차가 격심한 선거구 구획의 위헌을 선언하였다. 다수의견은 평균인구치의 상하 60% 정도(전체적으로는 4:1) 이상이면 위헌이라고 하였고, 소수의견은 최소최대인구 편차를 2:1 미만의 기준에 따라 위헌여부를 결정하도록 하였다.

이와 관련된 헌법재판소의 결정은 다음과 같다. 우리 헌법은, 제11조 제1항에서 모든 국민은 법 앞에 평등하다고 규정함으로써 일반적으로 "평등의 원칙"을 선언함과 동시에, 제41조 제1항에서 국회는 국민의 보통·평등·직접·비밀선거에 의하여 선출된 국회의원으로 구성한다고 규정함으로써 국회의원의 선거에 있어서 "평등선거의 원칙"을 선언하고 있다. 이러한 평등선거의 원칙은 평등의 원칙이 선거제도에 적용된 것으로서 투표의 수적 평등 즉 복수투표

13) 김재광, "평등권의 원리적 고찰," 고동논집 제18집(1996), 113쪽.

제 등을 부인하고 모든 선거인에게 1인 1표(one man, one vote)를 인정함을 의미할 뿐만 아니라 투표의 성과가치의 평등 즉 1표의 투표가치가 대표자선정이라는 선거의 결과에 대하여 기여한 정도에 있어서도 평등하여야 함(one vote, one value)을 의미한다. 그러나 이러한 투표가치의 평등은 모든 투표가 선거의 결과에 미치는 기여도 내지 영향력에 있어서 숫자적으로 완전히 동일할 것까지를 요구하는 것이라고는 보기 어렵다. 왜냐하면 투표가치는 그 나라의 선거제도의 구조와 밀접하게 관련되어 있고 따라서 그 구조가 어떠하냐에 따라 결과적으로 선거의 결과에 미치는 투표의 영향력에 어느 정도의 차이가 생기는 것은 면할 수 없기 때문이다.

대의제민주주의에 있어서의 선거제도는, 무엇보다도 선출된 대표자를 통하여 국민의 의견이나 이해가 공정하고도 효과적으로 국정에 반영되도록 하는 것이 중요하다고 하겠으나, 다른 한편 정치적 안정의 요청이나 나라마다의 역사적·사회적·정치적 상황 등도 고려하여 각기 그 나라의 실정에 맞도록 결정되어야 하는 것이고, 거기에 논리 필연적으로 요청되는 일정한 형태가 있는 것은 아니다. 따라서 선거제도의 중요한 요소인 선거구를 획정함에 있어서도 1인 1표와 투표가치 평등의 원칙을 고려한 선거구간의 인구의 균형뿐만 아니라, 그 나라의 행정구역, 지세, 교통사정, 생활권 내지 역사적, 전통적 일체감 등 여러 가지 정책적·기술적 요소가 고려될 수 있을 것이다.

현재 우리나라의 제반 여건 아래에서는 적어도 국회의원의 선거에 관한 한, 전국 선거구의 평균 인구 수(전국의 인구 수를 선거구 수로 나눈 수치)에 그 100분의 60을 더하거나 뺀 수를 넘거나 미달하는(즉, 상하 60%의 편차를 초과하는) 선거구가 있을 경우에는, 그러한 선거구의 획정은 국회의 합리적 재량의 범위를 일탈한 것으로서 헌법에 위반된다(다수의견)(헌재 1995. 12. 27.자 95헌마224 결정).

3. 초·중등학교 교원과 대학교원: 정당가입과 선거운동

헌법재판소는 초·중등학교 교원에 대해서는 정당가입과 선거운동의 자유를 금지하면서 대학교원에게는 이를 허용한다 하더라도, 이는 양자 간 직무의 본질이나 내용 그리고 근무태양이 다른 점을 고려할 때 합리적인 차별이라고 할 것이므로 헌법상의 평등권을 침해한 것이라고 할 수 없다고 결정하였다.

헌법 제11조 제1항의 평등의 원칙은 일체의 차별적 대우를 부정하는 절대적 평등을 의미하는 것이 아니라, 입법과 법의 적용에 있어서 합리적 근거 없는 차별을 하여서는 아니 된다는 상대적 평등을 뜻하고 따라서 합리적 근거 있는 차별 내지 불평등은 평등의 원칙에 반하는 것이 아니다(헌재 1994. 2. 24. 92헌바43).

이 사건 법률조항은 대학교원의 정당가입 및 선거운동의 자유를 허용하면서도 청구인들과 같은 초·중등학교의 교원에 대하여는 이를 금지함으로써 정치적 중립을 요구하고 있다. 정치활동이 허용되는 대학의 교원은 대학, 산업대학, 교육대학, 전문대학, 방송통신대학, 기술대학 등 각 학교에서 학생을 직접 교육·지도하고 학문을 연구하거나 또는 학문연구만을 전담하는 사람으로서 교수·부교수·조교수·전임강사 등이다(교육기본법 제9조, 고등교육법 제2조·제14조·제15조).

초·중등학교의 교원 즉 교사는 법령이 정하는 바에 따라 학생을 교육하는 자이고(교육기본법 제9조, 초·중등교육법 제20조 제3항), 반면에 대학의 교원 즉 교수·부교수·조교수와 전임강사는 학생을 교육·지도하고 학문을 연구하되, 학문연구만을 전담할 수 있다(고등교육법 제15조 제2항). 이와 같이 현행 교육법령은 양자의 직무를 달리 규정하고 있다. 물론 대학교수도 학생을 교육하기는 하나 그 주된 직무는 연구기능이므로, 이 점에서 매일 학생과 함께 호흡하며 수업을 하고 학생을 지도해야 하는 초·중등학교 교원에 비하여 상대적으로 많은 학문연구와 사회활동의 자유가 인정된다(헌재 1993. 7. 29. 91헌마69). 뿐만 아니라 초·중등학교의 교육은 일반적으로 승인된 기초적인 지식의 전달에 중점이 있는 데 비하여, 대학의 교육은 학문의 연구·활동과 교수기능을 유기적으로 결합하여 학문의 발전과 피교육자인 대학생들에 대한 교육의 질을 높일 필요성이 있기 때문에 대학교원의 자격기준도 이와 같은 기능을 수행할 수 있는 능력을 갖출 것이 요구된다(헌재 2004. 3. 25.자 2001헌마710 결정).

Ⅱ. 경제적 영역: 경제적 평등

모든 국민은 경제적 생활영역에서 불합리한 차별대우를 받지 아니할 뿐만 아니라 실질적 평등의 실현을 요구할 수 있는 권리를 가지고 있다. 경제적 생활영역에서의 평등은 남녀 간의 근로기회의 균등, 임금의 차별금지, 근로조건에 있어서의 평등, 과세의 평등, 생활무능력자의보호 등 사회보장에 있어서의 평등한 생활보장 등을 말한다. 이와 같은 경제적 평등은 오늘날 사회국가에서 인간다운 생활의 보장을 통해 사회 정의의 실천을 위해 중요시되고 있다. 그러나 경제적 영역에 있어서의 평등은 정치적 영역에 있어서의 평등처럼 잘 보장되고 있지는 못하다. 특히 빈부의 차에 의한 차별대우는 금지되나 사실상의 평등 실현이 어려우며, 빈자의 보호와 우대가 오히려 평등원칙에 적합하다고 하겠다.[14)]

따라서 여기에 적용되는 평등원칙은 주로 '상대적 평등'을 의미한다. 과세에 있어서 적용되는 누진세는 바로 실질적 평등의 구현을 의미하는 것이며, 재산권에 대한 제한(제23조) 등 경제적 자유에 대한 규제도 실질적 평등의 실현을 위한 조건으로 인정되고 있다. 특히 국가는 경제적 영역에서의 배분적 정의의 옹호자로서의 지위에 있으므로 실질적 평등의 실현을 위해 적극적으로 정책을 펴야 할 책임이 있다.

Ⅲ. 사회적 영역: 사회적 평등

모든 국민은 사회적 생활영역에 있어서 불합리한 차별대우를 받지 아니한다. 사회적 생활영역에서의 평등은 교육의 기회 균등, 혼인과 가족에 있어서의 양성평등, 형사절차상의 평등한 권리 등을 말한다. 그러나 실제로 사회적 생활영역과 경제적 생활영역의 문제를 구분하기 곤란한 경우가 많을 것이다. 특히 사회적 약자인 여성, 청소년과 노약자, 장애인의 사회적 평등은 중요하다. 국가의 적극적인 정책적 지원이 있을 때에 비로소 사회적 평등이 실현될 수 있다.[15)]

---

14) 김재광, 앞의 논문, 114-115쪽.

15) 김재광, 앞의 논문, 115쪽.

Ⅳ. 문화적 영역: 문화적 평등

모든 국민은 문화적 생활영역에서도 차별대우를 받지 아니할 권리를 갖고 있다. 문화적 평등은 학문·예술활동, 문화적 자료 시설의 이용, 정보에의 접근 이용 등 모든 문화활동에 있어서의 차별금지를 말한다. 미국에서는 교육에 있어서 "separate but equal!"의 원칙이 상당히 오래 계속되었으나, 1954년 교육에서의 격리철폐를 가져온 연방대법원의 판결 이래 통합화의 경향을 나타내고 있다. 우리나라에 있어서도 교육의 기회균등을 부르짖고 있다. 그러나 능력에 의한 차별대우, 예컨대 시험성적에 따른 입학 등은 당연히 허용되는 것이다.

제 4 장
법과 정의:
헌법과 정의의 원리

제 1 절 법과 정의

Ⅰ. 정의의 기능

정의는 법과 관련하여 세 가지 기능을 한다. 첫째, 현행 법규의 존재 의의를 체계적 설명하고 정당화하는 기능이다. 둘째, 법규의 적용과 관련된 가치지시 기능이다. 정의는 현행법의 적용에 있어서 일정한 기준을 제시하고, 선(先)실정법적이거나 초실정법적인 법가치로서의 역할을 한다는 것이다. 셋째, 현행법에 대한 비판기능이다. 정의를 법과 대치시킴으로써 궁극적으로 법 자체의 발전을 도모하는 기능이다.[1)]

Ⅱ. 법과 정의의 관계

법과 정의의 관계는 대체로 두 차원으로 파악할 수 있다. 하나는 법다움(legality)을 판단하는 차원에서 정의와 법의 관계를 묻는 차원이다. 정의에 위

1) 김도균, 앞의 논문, 345쪽.

반하는 정도가 심한 법률의 경우 법으로서의 자격을 박탈하는 정의의 기능을 '소극적 기능'이라고 할 수 있다. 다른 하나는 법의 품질과 품격을 따지고 좋은 법인지 아닌지를 판단하는 차원이다. 이는 법을 보다 낫게 향도하려는, 정의의 '적극적 기능'이다.

정의의 소극적 기능으로 대표적인 것이 "극도로 부정의한 법은 법이 아니다"라는 독일 법철학자 라드브루흐의 불법판단의 공식이다. 이 불법판단의 공식에 따르면, 어떤 법률이 정의의 핵심을 의도적으로 부정하고 있는 경우 그 법률은 단순히 악법에 그치지 않고 애초부터 법으로서의 자격을 상실한다. 그런 경우 문제의 법률은 법률의 외관을 띠고는 있지만 법효력이 인정되지 않는 법들, '법률의 외관을 띠고는 있으나 실은 법이 아닌 *法律的 不法*(법률 형식의 탈을 쓴 *不法*)'이라는 것이다. 민주화가 상당 정도 이루어진 사회에서는 위에서 든 극도로 부정의한 법률들은 드물게 나타난다. 그러나 사회에서 타당하다고 인정되는 실질적 정의원리들을 충족하지 못하는 법률들이 제정되고 적용될 위험은 항상 존재한다는 점에서 정의의 소극적 기능은 여전히 의미가 있다고 생각한다.

정의가 법이 지향해야 할 목표이자 법(의 제정과 적용)을 인도하는 지도원리로서 역할을 한다면 정의의 적극적 기능과 가치지시 기능이 수행되는 것인데, 정의의 적극적 기능은 두 차원으로 구분될 수 있을 것이다. 하나는 최대치의 차원으로서 법이 이러이러한 모습이었으면 좋겠다는 이상적 정의원리이다. 다른 하나는 최소치의 차원으로서 법이 이 정도 이상은 반드시 실현해 주었으면 하는 최소한도의 정의원리이다.

Q. 정의에 위반하는 정도가 심한 법률의 경우, 법으로서의 자격을 박탈하는 정의의 기능과 법의 품질과 품격을 따지고 좋은 법인지 아닌지를 판단하는 차원의 기능에 대해 생각해 보자.

제 2 절 정의의 원리

I. 정의는 복지이다

정의는 정말이지 법이다. 그런데 "인민의 복지가 최고의 법일진저(salus populi suprema lex esto)." 여기서 인민의 복지란 국가 구성원 각자 모두의 평안한 삶의 상태를 뜻할 터이다. 밥이 없으면 법도 없고, 따라서 정의도 없음이겠다. 그러니까 국민의 복지는 국가 경제를 모든 이가 평안한 삶을 운위할 수 있도록 관리해 나가는 데에서만 기대할 수 있다. 그것은 국가사회에서 '나의 것과 너의 것'의 조정을 불가불 포함한다.[2)]

그래서 "정의·인도를"를 실현하고 "불의를 타파하며, 자율과 조화를 바탕으로 자유민주적 기본질서"를 확립하고자 하는 대한민국 헌법 역시 국민들 내의 "적정한 소득의 분배"를 규정하고 있다.

> "제84조 대한민국의 경제질서는 모든 국민에게 생활의 기본적 수요를 충족할 수 있게 하는 사회정의의 실현과 균형있는 국민경제의 발전을 기함을 기본으로 삼는다. 각의 경제상 자유는 이 한계내에서 보장된다."(제헌헌법, 1948년 7월 17일).

> "제119조 ① 대한민국의 경제질서는 개인과 기업의 경제상의 자유와 창의의 존중을 기본으로 한다. ② 국가는 균형 있는 국민경제의 성장 및 안정과 적정한 소득의 분배를 유지하고, 시장의 지배와 경제력의 남용을 방지하며, 경제주체간의 조화를 통한 경제의 민주화를 위하여 경제에 관한 규제와 조정을 할 수 있다."(헌법, 1987년 10월 29일).

복지는 이를테면 경제적 정의이다. '소득과 부'는 사람이 사람답게 사는 데 필수적인 것이다. 사회 구성원 대부분이 또는 일부라도 경제적 궁핍으로 인해 심하게 고통 받고 있는 상황이라면 그러한 사회를 정의롭다고 볼 수 없으며, 어떤 사회가 정의롭지 못하다면 그 사회의 시민들 역시 정의롭다고 보기 어렵

---

2) 백종현, 앞의 논문, 6-7쪽.

다. 현저한 경제상의 불균형은 경제적 자유뿐만 아니라 정치적 자유와 평등의 실현 또한 저해할 뿐만 아니라, 결국은 인간의 품격 있는 삶은 파괴한다.

> "경제적·사회적 체제에 있어서의 불평등은 유리한 역사적 조건 아래에서 존재할 수 있었던 정치적 평등을 순식간에 저해한다."(롤즈의 정의론).

경제적 정의는 정치적 정의의 초석으로서 법적 정의 실현의 기반이자 징표이다.

Ⅱ. 정의 사회의 바탕: 양심

진정으로 정의로운 사회는 자유와 평등의 조화 가운데서, 다시 말해 구성원들이 누구나 인간으로서의 존엄성과 자존심을 가지고 상호 존경과 사랑으로 교제하는 우애의 관계를 유지할 때 성취될 수 있다. 그리고 이러한 유대의 지속을 견인하는 것은 구성원들 사이의 윤리적 공통감이다.[3]

이러한 공통감이란 도덕 감정 또는 양심(良心)이라 하겠다. 옳음에 대해서 함께 쾌감을 느끼고, 그름에 대해서 함께 불쾌감을 느끼는 도덕 감정이 보편적이면 보편적일수록 우리는 더 넓은 윤리의 지평을 얻는 것이고, 가치에 대한 공통지성/공통지가 확대되는 만큼 양심은 더 넓게 발양되는 것이겠다.

"양심이란 본래의 선한 마음씨로 곧 이른바 인의(仁義)의 마음씨"라고 보는 이도 있고, 그것을 "윤리적 존재자로서 인간은 누구나 근원적으로 자신 안에 가지고 있는 그런 것"이라고 보는 이도 있다. 이러한 관점에서 대한민국 헌법은 법원의 장에서

> "제103조 법관은 헌법과 법률에 의하여 그 양심에 따라 독립하여 심판한다."

고 규정한다. 최근 법관마다 양형에 크게 차이가 난다 하여 대법원에서 '양형기준'을 제정한다는 등의 소란이 없지 않지만, 그럼에도 "양심에 따라 독립하여 심판한다"는 것이 통용되는 것은 그렇게 할 때라야 법관의 인격적 지위가

---

3) 백종현, 앞의 논문, 17-18쪽.

확인되고 그렇게 함으로써만 오히려 심판의 공정성이 확보된다는 믿음이 그 바탕에 있기 때문이다. "한 법칙의 각 경우에서 인간에게 그의 의무가 없다 또는 있다는 것을 판정하는 실천이성"인 양심이, 또는 "모든 인간이 똑같이 자연본성"으로 가지고 있는, "건전하게 판단하고 진위를 판별할 수 있는 능력"으로서의 양식이 전제되지 않으면, '인간'이라고 하는 보편적인 개념 자체가 성립할 수 없고, 누가 누구를 법률에 의하여 심판한다는 것 또한 어불성설이다. 보편적인 법률을 구체적으로 적용할 때는 개별적인 판관의 '해석'이 불가피한 것이기 때문이다.

'양심'은 문자 그대로 '함께 앎'이다. 이러한 보편적 양식(良識)을 바탕으로 해서만 기실 윤리·도덕을 보편적으로 논의할 수 있고, 자유와 평등이 조화하는 정의로운 사회 또한 실현을 기대할 수 있을 것이다. 나의 자유를 마음껏 펼 수 있는 경우에도 미약한 사람의 자유 보호를 위해서는 내 역량의 원천을 통찰하고 그 사용을 절제하여 내 자유를 유보하는 자세를 가져야 하고, 반대로 어쩌다 역량이 미진하여 사회에 의존하게 되는 경우에는 누가 나보다 더 많은 것을 향유하고 있더라도 그 누군가의 노고 덕택에 이만한 정도의 내 삶의 질이 있는 이상, 나는 나대로 내 형편에 자족(自足)하는 자세와 자기성찰이 필요하다. 이 절제와 자제, 이 통찰과 성찰, 그 위에서 우애의 마음은 두터워지는 것이고, 그 자양분이 양심이다.

양심의 지반 위에서 온 시민이 상호 경애 속에서 친구처럼 함께 어울려 사는 우애의 사회에서만 정의는 구현될 수 있다. 정의는 법이고, 법적 영역에 속하는 것이지만, 법 일반이 그러하듯이 정의의 기반 역시 윤리 도덕이니 말이다.

이로써 왜 인간이 정의롭게 살아야 하며, '왜 인간 사회는 정의롭게 운영되어야만 하는가?' 하는 물음에 대한 답이 나온다. 그것은 인간 누구나가 자유롭고 평등한 사회에서만 인간이 함께 존엄성을 얻을 수 있기 때문, 다시 말해 윤리적일 수 있기 때문, 곧 '인간의 무늬'[人文]를 보일 수 있기 때문이 아니겠는가. 그러나 이러한 '문화'로의 길은 '개간(開墾)'과 '개작(改作)'의 도정이어서 긴 시간과 무진장한 노고를 필요로 하는 만큼 인내로써만 걸을 수 있을 것이다.

Ⅲ. 헌법상 정의란 무엇인가

1. 평등원칙과 정의

법치국가의 원리는 다양한 불평등의 모습을 제거하고 결함 없는 법질서의 완성을 요구한다. 이러한 면에서 정의의 원리는 법치국가 완성의 중요한 요소로서 그 내부에 포함되어 있는 개념이다. 독일 연방헌법재판소는 이러한 정의의 원리를 평등권심사의 중요한 척도로서 적용하고 있다. 특히 평등의 원칙의 내용인 자의금지위반 여부에 대해 '정의의 공식'을 활용하여 입법자의 입법형성권남용을 통제해 오고 있다. 우리 헌법재판소도 평등원칙과 관련하여 '정의의 관념과 형평', '조세정의의 원칙' 등을 언급하여 독일의 결정으로부터 영향을 받은 것으로 평가되나, 자의금지위반 심사와 정의의 원리와의 관계가 명확하지 못해 헌법재판소는 양자의 관계를 앞으로의 결정에서 정립해 나가는 태도가 요구된다.[4)]

2. 소급입법에 의한 공소시효연장: 5·18 민주화 운동

5·18 민주화운동 등에 관한 특별법 제2조 위헌제청 등에 관한 사건에 대한 헌법재판소의 결정을 보면 정의와 형평이라는 용어가 등장한다. 군사반란행위자와 내란행위자가 불처벌로 남아있을 수밖에 없는 상태로 있는 기간 동안에는 공소시효가 정지된다고 보아야 하며, 또 이것이 공소시효제도의 본질에도 부합하는 해석으로 성공한 내란도 처벌되어야 한다는 당위성에 합치되고 정의의 관념과 형평의 원칙에도 합치한다. (...) 위 법률조항의 경우에는 왜곡된 한국 반세기 헌정사의 흐름을 바로 잡아야 하는 시대적 당위성과 아울러 집권과정에서의 헌정질서파괴범죄를 범한 자들을 응징하여 정의를 회복하여야 한다는 중대한 공익이 있는 반면, (...) 위 법률조항은 헌정질서파괴범죄자들에 대하여 국가가 실효적으로 소추권을 행사할 수 있는 기간을 다른 일반국민들에 대한 시효기간과 동일하게 맞춤으로써, 그 범죄행위로 인하여 초래되

4) 명재진, 앞의 논문, 76-77쪽.

었던 불평등을 제거하겠다는 것에 불과하여, 위 범죄행위자들을 자의적으로 차별하는 것이 아닐 뿐만 아니라, 오히려 실질적 정의와 공평의 이념에 부합시키는 조치라고 할 수 있다(헌재 1996. 2. 16. 96헌가2 병합결정).

3. 평등권 침해여부

국가유공자등 예우 및 지원에 관한 법률 제16조의3 제1항 단서 위헌확인에 관한 헌법재판소의 결정에는 정의와 형평이라는 용어가 다음과 같이 나온다. 1998. 1. 1. 이후 유족 중 1인이 연금을 지급받고 있는 6·25전몰군경자녀에게 이 사건 수당을 지급하지 아니함으로써 그렇지 아니한 6·25전몰군경자녀와의 사이에 생기는 차별은 나름대로 합리성을 갖추고 있다고 할 것이고 객관적으로 정의와 형평에 반한다거나 자의적인 것이라고 할 수 없다(헌재 2002. 12. 18.자 2001헌마546 결정).

Note. ① 쟁점: 전몰군경 또는 순직군경의 자녀에게 6·25전몰군경자녀수당(이하 '이 사건 수당'이라 한다)을 지급함에 있어 1998. 1. 1. 이후 유족 중 1인이 연금을 받은 사실이 있는 전몰군경 또는 순직군경의 자녀를 제외하고 있는 국가유공자등 예우 및 지원에 관한 법률 제16조의3 제1항 단서가 평등권을 침해하는지 여부(소극)

② 평등권의 침해여부: 헌법 제11조는 "모든 국민은 법 앞에 평등하다. 누구든지 성별·종교·사회적 신분에 의하여 정치적·경제적·사회적·문화적 생활의 모든 영역에 있어서 차별을 받지 아니 한다"라고 규정하여 모든 국민에게 평등권을 보장하고 있는바, 평등의 원칙은 국민의 기본권 보장에 관한 우리 헌법의 최고 원리로서 국가가 입법을 하거나 법을 해석 및 집행함에 있어 따라야 할 기준인 동시에, 국가에 대하여 합리적 이유없이 불평등한 대우를 하지 말 것과, 평등한 대우를 요구할 수 있는 국민의 권리이다. 헌법 제11조 제1항의 평등의 원칙은 일체의 차별적 대우를 부정하는 절대적 평등을 의미하는 것이 아니라, 입법과 법의 적용에 있어서 합리적 근거 없는 차별을 하여서는 아니 된다는 상대적 평등을 뜻하고 따라서 합리적 근거 있는 차별 내지 불평등은 평등의 원칙에 반하는 것이 아니다.

헌법 제11조 제1항이 규정하는 평등의 원칙은 국가가 언제 어디에서 어떤 계층을 대상으로 하여 기본권에 관한 상황이나 제도의 개선을 시작할 것인지를 선택하는 것을 방해하지는 아니한다. 그것이 허용되지 아니한다면, 모든 사항과 계층을 대상으로 하여 동시에 제도의 개선을 추진하는 예외적 경우를 제외하고는 어떠한 제도의 개선도 평등의 원칙 때문에 그 시행이 불가능하다는 결과에 이르게 되어 불합리할 뿐 아니라 평등의 원칙이 실현하고자 하는 가치와도 어긋나기 때문이다.

4. 조세평등주의

금융실명거래 및 비밀보장에 관한 법률 부칙 제12조 위헌확인 사건에서 헌법재판소는 조세정의를 다음과 같이 말하고 있다. 조세평등주의라 함은 헌법 제11조 제1항에 규정된 평등원칙의 세법적 구현으로서, 조세의 부과와 징수를 납세자의 담세능력에 상응하여 공정하고 평등하게 할 것을 요구하며 합리적인 이유없이 특정의 납세의무자를 불리하게 차별하거나 우대하는 것을 허용하지 아니한다. 조세평등주의가 요구하는 이러한 담세능력에 따른 과세의 원칙(또는 응능부담의 원칙)은 한편으로 동일한 소득은 원칙적으로 동일하게 과세될 것을 요청하며(이른바 '수평적 조세정의'), 다른 한편으로는 소득이 다른 사람들 간의 공평한 조세부담의 배분을 요청한다(이른바 '수직적 조세정의')(헌재 1999. 11. 25.자 98헌마55 결정).

Ⅳ. 사회국가원리: 사회정의

1. 사회국가의 의의와 특징

우리 헌법은 사회국가원리를 명문으로 규정하고 있지는 않지만, 헌법의 전문, 사회적 기본권의 보장(헌법 제31조 내지 제36조), 경제 영역에서 적극적으로 계획하고 유도하고 재분배하여야 할 국가의 의무를 규정하는 경제에 관한 조항(헌법 제119조 제2항 이하) 등과 같이 사회국가원리의 구체화된 여러 표현을 통하여 사회국가원리를 수용하였다. 사회국가란 한마디로, 사회정의의 이념을 헌법에 수용한 국가, 사회현상에 대하여 방관적인 국가가 아니라 경제·사회·문화의 모든 영역에서 정의로운 사회질서의 형성을 위하여 사회현상에 관여하고 간섭하고 분배하고 조정하는 국가이며, 궁극적으로는 국민 각자가 실제로 자유를 행사할 수 있는 그 실질적 조건을 마련해 줄 의무가 있는 국가이다(헌재 2002. 12. 18.자 2002헌마52 결정).

그러나 이를 실현하기 위한 국가작용의 내용 및 수단은 확정되어 있지 않다. 즉, 사회국가는 확정된 개념이 아니라 구체적인 가치판단을 필요로 하고, 그 실현을 위한 국가적 과제의 범위와 방법은 일차적으로 입법자에게 맡겨져 있다. 이러한 불확정성은 사회국가원리의 한계이기도 하지만, 그보다는 동 원리가 사회변화에 탄력적으로 적응할 수 있도록 하며, 합리적이고 효율적인 수단을 찾기 위한 개방적 논의를 가능하게 한다는 점에서 탄력성 혹은 개방성의 장점으로 간주될 수 있다.[5]

우리 헌법의 사회국가적 정의원리에 대한 헌법재판소의 다음과 같은 해석은 한국 법질서의 정의론을 구상하는 데 큰 역할을 할 것이라고 생각한다.[6]

Note. 저상버스 도입의무 불이행 위헌확인(각하): ① 쟁점: 장애인을 위한 '저상버스'를 도입해야 할 국가의 구체적 의무가 헌법으로부터 도출되는지의 여부(소극)

② 헌법 제34조 제5항의 '신체장애자'에 대한 국가보호의무의 헌법적 의미: 헌법은 제34조 제1항에서 모든 국민의 "인간다운 생활을 할 권리"를 사회적 기본권으로 규정하면서, 제2항 내지 제6항에서 특정한 사회적 약자와 관련하여 "인간다운 생활을 할 권리"의 내용을 다양한 국가의 의무를 통하여 구체화하고 있다. 헌법이 제34조에서 여자(제3항), 노인·청소년(제4항), 신체장애자(제5항) 등 특정 사회적 약자의 보호를 명시적으로 규정한 것은, '장애인과 같은 사회적 약자의 경우에는 개인 스스로가 자유행사의 실질적 조건을 갖추는 데 어려움이 많으므로, 국가가 특히 이들에 대하여 자유를 실질적으로 행사할 수 있는 조건을 형성하고 유지해야 한다'는 점을 강조하고자 하는 것이다.

사회적 기본권(헌법 제31조 내지 제36조)이 국가에게 그의 이행을 어느 정도 강제할 수 있는 의무를 부과하기 위해서는, 국가의 다른 과제보다도 사회적 기

---

5) 홍석한, "정보격차해소에 관한 헌법적 고찰," 토지공법연구 제44집(2009), 482-483쪽.

6) 김도균, 앞의 논문, 373쪽.

본권이 규정하는 과제를 우선적으로 실현하여야 한다는 우위관계가 전제가 되어야 하는데, 사회적 기본권에 규정된 국가의 의무가 그렇지 못한 국가의 의무에 대하여 입법과정이나 정책결정과정에서, 무엇보다도 예산책정과정에서 반드시 우선적 이행을 요구할 수가 없다.

사회적 기본권과 경쟁적 상태에 있는 국가의 다른 중요한 헌법적 의무와의 관계에서나 아니면 개별적인 사회적 기본권 규정들 사이에서의 경쟁적 관계에서 보나, 입법자는 사회·경제정책을 시행하는 데 있어서 서로 경쟁하고 충돌하는 여러 국가목표를 균형있게 고려하여 서로 조화시키려고 시도하고, 매 사안마다 그에 적합한 실현의 우선순위를 부여하게 된다. 국가는 사회적 기본권에 의하여 제시된 국가의 의무와 과제를 언제나 국가의 현실적인 재정·경제능력의 범위 내에서 다른 국가과제와의 조화와 우선순위결정을 통하여 이행할 수밖에 없다. 그러므로 사회적 기본권은 입법과정이나 정책결정과정에서 사회적 기본권에 규정된 국가목표의 무조건적인 최우선적 배려가 아니라 단지 적절한 고려를 요청하는 것이다. 이러한 의미에서 사회적 기본권은, 국가의 모든 의사결정과정에서 사회적 기본권이 담고 있는 국가목표를 고려하여야 할 국가의 의무를 의미한다.

③ 판단: 국가가 장애인의 복지를 위하여 저상버스를 도입하는 등 국가재정이 허용하는 범위 내에서 사회적 약자를 위하여 최선을 다하는 것은 바람직하지만, 이는 사회국가를 실현하는 일차적 주체인 입법자와 행정청의 과제로서 이를 헌법재판소가 원칙적으로 강제할 수는 없는 것이며, 국가기관 간의 권력분립원칙에 비추어 볼 때 다만 헌법이 스스로 국가기관에게 특정한 의무를 부과하는 경우에 한하여, 헌법재판소는 헌법재판의 형태로써 국가기관이 특정한 행위를 하지 않은 부작위의 위헌성을 확인할 수 있을 뿐이다. 이 사건의 경우 저상버스를 도입해야 한다는 구체적인 내용의 국가 의무가 헌법으로부터 도출될 수 없으므로, 이 사건 심판청구는 부적법하다.

2. 사회국가의 이념적 기초: 사회정의

사회국가원리는 사회적 정의를 이념적 기초로 하고 있다. 종래 시민적 법치국가의 개인적 정의는 개인이 자신의 능력과 노력을 통해 획득한 것을 정당한 몫으로 인정하였지만, 사회적 정의는 왜곡된 사회경제적 구조에서 개인의

능력과 노력을 통해 얻은 것을 조정하고자 한다.[7])

사회국가의 탄생과정을 통해 확인할 수 있는 것은 인간은 고립된 주권적 개인으로서가 아니라, 서로서로 의존하는 유기적 연대성 속에 있다는 점이다. 이러한 맥락에서 사회국가의 "사회"는 연대성으로 이해할 수 있다. 이렇게 이해된 사회국가의 헌법적 수용은 정의 관념의 개인적 정의에서 사회적 정의로의 전환, 즉 무엇이 각자의 정당한 몫인지를 판단하는 방식 내지 관점의 변화를 의미한다.[8])

사회적 정의는 종래 개인적 정의가 간과하였던 사회·경제의 구조적 모순에 주목함으로써, 왜곡된 사회·경제구조 하에서 개인의 능력과 노력에 의해 얻은 것을 조정하고자 하며, 사회적 강자에게 일정한 몫을 내 놓을 것을 요구한다. 사회적 정의가 문제 삼고 있는 것은 예컨대 더 유능하고 더 열심히 일하는 사원이 그렇지 못한 사원보다 더 많은 보수를 받는 것처럼 개인의 능력과 노력에 상응하는 재화 내지 법익의 배분 그 자체의 정당성이 아니라, 그 전제가 되는 사회·경제적 조건의 정당성인 것이다. 이러한 맥락에서 사회국가는 연대성으로 이해되는 사회적 정의의 이념 하에서 실질적 자유와 실질적 평등을 실현하고자 하는 것으로 이해할 수 있다.

우리 헌법의 경제질서는 사유재산제를 바탕으로 하고 자유경쟁을 존중하는 자유시장 경제질서를 기본으로 하면서도 이에 수반되는 갖가지 모순을 제거하고 사회복지와 사회정의를 실현하기 위하여 국가적 규제와 조정을 용인하는 사회적 시장경제질서로서의 성격을 띠고 있다(헌재 2001. 2. 22.자 99헌마365 결정).

사회국가(복지국가)원리는 사회정의 이념과 연대 이념을 표현한 것이다. 우리 헌법재판소의 판례는 실질적 사회정의 원리를 반영하고 있다고 해석된다.[9])

헌법 제119조는 제1항에서 대한민국의 경제질서는 개인과 기업의 경제상의 자유와 창의를 존중함을 기본으로 한다고 규정하여 사유재산제도, 사적 자치의 원칙, 과실책임의 원칙을 기초로 하는 자유시장 경제질서를 기본으로 하고 있음을 선언하면서, 한편 그 제2항에서 국가는 …… 경제주체 간의 조화를

7) 홍석한, 앞의 논문, 483쪽.
8) 차진아, "사회국가 이념과 그 현실적 한계," 헌법학연구 제13권 제3호(2007), 169-171쪽.
9) 김도균, 앞의 논문, 373쪽.

통한 경제의 민주화를 위하여 경제에 관한 규제와 조정을 할 수 있다고 규정하고, 헌법 제34조는 모든 국민은 인간다운 생활을 할 권리를 가진다(제1항), 신체장애자 및 질병·노령 기타의 사유로 생활능력이 없는 국민은 법률이 정하는 바에 의하여 국가의 보호를 받는다(제5항)고 규정하여 사회국가원리를 수용하고 있다. 결국 우리 헌법은 자유시장 경제질서를 기본으로 하면서 사회국가원리를 수용하여 실질적인 자유와 평등을 아울러 달성하려는 것을 근본이념으로 하고 있는 것이다(헌재 1998. 5. 28.자 96헌가4 결정).

3. 사회국가와 보충성의 원리

위와 같이 사회국가는 사회적 정의와 안전 그리고 통합을 실현하기 위해 적극적인 역할을 수행하지만 이는 개인의 자유와 창의를 보완하는 범위 내에서 이루어져야 한다는 한계를 갖는다. 즉, 국가는 자기책임에 따른 사회적 자율성이 위와 같은 성과를 거두지 못하고 불합리한 결과를 야기하는 경우에 비로소 개입하여 배려와 조정을 하는 것이다. 이는 넓은 의미의 보충성의 원리에 따른 제약이라고 할 수 있다.[10)]

헌법재판소는 국토이용관리법 제21조의3 제1항, 제31조의2의 위헌심판 사건에서 다음과 같이 말하고 있다. 자유민주주의 국가에서는 각 개인의 인격을 존중하고 그 자유와 창의를 최대한으로 존중해 주는 것을 그 이상으로 하고 있는 만큼 기본권주체의 활동은 일차적으로 그들의 자결권과 자율성에 입각하여 보장되어야 하고 국가는 예외적으로 꼭 필요한 경우에 한하여 이를 보충하는 정도로만 개입할 수 있고, 이러한 헌법상의 보충의 원리가 국민의 경제생활영역에도 적용됨은 물론이므로 사적자치의 존중이 자유민주주의 국가에서 극히 존중되어야 할 대원칙임은 부인할 수 없다. 그러나 그것은 어디까지나 타 개인이나 사회공동체와 조화와 균형을 유지하면서 공존공영하는 데 있어서 그것이 유익하거나 적어도 유해하지 않는 범위 내에서 용인된다는 것이지 무조건 무제한으로 존중된다는 뜻은 아닌 것이다(헌재 1989. 12. 22.자 88헌가13 결정).

---

10) 홍석한, 앞의 논문, 484쪽.

제 3 절 인간의 존엄성 원리

Ⅰ. 최고원리

헌법 제10조는 "모든 국민은 인간으로서의 존엄과 가치를 가지며 행복을 추구할 권리를 가진다. 국가는 개인이 가지는 불가침의 기본적 인권을 확인하고 이를 보장할 의무를 진다"고 규정하고 있다. 인간존엄성의 원리가 한국 법체계에서 차지하는 위상을 대법원은 다음과 같이 판시하고 있다.

우리의 법체계는 최고규범인 헌법을 정점으로 하여 통일적 법질서를 유지하고 있다. 사회공동체의 모든 법규범은 헌법의 가치와 내용을 실현하는 것이므로 헌법의 테두리 내에서 일정한 체계적인 통일성이 유지되어야 한다. 그렇기 때문에 헌법은 공·사법을 포함한 모든 법규범의 해석·적용에 있어서 그 기초인 동시에 한계가 되고, 법의 흠결이 있는 경우에는 이를 보충하는 원리가 된다. 이 인간존엄성 규정은 헌법규범 가운데에서도 근본규범으로서 모든 국가작용의 목적과 가치판단의 기준을 제공하고 모든 법규범의 효력과 내용을 해석하는 기준이 되며 법의 흠결을 보충하는 제1차적인 원리가 된다(대법원 2008. 11. 20. 선고 2007다27670 판결).

Ⅱ. 헌법재판소 판례

1. 최고의 헌법원리이며 기본이념

헌법 제10조는 인간으로서의 존엄과 가치를 핵으로 하는 헌법상의 기본권 보장이 다른 헌법규정을 기속하는 최고의 헌법원리임을 규정하고 있으며(헌재 1992. 10. 1.자 91헌마31 결정), 모든 기본권 보장의 종국적 목적(기본이념)이라 할 수 있는 인간의 본질이며 고유한 가치인 개인의 인격권과 행복추구권을 보장하고 있다(헌재 1990. 9. 10.자 89헌마82 결정).

2. 일반적 인격권: 정정보도청구권

우리 헌법 제10조는 "모든 국민은 인간으로서의 존엄과 가치를 가지며, 행복을 추구할 권리를 가진다"고 규정하고 있고 제17조는 "모든 국민은 사생활의 비밀과 자유를 침해받지 아니한다"고 규정하고 있으며, 한편 제21조의 제1항은 "모든 국민은 언론·출판의 자유를 가진다"고 규정하고, 제4항은 "언론·출판이 타인의 명예나 권리 또는 공중도덕이나 사회윤리를 침해하여서는 아니된다"고 규정함으로써 언론·출판의 자유를 보장하는 동시에 언론·출판의 자유가 민주사회에서 비록 중요한 기능을 수행한다고 하더라도 그것이 인간의 존엄성에서 유래하는 개인의 일반적 인격권 등의 희생을 강요할 수는 없음을 분명히 밝히고 있다.

헌법의 위 조항들을 종합해 볼 때 언론기관에 의하여 일반적인 인격권이나 사생활의 비밀과 자유를 침해받은 피해자에게 인간의 존엄과 가치 및 사생활의 비밀과 자유권을 보호하기 위하여 신속하고도 적절한 방어의 수단이 주어져야 함이 형평의 원리에 부합한다고 할 것이다. 그러므로 이 법이 규정한 반론권으로서의 정정보도청구권은 바로 헌법상 보장된 인격권에 그 바탕을 둔 것으로서, 피해자에게 보도된 사실적 내용에 대하여 반박의 기회를 허용함으로써 피해자의 인격권을 보호함과 동시에 공정한 여론의 형성에 참여할 수 있도록 하여 언론보도의 객관성을 향상시켜 제도로서의 언론보장을 더욱 충실하게 할 수도 있을 것이라는 취지 아래 헌법의 위에 든 각 조항들을 근거로 하여 제정된 것이다(헌재 1991. 9. 16.자 89헌마165 결정).

3. 일반적 인격권: 명예

헌법 제10조로부터 도출되는 일반적 인격권에는 개인의 명예에 관한 권리도 포함될 수 있으나, 여기서 말하는 '명예'는 사람이나 그 인격에 대한 '사회적 평가', 즉 객관적·외부적 가치평가를 말하는 것이지 단순히 주관적·내면적인 명예감정은 포함하지 않는다고 보아야 한다. 그와 같은 주관적·내면적·정신적 사항은 객관성과 구체성이 미약한 것이므로 법적인 개념이나 이익으로 파악하는 데는 대단히 신중을 기하지 않을 수 없기 때문이다. 헌법이 인격권으로 보호하는 명예의 개념을 사회적·외부적 징표에 국한하지 않는다면 대단히 주관적이고 개별적인 내심의 명예감정까지 모두 여기에 포함되어 입법이나 공권력 작용은 물론 사인 간의 생활관계에서도 전혀 의도하지도 않았고 예측할 수도 없었던 상황에서 명예권 침해의 주장이 제기되고 법적 분쟁화하는 것을 막을 수 없다. 명예권의 개념을 그와 같이 확장하여서는 오늘날 다양한 이해관계가 그물망처럼 얽혀 있는 복잡다단한 사회에서 명예분쟁이 어떤 양상으로 분출될지 조감하기 어려워 비단 입법자나 공권력 주체뿐만 아니라 언론의 자유나 학문의 자유 등의 기본권을 행사하는 사인들에게도 무수한 명예권 침해 항변에 맞닥뜨리도록 하는 부담을 안겨주게 될 것이다(헌재 2005. 10. 27.자 2002헌마425 결정).

4. 인격권: 명예훼손침해에 대한 사죄광고

민법 제764조가 사죄광고를 포함하는 취지라면 그에 의한 기본권 제한에 있어서 그 선택된 수단이 목적에 적합하지 않을 뿐만 아니라 그 정도 또한 과잉하여 비례의 원칙이 정한 한계를 벗어난 것으로 헌법 제37조 제2항에 의하여 정당화될 수 없는 것으로서 헌법 제19조에 위반되는 동시에 헌법상 보장되는 인격권의 침해에 이르게 된다(헌재 1991. 4. 1.자 89헌마160 결정).

Note. ① 쟁점: 민법 제764조와 양심의 자유 및 인격권의 침해여부 ② 심판 대상: 사죄광고를 민법 제764조 소정의 "명예회복에 적당한 처분"에 포함시킬 때 동 조항이 위헌인가의 여부로서, 민법 제764조의 내용은 다음과 같다. 민법 제764조 (명예훼손의 경우의 특칙): 타인의 명예를 훼손한 자에 대하여는 법원은 피해자의 청구에 의하여 손해배상에 갈음하거나 손해배상과 함께 명예회복에 적당한 처분을 명할 수 있다. ③ 불법행위와 금전배상의 원칙: 우리나라 민법은 불법행위에 대한 권리구제방법으로는 금전배상을 원칙으로 하나(민법 제750조, 제763조, 제394조), 예외적으로 민법 제764조는 명예훼손의 경우에는 금전배상에 갈음하여 또는 이와 함께 침해된 명예를 회복하기 위한 원상회복적 구제를 인정하여, 법원은 피해자의 청구에 의하여 "명예회복에 적당한 처분을 명할 수 있다"는 규정을 두었으며, 제764조에서 말하는 처분의 대표적 예가 사죄광고 게재인 것으로 이해되어 왔던 것이 지금까지의 학설·판례였다. 생명권이나 신체권의 침해 즉 살인이나 중상해를 입힌 경우라도 사죄강제는 없는 것이며, 따라서 이는 오로지 명예권침해의 경우에 한정되는 특유한 구제방법이기도 한 것으로, 이에 사죄광고 게재를 명하는 판결은 대체집행 등의 방법으로 강제집행을 할 수 있다는 것이 또한 통설·판례였다. ④ 양심의 자유: 헌법 제19조는 "모든 국민은 양심의 자유를 가진다"고 하여 양심의 자유를 기본권의 하나로 보장하고 있는바, 여기의 양심이란 세계관·인생관·주의·신조 등은 물론, 이에 이르지 아니하여도 보다 널리 개인의 인격형성에 관계되는 내심에 있어서의 가치적·윤리적 판단도 포함된다고 볼 것이다. 그러므로 양심의 자유에는 널리 사물의 시시비비나 선악과 같은 윤리적 판단에 국가가 개입해서는 안 되는 내심적 자유는 물론, 이와 같은 윤리적 판단을 국가권력에 의하여 외부에 표명하도록 강제받지 않는 자유 즉 윤리적 판단사항에 관한 침묵의 자유까지 포괄한다고 할 것이다. 이와 같이 해석하는 것이 다른 나라의 헌법과 달리 양심의 자유를 신앙의 자유와도 구별하고 사상의 자유에 포함시키지 않은 채 별개의 조항으로 독립시킨 우리헌법의 취지에 부합할 것이며, 이는 개인의 내심의 자유, 가치판단에는 간섭하지 않겠다는 원리의 명확한 확인인 동시에 민주주의의 정신적 기초가 되고 인간의 내심의 영역에 국가권력의 불가침으로 인류의 진보와 발전에 불가결한 것이 되어 왔던 정신활동의 자유를 보다 완전히 보장하려는 취의라고 할 것이다. ⑤ 판단: 민법 제764조가 사죄광고제도를 포함하는 취지라면 그에 의한 기본권 제한에 있어서 그 선택된 수단이 목적에 적합하지 않을 뿐 아니라 그 정도 또한 과잉하여 비례의 원칙이 정한 한계를 벗어난 것으로 헌법 제37조 제2항에 의하여 정당화 될 수 없어 헌법 제19조에 위반되는 동시에 헌법상 보장되는 인격권의 침해에 이르게 된다고 할 것이다. 그렇다면 민법 제764조가 동조 소정의 "명예회복에 적당한 처분"에 사죄광고를 포함시키는 것이라면 동 규정은 헌법에 위반될 수밖에 없다. 바꾸어 말하면 민법 제764조는 동조 소정의 "명예회복에 적당한 처분"에 사죄광고가 포함되지 않는다고 하여야 헌법에 위반되지 않는다.

5. 인격권: 성명권

이름(성명)은 특정한 개인을 다른 사람으로부터 식별하는 표지가 됨과 동시에 이를 기초로 사회적 관계와 신뢰가 형성되는 등 고도의 사회성을 가지는 일방, 다른 한편 인격의 주체인 개인의 입장에서는 자기 스스로를 표시하는 인격의 상징으로서의 의미를 가지는 것이고, 나아가 이름에서 연유되는 이익들을 침해받지 아니하고 자신의 관리와 처분 아래 둘 수 있는 권리인 성명권의 기초가 되는 것이며, 이러한 성명권은 헌법상의 행복추구권과 인격권의 한 내용을 이루는 것이어서 자기결정권의 대상이 되는 것이므로 본인의 주관적인 의사가 중시되어야 하는 것이다. 따라서 개명허가 여부를 결정함에 있어서는 이름이 가지는 사회적 의미와 기능, 개명을 허가할 경우 초래될 수 있는 사회적 혼란과 부작용 등 공공적 측면뿐만 아니라, 개명신청인 본인의 주관적 의사와 개명의 필요성, 개명을 통하여 얻을 수 있는 효과와 편의 등 개인적인 측면까지도 함께 충분히 고려되어야 할 것이다.

그런데 이름은 통상 부모에 의해서 일방적으로 결정되어지고 그 과정에서 이름의 주체인 본인의 의사가 개입될 여지가 없어 본인이 그 이름에 대하여 불만을 가지거나 그 이름으로 인하여 심각한 고통을 받는 경우도 있을 수 있는데 그런 경우에도 평생 그 이름을 가지고 살아갈 것을 강요하는 것은 정당화 될 수도 없고 합리적이지도 아니한 점, 이름이 바뀐다고 하더라도 주민등록번호는 변경되지 않고 종전 그대로 존속하게 되므로 개인에 대한 혼동으로 인하여 초래되는 법률관계의 불안정은 그리 크지 않으리라고 예상되는 점, 개인보다는 사회적·경제적 이해관계가 훨씬 더 크고 복잡하게 얽혀질 수 있는 법인, 그 중에서도 특히, 대규모 기업 등과 같은 상사법인에 있어서도 상호의 변경에 관하여는 관계 법령에서 특별한 제한을 두고 있지 아니할 뿐만 아니라 실제로도 자유롭게 상호를 변경하는 경우가 적지 아니한 점, 개명으로 인하여 사회적 폐단이나 부작용이 발생할 수 있다는 점을 지나치게 강조하여 개명을 엄격하게 제한할 경우 헌법상의 개인의 인격권과 행복추구권을 침해하는 결과를 초래할 우려가 있는 점 등을 종합하여 보면, 개명을 허가할 만한 상당한 이유가 있다고 인정되고, 범죄를 기도 또는 은폐하거나 법령에 따른 각종 제한을 회피하려는 불순한 의도나 목적이 개입되어 있는 등 개명신청권의 남용으로 볼 수 있는 경우가 아니라면, 원칙적으로 개명을 허가함이 상당하다고 할 것이다(대법원 2005. 11. 16.자 2005스26 결정).

제 4 절 평등원리: 법 앞에 평등

Ⅰ. 헌법의 최고원리

헌법 제11조 제1항은 "모든 국민은 법 앞에 평등하다. 누구든지 성별·종교 또는 사회적 신분에 의하여 정치적·경제적·사회적·문화적 생활의 모든 영역에서 차별을 받지 아니한다"는 평등원칙을 규정하고 있다.

평등원리는 정의라는 객관적 원리의 표현이며, 우리 법질서의 기본명제이다. 이렇게 국가생활과 법질서에서 가지는 평등원리의 불가결성 때문에 평등원리는 우리 법질서 내에서 인간의 존엄성 원리와 비슷한 지위를 가진다. 따라서 평등원리는 모든 국가활동의 척도이며, 헌법의 가치체계의 한 지주임과 동시에 전체 법질서의 원칙규범이다.[11)]

헌법은 그 전문에 "정치·경제·사회·문화의 모든 영역에 있어서 각인의 기회를 균등히 하고"라고 규정하고, 제11조 제1항에 "모든 국민은 법 앞에 평등하다"고 규정하여 기회균등 또는 평등의 원칙을 선언하고 있는바, 평등의 원칙은 국민의 기본권 보장에 관한 우리 헌법의 최고원리로서 국가가 입법을 하거나 법을 해석 및 집행함에 있어 따라야 할 기준인 동시에, 국가에 대하여 합리적 이유없이 불평등한 대우를 하지 말 것과, 평등한 대우를 요구할 수 있는 모든 국민의 권리로서, 국민의 기본권 중의 기본권인 것이다(헌재 1989. 1. 25.자 88헌가7 결정)

---

11) 홍성방, "헌법학(중)," 박영사(2010), 49-50쪽.

Ⅱ. 정당한 평등과 불평등: 복합적 정의기준들

사회정의의 영역에서는 어떤 경우에 평등대우가 정당하며, 어떤 경우에 불평등대우(차등대우)가 정당한지를 판단하는 것이 매우 중요하다. 사회적으로 중요한 재화들의 배분은 어떤 정의원리에 따라 이루어져야 하는가?

헌법 제11조 제1항의 평등의 원칙은 일체의 차별적 대우를 부정하는 절대적 평등을 의미하는 것이 아니라 합리적 근거 없는 차별을 하여서는 아니 된다는 상대적 평등을 뜻하며, 합리적 근거 있는 차별인가의 여부는 그 차별이 인간의 존엄성 존중이라는 헌법원리에 반하지 아니하면서 정당한 입법목적을 달성하기 위하여 필요하고도 적정한 것인가를 기준으로 판단되어야 한다(헌재 1997. 5. 29.자 94헌바5 결정).

헌법재판소의 견해는 우리 헌법에 편입되어 있는 정의의 원칙으로서 '(법 앞에) 평등의 원칙'은 절대적 평등이 아니라 상대적 평등을 의미하므로 '합리적 차등대우'(정의로운 차등대우)는 허용된다는 것이다. 이때 차등대우의 합리성을 판별하는 최고의 기준으로 '인간 존엄성'이라는 헌법적 (도덕)원리를 들고 있다.[12)]

Ⅲ. 법제정상의 평등과 법적용상의 평등

우리 헌법이 선언하고 있는 "인간의 존엄성"과 "법 앞에 평등"이란 행정부나 사법부에 의한 법적용상의 평등을 뜻하는 것 외에도 입법권자에게 정의와 형평의 원칙에 합당하게 합헌적으로 법률을 제정하도록 하는 것을 명령하는 이른바 법내용상의 평등을 의미하고 있기 때문에 아무리 특정한 분야의 특별한 목적을 위하여 제정되는 특가법이라 하더라도 입법권자의 법제정상의 형성의 자유는 무한정으로 허용될 수는 없는 것이며 나아가 그 입법내용이 정의와 형평에 반하거나 자의적으로 이루어진 경우에는 평등권 등의 기본권을 본질적으로 침해한 입법권 행사로서 위헌성을 면하기 어렵다고 할 것이다. 그러므로

12) 김도균, 앞의 논문, 367-368쪽.

헌법이 명하는 과잉입법금지의 원칙과 평등의 원칙에 반하는 가혹한 형벌규정을 설정하는 특정범죄가중처벌법이나 그 법조항들이 만약 헌법상 입법부에 부여된 입법권의 범위를 넘어서 자의적으로 제정된 것이라고 한다면 그 효력이 부인될 수밖에 없는 것이다(헌재 1992. 4. 28.자 90헌바24 결정).

헌법 제11조 제1항의 규범적 의미는 이와 같은 '법 적용의 평등'에서 끝나지 않고, 더 나아가 입법자에 대해서도 그가 입법을 통해서 권리와 의무를 분배함에 있어서 적용할 가치평가의 기준을 정당화할 것을 요구하는 '법 제정의 평등'을 포함한다. 따라서 평등원칙은 입법자가 법률을 제정함에 있어서 법적 효과를 달리 부여하기 위하여 선택한 차별의 기준이 객관적으로 정당화될 수 없을 때에는 그 기준을 법적 차별의 근거로 삼는 것을 금지한다. 이때 입법자가 헌법 제11조 제1항의 평등원칙에 어느 정도로 구속되는가는 그 규율대상과 차별기준의 특성을 고려하여 구체적으로 결정된다(헌재 2000. 8. 31.자 97헌가12 결정).

위의 판례에서 해석할 수 있는 것은 다음과 같다. 우선, 우리 헌법상의 법 앞에 평등은 법적용의 평등과 법내용의 평등을 모두 포함한다는 것이다. 이때 '법 내용의 평등'은 사회정의의 전형적 사안이다. 법규범 자체의 분배적 특성, 즉 이득과 부담을 사회구성원 개인들에 귀속시킬 때의 정당성(평등대우와 차등대우 기준 자체의 정당성)을 따지기 때문이다.[13]

둘째, 차등대우의 기준이 정당화 될 수 없을 때에는 차등대우는 금지된다는 설시는 평등대우 우선성을 인정하는 것이다. 이때 '차별 기준의 객관적 정당화 가능성'이라는 기준을 어떻게 해석해야 할 것인가라는 물음은 실질적 사회정의론에 입각해서 답해져야 할 사안이기도 하다. 개인들이 어떤 측면에서 같은지 다른지를 가르는 기준 자체는 실질적 정의원리에 의거하지 않고서는 설정되지 않기 때문이다.

셋째, 합리적 차등대우(정당한 불평등)의 기준은 해당 영역의 개별적 특성에서 찾을 수 있음을 암시하고 있다는 것이다. 정당한 불평등의 기준은 복합적이라는 점을 우리 헌법재판소는 상정하고 있다고 해석할 수 있을 것이다.

---

13) 김도균, 앞의 논문, 363쪽.

제 5 절 정치적 평등의 원리

Ⅰ. 표현의 자유

표현의 자유는 정치적 권리 중에서 매우 중요한 위상을 갖는다. 그 가치와 역할에 대해서 우리 헌법재판소는 다음과 같이 평가한다.

집회의 자유는 개인의 인격발현의 요소이자 민주주의를 구성하는 요소라는 이중적 헌법적 기능을 가지고 있다. 인간의 존엄성과 자유로운 인격발현을 최고의 가치로 삼는 우리 헌법질서 내에서 집회의 자유도 다른 모든 기본권과 마찬가지로 일차적으로는 개인의 자기결정과 인격발현에 기여하는 기본권이다. 인간이 타인과의 접촉을 구하고 서로의 생각을 교환하며 공동으로 인격을 발현하고자 하는 것은 사회적 동물인 인간의 가장 기본적인 욕구에 속하는 것이다. 집회의 자유는 공동으로 인격을 발현하기 위하여 타인과 함께 하고자 하는 자유, 즉 타인과의 의견교환을 통하여 공동으로 인격을 발현하는 자유를 보장하는 기본권이자 동시에 국가권력에 의하여 개인이 타인과 사회공동체로부터 고립되는 것으로부터 보호하는 기본권이다. 즉 공동의 인격발현을 위하여 타인과 함께 모인다는 것은 이미 그 자체로서 기본권에 의하여 보호될 만한 가치가 있는 개인의 자유영역인 것이다. 집회의 자유는 결사의 자유와 더불어 타인과 함께 모이는 자유를 보장하는 것이다.

집회를 통하여 국민들이 자신의 의견과 주장을 집단적으로 표명함으로써 여론의 형성에 영향을 미친다는 점에서, 집회의 자유는 표현의 자유와 더불어 민주적 공동체가 기능하기 위하여 불가결한 근본요소에 속한다. 집회의 자유는 집단적 의견표명의 자유로서 민주국가에서 정치의사형성에 참여할 수 있는 기회를 제공한다. 직접민주주의를 배제하고 대의민주제를 선택한 우리 헌법에서, 일반 국민은 선거권의 행사, 정당이나 사회단체에 참여하여 활동하는 것 외에는 단지 집회의 자유를 행사하여 시위의 형태로써 공동으로 정치의사형성에 영향력을 행사하는 가능성밖에 없다.

또한, 집회의 자유는 사회·정치현상에 대한 불만과 비판을 공개적으로 표출케 함으로써 정치적 불만이 있는 자를 사회에 통합하고 정치적 안정에 기여하는 기능을 한다. 특히 집회의 자유는 집권세력에 대한 정치적 반대의사를 공동으로 표명하는 효과적인 수단으로서 현대사회에서 언론매체에 접근할 수 없는 소수집단에게 그들의 권익과 주장을 옹호하기 위한 적절한 수단을 제공한다는 점에서, 소수의견을 국정에 반영하는 창구로서 그 중요성을 더해 가고 있다. 이러한 의미에서 집회의 자유는 소수의 보호를 위한 중요한 기본권인 것이다. 소수가 공동체의 정치적 의사형성과정에 영향을 미칠 수 있는 가능성이 보장될 때, 다수결에 의한 공동체의 의사결정은 보다 정당성을 가지며 다수에 의하여 압도당한 소수에 의하여 수용될 수 있는 것이다. 헌법이 집회의 자유를 보장한 것은 관용과 다양한 견해가 공존하는 다원적인 '열린사회'에 대한 헌법적 결단인 것이다(헌재 2003. 10. 30.자 2000헌바67 결정).

이 결정문에 담겨 있는 정치적 정의의 요청을 추출해보자면, 정치적 권리들(민주주의적 권리)은 시민으로서의 사적 자율성과 공적 자율성의 신장에, 그리고 민주적 공동체의 기능에 중요한 수단이 되는 사회적 재화로서 그 분배는 평등원리에 입각해서 이루어져야 한다는 것으로 재구성할 수 있을 것이다.[14]

Ⅱ. 야간시위 제한과 금지

1. 쟁 점

해가 뜨기 전이나 해가 진 후의 옥외집회('야간옥외집회')를 금지하고, 일정한 경우 관할경찰관서장이 허용할 수 있도록 한 '집회 및 시위에 관한 법률'('집시법') 제10조 중 "옥외집회" 부분과 이에 위반한 경우의 처벌규정인 집시법 제23조 제1호 중 "제10조 본문의 옥외집회" 부분('이 사건 법률조항들')이 헌법에 위반하여 집회의 자유를 침해하는지 여부.

2. 헌법재판소 의견

집시법 제10조는 집회 및 시위의 보장과 공공의 안녕질서 유지의 조화라

14) 김도균, 앞의 논문, 369쪽.

는 정당한 입법목적하에 규정된 것으로서, 야간의 옥외집회는 '야간'이라는 특수성과 '옥외집회'라는 속성상 공공의 안녕질서를 침해할 수 있는 높은 개연성을 지니고 있다는 점에서, 야간옥외집회의 원칙적 금지를 규정한 집시법 제10조는 입법목적 달성에 기여할 수 있는 적합한 수단이라고 할 것이다. 또한 야간옥외집회를 시간적으로 또는 공간적·장소적으로 더 세분화하여 규제하는 것이 사실상 어렵고, 특히 필요한 야간옥외집회의 경우에는 일정한 조건하에서 허용되며, 대안적 의사형성 및 소통수단도 마련되어 있는 점 등을 종합해 보면, 집시법 제10조가 침해의 최소성 및 법익 균형성 원칙에 위배된다고 볼 수도 없다. 한편 입법목적 달성을 위하여 옥외집회에 대하여 어느 정도의 시간적 규제가 필요한 것인가 하는 문제는 당시의 집회 및 시위 문화의 성숙도, 법과 질서에 대한 존중의 정도 등을 종합적으로 고려하여 궁극적으로 의회가 입법재량으로 결정할 문제라 할 것인데, 집시법 제10조가 입법재량의 범위를 현저히 벗어난 것으로 보기는 어려우며, 타인의 기본권 보호와 존중이라는 관점에서도 야간옥외집회를 규제할 정당한 국가적 이익이 인정된다. 이 사건 법률조항들이 헌법에 위반된다는 의견이 5인이고, 헌법에 합치되지 아니한다는 의견이 2인이므로, 단순위헌 의견에 헌법불합치 의견을 합산하면 헌법재판소법 제23조 제2항 제1호에 규정된 법률의 위헌결정을 함에 필요한 심판정족수에 이르게 된다. 따라서 이사건 법률조항들에 대하여 헌법에 합치되지 아니한다고 선언하되, 이 사건 법률조항들에는 위헌적인 부분과 합헌적인 부분이 공존하고 있으므로 입법자가 2010. 6. 30. 이전에 개선입법을 할 때까지 계속 적용되어 그 효력을 유지하도록 하고, 만일 위 일자까지 개선입법이 이루어지지 않는 경우 이 사건 법률조항들은 2010. 7. 1.부터 그 효력을 상실하도록 한다.

3. 평 가

야간시위를 제한/금지하는 규정을 담고 있는 집회 및 시위에 관한 법률 제10조에 대해 헌법불합치판정이 내려졌다. 현대 한국사회의 변화를 고려할 때 야간 집회 및 시위의 해악이 주장되는 것만큼 크지 않다는 것도 이유 중의 하나였지만, 헌법재판소 판단의 가장 핵심적인 근거는 야간 집회 및 시위제한/

금지는 정치적 권리의 불평등한 배분으로 귀결된다는 것이었다. 직장을 다니는 시민들의 경우 주간에 집회와 시위를 할 수 없기 때문에 야간을 이용할 수밖에 없는데, 야간 집회와 시위를 제한/금지한다면 민주시민으로서 누려야 할 정치적 권리를 심각하게 침해당하는 결과를 낳는다는 것이 헌법재판소의 결정 요지였다.[15)]

정치적 권리의 불평등한 배분은 특히 선거운동의 영역과 관련해서도 중요한 의미를 갖는다. 정치적 권리의 불평등은 시민의 삶 전반에 중대한 영향을 미치는 사안들에서 사회적 협동의 산물인 이익과 부담을 불공평하게 부과하는 공적 결정(법률, 정책적 결정 등)으로도 이어지므로 법적인 부정의의 전형적인 사례라고 하겠다.

제 6 절 재산권 영역의 정의 원리: 재산권 침해의 심사기준

헌법 제23조 제2항에서 규정하는 재산권의 공공복리적합성(사회적 구속성)에 입각하여 재산권의 제한이 정당한 경우를 따지면서 우리 헌법재판소는 다음과 같은 기준을 제시하고 있다.

헌법은 재산권을 보장하지만 다른 기본권과는 달리 "그 내용과 한계는 법률로 정한다"고 하여(제23조 제1항) 입법자에게 재산권에 관한 규율권한을 유보하고 있다. 그러므로 재산권을 형성하거나 제한하는 입법에 대한 위헌심사에 있어서는 입법자의 재량이 고려되어야 한다. 일반적으로 재산권의 제한에 대하여는 재산권 행사의 대상이 되는 객체가 지닌 사회적인 연관성과 사회적 기능이 크면 클수록 입법자에 의한 보다 광범위한 제한이 허용된다. 한편 개별 재산권이 갖는 자유보장적 기능이 강할수록, 즉 국민 개개인의 자유실현의 물질적 바탕이 되는 정도가 강할수록 그러한 제한에 대해서는 엄격한 심사가 이루어져야 한다(헌재 2005. 5. 26.자 2004헌가10 결정).

이러한 헌법재판소의 입장을 재산권 영역의 정의원리와 관련하여 응분의

15) 김도균, 앞의 논문, 369-370쪽.

원칙(노동기여에 따른 소유권 인정 원칙)에 비추어 분석하면 다음과 같다. 즉, 순전히 자신의 노력으로 획득하였고 개인의 자율성과 독립성 보장과 관련해서 밀접한 관련성을 갖는 재산권은 국가로부터, 그리고 불로소득을 사유화하려는 시도들로부터 강하게 보호를 받아야 한다는 것이다. 반면 재산권 획득과정에서 타인의 협력이나 사회의 기여가 있었다면 그만큼에 대해서는 사회가 기여한 사람들을 대표해서 재산권에 대해 일정한 권한(조세)을 행사할 마땅한 자격이 있다는 것이다.[16)]

제 7 절 기회균등의 원리, 능력주의, 적극적 우대조치: 군 가산점 판결

Ⅰ. 쟁 점

첫째, 제대군인이 공무원채용시험 등에 응시한 때에 과목별 득점에 과목별 만점의 5% 또는 3%를 가산하는 제대군인가산점제도("가산점제도")가 헌법에 근거를 둔 것인지 여부(소극), 둘째, 가산점제도로 인한 차별의 대상, 셋째, 가산점제도의 평등위반여부를 심사함에 있어 적용되는 심사척도, 넷째, 가산점제도로 여성, 신체장애자 등의 평등권이 침해되는지 여부(적극), 다섯째, 가산점제도로 여성, 신체장애자 등의 공무담임권이 침해되는지 여부(적극)이다.

Ⅱ. 사건의 개요

청구인 이갑진은 1998. 2. ○○학교를 졸업한, 청구인 조을옥 , 박병주, 김정원, 김무정은 ○○대학교 4학년에 재학 중이던 여성들로서 모두 7급 또는 9급 국가공무원 공개경쟁채용시험에 응시하기 위하여 준비 중에 있으며, 청구인 김기수는 ○○학교 4학년에 재학 중이던 신체장애가 있는 남성으로서 역시

16) 김도균, 앞의 논문, 370쪽.

7급 국가공무원 공개경쟁채용시험에 응시하기 위하여 준비 중에 있다.

청구인들은 제대군인이 6급 이하의 공무원 또는 공·사기업체의 채용시험에 응시한 때에 필기시험의 각 과목별 득점에 각 과목별 만점의 5퍼센트 또는 3퍼센트를 가산하도록 규정하고 있는 제대군인 지원에 관한 법률 제8조 제1항, 제3항 및 동법시행령 제9조가 자신들의 헌법상 보장된 평등권, 공무담임권, 직업선택의 자유를 침해하고 있다고 주장하면서 1998. 10. 19. 이 사건 헌법소원심판을 청구하였다.

Ⅲ. 판　　단

1. 사회적 약자의 적극적 보호

헌법은 실질적 평등, 사회적 법치국가의 원리에 입각하여 이들의 권익을 국가가 적극적으로 보호하여야 함을 여러 곳에서 천명하고 있다. 성별에 의한 차별을 금지하고 있는 헌법 제11조, 인간다운 생활을 할 권리를 보장하고 있는 헌법 제34조 제1항 이외에도, 위에서 본 헌법 제32조 제4항, "국가는 여자의 복지와 권익의 향상을 위하여 노력하여야 한다"고 규정하고 있는 헌법 제34조 제3항, "신체장애자 및 질병·노령 기타의 사유로 생활능력이 없는 국민은 법률이 정하는 바에 의하여 국가의 보호를 받는다"고 규정하고 있는 헌법 제34조 제5항, "국가는 모성의 보호를 위하여 노력하여야 한다"고 규정하고 있는 헌법 제36조 제2항 등이 여기에 해당한다.

2. 한국 법체계의 통일성과 정의원리

여성과 장애인은 각종의 제도적 차별, 유·무형의 사실상의 차별, 사회적·문화적 편견으로 생활의 모든 영역에서 어려움을 겪고 있고, 특히 능력에 맞는 직업을 구하기 어려운 것이 현실이다. 이러한 현실을 불식하고 평등과 복지라는 헌법이념을 구현하기 위하여 여성·장애인 관련분야에서 이미 광범위한 법체계가 구축되어 있다. 여성발전기본법, 남녀차별금지 및 구제에 관한 법률, 남녀고용평등법에서 여성의 사회참여 확대, 특히 공직과 고용부문에서의 차별금지와 여성에 대한 우대조치를 누차 강조하고 이를 위한 각종 제도를 마련하고 있으며, 장애인복지법, 장애인 고용촉진 등에 관한 법률은 장애인에 대한 차별금지와 보호장치를 규정하고 있다. 어떤 입법목적을 달성하기 위한 수단이 헌법이념과 이를 구체화하고 있는 전체 법체계와 저촉된다면 적정한 정책수단이라고 평가하기 어려울 것이다. 여성에 대한 모든 형태의 차별철폐에 관한 협약 등의 각종 국제협약, 위 헌법규정과 법률체계에 비추어 볼 때 여성과 장애인에 대한 차별금지와 보호는 이제 우리 법체계 내에 확고히 정립된 기본질서라고 보아야 한다. 그런데 가산점제도는 아무런 재정적 뒷받침없이 제대군인을 지원하려 한 나머지 결과적으로 이른바 사회적 약자들의 희생을 초래하고 있으므로 우리 법체계의 기본질서와 체계부조화성을 일으키고 있다고 할 것이다.

요컨대 제대군인에 대하여 여러 가지 사회정책적 지원을 강구하는 것이 필요하다 할지라도, 그것이 사회공동체의 다른 집단에게 동등하게 보장되어야 할 균등한 기회 자체를 박탈하는 것이어서는 아니 되는데, 가산점제도는 공직수행능력과는 아무런 합리적 관련성을 인정할 수 없는 성별 등을 기준으로 여성과 장애인 등의 사회진출기회를 박탈하는 것이므로 정책수단으로서의 적합성과 합리성을 상실한 것이라 하지 아니할 수 없다.

3. 능력주의(응분원칙의 적용)와 공정한 기회균등의 원리

직업공무원에게는 정치적 중립성과 더불어 효율적으로 업무를 수행할 수 있는 능력이 요구되므로, 직업공무원으로의 공직취임권에 관하여 규율함에 있어서는 임용희망자의 능력·전문성·적성·품성을 기준으로 하는 이른바 능력주의 또는 성과주의를 바탕으로 하여야 한다. 헌법은 이 점을 명시적으로 밝히고 있지 아니하지만, 헌법 제7조에서 보장하는 직업공무원제도의 기본적 요소에 능력주의가 포함되는 점에 비추어 헌법 제25조의 공무담임권 조항은 모든 국민이 누구나 그 능력과 적성에 따라 공직에 취임할 수 있는 균등한 기회를 보장함을 내용으로 한다고 할 것이다. “공무원의 임용은 시험성적·근무성적 기타 능력의 실증에 의하여 행한다”고 규정하고 있는 국가공무원법 제26조와 "공개경쟁에 의한 채용시험은 동일한 자격을 가진 모든 국민에게 평등하게 공개하여야 하며……"라고 하고 있는 동법 제35조는 공무담임권의 요체가 능력주의와 기회균등에 있다는 헌법 제25조의 법리를 잘 보여주고 있다. 따라서 공직자선발에 관하여 능력주의에 바탕을 둔 선발기준을 마련하지 아니하고 해당 공직이 요구하는 직무수행능력과 무관한 요소, 예컨대 성별·종교·사회적 신분·출신지역 등을 기준으로 삼는 것은 국민의 공직취임권을 침해하는 것이 된다.

4. 잠정적 우대조치

잠정적 우대조치라 함은, 종래 사회로부터 차별을 받아 온 일정집단에 대해 그동안의 불이익을 보상하여 주기 위하여 그 집단의 구성원이라는 이유로 취업이나 입학 등의 영역에서 직·간접적으로 이익을 부여하는 조치를 말한다. 잠정적 우대조치의 특징으로는 이러한 정책이 개인의 자격이나 실적보다는 집단의 일원이라는 것을 근거로 하여 혜택을 준다는 점, 기회의 평등보다는 결과의 평등을 추구한다는 점, 항구적 정책이 아니라 구제목적이 실현되면 종료하는 임시적 조치라는 점 등을 들 수 있다.

Ⅳ. 시 사 점

위 판례의 내용으로부터 이끌어낼 수 있는 점은, 중요한 재화나 직업과 관련된 경쟁에서는 공정성과 기회균등의 원리가 적용되어야 한다는 것을 헌법재판소가 강조하고 있다는 것이다.

참고문헌

[단행본]

마이클 샌델(이창신 번역), "정의란 무엇인가," 김영사, 2010.

홍성방, "헌법학(상)," 박영사 2010.

______, "헌법학(중)," 박영사 2010.

[논문]

강대석, "아리스토텔레스의 사회이론," 효대논문집 제44집, 1992.

강수돌, "시장, 할 수 있는 일? 해서는 안되는 일?," 시민과 세계, 2005.

구민희, "아담 스미스와 노자의 자유방임주의 비교," 동양철학연구 제61집, 2010.

권형준, "거주·이전의 자유에 관한 연구," 법학논총 제25집 제3호, 2008.

______, "양심의 자유에 관한 연구," 법학논총 제26집 제4호, 2009.

김건우, "보편성과 상대성, 그리고 공동체 정의(Justice)에 관하여: 마이클 샌델의 정의란 무엇인가를 읽고," 진보평론 제47조, 2011.

김대근, "Amartya Sen의 정의론의 방법과 구조," 법철학연구 제1호, 2010.

김도균, "한국 법질서와 정의론: 공정과 공평, 그리고 운의 평등," 서울대학교 법학 제53권 제1호, 2012.

김도종, "자유와 평등간의 모순과 일치," 사회사상연구 제2호, 1989.

김동규, "자유의 조건," 시민과 세계 제23집, 2007.

김란주, "칸트의 도덕교육사상에 대한 고찰," 연구논총 제21집, 1991.

김명식, "성적 자기결정권의 헌법적 근거에 대한 재고찰," 성균관법학 제15권 제2호, 2003.

김명재, "과학기술과 학문의 자유," 헌법학연구 제11권 제4호, 2005.

김문현, "양성평등에 관한 헌법재판소 판례에 대한 평가," 법학논집 제15권 제1호, 2010.

김민배, "표현의 자유와 사상의 자유시장," 토지공법연구 제33집, 2006.

김민선, "퇴율의 심학도상 구방심 논의와 공감교육 문제 연구," 동양철학연구 제65집, 2011.

김상봉, "자유와 타자－한국문화의 지역성과 세계성에 대한 한 가지 반성－," 철학연구 제88집, 2003.
김석수, "자율성의 운명과 우리의 현실－서구 자율성 이론과 연계하여－," 사회와 철학, 제19호, 2010.
______, "현대적 관점에서 본 칸트와 헤겔의 가족," 동서사상 제11집, 2011.
김선복, "정의란 무엇인가?", 인문사회과학연구 제10권 제1호, 2009.
김성훈, "아담 스미스의 자유주의 교육관," 영국 연구 제12호, 2004.
김숙이, "루소의 자연주의 교육사상: 현대 아동교육에의 시사점을 중심으로," 교육사상연구 제19집, 2007.
김승년, "헌법에서의 근로활동권," 법학논총 제25집, 2001.
김영기, "마이클 샌델의 정의관 비판," 동서사상 제10집, 2011.
김영철, "소설 '레 미제라블'의 교육학적 해석," 교육연구논총 제5호, 2001.
김영한, "서양사상에서의 비례적 불평등," 서양사론 제36권 제1호, 2001.
______, "서양사상에서의 사회적 불평등," 인문사회연구 제21호, 1992.
김완진, "J.S. 밀의 자유주의론," 경제논집 제35권, 1996.
김용환, "토마스 홉스: 보수적 이상주의자," 철학과 현실, 1995.
김우영, "신자유주의와 중도사상," 대한정치학회보 제10집 제2호, 2002.
김은중, "고대 그리스 초기사상에서 자유와 명예," 동서철학연구 제60조, 2011.
김은하, "사회계약론적 관점에서 본 영국과 호주의 근로연계복지 비교연구," 한국사회복지학 제58권 제3호, 2006.
김일영, "촛불시위의 희망과 불안," 철학과 현실 제79호, 2008.
김재광, "평등권의 원리적 고찰," 고동논집 제18집, 1996.
김정자, "칼맑스의 학설과 그 이해," 사회학연구 제3호, 1964.
김주연, "칸트에게서의 자유의 문제," 칸트연구 제7권 제1집, 2001.
김주환, "양성평등원칙의 구체화," 공법학 연구 제8권 제3호, 2007.
김준현, "글로벌리제이션 시대의 사익과 공익－아담 스미스의 명제의 재조명 －," 담론 201, 2000.
김진곤, "Union Shop조항에 대한 헌법적 검토," 세계헌법연구 제14권 제2호, 2008.
김태성, "평등, 효율, 그리고 사회복지," 사회복지연구 제5호, 1994.
김형철, "합리적 선택론과 분배정의론," 철학과 현실 제3호, 1989.
______, "J.S. Mill 자유론," 철학과 현실 제69집, 2006.
김회용, "어린이 철학 교육의 방법론 및 도덕교육에의 활동," 초등교육연구 제15집 제2호, 2002.

나항진, “노년교육 활성화를 위한 정의론적 탐색: J. Rawls의 정의론을 중심으로,” 한국노년학 제30집 제4호, 2010.
라용식, “존 로크의 인권사상,” 원광법학, 1987.
류청오, “공화주의, 민주주의, 그리고 루소의 사회계약론,” 진보평론 제43집, 2010.
명재진·이한태(명재진 외 1), “평등권 이론에 관한 현대적 전개로서 적극적 평등 실현조치,” 법학연구 제18권 제2호, 2007.
문성학, “칸트 도덕철학의 자율적 자유 개념의 루소적 기원,” 철학연구 제116집, 2010.
______, “칸트의 인간 본성론,” 철학 제58집, 1999.
문재완, “명백·현존위험의 원칙의 현대적 해석과 적용에 관한 연구,” 헌법학연구 제9권 제1호, 2003.
문종욱, “존 로크 법사상의 법사학적 고찰,” 충남대학교 법학연구 제17권, 2006.
민병로, “헌법상의 재산권의 보장과 한계,” 토지법학 제22집, 2006.
박문경, “칸트의 정언명법과 그 적용에 관한 연구,” 윤리철학교육 제7집, 2007.
박수명, “J.S. Mill 사상에서의 개혁과 조화－자유민주주의를 중심으로－,” 부산국민윤리학회보 제8집, 1996.
박의경, “참여민주주의를 위한 루소의 역설,” 사회과학연구 제16집 제2호, 2008.
박인수, “사생활의 비밀과 자유의 보호영역에 관한 연구,” 토지공법연구 제42집, 2008.
박정순, “공동체주의 정의관의 본질과 그 한계,” 철학 제61집, 1999.
박종식, “칸트의 제3이율배반과 선험적 자유,” 철학연구 제106집, 2008.
박진, “아담 스미스의 사회 철학－도덕감정론을 중심으로－,” 사회과학연구 제8집, 1998.
박채용·정태일, “평등사상의 정치철학적 기초,” 사회과학연구 제18권 제1호, 2001.
박해용, “어린이와 함께 철학하기,” 철학윤리교육연구 제37집, 2006.
반덕진, “루소의 건강관에 대한 현대적 고찰－에밀을 중심으로－,” 보건교육·보건증진학회지 제16권 제1호, 1999.
배진영, “홉스의 사회계약론에 함축된 정부의 역할과 시장경제질서 홉스의 사회계약론에 함축된 정부의 역할과 시장경제질서,” 경상논총 제27권 제2호, 2009.
백상건, “칸트의 정치사상,” 법정논총 제16집, 1963.
백종현, “정의와 그 실현원리,” 칸트연구 제29집, 2012.
서미옥, “도덕딜레마에 나타난 대학생의 5가지 도덕지향,” 교육학연구 제50권 제2호, 2012.

선우 현, “루소의 평등주의적 정치철학,” 시대와 철학 제4집 제2호, 1993.
______, “숙고된 자유주의의 한 입장으로서 맑스 사회철학,” 시대와 철학 제15집 제1호, 2004.
손승길, “칸트 윤리학의 근본이념들,” 윤리교육연구 제15집, 2008.
손중애, “여권론자로서의 John Stuart Mill,” 여성문제연구 제2집, 1972.
손철성, “다문화주의와 관련된 몇 가지 쟁점들,” 철학연구 제107집, 2008.
______, “자유주의와 공동체주의의 주요 논쟁점에 대한 검토,” 동서사상 제3집, 2007.
송인창, “정의에 대한 동서 철학적 성찰,” 철학논총 제65집, 2011.
송태현, “루소의 자연종교와 그 생태학적 함의,” 문학과 환경 제10권 제2호, 2011.
신옥주, “헌법상 남녀동권규정 도입의 필요성에 관한 비교법적 고찰,” 공법학연구 제10권 제2호, 2009.
심성보, “루소: 어린이를 발견한 최초의 근대적 교육사상가,” 교육비평 제8호, 2002.
오인탁, “소크라테스와 교육철학의 탄생,” 연세교육과학 제42호, 1993.
윤성현, “J.S. Mill의 자유론에 나타난 자유개념에 관한 일고찰,” 법과 사회 제37집, 2009.
윤영돈, “칸트의 여성관과 성담론,” 윤리교육연구 제28집, 2012.
윤혜진, “도덕적 실재론과 도덕적 딜레마,” 철학 제56집, 1998.
윤후정, “평등권의 개념과 남녀동권,” 한국여성학 제6호, 1990.
이기상, “자유와 실천·행위하는 자아의 관점에서 본 자유,” 현상과 인식 제12권 제2호, 1988.
이상엽, “니체의 인식과 자유,” 대동철학 제45집, 2008.
이성환, “주거의 자유에 대한 소고,” 세계헌법연구 제13권 제1호, 2007.
______, “통신의 비밀과 알 권리에 대한 헌법적 고찰: 도청 테이프 공개와 관련하여,” 저스티스 제88호, 2005.
이승우, “직업의 자유의 보장을 위한 인허가제도의 운영방향,” 공법연구 제38집 제2호, 2009.
이승환, “정의로운 사회를 위하여,” 중국철학 제5집 제1호, 1997.
______, “토지 불로소득과 분배정의,” 시대와 철학 제22권 제3호, 2011.
이승환·김형철, “의리와 정의,” 철학연구 제37집 제1호, 1995.
이윤복, “칸트에 있어서 자유와 도덕성,” 철학연구 제99집, 2006.
이인호, “성표현의 자유와 한계,” 언론과 법 제7권 제2호, 2008.
______, “예술의 자유와 성도덕의 보호,” 스포츠와 법 제4집, 2003.

이인화, “자연주의와 현대 음악교육 사상,” 한국음악학회 논문집 음악연구 제48집, 2012.
이재명, “교육을 받을 권리,” 공법학연구 제8권 제1호, 2007.
이정현, “맑스 정치사상의 현대적 비판,” 법정논총 제18호, 1964.
이종렬, “플라톤의 정치이론과 교육,” 청주교육대학 논문집 제19집, 1982.
이종률, “현대사회에서의 법과 권력,” 동아법학 제52호, 2011.
이진희, “공감과 그 도덕 교육적 함의에 관한 연구,” 도덕윤리과교육연구 제26호, 2008.
이충진, “촛불집회와 칸트철학－소통의 정치를 위하여,” 소통과 인문학 제7집, 2008.
이한구, “정의의 실현은 어떻게 가능한가?”, 철학과 현실 제52호, 2002.
이혜정, “계약모 생식 테크놀로지에 대한 여성주의적 성찰,” 한국여성철학 제9권, 2008.
이화용, “권력과 소통의 정치학: 영국 근대 사회계약 담론을 중심으로,” 중앙사론 제31권, 2010.
이환구, “루소의 자연상태적 인간관과 자유·평등사상,” 현대이념연구 제6호, 1991.
______, “아리스토텔레스의 정치공동체에 관한 연구,” 현대이념연구 제11호, 1996.
______, “플라톤의 정의에 관한 연구,” 현대이념연구 제10호, 1995.
임일숙, “J.S. Mill의 자유사상에 관하여－‘자유론’을 중심으로－,” 녹우회보 제21집, 1979.
임정아, “미네르바 검찰 기소 사건과 밀의 표현의 자유,” 범한철학 제56집, 2010.
______, “소극적 자유와 적극적 자유－밀을 중심으로,” 동서철학연구 제57호, 2010.
임지봉, “명백·현존하는 위험의 원칙,” 고시계 제51권 제8호, 2006.
임헌영, “정의로운 사회에 살고 있는가,” 월간 샘터 제495호, 2011.
장동진, “분배정의와 평등,” 한국정치학회보 제25권 제2호, 1992.
장세룡, “루소의 자유론,” 대구사학 제76집, 2004.
장찬익, “이마누엘 칸트,” 사학 제81집, 1997.
정극원, “혼인의 자유에 관한 헌법재판소의 판례의 동향,” 세계헌법연구 제14권 제1호, 2008.
정세근, “법의 정의론,” 동서철학연구 제33호, 2004.
정원섭, “정의론과 공정성의 조건,” 철학과 현실 제88호, 2011.
정필운, “집회의 자유의 제한과 그 한계,” 공법학연구 제11권 제4호, 2010.
조성민, “도덕 판단의 준거와 정당화 과정,” 윤리철학교육 제8집, 2007.

조혜인, "공동체적 토대위의 참된 자유," 사회과학연구 제10집, 2002.
주동률, "가장 합당한 자유주의를 위하여 가장 합당한 자유주의를 위하여: 롤즈 정의론의 배경, 내용, 특징과 논점들," 철학과 현실 제77집, 2008.
차진아, "사회국가 이념과 그 현실적 한계," 헌법학연구 제13권 제3호, 2007.
______, "표현의 자유의 구조와 성격에 관한 연구," 법학연구 제53권 제3호, 2012.
채인택, "말할 줄 안다고 대화할 수 있는 것은 아니다," 본질과 현상 제7호, 2007.
최성철, "자유 개념의 역사적 변화와 현대적 의미", 한양대 사회과학논집 제13집, 1994.
최유신, "통일정치사상의 정립을 위한 정의문제," 통일사상연구 제3호, 2002.
하수정, "빅토리아 시대 여성의 글쓰기 – 사적 영역과 공적 영역의 경계 허물기," 영미어문학 제102호, 2012.
한상수, "아리스토텔레스의 정의론," 공법연구 제30집 제2호, 2001.
한수웅, "의회청원 소개절차 위헌여부," 저스티스 제57호, 2002.
한수웅·홍계정, "직업의 자유와 3단계이론," 중앙법학 제12집 제3호, 2010.
허라금, "도덕적 갈등과 다원주의," 철학 제68집, 2001.
허완중, "인권과 기본권의 연결고리인 국가의 의무," 저스티스 제124호, 2011.
홍석한, "정보격차해소에 관한 헌법적 고찰," 토지공법연구 제44집, 2009.
홍성구, "촛불집회와 한국사회의 공론영역: 숙의 민주주의와 공화주의를 중심으로," 사이버 커뮤니케이션 학보 제26권 제1호, 2009.
홍승용, "플라톤의 이상국가," 현대사상 제5호, 2009.
홍일선, "선거권과 선거의무," 공법연구 제34집 제3호, 2006.
홍창남, "기여입학제의 교육적 정당성," 교육행정학연구, 제26권 제3호, 2008.
황경식, "분배정의의 이념과 사회구조의 선택," 한국기독교 연구논총 제10호, 1992.
황주홍, "자유지상주의 정치철학자, 로버트 노직," 한국논단 제47호, 1993.
William L. McBride(번역: 이상훈 교수), "마르크스적 사회정의와 부활하는 자본주의 이데올로기," 시대와 철학 제17권 제1호, 2006.

찾아보기

ㅈ

ㅊ

저자 약력

서울고등학교
연세대학교 경제학과(학사)
고려대학교 법무대학원 국제거래법학과(석사)
고려대학교 대학원(박사)
서울대학교 법과대학 금융거래법 연구과정 수료
미국 스탠퍼드 로스쿨 Visiting Scholar(증권규제, 기업범죄 연구)
사법시험 합격
한국거래소 연구위원 겸 상근고문변호사
서울지방변호사회 중소벤처기업고문변호사단 상담위원
ACFE(America Certified Fraud Examiner)
재정경제부 금융발전심의회 위원
금융위원회 자체평가위원
기획재정부 정부소유주식매각 자문위원
기획재정부 국유재산정책 심의위원
관세청 정부업무평가위원
대한상사중재원 중재인
한국거래소 시장감시위원회 비상임위원
한국공항공사 비상임이사
현) 서강대학교 법학전문대학원 교수(자본시장법, 기업인수합병실무, 회사소송실무, 기업지배구조론 담당)

저 서

개인투자자가 꼭 알아야 할 인터넷 증권사기(2001, 매일경제신문사)
증권범죄와 집단소송(2004, 삼우사)
증권집단소송론(2004, 삼우사)
기업범죄와 내부통제(2005, 삼우사)
(장편소설)모래무지와 두우쟁이(2005, 마음은행)
(역서)헤지펀드와 프라임 브로커(2009, 비엠에스)
자본시장법상 내부자거래(2010, 박영사)
자본시장법상 기업공시(2012, 박영사)

자유 · 평등 · 정의

초판인쇄 2013년 3월 15일
초판발행 2013년 3월 25일

지은이 이상복
펴낸이 안종만

편 집 김선민 · 배우리
기획/마케팅 최상욱
표지디자인 최은정
제 작 우인도 · 고철민

펴낸곳 (주) 박영사
서울특별시 종로구 평동 13-31번지
등록 1959. 3. 11. 제300-1959-1호(倫)
전 화 02)733-6771
f a x 02)736-4818
e-mail pys@pybook.co.kr
homepage www.pybook.co.kr
ISBN 978-89-6454-947-6 93360

정 가 25,000원